労働協約法

野川 忍
SHINOBU NOGAWA

弘文堂

　　　　　　　は　し　が　き

　西暦2000年のミレニアムを迎えるにあたって、21世紀の最初の1年がアメリカの同時多発テロで幕を開けることや、11年後には1000年に一度の大地震と津波とが東北地方を襲い、絶対安全とされていた日本の原子力発電所がもろくもメルトダウンを起こすなどと予想した者は誰ひとりいなかったであろう。どれほど経験が積み重ねられ、知見が蓄積されても、世界は想定外の方向に動き、社会も予想を超えた変容をきたすことを我々は学んだ。
　ひるがえって日本の労働法制や雇用社会の進展も、20世紀の中間点で、「無条件降伏」という未曽有の体験から再出発し、日本国憲法のもとに労働三法を基軸として新しい労働法制の枠組みを確立したころに予想されていた方向とは、かなり異なった道筋をたどったことは言うまでもない。第二次大戦終了後わずか4年で50％を超えた労働組合の組織率を踏まえれば、やがて強大な労働組合と使用者団体とによる欧米型の産別労使関係が雇用社会をつかさどり、労働法制のありかたをリードするという予想はごく自然になされたであろうが、実際には、日本の雇用社会も労働法制もこの予想とは全く相反する経過をたどった。特に1990年代のバブル崩壊後の長期不況とグローバリゼーションの影響は、雇用の非正規化の拡大、賃金の抑制、労働組合の衰退を背景とした労使関係の深刻な弱体化等をもたらし、労働契約法、パート労働法、雇用機会均等法、育児介護休業法、労働者派遣法など個別の労働関係を対象とする契約法理の整理や政策対応の強化を目的とした法規が、ますますその役割を高めてきた。すでに21世紀を迎えるころには、団体交渉とその帰結としての労働協約を基軸とする労使関係のダイナミズムが雇用社会と労働法制とをリードするという構想は、絵空事に近い状況となっていたといえよう。
　本書は、そのような事態もまた、決してそのまま拡大・進捗していくとは予想できないという認識を前提として、雇用社会の未来につき、ひとつのオルタナティブの提示となり得ることを願って執筆された、すなわち、非正規化、労働関係の個別化、日常的に展開する企業変動の波は、むしろ使用者と労働者との濃密な人的関係を解体してアトム的個人の増大をうながし、多様な雇用・就労形態のもとで、人格的利益の確保やワーク・ライフ・バランスの改善などの共通する課

題を抱えた労働者の、新しい団結と連帯が不可欠となることが十分に想定される。そして、就業規則ではなく個々の労働契約が労働関係の規範としての重要性を高めることは、他方で、労働者と使用者との実質的対等性に由来する合意としての労働協約の役割を復活させる契機となりうるであろう。

　本来日本の憲法秩序は、団体交渉と労働協約とによる規範の形成を個別労働契約に優先させ、争議行為の脅威をもってしても労使合意の結実をうながすという構造を有している。ここで労働協約に付与されているのは、雇用社会と労働法制の法的基盤を形作るという機能であって、これからの時代が新たな労使関係の拡充と労働協約機能の強化に向かうことは憲法の示す基本的枠組みに沿ったナチュラルな方向であると言える。本書が、この方向が示す「もう1つの未来」に貢献できるとすれば、これにまさる僥倖はない。

　本書の完成までには多くの方々のお世話になった。何よりも恩師菅野和夫先生の薫陶は、多くの弟子たちの末席を汚す筆者のような存在にも惜しみなく注がれ、曲がりなりにも本書の完成を見ることができるだけの素養を身につけさせてくださった。本書にみられる夥しい欠陥は言うまでもなく筆者の力不足を意味するが、本書の内容が仮に一抹の価値を示しえたとすれば、それはひとえに菅野先生の学恩によるものである。また、本務校である明治大学法科大学院法務研究科が、筆者に対し、2014年度の1年間を研究に専念すべき「特別研究期間」として与えてくれたこと、および明治大学社会科学研究所が特別研究費を支給してくれたことにも心からの感謝を表明したい。本書はこの研究費にもとづく研究の成果として刊行される。さらに、本書執筆の当初から完成に至るまで編集者として最大限の援助をしてくださった弘文堂の清水千香さんにも、この場を借りて感謝の意を表したい。清水さんの身に余るご厚意なくして本書が完成することはなかったであろう。

　最後に、本書執筆中常に傍らにあって励ましてくれた娘祈（いのり）と、2年前に帰天し、今もかの国から見守ってくれている妻由紀に、言い尽くせない感謝の意を表したい。本書はこの二人にささげられる。

　　2015年初夏

野川　忍

主 要 目 次

第1編 総　論
- 序　　労働協約法の意義 …………………………………………… *2*
- 第1章　労働協約の意義 ……………………………………………… *5*
- 第2章　労働協約の主体 ……………………………………………… *72*
- 第3章　労働協約の法的性格 ………………………………………… *83*
- 第4章　規範的効力 …………………………………………………… *110*
- 第5章　債務的効力―基本的枠組み ………………………………… *183*

第2編 各　論
Ⅰ　労働協約の成立・期間・内容・終了 …………………………… *190*
- 第1章　労働協約の成立 ……………………………………………… *190*
- 第2章　労働協約の期間 ……………………………………………… *202*
- 第3章　平和義務 ……………………………………………………… *213*
- 第4章　労働協約の内容と解釈 ……………………………………… *224*
- 第5章　労働協約の終了と終了後の法的課題 ……………………… *303*

Ⅱ　労働協約の一般的拘束力 ………………………………………… *317*
- 第1章　一般的拘束力の意義 ………………………………………… *317*
- 第2章　労組法17条の一般的拘束力 ………………………………… *329*
- 第3章　労組法18条の一般的拘束力 ………………………………… *349*

Ⅲ　労働協約と他の規範との関係 …………………………………… *358*

Ⅳ　労働協約による労働条件の不利益変更 ………………………… *365*

Ⅴ　労働協約と現代的課題 …………………………………………… *412*

Ⅵ　結　語 ……………………………………………………………… *447*

細 目 次

はしがき i
凡　例 xiii

第1編　総　論

序　労働協約法の意義 …………………………………………………… 2
第1章　労働協約の意義 ………………………………………………… 5
第1節　労働協約とは何か ……………………………………………… 5
1　労働法の中の労働協約　5
　(1)労働協約の定義　5　(2)労働協約の位置づけ　6
　(3)労働関係と労働協約　7　(4)労働協約と労使関係　8
2　集団的規範としての労働協約の位置づけ　9
　(1)労働基準法等の労使協定と労働協約　9　(2)就業規則と労働協約　10
第2節　労働協約法の形成 ……………………………………………… 11
1　労働協約の歴史的展開　11
　(1)日本における労働協約の成立と展開　11　(2)第二次大戦後の展開　18
2　法制度としての労働協約制度の形成　22
　(1)第二次大戦前の状況　22　(2)20年労組法における労働協約規定の意義　28
　(3)24年法と27年改正　33　(4)現行労働協約制度の位置づけ　36
第3節　諸外国の労働協約法制の展開 ………………………………… 37
1　序　37
2　概　観　38
　(1)米国　38　(2)英国　41　(3)フランス　46　(4)ドイツ　51
　(5)総括　67　(6)ILOにおける協約の取扱い　67
第4節　公共部門の労働協約 …………………………………………… 69

第2章　労働協約の主体 ………………………………………………… 72
第1節　緒　論 …………………………………………………………… 72
第2節　労働組合 ………………………………………………………… 74
1　問題の所在―労働協約を締結しうる労働組合とは何か　74
2　労組法上の労働組合　75
　(1)労組法2条の構造と協約能力　75　(2)労組法2条但書該当組合　77
　(3)労組法5条2項不適合組合　77　(4)上部団体と下部組織　78

第 3 節　使用者および使用者団体 ……………………………………… *78*
　　　　　1　労働協約の締結当事者としての使用者　*78*
　　　　　2　使用者団体　*79*
　　　第 4 節　協約当事者の変更 ………………………………………………… *79*
　　　　　1　当事者の変更の諸相　*79*
　　　　　2　労働組合の変動　*80*
　　　　　3　使用者・使用者団体の変更　*81*

第 3 章　労働協約の法的性格 ……………………………………………… *83*
　　　第 1 節　緒　　論 ……………………………………………………………… *83*
　　　第 2 節　議論の展開 ………………………………………………………… *84*
　　　　　1　初期の学説と法規範説の諸相　*84*
　　　　　2　社会自主法説　*85*
　　　　　　(1)末弘説の概要　*85*　(2)末弘説の意義と批判　*87*　(3)その後の展開　*88*
　　　　　3　法的確信説と白地慣習法説　*89*
　　　　　　(1)法的確信説の意義と批判　*89*　(2)白地慣習法説　*91*
　　　　　4　法規範説の意義と限界　*92*
　　　　　5　憲法授権説　*92*
　　　　　　(1)序　*92*　(2)憲法授権説の諸相　*92*　(3)憲法授権説に対する批判　*94*
　　　　　6　労組法16条授権説　*95*
　　　　　　(1)序　*95*　(2)ドイツの授権説の受容　*95*　(3)久保教授の見解　*96*
　　　　　7　小　　括　*99*
　　　第 3 節　法的性格論の意義 ……………………………………………… *100*
　　　　　1　学説の論争はどのような意味があったか　*100*
　　　　　2　法的性格論検討の意義　*101*
　　　　　　(1)序　*101*　(2)各国協約法の評価と日本法の特徴　*102*
　　　　　3　日本の労働協約の法的位置づけ　*105*
　　　　　　(1)基盤としての憲法　*105*　(2)規範性の根拠　*107*　(3)派生的効果　*108*

第 4 章　規範的効力 ……………………………………………………………… *110*
　　　第 1 節　緒　　論 ……………………………………………………………… *110*
　　　　　1　序　*110*
　　　　　2　有利原則と協約自治の限界　*110*
　　　　　3　直律的効力と余後効　*112*
　　　第 2 節　「労働条件その他の労働者の待遇に関する基準」について ……… *114*
　　　　　1　問題の意義　*114*

            2 「基準」をめぐる課題　*115*
              (1)課題の諸相　*115*　(2)人事規定の「基準」該当性　*116*
        第3節　規範的効力の適用対象 …………………………………………… *118*
            1　問題の所在　*118*
            2　労組法16条の人的対象　*120*
              (1)問題の所在　*120*　(2)労使関係法研究会報告書の意義と課題　*122*
              (3)労組法上の労働者をめぐる学説と判例の展開　*129*
              (4)課題克服の方向　*143*　(5)総括　*150*
            3　労組法16条の対象としての労働契約　*151*
              (1)緒論　*151*　(2)諸外国における議論　*154*
              (3)労組法16条の「労働契約」の意義　*156*
            4　労組法上の労働契約とは何か　*163*
        第4節　労組法16条における労働協約と労働契約との関係 …………… *164*
            1　緒　論　*164*
            2　外部規律説と内容説との対立―余後効論との関係　*166*
              (1)学説の展開　*166*　(2)判例・通達等の見解　*169*
              (3)基本的考え方としての内容説　*171*
            3　規範的効力の限界―有利原則と協約自治の限界　*173*
              (1)制約の契機　*173*
              (2)有利原則の適否―労働協約の基準に「違反する」とはどのような意味か　*175*
              (3)協約自治の限界論　*179*
        第5節　規範的効力の履行 ………………………………………………… *182*

    第5章　債務的効力―基本的枠組み ………………………………………… *183*
            1　緒　論　*183*
            2　債務的効力の効果　*183*
              (1)履行義務　*184*　(2)同時履行の抗弁権　*184*
              (3)損害賠償　*185*　(4)解除　*186*

第2編　各　　論
Ⅰ　労働協約の成立・期間・内容・終了 ……………………………………… *190*
    第1章　労働協約の成立 ……………………………………………………… *190*
        第1節　意思の合致 ………………………………………………………… *190*
        第2節　協約締結権の確立 ………………………………………………… *192*
            1　労働組合　*192*

　　　　(1)協約締結権限の意義　192　(2)協約締結の手続　193
　　2　使用者および使用者団体　194
　第3節　様式要件―書面性と記名押印 …………………………………… 196
　　1　序　196
　　2　書面性　196
　　3　署名または記名押印　198
　第4節　瑕疵ある労働協約の法的効果 …………………………………… 199

第2章　労働協約の期間 …………………………………………………… 202
　第1節　緒　　論 …………………………………………………………… 202
　　1　労組法における規定の経緯　202
　　2　労組法15条の「労働協約」の意義　203
　第2節　有効期間の定め …………………………………………………… 204
　　1　期間の定めのある協約　204
　　2　期間の定めのない協約　206
　　3　合意解約　208
　第3節　自動延長・自動更新条項 ………………………………………… 209
　　1　自動延長条項　210
　　2　自動更新条項　212

第3章　平和義務 …………………………………………………………… 213
　第1節　緒　　論 …………………………………………………………… 213
　第2節　平和義務の主体・範囲・対象 …………………………………… 215
　第3節　平和義務違反の行為とその効果 ………………………………… 217
　　1　平和義務違反の争議行為　217
　　2　労働組合の争議行為以外の違反行為　217
　　3　平和義務違反の有無と効果　218
　　　　(1)平和義務違反の有無　218　(2)平和義務違反の争議行為と正当性　219
　　　　(3)平和義務違反の法的効果　221

第4章　労働協約の内容と解釈 …………………………………………… 224
　第1節　緒　　論 …………………………………………………………… 224
　第2節　組合員の範囲 ……………………………………………………… 225
　　1　組合員範囲条項の意義　225
　　2　法的効果　226

第3節 ユニオン・ショップ協定 ………………………………………… 227
　　1 緒　論　227
　　2 労働組合の組織強制とユニオン・ショップ協定の機能　229
　　　(1)組織強制の構造と手法　229　(2)ユ・シ協定の意義　232
　　　(3)ユ・シ協定をめぐる法的課題　233
　　3 ユ・シ協定の効力　243
　　　(1)ユ・シ協定による組織強制の範囲　243　(2)ユ・シ協定の債務的効力　244
　　　(3)ユ・シ解雇について　246　(4)ユ・シ協定と労組法7条1号但書　248
　　4 ユ・シ協定と憲法適合的労使関係　248

第4節 組合活動条項 …………………………………………………… 250
　　1 緒　論　250
　　2 就業時間中の組合活動　250
　　3 組合専従　251
　　4 会社施設を利用する組合活動　252

第5節 チェック・オフ条項 …………………………………………… 253
　　1 チェック・オフの意義　253
　　2 チェック・オフをめぐる議論の状況　256
　　　(1)法的課題の諸相　256　(2)チェック・オフの法的構造　258
　　3 チェック・オフの法的課題　263
　　　(1)適法なチェック・オフの構造　263
　　　(2)チェック・オフの法的構造の再構成　266
　　　(3)チェック・オフの中止およびチェック・オフ申し出の拒否について　269
　　　(4)不当労働行為の救済方法　274
　　4 チェック・オフの克服へ　275

第6節 団体交渉条項 …………………………………………………… 275
　　1 緒　論　275
　　2 唯一交渉団体条項　276
　　3 交渉権限委任禁止条項　278

第7節 平和条項・争議条項 …………………………………………… 279
　　1 争議関連条項の諸相　279
　　2 平和条項　280
　　3 争議条項　281

第8節 人事条項 ………………………………………………………… 282
　　1 人事条項の法的意義　282
　　2 採用・試用　287
　　3 配転・出向　288

        4　休職・休業　289
        5　懲　戒　290
        6　解雇・定年制・退職条項　291
    第9節　解雇協議・同意条項 ……………………………………………… 292
        1　序　292
        2　裁判例の動向　293
        3　「協議」と「同意」　294
    第10節　労使協議条項・苦情処理条項 …………………………………… 295
    第11節　労働条件 …………………………………………………………… 297
    第12節　労働協約の解釈 …………………………………………………… 298
        1　緒　論　298
        2　規範的部分の解釈　300
        3　債務的部分の解釈　301

  第5章　労働協約の終了と終了後の法的課題 ………………………… 303
    第1節　緒　論 ……………………………………………………………… 303
    第2節　解除・事情変更による解約・失効 ……………………………… 304
        1　解　除　304
        2　事情変更による解約・失効　304
    第3節　当事者の消滅 ……………………………………………………… 305
        1　使用者　305
        2　労働組合　306
    第4節　その他の終了事由 ………………………………………………… 308
    第5節　労働協約終了後の協約規定の効力 ……………………………… 309
        1　緒　論　309
        2　遡及効　309
        3　余後効　310
            (1)余後効論の契機　310　(2)学説・判例の展開　311

II　労働協約の一般的拘束力 ……………………………………………… 317
  第1章　一般的拘束力の意義 ……………………………………………… 317
    第1節　一般的拘束力制度の趣旨 ………………………………………… 317
        1　緒　論　317
        2　一般的拘束力制度の出自　319

　　　　　(1)20年法の規定　319　(2)24年法の規定とその経緯　321
　　　3　ドイツの制度との比較　323
　　　　　(1)序　323　(2)1918年労働協約令と戦前の状況　324
　　　　　(3)現行労働協約の規制　324
　第2節　一般的拘束力と排他的交渉代表制—労組法17条・18条との比較 …… 326
　　　1　両制度の基本的意義　326
　　　2　日本における制度選択　327

第2章　労組法17条の一般的拘束力 ………………………………… 329
　第1節　本条による一般的拘束力制度の位置 ………………………… 329
　　　1　序　329
　　　2　一般的拘束力と就業規則の拘束力　329
　　　　　(1)問題の所在　329　(2)集団的規範としての要件の特質　330
　　　3　一般的拘束力とユニオン・ショップ制　332
　　　4　事業場単位の一般的拘束力の意義　333
　第2節　労組法17条による一般的拘束力の要件と効果 ………………… 335
　　　1　1つの工場事業場　335
　　　2　常時使用される同種の労働者　337
　　　　　(1)序　337　(2)議論の経緯　338　(3)非正規労働者の位置づけ　338
　　　　　(4)「同種の労働者」性判断の意義　340
　　　3　4分の3以上の数の労働者が一の労働協約の適用を受けるに至ったとき　343
　　　4　一般的拘束力の効果　344
　　　　　(1)拡張適用される労働協約の部分　344　(2)適用対象—他組合の組合員　346
　　　　　(3)拡張適用の排除特約　348

第3章　労組法18条の一般的拘束力 ………………………………… 349
　第1節　地域単位の一般的拘束力の意義 ……………………………… 349
　　　1　趣　旨　349
　　　2　これまでの適用例　351
　第2節　要　件 ……………………………………………………… 352
　　　1　実質的要件　352
　　　2　手続的要件　354
　第3節　効　果 ……………………………………………………… 356

Ⅲ　労働協約と他の規範との関係 ………………………………………… 358
　第1節　緒　論 ……………………………………………………… 358

第 2 節　労使協定 ……………………………………………………………… *358*
　　　第 3 節　就業規則 ……………………………………………………………… *360*
　　　　　1　労働協約と就業規則との関係をめぐる法的課題　*360*
　　　　　2　労働協約と就業規則との関係―労基法92条と労契法13条の意義　*361*
　　　　　　(1)従来の議論　*361*　(2)労契法制定以後の議論　*363*

IV　労働協約による労働条件の不利益変更 ……………………………… *365*

　　　第 1 節　不利益変更法理と労働協約の意義 ………………………………… *365*
　　　　　1　日本の労働関係と不利益変更論の意義　*365*
　　　　　2　不利益変更の手段としての労働協約と就業規則　*366*
　　　第 2 節　就業規則による労働条件不利益変更の法理 ……………………… *368*
　　　　　1　学説と判例の展開　*368*
　　　　　2　就業規則による不利益変更論の意義と課題　*369*
　　　　　3　労契法による就業規則法理の再構成と不利益変更の規制　*371*
　　　　　　(1)労契法 7 条―就業規則と労働契約との関係　*371*　(2)労契法10条　*378*
　　　　　　(3)労働契約規律効としての10条の意義　*385*　(4)合理性判断の内容　*386*
　　　　　　(5)但書の意味　*387*
　　　　　4　変更解約告知　*388*
　　　　　5　小　括　*390*
　　　第 3 節　労働協約による不利益変更の法理 ………………………………… *390*
　　　　　1　議論の特質　*390*
　　　　　2　労働協約のカバレッジと不利益変更　*391*
　　　　　　(1)規範的効力論としての不利益変更論　*391*
　　　　　　(2)不利益変更の限界に関する検討　*393*
　　　　　3　朝日火災海上保険最高裁判決の意義　*394*
　　　　　　(1)序　*394*　(2)最高裁の判断の概要　*395*
　　　　　　(3)最高裁判決の意義と評価　*396*
　　　　　4　その後の裁判例と課題　*399*
　　　　　　(1)最高裁判決の影響　*399*　(2)プロセス審査の諸相　*399*
　　　　　　(3)裁判例による判断基準の錯綜　*401*
　　　　　5　学説の展開　*402*
　　　　　　(1)諸見解の概要　*402*　(2)検討の視角　*404*
　　　　　6　私見―プロセス審査の補強　*407*

V　労働協約と現代的課題 ………………………………………………… *412*

　　　第 1 節　企業変動と労働協約 ………………………………………………… *412*
　　　　　1　緒　論　*412*

         2　合併・事業譲渡・会社の倒産・解散における労働協約の帰趨　*413*
           (1)合併と事業譲渡　*413*　(2)会社の倒産　*414*　(3)会社の解散　*418*
         3　会社分割における労働協約の法的課題　*419*
           (1)会社分割における労働組合の機能―法と指針から　*419*
           (2)労働者および労働組合への通知と労働協約の関係　*421*
           (3)労働契約承継法における労働協約の承継　*426*
           (4)その他労働協約による労働契約承継への関与　*430*
         4　持ち株会社との労働協約　*432*
     第2節　国際労働協約法 ………………………………………………………… *433*
         1　国際労働法の意義　*433*
         2　国際裁判管轄について　*434*
         3　労働国際法　*435*
         4　国際的労働関係法　*436*
           (1)渉外性の決定と適用法規の決定　*436*　(2)アプローチ選択の基準　*438*
         5　国際労働協約法の構造　*440*
     第3節　協約争訟 ……………………………………………………………………… *442*
         1　労働争訟の特殊性　*442*
         2　協約争訟の基本構造　*444*

Ⅵ　結　　語 ……………………………………………………………………………… *447*

  事項索引 ………………………………………………………………………………… *449*
  判例索引 ………………………………………………………………………………… *455*

凡　例

1　法令名・条文
　法令名の引用については、大方の慣例による。条文は原文通りとした。ただし、旧漢字を新漢字に、和数字をアラビア数字に改めた箇所がある。

2　判例・命令等略語
最大判	最高裁判所大法廷判決
最○小判（決）	最高裁判所第○法廷判決（決定）
高判（決）	高等裁判所判決（決定）
地判（決）	地方裁判所判決（決定）
中労委	中央労働委員会命令

3　解釈例規略語
基発	労働基準局長通達
労収	労働省労政局長が疑義等に応えて発する回答
労発	労働省労政局長通達

4　判例集・判例雑誌略語
民集	最高裁判所民事判例集
刑集	最高裁判所刑事判例集
裁判集民事	最高裁判所裁判集民事
労民集	労働関係民事裁判例集
労裁集	労働関係民事事件裁判集
労裁資	労働関係民事行政裁判資料
中労時報	中央労働時報
別冊中労時報	別冊中央労働時報
命令集	不当労働行為事件命令集
判時	判例時報
判タ	判例タイムズ
労経速	労働経済判例速報
労旬	労働法律旬報
労判	労働判例

5　文献等略語
浅井還暦	浅井清信教授還暦記念『労働争議法論』（法律文化社・1965）
吾妻・新訂	吾妻光俊『新訂労働法概論』（青林書院新社・1970）
吾妻・註解	吾妻光俊『註解労働組合法』（青林書院新社・1960）
荒木	荒木尚志『労働法〔第2版〕』（有斐閣・2013）
有泉＝山口	有泉亨＝山口浩一郎「労働協約の終了」石井照久＝有泉亨編『労働法大系2　団体交渉・労働協約』（有斐閣・1963）

凡 例

石井	石井照久『新版労働法』（弘文堂・1971）
石井・研究Ⅱ・Ⅲ	石井照久『労働法の研究Ⅱ・Ⅲ』（有信堂・Ⅱ 1967・Ⅲ 1970）
石井＝萩澤	石井照久＝萩澤清彦『労働法』（勁草書房・1990）
石川	石川吉右衛門『労働組合法』（有斐閣・1978）
賀来・詳解	賀来才二郎『改正労働組合法の詳解』（中央労働学園・1949）
片岡(1)(2)	片岡曻著＝村中孝史補訂『労働法(1)〔第4版〕・(2)〔第5版〕』（有斐閣・(1)2007・(2)2009）
菊池＝林	菊池勇夫＝林迪広『全訂労働組合法』（日本評論社・1984）
久保・研究	久保敬治『労働協約法の研究』（有斐閣・1995）
久保・理論	久保敬治『労働協約法の法理論』（総合労働研究所・1978）
久保＝浜田	久保敬治＝浜田冨士郎『労働法』（ミネルヴァ書房・1993）
久保還暦	久保敬治教授還暦記念論文集『労働組合法の理論課題』（世界思想社・1980）
現代講座○巻	現代労働法講座全15巻（総合労働研究所・1980～1985）
講座○巻	労働法講座全7巻（有斐閣・1956～1959）
講座21世紀○巻	日本労働法学会編『講座21世紀の労働法全8巻』（有斐閣・2000）
講座問題○巻	講座労働問題と労働法全6巻（弘文堂・1956～1957）
厚労省・コメ	厚生労働省労政担当参事官室編『労働法コンメンタール① 労働組合法・労働関係調整法〔5訂新版〕』（労務行政・2006）
後藤・基本問題	後藤清『労働協約の基本問題〔増補版〕』（勁草書房・1956）
後藤・理論史	後藤清『労働協約理論史』（有斐閣・1935）
後藤還暦	後藤清先生還暦記念『労働協約　その理論と実際』（有斐閣・1963）
下井	下井隆史『労使関係法』（有斐閣・1995）
詳説労契法	荒木尚志＝菅野和夫＝山川隆一『詳説 労働契約法〔第2版〕』（弘文堂・2014）
詳説労契法〔初版〕	荒木尚志＝菅野和夫＝山川隆一『詳説 労働契約法〔初版〕』（弘文堂・2008）
新講座○巻	新労働法講座全8巻（有斐閣・1966～1967）
末弘・解説	末弘厳太郎『労働組合法解説』（日本評論社・1946）
末弘・研究	末弘厳太郎『労働法研究』（改造社・1926）
末弘還暦	末弘博士還暦記念論文集『団結権の研究』（日本評論社・1950）
菅野	菅野和夫『労働法〔第10版〕』（弘文堂・2012）
菅野古稀	菅野和夫先生古稀記念論文集『労働法学の展望』（有斐閣・2013）
争点	労働法の争点〔第3版〕・ジュリスト増刊（有斐閣・2004）
新争点	労働法の争点・ジュリスト増刊（有斐閣・2014）
孫田	孫田秀春『労働協約と争議の法理』（寧楽書房・1948）
大系○巻	石井照久＝有泉亨編・労働法大系全5巻（有斐閣・1963）
土田・概説	土田道夫『労働法概説〔第3版〕』（弘文堂・2014）
土田・契約法	土田道夫『労働契約法』（有斐閣・2008）
土田・労務指揮権	土田道夫『労務指揮権の現代的展開』（信山社・1999）
東大(上)(下)	東京大学労働法研究会『注釈労働組合法(上)(下)』（有斐閣・(上)1980・(下)1982）
東大・時間法	東京大学労働法研究会『注釈労働時間法』（有斐閣・1990）
東大・註釈	東京大学労働法研究会『註釈労働組合法』（有斐閣・1949）
東大・労基法(上)(下)	東京大学労働法研究会『注釈労働基準法(上)(下)』（有斐閣・2003）
中窪＝野田・世界	中窪裕也＝野田進『労働法の世界〔第10版〕』（有斐閣・2013）

凡　例　xv

中嶋(1)(2)(3)(4)	中嶋士元也「平和義務の契約法論的構成(1)～(4)」法学協会雑誌92巻7号・9号（以上1975）、93巻1号・3号（以上1976）
中山ほか	中山和久ほか『注釈労働組合法・労働関係調整法』（有斐閣・1989）
西谷・学説史	西谷敏「労働協約論」籾井常喜編『戦後労働法学説史』（労働旬報社・1996）
西谷・思想史	西谷敏『ドイツ労働法思想史論』（日本評論社・1987）
西谷・労組法	西谷敏『労働組合法〔第3版〕』（有斐閣・2012）
西谷・労組法〔第2版〕	西谷敏『労働組合法〔第2版〕』（有斐閣・2006）
沼田・要説	沼田稲次郎『労働法要説』（法律文化社・1967）
沼田還暦(下)	沼田稲次郎先生還暦記念(下)『労働法の基本問題』（総合労働研究所・1974）
沼田・実務大系	沼田稲次郎『労働法実務大系7　労働協約の締結と運用』（総合労働研究所・1979）
野川・新訂	野川忍『新訂 労働法』（商事法務・2010）
野村還暦	野村平爾教授還暦記念論文集『団結活動の法理』（日本評論新社・1962）
百選〔○版〕	別冊ジュリスト・労働判例百選（有斐閣）
法セ・コメ	新基本法コンメンタール労働組合法・別冊法学セミナー（日本評論社・2011）
法セ・コメ労基法労契法	新基本法コンメンタール労働基準法・労働契約法・別冊法学セミナー（日本評論社・2012）
外尾	外尾健一『労働団体法』（筑摩書房・1975）
水町	水町勇一郎『労働法〔第5版〕』（有斐閣・2014）
峯村還暦	峯村光郎教授還暦記念『法哲学と社会法の理論』（有斐閣・1971）
盛	盛誠吾『労働法総論 労使関係法』（新世社・2000）
山川	山川隆一『雇用関係法〔第4版〕』（新世社・2008）
山口	山口浩一郎『労働組合法〔第2版〕』（有斐閣・1996）
吉川	吉川大二郎『労働協約法の研究』（有斐閣・1948）
労基局(上)(下)	厚生労働省労働基準局編『平成22年版労働基準法(上)(下)』（労務行政研究所・2011）
渡辺(上)(下)	渡辺章『労働法講義(上)(下)』（信山社・(上)2009・(下)2011）

6　雑誌略語

季労	季刊労働法
ジュリ	ジュリスト
別冊ジュリ	別冊ジュリスト
曹時	法曹時報
法協	法学協会雑誌
法教	法学教室
法時	法律時報
法セ	法学セミナー
労働協会雑誌	日本労働協会雑誌
労働法学会誌	日本労働法学会誌

第1編 総論

序　労働協約法の意義

　本書は、労働協約の新たな機能と効力とが、21世紀における労働法学の中心課題の1つになるとの認識を前提として、労働協約をめぐる諸課題を可能な限り包括的に検討しようとするものである。

　しかし、実際にはこのような視点は大方の違和感を呼び起こすかもしれない。21世紀初頭における労働法学の喫緊の課題はむしろ、2007年に成立した労働契約法とその展開により惹起された個別労働契約をめぐる問題、労働者派遣法の度重なる改正とその影響に象徴されるような非正規労働者をめぐる問題、あるいはいわゆる労働者性をめぐる問題等であって、集団的労働関係について重要な課題は存在しないとの受け止め方が通常であった。前世紀末からの労働法学の体系書や教科書をみると、労使関係法に関する叙述が従来に比べ著しく減少し、労働協約についても多くの頁を割くことはない。[1]労働法の分野での法改正、政策課題、また学術上の論点も、ほとんどが個別的労働関係もしくは雇用政策に属する内容であり、労働協約が前面に出てくることはないのが実情であった。

　また実態からみても、労働組合の組織率は1975年から21世紀初頭に至るまで長期低減傾向を続け、2010年にわずかながら組織率の高まりをみたものの、それは持続しておらず、21世紀になってから20％を割り込んで回復しない状況が続いている。[2]これに対応して労働協約の締結も、労働組合が存在する場合には締結されているのが通常といえるが[3]、そもそも組織率が20％を大きく割り込む状況の下では、労使関係一般を規律する規範とはなりえていないと言わざるを得ない。労働協約が就業規則に優位するという基本的法原則も、多くの労働者は不知であろう。

---

1)　かつてのスタンダードなテキストの1つであった石井照久『新版 労働法』（弘文堂・1975）は本文507頁中集団的労使関係法に236頁が当てられ、そのうち労働協約について25頁が割かれており、それぞれ全体の47％及び5％を占めていたが、近年の標準的テキストである菅野和夫『労働法〔第10版〕』（弘文堂・2012）では本文908頁中集団的労使関係法233頁、労働協約35頁で、それぞれ全体の25％強、3％強しかない。

2)　平成25年労働組合基礎調査（厚生労働省）では、労働組合の組織率は17.7％であり、特に従業員100人未満の企業（日本の全企業の99％以上が当てはまる）では1.0％となっている。また、同調査によれば2001年以来、労働組合の組織率は20％を切ったままである。

3)　平成23年労働協約等実態調査（厚生労働省）によれば、労働組合の91.4％が労働協約を締結している。

このような現状を踏まえると、労働協約が労働法学の中心課題となりうるという見通しは現実的ではないということになろう。

　それにもかかわらず、労働協約をめぐる法的課題や労働協約法制のありかたが今世紀の労働法全体において支柱をなすと判断する理由は以下の点にある。

　第1に、日本の憲法秩序が、労働関係をコントロールする法の体系につき、労働協約を基軸とする団体的労使関係を中心としているという構造がゆるぎなく定着していることである。憲法はその27条においていわゆる労働権の保障、労働条件の基準の法定、児童労働の規制を明示し、また28条において団結権、団体交渉権、団体行動権という、労働組合の結成と活動にかかわる3つの権利を保障しているが、労働組合法はこれを受けて、団結体である労働組合とその相手方たる使用者とが締結した労働協約に対し、個別労働契約を規律する効力を付与し（16条）、一定の要件のもとに上記効力を拡張して適用する制度も設けている（17条、18条）。すなわち労働関係に関する法的秩序の中心に、集団的労使関係の形成とその安定的発展のために認められる労働協約が位置づけられ、それは個別労働関係に優位するとの基本的構造は第二次大戦後の日本の労働法制の根幹であって、この構造は、少なくとも想定しうる将来に大きく変わることはないといえる[4]。

　第2に、国際的に見ても労働協約が果たす役割は変化こそすれ低下しているとはいえない。むしろ、形を変えてさらに重要性を増しているとの評価も可能であるのが実態である。日本の協約法制の土台を負っているドイツでは、後述のように協約の複数化や協約規範からの事業所レベルでの逸脱という現象がみられるが、労働協約による労働関係の規制という原則自体は全く変わっていないし、フランスでも柔軟化の傾向はみられるものの、独特の拡張適用システムによる労働協約の労働条件規制機能はゆるぎなく持続している。英国と米国は労働協約に労働契約を規律する法的仕組みを提供していない国であるが、それでも団体交渉の結果としての労使の合意が労働協約として書面化され、その内容が個別労働関係における労働条件の統一的形成とその維持を担保するという法的構造に変化はない。ただ、英国においては、ヒュー・コリンズ（Hugh Collins）らの検討を通し、労働法制全体の中での労働協約の役割の見直しが進められてること、法的には紳士

4）　憲法28条の構造において労働協約が重要な位置を占めることは憲法学においても一般に認められている（芦部信喜著＝高橋和之補訂『憲法〔第5版〕』（岩波書店・2011）268頁。

協定としての労働協約には、実際には賃金、労働時間など主要な労働条件について労働契約を規律する条項がみられるのが通常であることが指摘されよう[5]。また米国における労働協約は、仲裁条項の解釈が中心的課題となっているものの、労働条件をきわめて幅広く入念に規律する役割を担い続けていることに変わりはない。このような状況を踏まえると、労働協約の機能が低下している日本の状況は特に普遍的な意味を持っているわけではなく、組織率の著しい低下や労使関係の長期的停滞という事実によるものであって、労働協約の基本的意義自体が失われているということはできない。

　第3に、20世紀を超えて顕在化している具体的諸課題には、労働協約による対応が不可能であるとか、手法としてなじまないといえるようなものはほとんどないし、一見そのように見えるものであっても、労働協約による労働関係の規制という基本的構造に疑問を呈しうるような意味を有するものはない。たとえば賃金システムの変化によって導入が進められ、一定の定着をみている成果主義的賃金制度も、賃金決定の終局的判断は個別になされるとしても、同一業務に従事する労働者に対して賃金の格差を生じさせうるような制度の合理性・納得性や契約上の給付義務としての明確性を担保するためには、そのような制度の適用を受ける労働者群全体を対象とした労働協約による基準が存在することはむしろ望ましいはずである。また、企業内の労働者の人格的利益保護のためにも、苦情処理制度や解決制度の構築と運営が労働協約によるならば、そうでない場合よりもはるかに機能性を確保しうるであろう。さらに、企業変動における労使の利害調整こそ、混乱を回避しつつ円滑にこれを進めるために労働協約が最も効果的な手段となりうることは容易に想定されるところである。要するに労働協約は、新たに生じている労働現場の諸問題についても、その機能によって有効な対応をなしうると期待される最も中心的な法的ツールである。

　このように、労働協約が労働法制の中核を担うという認識は否定しえないが、他方で、実際には労働協約の意義が十分に反映されているとはいえず、また労働協約をめぐる主要な論点のほとんどに解決がつけられていないという実態がある

---

5) コリンズの議論の詳細については、ヒュー・コリンズ（イギリス労働法研究会訳）『イギリス雇用法』（成文堂・2008）、小宮文人『現代イギリス雇用法』（信山社・2006）47頁・367頁、唐津博「イギリスにおける新たな労働法パラダイム論」イギリス労働法研究会編『イギリス労働法の新展開』（成文堂・2009）2頁以下参照。

ことも否定できない。労働協約の法的性格をめぐる議論も、有利原則、余後効、協約自治の限界、ユニオン・ショップ協定の効果、チェック・オフの意義と効果など、いずれも、多年にわたる議論の展開にもかかわらず決着はついていないし、労働現場における労働協約を通じた労使関係の形成と発展という状況は一般的にみられるものではなくなっている[6]。

　現在、労働協約に関して不可欠の作業と思われるのは、このように憲法秩序の上でも実際の機能の上でも重要性を失わない労働協約につき、収拾のつかないまま時間のみが経過している諸課題に一定の法的区切りをつけ、日本の憲法秩序の下に適切に位置づけられ、かつ国際的にも普遍性を有するような「労働協約を基軸とした労働関係と労使関係の法的構築」への道筋をつけることにあろう。

第1章　労働協約の意義

第1節　労働協約とは何か

1　労働法の中の労働協約

(1)　労働協約の定義

　労働協約は、集団的労使関係における要の地位にあるにもかかわらず、憲法には全く規定がなく、労働組合法には定義が置かれていない。これについては、「労働組合と使用者（もしくは使用者団体）との合意」とする最低限の了解を共有しつつ[7]、「労働組合と使用者またはその団体との間の労働条件その他に関する協定であって、書面に作成され、両当事者が署名または記名押印したもの」[8]、「使用者と労働組合との間で結ばれた労働条件や労使関係を規律する所定の様式を備えた書面による合意」[9]というように労働組合法の労働協約に関する成立要件をその

---

6)　平成23年労働協約等実態調査・前掲注(3)は労働組合の91％強が労働協約を有していることを示すが、組織率が17.7％であることを換算すると、労働協約の適用下にある労働者は16％程度であると想定される。
7)　西谷敏『労働組合法〔第3版〕』（有斐閣・2012＝以下「西谷・労組法」）321頁。
8)　菅野和夫『労働法〔第10版〕』（弘文堂・2012＝以下「菅野」）669頁。
9)　荒木尚志『労働法〔第2版〕』（有斐閣・2013＝以下「荒木」）33頁。

まま定義として用いるものが一般的である[10]。上記の最も簡明な定義も、それが書面に作成されることは「通常」であるとしているが、定義そのものには含めていないので、後者との相違は、書面協定でない合意も労働協約とみなすか否かにあるということになる。この相違の背景には、労働協約の法的性格に関する議論があり、ここで当否を論じることは適切ではないが、少なくとも、労働協約が「労働組合と使用者もしくは使用者団体との合意」であって、書面に作成されて所定の要件を備えたものが労働組合法の適用対象となる労働協約である、との認識は異論のないところであろう。

(2) 労働協約の位置づけ[11]

労働協約は、歴史的にその位置づけを変化させてきた。労働協約について最も早くから本格的な法令上の対応が検討されてきたのはドイツであるが、19世紀に産業資本主義が欧米諸国を中心に拡大していくにつれ、労働現場における労働者の組織と使用者との話し合い・協議が広範に行われるようになり、その結果が一定の様式に記録される態様も定着した。産業革命をいち早く経験した英国ではすでに18世紀前半から、またフランス、アメリカでも実態としての労働協約は18世紀後半には一般化していた。しかし、どこよりも労働協約の存在が社会的な意義を強く有し、そのため労働協約をめぐる法的課題や立法政策上の論点等が突出して高度に議論されたのがドイツであった。

労働協約を団体交渉の成果として位置づけ、それ自体として独立した法的対象とはみなさない英国や米国では、ドイツやフランスのような労働関係を直接規律する実定法上の根拠を付与することはない。これに対しドイツやフランスは、労働協約が労働条件や労使関係ルールの形成に寄与している社会的実態を踏まえ、早くから単なる契約や団体交渉の結果としてではなく、特別な効力を有する法的対象として位置づけてきた。日本もこの系譜に属することは言うまでもない。しかし、フランスやドイツにおいて労働協約が特別な法的効力を付与された背景には、社会的実態として労働協約が産業平和を実現する手段として活用されていた

---

10) これに対して土田道夫『労働法概説〔第3版〕』(弘文堂・2014＝以下「土田・概説」) 379頁は、「労働協約とは、労働組合と使用者との団体交渉の成果として締結される集団的合意(協定)をいう」として、労働協約を団体交渉と一体化させた解釈をとっているが、両者は必ずしも常に連結するとは限らないので、この定義は労働協約のいわば「理念型」を表現したものと考えられる。

11) 各国の労働協約の実態と法制度については後述(本章第3節)。

という事実があり、英国では団体交渉そのものが労働条件の変更や労使間ルールの動的な展開に即応するシステムとして機能し、労働協約に特別な効力を付与する必然性に乏しかったこと、米国では団体交渉が職場ごとに行われ、やがて排他的交渉代表制度に結実した独特の歴史的経緯から、労働協約は団体交渉の結果を直接反映したものであるというよりは、労働組合と企業との労働条件や労使関係ルールに関する詳細な覚書のような性格を持っていたという事情がある。

このように、労働協約の法的位置づけは、それぞれの社会における労働協約の実態的機能を反映しているのであるが、日本における労働協約法制は、必ずしもそのような経緯を有していない。現行法における労働協約は、労働契約を直接規律する効力と、一般的拘束力による労働協約の効力の拡張適用が明記されていることから、大陸ヨーロッパ型の特別な位置づけをされていることは疑えない。しかし、それは必ずしも日本の労働協約の実態を反映したものではなく、後述のように（本章第2節2）ドイツ労働協約法理論の導入という性格が強い。後述のように（本章第2節1）日本の労働協約は、第二次大戦前から企業における労働組合と使用者との具体的労働条件に関しての合意確認という側面を中心としており、ドイツ、フランス、英国など産業別の労使による労働条件の統一や共通の労使関係ルールの設定といった内容が中心となることはなかった。したがって、日本における労働協約の法的位置づけについても、歴史的経緯を踏まえた明確な結論を導くことは容易ではない。そこでは、労働協約が現実に果たしている具体的機能と、法が予定している役割との関係をいかに整合的かつ体系的に理解しうるかが問題となるのであり、単に労働条件や労使関係のルールを設定する集団的規範であることを指摘することで解決されることがないのは明らかである。

(3) 労働関係と労働協約

労働協約は、個別労働関係を規律する効力を付与されているが、その全体ではなく、労組法16条は「労働条件その他の労働者の待遇に関する基準」についての労働協約の規定に、個別労働契約が反しえないと定めている。したがって、法的には、労働協約の個別労働関係に対する規律効はごく限定された内容と範囲にとどまることとなるが、実際の労働協約は、労働関係の広範な領域について規定を置いている。前掲平成23年労働協約等実態調査によれば、昇格、解雇、懲戒処分、配置転換、出向、定年制、再雇用もしくは勤務延長など、人事の主要な項目につ

いては、締結された労働協約のほぼ8割以上において規定されているし、賃金については基本給の体系や金額、諸手当や賞与について9割以上の労働協約が規定を有しており、退職金についても8割以上の労働協約に規定が存在する。所定労働時間、週休以外の休日、年休、育休等もほぼ同様であり、これに健康診断や安全衛生教育なども加えると、企業内で展開される労働関係の基本的な内容については、労働協約がその大半をカバーしているといえる。すなわち、日本の労働協約は、法制度上労働契約内容を規律しうる範囲を超えて、個別労働関係を実質的に規律する規範として機能を果たしていることが認められる。ここから、特に解雇や人事異動などの人事事項を中心として、労組法16条の規範的効力が及ぶのか否か、あるいはそれらの事項について労働組合と使用者間に契約上の権利義務関係が生じるのか、生じるとした場合には具体的にどのような権利義務が生じうるのか、といった問題が発生することになる。

⑷　労働協約と労使関係

　労働協約が労使関係の形成と展開に関する最も重要な法的ツールであることは間違いない。団体交渉を中心とする憲法28条の労働基本権の構造は、団体交渉の結果としての労働協約をもって具体的に実現されるからである。しかし、それにとどまらず、労働協約が労使関係に及ぼす影響は大きく、また課題も多い。

　まず、労働組合に加入しうる者を限定する労働協約規定は一般的であり、組合員資格に関する規定やショップ制を設定する諸規定等がみられる。特に、組合員籍と従業員としての地位を一致させるユニオン・ショップ協定の効力については、具体的な紛争が生じてきただけでなく、理論的にも多くの議論を惹起してきた。

　また、前記平成23年労働協約等実態調査によれば、団体交渉や労使協議に関するルール、手続、内容を規定する労働協約もごく一般的にみられるが、交渉の委任や唯一交渉団体約款、交渉手続・交渉資格などの規定に加え、交渉事項や交渉の運営に関する諸規定等について、従来から多くの法的課題が指摘されている。

　さらに、争議に関する諸規定も、争議調整、争議行為の予告、争議行為の不参加者、争議行為中の遵守事項（いわゆるスキャップ禁止等）などについて整備された労働協約が多いが、これらは5～6割程度の労働協約にみられ、団交や組合活動等に関する諸規定に比べると規定されている率は低い。ストライキをはじめ、争議行為を行わない労働組合が圧倒的多数になっている現在、むしろ労働協約に

はまだ争議条項が残っているという事実に注目すべきであろう。

　このほか、組合活動の保障と制限に関して、就業時間中の組合活動に関する事項、組合の企業施設利用に関する事項、専従者の取扱い、さらにはチェック・オフに関する規定などが通常にみられるが、これらについてはいずれも従来から法的争いが頻発しているのみならず、理論的諸課題の源泉ともなっている。

　このように、労働協約は秩序ある労使関係の形成に大いに寄与しているだけでなく、労使の間で紛争が生じうる多くの事柄についてルールによる規制を提供してきたといえる。争議行為や組合活動をめぐる紛争は減少してきたが、団体交渉や不当労働行為に関する争いは後を絶たない。労使関係に対する労働協約の影響は、論理的にも実態的にも重要性を減じていないといえよう。

2　集団的規範としての労働協約の位置づけ

　労働協約は、労働関係・労使関係を規律する集団的規範の中心であるが、労働協約以外にも、労働者集団と使用者との間の諸関係を規律する規範がないわけではない。特に、いわゆる労使協定と就業規則は、実定法上のツールとしてそれぞれ重要な機能を果たしている。これらの規範と労働協約との法的関係の詳細については後述する（第2編Ⅲ）が、ここではそれぞれの規範との比較における労働協約の基本的な意義を概観する。

(1)　労働基準法等の労使協定と労働協約

　労働基準法を中心として、「労働者の過半数で組織する労働組合があるときはその労働組合、過半数で組織する労働組合がないときは労働者の過半数を代表する者との書面による協定」が存在する場合に、特定の法的効果を認めるという手法が多彩に利用されている。この労使協定は、労働基準法だけでも10以上の規定に記されて、同法において禁止された行為を解除したり、同法が求める法的対応と異なる対応を認めるなど多彩な機能を与えられているが、共通するのは、それ自体では協定の締結当事者の約定とは認められないことである。たとえば、労働基準法制定当時から存在する労使協定は同法36条に定められた時間外・休日労働協定であるが、この協定を労働組合と使用者とが締結し、所定の様式に従って労

---

12)　なお、平成23年労働協約等実態調査では平和条項の有無や内容については調査されていない。

働基準監督署に届け出たとしても、そこに記載された内容は個々の労働者はもちろんのこと、締結主体である労働組合と使用者に対しても何ら私法上の権利義務を発生させない。労使協定の集団的規範としての基本的意義は、労働基準法の規制を定められた内容と範囲において除外するだけにあり、それ以上の効力を有しないからである。労使協定に定められた内容（たとえば一定の要件のもとにある範囲の労働者が1日2時間の時間外労働を行うこと等）が私法上の権利義務となりうるには、別途そのような権利義務を発生させうる法的根拠が必要となる。しかし逆に、労働協約が締結されてもそれだけで労働基準法上の規制をまぬかれることはできない。たとえば、当該事業場の労働者のすべてを組織する労働組合が使用者との十分な交渉を経た合意のもとに、休憩時間を撤廃するとの労働協約を締結しても、労働者は労働基準法上の休憩時間を享受する権利を失うことはない。すなわち、労使協定と労働協約とは、特に労使協定の締結当事者に労働組合がなる場合には、書面による集団的規範であるという点に共通の性格を有するが、その機能は法的に全く異なるものとして位置づけられているのであり、規範性の強弱を比較することはできない。

(2) 就業規則と労働協約

就業規則は、集団的規範として実際には労働協約をはるかにしのぐ機能を果たしており、企業・職場における最も遵守すべき規範として認識されている。この就業規則と労働協約との法的関係はそれ自体が重要な法的課題を提起しているが、法の体系においては、就業規則はあくまで労働基準法上の監督行政に資する服務上の規律として位置づけられており、労働協約に劣後することが明記されている（労契法13条）。同一の事項について労働協約の規定が存在すれば、就業規則はこれに反する内容を規定することはできないし、就業規則の規定と異なる労働協約規定が誕生すれば、当該就業規則規定は変更されなければならない（労契法13条）。しかし、労働組合の組織率が長期低下傾向を脱することができず、労働協約の適用も同じようにごく少数の労働者にしか及ばない状況が続く中で、事実上は就業規則が、企業・職場の労働者集団と使用者との間の法的関係を規律する最も主要な規範として機能している。このような状況は、まず国際的に見て一般的とはいえず、米国、英国、ドイツ、フランスなど欧米主要諸国で使用者が作成した規範が集団的規範の中心を担っているということはありえない。特に、労働協約につ

いても就業規則についても、日本の法制度が強く影響を受けているドイツにおいては、むしろ労働協約が労働条件を支配しているのが実態である。また、日本の法制度は第二次大戦後60年以上にわたって労働協約の就業規則に対する優位という立場を続けてきたのであり、これとまったく逆の実態が定着しているという事実は、日本の法制度が機能不全をきたしていることを示すと言っても過言ではないであろう。このような事態をどのようにとらえ、どのような方向に変えていくのかは深刻な課題といえる。

第2節　労働協約法の形成

1　労働協約の歴史的展開[14]

(1)　日本における労働協約の成立と展開

(a)　序

　日本における労使関係の形成とその展開は、政府による富国強兵政策の実施により近代的な産業組織が全国的に拡大されてから本格化するが、労働組合と使用者ないし使用者団体との交渉や協議を通じた労働協約の成立も、その嚆矢は明治時代にさかのぼる[15]。しかし、団体交渉および労働協約が社会的な現象として注目され、その実態が明らかになってきたのは、大正時代の終盤から昭和時代初頭にかけて、労働協約に関する法制度の必要性が認識されるようになってからである。この時代は、ドイツ、スイス、フランスにおいて次々と労働協約立法が成立し、その動きが日本の政府、学界においても注視されていたこと、友愛会の成立以降徐々に勃興しつつあった労働運動の1つの成果として、団体交渉の要求と労働協

---

13)　最近におけるドイツの労働協約の適用率や拘束力の実態についてはJILPT「現代先進諸国の労働協約システム──ドイツ・フランスの産業別協約」（第1巻ドイツ編）（労働政策研究報告書 No. 157-1　2013＝以下「JILPT協約ドイツ」）27頁以下・51頁以下参照。

14)　以下の叙述については、昭和2年「団体交渉並労働協約ニ関スル調査」（社会局労働部＝以下「社会局昭和2年」）、昭和3年「本邦に於ける団体交渉並に労働協約の概況」（社会局労働部）、昭和5年「我国に於ける団体交渉及団体協約」（協調会労働課＝以下「協調会」）、昭和6年「我国ニ於ケル労働協約ノ概況」（社会局労働部）等の実態調査によっている。なお、労働協約法制の沿革に関する近年の労作として、古川景一＝川口美貴『労働協約と地域的拡張適用』（信山社・2011）7頁以下。

15)　協調会8頁。

約の締結が拡大したことによって注目される[16]。特に、農商務省社会局労働部は、大正15年以降繰り返し団体交渉と労働協約に関する実態調査を試みて、当時の状況の把握に努めており、これに協調会調査部による周到な調査も含めると、すでに昭和年代初頭には労働協約に関する実態の把握はかなり進んでいたものと推察される。それらの調査から、第二次大戦前における労働協約の実態がかなりの程度浮き彫りになる。以下では、最も早い時期に行われた大正15年「団体交渉並労働協約ニ関スル調査」（社会局労働部＝以下「社会局調査」）と、戦前における調査では最も整備されている昭和5年「我国に於ける団体交渉及団体協約」（協調会労働課＝以下「協調会調査」）によって、第二次大戦前の労働協約の実態と機能を概観し、必要に応じて他の調査も参考とする。

(b) **明治期から大正期の状況**

まず、社会局調査は、各地方長官に対して、団体交渉によって労働条件その他を決定している実態がある場合にはその事例、労働協約や覚書の形で文書によって労使間の合意が明記され、「一定ノ期間内又ハ協約覚書カ適法ニ廃棄セラル迄ハ使用者側ヨリ一方的ニ……変更セサルコトヲ約シタル事例」があればその事例を調査報告するよう要請し、その結果として、労働協約の締結の有無にかかわらず、慣行により団体交渉が営まれている事例として12件、労使間の合意により団体交渉が営まれている事例として14件、また慣行や合意によらず争議などを契機として一時的に交渉・協議を通じて労働協約が締結された事例として5件をあげ、その内容を紹介している。また、協調会調査は、社会局調査に比して簡便ではあるが、134件の団体交渉・労働協約の実態をあげ、それらを概観して当時における団体交渉と労働協約の意義について論じている。

これらによれば、日本において労働組合と使用者（団体）との団体交渉が確認された嚆矢は、明治37年に神戸燐寸軸木職工組合と神戸燐寸軸木同業組合との間で慣例として団体交渉が行われるようになった事案であるが[17]、具体的な内容は不明であり、近代的な意味での労働協約の締結としては、明治43年9月に、欧文植字工組合である「欧友会」が、東京の複数の業者・工場との間で「欧文工を使用

---

16) 当時の労働運動の実態については、大河内一男＝松尾洋『日本労働組合物語 大正』および同『日本労働組合物語 昭和』（いずれも筑摩書房・1965）参照。
17) 協調会8頁。なお、同9頁には、明治41年には愛媛県伊予郡の陶器製造職工が労働組合を組織し、使用者団体と賃金の協定を行う慣行があったとの指摘がある。

する有志工場は、必ず欧友会員を以て之れに充つること」との契約を結んだのが最初であるとされる。日本で最初の労働協約条項がクローズド・ショップであったことは興味深い。しかし、これらの団体交渉・労働協約の事例は散発的であり、一定の社会的傾向として団体交渉の要求や労働協約の締結がみられるようになったのは、大正8年以降の労働運動勃興の時代であり、特に友愛会の後身である日本労働総同盟が主体となって使用者ないし使用者団体に団体交渉権の確立とクローズド・ショップ制の創設、および賃金や労働時間等の主要な労働条件に関する合意の書面化が展開されるようになった。[19]

(c) 大正後期から昭和前期の状況

大正後期から昭和初期にかけての団体交渉と労働協約締結の動きは、言うまでもなく多彩な展開を見せているが、以下のような一定の傾向をみることができる。

第1に、団体交渉の枠組みもまた労働協約の締結主体も、特定の企業や企業内組合だけではなく、一定の超企業的態様を見せていたことである。たとえば、前記社会局調査において慣行による団体交渉の実施事案として整理されている12の事案のほとんどすべて、また合意による団体交渉の事例として挙げられている14の事案のうちの6事案が、当事者の少なくとも一方は事業主団体や産別・職種別に組織された労働組合であるし、同調査における一時的団交による労働協約事例5件はすべて労働組合側が産別ないし地域別の労働組合である。[20]この傾向は協調会調査の段階でも変わらず、紹介されている134の事例の過半数が超企業的な団体交渉、労働協約の締結を示している。少なくとも労働協約による労使関係形成が始まって間もない時代には、団体交渉と労働協約を基軸とする労使関係は産別ないし地域別の関係を単位とすることが一般的であったといえる。この点、協調会調査においては、調査対象となった労働協約34件のうち、使用者側当事者として団体が12であり、労働者側当事者として総同盟12、海員組合5、総連合3など連合体ないし産別組合が過半数を占めていることからも明らかである。このうち、海員についてはもともと海運業の性格から産業単位の組織化が進んでおり、これ

---

18) 協調会9頁。
19) なお、協調会10頁には、大正8年7月の友愛会京都連合会が奥村電機商会に集合契約の実行を要求し、9年7月には友愛会紡織労働組合が富士瓦斯紡績に団体権の確認を要求して以後の運動をリードした経緯が記されている。
20) 具体的には、関東合同労働組合、東京市電自治会、京都合同労働組合、灘連合会、総同盟高崎合同労働組合が締結主体となっている。

を踏まえて逓信省は大正15年9月に、日本船主協会、日本海員組合、海員協会の三者の結成を指令した。そこでこれら組織の代表者は同年12月に共同委員会を開催し、その決議によって「海事協同会」という団体を組織し、海上労働問題解決のため、団体協約を締結することとした。この海事協同会は、事業として船員の職業紹介、船員の待遇に関する事項の協議決定、船主、船員間の争議の予防および調停、船員の募集および寄宿所の経営などをかかげ、船主150名(社)、海員組合87,000名が参加していた。具体的な協定として、遭難船員に対する手当、船員給与の最低月額などに関するものがある。[22]

第2に、第1の点と関連するが、特に労働組合の地位が確立されているとみられる場合には、合意された内容のうち、労使関係のルールを定めた規定としてクローズド・ショップおよびユニオン・ショップ事項が一般的にみられることであり[23]、労働組合が労働市場に対して一定の支配力を及ぼす傾向が認められる。なお、注(23)に記した東京製綱と総同盟とは10年以上にわたり協約による労使関係を維持したが、初発の労働協約は、クローズド・ショップを定めた注(23)の第1項に続き、以下の4か条を定めていた。当時の労働協約の1つの典型として興味深い。

2、東京製綱株式会社は日本労働総同盟製綱労働組合を公認し団体交渉権を認むること

3、労資双方とも一切の労働条件の改善に関しては一般製綱産業の条件を十分に考慮すること

4、組合は不良組合員に対して其責任を負ふこと

5、会社は出来得る限り従業員を優遇し組合は作業能率の増進に努力すること

第3に、労使関係が安定的に形成された事例においては、産業委員会や工場委

---

21) 協調会76頁。なお、この共同機関は、第2回ILO総会において採択された「海員に対する職業紹介所設置に関する条約」が大正11年に日本でも批准されたにもかかわらず、船舶所有者と海員の代表団体の協同事業として無料職業紹介所を設置するか、公共職業紹介所を設置するよう求めた条約の指示が実施されないことに対する海員組合の抗議に応え、船主と船員共同の職業紹介機関を設置し、同時に海事協同会の設立を指導したものである。

22) 協調会257頁以下。たとえば、「普通船員標準給料最低月額協定」は、水夫長から給仕まで、職種ごとに5段階の賃金基準を設け、最高75円から最低35円までの最低月額を規定したうえで、見習い期間の取扱いや、最低月額の受給資格としての海上実歴（乗船履歴）に達しない場合の措置など詳細な定めを置いている。

23) 例として、「製鋼会社ノ従業員ハ原則トシテ日本総同盟組合員タル事」（東京製綱と総同盟の協約：社会局昭和2年47頁）、「工場主ノ経営スル書付工場ニテハ中部陶畫組合員ニ限リ雇用ス」（山口陶器焼付工場と中部陶畫工組合との協約：同89頁）等の記載がみられる。

員会など、企業内において常設の労使協議機関が設けられていることである。これらの委員会は、労働側の委員を労働組合員が担うことが通常であり、実際の運用においては具体的な労働条件の決定をも対象としていた（例として、たとえば昭和4年5月25日に締結された玉川水道株式会社と日本労働総同盟関東労働同盟会との間で締結された労働協約によって「玉水労働委員会」の設立が規定されているが、その内容は以下のようなものであった）。

第1条　本会ヲ玉水労働委員会ト称ス
第2条　本会ハ玉川水道株式会社内ニ置ク
第3条　本会ハ会社ノ選任シタル委員及ビ傭員ノ互選ニ依リ選出セラレタル委員ヲ以テ組織シ労資協力ノ精神ヲ体シテ相互間ノ信頼ト協力トヲ完全ニシ当株式会社ノ進歩発達ヲ図リ且ツ従業員ノ人格向上ト生活安定ヲ得セシムル為メ労働条件ノ協定ヲ図ル機関トス
第4条　本会ノ議長ハ社長若シクハ社長ノ任命セル代表者之任ジ委員ハ会社ヨリ選出セル5名及ビ傭員ノ互選ニ依リ選出セル者5名並ニ日本労働総同盟関東労働同盟会中央合同労働組合長及ビ中央合同労働組合玉水支部長ヲ以テ組織ス
第5条　委員ノ任期ハ1カ年トス、但シ補欠委員ノ任期ハ前任者ノ残存期間トス
第6条　傭員選出委員ノ選挙権ハ当会社ハ勤務セルモノニシテ満20歳以上ナルコト
第7条　傭員委員ノ被選挙権ハ当会社ニ満1カ年6カ月以上勤続セル者ニシテ満25歳以上タルコト
第8条　本会ニ書記2名ヲ置ク、書記ノ任命ハ議長之レヲ行ヒ、其ノ担任事務ハ議長之レヲ定ム
第9条　本会議ハ毎年1回トシ11月之ヲ開催スルモノトス
第10条　本会ノ目的ヲ達成スル為メ準備委員会ヲ置ク
　　　準備委員会ハ毎月1回之レヲ開催ス
　　　準備委員会ノ議長及ビ委員ハ本会ノ議長及ビ委員ヲ以テ之ニ充ツルモノトス
第11条　本会議ニ上程スベキ議案ハ総テ準備委員会ノ承認ヲ得タルモノニ非ザレバ之レヲ上程スルコトヲ得ズ
第12条　本会議ニ於テ決定セル事項ハ再議ニ附スルコトヲ得ズ
第13条　本会ニ於テ満場一致ヲ以テ議決シタル事項ハ会社之レヲ実施ノ責ニ任ズ
第14条　本会ニ出席シ発言権ヲ有スルハ当会社重役及各部課長並ニ日本労働総同盟関東労働同盟会長松岡駒吉、同会主事斎藤健一、同会執行委員福岡金次郎等トス
第15条　本則ノ解釈及選挙ニ関シ疑義アル時ハ議長之ヲ決ス
第16条　本則ハ昭和4年9月1日ヨリ之レヲ実施ス

第4に、労働条件事項においては、給与の算定方法、支払い方法、賞与や各種手当、時間外労働や深夜労働における手当、日々の労働時間、休業手当、退職手当など、非常に広汎にわたる内容が規定されているものの、人事や賞罰、教育訓練や災害補償等についての規定は必ずしも一般化していなかったと思われることである。ただこの点については、高度成長期以降のように企業内労働市場が発達した時代とはかなり異なること、OJT の仕組みが定着していたわけではないこと、工場法による対応がなされていたことなどの事情を考慮する必要もあろう。しかし、少なくとも労働協約を締結した場合には、労働条件についてかなり踏み込んだ規定を置くことが通常であったことは注目される。

(d)　東京製綱と日本労働総同盟の協約関係

　なお、大正時代後期の労働協約運動において、安定的な労使関係の構築を導いた最も注目すべき事例の1つが、東京製綱と日本労働総同盟の労使関係である。もともと総同盟は、キリスト教人道主義を基盤とする穏健な労働運動を旗印としていたが、大正14年の普通選挙法成立を受けて、同15年に社会大衆党設立の主体となってから、産業界における存在感を飛躍的に高めた。そしてその後も労使協調を軸として共産主義やサンジカリズムと対峙しつつ労使関係の確立に努めていた。この一環として、東京三田に本社を有する東京製綱株式会社の6つの工場に徐々に組合員を拡大し、大正15年2月23日に、以下の内容の覚書を締結するに至った。

1、製鋼会社ノ従業員ハ原則トシテ日本総同盟組合員タル事
2、会社ハ組合ヲ公認シ団体ノ交渉権ヲ認ムル事
3、労資双方一切労働条件改正ニ関シテハ一般製鋼産業ノ条件ヲ十分ニ考慮スル事
4、組合ハ不良組合員ニ対シテ責任ヲ負フ事
5、会社側ハ出来得ル限リ従業員ヲ優遇シ組合ハ会社ノ作業能率増進ニ務ムル事

　この覚書ののち総同盟は、新たに日本製鋼労働組合を組織し、各工場に支部を設立して、それぞれの事情に応じた労働条件の維持改善を目指している。たとえば兵庫工場における大正15年9月15日の協定においては、以下のような6項目が合意されている。

1、残業勤務歩増ヲ1時間ニ付1歩5厘ニ増額スルコト
2、現在支給ノ10銭手当ヲ本給ニ繰入レルコト
3、爾来職工採用ハ組合ヨリ紹介スルコト

4、6ケ月皆勤賞典ヲ6日分支給スルコト
5、未成年工成年ニ達シタルトキハ成年工ト同額日給支給ノコト
6、定期昇給ヲ年1回金5銭以上トナスコト

　その後団体交渉は10年以上定期的に継続され、昭和3年からは毎年1回「労働条件協定委員会」という常設の協議機関によって労働条件を改訂することとしている。この委員会は労使同数の委員（第1回委員会では双方10名）に書記1名を加え、定期昇給、奨励金、健康保険など広範な事項について協議し、決定事項を書面化していた。[24]

(e)　**小括**

　このように、戦前においても労働協約の締結はある程度の実態がみられ、その傾向はドイツや英国の産業別労働組合と事業主団体との協約を、少なくとも目指したものであって、前記東京製綱の場合のように一定の成功例もみられるが、団体交渉と労働協約の締結とが日本の産業社会における一般的傾向にまでなることはなかった。昭和6年の社会局労働部調査「我国ニ於ケル労働協約ノ概況」においては、調査対象に関する統計表が載せられているが、そこに現れた労働協約は全国で49、適用労働者数は10万人余にすぎない（同32頁）。労働協約を実定法上の制度として導入する動きは、日本の実態からすると、少なくとも労使関係の実情を反映したものとはいえなかった。それでも大正15年の農務省社会局案をはじめ、いくつもの労働協約法案が提出されたのは、ドイツをはじめとする欧州の産業国家において労働協約法制が次々と出現していたことの反映と、労働協約が産業平和に資するとの一定の認識が当時の労使に共有されていたことによるものと想定される。[25]　総同盟はその後さらに発展し、昭和7年の第21回大会では、綱領として労働組合法と「団体協約法」の制定を主張している。しかし、その当時でも総同盟は4万8千人の労働者を糾合していたにすぎず、他方で労働運動は満州事変を契機とする日本の国際連盟からの脱退などの政治情勢の変化によって左右の対立を深めていた。結局労働協約を基軸とする労使関係の形成は、昭和恐慌や総同盟

24）　協調会147頁以下。
25）　このような事情をうかがわせる資料として製鋼労働組合編「協約10年」（1936年）4頁以下に掲げられた東京製綱専務赤松範一「組合公認に依る悪影響なし」中には、「産業経営の任に当る者が、資本と労働との調整按配に就いて、最も妥当なる考慮を払ふことは、当然のことであって、我が社が製鋼労働組合を公認したのも、この意向に基く」、「産業を中心として労使が協力することが、産業発展の基礎であり根幹である」などの叙述がみられる。

の左派の労働組合からも、経営者の大多数からも大きな支持を受けることはできなかった。その後日中戦争の勃発や産業報国会の成立などを経て、労使関係も戦時体制の中に飲み込まれ、労働協約を通した近代的な労使関係が発展的展開をみることはなかった。

(2) 第二次大戦後の展開

(a) 初期の状況と経営協議会運動

昭和20年の終戦ののち、占領政策の中心の1つとして掲げられた労働関係の民主化というスローガンに伴い、同年12月には早くも労働組合法が制定された。労働運動は勢いを巻き返し、組合の組織化が一挙に進むとともに、労働協約の締結も急速に拡大した。終戦後1年間の状況をみると、昭和21年4月段階で労働組合はすでに7,400に達し、組合員数も275万人と、戦前の最大数を瞬時に超えた（大正10年に組合数993、大正11年に組合員数42万人）。戦後最初期の労働協約の特徴は、労働条件に関する諸規定よりは、団体交渉権や争議権の承認、経営協議会など労働者の経営参加を認める規定が圧倒的に多かったことである。さらに、クローズド・ショップないしユニオン・ショップ条項、平和義務条項、就業時間中の組合活動の承認条項などが目立つ。特に経営協議会については、昭和21年6月14日に政府が社会秩序保持に関する声明において、「経営者側及び労働者側の代表者で構成する経営協議会等を各企業に設け、争議を必要としないような措置を予め整えておくことが望ましい」と述べ、経営協議会の設置を示唆するものと受け止められたことから、労働協約に経営協議会の設置と運営を規定することが一般化した。なお、中央労働委員会は昭和21年7月17日に、経営協議会指針を答申し、その中で、経営協議会を「産業民主化の精神に基づき、労働者を事業の経営に参画せしめるため、使用者と労働組合との協約によって設けられる常設の協議機関である」としたうえで、使用者側と労働組合側の委員の構成と選出のありかたの

---

26) 大河＝松尾・前掲注(16)『日本労働組合物語 昭和』62頁。
27) 時事新報社編『労働協約経営協議会 規約集』(時事新報社・1946)。
28) 資料労働運動史（昭和20～21年）によれば、昭和20年中に労働協約を締結したものは3組合、組合員数3,111名だったものが、21年には3,682組合、189万773名に達していた。
29) 前掲注(27)『労働協約経営協議会 規約集』によれば、調査対象となった労働協約総数の3分の1はこれら規定を有しているという。
30) 時事新報社・前掲注(27)27頁。

ほか、権限として、労働条件の適正化と労働力の保全に関する事項を中心として、人事事項や利益の配当などについても言及している[31]。

この経営協議会に関する実例として、三菱重工株式会社の茨城機器製作所における労働協約においては、従業員は原則として組合員でなければならないこと、経営協議会を設けること、経営協議会で決定したことは協約に明記することなどが明記され、労働条件事項について協約で直接規定してはいない。また、富士産業株式会社における労働協約では、労働組合を承認して団体協約権を認めること、経営委員会を設立して組合を経営に参加させることなどが明記されている[32]。

(b) **占領政策の転換と無協約状態への対応**

このような戦後最初期の状況は、昭和22年の二・一ストによる過激な労働運動の挫折、占領政策の転換、そして何より昭和24年の現行労働組合法の成立により大きく変化する。

まず、昭和23年の政令201号の公布によって公務員の団体交渉権が否定されたことを受け、一般私企業の労働組合についてもその民主制、自主性の確立が要望されて、同年12月には労働次官より各都道府県知事あてに「民主的労働組合及び民主的労働運動の助長について」との通牒が発せられ、協約についても、「一、労使の権利は相互に尊重されるべきこと 二、協約の適用範囲を明確に定めること 三、就業時間中の組合活動は原則として認めないこと 四、労働条件を詳細且つ明確に規定すること 五、苦情処理機関を設けること 六、紛争の平和解決のための規定を設けること 七、争議中の賃金は払わないこと等ノーワーク・ノーペイの原則を規定しておくこと 八、有効期間について明確な規定を設けること」などが支持された。これは昭和24年の労働組合法改正に大きな影響を与えている（注(37)『全書』5頁）。また昭和23年4月には日本経営者団体連盟が発足し、経営権確立の宣言を発して労使関係について経営側からの巻き返しをはかった。6月には「改訂労働協約の根本方針」を発表して、人事権の確立や争議行為の制限などを明らかにしている。

一方、この時期における労働協約についての最も重要な課題は、改正労働組合法によって使用者が労働協約を解約することが可能になり、無協約状態が氾濫し

---

31) 時事新報社・前掲注(27)27頁以下。
32) 時事新報社・前掲注(27)39頁以下。

たことであった。これに対して労働省は昭和25年5月13日に協約締結促進を促す通牒（発労21号）を発し、「労働協約は正常な労使関係の基幹をなすものであり、労働者の経済的地位の維持向上のための根本となるものであるが、最近の情勢においては、締結された労働協約の数は減少の傾向にあり、然も新協約の締結乃至協約改訂の交渉は必ずしも円滑に行われていない場合が多く、又現に有効に存続している労働協約の中にも、内容が公正妥当且つ十分に包括的なものでないものも少なくないようである」との認識を示したうえで、「最近の無協約状態乃至協約交渉の停滞状態は、速なる打開を必要としているのであって、従ってこの際労働省及び都道府県当局としては、かかる観点に立ち労働協約の締結を積極的に促進し、公正妥当な労働協約があまねく全企業に普及するように努めることが肝要である」と断じている。そして、目標として、無協約状態にある企業の協約締結促進、協約改訂の交渉の打開促進、労働組合法の精神に即した労働協約の締結促進の3点を掲げ、この目標達成のために労使双方との研究会や協議会の開催、労使双方に対する個別的指導、斡旋までをも指示した。[33]

これを受けて、昭和25年から26年にかけて再び労働協約の締結が進んだが、労働組合の組織率の急激な拡大に比べると、協約の締結率は必ずしも劇的な拡大をみなかった。[34] この時代の協約は、戦後最初期の協約とは異なって労働条件については具体的な規定が増加し、特に労働時間、休日、休暇の規定が整備されるようになった。ただ、賃金については、経済情勢がなお不安定なことから使用者側において具体的な内容を協約に規定することに躊躇がみられ、労働協約中に賃金に関する規定が整備されることはまれであった。[35] このため労働省は、具体的な賃金額をも含めた規定を労働協約に明記するよう指導するに至り、「我が国現在の労

---

33) この通達を受けて各都道府県知事宛に労政局長から発せられた労発157号（昭和25年5月13日）では、「労働協約締結上の問題点」として、一 協約に対する考え方及び交渉の態度について 二 経営権と労働権の問題について 三 組合員の範囲と争議条項について 四 ショップ制について 五 組合活動について 六 平和義務について 七 協約の効力及び期間について の7項目にわたって具体的な問題点を詳細に指摘し、対応を指示している。
34) 昭和26年労働省労政局「最近における労働協約の実態」によると、協約を有する組合は全調査組合数の37.3％、組合員数において44.9％であり、この数値は昭和24年時点での調査に比べ、組合数において18.8％、組合員数において42.2％の著しい減少を示しているとされる。また、同調査では、組合結成以来一度も協約を締結したことがない組合が組合数において全体の39.2％、組合員数において20.5％を占めるとしている。
35) 前掲注(34)・労政局50頁以下。

働協約は、インフレーション時代の沿革からして今なお賃金、賞与その他の給与の具体的金額をその中に明記せず、これらについては、労働協約とは有効期間を異にする賃金協定等の中に定めている場合が多く、この為に労働協約の有効期間中であると否とに拘らず労使間には、賃上げ、夏季手当、年末手当、賞与等の問題をめぐり、年に数度の労働争議が行われることが少くない。このような行き方を改めて、労働協約中に賃金、賞与、夏季手当、年末手当、退職金等のあらゆる給与を具体的に規定し、労働協約の有効期間中にこれらの問題につき労働争議を行う必要をなからしめることは、労働者に対してはその労働条件の確保を図り、使用者に対しては企業の平和を保障し、以て、労使関係の安定化を招来する為に必要不可欠であるとともに、労働組合が時間的、財政的余裕を得て共済福利活動その他の日常活動を活発化し、以て強固にして堅実なる労働組合の発達をはかるために、現在是非共考慮されなければならない事柄と考えられる」とし、このの[36]ち賃金規定をも盛り込む労働協約の増加も進んだが、「賃金と協約とは別個のものとして扱われる傾向がなお相当部分を占めている」という状態であった。こう[37]した状況は、「戦後協約の発展は、いわば『組合の地位承認』型協約から『賃率契約』型協約への移行という形態をとってきた」ものの、賃金については労働協約本体に規定しない傾向が続いたことなどから、「ドイツにおける如く、賃率契約という形態から発達してきたものとはむしろ逆の過程を辿っている」と評されている。[38]

(c) 昭和20年代中盤以降の状況

　昭和20年代中盤以降、労働組合の法認と団結権の保障が定着し、労働組合法の制定とその展開を経て、労働協約はその数を増大させ、役割も大いに拡大させた。当初の団結権、団体交渉権の確認や経営協議会による経営参加など労働組合側の攻勢による労使関係ルールの規定が中心を占めた時代から、労働組合法の改訂による無協約状態の出現とその解消、その過程での経営側の態勢立て直しと労働組合の穏健化等を背景として労働条件中心の労働協約が徐々に増加していったという経過がみられる。しかし、賃金に関しては協約による直接の規律は進まず、また戦前にみられたような産別・地域別労働組合と事業主団体との統一労働協約の

---

36) 昭和26年11月21日労発224号「労働協約中における賃金、賞与その他の給与額の明記について」。
37) 労働省大臣官房労働統計調査部編『労働協約全書』（労務行政研究所・1954＝以下「全書」）9頁。
38) 前掲注(37)・全書12頁。

試みはほとんどみられなくなった。他方で、ショップ制の規定が一般化し（「全書」の調査で88%、以下同様に「全書」の調査による数字）、組合活動の一定の保障と規制が定められ、経営協議会の設置と活動に関する規定が普及し（90%）、団体交渉手続の規定も通常みられる（81%）など、今日に至るまで続く傾向がこの時期に定着したものといえる。ただ、昭和20年代後半には平和条項を有する労働協約は26%にとどまり、71%の協約が争議条項を有するのと対照的である。なお、「全書」の調査では、チェック・オフは33%の比率にとどまっている。

その後、労働協約の締結率は高い数値を示し続けており[39]、規定条項も、海外勤務や育児休業など時代の変化に伴う新しい事項が加わるなどの傾向はみられるが、組合保障としてのユニオン・ショップ制の普及、労使関係ルールとしての団交や争議に関する手続規定の定着といった全体の特徴は大きな変化をみせていない。むしろ、組合組織率自体の低下によって、それでも持ちこたえている労働組合であれば労働協約を締結するのが通常であるという実態が見てとれるといえよう。

2 法制度としての労働協約制度の形成

(1) 第二次大戦前の状況[40]

(a) 第1回ILO総会の影響

労働協約に関して一定の法的コントロールを施そうとする動きは、1919年にワシントンで開催された第1回ILO総会を契機として本格化した。日本政府はこの会議に政労使の代表団を送り[41]、週の法定最長労働時間を定める第1号条約をはじめとする諸条約の採択に関与した。また、工場法と並ぶ一般的労働法制の構築も目指され、この時期から政府・政党によって「労働法」、「労働組合法」などと銘打った草案がいくつも策定されることとなるが、その中で労働協約に関する規

---

39) 昭和37年調査で65%、このうち1000人以上企業の組合で89%、29人以下企業の組合で29%〔労政局編『労働協約と労使関係 労働協約等実態調査』（労務行政研究所・1964）〕、昭和47年調査で77%、うち1000人以上94%、29人以下47%〔労政局編『最新労働協約の実態』（労務行政研究所・1974）〕、昭和52年調査で81%、このうち1000人以上で96%、29人以下で56%〔労政局編『最新労働協約の実態』（労務行政研究所・1979）〕、平成3年調査で91.3%、このうち1000人以上98.2%、29人以下は統計がない〔労政局編『最新労働協約の実態』（労務行政研究所・1991）〕。

40) 第二次大戦前の労働組合法案の具体的内容については、中窪裕也「戦前の労働組合法案に関する史料覚書」渡辺章先生古稀記念『労働法が目指すべきもの』（信山社・2011）207頁以下に詳しい。

41) ただし労働側代表として、労働組合員ではない鳥羽製作所技師の桝本卯一を送って物議をかもしたことはよく知られている。

定も検討されている。大正9年には農商務省と内務省社会局とが並行して労働組合法の草案を策定したが、いずれの草案も労働協約に関する規定は盛り込まれていなかった。これに対し、大正10年に策定された農商務省の「工業労働法」案は、49か条にわたって鉱工業に従事する労働者の保護や労使関係のありかたについて規定したものであるが、その第3条において

> 工業主は従業者をして1日に付9時間半1週に付57時間を超えて就業せしむることを得ず但し生糸製造業に在りては1日に付10時間1週に付60時間就業せしむることを得
> 工業主は16歳未満の者及第1条第1項第1号に掲げたる事業の従業者にして坑内に於て就業するものをして1日に付8時間1週に付48時間を超えて就業せしむることを得ず

として労働時間の原則を定めたうえで、第5条において、

> 慣習又は工業主団体及従業者団体間の協定に依り1週中の1日又は数日の就業時間を第3条の就業時間以下と為したるときは行政官庁の許可又は当該団体間の協定に依り其の週間に於ける他の日の就業時間を1日に付1時間以内延長することを得但し当該週間の就業時間は第3条に定めたる1週の就業時間を超ゆることを得ず
> 工業主又は従業者にして其の団体を組織せざるものに在りては其の代表者前項の協定を為すことを得

と定めて協約による労働時間の例外を認め、さらに第6条において、

> 第3条の規定に依ることを得ざる特殊の事由ある場合に於ては工業主団体及従業者団体間の協定に依り行政官庁の許可を得て同条の規定に異りたる就業時間の定を為すことを得但し協定中に定めたる一期間の就業時間は之を1週に平均して同条に定めたる1週の就業時間を超ゆることを得ず

としてこれを補強している。しかし、この草案は法案として議会に提出されることはなかった。このほか、大正10年の第44議会には国民党から、同11年の45議会には憲政会および国民党から、同12年の46議会には憲政会および革新倶楽部から、それぞれ労働組合法案の提出があったが、これらも主眼は労働組合の法認とその管理にあって、労働協約に関する規定は設けられていなかった。[42] その後、こうした労働組合法制定の機運を受けて、政府は大正15年の51議会に初めて政府案を提出した。本法案については、内務省社会局が大正14年8月に公表した原案に労働

---

42) これらの草案の具体的内容については、内務省社会局編「労働組合法案の沿革」(1929) 5頁以下に詳しい。以下に紹介する野党の草案についても本資料に依っている。

協約に関する規定があり、「第12条　労働組合カ雇傭条件ニ関シ雇傭者又ハ雇傭者団体ト契約（労働協約）ヲ為シタル場合ニ於テ協約ノ条項ニ違反スル雇傭者及組合員間ノ雇傭契約ハ其ノ違反スル部分ニ限リ無効トス無効ナル部分ハ協約ノ条項ヲ以テ之ニ代フ」と定めていた。この社会局案は当時はかなり進歩的なものと受け止められ、労働組合側はおおむね賛意を表し、後述のようにその後の各無産政党案にも影響を与えたことがうかがえる。この原案は、大正14年に内閣に設けられた行政調査会に提出され、行政調査会は議論の末に決議書を採択して政府に報告したが、上記決議書においては、「労働組合法ノ制定ニ付テハ左ノ要綱ニ遵フヲ相当ト認ム」とされたうえで、「10　労働協約ニ関スル規定（社会局案第21条ニ規定スル如キ）ヲ置クコトノ趣旨ハ之ヲ是認スルモ其ノ規定ノ内容ニ付テハ尚攻究ヲ重ネテ別ニ立法スルコト」との見解が付されていた。内閣はこの決議書を閣議において了承したため、社会局は原案を改めることとなり、結局51議会に提出された労働組合法案には労働協約に関する規定は置かれなかった。なお上記法案は、経営側の意向をかなり配慮したものであったが、結局審議未了に終わり、若干の修正を施して再提出された昭和2年の第52議会の法案も成立をみていない。

(b)　**浜口内閣下の模索**

こののち昭和4年7月に成立した浜口内閣は、社会政策審議会を設置してこれに「現下社会情勢ニ鑑ミ労働組合法制定ニ関スル意見」を諮問し、特に「労働組合法ニ関シ考慮スベキ主ナル諸点」として7項目を挙げて意見を求めた[44]。この中に、「7　労働協約ニ関スル規定ヲ設クベキヤ」との項目があったが、社会政策審議会はその答申において、「7　労働協約ニ関スル規定ハ組合法中ニ之ヲ設ケザルコト」と回答し、その理由を「労働協約ノ実例未ダ少ク之ニ関シ規定ヲ設クル時ハ別個ノ法律トシ詳細ナル規定ヲ設クベシ」としていた[45]。これにより政府は労働組合法案に労働協約に関する規定を置くことを断念し、その後紆余曲折を経て昭和6年の59議会に提出されたきわめて限定的内容の労働組合法案も、衆議院は通過したものの、貴族院において審議未了で廃案となったことは周知のとおり

---

43)　大正14年5月1日の閣議決定によって内閣総理大臣の監督のもとに内閣に設けられた機関で、政府提出法案につながるような各行政庁の事務につき検討して閣議に付すことを主たる任務としていた。

44)　この間の経緯については労働省編『労働行政史1巻』（労働法令協会・1961）431頁。

45)　前掲注(44)・『労働行政史1巻』433頁。

である。

　他方で無産政党を中心として、野党においては、上記農商務省の草案ののちに、労働協約に関する規定を含んだ労働組合法の草案、法案が提示されるようになった。その嚆矢は昭和4年の第56議会に社会民衆党が提出した労働組合法案であり、これは全文15条の簡便な内容であったが、その第10条に、「労働組合ガ雇主又ハ其ノ団体ト労働協約ヲ締結シタル場合ニ於テ之ニ反スル組合員ト雇主トノ単独契約条項ハ無効トス」との規定を設け、労働協約の労働契約に対する強行的効力を定めた。こうした動きは当時の左派政党に共通にみられ、日本大衆党も昭和4年12月大会において労働組合法案を決議し、これを翌5年7月に草案として公表したが、その中で、「第7条　労働組合ガ雇傭者又ハ雇傭団体ト賃金、時間其ノ他労働条件ニ関シ労働協約ヲ締結シタル場合ニ於テハ協約ノ条項ニ違反スル雇傭者及組合員間ノ雇傭契約ハ其ノ違反スル部分ニ限リ無効トシ無効ナル部分ハ協約ノ条項ヲ以テ之ニ代フ」との規定を設けている。これは上記社会民衆党の案を超えて労働協約につき強行的効力に加え直律的効力をも付与した注目すべき規定である。その後左派諸政党は労働組合法について共通の法案作成に着手し、昭和6年の58議会には社会民衆党、日本大衆党、労農党の共同提案として労働組合法案を提出したが、その第11条は、上記社会民衆党案10条をそのまま転記している。

　政府提出法案は労働協約に関する規定を含まなかったため議会においても議論はなかったが、上記の野党提出法案については若干の議論がみられる。特に、社会民衆党が提出した法案を審議した56議会の衆議院委員会では、第10条について、提出者として友愛会創設者でもあった鈴木文治が、労働組合が団体交渉をするための機関であり、団体交渉の結果を労働協約に記載し、その後は「組合員個々ガ単独ニ、勝手ニ雇主又ハ雇主ノ団体トノ間ニ契約ヲスルコトガ出来ナイ、契約ヲ致シマシテモ其契約ト云フモノハ無効トスル、斯ウ云フモノ……デアリマス、是ハ内外ニ其例ガ甚ダ多イノデゴザイマスカラ、若シ必要ガゴザイマスナラバ、重ネテ弁明ヲ致スコトモ辞シマセヌ」と説明している。これに対し議場からは、「此第10条サヘ削除ナサルナラバ、此組合法案ニ熱誠ヲ以テ賛同スル」との意見が出され、労資協調の産業委員会を設けることで代替できるのではないかとの主張がされた。これに対し鈴木文治は、「私ハ断ジテ其意思ガゴザイマセヌ、若シ労働組合法中ノ団体協約ニ関スル条項ヲ削除ヲ致シマスナラバ、是ハ全然骨抜ニナルノデアリマス」と断言し、労働協約制度がマルクス主義とは対峙するもので

あることや、労資協調に資することなどを滔々と論じている点は注目される[46]。鈴木文治はこの説明の中で、すでに総同盟に属する労働組合が一定数の使用者との間で労働協約を締結し、安定的な労使関係を構築していることも披歴しているが、結局この法案も成立することはなく、その後58議会に提出された法案についても[47]、ほとんど議論のないまま廃案となっている。

(c) **労働協約法制定の試み**

こうして、第二次大戦前には、労働協約に関する法制度が成立することは遂になかったが、政府部内には、労働組合法と切り離して労働協約法を独自に制定する方向が模索されていた。この試みは実を結ぶことはなく、具体的な作業の内容も公にされていないが、昭和5年10月18日大阪朝日新聞に掲載された11項目にわたる要綱は、以下のような内容であった。

一、労働協約とは労働組合と雇傭者との間になされた労働条件に関する規約をいふ
一、労働協約の当事者は労働組合（労働条件の維持改善を目的とする労働者の団体にして共済組合を含まず。）と雇傭者ならびに雇傭者の団体とすること。
一、労働協約は文書をもってなされたものに限り口頭をもってなされたものは含まないこと
一、労働協約締結の申込に対しては雇傭者側も組合側も拒絶することができること
一、労働組合に規約を定めてあるときはこの規約に違反して行なわれたる労働協約は無効となる。但し組合の総会によって追認された場合はこの限りにあらざること
一、労働協約をなしたときは行政官庁に届け出でさせ行政官庁はその利害関係者から要求あればこれを提示すること
一、期間の定めなき労働協約の効力期間は当事者の一方から協約破棄の提議あった日から1ヶ月乃至3ヶ月の後に終ること
一、労働協約の有効期間中はその協約の内容に関する限りそれを理由として工場閉鎖罷業などの闘争手段を講ずることを得ない
一、労働協約に一般的拘束力を持たせる方法（例へばドイツの制度の如く行政官庁がその協約の妥当性を認めて宣言したる場合には同一地方の同種の産業全部に対し拘束力を持つ方法）は採らないこと
一、労働協約の條項に違反する雇傭者と組合員間の雇傭契約はその違反する部分に限

---

46) 昭和4年3月19日衆議院議事速記録第35号。
47) 昭和5年5月9日衆議院議事速記録第11号。

り無効とし無効の部分は協約の條項をもってこれに代ること
一、労働協約はその締結後に組合員となったものにもその効力を及ぼすこと

　この内容をみると、労働協約の定義、当事者、書面要件、規範的効力、行政官庁への届け出、期間の定めなき労働協約の終了事由、平和義務など主要な要件と効果が盛り込まれているのみならず、不採用の方向は示されているものの一般的拘束力についても検討されていたことが明らかである。ある意味では現行労働組合法の労働協約に関する規定よりも充実した内容であり、後述の20年労組法中の労働協約に関する諸規定は、この要綱をアレンジしたものではないかとの推測も不可能ではないといえよう。逆にいえば、大正14年の内務省社会局案でさえ法案として成立しなかった当時の状況の下で、これだけ充実した労働協約法案が日の目を見る可能性はほとんどなかったものと思われる。[48]

(d)　小括

　以上のように、政府からも野党からも、労働協約に関する法令の策定には一定の努力が重ねられており、しかもその内容が、すでに20年労組法や現行労働組合法の中身を先取りしたものであったことは興味深い。労働組合法の制定と労働協約の法定化をめぐる議論が活発化した大正末期から昭和初期は、欧州における労働協約法の成立から間もない時期であって、その成果が紹介された時期にもあたっていた。特に、ドイツはワイマール期の労働法学隆盛期であって、ジンツハイマーを中心とする労働協約法理の議論が活発に展開されており、日本においてもドイツの議論を踏まえた労働協約法理の探求が進んでいた。そうした状況が労働組合法や労働協約規定をめぐる議論を強く規定したことは容易に想定できるが、他方で、労働協約による労使関係構築の経験が当時の産業界に一般的にみられるという状況ではなかったことは、労働協約の機能を法制度として取り入れるにはなお時期尚早であったとの評価をも可能にするであろう。

---

48)　社会局が労働協約法を労働組合法とは別に構想した背景につき、本要綱をスクープした大阪朝日新聞の記事は、「内部には労働組合法がそれほど生みの悩みを経なければならぬとすれば同案を固執するよりもむしろこの際労働協約法によって作用の点から組合を保護するほうが一層効果的であるとして組合法に代ふるに労働協約法をもってすべしとの意見が相当有力になってゐる」と記している（昭和5年10月18日夕刊第1面）。

(2) 20年労組法における労働協約規定の意義
(a) 20年労組法の成立

　第二次大戦後、最も早く占領政策の成果が表れた分野の1つが労働政策であり、昭和20年12月という段階で成立した労働組合法はその象徴であった。[49]

　日本の統治を事実上司ったGHQは、占領初期の中心的な政策の1つとして労働の民主化を急ぎ、すでに10月11日の段階で、マッカーサーは幣原喜重郎首相に対し、いわゆる戦後五大改革の具体化の1つとして、労働組合法の制定を促していたが、戦後労働改革に対するGHQの意向はさらに早くから日本政府に伝わっており、政府は10月1日には労務法制審議会の設置を決定していた。[50] これを受けて、同審議会は同年10月27日から11月21日までの3週間余りのうちに5回の総会を開催し、第一次～三次まで3つの草案を作成したうえで、11月24日に答申案を提出している。審議会における主要論点は、審議会開始にあたって亀山政務次官から提示され、労働組合法制定の理念など4項目があげられているが、その1つとして「労働協約の成立、効力、期間等を含む労働組合の組織活動に関連する諸問題」があった。実際の審議の過程では、産業報国会の取扱いや争議調停に関する法的ルールをどうするかなどの議論が交わされたが、末弘厳太郎会長は第2回総会において「意見書」を委員に提示し、その中で労働組合法案の基本方針と基本事項を明らかにした。末弘会長は基本方針において団体交渉機能を積極的に助長するよう立法上の考慮を払うことを示し、これとの関連で労働協約に関し比較的詳細な規定を設けることを提案したうえで、基本事項では、労働協約につき、書面に作成させて届け出をさせ、有効期間を定めることを規定すること、効力としては、第1に労働契約に対する強行的効力を明記し、協約有効期間中の争議は仲裁や調停に付して直ちにストライキ、ロックアウトに出ることを禁止する旨を定めることなどを示した。その後11月15日の第3回総会で第一次草案が、11月19日の第4回総会で第二次草案が、11月21日の第5回総会で第三次草案がそれぞれ

---

49) 以下に記載する労働組合法制定の時系列的推移については、労働関係法令立法史料研究会編『労働関係法令の立法史料研究（労働組合法関係）』（労働問題リサーチセンター・2013）に依る（20年法については同書1頁以下、24年法については83頁以下）。なお、本書ではこのほか、特に労組法17条および18条の一般的拘束力など法制定過程の事情が注目される内容については、労働関係法令立法史料研究会編『労働組合法立法史料研究（条文史料篇）』および同『労働組合法立法史料研究（解題篇）』（JILPT 国内労働情報・2014）をも用いる。後述第2編II参照。

50) 前掲注(49)・『労働関係法令の立法史料研究（労働組合法関係）』3頁。

示されたが、労働協約に関しては、第一次草案で期間を定めることと3年以内に限ること、強行的かつ直律的効力を有すること[51]、事業場単位と地域単位の一般的拘束力を有することの4点について4か条が規定され、第二次草案において地方長官への届け出を効力発生要件とすること、実行義務と平和義務を課することが加えられた。そして第三次草案では、書面作成の義務付けが付加されたほか、実行義務規定と平和義務規定が分離され、後者については争議行為の禁止が明記されている。これらの変遷ののち答申案の協約に関する諸規定は、ほぼ第三次草案に沿って整備されたが、政府提出法案は、答申案の語句の修正や条文の順番を調整して国会に提出されている。国会では簡単な審議が行われたのみで、結局無修正で可決成立した。

(b) 諸規定の概要

成立した労働組合法における労働協約規定は以下の通りである。

第19条　労働組合ト使用者又ハ其ノ団体トノ労働条件其ノ他ニ関スル労働協約ハ書面ニ依リ之ヲ為スニ因リテ其ノ効力ヲ生ズ

労働協約ノ当事者ハ労働協約ヲ其ノ日ヨリ1週間以内ニ行政官庁ニ届出ヅベシ

第20条　労働協約ニハ3年ヲ超ユル有効期間ヲ定ムルコトヲ得ズ

第21条　労働協約締結セラレタルトキハ当事者互ニ誠意ヲ以テ之ヲ遵守シ労働能率ノ増進ト産業平和ノ維持トニ協力スベキモノトス

第22条　労働協約ニ定ムル労働条件其ノ他ノ労働者ノ待遇ニ関スル規準（当該労働協約ニ依リ規準決定ノ為設置セラレタル機関ノ存スル時ハ其ノ定メタル規準ヲ含ム以下同ジ）ニ違反スル労働契約ノ部分ハ之ヲ無効トス此ノ場合ニ於テ無効ト為リタル部分ハ規準ノ定ムル所ニ依ル労働契約ニ定ナキ部分ニ付亦同ジ

第23条　一ノ工場事業場ニ常時使用セラルル同種ノ労働者ノ4分ノ3以上ノ数ノ労働者ガ一定ノ労働協約ノ適用ヲ受クルニ至リタルトキハ当該工場事業場ニ使用セラルル他ノ同種ノ労働者ニ関シテモ当該労働協約ノ適用アルモノトス

第24条　一ノ地域ニ於テ従業スル同種ノ労働者ノ大部分ガ一ノ労働協約ノ適用ヲ受クルニ至リタルトキハ協約当事者ノ双方又ハ一方ノ申立ニ基キ労働委員会ノ決議ニ依リ行政官庁ハ当該地域ニ於テ従業スル他ノ同種ノ労働者及其ノ使用者モ当該労働協約（第2項ノ規定ニ依リ修正アリタルモノヲ含ム）ノ適用ヲ受クベキコトノ決定ヲ

---

51) ただし労働協約のみならず「基準設定ノ為設置セラレタル機関ノアル時」は、その機関が定めた基準にも同じ効力を付与するとしている。これは、産業委員会や経営協議会など労使による常設の協議機関を意味している。

為スコトヲ得協約当事者ノ申立ナキ場合ト雖モ行政官庁必要アリト認ムルトキ亦同ジ

労働委員会前項ノ決議ヲ為スニ付当該労働協約ニ不適当ナル定アルト認ムルトキハ之ヲ修正スルコトヲ得

第1項ノ決定ハ公告ニ依リテ之ヲ為ス

第25条　労働協約ニ当該労働協約ニ関シ紛争アル場合調停又ハ仲裁ニ付スルコトノ定アルトキハ調停又ハ仲裁成ラザル場合ノ外同盟罷業、作業所閉鎖其ノ他争議行為ヲ為スコトヲ得ズ

以上6か条は、日本において初めて労働協約につき定めた法律の条文であり、書面作成、期間の規制、規範的効力、事業場単位と地域単位の一般的拘束力という現行法においても変わらないルールの骨格がすでに明記されている。その意味では、日本の労働協約法制は初発の制定から基本的には変わらずに維持されているといえよう。

しかし、当然ながらその後修正を余儀なくされた部分もあるのみならず、これらの規定がどのような立法者意思を反映し、またいかなる解釈を可能にすべきかは議論の余地がある。そこで、制定の段階でこれらの規定がどのような意義を有すると考えられていたのかをみてみたい。

(c)　諸規定の意義

まず19条は、労働協約の効力発生要件と、併せて行政官庁（当該労働協約の当事者たる労働組合の主たる事務所の所在地を管轄する都道府県知事および当該労働協約の当事者双方に係る工場事業場の所在地を管轄する都道府県知事―施行令32条）への届け出の義務を定めている。審議会の過程では地方長官への届け出を効力発生要件としていたが、第三次草案以降効力発生要件は書面作成のみとし、届け出はこれと切り離すこととなった。届け出義務違反には50円以下の過料の制裁を科している（37条2項。なお、本法は効力発生につき署名や記名押印を要件としていない）。

次に20条は労働協約の期間について定めている。期間の定めを付することや、上限を3年とすることについては、第一次草案から国会提出法案まで修正はない。現行法も労働協約に期間を定める場合の最長期間を3年としたままであるので、3年という期間は広く受け入れられる長さであったことが推察される。なお、期間を定めない協約については当事者の協議によって解約されるまで効力を有し、当事者の一方の解約申し入れのみでは失効しないこと、および当事者が希望する

場合には解約申し入れによる失効方法を予め協約中に規定すべきであるとの解釈が末弘博士によって示されていた[52]。労働協約を解約できないために非常な負担を強いられたと考える使用者側が、昭和24年に本規定が全面的に改正されて解約が可能になったのち、次々と労働協約を解約していわゆる「無協約状態」が出現した遠因は本規定とその解釈にあった。

21条は、協約の遵守義務を定めた規定で、現行法には存在しない。本規定の趣旨は、道義的な協力義務であって労働協約制度の根本精神を定めたものであるが、末弘博士は、違反に対しては争議行為の正当性判断に重要な影響を与えうることを指摘している[53]。

22条は、労働協約の効力を定めた規定であり、労働条件その他の労働者の待遇に関する基準に違反する労働契約の部分を無効とし、無効となった部分は労働協約の定めるところによること、労働契約に定めがない部分についても同様とするという基本的骨格は、現行法と全く変わらない。この規定は日本の実例と諸外国の例を参考にしたものであるが、日本の実例で最も影響を与えたのが前掲の海事協同会の協約である。諸外国の例としては、ほとんど同じ規定を有するドイツの例が大いに影響を与えたことは容易に推測されよう[54]。本規定で最も注目されるのは、労働協約そのもの以外に、基準設定のために設けられた機関の策定した基準にも同様の効力が付与されていることであり、当時は企業内の経営協議会がかなり一般化していたことが強く反映しているものといえるが、末弘博士は「労使当事者双方を代表する者に依って構成される委員会の類を設置し、之をしてかかる基準を定めしめることである」としている[55]。

23条は、工場事業場単位の一般的拘束力を定めた規定である。第一次草案から存在した規定であるが、第二次草案までは「常時使用」および「同種」の限定はなく、第三次草案になって転換がなされている。なお、末弘博士は「一工場一事業場の場合で、労働協約が本来の要件を満たすときは、アウトサイダー（組合未

---

52) 末弘厳太郎『労働組合法解説』（日本評論社・1946＝以下「末弘・解説」）70頁。
53) 末弘・解説71頁。
54) 「(労組法の労働協約に関する規定につき、)その基本的な考え方はヨーロッパ大陸法系の流れをくんでいる」（厚労省・コメ544頁）、「わが国労働協約立法……は、ドイツ、とくにワイマール・ドイツの立法を実質上取入れたもの」久保敬治『労働協約法の研究』（有斐閣・1995＝以下「久保・研究」）278頁。
55) 末弘・解説72頁。

加入者）も協約に違反できない」と説明しているが、これは労働組合が定める労働条件の基準に統制力を付与したものとの解釈が可能である。[56][57]

24条は地域単位の一般的拘束力を定めた規定である。拡張適用の決定につき労働委員会のみが挙げられていること、当事者の申立がない場合にも行政官庁（管轄地域を管轄する都道府県知事。ただし当該地域が二以上にわたるときは厚生大臣―施行令34条）が職権でこの拡張適用を労働委員会の決定にゆだねうることを除けば、基本的に現行法と同一である。なお、ここにいう「同種」は、事業場単位の一般的拘束力の場合と異なり、職業または産業の同種性であると考えられていたようである。[58]

25条は、平和義務に関する規定である。敗戦後多発していた争議を背景としていることは明らかであり、厚生大臣の衆議院における説明では「労働協約は、闘争に依らずして円満平和的に労使関係を調整することを本来の使命としており、仲裁約款についても拘束力を持たせることが当然の趣意である」（官報衆議院議事録第10号159頁）としている。末弘博士の解説も、仲裁や調停による争議行為の防止を重視しており、労働協約中に仲裁・調停の規定がある場合に争議行為ができないのは当然であるとする。[59]

(d) 小括

20年法制定後、労働省は6回にわたり解釈例規を発しているが、労働協約についてはさほど多くを割いていない。ただ、解釈例規第4号（昭和22年11月17日労発156号）では、23条にいう「同種の労働者」につき、「労働協約の適用されるべき範囲により異なる。例えば工場事業場の全従業員に適用される協約においては、工場事業場の従業員たるもの、工員のみに適用される協約においては、工員たるもの、旋盤工のみに適用される協約においては、旋盤工たるもの、男子のみに適用される協約においては、男子たるもの、又部課長以外の平従業員のみに適用される協約においては、平従業員たるもの等が、それぞれ『同種の労働者』である」としている。同種の労働者についてはその後判例・学説の議論が続き、現在

---

56) 第3回労務法制審議委員会議事録25頁。なお、労務法制審議委員会議事録は前掲注(49)・『労働関係法令の立法史料研究（労働組合法関係）』の中に、簿冊②として引用されており、総頁が付されている。末弘博士の本文に掲げた発言は同簿冊②293頁に記されている。
57) 前掲注(49)・『労働関係法令の立法史料研究（労働組合法関係）』5頁［渡辺章執筆］。
58) 末弘・解説77頁。
59) 末弘・解説77頁。

に至るも見解が一致しているとはいいがたいが、20年法制定当時の行政解釈はこのようなものであった。また、「24条の規定に基づく行政官庁の決定があった場合、当該労働協約の有効期間が満了しても決定を取り消さない限り、一般的拘束力の効力は存続するか」との問いに対して、「本条の決定は、当該労働協約の有効期間が満了し、又はそれが廃止された場合は失効するから、決定の取消を要しないで一般的拘束力は消滅する」との回答を付している。地域単位の一般的拘束力が現実味を帯びていた時代の解釈といえよう。

　以上の諸規定を概観すると、20年法と現行法との間には全体としては非常に大きな違いがある（特に不当労働行為制度、労働組合の成立や構成等）が、労働協約については基本的な変化は大きくないことが理解できよう。労働協約の実行義務や平和義務は、規定こそ削除されたものの、労働協約の債務的効力としてそれ自体は今なお認められているし、労働協約の成立、効力、一般的拘束力については、経営協議会を想定した部分などを除いてほとんど変わっていない。したがって、これらに対応する現行法の解釈についても、20年法の内容と諸規定の意義とを軽視することはできないといえよう。ただ、期間については、昭和24年の改正と同27年の改正においてそれぞれかなり大幅な変更がなされている。しかしそれも期間の定めのない労働協約の解約手続など20年法において不備であった規範を整備したものであり、期間の定めある労働協約が最長3年以内の期間のみを定め得るという骨格に変化はない。

(3)　24年法と27年改正
(a)　24年法制定の経緯
　20年法が、終戦後わずか4か月という短期間に策定されたことは、戦後の労働界の実情やその変遷、あるいは占領政策の変化などによって見直しを余儀なくされる宿命にあったといえる。特に、1947年の二・一ストの中止命令や、1948年からのソ連と米国の冷戦、レッドパージの実行、政令201号による公務員に対する労働基本権の制約等を通じ、20年法の改正はGHQにとって喫緊の課題となっていた。

　改正の直接の発端は、GHQの3回にわたる勧告であり、昭和24年1月4日に第1回と第2回の勧告が、翌5日に第3回の勧告が発せられている。これらの勧告は全体として労使関係のさらなる民主化のために労働組合法の抜本的改正を要

請するものであるが、労働協約については、以下の2点が取り上げられている。第1に、当時有効な労働協約の多くが、労使のいずれかがその解除に同意することを拒絶する場合には、これを無期限に延長する旨を規定しているため、一方の拒否権によっていつまでも協約が存続することになっている不備が指摘され、20年法20条を「労働協約は、両当事者の同意なきときは、その規定する有効期間を延長してはならない」と修正するよう求められている。第2に、協約の解釈に関する紛争を解決するための苦情処理機関の利用を規定することが求められている。労働協約についての要請はこの程度であり、他の部分に比べると大きな変更は求められていない。実際に24年改正による労働協約の規定は、実行義務と平和義務の規定が削除されたほかは、上記GHQの求めに応じて期間に関する規定を改定したことが主要な変化であり、基本的には20年法を踏襲しているといえる。しかも、24年改正については十数度にわたって草案が策定され、その過程では団体交渉制度に関する仕組みにつき当初構想されていた交渉代表制を撤回するなど大きな変更を生んだ「法案転換」というべき劇的なイベントもあったが、労働協約の部分についてはそのようなドラマはなく、むしろ淡々と改正が進められたといってよい。政府は、上記勧告を受けて、24年1月から4月までの3か月の間に12回にわたって草案を作成し、結局4月25日に法案を閣議決定したのち、28日に国会に提出されている。

　草案作成過程では、実行義務や平和義務に関する規定は早々と削除され（第二次案で削除）、期間に関する規定の修正に力がそそがれたほか、労働協約の成立要件としての書面性に加え、署名も要件とされるなどの限定的な修正がなされている。

　なお、国会提出案に関しては労働省内で国会での質疑を想定した問答集が作成されており、その中では、争議団が協約当事者になれないこと、労働協約の期間については、それまで強い批判のあった自動延長規定の取扱いにつき、15条2項として当事者の合意がない限り期限が到来した労働協約は延長されないこと、しかし協約自体の中に合意のある限りは延長を認めるとの定めを置いて、当事者一方の意思に反する自動延長規定が許されないことを目したことなどが記されている。

(b)　**24年法の意義**

　成立した24年法の労働協約に関する規定のうち、16条〜18条は、18条の労働大

臣が厚生労働大臣に変更された以外は現行法と同一である。これに対して14条は、「労働組合と使用者又はその団体との間の労働条件その他に関する労働協約は、書面に作成し、両当事者が署名することによってその効力を生ずる」と規定され、15条は、「労働協約は、有効期間を定めた条項を含まなければならず、且つ、いかなる場合においても、3年を超えて有効に存続することができない。　2　労働協約は、その中に規定した期限が到来した時以後においてその当事者のいずれか一方の表示した意思に反して、なお有効に存続することができない。但し、この規定は、労働協約の当事者のいずれか一方が反対の意思を表明しない限り労働協約の効力が更新される旨の労働協約の規定を排除する趣旨に解釈されてはならない」と規定されていた。

　この14条については、20年法に比べ、労働協約の成立と効力発生について、一方では署名を加えて労働協約の法的地位の確認をはかり、他方では届け出義務を廃して労働協約の成立に関する手続を簡素化した点に意義があるが、署名という行為が日本社会に一般的ではなかったことで混乱を生じたことで昭和27年にさらなる改正がなされている。[60] また、15条は有効期間を必ず定めることとしているが、有効期間の定めのない労働協約をただちに無効とすることは適切でないこと、解約についての手続が必要なことなどから27年法で大きく改正されるところとなった。

　なお、24年法は、終戦後一定の時間を経て初期の混乱が徐々に収まっていた時期でもあり、憲法や労働基準法など労働関係に関する基本的な法体系も整いつつあったこともあって、多くの注釈や解説書を生んだ。これらのコンメンタールや解説書の内容が、その後の労働組合法の解釈に大きな影響を与えていること、労働協約については特に変化が少ないだけに強い影響力を有していることも注目されよう。[61]

(c)　**27年改正**

　その後占領が終了し、日本が独立してすぐの昭和27年に、労働組合法はもう一

---

60)　最高裁大法廷は24年法の「署名」につき「ここに署名とは、自ら自己の氏名を書くことをいうものと読むべきであるから、記名押印をもってこれに代えることはできない」と断じている（トヨタ自動車工業事件―最大決昭26・4・2民集5巻5号195頁）。

61)　特に重要な影響をもたらした注釈書として、東京大学労働法研究会『註釈労働組合法』（有斐閣・1949）、末弘厳太郎『新労働組合法の解説』（毎日新聞社・1949）、賀来才二郎『改正労働組合法の詳解』（中央労働学園・1949）などがある。

度大きな改正を施された。その直接的な契機は、1951年のリッジウェイ声明（占領下に発せられた諸政令の改訂を容認する内容）に応えて設置された政令諮問委員会が、労働組合法、労働関係調整法、公共企業体等労働関係法などに分かれている労働関係法の整理、労働委員会の強化、団体交渉の円滑化をはかるため交渉単位性の導入を検討することなどを含んだ意見が提出されたことである（昭和26年7月9日）。27年改正は、このようにむしろ法令相互の整合性や統一をはかることが主たる目的であり、労働組合法独自の懸案としては交渉単位制導入の可否にあったので、24年法の場合と同様に改正のための審議は何度も重ねられたが（公労使三者構成による労働関係法令審議委員会が昭和26年10月12日に設立され、ここで審議が行われた）、労働協約についての改正は上記のように14条と15条に関する内容にとどまっている。27年改正法は昭和27年7月31日に国会を通過し、8月1日から施行された。労働協約に関して改正された2か条は現行法の通りである。

(4) 現行労働協約制度の位置づけ

以上のように、労働協約法制は大正末期に試みられた労働組合法案の制定の努力においてすでに構想され、第二次大戦後に成立した労働組合法で実現したが、何よりも特徴的なのは、基本的な規定内容が驚くほど一貫していることである。すなわち、大正10年に社会民衆党によって提出された労働組合法案における労働協約の規定がすでに強行的効力を定め、その後内務省社会局案は直律的効力をも定めている。20年法も24年法も、この効力規定を基軸として、労働協約の成立や期間、一般的拘束力などを加えて協約法制としての概要を整えたものであると評価しうる。これは労働協約の実態にも呼応しており、明治時代から徐々に締結されていた労働協約は、大正時代末期には、わずかな数ではあったが、総同盟の戦略などにより着実な展開をみせ、団結の承認、団体交渉の容認、産業委員会など労使共同の委員会設置と運営のほか、賃金や労働時間等についての規定もみられた。そして戦後は一挙に労働協約の締結が進んだが、その内容も、戦後初期に経営協議会規定が目立つなどの傾向はあったものの、基本的には戦前の蓄積を踏まえた展開を示した。

また、第二次大戦後に日本における初めての労働組合法が制定された際、決定的な影響を及ぼし得たGHQが、確かに労働組合法全体に対しては大きな指導力を発揮したものの[62]、労働協約については、期間の定めに関する政策的な勧告・指

導を行っただけで、労働協約の法的性格や規範的効力の根拠など、労働協約法制の枠組みにかかわる事項については、24年の改正法に至るまで、法の内容を左右するような介入を行っていないことも注目すべきであろう。唯一、労働協約にかかわる大きな変化の可能性は、24年法および27年改正における交渉代表制の設置の試みであり、仮にこれが実現していれば労働協約に関する規定にも少なからぬ影響を与えたことは間違いない。しかし、GHQが直接法改正に介入し得た24年法についても、また日本が占領から脱してすぐに着手された27年改正についても、結局交渉代表制の導入は見送られたので、労働協約に関する規定も大きな変更はなかったし、交渉代表制が米国独特の制度であったことを踏まえれば、交渉代表制の導入は労働協約にも米国の考え方が影響したであろうことは間違いないが、それも回避されたのである。

　以上の経過は、一方で、労働組合法の労働協約規定が簡単な内容にとどまって、労働協約法制を整備している他の諸国、とりわけ日本が決定的な影響を受けたドイツなどの法規定に比べて多くの課題を解釈や運用にゆだねたままになっていることの遠因でもあるが、他方で、労働組合法のうち少なくとも協約法制に関しては、戦前から続く考え方が強く反映する形で策定されたことを意味する。

　こうして、日本の労働協約法制は、その黎明期から現在に至るまで、ほぼ一貫して、規範的効力を中心とする労使の自治規範として歴史を貫徹してきたと評価することができる。このことは、今なお解決のついていない労働協約をめぐる法的諸課題の検討にあたっても、十分に留意すべきであろう。

第3節　諸外国の労働協約法制の展開

1　序

　労働協約は、19世紀に各国において産業革命が拡大し、工場制労働と市場経済が発達していく過程において共通にみられる現象である。そして、後発資本主義国としての日本は、これらの先進諸国から学びながら実定法を制定し、政策の参

---

62)　これらの点については、竹前栄治『戦後労働改革——GHQ労働政策史』79頁以下、遠藤公嗣『日本占領と労資関係政策の成立』19頁以下参照。

考としてきた。労働協約についても例外ではない。そこで、日本との関係において法制度や政策の展開にあたり比較的影響を強く受けた諸外国として、米国、英国、フランス、ドイツの労働協約法制を概観し、そのうち決定的な影響を与えたとみられるドイツの法制度につき、必要な限りで検討したい。なお、その際20世紀末以来各国に共通してみられる傾向についても、日本の労働協約法制のありかたを考える契機という観点から触れることとする。

2 概　　観

(1) 米国[63]

(a) ワグナー法による規制

米国の労働協約法制は、第1に排他的交渉代表制という独特の制度に土台を置く労使関係法制の一環として位置づけられ、団体交渉それ自体を重要な法システムとする構造の中では補完的な役割を与えられていること、第2に、労働協約は基本的には契約の一種であり、法による例外が認められている場合以外は一般的な契約法理に服すること、第3に、労働協約をめぐる紛争は仲裁制度によって解決することが前提であり、協約訴訟は法的には可能であるものの、さほど重要な役割は果たしていないこと、第4に、近年では米国でも労働組合組織率の低下が著しいこととグローバリゼーションの影響により、労働法制の個別化と柔軟化が進んでおり、その中で労働協約は、労働関係の規範としての機能を弱めつつ、個別的労働関係の基準を定めた法の規制を逸脱したり緩和したりするという役割も果たしつつあるという傾向を有している。

まず、団体交渉を基軸とする米国では、南北戦争後の1860年代から産業資本主義が飛躍的に発展し、労働運動も活発化していたが、労働協約も19世紀末にはかなりの定着がみられるようになっていた。しかし法制度として正面から労働協約が対象とされたのは1935年の全国労働関係法（NLRA＝ワグナー法）においてである。同法は、団体交渉制度や不当労働行為について今日まで続く米国独自の法ルールを整えた法律であるが、労働協約についても一定の規制を行っている。同

---

63) 米国労働協約法制の経緯と特質に関しては、近藤享一「アメリカの労働協約」有泉亨ほか編『講座 労働問題と労働法 4 巻』（弘文堂・1957）25頁、本田尊正「労働協約の比較法的研究　アメリカ」日本労働法学会編『新労働法講座 5 巻』（有斐閣・1966）50頁、佐藤進『アメリカ労働協約の研究』（勁草書房・1961）、中窪裕也『アメリカ労働法〔第 2 版〕』（弘文堂・2011）参照。

法8条(d)項は、労使協議の結果として成立した合意書面をwritten contract（「書面契約」であるが、通常労働協約と解されてる）として位置づけ、協議が合意に至ったにもかかわらず書面にすることを拒否する行為は不当労働行為（unfair labor practise）とされている。期間については特に規制はなく、期間の定めのない労働協約は60日の告知期間をもって解約が可能である（NRLA 8条(d)項。ただし後述の団体交渉手続に従う）。また期間の定めのある労働協約であっても、締結当事者たる組合が、当該職場における、交渉代表選挙で代表としての地位を失った場合には効力を失う。米国の労働協約法制が、団体交渉制によって規定されていることを意味する象徴的な規定の1つである。

労働協約の廃止・改訂については、これを望む側が、有効期間の満了前もしくは廃止・改訂を望む日のそれぞれ60日前にそれを相手方に通告し、新協約の締結について団体交渉を行わなければならない。30日間のうちに妥結しなければ、争議状態として所定の紛争調整機関に通告しなければならない。米国労使関係法制は団体交渉を基軸とするものであり、労働協約に記載されている事項についての協約有効期間中の団交要求を使用者は拒否できるのが原則であるが、当該労働協約を締結する前提となった団交において協議の対象となり、合意した事項については、書面化されていなくても団交の要求を拒否しうるとされている。[64]

(b) タフト・ハートレー法の意義

ワグナー法に次いで労働協約を規制する法令として重要なのは1947年のタフト・ハートレー法であり、その301条は、労働協約違反について連邦裁判所に訴えを提起できることとした。本規定が生まれる以前は、もともと労働協約は契約の一種であって各州法が管轄し、各州法ではコモン・ローの原則により法人格のない労働組合を当事者とする訴訟が認められていなかったので、協約違反を訴訟で争うことができなかった。コモン・ロー原則は現在まで貫かれているアメリカ契約法の根本原理なので、タフト・ハートレー法の本規定は特別な意味を有していることとなる。ただ、米国は契約については非常に強固な「仲裁社会」であり、労働協約についても詳細な仲裁条項が記載されていることが通常であって、仲裁を経ずして訴訟を提起しても、裁判所は、仲裁手続が尽くされるまでは訴訟手続

---

64) Jacobs Manufacturing Co. 94 N. L.R. B 1214 (1951). なお、この間の経緯については労働省労政局編『先進諸国の労使関係法制』（1992＝以下「先進諸国」）59頁に詳しい。

が停止されることとされている[65]。

　米国の労働協約は、排他的交渉代表制度を前提とする労使合意なので、労働協約自体において最低基準であることが明示されているなど個別合意を許容することが明らかである場合を除いて、いわゆる有利原則は原則として認められない。

　労働協約が失効してのちは、団体交渉が持続している限りは使用者による協約上の労働条件の一方的変更は認められない。上記のように協約締結組合が交渉代表選挙に敗れ、協約の効力が失われた場合であっても、使用者が協約上の労働条件の変更を意思表示しない限りは失効した労働協約の労働条件によって労働契約が締結されているものとみなされる[66]。

(c) 仲裁条項

　米国の労働協約において最も特徴的なのは、仲裁条項の機能である。米国の労働協約はほぼすべて詳細な苦情・仲裁条項を有しており、協約の解釈適用に関する紛争を苦情・仲裁手続により解決する、と規定されている。協約に関して苦情が提起されれば、まずは協議によって解決が図られるが、それが不調に終わった場合には中立の第三者による仲裁にかけられる。仲裁人の裁定は、協約の解釈適用の範囲内で終局的でありかつ拘束力を有する (final and binding)。この仲裁規定は、ワグナー法以降効力を強める解釈がなされており、1960年の3つの判決 (United Steelworkers v. American Mfg. Co. 363 U. S. 564, United Steelworkers v. Warrior & Gulf Navigation Co. 363 U. S. 574, United Steelworkers v. Enterprise Wheel & Car Corp., 363 U. S. 593) において連邦最高裁は、協約違反訴訟においては裁判所は労働協約の実体的解釈を回避し、仲裁人の判断を尊重するとの姿勢を明示した[67]。この仲裁重視の姿勢は近年ますます強まっており、たとえ制定法による個人的権利であっても協約の仲裁によって処理できるとされている (14 Penn Plaza LLC v. Pyett, 556 U. S. 129S. Ct. 1456 (2009))。

(d) 米国労働協約法制の意義

　なお、米国の労働協約法制の枠組みは、その後労働組合の組織率が著しく低下し、団体交渉機能と併せて労働協約の機能も低下していく中で徐々に変貌を遂げている。法の関心は、むしろ個別的労働関係の合理的コントロールに向かい、一

---

65) 先進諸国61頁参照。
66) 先進諸国63頁参照。
67) これらの判決の具体的内容とその影響については、中窪・前掲注(63)138頁以下。

方では最低基準の規制が幅広く行われ（クリントン政権下での最低賃金制度はその代表）、他方では、労働協約も労働者保護のために連邦法の規制からの合理的な逸脱を定めることが志向されるなど、個別的な労働者保護のための機能を期待されている。他方で、ワグナー法14条(b)は、労使が労働協約に組合保障条項を規定する権利を州法が排除することを認めており、そのような州法が全州のほぼ半分に及んでいることは、労使関係の強化による労働条件の集団的コントロールという発想が米国ではごく薄いことも想定させる。こうした状況に加え、上記のように労働協約による仲裁条項が制定法上の個人的権利をも排除することができるという傾向が強まっていることを踏まえると、米国の労働協約法制は、仲裁による国家的規制の柔軟化という米国の労働法制一般の傾向を担う一手段となりつつあり、のちにみる大陸ヨーロッパの傾向とはかなり異質な特徴を有しているといえよう。

　前述のように、米国は日本の占領政策を司った国であって、戦後の労働政策も米国が構成するGHQの支配下にあり、憲法のみならず労働基準法、労働組合法、労働関係調整法のいわゆる労働三法をはじめ、労働法制の根幹は米国の指導下で制定された。しかし、労働組合の労働協約規定について米国の影響がごく小さいことに加え、戦前の労働協約をめぐる実務や学説についてもほとんど米国の影響はみられない。実際には日本の労働協約は企業別ないし事業場別に締結されていることや、団体交渉制度との整合性が強く意識されていることなどからすれば、むしろ米国の実態に近いとの指摘があるが、皮肉なことに米国の労働協約法制は、その可能性がきわめて大きかったにもかかわらず、日本の労働協約法制に反映することはほとんどなかったのである。

(2)　英国[70]

(a)　英国労働協約法制の特質と1871年労働組合法

英国は、労働協約に何ら特別な法的地位を与えないという対応を長い間続けて

---

68)　日本ILO協会ほか編『労働法における規制手法・規制対象の新展開と契約の自由・労使自治・法規制』（労働問題リサーチセンター・2006）225頁。

69)　久保・研究277頁。

70)　英国の労働協約法制に関しては、秋田成就「労使関係法Ⅱ　比較法」680頁以下、佐藤進「労働協約の比較法的研究　イギリス」日本労働法学会編『新労働法講座　第5』33頁以下）、小宮文人『現代イギリス雇用法』（信山社・2006）344頁以下。

きた。もともと英国では、団結禁止法のもとで労働協約が締結される法的前提を欠いていたが、実際には非合法組織である労働組合と使用者との間で賃金等について協議が行われ、合意事項を書面化するという事実は早くからみられていた。

この非合法状態を一定の範囲で解消したのが1871年の労働組合法である。同法は労働組合を法認したうえで、4条によって、労働組合と使用者との合意に対しては履行請求や違反に対する損害賠償の訴訟を提起することができないことを規定していた。この規定に対しては、労働組合はコモン・ローの原則による裁判所の姿勢への不信感から、また使用者は問題が裁判所で扱われることで労使関係が悪化することに対する不安から、それぞれ歓迎していたとされる。[71] 英国ではこの段階で、労働協約は法的存在ではなく、労使の間でのみ機能する私的手段であるとの認識が生まれていたといえる。[72] 結果として、協約紛争は裁判所によってではなく、労使当事者によって解決されざるを得なくなり、そのために労働争議が労使紛争の解決手段としていっそう重視されることとなった。労使交渉は20世紀の初めには団体交渉制度として確立し、労働協約は産業別・職業別に整備されていく。労働組合はこの中で、組織力強化のためのクローズド・ショップ条項を協約に盛り込ませる戦略を進め、労働市場に対する支配力を高めていった。[73]

その後、第一次大戦において政府が労働争議に強制仲裁制度を導入して労働協約に関する労使の自治は危機に陥ったが、英国を代表する労働組合であったTUC（労働組合会議）は終戦後の原状回帰を条件にこれを受け入れ、むしろ労働組合に対する政府と使用者側の不信感の払拭が進んだ。第二次大戦にもこの経験が生かされて強制仲裁制度が導入され（「緊急措置法」(1940年)）、さらに仲裁裁定が当該労働協約に編入されて雇用契約として効力を有するとの制度が導入されたが、これは労働協約自治を廃することなく仲裁を生かすという英国独自の対応であるといえる。

このように、英国では労働組合が法認された当初から一貫して労働協約を非法的存在と位置づけており、しかもそれが労使両当事者の考えと一致していた点で、

---

71) 秋田・前掲注(70)683頁。
72) この点、秋田・前掲注(70)は、「実際には労働協約の当事者である労使は、協約紛争を協約で定める自主的手続によって解決し、裁判所による訴訟を自ら封じている。『労働協約に法的拘束力がない』のは、法の定めによるのではなく、協約当事者である労使の選択『意思』によるのである」(681頁)と表現している。
73) 秋田・前掲注(70)685頁。

大陸ヨーロッパ諸国とはもちろん、米国とも大きく異なることが注目される。

(b) 1971年労働組合法の意義

労働協約をめぐる英国の法制度の歴史において異彩を放つのは、1971年に制定され、3年後の1974年には撤廃された労働組合法による、労働協約への法的効力の付与である。本法の背景には、1960年ごろから全国に広まった非公認ストがあった。すなわち、インフレが進む中で英国政府は賃上げを生産性向上の範囲内でのみ認めるという方針をとっていたが、組合内には不満が高まり、1971年に行われたストライキの9割が非公認ストであるという状態が出現した。これに対しては当時の野党であった保守党をはじめ、労使関係を規律する新たな法律を制定して、労働協約の法的拘束力を認めるよう求める動きが活発化する。特に、王立のドノヴァン委員会は労働協約の立法化を主たる目的として議論を進め、報告書において多数意見は労働協約の法定化を実益がないとして否定したが、少数の反対意見もあった。また、同時期に、ストライキの差止めを請求したフォード社の訴訟が、協約当事者間の紛争については当事者に紛争を訴訟で争う意思があったと認められることが必要であるが、本件ではその意思は確認できないとして敗訴に終わったという事案があり、実定法の根拠がない場合には労働協約当事者間の紛争が裁判所により解決されえない実態を浮き彫りにした。

こうした経緯を踏まえ、1971年の労働組合法は、「労働協約は、当事者が書面により法的に履行されない契約であることを明記していない限り、法的に履行される契約と、最終的に推定される」(34条)として、原則として労働協約が法的拘束力を有する契約であることを認めたのである。しかし、本法に対して労使は、むしろ労働協約は法的拘束力を認めないという伝統に固執していたため、ほとんど効果がなかったといわれる[74]。

このため同法は1974年法によって改正され、71年法の34条は原則と例外を逆にして、書面に作成され、かつ両当事者が履行可能な契約とする意思であることを明示していない限り、裁判所により履行されない契約と推定されることとなった。

(c) 80年代新自由主義の影響

英国も、1980年代の世界的な経済変動と新自由主義の勃興、労働規制の柔軟化といった流れの影響を強く受け、79年成立の保守党政権のもとで労働法制もそれ

---

74) 以上の経緯に関する詳細は秋田・前掲注(70)697頁以下。

に伴う協約の位置づけ・機能も大きく変わった。それまでの集団的自由放任主義（collective Laissez-faire）は、労働組合と使用者との団体交渉を中心としてこれに対する国家の介入は原則としてしないという枠組みを土台としていたが、80年代には労働条件を規律する規範が個別化する方向がはっきりする。団体交渉の機能低下により労働条件の設定が個別労働関係に移っていく傾向を国家も後押しする態度を示したのである。大陸ヨーロッパ諸国のように国家から社会的パートナーへ、という方向ではなく、集団自治から個別労働関係へ、というのが英国の状況であった。

　ドイツやフランスのように労働規範形成の主体が集団であり続けている国との相違は、英国がコモン・ローの国であり、今なお個別契約による私的自治の原則が土台にあるという点が大きいであろう。このような観点からは、労働協約の役割は多様化や分権化ではなく縮小へと向かわざるを得ない。もともと英国の労働協約は、規範的効力も一般的拘束力もなく、最低基準の設定という機能もない。ただし労働契約の中に、労働協約の内容を取り込むという「橋渡し条項」があれば、それを媒介として労働協約の内容が個別労働契約の内容となり、それは組合員であるか否かは問わない。大陸ヨーロッパとは異なり、協約が複数あれば当事者の意思によって労働契約の内容とすべき協約が選択されるだけであり、この点も大陸ヨーロッパ諸国とは大きく異なる。集団的自治を国が承認してこれに介入しないというシステムは、包括的な賃金・労働時間規制が90年代後半まで存在しなかったという事実に端的に表れているといえる。国家の労働条件規制もなければ、団体交渉や労働協約の法的根拠さえなかったのであり、事実としての団体交渉システムを放任していただけだったのである。このような状態が大きく変わった直接的な契機の1つが、1974年の労働党の「社会契約」の失敗であった。第二次大戦後のインフレ傾向を抑制しようとした歴代の英国政府はずっと労働組合の賃上げ志向に手を焼いてきたが、70年台の2度の石油ショックは英国経済の深刻さを浮き彫りにした。そこで政府は1974年に政労使による社会的合意を実現したが、不満を募らせた労働組合は大規模なストライキを頻発させた。これにより国民は離反し、サッチャー保守党政権の成立につながっていく。サッチャーは、労働組合の力を抑制するために、クローズド・ショップを禁止し、労働組合承認制を廃止するなどして、組合の力を削ぎ、使用者が労働組合との労使関係を強制される契機を縮小したのである。79年から97年までの保守党政権時代は、英国労働

組合の冬の時代であり、組織率も著しく低下した。[75]

(d) 　90年代後半以降の状況

このような状況は、97年に労働党が政権を奪還し、「第三の道」というスローガンにより効率と公正とを両立させるとの目的を掲げて、効率性を有する強い市場の基礎が労使のパートナーシップであるとの認識のもと、労使関係の再構築を行うまで続いた。しかし労働党政権は、労働組合を旧来のように復活させるのではなく、組合や労働協約ではない新しい集団的手続を強化することで新たなパートナーシップを構築しようとした。団体交渉ではなく情報提供や協議の手法を用いて、柔軟で効果的な労使関係を目指したのである。このように英国の労使関係システムは80年代以降大きく変化したが、労働協約の観点からは、これに一切の法的効力を付与しないという立場は結局変わらなかった。たとえば74年法による71年法の修正の内容は、1992年の、保守党政権下での新たな労働組合・労働関係統合法のもとでも基本的に変わらなかった。また、97年以降のブレア政権においても、保守党政権下での労働組合承認制度を修正するなど労使関係に関する新たな立法政策はみられたが、労働協約については、71年法に相当するような対応はなく、またEUとの関係においても、英国は労働協約については独自の方針を維持し続けている。

英国における労働協約は、こうして原則としては1871年法の段階から変わらずに、法的拘束力を有しないという位置づけがなされている。ただ、労働契約との関係では、いわゆる編入説が裁判所により採用されており、労働協約の規定が雇用契約に編入（incorporation）されることによってその内容となるとされている。その根拠については、上記編入が労働協約に明示されていること、慣行、黙示の意思などを検討して、労働協約当事者の契約意思を推認することで対応するというのが裁判所の立場である。[76]したがって、労働協約に規範的効力を認めていない英国でも、労働契約との関係においては、限定的にではあれ、労働協約に実質的な拘束力が認められているといえる。

---

75) 　ただし、それでも英国の労働組合組織率は1995年時点で30％を超えており、その後の低下率もドイツや日本に比べれば急激ではない（労働政策研究・研修機構『データブック国際比較2014』（労働政策研究・研修機構・2014）215頁参照）。

76) 　Burton Group Ltd. v. Smith EAT [1977] IRLR 351. なお、労働契約と労働協約の関係に関する英国の判例法理については秋田・前掲注(70) 710頁以下。

以上のような英国の労働協約をめぐる対応は、日本とは大きく異なり、また実態としても隔たりが大きいことは疑いえない。しかし、主要な産業国家において、ある意味においてここまで労使自治が徹底している国があることは留意すべきであろう。

(3)　フランス[77]

(a)　20世紀初頭までの状況

　フランスの労働協約法制は、政策的な対応が前面に出て形成されたきわめて「人工的」なシステムをとっていることに最大の特徴がある[78]。すなわち、もともと低かった労働組合の組織率が、21世紀に入ってから10％を切って8％内外にとどまっているにもかかわらず、独特の協約拡張制度によって、90％を超える労働者が労働協約の適用を受けているという、日本からみて極端とも思える状況が定着しているのである。

　もともとフランスでは、1791年のル・シャプリエ法によって職業団体の結成や集会までもが禁止されており、労働組合の結成は厳しく規制されていたので、労働協約の締結も一般化することはなかった。しかし、1864年の法律による労働組合の結成とストライキの解禁、および1884年のワルデック・ルソー法によって団結権が正式に承認され、1892年に労働争議調整法によって争議調整のシステムが整うなどの変化により、労働協約も増加していった。

　フランスにおける初期の労働協約は、私法上の契約という位置づけがされており、契約自由の原則を基本とする契約の一般法理が適用されていた。そこで協約の効力も、締結当事者にのみ生じ、協約締結組合の組合員については委任の法理によって協約の適用が認められていた。また、協約の契約としての効力から、協約に反する契約の締結は自由であった。

　1919年に、労働協約に規範的効力を付与する初めての制定法が誕生する[79]。本法は、労働協約の条項に反する労働契約については協約条項の内容に置き換えられ

---

[77]　フランスの労働協約法制については、「現代先進諸国の労働協約システム──ドイツ、フランスの産業別協約　第2巻　フランス編」労働政策研究報告書（JILPT）（2013＝以下「JILPT協約フランス」）、外尾健一『フランス労働協約法の研究』（信山社・2003）、石橋主税「労働協約の比較法的研究　フランス」日本労働法学会編『新労働法講座　第5』81頁参照。

[78]　前掲注(77)・JILPT協約フランス243頁。

[79]　1919年法の概要は外尾・前掲注(77)および石橋・前掲注(77)参照。

ることとして、個々の労働契約の内容を規律する効力を労働協約に付与したが、同時に、協約の締結は組合員の委任を必要とすること、内容の自由、組合からの脱退により労働協約の適用からも免れることなどを明記して、契約としての労働協約という従来からの位置づけを維持した。

　フランスの労働組合は、20世紀初頭よりいわゆるサンディカリズムの昂揚によりさまざまな職業の労働者に普及し、これに応じて使用者の側でも対抗する団体を結成していった。労働組合が広汎かつ多様に組織されていくと、労働協約の当事者たりうる組合の基準が問題となり、職業における集団的利益を代表する組合がこれに当たることが確認されていく。このためフランスでは、労働協約は「職業の法」と位置づけられるようになった。しかしその後、職業別組合は徐々に同一産業内において結合し、産業別組合に糾合されていく。フランスを代表する産別団体の１つであるCGT（労働総同盟）は、このような経過の中で19世紀末から20世紀初頭にかけて誕生し、その後のフランスの労働運動をリードしていくこととなる。このほかフランスでは、CFTC（キリスト教労働者同盟）も第二次大戦前から活動を開始していた。

(b)　**マティニョン協定と36年法**

　その後大恐慌の時代を経て1936年に労使の間で「マティニョン協定」が成立する。これは、大恐慌後の経済苦境を克服する方策が模索される中で、同年５月の総選挙で政権を掌握した人民戦線（Front populaire）政府が労使の間を仲介して協定されたものである。

　マティニョン協定は、労働組合加入の自由や賃金の増額に加え、従業員代表委員の設置等を規定し、これが労働協約について一般的拘束力制度を設けた1936年法の制定につながる。本法は、特定の地域または産業部門における最も代表的な組合（syndicats les plus représentatifs）によって署名された労働協約が、組合結成の自由と労働者の言論の自由、10人以上の労働者を使用する事業場における従業員代表委員の設置、職種別または地域別の最低賃金、調停仲裁手続など７つの必要記載事項を含む場合に、当事者の申請または労働大臣の職権によって拡張適用手続が開始される。この手続により、拡張適用のアレテ[80]が発せられると、当該

---

80) arrête：各省大臣および行政機関の命令、処分、規則の総称で、一般的規律を設定する場合と個人に向けられる場合（公務員の任命など）がある（山口俊夫編『フランス法辞典』（東京大学出版会・2002）36頁。

労働協約は、当該地域の同一産業部門におけるすべての労働者と使用者に対して拡張適用されることとなる。これは、当該労働協約に署名しているかいないかにかかわらず適用されるので、当該労働協約の締結に全く関わっていない使用者も、その雇用する労働者との労働契約については労働協約にしたがうこととなるのである。

1936年法は、第二次大戦においてフランスがドイツに占領され、ヴィシー政権が誕生することでいったん廃止されたが、戦後の1946年法によって労働協約制度が復活し、1950年法によって現在に至るまでのフランス労働協約制度の骨格が形作られた。同法は、1936年法を基本的に復活させたうえで、労働協約を2つの類型に分け、労働組合と使用者団体による契約としての労働協約と、拡張適用によって当該産業・職業に属する企業一般に適用される「職業の法」としての労働協約とを設定した。さらに同法は、事業場を対象とした事業所協定を可能とし（ドイツのそれとは異なり締結当事者は労働組合と使用者により締結されるもので、産業別労働協約では認められない有利原則が適用となる）、労働協約の適用範囲をあらゆる職業に拡大し、また労働協約からの離脱を制限する（協約締結組合から脱退しても協約の有効期間中は拘束される）などの新たなルールを加えた。

法はこのようにして労働協約の適用を著しく拡大していったが、拡張適用されるのは当該労働協約の締結組合がその地域・産業部門において「代表的」であると認められなければならない。フランスでは、この要件にしたがう労働組合であるか否かによって組合としての存在意義は全く異なるので、代表的であるか否かの決定は重要な課題となった。

そこで1950年法は、代表性の決定については、労働大臣が、組合員数、独立性、収入、組合としての経験と年数、占領期における愛国的姿勢という5つの基準によって決めることとされ、その後1966年のアレテによって、CGT、CFTCのほか、CGTから分裂したCGT-FO、管理職組合であるCGC-CFE、CFTCから分裂したCFDTの5つの労働組合が「代表的」労働組合であるとされた。したがって、こののちフランスは、この五大労組が締結する労働協約の拡張適用によってほとんどの労働者の労働条件等が規律されるということになる。

(c) オルー法と21世紀初頭の状況

こうして成立したフランスの労働協約制度は、第二大戦後70年代半ばまで、「黄金の30年」といわれる労使関係の発展と成熟を支えたが、2度の石油ショッ

クと世界経済の転換を契機として、労使関係法制と労働協約制度の抜本的な見直しを進めざるを得なくなる。その契機となったのは1982年の「オルー法」であり、同法は法が容認する範囲内で、法規定を労働者に不利な方向に切り下げる協約を企業レベルで認めた。これを契機として、企業別交渉を産業別交渉と並立するシステムとして認め、企業別協約の締結が促進されたが、この傾向は、2004年の「フィヨン法」によって決定づけられる。すなわち同法は、法からの逸脱を、これまで産業別協約にのみ認めていた対象のすべてについて企業別協約にも開放したのみならず、企業レベルでの団体交渉義務を課し、企業別協約が産業別協約に原則として優先するとの新たなルールを創設した。このように労働条件の決定と協約のレベルが企業別に降りていくことで、労働者に対する代表制の確保も重要な課題となるが、フィヨン法はあらゆる協約について過半数要件を有効要件として課することによりこれに対応した。この過半数要件はかなり複雑な内容であるが、基本的には、協約の成立について過半数の同意が必要であるという趣旨と、成立した協約を過半数の拒否により否認しうるという趣旨とが含まれている。[81]

さらにフィヨン法は、企業レベルでの交渉と協約の締結をいっそう促進する規定を置いた。すなわち、それまで企業レベルでも代表的組合は交渉権限を独占していたものの、組織率の低下によって企業レベルでの交渉の担い手が消滅してしまう傾向が生じており、各組合は組合代表委員以外の労働者（従業員代表委員、代表的組合から委任を受けた労働者など）にゆだねるという方式でこれに対応していたが、フィヨン法はこれを法認した。

続いて2008年には、労働時間に対する法規定の適用除外につき、企業別協約によることを原則とし、産業部門別の協約はそれが存在しない場合のみ効力を有するとの定めを設け、企業別協約の優先を重要な労働条件について具体化することで、労働条件決定に関する国家性格の傾向が産業別協約による全国統一基準と企業別協約の補完というシステムから企業別の集団的合意に大きくシフトしたことが明らかになっている。

しかし、実態調査からは、このような政策的傾向の明らかな転換にもかかわら

---

81) オルー法以降のフランス労働協約法制の新展開については、桑村裕美子「労働条件における国家と労使の役割(4)」法学協会雑誌125巻8号（2008）125頁以下、前掲注(77)・JILPT 協約フランス58頁以下、前掲注(68)日本ILO協会編・奥田香子「フランスの団体交渉・労働協約法制の改革」67頁以下。

ず、現場では企業別協約による労働条件の形成という実態はほとんどみられないという報告もされている[82]。その理由としては、労働組合がそのような企業別協約の締結に対し合意を躊躇すること、使用者団体も必ずしも企業単位での法規制の逸脱を歓迎しているわけではないこと、さらに法理論的にも問題があることなどが挙げられている。すなわち労働組合は、これまでの産業別組合中心の労使関係を維持することに強い意思を有しており、むしろ協約の中で適用除外協定を禁止する「閉鎖条項」を規定する傾向もみられる。また、大企業の使用者は、労働条件が個別の企業レベルで法規制を逸脱することになると、産業における競争条件の公平さ、いわゆるレベル・プレイング・フィールドが損なわれるという懸念を有しており、むしろこれまで通り産業別で労働条件の最低基準を統一することのほうが望ましいとの立場がみられる。さらにフランスでは、労働協約の労働契約に対する規範的効力は、いわゆる外部規律説によっており、当該労働協約の有効期間中労働契約を規律すると考えられている。そうすると、仮にそれまで産業別協約により労働条件が規律されていた労働契約が、新たな企業別協約により法規制を逸脱する形で切り下げられた場合、協約の効力としては企業別協約が優先するとしても、労働契約も変更されることになるかについてはただちには解決しえない。

このように、確かにフランスにおいても近年の世界的傾向と軌を一にして労働条件規制の緩和が進み、それは法規制を下回る企業別協約の容認と促進という形で政策的には明らかな傾向がみられるが、実際の労使関係における対応は必ずしもそれに呼応しているわけではないのが実情である。

(d) 小括

フランスの労働協約法制は、英国とは全く逆の意味で日本とは大きな相違がある。すなわち、労働協約をあくまでも労使自治の手段としてのみ活用して国家の介入をどこまでも拒否し続けてきた英国とは反対に、フランスでは、1936年の段階から労働協約を労使関係と労働条件を統治する国家的手段としてとらえ、全く当該労働組合に加入していない労働者にも、また当該使用者団体に加盟していない企業にも幅広く適用する仕組みを整えている。これは、フランス労働運動の歴史が、労働組合をその職業や産業に従事する労働者を「代表して」活動し、使用

---

82) 前掲注(77)・JILPT 協約フランス242頁以下。

者との合意によって労働者一般へのルールを形成してきたという事情によるものと思われる。したがって、組織率の低下は確かに歓迎すべき事態ではないが、労働組合が労働者の代表としての地位と活動を維持することで、現在もフランスの労働組合は非常に強い社会的勢力を保持しているのである。このことは、日本の労働協約が、フランスと同様に地域単位の拡張適用制度を有しながら、ほとんどの労働組合が企業別に、当該企業の従業員によってのみ組織され、また労働協も企業別に、当該企業のみに適用されることをはじめから予定して締結されているために、およそ企業を超えた広がりがみられないのとは全く異なる。労働協約の組織形態と方針・活動との違い、また政府と使用者側の対応の相違は、両国の労働協約制度に越えることのできない違いを生み出してきたのである。

(4) ドイツ[83]

(a) 序

以上のように、比較対象となりうる主要先進諸国のうち、英国とフランスとは労働協約法制の土台も内容も日本とは大きく異なり、米国は、実態としての事業場単位の団体交渉制度や、日本の労働法制の確立に直接的な介入をしてきた事実などから、可能性としては日本の労働協約法制に重要な影響力を与ええたにもかかわらず、実際には前述のように、労働組合法上の労働協約規定に強い介入はしなかった。そのために、米国の労働協約制度も、日本の制度には大きな影響を与えていない。

これに対し、ドイツの労働協約法制は決定的な影響を日本に与えている。日本における労働協約の形成が本格化したのは大正時代終盤になってからであるが、その背景の1つに、20世紀初頭におけるヨーロッパ諸国の労働協約立法の動きがあった。すなわち、スイスでは1911年に、ドイツでは1918年に、またフランスでは1919年に、それぞれ労働協約の規範的効力を基軸とする協約制度の立法化が実現し、労働運動が新たな局面を迎えるとともに、労働協約をめぐる学説上の議論

---

83) ドイツの労働協約法制については第二次大戦前より、他の国々に比しても圧倒的に多くの文献があり、枚挙にいとまがない。差し当たりここでは代表的なものとして、後藤清『労働協約理論史』（有斐閣・1935＝以下「後藤・理論史」）、久保敬治『ドイツ労働法の展開過程』（有斐閣・1960＝以下「久保・展開過程」）、同『労働協約の法理論』（総合労働研究所・1978＝以下「久保・理論」）、久保・研究、西谷敏『ドイツ労働法思想史論』（日本評論社・1987＝以下「西谷・思想史」）を挙げておく。また、最近の労作として、岩佐卓也「現代ドイツの労働協約」（法律文化社・2015）。

も活発化していた。日本における労働協約の形成はそうした動きを強い契機としているが、特にドイツの状況は、その後の日本の労働協約をめぐる立法政策、理論的探求、裁判所の対応を決定づけるほどの影響を有している。たとえば、労働協約立法が実現しなかった第二次大戦前において労働協約を論じた初期のモノグラフは、安井英二「労働協約法論」(1925年)、中村萬吉「労働協約の法学的構成」(1926年)などいずれも実際にはドイツ労働協約法の学説と実態との紹介に叙述を費やし、かの国の法制度を踏まえたうえで日本の労働協約法制を検討するという点で共通している。この傾向は、昭和に入っても基本的に変わりはなく、第二次大戦後にGHQが指導した労働組合法の制定にあたっても米国の労働協約法理が導入されることはなく、むしろ規範的効力や一般的拘束力などドイツ流のシステムが実定法上も定着した。そして、その後の学説はもちろんのこと、裁判例においてもドイツの影響は拭いがたい。今なおドイツ理論の影響は日本の労働協約に関する検討のありかたを相当程度規律しているといえよう。[84]

このような状況を生んだドイツの労働協約をめぐる実態、歴史、学説や判例については、すでに膨大な研究の蓄積があるが、ここでは、その成果を必要な限りで跡付け、日本の労働協約法制に与えたドイツの影響を明らかにしたい。

(b) ドイツにおける労使関係と労働協約の発展

フランスや英国など他の諸国と同様、ドイツでも19世紀に入って産業革命が進展し、労働者の数も増大すると、政府、資本家・工場主はその団結の力を警戒し、これを禁止する法制度を有していた。18世紀以来、ドイツにおいて労働者の団結を禁止した法令は少なくないが、産業革命後の近代的工場制の発展に伴って大量に生まれた労働者たちの団結を禁止した法令としては、1845年のプロイセン一般営業令が嚆矢といえる。

それ以前にも、1794年のプロイセン一般ラント法に代表される諸法令は職人の団結を禁止していたが、それは伝統的なツンフト制手工業の中で職人たちが結集して、報酬の増額など労働条件の改善を求める要求を親方・ツンフトに対して行ったり、職人への仕事のあっせんなどを通じて労働市場を掌握するという傾向がみられたことに対する対抗措置であった。

---

84) この基盤に立ったテキスト・研究書の代表的なものとして、後藤・理論史、孫田秀春『労働法総論』(改造社・1924)、津曲藏之丞『労働法原理』(改造社・1932)、山中篤太郎『日本労働組合法研究』(森山書店・1931)。

しかし、19世紀に入るとドイツの伝統的なツンフト制手工業の独占は解体され、ツンフトの独占廃止と労働条件に関する職人と親方との自由な合意のシステムが成立していった。他方で、営業の自由や労働条件についての自由な合意の容認は、1830年のフランス7月革命などの影響で労働者が反体制活動の中心を担うようになるなどの状況を前にして、むしろ団結への警戒を強める方向に展開する。プロイセン一般営業令の成立過程では、労働者の団結や集会の自由をある程度認めようとする自由主義的な主張もあり、かなりの紆余曲折をみたが、革命の機運がなお強かったフランスにおける団結禁止法の制定も影響して、成立した営業令は団結の禁止、集会・結社の自由の制限など厳しい内容を有していた。

　しかし、1848年の3月革命によって労働者の力は大きく前進する。この革命自体が労働者を主要な担い手としていたこと、フランスの2月革命と呼応してドイツにも自由主義的な政治思潮が昂揚を見せていたことなどから、労働者たちは次々と団結を構成し、それを持続的な労働組合として形成していった。団結禁止の原則は事実上崩壊し、プロイセンにおいても徐々にこれを容認する法令が生まれた（1850年プロイセン憲法29条・30条など）。そして1869年に成立した北ドイツ連邦営業法は、152条において連邦内のあらゆる領邦の団結禁止規定の廃止を定めるに至った。もっとも本法は同条2項において団結からの脱退の自由をも保障し、また153条において団結強制を処罰によって禁止していたので、団結の保障は限定的なものであったことは疑えない。しかし、団結が禁止から解放されたことは、労働組合の活動を大きく前進させ、労働協約の締結も劇的に拡大することとなる。

　ドイツにおいても、労働者の集団と使用者との間で賃金をはじめとする労働条件について話し合いが行われ、その合意が書面化されるという実態は早くからみられ、1840年代には印刷業を中心として定型的な労働協約の成立が確認されているが、分岐点となったのは、上記北ドイツ連邦営業法成立直後の1873年に締結された印刷業全国協定であった。本協定は、それまで地域ごとに分立していた印刷工の組合を結集したドイツ印刷工組合が、全国レベルで適用されうる一般協約として締結を実現したものであり、地域ごとの最低賃金の規定、10時間労働制、超

---

85) 1810年1月12日の一般営業税導入に関する布告と同年9月7日の営業警察法が、営業税を納付するすべての市民に営業の自由を認めたことが契機とされる（西谷・思想史25頁）。
86) 西谷・思想史30頁以下。
87) 印刷工は、団結自由を求める運動においても中心的役割を担ったとされる（西谷・思想史71頁）。

過労働の制限、法定解雇予告期間の延長（法律上 2 週間であったものを 6 週間まで延長）、紛争調整機関の設置などを規定していた。これ以降、ドイツではワイマール期に頂点を迎える労働協約締結の動きが活発化するが、それは常に労働者側の意向にそったものだったわけではない。むしろ、労働協約の締結は労使間の対立をその範囲で解消し、いわゆる産業平和を到来させることとなるので、争議の自主的制約をも意味する。そこで労働組合運動の内部では労働協約に対する警戒も生じたが、1899年の自由労働組合フランクフルト大会において印刷工組合長エミール・デブリンが労働協約を積極的に評価し、その締結推進を提案して承認されたことなどにより、労働協約の締結は20世紀初頭にかけて飛躍的に拡大し、印刷業のほか建築業、製材業、金属加工業などで事業所別、地域別中心の労働協約が締結されていった。19世紀末には、労働組合自体の中央集権化の傾向などがみられたが[88]、ワイマール時代以前には、使用者団体の反組合・反協約の姿勢も強く[89]、それ以降のように全国協約が通常形態という状況はみられていない。

　他方で、実態としての労働協約の拡大を踏まえ、学問的な検討が非常な深まりを見せていく。むしろドイツでは、19世紀末から20世紀初頭にかけての労働協約をめぐる学説の展開が、その後のドイツ労働協約法制を決定づけたといえる状況であった点が他の国々と大きく相違し、ドイツの労働協約法制を特徴づける点であるといえる。

　ドイツの労働協約について法理論上の検討が高まった契機を作ったのはフィリップ・ロトマール（Philippe Lotmar）であり、完成させたのはフーゴ・ジンツハイマー（Hugo Sinzheimer）である。現在のドイツ労働協約法制は、後述するような法規制の緩和や機能の分権化という注目すべき変化はあるものの、1918年の労働協約令制定当時から徐々に洗練されており、規範的効力を中心として有利原則や余後効、一般的拘束力、事業所協定に対する優位などのシステムを堅固に維持しているが、これらはいずれもジンツハイマーら労働協約法理の形成に多大な精力を注いだ学者たちの研究成果が色濃く反映している。

　ロトマールは19世紀のローマ法学者（ロマニステン＝Romanisten）であって、もともと民法の研究者であったが、労働協約について早くから関心を有し、その

---

88) 職業別ないし地域別の組合なども徐々に集権化の方向に向かっていった経緯については、西谷・思想史126頁以下参照。
89) 久保・研究34頁。

成果を1902年の「Der Arbeitsvertrag」第6巻にまとめた[90]。彼は労働協約が契約の一種であることを前提とし、協約締結当事者は債権法的関係に立つとする[91]。そのうえで、労働協約の特質に即した検討を行い、労働協約は賃金の額や支払い形態、労働の場所や時間、労働契約の終期など労働関係を規律する点と、団結の承認や特定職業紹介機関の利用など本来的に集団としての労働組合と使用者との間に成立する合意に関する点において固有の性格を有するとする。そして、無名契約たる労働協約の法的効果については、上記北ドイツ連邦営業法152条2項が団結に基づく契約に関する訴訟提起を認めていないのは団結体を構成する労働者の間で、あるいは使用者の間での契約に関する訴訟を対象としているのであって、労働組合と使用者（団体）との間の訴訟は含まれていないと解されること、事実として労働協約により労使間の関係が規律されていることなどを踏まえて、労働協約はそれ自体として（特に実定法上の対応を必要とせず）当事者間に債権債務関係を発生させるとする。ロトマールはこのように労働協約をあくまでも契約としてとらえ、しかもそれを労働者集団が個々の労働者を代理して締結するものと考えていた[92]。ここから、労働協約の締結主体としての労働組合を固有の存在としてとらえる発想は生まれず、のちにジンツハイマーの団体説がこれを克服することとなる。しかしロトマールは、当事者が労働協約によって目的としている効果に即して契約としての効果も検討されるべきであるとし、その目的は、労働協約による労働条件の統一的形成を通して、個別労働契約を締結せずに個々の労働者の労働条件が確定され、かつ、個々の労働者が特別の努力なくして同僚労働者全体の利益と自らの利益を一致させること、統一的労働条件の形成によって個別労働契約による労働条件の引き下げを防止すること、労働条件を恒常的なものとして定立することであるとする[93]。このことから、労働協約は、個別的労働者の意思表示がなくても当然に労働契約の内容となり、個別契約による労働協約からの逸脱は認められないとの帰結を導く。すなわちロトマールは、労働協約が債権的契約

---

90) なお、ロトマールが労働協約に関する基本的な見解をまとめたのは、1900年に刊行された Der Tarifverträge zwischen Arbeitgebern und Arbeitnehmern, Brauns Archiv Für soziale Gesetzgebung und Statistik に遡る。ロトマールの見解に関する以下の要約は、後藤・理論史1頁以下、久保・研究48頁以下、西谷・思想史228頁以下に依っている。

91) Lotmar, Archiv s. 89 以下。

92) ロトマールの代理説に関しては、西谷・思想史230頁、後藤・理論史35頁以下参照。

93) Lotmar, Arbeitsvertrag s. 775 以下。

であって契約法理に服するという原則を確認しつつ、法的効果としては労働契約を規律する効力を認めるのであり、この立論と帰結とは、労働協約を共同体に構築される法規範としつつ労働契約を直接規律する効力は立法にまたねばならないとするジンツハイマーとちょうど逆の展開を示している。このうち、後に議論の的となったのは、労働協約の締結主体としての労働組合を独自の存在として認めない立場と、規範的効力を承認しつつ、その根拠を労働協約の締結により締結主体たる労働者集団は個々の労働者の代理人にすぎないとする代理説であった。労働協約をめぐる議論の中心が、20世紀初頭からは規範的効力の根拠やその具体的効果としての有利原則、余後効などの問題に移って行き、結果的にはロトマールの構想していた労働協約の法的効果が実現することとなった事実を踏まえると、理論的妥当性はともかくとして、ロトマールの見解はかなりの先見性を有していたといえる。[94]

20世紀になって労働協約の締結がますます拡大し、社会的関心も高まる中で、やがて労働協約法理に関する検討が学界の広汎な層を巻き込むに至り、労働協約に関する高度な議論が展開されることとなる。

この議論を中心的にリードしたのがジンツハイマーであった。[95] 彼の理論の特徴は、ロトマールに対峙して、労働協約の締結当事者たる労働組合を正面から法的主体として承認し、労働関係において従属的立場に立つ労働者がこれを克服する手段として労働協約をとらえ、労働契約における労働者の側の自由、ひいては労働関係の民主的展開を担保するものと考えたことであった。加えてジンツハイマーは、労働協約が産業平和に重要な効果を有することを強調しており、使用者に[96]

---

[94] なお、ロトマールは理論的立場としては立法に依らずとも労働協約には規範的効力が認められるとする見解であるにもかかわらず、労働協約立法そのものは必要であるとしており、その点ではジンツハイマーと意見を共有する。Lotmar, Arbeitsvertrag s. 775 以下。

[95] ジンツハイマーについては、その主著の1つである「Grundzüge des Arbeitsrecht」(1927) が、『労働法原理』として邦訳されている（蓼沼謙一＝檜崎二郎訳、東京大学出版会・1995）ほか、すでに久保敬治教授の膨大かつ周到な研究がある（『ある法学者の人生――フーゴ・ジンツハイマー』（三省堂・1986）、『フーゴ・ジンツハイマーとドイツ労働法』（信山社・1998）等）。また、労働協約についての彼の主著としては、Der Tarifgedanke in Deutschland, Brauns Annalen für soziale Politik und Gesetzgebung 1915, S531ff Ein Arbeitstarifgesetz, (1916)、および Der korporative Arbeitsnormenvertrag, 1-2 Teil, 1929 がある。以下の叙述は、主として久保教授の上記2冊の評伝および久保・研究、西谷・思想史175頁以下、同329頁以下、後藤・理論史92頁以下、同169頁以下に依っている。

[96] 西谷・思想史218頁。

とってのみならず労働者にとっても、生活の安定と組織の強化をもたらすと考えた。[97] すなわち、彼にとって争議行為はできるだけ回避すべきものととらえられていたのであり、そこから協約違反に対する国家の積極的介入を支持したり、自ら労働協約法の周到な草案を作成するという対応が生じることとなる。[98]

ロトマールとジンツハイマーの努力により、労働協約を法的存在として認め、少なくともこれに債権契約としての効力を容認するという認識は幅広く共有されるようになり、裁判所も、1910年のライヒ裁判所判決が労働協約を営業法152条2項・3項の適用を受ける団結（Koalition）とはみなさないとしてその契約としての有効性を認めたことにより、これを承認するところとなった。

しかし、ドイツにおける労働協約法制は、債権的契約としての労働協約のみを対象としているのではなく、規範的効力、一般的拘束力といった、契約一般法理からは導くことが困難であるような特別な効果を定めている。労働協約が契約と

---

97) 西谷・思想史219頁。
98) なお、ジンツハイマーの理論の背景に、経済学者のルヨ・ブレンターノと民法学のオットー・フォン・ギールケの理論があることはよく知られている（詳細は西谷・思想史179頁以下）。ブレンターノはジンツハイマーがその講義を受けて直接に影響を与えているが、労働組合と使用者との自治を尊重して、国家はできるだけ介入を控えるべきであることを主張し、協約自治が労使間平和を形成して、産業平和の実現に資するとした。当時の講壇社会主義に対抗する論理であったが、この協約による産業平和という理念はジンツハイマーに強く影響したとされる。またブレンターノは、ドイツにおいて19世紀後半からの社会政策に決定的な影響を与えた社会政策学会の中心メンバーであり、マックス・ウェーバーの論敵であったことでも知られるが、国民経済学の重要性を一貫して説き、「企業家の特殊利害を全体の利益の上位に置く」ような態度を戒めている（岡田昌也ほか『ドイツ経営学入門』（有斐閣・1980）51頁以下）。これに対してギールケは、19世紀半ばから後半にかけてドイツで興隆した民法論争におけるゲルマニステンの代表であり、サヴィニーらのロマニステンと議論を繰り広げた。ギールケの見解の中核にあるのは、個人主義重視のローマ法理念に対する共同体重視の発想である。私的所有権・契約自由といった理念に制限を設けることを主張し、労働契約は単なる債権契約ではなく、中世の忠勤契約に淵源を有する人格法的契約であるとの考えを示した（上記西谷はこれらに加え、事業所における労働関係を社会的な団体法的関係であるとして個別労働契約関係とは異なるとしたことや、労働協約の本質を「社会的自己決定」（die soziale Selbstbestimmung）であるとしたことなどを重視する）。ギールケは、当時のドイツ民法制定過程において、提示された草案や成立した法典の中で雇用に関する諸規定がローマ法的な債権法の考え方からごく簡単な内容にとどまっていることを批判し、アントン・メンガーとともに労働関係の特殊性に即した法規制の重要性を説いたが、ドイツ民法中の雇用規定そのものは結局ローマ法の理念に沿って制定された。しかし、ギールケの団体法論と雇用関係の特殊性、また労働契約の本質に関する見解は、その後のドイツ労働法に決定的な影響を与えている。ドイツ民法典の制定過程におけるギールケの対応、とりわけその雇用規定に関する対応については、平野義太郎『民法に於けるローマ思想とゲルマン思想』（有斐閣・1924）229頁以下参照。

しての効力を有するという解釈論上の結論は、ドイツの労働協約立法を促すものではなかった。

労働協約法の制定は、実際には20世紀初頭において必ずしも大勢の求めるところではなかった。むしろ当時の使用者団体はもちろん、政府も、また労働組合の中心的な勢力であった自由労働組合も、労働協約法の制定には反対であった。[99]

これに対し労働協約法の制定を強く主張したジンツハイマーは、すでに重要な機能を果たし、労使関係と労働関係を規律している労働協約に対し、民法以外にこれを扱う実定法がないが、民法の諸規定は社会的・集団的存在である労働協約を対象とすることには無理があること、規範的効力や労働協約期間中の争議の抑制（平和義務）といった必要で重要な効力は立法なくして認めることが困難であることなどを力説した。ジンツハイマーの主張は、必ずしも当時の反対論を論破しうるものであったとはいえないが、その後第一次大戦が勃発し、労働組合も総力戦を担う国家の一勢力として重視されるようになり、にわかに労働協約法制の必要性が認識されるようになると、状況は一変した。[100]すなわち、政府は1916年に祖国防衛奉仕法（Gesetz über den. Vaterländischen Hilfsdient）を制定して、すべてのドイツ人を戦時労働力として調達するための法制度を整えたが、その一環として、労使が同等の資格をもって構成する仲裁委員会を設置し、これに離職に関する紛争や労働条件についての争いをも仲裁する機能を付与した。その他、決定委員会（Feststellungsausschuss）や徴用委員会（Einberufungsausschuss）などいくつかの労使が同権で参加する委員会が設けられ、労働組合の社会的地位は高まった。第一次大戦はドイツの敗戦に終わったが、同時に1918年にドイツ革命がおこり、帝政が廃されてドイツは共和国へと変貌した。この折に、ワイマール憲法をはじめとする国家機構の統治システムが次々と作られていったが、その中に労使関係の制度的構築があった。1918年に使用者団体と労働組合側とが一同に会し

---

99) 政府は労働協約が労使の間で自然に発生・発展してきたことを重視して国家の介入を躊躇していたし、使用者団体も、労働協約の機能そのものには反対しなくなっていたが、すでに一般化しつつあった労働協約のありかたについて、立法により国家が方向付けをすることは反対であった。また自由労働組合は、議会への不信感や、立法の必要性への懐疑、労働協約の成立と展開にとって必要なのは立法よりも労働組合の力の強化であるといった理由で強力に反対したとされる（西谷・思想史221頁）。

100) 当時のジンツハイマーの主張の具体的内容と反対説との関係については、西谷・思想史224頁以下。

て（使用者側は全国組織としてのドイツ使用者団体連盟（Vereinigung Deutscher Arbeitgeberverbände = VDA）のほか20余りの使用者団体が参加し、労働側は当時最も中心的存在であった自由労働組合、キリスト教労働組合、ヒルシュ・ドゥンカー労働組合がいずれも参加している）策定された中央労働共同体協定はこれを準備したが、同協定はその6条において、労働条件の決定を労働協約によって促進するための交渉を早期に開始することが定められていた。この協定を契機とし、かつワイマール憲法165条によって制定されたのが1918年の労働協約法である。

　帝政を廃して成立したワイマール共和国は、民主制の徹底を目して、当時としては最も民主的とされる憲法を制定したが、その165条は、「労働条件及び経済条件の維持改善のための結社の自由は、何人に対しても、またいかなる職業に対しても保障する。この自由を制限しようとしまたは妨害しようとする約定及び措置はすべて違法である」と明記し、団結権を憲法によって保障する態度を示した。これにより労働組合の法的地位が確立するとともに、労使関係の基軸となる労働協約法の成立も促進されることとなった。こうした状況を受けて1918年に成立した労働協約令は、その1条において「労働者の団体と個々の使用者又は使用者団体との間に、労働契約の締結に関する条件が書面契約（労働協約）により締結された時は、協約当事者間の労働契約は、当該協約の規定と異なる範囲において無効とする。労働協約の規定と異なる約定は、労働協約自身がこれを原則として認めている（「明示的に廃していない」との趣旨）か、もしくは労働条件を労働者の有利に変更するものであって労働協約がこれを否認していない場合にのみ有効となる。無効な合意は労働協約の規定がこれに代わる」と定めて、いわゆる規範的効力と限定的有利原則と認め、かつその2条1項において「ライヒ労働長官［筆者注：1919年に労働省が設置されてからは労働大臣］は、労働協約の領域内における業種の労働条件の形成に関し重大な意義を有する労働協約に対し、一般的拘束力を宣言することができる。一般的拘束力の宣言を受けた労働協約は、その場所的適用範囲において、労働の性質上当該労働協約の適用を受ける労働契約に対し、使用者及び労働者又は両者が当該労働協約の当事者ではない場合でも、第1条の拘束力を有するものとする」として一般的拘束力制度を導入した。ただ、この労働協約令は議会を通した正式な法令ではなく暫定的なものであり、その後正規の労働協約法の成立が目指されたが、ジンツハイマーらの周到な草案の提出などの動きにもかかわらず、第二次大戦前には正規の労働協約法は成立しないままであ

った。

　労働協約令の成立は、それまで地域単位、事業場単位の締結が多かった労働協約が地域単位ないし全国レベルで締結される傾向を強め、一般的拘束力宣言を受ける労働協約も激増し、その結果、労働協約の適用を受ける労働者数も急増したが、他方で、1923年には労働時間令が労働協約による法定最長労働時間の延長を認め、また同年の調整令が仲裁裁定が拘束力宣言によって労働協約に代わることを認めるなど、労働協約の労働条件改善機能や労使自治の体現としての意義に対立しうるような対応もみられた。[101]

　ワイマール時代は1933年のヒットラーの政権掌握によって終わりをつげ、労働協約法も1933年の労使団体の強制解散と、1934年の「労働協約を労働規則として存続させる命令」によってその役割を停止した。ナチス政権は、労使自治を否定したうえで、それまで締結されていた労働協約についてはその中身を労働規則という政府の一方的命令に代えて実質的に存続させるという方法をとったのである。

　1945年、終戦によりドイツ全土が占領下に入り、ナチス時代の制度は撤廃されたが、占領政策の1つに賃金の統制があり、ただちに労働協約が復活するという状況にはなかった。しかし、占領地域ごとの前後はあっても、西側諸国（アメリカ、フランス、イギリス）の占領地域では徐々に労働協約による賃金形成が認められるようになり、1948年に西ドイツ地区で通貨改革が断行され、同年に賃金統制令が全面的に撤廃されると、労働協約締結の動きは一挙に高まり、改めて労働協約法の必要性を認識させるようになった。[102]こうして1949年に成立した労働協約法（Tarifvertragsgesetz）は、1918年の労働協約令の基本的内容を踏襲して、規範的効力や一般的拘束力など今日まで続く諸原則を定めたほか、協約能力についての規定などを加えて協約法としての内容を整えた。その後1969年の現行労働協約法において、労働協約法の全ドイツへの適用が完成したが、内容は49年法とほとんど変わっていない。ドイツ労働協約法制は、19世紀末以来の論争と協約実態

---

101) 久保・研究は当時のドイツにおける労働協約が事業所単位から地域ないし全国レベルの単位へと拡大していく様子（124頁）、一般的拘束力宣言を受ける労働協約の増加（144頁）、労働協約の適用を受ける労働者数の増加（126頁）のそれぞれについて数値を挙げて紹介している。なお、これによれば労働協約の適用を受ける労働者は、1908年が100万人余りなのに対して1922年には1,400万人強に達している。

102) 久保・研究178頁参照。

の紆余曲折を経て、20世紀初頭からジンツハイマーらによって主張されてきた規範的効力、一般的拘束力という原則を中心とした、周到な法制度を定着させたのである。

(c) **現行労働協約法制の概要**

ドイツの労働協約法（以下「TVG」）は、日本の労組法14条以下に比べて、主要な課題について実定法上の定めを明記していること、労働協約に非常に高い法的地位と強い法的効力を付与していることに大きな特徴を有する。このことが、社会国家（Sozialstaat）であるドイツの１つの象徴であり、労働組合と使用者団体という社会的パートナー（Soziale Partner）による協約自治（Tarifautonomie）を実現していることは周知のとおりである。しかし、近年は労働法制の幅広い分野において法規制の柔軟化が進んでおり、労働協約法制はその柔軟化を担う主要な法的装置としての機能も強めている。

まずTVGは、労働協約が労働関係の内容と成立および終了、ならびに事業所ないし事業所組織上の事柄を規律するものであることを明記（１条１項）したうえで、労働協約が書面協定でなければならないことを定める（同条２項）。また、労働協約を締結しうるのは労働組合と使用者およびその団体であること、連合体についても協約能力を認めうることを定め（２条）、労働協約は締結当事者たる労働組合と使用者団体に所属するメンバーを拘束し、事業所ないし事業所組織上の事柄に関する規定は協約に拘束される使用者のすべての事業所を拘束することを記し（３条）、併せて、１条１項に規定された内容について労働協約が直接かつ強行的な効力（規範的効力）を有すること（４条１項）、協約に反する合意は、協約自身がそれを容認しているか、協約より有利な内容である場合に有効であること（同条３項）、協約当事者の同意なくして協約上の権利を放棄することはできず、協約上の権利の効力期間に限定を付することは協約自体において合意されていない限りできないこと（同条４項）、協約の終了後も、これに代わる合意がなされるまで効力が存続すること（いわゆる「余後効＝Nachwirkung」の導入）（同条５項）を規定し、いわゆる一般的拘束力については詳細な要件と手続、効力等についての規定を置いている（５条）。このほかTVGは、労働協約が労働大臣に届け出られるべきこと（７条）や、実行規定の取扱い（11条）等のみならず、2006年の改正により、労働協約は一定の要件のもとに労働者のみならず労働者類似の者《Arbeitnehmeränliche Personen》にも適用されることが規定された。

以上の法規定の意味するところはおおむね以下のように解されている。[103]

まず、ドイツの労働協約法制は、規範的効力による労働協約の意義を、経済的面からはカルテルの一種として位置づけているとされ[104]、労働条件の統一的決定とその安定が法によって促される主要な機能の１つであると考えられている。

TVG２条によれば協約能力を有するための要件は、労働組合と使用者もしくはその団体であることだが、特に労働組合については組織のありかたについてより具体的な基準が必要となる。この点、連邦労働裁判所の判決（BVerfg 19.10. 1966, BVerfGE 20, 312）は、協約能力を、社会的パートナーが労働条件を法規範と同様に直接的かつ強行的に適用する効力によって規制する能力であるとし、その後の判例の蓄積から以下の５つの具体的要件を備えることが必要であるとされてきた。すなわち第１に、労働組合は基本法９条３項に定める団結体（Vereinigung）でなければならず、第２に、労働組合は民主性の要件を備えていることが求められ、第３に、労働組合は社会的実力（sozial Mächtigkeit）を備えている必要があり、第４に、協約を締結する意思（協約意思＝Tarifwilligkeit）を有していること（規約に労働協約の締結を明記するなど、労働協約の締結が当該労働組合の目的の１つであることが示されていること）、第５に、労働組合は現行労働協約制度を承認していることが必要である。これらはいずれも TVG に明記されてはおらず、ドイツの労働組合の中にはこれらの要件をすべて満たしているとはいえないものも含まれているとされる[105]。しかし、労働裁判所法は協約能力を有するか否かを判断することも管轄の範囲内にあり（同法２a条１項４号および97条）、所定の手続によって協約能力の有無が決定される。

労働協約は当然ながら労使団体の自由な交渉によって締結されるが、協約の内容および締結について紛争が生じた場合に、「団体交渉請求権」は認められない。このような請求権が認められるとした場合、裁判所は労働協約について司法審査を行う必要が生じうるが、それは協約自治の原則に抵触するからである[106]。協約の内容や締結をめぐる紛争は争議調整制度ないし争議行為によって解決されること

---

103) 現行 TVG の解釈についての以下の叙述は、Manfred Löwisch, Arbeitsrecht 8. Auf. (2007)（以下「Löwisch」）による。
104) Löwisch64頁。
105) 前掲注(13)・JILPT 協約ドイツ15頁。
106) Löwisch70頁。

とされており、この点は日本と大きく異なるといえよう。

　労働協約により規範が設定される対象は TVG1 条 1 項に記載の通りであるが、通常これらは内容規範、締結規範、終了規範という分類がされている。このうち内容規範は労働関係を構成するすべての事項であって、賃金、労働時間、休暇等のほか、労働者の責任や労働障害の場合の賃金給付も含まれる。また締結規範とは、労働契約の締結そのものに対する規範であって、中高年労働者との労働契約を締結することが使用者に義務付けられる場合などがある。さらに終了規範は、解約告知期間の規制や使用者の解雇権の制限なども含む。労働協約による規範設定は事業所ないし事業所組織上の事柄にも及ぶが、前者に属するのは事業所委員会に事業所組織法上の権限を越える権限を付与することなどであり、後者に含まれるのは事業所パートナーが決定すべき事項を労働協約により直接規律することなどである。[107]

　労働協約の規範を、協約に拘束されない労使にも拡張適用する一般的拘束力宣言制度は、協約の一方当事者の申請により、労使の全国連合体のそれぞれ 3 人の代表からなる委員会の同意を経て、連邦労働省ないし州労働省から発せられる。[108] 労働協約が一般的拘束力を有しうるための要件は、拡張される領域において少なくとも 50％以上の当事者が協約に拘束されていることと、公益にかなうことである。なお、事業所組織に対する協約の規範設定は、協約に拘束される使用者のすべての事業所に及ぶので、一般的拘束力宣言なしに協約規範を拡張適用する制度であるといえる。一般的拘束力宣言等によって、労働協約は非組合員の労働条件をも規律するが、非組合員の労働関係の内容まで規制することはできない。非組合員にも週の労働時間についていくつかの方式を適用する権限を使用者に認める労働協約を適法とした連邦労働裁判所の判決は違憲の可能性を疑われている。[109]

　協約は公共の福祉によって制約されない。協約自治は、賃金や労働時間に関する政策的考慮に優先するからであるというのがその理由であるが、この点も日本とは明確に異なる。

　協約の債務的効力については、ドイツでは相対的平和義務が一般的であり、協約に記載されている事項に関する争議行為は違法である。絶対的平和義務は理論

---

107)　協約内容の分類とその内容については、Löwisch71頁以下。
108)　一般的拘束力宣言制度の内容については、Löwisch75頁以下。
109)　Löwisch276頁。

的には可能であるが、ドイツの労働協約はこれを規定することはない。実行義務に関しては、たとえば協約に拘束されている使用者団体のメンバーである使用者が、協約賃金が高すぎるとしてそれより5％低い賃金を支給し、労働者もただちにはこれに異議をとなえず受給していたような場合に、相談を受けた労働組合が相手方たる使用者団体に対してメンバーの協約内容実行を義務付けるよう求めるといった形で現実化する。個別労働者は、当然ながら協約どおりの賃金の請求権を有する。

(d) 近年の展開

産別の労働協約が幅広く労働者の労働条件の最低基準と基本的枠組みとを確保し、各事業所では従業員集団の代表としての事業所委員会と使用者とが協同の精神をもって共同決定と事業所協定により個別の事業所の事情に応じた対応をする、という以上のような労働協約法制の仕組みは、ドイツでも20世紀末以来の経済変動のもとで転換を余儀なくされている。その方向はなお模索が続けられているが、日本の労働協約法制のありかたを検討するうえで必要な限りにおいてみておきたい。

労働協約が直接の規範的効力を有し、個別労働契約の合意を排除するという原則は、言うまでもなく個々の事業所における賃金政策を強く制約する。産業構造が、大きくまた急速に変化する過程において、労働条件の柔軟化により対応ができないとなれば、企業としては雇用量の調整により苦境を乗り切らざるを得なくなる。ところが、労働契約の終了についても労働協約は規範的効力を有するので、思い切った雇用調整も限界を付されている。そうなると、企業の存亡にかかわることとなり、ドイツ経済全体の危機をもたらすこととともなりかねない。こうした認識は、各政党や法曹専門家等に強い危機感をもたらし、特に21世紀初頭には、いくつもの労働協約法改革の提案がなされた。共通の課題は、事業所レベルにおいて経済的危機の克服を目的とした労働協約からの逸脱を実現するために、いかなる具体的な仕組みが最も適切か、という点にあった。

もともとドイツにおいては、労働協約自治は憲法上の原理として社会国家の中核的理念となってきた。すなわち、個別の労働契約関係は本質的に不均衡であっ

---

110) Löwisch85頁。
111) この例についてはLöwisch85頁。
112) 例として、2000年のFDP提案 BTD 14/2612 および2003年のCDU/CSU提案 BTD15/1182。

て、それを放置すれば個々人の自己決定が困難となり、私的自治の実は損なわれるという認識に立って、それを克服し、自己決定権と私的自治の実質的回復をもたらす法的装置としての団結の承認と協約自治の促進とが創設されたとの理解が協約自治尊重という理念の根底にある。このことを BAG は、「協約自治は、労働契約締結の際の個々の労働者の構造的脆弱性を集団的交渉によって補い、それによって賃金と労働条件についてのほぼ力の均衡する交渉を可能にすることを目的としている」(BVerfGE 84, 212, 229) と表現している。この理念に沿って、労働協約の規範的効力が正当化され、事業所共同体の協同の運営という趣旨で認められている事業所自治 (Betriebsautonomie) に対して、対等当事者の交渉という協約自治が優先するとの原理も承認され、また逆にその限界として、集団的自治による最低基準が確保されたうえで、それを上回る条件を個々の労働者が獲得しうる有利原則の承認も導入されている。

　この憲法上の理念を逸脱することなく、柔軟な労働条件の決定と運営を実現するためには、現行労働協約法制の全面的改定ではなく部分的な修正が必要となる。そのための手立てとなる現行法上のルールは、1つには事業所組織法77条3項の事業所協定に対する協約優位の原則であり、もう1つは労働協約終了後の余後効、そして有利原則である。

　まず、使用者が協約に拘束されていなければ、通常は労働協約の規範から自由に労働契約と事業所協定を用いて柔軟な労働条件の設定が可能なはずであるが、実際には、事業所組織法77条3項により、労働協約によって現実に規定されている「賃金その他の労働条件」だけでなく労働協約によって規定されることが通常である (üblicherweise) ような労働条件についても事業所協定は締結できないこととされている。これを除外できるのは、労働協約自身が事業所協定に規制をゆだねている場合 (開放条項＝Öffnungsklausel) だけである。近年では、この開放条項を労働条件規制の柔軟化のために活用する方向が模索されている。

　これに対し労働協約に拘束されている使用者についても、たとえば有利原則に

---

113) 桑村裕美子「ドイツにおける労働協約に開かれた法規範と協約自治」日本 ILO 協会ほか編・前掲注(68)19頁以下。
114) 本判決については桑村・前掲注(113)21頁。
115) 近年のドイツにおける労働協約による労働条件の柔軟化の模索については、桑村裕美子「労働条件決定における国家と労使の役割(2)・(3)」法学協会雑誌125巻6号 (2008) 79頁以下、同7号 (2008) 165頁。

関し、有利性の判断の中に雇用保障を組み込むことによって、事業所が財政的に危機的状況にあり、労働協約上の賃金を削減することができなければ雇用を保障できないような場合には、雇用が確保されることをもって有利比較の対象とすることなどが提案されている。また余後効についても、3年程度の期限を設けることで、事業所における個別の対応をより速やかに行う可能性を開くことなどが提案されている。[116)]

近年注目されるのは、ドイツでも最低賃金制度の導入が決定され、2015年1月1日以降1時間あたり8.5ユーロの最低賃金を連邦レベルで確立したことである。これは2016年末までは産別の「代表的協約」によって逸脱可能であるが、2017年1月1日からは全面的に強行適用される。最低賃金の額については、労使双方のナショナルセンターにより構成される委員会に置いて定期的に点検されることとなる。この動きは、むしろ協約自治の新たな強化にもつながりうるものとしてその推移が注目される。

(e) 小括

以上のように、ドイツにおいても変化はみられるものの、TVG は、日本ではいまだに決着のついていない有利原則、余後効、適用範囲、実行義務など多くの課題について実定法上の定めを置いており、労働協約を規律する規範として、少なくとも必要な最小限の規定を整備しているといえるし、労働裁判所の判例や学説の検討を通して、さらに具体的な解釈基準が定立されている。その背景には、労働協約が実際に労使関係と労働条件を規律する手段として長い歴史を有し、労使と政府それぞれに規範性が承認されてきたこと、社会国家としてのドイツでは団結自体にくわえて協約自治そのものが憲法上の根拠を有していると理解されているという事情がある。日本の労働協約に関する法的課題を検討する場合、常に参考とされるドイツの法制度であるが、ドイツの法制度や議論を踏まえた検討については、こうした歴史的な経緯、実定法の仕組みの異同について十分な考慮を払う必要があることをあらためて確認する必要があろう。[117)]

---

116) これらの提案等については、前掲注(13)・JILPT 協約ドイツ37頁以下。
117) 2010年以降のドイツの労働協約をめぐっては、協約自治の強化のための国家の介入が目立っていることを示す文献として、山本陽大「ドイツにおける集団的労使関係の現在──2012年および2013年におけるヒアリング調査結果を踏まえて」日独労働法協会会報15号（2014）23頁以下、同「ドイツにおける産業別労働協約システムの現在」Business Labor Trend 2014年10月号4頁以下参照。また、2013年のCDU＝CSU（キリスト教民主＝社会同盟）とSPD（ドイツ社会民主党）と

(5) 総括

　英米仏独の労働協約の扱いは、具体的な法制度や労使の労働協約に対する取組みとしては大いに異なるが、労働協約に一定の特殊性をみて、それに即した対応をしようとしてきた点では共通する。すなわち、フランスやドイツのように労働協約を法的規範として国家が承認し、これに特別な効力を付与している国はもちろん、米国のように労働協約を債権契約の1つとして位置づけている場合でも、協約違反を連邦レベルで訴訟提起できるし、有利原則が認められないなどの対応がされている。また、労働協約にいっさいの特別な効力を認めない建前をとっている英国でも、それは労使自治に介入しないという国家の選択によるものであって、ほかの一般的な債権契約と同等に位置づけているからではない。要するに、労働協約は、一方では明らかに市民法上の債権契約でありながら、他方ではどうしてもそれだけにとどまらない位置づけをされる存在であるという点で普遍的な機能を有しているといえる。

(6) ILOにおける協約の取扱い

　1919年に設立された国際労働機構（International Labor Organization = ILO）は、条約を採択する権限を持った国際機関でありながら、投票権を政府だけではなく労働組合と使用者団体という民間組織にも付与しているきわめて珍しい組織である。労働法制や労働政策については政（公）・労・使の三者構成による委員会等で対応する、という仕組みは世界標準となっているが、その原点はこのILOの制度にある。そして、労働組合と使用者団体という対立軸を有する二者が互いに意見を述べ合い、中立的存在として（その方針が常に中立的とは限らないが）政府がこれに参加するという仕組みは、ちょうど労使の交渉によって労働協約が締結され、それを政府が法令や政策によってオーソライズするという枠組みとパラレルに理解できるので、ILOで採択された条約の多くは、労働条件に関するものであれ社会保障や職業紹介に関するものであれ、いわば国際労働協約の側面を持つといえる。そのILOにおいては、結社の自由や団体交渉に関する条約・勧告[118]

　　の大連立後の協約自治強化法などによる模索の状況については、榊原嘉明「ドイツ労使関係の変化と協約法制の現在」日本労働法学会誌124号（2014）154頁以下参照。

118)　筆者注：もちろん、このような仕組みだからこそ生じる不都合もあることやその克服の模索については、野川「ILO海上労働条約と国際労働法の新展開」季労243号（2013）60頁以下参照。

に比べると、労働協約自体に関する条約はほとんどなく、また勧告も多くはない。[119]

まず98号条約（団結権及び団体交渉権についての原則の適用に関する条約）は、その4条において、「労働協約により雇用条件を規制する目的をもって行う使用者又は使用者団体と労働者団体との間の自主的交渉のための手続の充分な発達及び利用を奨励し、且つ、促進するため、必要がある場合には、国内事情に適する措置を執らなければならない」として、労使が交渉によって労働協約を締結するという制度を各国が保障すべきことを要請している。これに対し、1951年採択の「労働協約に関する勧告」は、労働協約とそれを導くための団体交渉権の確立、労働協約の定義と効果、拡張適用制度など労働協約に関する基本的な項目を包括した唯一の勧告となっている。そこでは、協約を締結するための団体交渉制が保障されるべきこと（1条）を前提として、労働協約を「一方は使用者、使用者の一団又は一若しくは二以上の使用者団体と、他方は一若しくは二以上の代表的労働者団体又は、このような団体が存在しない場合には、国内の法令に従って労働者によって正当に選挙され且つ授権された労働者の代表との間に締結される労働条件及び雇用条項に関する書面によるすべての協約」と定義している（2条）。この定義によれば、労働協約の一方当事者として労働者の自主的団体としての労働組合以外の労働者代表も認められることとなり、たとえば日本の労働基準法等で多用されている労使協定も、ILOの定義では労働協約と認められる余地があることとなろう。また同勧告は、労働協約の効果につき、締結当事者が拘束されること（3条(1)）に加え、「労働協約に反する雇用契約の規定は、無効とみなし、且つ、自動的に労働協約の当該規定によって置き換えられる」として規範的効力を認め（3条(2)）、かつ、「労働協約に定める規定よりも労働者に有利な雇用契約の規定は、労働協約に反するものとみなすべきでない」として有利原則をも認めている（3条(3)）。さらに拡張適用については以下のような具体的な規定を置いている。

5　(1)　適当な場合には、確立された団体交渉の慣行を考慮して、労働協約の産業上及び領域上の適用範囲内に含まれるすべての使用者及び労働者に対しその協約の全部又は一部の規定の適用を拡張するため、国内の法令によって決定され、

---

119)　以下の条約および勧告の訳文は、ILO駐日事務所がウェブサイト（http://www.ilo.org/tokyo/standards/list-of-conventions/lang--ja/index.htm）で公開している定訳による。

且つ、国内事情に適する措置をとるべきである。
(2) 国内の法令は、特に、次の諸条件に従って、労働協約の拡張を行うことができる。
   (a) 労働協約が既に権限のある機関が充分に代表的であると認める数の使用者及び労働者に適用されていること。
   (b) 一般原則として、協約の当事者である労働者又は使用者の一又は二以上の団体がその協約の拡張を要求すること。
   (c) 協約の拡張に先立ち、拡張によってその適用を受ける使用者及び労働者にその意見を提出する機会が与えられること。

以上のように、本勧告はかなり具体的であり、また独自の規範も含まれていて、各国の労働協約法制と完全に一致しうる内容とはいえない。しかし、労働関係を包括する国際機関であるILOが、労働協約の定義とその効力について、ドイツやフランス、そして日本と同様に単なる契約としての取扱いではなく特別な規範として位置づけ、かつ一般的拘束力についてもその整備を加盟各国に勧告している事実は認識する必要があろう。

第4節　公共部門の労働協約

　日本の公務員法制は、民間の労働関係に対する法制度とは基本的に異なる法的枠組みを設けているが、労働協約についても例外ではない。まず、非現業公務員の労働組合（法令上は「職員団体」）は、当局と労働条件等について交渉すること自体は否定されていないが、団体協約の締結権限はない（国公法108条の5第2項、地公法55条2項）。第二次大戦後の初期には公務員も民間労働者とほとんど同様に団体交渉を行い、労働協約を締結することが当然と思われていたが、1948年のマッカーサー書簡によって公共部門の労働者に対する労働基本権の制限が支持され、これを受けた政令201号が、国または地方公共団体職員について、争議権と労働協約締結を伴う団体交渉権を否定したことにより、現行法の枠組みが定着した[121]。公務員について協約締結権を否定するこのような法制度の枠組みについては、当

---

120) 末弘・解説22頁、24頁以下参照。
121) 政令201号の内容とそのいきさつについては竹前栄治『戦後労働改革』（東京大学出版会・1982）209頁以下、遠藤公嗣『日本占領と労資関係政策の成立』（東京大学出版会・1989）193頁以下。

時の政治状況が色濃く影響していることなどから、批判が根強かったが、最高裁は、「非現業の国家公務員の場合、その勤務条件は、憲法上、国民全体の意思を代表する国会において法律、予算の形で決定すべきものとされており、労使間の自由な団体交渉に基づく合意によって決定すべきものとはされていないので、私企業の労働者の場合のような労使による勤務条件の共同決定を内容とする団体交渉権の保障はなく」と述べ、また国家公務員について憲法上団体協約締結権が保障されているものということはできないことは明らかであることを理由に、国公法の規定を「憲法28条に違反するものとはいえない」として、公務員に対する協約締結権の否定を合憲としている。ただ、地公法55条9項は労働組合が当局との間で書面による協定を締結することを認め、それは当局も労働組合も「誠意と責任をもって履行しなければならない」（同条10項）としており、国家公務員の場合も書面協定の締結が禁止されているわけではないので、これらと労働協約との関係が問題となる。しかし、公務員組合によるこのような協定は、実務上は法的拘束力を有しない紳士協定の一種と考えられており、これを否定して少なくとも契約としての効力はあるとの見解や、法令等に抵触しない協定については労働協約と同様の効力を認めるべきとする考え方などは多数の賛同を得ていない。

これに対して現業公務員の場合は労働協約の締結が法令上認められている（特独労法8条、地公労法7条）が、予算または資金上不可能な支出を定める協約規定については、当局はこれに拘束されず、ただ国会もしくは議会の承認を求める手続をとることが義務付けられているにすぎない（地公労法10条）。この点では労働協約は当局に対する拘束力を持たないといえるが、他方で、地公労法は、労働協約が条例や規則などに抵触する場合には条例の改廃を議会に提案し、あるいは規則等の改廃を行うことを求めている（8条、9条）。したがって、この限りでは、少なくとも地公労法の適用を受ける労働組合と当局が締結した労働協約は現行の条

---

122) 現在でも違憲論を主張するものとして、西谷・労組法332頁。
123) 全逓名古屋中郵事件—最大判昭52・5・4刑集31巻3号182頁。
124) 国立新潟療養所事件—最3小判昭53・3・28民集32巻2号259頁。
125) 今枝信雄『逐条地方公務員法』（学陽書房・1966）734頁。
126) 三島宗彦「公務員法・公労法上の協定と協約」後藤清先生還暦記念『労働協約』（有斐閣・1963）166頁。
127) 外尾605頁。
128) なお、西谷・労組法333頁は、規範的効力は認められなくても債務的効力は認められるべきとする。

例等に対し一定の優先的効果を付与されているといえよう。

　また、地公法の適用を受ける非現業公務員と地公労法の適用を受ける公営企業職員や単純労務職員が混在して組織されている「混合組合」につき、裁判例はその協約能力を否定しているが[129]、反対説も強い[130]。このように、公務員が組織する労働組合の協約締結権限は大きな制約をこうむっており、特に最も数も多い非現業公務員が協約締結権を一般的に奪われていることについては、公務員も憲法28条の適用を受ける労働者であること、公務員の勤務条件は、確かに法律・予算によって基本的には決定されているが細部にわたってまですべてそうだとはいえないこと、国際的に見ても日本の制度は普遍性がないことなどを踏まえると、違憲とまでいえなくとも「最も憲法を尊重しない立法政策」であるという批判[131]があてはまる状態であるといえる。近年には公務員に労働協約締結権を認める方向での検討も行われた（公務員制度改革）が、2015年現在実現のきざしはない。しかし、公務員改革が進んでその身分保障が徐々に軽減されている中で、協約締結権を含む労使関係法制の抜本的な改革は不可欠の課題であると思われる。

---

129)　帯広市職労事件—札幌高判昭61・5・15労民集37巻2＝3号246頁。
130)　西谷・労組法334頁、道幸哲也「混合組合の協約締結権」日本労働法学会誌63号（1984）129頁以下、中山和久「混合組合と団結権」早稲田法学60巻3号（1985）53頁以下。
131)　菅野和夫「国家公務員の団体協約締結権否定の合憲性問題」久保還暦130頁以下。

第2章　労働協約の主体

第1節　緒　　論

　労働協約は、その要件や効力のみならず、締結主体についても限定されるのが通常である。日本においても例外ではなく、労組法は、労働協約として認めうる書面協定を締結できるのは、「労働組合」と「使用者又はその団体」であることを明記している（14条）。したがって、個別の労働者が締結主体となっている合意書面は、それが労働条件に関する内容であっても労働協約ではないし、労働者の集団が締結主体であっても、それが労組法14条にいう「労働組合」でなければ、締結された合意書面は労働協約ではない。

　しかしこのような原則を超えて、実際には労働協約の締結主体をめぐって多くの問題が提起されてきた。労組法14条は労働協約の締結主体として「労働組合」としか記していないが、労組法だけをとってみても、労働組合は何段階かで異なる位置づけを与えられている。すなわち同法2条は、労働組合と認められるための要件を本文で記したうえで、消極的要件として4項目を挙げているし、5条は、同条2項に定められた規約を労働委員会に提出しなければ、労組法上の手続に参与し、救済を受けることができないとしている。そうすると、2条本文のみを満たした組合、2条全体の要件のみを満たした組合が労働協約を締結しうるか否かは直ちには判明しない。また、日本の多くの労働組合がそうであるように、企業を単位とする組合が上部団体に所属し、その上部団体が連合体を構成しているようなツリー構造を有している場合、上部団体や連合体が労働協約の当事者になりうるか否かも問題である。さらに2条の本文の要件も満たさなくとも、憲法28条にいうところの「勤労者」の団結体であれば同条の権利は享受できるとの理解が一般的であるが、そのような組合（主として問題となるのは、労組法上は使用者の「利益代表者」とみなされるような者が加入している組合）が労組法14条にいう労働組合に該当するかも問題となる。加えて、争議団のように一時的にある目的のためだけに結集して労働組合を名乗る労働者の集団が、使用者と締結した書面合意は労働協約と認められるかという問題もあり、いずれも労組法14条の文理解釈から直ちに解決の得られない問題として議論されてきた。

他方で使用者ないし使用者団体については、企業における工場や支店などの長が単独で労働協約を締結しうるかといった問題が生じる。

このように労働協約の締結主体をめぐっては多くの課題が山積しているが、上記のような具体的問題の前提となる課題もあることに注意したい。すなわち、労働協約の締結当事者は誰か、という問題は、単に労組法14条の労働組合ないし使用者および使用者団体という概念に該当するのはどのような存在か、という問題としてではなく、「協約能力」という概念に置き換えられて論じられてきたことである。[1] これは、労組法14条の趣旨が、単に労働協約の主体を客観的に確認するための規定ではなく、「労働協約を締結する資格、能力があるとみなしうる」労働組合や使用者等を定めているとの前提によるものと考えうるが、ドイツにおける「協約能力」(Tariffaehigkeit) という概念の借用であるという面も否定できない。協約の締結主体を限定する、ということと、当該主体が協約を締結する「能力」や「資格」があるか否か、ということとは必ずしも一致しないが、これまで判例・学説は特に疑問を呈することなくこの概念を用いている。この点、たとえば協約能力という場合には、労働組合の代表者が協約締結権限を有することなく協約を締結しても、それは所定の効力を有する労働協約ではありえないという例のように、協約締結の当事者とはなりえても実際に効力のある労働協約を締結することはできないという事態が想定されることが自然であるとの考え方も可能であるが、そのような見解が定着していない理由は、労組法の構造にあるといえよう。すなわち、日本の労組法は、一方で労働組合を定義しつつ、その具体的内容は一義的ではない。労組法2条の要件をすべて充足する二条組合のほか、但書に該当する二条本文組合、自主性のない御用組合などの類型が指摘されうるし、5条の要件を満たした法適合組合か否かという問題が別個に生じうる。したがって、労働協約を締結できる組合とは、労組法に登場する組合のうちどの要件までを満たした組合か、という課題が生まれる構造を、労組法自身が有しているのである。しかしこのような実態が望ましくないことは言うまでもない。立法論としては、労働協約の当事者と協約能力という概念は整理しなおすことが必要であろう。[2]

---

1) 協約能力という概念を重視した初期の論考として、吉川大二郎『労働協約法の研究』(有斐閣・1948＝以下「吉川」) 7頁。
2) このほか、協約能力を有する主体について代理説、団体説、折衷説という区分があったが、これは多分にドイツの学説の影響を受けており、すでに実定法上の規定が存在する現在ではあまり実益

第2節　労働組合

1　問題の所在——労働協約を締結しうる労働組合とは何か

　労組法14条は、単に「労働組合」と述べているだけでその内実について一切基準を記していない。仮に労働組合について労組法に法令上の適用関係に対応した分類や区別がなされていれば、これに応じて14条の労働組合が意味する内容を確定しうるはずであるが、労組法も他の法令も、労働組合についてそのような整理・分類をしていない。そこで問題は、憲法秩序下における労働組合の法的意義に照らして、14条の定める労働組合および使用者ないし使用者団体の意義をどのように定め、またその範囲をいかに画定するかということになる。ただ、使用者ないし使用者団体については、そもそも労組法にも、もちろん憲法にも手がかりとなる規定がないので、労働協約の締結についても、当該労働組合の相手方となりうる当事者という観点からその具体的範囲を画定することとなる。これについては第3節で詳述する。

　労働組合については、検討の順序としては、明らかに14条の労働組合に該当する存在を確認し、その後に疑念の生じうる度合いにしたがって対象を取り上げることとなろう。その意味では、労組法2条による労働組合の定義と同5条による法適合組合の要件のすべてを満たす労働組合は協約の当事者となりうることは間違いない。問題はこれら規定の定義や要件を充足しない労働組合であり、以下ではこれらについて上記の順に従って検討を行う。なお、労組法の基盤となる憲法は、28条において「勤労者の団結する権利」を保障しているので、ここでいう「勤労者」の結成した団結体が団体交渉権や団体行動権の主体となることは明らかである。したがって、このような団結体を広義の労働組合と称することができ

はない（各見解の内容は安井英二『労働協約法論』（清水書店・1925）46頁以下、その意義については諏訪康雄「当事者」現代講座5巻56頁以下（＝以下「諏訪・現代講座」））。代理説は、労働組合は労働者の代理としての法的地位に基づいて労働協約を締結するとの考え方で、労働協約の当事者は組合ではなく個々の労働者であるとする。団体説は、労働組合自体が労働協約の当事者であると考える。使用者が団体を構成して協約を締結する場合も同様である。折衷説は、労働組合と労働者の双方が労働協約の当事者であり、組合は労働者の名においても協約を締結することが求められるとする。現在は団体説によって法制度が整備されていると考えるのが妥当であろう。

る。この労働組合が労組法上の労働組合としては認められない場合に、労働協約の当事者となりうるかも検討する必要があろう。

なお、そもそも協約能力が労働組合に認められる根拠はどこに求められるべきか、という課題もかつては重要であった。確かに、労働協約の規範的効力の範囲や射程距離を論じる場合にはこのような問題も前提として検討されうるが、労組法14条が協約を締結する主体として明記している労働組合と使用者または使用者団体を画定するうえで不可欠の前提問題とまではいえない。

2 労組法上の労働組合

(1) 労組法2条の構造と協約能力

労組法2条は同法の適用を受ける労働組合の要件を定めており、これに該当する労働組合が協約能力を有することは間違いない。しかし、同条は本文において労働組合であるための積極的要件を記し、かつ但書において労働組合とは認められない場合（消極的要件）を別に記載しているので、協約能力を有する労働組合はこれら諸要件をどこまで、またどのように満たす存在でなければならないかを検討する必要がある。

まず、労組法2条の本文の要件（主体が労働者であり、自主的に結成され、目的が労働者の経済的地位の向上である団体）を満たし、かつ但書のいずれにも該当しない（使用者の利益代表者等が加入していない、使用者から経理上の援助を受けていない、政治運動や福利厚生などを主たる目的としていない）組合が、協約能力を有することに争いはない。問題となるのは、当該組合が、第1に、本文の要件、特に自主性の要件を欠く場合であり、第2に但書のいずれか、とりわけ1号ないし2号に該当する場合である。労働組合が自主性の要件を欠く、いわゆる御用組合であって、使用者による人事管理の窓口として結成され、機能しているような場合（このような組合も憲法上の労働組合ではありうるので「憲法組合」という場合もある）は労働協約の当事者とはなりえない。可能性としては、そのような組合でも使用者と締結した労働協約の債務的効力は認められるべきであるとの考え方もありうるが、労組法上労働協約の効力は規範的効力のみが定められており、規範的効力

---

3) この点については東大(下)695頁以下。
4) 厚労省・コメ567頁以下、東大(下)696頁以下、西谷・労組法331頁、菅野672頁。

を有しない場合は、労働協約ではなく別の集団的合意であるので、ここにいう協約能力については、自主性を有していない労働組合には認められないと考えられる。また、2条本文は労働組合の名称や具体的な組織形態を要件としていないので、従業員会や職員団など労働組合の名称を冠していなくても、また委員長や書記長、執行委員といった一般的な組織構成をとっていなくても2条の要件は満たしうる。[5]

　問題となるのは、組織としての持続性ないし永続性を有しない労働者の集団である。2条本文の要件をすべて充足しつつ、争議団や交渉団のように特定の目的を遂行するために一時的に結成された団体が労働協約を締結した場合、それは労組法上の労働協約とみなしうるか。これを肯定する見解[6]は、労組法が一時的団結体を排除していないこと、争議協定のように一時的目的のための労働協約にも意味があることなどを理由としてあげ、否定する見解[7]は、永続性を有する団体が集団的労働関係の主体足りうること、一時的団体が締結した労働協約には継続的な効力や機能を期待し得ないことなどをあげる。

　しかし両説とも、全く組織としての統一的意思もなく、統率力もない単なる労働者の集団が協約能力を有しないことについては共通しているので、問題は一時的団体であっても一定の社団性を有する組合ということになる。たとえば、争議団と称される労働者の団体は、通常は前者のような形態を想定されるが、実態として統一的な意思形成が可能で、その手続も確保されており、委員長や役員などの機関が設けられているなど、団体としてのまとまりが明確であれば、特定の争議を遂行するためだけに結成された団体であっても、それだけで協約能力を欠くとはいえない。[8]そのような争議団が締結した労働協約も、当該争議の解決のために賃金や一時金の規定、労働時間の短縮や変形労働時間制などの定めを有してい

---

5) 「ひばり会」という名称の団体も労働組合と認められるとした例として、日本橋女学館事件―東京地判昭35・3・25労民集11巻2号218頁。

6) 髙島良一「労働協約の当事者」新講座119頁以下、129頁、外尾587頁、諏訪・現代講座56頁以下、61頁。

7) 西谷・労組法335頁、東大・註釈138頁、吾妻編316頁、久保敬治『労働法〔第4版〕』(ミネルヴァ書房・1982) 180頁、石川136頁、三和タクシー事件―熊本地判昭40・9・29労民集16巻5号659頁、小松製作所事件―名古屋高金沢支判昭25・6・30刑集7巻1号166頁、茨城貨物自動車運送事件―最3小判昭25・7・11刑集4巻7号1275頁、朝日新聞大塚仲町専売所事件―東京高判昭53・2・27労判294号45頁。

8) 諏訪・現代講座75頁。

れば、規範的効力を認めることはむしろ有益であろう。結局、協約能力を認めうるか否かは、当該団体が組織としての一体性を有して、一時的にであれ集団的労使関係の主体として行動できる実態を有しているか否かによるものと思われる。これに対し、争議や団交を目的として労働者が集団を結成し、組織的統一性を有しないまま「労働協約」を締結した場合、それは労組法上の労働協約ではなく、各労働者を代理して代表者が労働契約を締結したものと考えられよう。

(2) 労組法2条但書該当組合

当該組合に、人事担当の管理職が加入していたり、組合専従者の給与を会社が全額負担しているなど、労組法2条但書に該当している場合、協約能力は認められるか。実質的に自主性があれば（2条本文の自主性が認められれば）但書に該当しているというだけで協約能力が認められないとはいえないという見解[9]と、労組法はその適用を受ける労働組合に特別な要件を課していることなどから、協約能力も2条の要件をすべて具備すべきことを求める否定説[10]とが対立している。

労働協約は一度締結されれば、規範的効力とともに一般的拘束力という非常に強力な効力を付与される。このような労働協約を締結できるためには、集団的労使関係の主体として特別な地位を与えられた労働組合としての法的要件をすべて満たす必要があると考えるのが妥当であろう。ただし、但書1号・2号該当組合が締結した労働協約も、労働協約としてではなく一種の団体契約として、一定の債権債務関係を生じることは否定されない。

これに対し、労組法2条3号・4号該当組合は、たとえば明らかに政治的目的が最優先であるなど2条本文を満たしていないのであれば、協約能力を欠くことになるのは当然である。[11]

(3) 労組法5条2項不適合組合

労組法5条は、労働組合の要件を定めた規定ではなく、労組法所定の手続への

---

9) 東大(下)698頁、西谷・労組法331頁、盛327頁、高岳製作所事件—東京地決昭25・12・23労民集1巻5号770頁、京都全但タクシー事件—京都地判昭37・11・30労民集13巻6号1140頁。
10) 菅野592頁、荒木511頁、東大・註釈137頁、日本セメント事件—福岡高判昭25・4・12労民集1巻2号141頁。
11) 諏訪・現代講座63頁、法セ・コメ179頁［奥田香子］、東大(下)698頁。

参与と救済を受ける資格とを制限した規定である。したがって、規約が不備であったり違法な内容を有しているなど同条2項に抵触する労働組合も、それだけで協約能力を否定されることはない。[12]

(4) 上部団体と下部組織

日本の労働組合は、企業に組織された単位組合が上部団体に所属することが一般的である。そこで、上部団体としての連合体などが協約能力を有しうるかも問題となる。連合体であっても、それ自体として労組法2条の要件を満たす労働組合と認められるのであれば協約能力も認められるのが当然である。[13]ただ、単位組合同士の連絡や協議のためだけに設けられていて、連合体を構成する単位組合に対し統一的な意思形成の仕組みや能力がなく、統率力を欠くような場合は、連合体として独自の協約能力を有するとはいえない。この場合に締結された労働協約は個々の単位組合が当事者となると解されるであろう。[14]下部組織については、単位組合の支部や職場組織は原則としては労働組合としての実態を有しないので協約能力を有し得ないが、規模の大きな工場や支店などに置かれた支部が独自の規約を有して支部長などの機関を有し、独自に協約を締結することを所属組合自体が制限していない場合には、その限りで協約能力を有することは言うまでもない。[15]

第3節 使用者および使用者団体

1 労働協約の締結当事者としての使用者

協約能力を有する使用者は、労働組合の相手方として法的主体となりうる存在である。個人企業であればオーナーである自然人であり、法人企業であれば法人そのものが協約の当事者となる。工場長など会社の役員、あるいは幹部が実際に協約を締結していても、それは使用者の授権によって締結を代理しているのであ

---

12) 西谷・労組法334頁、菅野592頁、東大(下)699頁、諏訪・現代講座65頁、大輝交通事件―東京地判平7・10・4労判680号34頁、行政解釈(昭和24・8・8労発317号)。ただし諏訪は、一般的拘束力のうち労組法18条の申立適格は認められないことを指摘する。
13) 西谷・労組法334頁、法セ・コメ179頁〔奥田香子〕。
14) 諏訪・現代講座66頁。
15) 諏訪・現代講座66頁、西谷・労組法334頁、菅野592頁、東大(下)700頁。

って、協約の当事者は使用者たる企業である。

2　使用者団体

　企業が結集して構成している団体は日本経団連など多数に上るが、協約能力を有しうるのは、集団的労使関係の一方当事者として行動しうる内実を備えた団体であり、そのためには、当該団体にそのような主体として独自に行動しうる根拠となる規約や実態が存在しなければならない。構成メンバーたる個別企業に対して統一意思の形成や統率力が認められることも必要であろう。産別組合としての日本海員組合との協約交渉にあたっていた日本船主協会・外航労務協会はその典型的存在である。しかし日本においては、こうした実態を有しない団体が現実に労働問題を扱うことが珍しくない。中小企業の事業協同組合などがこれに当たる。裁判例には、定款に集団的労働関係を担当することが明記されていたり、構成メンバーとしての企業から委任を受けている場合には、その限りで協約能力を有すると解するものがあるが[17]、単に委任を受けているというだけでは、当該協同組合が集団的労働関係における主体としての実態を備えているとはいえず、そのような場合は協同組合が個別企業を代理して協約を締結しているとみなされよう[18]。これまで、企業別組合が圧倒的な中核をなしていた日本の労働組合の実態においては、使用者団体が労働協約の締結当事者となることは特別な場合に限られていたといってよいが、2014年の時点で非正規労働者の占める割合が40％に近く、パートタイム労働者をはじめとする非正規労働者の組織化も徐々に進む中で、使用者団体の協約当事者性は今後重要な課題となるものと思われる。

第4節　協約当事者の変更

1　当事者の変更の諸相

　労働協約を締結する初発の段階の当事者が、そのまま協約の展開・運用の段階においても当事者であり続けるとは限らない。当事者は消滅することもあれば、

16）諏訪・現代講座66頁、東大（下）702頁。
17）土佐清水鰹節協同組合事件―高松高判昭46・5・25労民集22巻3号536頁。
18）東大（下）703頁、諏訪・現代講座68頁。

労働組合が御用組合化するなどして協約能力を喪失することもありうる。また、1997年の独占禁止法改正による純粋持株会社の解禁や、2000年の会社分割の法制化などを通じて企業変動の活発化が進む状況のなかで、労働協約の当事者の変動も日常的に生じている。当事者の変動のうち、使用者ないし使用者団体の変動については、企業変動における労働協約の帰趨というテーマの一環として後述する（第2編Ⅴ第1章）。

2 労働組合の変動

　労働組合が解散し、あるいは組合員がいなくなって消滅したような場合は、協約の締結主体が消滅してしまったのであるから協約自体も終了する。連合体が解体したような場合も、連合体が協約の締結当事者である場合には当該協約は終了する。しかしもちろん、連合体が加盟組合を代理して労働協約を締結した場合のように、加盟組合が協約の主体となりうるような場合は、連合体が解体しただけでは協約は終了しない。

　次に当該労働協約の締結当時に協約能力を有していた労働組合が、その後御用組合化したり、労組法2条但書に該当するようになった場合の協約能力および労働協約自体の帰趨が問題となる。御用組合化した場合に協約能力が失われることは争いがないが、労組法2条但書への該当性については、たとえば完全な政治団体と化して4号に該当するに至ったような場合は、そもそも本文の目的要件に抵触するのでその点で協約能力を失うといえるものの、新たに利益代表者が当該組合に加入するなどして1号ないし2号に該当するに至ったような場合は、それによって協約能力が失われたとみるか否か議論が生じうる。協約の締結については、前述のとおり2条但書に該当する労働組合は協約能力を有しないと考えられるが、協約能力を有する組合がその後但書に該当するに至った場合も同様に考えるべきか。協約能力は単に締結の段階でのみ要件となるだけではなく存続の要件でもあると考えられるので、但書に該当した時点で協約能力も失われると考えるべきであろう。[19]しかし、これらの場合には協約の締結主体が消滅したわけではないので、協約自体が全体として終了することになるか否かは別の問題である。労組法14条が、16条以下の効力を有する労働協約を締結するための主体を定めていることは

---

19) 諏訪・現代講座70頁。

明らかであるが、労働組合と使用者ないし使用者団体とは、労働協約という名称にかかわらず単なる契約を締結することもできる。したがって、労働組合が、協約能力は失ったが法的主体としては存在するという場合、規範的効力は終了しても、単なる契約としての効力（債務的効力）も同時に終了するかについては直ちには結論を導き出すことができない。

この点は労働協約の法的性格にかかわる難問であるが、前述のように労働協約を労使間の契約の一種と解し、これに労組法16条および17条・18条が要件を付したうえで特別な効力を付与したものと考える場合には、労働協約において定められた内容のうち、当該労働組合と使用者間の債権債務関係のみに関わる部分は、締結主体の協約能力が失われても終了しないと考えるべきであろう。実際にも、労働協約の中に、労働条件や労使関係とは特に関係のない項目（労働組合が使用者から土地を借り受ける合意など）が記されることもありうるので、このように解することは実益もある。ただ、労働協約を一体のものととらえる場合には、労働協約としては終了するとしたうえで、上記のような合意事項は別に当該労使間の独立した約定として効力を存続させると考えることも可能であろう。

労働組合の組織変動に伴って、その同一性が失われるような場合はどうか。組織変動の具体的ありかたが協約能力に変動をもたらす場合は、上記の考え方に即して判断が可能であるが、問題は、協約能力自体は有しつつ、以前の労働組合とは異なる組織となったとみなされる場合である。これについては、組織変更の意図や、組織の具体的構成、規約、組合の構成員などを総合的に検討して、協約の主体として同一性が失われたと判断される場合には、労働協約は終了することとなろう。[20]

3　使用者・使用者団体の変更

使用者が自然人の場合は、死亡によってただちに労働協約が終了することはな

---

[20] 企業内組合の連合体から単一組合への組織変更（日本セメント（佐伯工場）事件―大分地判昭24・5・19労裁集4号145頁）、上部団体からの脱退（住友海上火災保険事件―東京地決昭43・11・15労民集19巻6号1502頁）などの場合にはいずれも同一性が認められたが、「脱皮成長」のために解散・新設した労働組合の同一性を否定したものとして、熊本電鉄事件―最2小判昭28・12・4労民集4巻6号499頁、労働組合の思想的立場が根本的に変化したとしたものとして、朝日新聞社小倉支店事件―最大判昭27・10・22民集6巻9号857頁も労働組合の同一性を否定している。

い。相続人が当人の権利義務を承継するので協約も承継されることとなる[21]。個人企業の廃業や解散の場合も、清算手続が終了するまで労働協約は存続する。また、法人・企業が使用者である場合、その解散はただちに労働協約の終了を導かず、清算手続中は存続する[22]。また組織の変動は、労働組合の場合と同様、変動の前後での同一性の有無によって協約の帰趨も決せられる[23]。一般的な企業変動方式のうち合併については、合併後の会社が以前の会社の権利義務を承継するので労働協約も存続する（会社法750条・754条）。事業譲渡については、労働契約が承継されれば労働協約も承継されると解する見解[24]と、当然には承継しないとする見解[25]とがある。これについては、事業譲渡のありかた自体が複雑化し、労働契約の承継の有無の判断が困難な問題であることを踏まえると、個別の事案ごとに検討したうえで類型的な区別がなされるべきものと考えられる。また会社分割の場合には、労働協約の承継について実定法上の定めが置かれている（労働契約承継法6条）。これによれば、労働協約の規範的部分は、当該労働協約の適用を受ける労働契約が分割先に承継された場合には、当該労働組合と分割先会社との間に同一内容の労働協約が締結されたものとみなされ、債務的部分は分割時の合意による。以上の詳細は「第2編V第1節 企業変動と労働協約」において詳述する。

---

[21] 諏訪・現代講座71頁、日外喜八郎「協約当事者の変更」後藤還暦89頁以下、有泉亨＝山口浩一郎「労働協約の終了」大系2巻186頁。
[22] 諏訪・現代講座71頁、石井445頁、川口硝子製作所事件—札幌地小樽支判昭42・1・31労民集18巻1号45頁。
[23] 諏訪・現代講座72頁、石井455頁。
[24] 外尾652頁。
[25] 石井446頁、厚労省・コメ622頁。

第3章　労働協約の法的性格

第1節　緒　　論

　労働協約が、労働者の集団と使用者ないし使用者団体との契約であるという事実は、労働協約が普及している国々において普遍的であるが、多くの国では契約を超える、あるいは単なる契約とは異なる法的位置づけをしている。労働協約に原則として契約としての効力をも認めない英国でも、逆にいえばそのような形で労働協約を特別な約定と位置づけているといえる。そしてドイツ、フランスなど大陸ヨーロッパ諸国はもちろんのこと、米国でも、具体的手法や内容は異なるものの、いずれも、単なる契約を超えた特別な効力を労働協約に付与しているのである。そこで、各国において、なぜ契約である労働協約がそのような特別な効力を有するのかについて精力的な議論が展開されたが、とりわけ日本の労働協約法制に大きな影響を与えたドイツでは、1918年以来実定法上の規定が整備される過程にあっても、活発な議論が続いてきた。日本においても、現行労組法が労働協約の成立要件、期間、効力について一定の規定を置いているものの、労働協約の法的性格をめぐる議論は長い間学説の関心を集めていた。現在では、労働協約の機能の低下や学説の対立がほぼ終息しつつあることなどから、学界の中心テーマとはなっていないが、労働協約をめぐっては有利原則や余後効、協約自治の限界など、労働協約の法的性格に関わる具体的課題の多くが解決のつかないままである。また、労働協約と労働契約との関係は、単に規範的効力の適用如何という視点からのみでは解決できない問題がある。たとえば、時間外労働規定など、労働協約に定められたいわゆる義務付け条項がこれを拒否する労働者にも適用されるか否かは、労組法16条の解釈のみでは解決できず、労働協約の法的性格にまでさかのぼる必要がある。従来の法的性格論をめぐる論争を跡付け、どのような理解が最も妥当・適切であるかを再検討することは、労働協約をめぐる具体的課題を検討するうえでも回避できない作業であるといえよう。

第2節　議論の展開[1]

1　初期の学説と法規範説の諸相

　前述のとおり、労働協約にどのような法的位置づけを付与するかは、日本の労使関係に労働協約が登場して間もない段階から学説の関心を呼んでいた。すでに大正時代末期には、安井英二『労働協約法論』(清水書店・1925)、中村萬吉『労働協約の法学的構成』(厳松堂書店・1926)が、本格的な労働協約論を展開し、いずれもドイツの学説や実態を詳細に検討、分析したうえで、労働協約が債権債務関係を設定する契約であることを示しているし[2]、労働協約を「賃率契約」としてその法的性格を論じた文献もみられたが[3]、いまだ欧米諸国でも労働協約法制が整備されていない時期であり、これらはいずれも、ドイツの議論に沿って、賃率を定める集団契約を労働協約として認識すべきことを指摘する内容となっている。しかし注目すべきは、これらの学説においても労働協約が賃金と労務給付を内容とする労働契約を集団的に締結するといった意味での集合契約ではなく、労使間に規範を設定することが主たる機能であることを強調している点である。安井は「労働協約とは、個々の雇主又は雇主団と労働者団との間に於て、労働契約の内容即ち賃金、労働時間其の他の労働条件に関し其の規範（又は準律）を定むる所の協約である」と論じ（24頁）、中村は協約について「私法上の合意とは大に異なり、単に当事者間に債権関係を生ずるのみならず、更に当事者団結の所属者の為す労

---

1) 労働協約の法的性格や規範的効力の根拠をめぐる学説の展開についての検討は多数に上るが、特に包括的なものとして、川口実「労働協約の法源性」法学研究38巻（1965）32頁以下、同「労働協約の法的性格」新講座5巻161頁以下、片岡昇「労働協約の法的性格」後藤還暦22頁以下、久保敬治「労働協約の法的性質」恒藤武二編『論争労働法』（世界思想社・1978）203頁以下、久保・理論（特にその第1章、第2章、第3章、第5章）、東大(下)794頁以下、西谷敏「労働協約論」籾井常喜編『戦後労働法学説史』(＝以下「西谷・学説史」)396頁以下、中窪裕也「文献研究　労働協約の規範的効力」季労172号（1994）94頁以下（以下「中窪・文献研究」）参照。

2) これより以前に、経済学者であった福田徳三は労働協約の重要性について繰り返し指摘していた（「労働権労働全収権及労働協約」福田徳三『経済学考証』（佐藤出版部・1918）105頁、「労働協約一班」福田徳三『続経済学研究』（同文館・1913）414頁以下、「労働契約より労働協約へ」福田徳三『改定経済学研究』（慶應義塾大学理財学会・1915）931頁以下）。

3) 石坂音四郎「賃率契約」民法研究1巻（1911）447頁以下および岡村司『民法と社会主義』（弘文堂・1922）241頁など。

働契約を直接に支配すべき規範を生ずる」(223頁) として、労働協約が規範設定契約であることを強調している。そして、そのような特殊な集団的契約につき、ドイツを中心として欧米諸国がどのような法制度上の取組みを展開してきたかを紹介したうえで、労働協約が果たしてきた、あるいは果たすべき機能に即して「協約意思は労働協約を以て単に法律的関係のみならず、法源たることを欲するのである。斯くの如き協約意思に適合せしむるためには、労働協約の定むる労働規範に法的効力を與ふる立法をしなければならぬ」(安井95頁)、「協約制度に可及的完全の統一性を與ふべきは法制上頗る望ましきこと」(中村384頁) と主張し、労働協約に規範的効力や一般的拘束力を与えるために、各国法制を吟味したうえで日本にも立法措置が必要であるとする。

両書の検討は、各国の実情、特にドイツの状況を踏まえて当時の日本に労働協約法制を確立するとした場合の課題を論じることが中心的な目的であり、その観点からは、債権契約である労働協約の機能を生かすためには立法措置が必要であるとの結論に達することは自然といえる。

労働協約をあくまで債権契約の一種とみなすこれら初期の見解に対し、その後立法措置なくして直接の規範的効力を認める見解は、末弘厳太郎博士の『労働法研究』(改造社・1926) に記された見解に始まる。以下では、末弘説 (「社会自主法説」と称される) を基軸として展開された法規範説の概要を検討する。

2　社会自主法説

(1)　末弘説の概要

末弘博士はまず、「労働協約なる社会的産物と国家的法律との関係を審究し以て国家の之に対する態度を決定するについての根本的考察を試みることが是非とも必要である」として (『労働法研究』302頁、以下頁数のみ)、労働協約の法的位置づけについて原理的な検討を試みている。そして、労働協約が労働者と使用者との対等な関係を前提として、資本家は常時闘争の不安にさらされるよりは、労働者団体と協定を結んでその効力の続く間は安定して労働力を調達できることを選択するのが自然であると論じる (307頁)。この認識に加え、「国家並に其法律は唯其性質上乃至実力上為し得ることのみを為し得るのであって、其力の及ばざる所は寧ろこれを他の力に一任すべきである」との立場を前提として、就業規則が社会規範であるのと同様に、また同業者間の規範や村落町内の自治的社会的規範が社

会規範であるのと同様に、労働協約も社会規範であって、社会自らの制定する規範として社会自らの力によって実施されると考える（323頁）。そのうえで末弘博士は、労働協約に対する各国の法制度を概観し、労働協約に対する国家の態度として、「第一　獨り何等の国家的援助を與へざるのみならず、寧ろ之を不法視して禁止する態度をとるもの　第二　全然放任態度をとって何等の国家的援助を與へず又干渉制限を與へざるもの　第三　労働協約の強行に付いて裁判所の援助が求めらるべきことを豫期して訴訟を妥当に裁判するに適する裁判規範を設くることを主眼とするもの　第四　裁判規範を設くると同時に社会制度としての労働協約それ自身を国家的に整理し、以て其社会的効力を創設して国家的に利用することを計れるもの」の4種を想定することができ、近代的労資関係の下では第一の態度はとりえないが、第二から第四のどれを選択するかは各国の事情によると指摘し、労働協約法制の選択は一義的には決まらないことに注意を促す（328頁）。しかし、「注意せねばならないのは協約それ自体の有する社会的効力と国家が之に向って與ふる法律的効力の区別」であり（329頁）、「労働協約が社会的規範としての法律であるか否かは之を社会的に獨立して観察決定すべき事項であって、国家的法律たる労働協約法の制定されたりや否やによって何等の影響を受くべき事柄ではない」（333頁）と断じる。加えて、慣習法に関する法例2条の規定がなくても、慣習法には法律としての取扱いがなされるべきであり、「慣習に因って発生した社会的規範」に対して法律としての取扱いをするのであれば「労働協約によって発生した社会的規範に向ってはその同じ取扱を與へない理由が何所に存在するのであるか？」と問うて（336頁）、社会規範としての労働協約の法規範としての性格を強調する。

　おおむね以上のような考察から、末弘博士は、当時の法制度の下で労働協約に与えられるべき法律的取扱いは、「第一　協約が眞に適法なる過程によって有効に成立したりや否やの点については一般契約の成立に関する法理を適用すべきこと　第二　愈々協約の存在及び内容が確定したならば、〔略〕法例第二條と同様の標準によって之に『法律ト同一ノ効力』を認むるや否やを決すべきである」との結論を導くのである。当時公表されていた社会局の労働組合法案では、その12条において労働協約に規範的効力を付与することとしていたが、末弘博士によれば、このような規定は「特に明文の規定を設くるまでもなく自明の事項を規定したに過ぎない」（339頁）のであって、「社会的規範としての労働協約中強行法規

たる性質を有する條項に違反する個々の労働契約は當然無効となり、其無効となった部分は協約の條項によって補充せらるべきである」(340頁)ということになる。

(2) 末弘説の意義と批判

末弘博士の見解は、それまで労働協約を契約として位置づけたうえで立法論に精力を傾注していた学説の傾向を批判し、法例2条に対する独自の見解を前提として、国家の法制定機能を相対化し、労使による協約秩序の形成に高い社会的意義を認めて、法例2条と同様の基準から法規範としての位置づけを主張することで、労働協約の法規範性を認める見解の隆盛に道を開いた。その特徴は、労働協約が契約であるという事実自体を否定するのではなく、労働協約が一方で社会規範として機能することを、立法ではなく現行法における法源性を正面から認めることで法的に位置づけようとする点、また（多分に誤解されているところとは異なり）労働協約を法規範として認めうるか否かは法例2条と同様の基準によってテストされるべきであって、労働協約であれば常にそのような効力を認めるべきであるとは主張していないことである。ただ、この見解においては労働協約の法規範性をその強行的直律的効力において認めていたため、当時の協約立法をめぐる議論の中では、労働協約の法的効力につき立法なしでここまで強力なものとした点で際立っていたといえる。

この見解に対しては、ただちに支持を与える学説もあったが[4]、多くの批判も向けられている。特に、社会規範が法規範と認められるための論証が十分でないこと、慣習法が法規範と認められるためには全体社会における規範性が必要であり、部分社会にのみ妥当する規範にまで適用できないこと、法例2条の意義を拡大解釈しすぎであること、上記のテストを行うための具体的基準が明らかでないこと、制定法を不当に相対化していることなどは、確かに末弘説の欠陥を突いたものといえた[5]。また、当時はまだ労働協約の締結が労使関係の一般的な状況と認められるような実態は全くなかったので、労働協約が社会規範となっているとの認識自体が適切ではないことや、労働協約が社会規範であるなら、職場や地域への実際

---

4) 菊地勇夫『労働法』(日本評論社・1938) 74頁、後藤・理論史198頁以下。
5) 石井照久・労働法学会誌2号1頁以下、前掲注 (1) 川口・新講座5巻178頁、沼田・実務大系153頁、中嶋(3)56頁以下。

の広がりが認められるに至れば一般的拘束力も労働協約の法的効力として承認しうるはずだが、そのような認識がないことも踏まえると、末弘説は「ドイツで定式化された法理を当然の前提とした法概念の操作であった」とする強い批判もなされた。しかし、末弘説はむしろ戦後の状況に照らして支持されるべき理由があるのであって、「（戦後初期の労働組合優位の下で形成されつつあった労働協約秩序が、占領軍や政府の意思により後退させられつつあった状況のもとでは）社会の規範想像力を高く評価し、社会規範を法規範に高める際の国家の役割をミニマム化する理論こそ現実適合的」であったとする再評価も見られる。

(3) その後の展開

　一方その後の学説は、末弘説に立つものが数多く見られた。一貫してこれに強い支持を与えていた後藤清教授は、戦後しばらくその立場を維持し、「協約規範を社会規範の一種として、直ちに法例2条を適用して、公序良俗に反しない限り、法律と同一の効力をみとめるのが正しい態度」であると論じたし、「部分的社会規範は、正確にいえば慣行の存在を前提とする慣習法とはいえなくても、慣習規範も一定要件の下に法例第2条によって、国家法と同じく、法となり国家法同様の効力を承認されるのだとすれば、協約も同じく自治的規範として、同じ要件のもとに法規と認められている」、あるいは「政治権力から疎外された階級集団に属する人間の生存的諸権利を確立するという基本的要請（それは現行憲法に基づく要請にほかならない）に立つときは、国家法規のみを法源とみなす狭隘な見解は斥けられ、非国家的制定法の重視、その意味における法源の拡大が、何よりも重視せられねばならないであろう。末弘博士の所説は、まさにこうした基本的要請に適合する」との理由による研究者の支持が注目される。しかし、これらの末弘説を支持する見解は、後藤教授がその後、日本の労働組合の「組織力の凋落」を「正視に耐え得ない」として後述の契約説（労組法16条授権説）に改説したことや、労働者を「政治権力から疎外された階級集団」と位置づけ、その生存権を

---

6)　東大(下)795頁。
7)　西谷・学説史422頁。
8)　後藤清「協約理論」講座4巻827頁。
9)　野村平爾「協約の法律的性質」講座問題4巻74頁。
10)　片岡曻「労働協約の法的性質」後藤還暦22頁以下、40頁。
11)　後藤清「協約規範の法源性」民商法雑誌94巻6号（1986）705頁以下、718頁。

確立することが憲法の要請であると断じるなど、思想的な背景に強く裏打ちされた片岡昇教授の見解に明らかなように、必ずしも論理的な面での完成度や説得力を踏まえた賛同であるとはいえなかったように思われる。むしろ、労働協約を実定法の具体的規定なしに法規範であるとし、それは法例2条に象徴される社会規範の法規範化という法秩序にも適合するのだとする末弘説が、労使関係の動的な展開においてあるべき姿の指針となりえたという点が大きかったと考えられよう。

末弘博士の見解は、現実の労使関係を踏まえた見解であるというよりは、本来労働協約が果たすべき機能を見据えて、労働協約立法を想定できない当時の状況の下で、いかにして法的に上記機能をオーソライズできるか、という観点からの主張であるように思われる。したがって、注(7)の西谷教授の指摘にあるように、現実の状況が労使関係を支える労働協約の機能の強化を必要とすると認識される事態の下で、実践的な意義を大いに発揮するものであったといえる。そして逆にいえば、論理的な整合性や説得力という点では、とりわけ労使関係の変化が著しい現在、その意義は必ずしも大きくないということになろう。

3　法的確信説と白地慣習法説

(1) 法的確信説の意義と批判

労働協約を法規範とみる見解として社会自主法説ののちにみられた主な見解として注目されるのは、沼田稲次郎教授による「法的確信説」と石井照久教授の「白地慣習法説」である。

前者によれば、労働協約は労働組合と使用者という私的団体の契約ではあるが「一定の社会的経済的諸関係によって規定せられて生成する規範であり、その団体の構成員を必然的に含む1つの閉ぢた社会に妥当する規範であるという事実が今日の法的意識にとっては拒否しがたいものであることによって、国家がこれに法としての効力を承認せざるを得ないものとなっている」との認識を前提に、このような社会的規範が法規範となりうる要素として「法的確信」という概念を示

---

12)　片岡・前掲注(10)22頁以下、同40頁。
13)　末弘博士が戦後の労組法および労基法制定において中心的な役割を果たしたことや、労働法学の先駆者としての権威を有していたことなどを重視し、「末弘理論なるが故に」支持を得たとの指摘があることも見逃せない（久保・前掲注(1)「労働協約の法的性質」203頁以下、206頁）。
14)　沼田稲次郎「協約規範の法的性格」労旬144号（1953）5頁。

し、「労働者は労働組合において自己の自由と生活を守る唯一の権利たる団結権を実施しているのであって、協約規範はその労働組合が自主的に参加形成した社会規範であることによって、正義あるいは権利に根拠を置いたものとなり、そこに法的確信の存立を肯定することができる」とされる。沼田教授はこの見解をさらに推し進め、労働協約という社会規範は「何よりも労働者の生存権的要請を一応（組合の団結意思による定立の故に）反映しているが故に遵守すべきとする規範意識に支えられて妥当している」のであって、「具体的な協約規範は、具体的条件の下での正義・衡平の原理の実現であり、その規範的機能をその機能に即応した法的カテゴリー即ち、規範的効力・不可変的効力をもつ法規範として、普遍者たる国家は放任すべきだという法的確信に支えられている」とする。そして「労働条件基準を定める協約条項は……生存権理念の具体的実現が意味をもつような社会集団に社会規範として妥当し、それ故に法的効力の法認さるべきとする法的確信に支えられていると解するところから、これに法的効力を認むべき」と主張するのである。

　この見解は、末弘説と後述の石井説の双方を意識して、慣習法などの既存の法概念を用いることなく、労働協約の社会規範としてのありかた自体から、規範的部分についての強行的効力を認めるべきとするもので、労働協約を債権契約であるとの見解を拒否しつつ、そこに直接法規範性を認めるための新しい見解として注目された。また、沼田教授は労働協約が法規範として機能する場を企業ないし「経営」（今日では「事業所」ないし「事業場」という概念で示される対象が、以前はドイツ語「Betrieb」の和訳を用いて「経営」と称されることが多かった）に限定し、企業内組合と使用者による企業限定的労働協約の実態を踏まえた見解として評価しうる。しかし、「法的確信」という概念が社会規範を法規範と認めるための根拠となりうる明確な意義を持ちうるという論証がないことや、むしろそのような概念が法規範性を導く根拠となりうるためには国家法の媒介が必要ではないか、あるいは、実定法に基盤を持たない法的確信という概念は、恣意的に使用されて法の安定性を損なう危険性があるのではないかなどといった批判が寄せられ、広

---

15) 沼田・前掲注(14) 7頁。
16) 沼田・実務大系163頁。
17) 西谷・学説史412頁、東大(下)795頁。
18) 久保・理論99頁、川口・前掲注(1)新講座5巻180頁、横井芳弘「労働協約の本質について」討

い支持を得ることはなかった。

(2) 白地慣習法説

　これに対し、石井照久教授は、社会規範たる労働協約が法例2条の基準を通して法規範として認められうるという末弘説の核心部分を正当としつつ、労働協約自体を慣習法と考えるのではなく、労働組合と使用者とが法規範としての性格を有する労働協約を締結して労使関係規範を築くということが「労働慣習法（白地慣習法）」と認められる、と説き、その実定法上の根拠を法例2条であるとした。[19]
石井教授はこの見解を、その後普及した労働法のテキストにおいて整理し、労働協約の法的性質は「労使の協定によって設定される法規範」であり、それが法規範と認められる根拠としては「労使が自主的な協定によって、みずからの関係を規律する法規範を設定しうるという内容の労働慣習法（いわば白地慣習法）の成立を認め」うるからであり、「法例第2条は、集団的労働関係の展開を容認するにいたった近代的な法体系の一環として、その、いわば抽象的な表現のうちに、このような労働慣習法の成立に対する実定法的足場を提供する役割をも帯有するにいたったものと解しうる」と述べている。[20]

　この見解は、労働協約を締結するという労使の関係を慣習法の観点から法的に位置づけ、労働協約の全体に法規範性を承認した点に特徴があったが、そのような白地慣習法の存在を認めうる実態の存在が希薄であることや、いまだ石井説が指摘するような慣習がみられない状態で締結・運用されていた戦前の労働協約についてはどのように考えるのか、労働協約を締結して労使関係の規範を形成するという社会的事実の存在が、どのように労働慣習法となりうるのかについて論証がないことなどが批判された。[21]

　　論労働法49号（1955）19頁、東大(下)796頁。
19)　石井照久「労働協約論」労働法学会誌2号（1952）1頁、同・研究Ⅱ62頁以下　同様の見解をとるものとして、森長英三郎『労働協約と就業規則』（労働法律旬報社・1953）28頁以下。
20)　石井427頁。
21)　峯村光郎『労働法講義』（有信堂・1959）102頁以下、川口・前掲注（1）新講座5巻172頁以下、後藤・前掲注（8）828頁以下、沼田・実務大系160頁以下、東大(下)796頁　なお、石井説をアレンジして規範的部分についてのみ白地慣習法の成立を認めるものとして川口実「労働協約の法源性」法学研究38巻3号（1965）32頁以下、同・前掲注（1）新講座5巻181頁がある。

4 法規範説の意義と限界

　以上のように、末弘説を契機として、労働協約の法規範性を承認しようとする見解は多様に試みられ、労働協約が法源として認められる法的論拠を探る作業には多くの示唆があった。しかし、どの見解も国家法の媒介なくして労働協約自体、あるいは労働協約を締結して労使関係に規範を設定するという行為に法規範性を認めることには成功していない。類似の見解はドイツやフランスでは一定の支持を得ていたが、その背景には、労働協約が社会的に果たしていた機能の実情と動向とに大きな相違があり、その相違は労働協約の法的意義に関する見解の妥当性を左右するほどの質的なものであったと言わざるを得ない。[22]

5 憲法授権説

(1) 序

　これらに対して、労働協約はそれ自体では法規範とは認められないが、実定法により特別な規範としての効力を付与されたとする見解が展開された。このうち、労働協約をあくまでも債権契約であるとして規範的効力を付与する立法の制定を求めた第二次大戦前の諸見解を別とすると、一般的には憲法28条により労働協約に規範的効力が付与されていると考える見解（憲法授権説）と、労組法16条によって労働協約の規範的効力が認められるに至ったとする見解（労組法16条授権説）とが広く提唱された。両者の基本的相違は、労組法16条がなくても憲法28条自体によって労働協約の規範的効力が認められると考えるか否かである。

(2) 憲法授権説の諸相

　このうち憲法授権説は、憲法28条の制定を受けて、労働協約がそこに規定された労働基本権の保障によって法的規範性を付与されたとする考え方であり、「団結権の法認がなされている以上、協約は、国家法を媒介として、契約であると同

---

[22]　この点、久保教授は「ドイツ的協約がみずから濃厚な法規範性を内在せしめ、労働協約立法をまつまでもなく、職業普通法、産業普通法として機能するのに対し、わが企業別協約における内在的法規範性を当然に肯定することは不可能といわねばならない」、「わが企業別協約の内在的法規範性を肯定しようとすれば、社会自主法説をとるにせよ、慣習法説をとるにせよ、程度の差はあれ、法源論のうちに評価的な、あるいは場合によれば政策的な観点を導入せざるを得ないこととなる」との適切な指摘を行っている（久保・研究289頁）。

時に法規範でもあるという複合的な性格をもつと解すべきである。すなわち、我が国においては、憲法28条の団結権の保障の中に協約の債権的効力及び規範的効力が認められていると解することができる[23]」との見解に代表される。ただ、同様に憲法28条を根拠としつつ、上記のように同条によって労働協約の規範性が創設的に認められたと考える見解と、同条を中心とする集団的労働法秩序の下に労働協約の法規範性が位置づけられるとする見解がある。後者の立場をとる見解は、「憲法28条を中心とする集団主義的労働法による集団的労働運動の容認」が、「社会規範と法規範の連結点」となるとの理解を踏まえて、憲法28条を中心とする集団主義的労働法体系のうちに、社会規範としての労働協約を法規範とする「国家意思」が認められると論じたり[24]、団結権という権利の中に「労働協約を法規範にまで高めること」が含まれているとして、「わが国の現行労働法制を前提とする場合、……労働協約の規範性の根拠を、憲法28条によって定着した団結権の保障に求めることができる[25]」と述べる。

これらの見解は、憲法28条の規定が労働協約に法的規範性を付与したというよりは、同条を中心とする「集団主義的労働法」の体系や、同条に象徴される団結権の理念によって労働協約の法規範性が認められるとするものであり、社会規範としての労働協約の重要性を強調している点も加味すると、むしろ法規範説の系統に属するものと理解することも可能であるといえる[26]。

さらに、憲法28条の団交権保障の構造に注目して、団交の成果としての労働協約に「その社会的機能に即した法的効力とくに団結構成員の個別労働契約に対する規範的効力（直律的強行性ないし不可変性）が認められる」との理解を前提に、「団結構成員の労働条件は第一次的には団交─協約によって決定・規律されることとなる、という機構・制度を憲法28条は明確に法認した[27]」とする見解も、憲法授権説の一環として位置づけられよう。この見解は、憲法28条を、団交権を中心として労使関係秩序の形成を促す機能を有する規定と理解し、団交の結果として締結される労働協約に法規範性を付与することは同条の解釈から導かれうるとす

---

23) 外尾583頁。
24) 横井芳弘「労働協約の本質について」討論労働法49号（1956）19頁。
25) 正田彬「労働協約の性格について」峯村還暦417頁以下。
26) 西谷・学説史415頁は、憲法授権説を法規範説の一環として整理をしている。
27) 蓼沼謙一「名古屋中郵判決における公労法17条合憲論の検討」ジュリ643号（1977）39頁。

るもので、一定の説得力を有するといえる。[28]

(3) 憲法授権説に対する批判

　憲法28条およびそこに象徴される集団的労働法体系の理念等を労働協約の法規範性の根拠とみるこれらの学説も、広い支持を得ていない。すなわち第１に、憲法28条自体ではなく、そこに象徴される理念やそこから導き出される法体系の構造から労働協約の規範性を導こうとする見解は、法規範説に向けられた諸批判と同様、労働協約に法規範性を認める論拠としてはなお十分な媒介を示しえていないのではないかという指摘が可能である。また第２に、憲法28条の団結権や団体行動権の保障から労働協約の規範性を導く見解については、論証の不十分さを払拭しえない。まず団結権については、労働組合の結成と運営を保障する基本的な権利であることは疑いないとしても、そこから労働協約の規範性を導くことは論理的な飛躍があると言わざるを得ない。団結権保障の具体的内容は、労組法などを通してさまざまな態様・手法がありうるのであり、労働協約の規範性が団結権保障から論理必然的に導かれるわけではないし、労働協約に規範性を付与する政策選択が要請されているともいえないであろう。これに対して団交権から労働協約の規範性を導く考え方は、団交権が憲法28条の中心であるという前提に立った場合には一定の説得力を有するといえる。確かに団体交渉は労働協約の締結を目的としてなされることが理念型として想定されているといえるし、労働協約に規範的効力が認められなければ、合意をめざして試みられる団体交渉自体がその機能を著しく減じられると考えられるからである。

　しかし、憲法28条が保障する団交権の具体的内容も、労働協約に規範的効力を付与することを不可欠の要請として含んでいるとはいえない。たとえば日本の憲法や労組法の制定に決定的な影響力を有した米国では、団体交渉制度自体を周到に整備し、排他的交渉代表制や公正代表義務などによって労使関係を団交中心に構成する制度を選択しており、前述のように（第１編第１章第２節２(3)）、日本の労組法の改正過程では、GHQ 支配下の24年法においてのみならず、独立後の27年改正の局面でも、実際に排他的交渉代表制を基軸とする団体交渉中心の労使関係を制度的に構築しようとしていた。そして、仮に日本に排他的交渉代表制が実現

---

[28]　近年においても、労働協約の規範的効力を憲法28条の効力の確認であるとする盛325頁がある。

した場合、その一方で労働協約に対する規範的効力は与えないという政策選択がなされたとしても、ただちに憲法28条に違反する法制度であるとはいえないであろう。要するに、法政策上の選択（具体的には労組法16条）を媒介とせずに、憲法28条から直接労働協約の法的規範性を導くことには無理があると言わざるを得ないのである。この意味では、憲法授権説は、労働協約の規範的効力のいわば淵源を示した点に最大の意義があったと評価できよう。

6 労組法16条授権説

(1) 序

以上に対して、労組法16条の制定によって契約である労働協約に特別な規範的効力が付与されたとする考え方には、ドイツの授権説をほぼそのまま踏襲した見解[29]と、労働協約の実態を踏まえた見解[30]とがある。法令による授権によって労働協約に規範性が認められるとする見解のうち、憲法授権説はその後一般的な支持を受けるに至らなかったが、労働協約の法的性格をめぐる議論自体が1980年代前後から下火となる中で、次第にこの労組法16条授権説（あるいは契約説）がほぼ通説として定着するに至る[31]。それに加えて、特に上記の労働契約の実態に即した労組法16条授権説が、それまでの諸見解に比べて最も論理的整合性を確保し、実態にも即した説得力のある見解であったことも否定できない。

(2) ドイツの授権説の受容

このうち前者は、労働協約が規範的意義を有するのはあくまでも社会的レベルにとどまり、それが法的な効力となりうるとすれば国家法の授権によるしかないとの共通理解に基づき、「規範的効力は国家が設定した法律たる労組法16条により委任され、これを欲する協約当事者の、とくに労働組合の団体意思のうちにそ

---

29) 峯村光郎『労働法概論』（有斐閣・1976）174頁、浅井清信『労働協約』（ミネルヴァ書房・1957）101頁。
30) 久保・理論1頁、102頁以下、本田尊正「日本労働協約の特質と評価」沼田還暦（下）46頁以下、中嶋(3)58頁以下。
31) その理由として、労組法16条が制定されて以降は、同条を無視した理論は不可能なので、なお社会自主法説や白地慣習法説に立つ場合には、同条は確認的規定にすぎないということになるが、これらの見解を否定する場合には、同条が規範的効力を創設したとの理解に必然的に結びつくことになるという事情を指摘する見解がある（西谷・学説史418頁）。

の合理的基礎をもっている。いわばそのような当事者意思、とくに労働組合の意思が規範的効力を欲したから、国家の法律がそのような効力を社会的見地のもとに認めたのである」などと論じる。第二次大戦前からドイツの労働協約法理が支配的な力を及ぼしてきたという経緯の下では、ドイツにおける労働協約法制の成立と展開に照らして、いわばパラレルに日本の労組法16条をとらえる考え方が有力に主張されたことは自然であるといえる。しかし、労働協約に法規範性が認めらず、また憲法自体からは労働協約の法規範性が導けないにもかかわらず、なぜ労組法16条が制定されたのかはここからは明らかではない。このため、国家のみが法を策定できるという国家説に帰着するのではないかとか[33]、労働協約の国家統制に道を開く考え方ではないかなどといった批判が早くから向けられていた[34]。確かに、ドイツにおいて労働協約令を端緒とする労働協約法令が展開した背景には、たとえ労働協約に法規範性が認められるとしても、国家によって明示的に規範性を承認されることで、社会的権威としての労働協約の地位を確立することが必要であるとの理念があったとみなしうるが、日本の場合には、労働協約は法的規範性を認めうるような実態はなく、それにもかかわらず国家がこれに法的規範性を付与する必然性がないとすれば、国家の裁量的判断によってたまたま労組法16条のような規定が定められたということにもなりかねない。ドイツの例に倣った授権説はこのような点の説明が不十分であることは否めないであろう。

(3) 久保教授の見解

これに対して後者の実態論を踏まえた労組法16条授権説は、日本の労働協約の実態を丁寧に分析・検討し、かつ、ドイツの労働協約に関する議論の経緯や実態をこれ以上ないほどに入念に検討したうえで、「わが企業別協約の体質を前提とするときには、労組法16条は、団結権保障の趣旨にもとづき、労働者の労働条件は労働協約によって原則的に規律されるべきであるという意図により、企業別協約における規範的部分の法規範性を創設したものと考えられる」とする[35]。このような見解の背景には、「周知のようにわが国の協約は、アメリカ型協約の移植の

---

32) 浅井・前掲注(29)101頁。
33) 末弘・研究295頁以下。
34) 川口・前掲注(1)新講座5巻177頁。
35) 久保・理論15頁。

上に発展し、本格的な構成をとるにいたった」「かようなアメリカ型協約の移植については、それなりに合理性があったといわねばならない。それは、基本的には、アメリカの労働協約の圧倒的多数がいわゆる会社協約（company-wide agreement）、すなわち企業レベル協約であり、しかもそれはドイツ的企業レベル協約と異なり、経営協定的性格を多分に有するからにほかならない[36]」との認識があり、「アメリカ的企業レベル協約の上に現代的な構成を示すにいたったわが国の経営協定的労働協約を、全面的に労働市場をふまえたドイツ労働協約法理論の上に立って、法理的に構成すること[37]」は妥当ではないという理解がある。そして、ドイツにおいて労働協約がそれ自体で法規範性を有していながら授権説が優勢であった事情については、「ドイツにおける授権説の確立は、労組の組織形態、協約の体質ないし構造等の帰結である」「労働協約は、総じて広汎な地域ワイドにわたる労働条件の統一的な設定をめざすものであるが故に、労働協約立法をまつまでもなく、強度の規範性を有し、かつての国家労働立法に代る労働基本法としての地位をしめている。協約法源論において授権理論が定型的学説となっているのは、このような条件があるからである[38]」と指摘し、ドイツの労働協約がそれ自体で法規範性を有しているのに授権説が有力な理由が不明であるとの批判[39]にも応えている。また、企業別協約には法的規範性が認められず、（ドイツでは支配的な）産業別協約ならば規範性が認められるというのは協約の適用範囲のみに着目した誤解で、日本の企業別協約にも部分社会の規範としての機能は十分に認められるとの批判に対しては、ドイツの実収賃金確保条項の実例をあげてこれに反論している[40]。すなわちドイツでは、産業別労働協約による統一的な賃金基準を上回る事業所ごとの賃金につき、賃金額が労働協約によって増額されても使用者によっては過去の協約賃金額を上回る賃金を支払っており、協約の増額分をこれに充ててすませるという対応をしていたので、実収賃金が協約に応じて増額されることを保障する規定を盛り込む労働協約が締結されていたが、1968年のBAGの判決（1968.2.14 AP Nr. 7 zu & 4 TVG）はこれを無効とした。その背景には、「労働

---

36) 久保・研究266頁。
37) 久保・研究277頁。
38) 久保・研究279頁。
39) 沼田・実務大系166頁以下、川口実「労働協約・就業規則」ジュリ441号（1970）168頁、正田・前掲注(25)435頁等。
40) 沼田・実務大系166頁。

協約は、その適用範囲内における協約関与者間の個別的労働関係に対して、画一的に、抽象的に強行法的規制を行うもの」であるとの原則があり、実収賃金条項はこれに反することになるからである[41]。こうして、ドイツにおける労働協約の法規範性の内実は、企業別協約と産業別協約とを問わず、「わが企業別労働協約とは全く異質的なのである[42]」と断じ、自らの見解の正当性を補強する。

　この見解は、労働協約の実態や解釈論としての妥当性に加え、法源となりうる規範の妥当性は部分社会に限定されることはなく、全体社会において認められねばならないとする通説的な法源論[43]とも矛盾せず、ほぼ通説的地位を獲得した[44]。また、この見解に沿ってさらに労働協約の契約としての実質を重視し、労働協約自体には規範的効力を付与されるべき内実があるわけではなく、労組法16条が法と同等の効果を労働協約に与えたにすぎないとする見解も注目される[45]。

　こうして、労働協約の規範的効力の根拠を確定するということを主たる目的として展開された法的性格論は、労組法16条によって契約たる労働協約に特別な法的効力が付与されたという共通の理解を得て一定の区切りを得た[46]。

---

41)　久保・研究321頁。

42)　久保・研究325頁。

43)　加藤新平『法哲学概論』（有斐閣・1976）346頁以下。

44)　その後から現在に至るまでテキストはほぼこれに沿っている。石川171頁、山口174頁、菅野672頁、渡辺（上）271頁、荒木575頁、西谷・労組法328頁以下等。なお、渡辺（上）271頁は、労組法16条授権説のうち、国家の政策的な授権という側面ではなく規範を設定するという労使の意思を重視する見解をさらに区別し、これを「規範設定契約説」と名付けて、上記山口、菅野および自らの見解をこれに分類する。卓見であるが、労働協約が規範設定契約であるという認識は、すでに初期の協約学説の頃から共有されていたのであり（安井英二『労働協約法論』等）、そのような労使の意思に国家がどう対応するかが中心的な課題であったと思われるので、このような分類の実益には若干の疑問がある。ただ、労組法16条授権説の内実をより適切に表現した名称としては意義があるといえよう。

45)　萱谷一郎「労働協約法理論の構成のための素描」久保還暦155頁以下。なお、萱谷教授はその後もこの理解に立った労働協約論を展開し、その成果を『労働協約論』（信山社・2002）にまとめている。

46)　なお、80年代以降は、片岡曻『労働協約論』（一粒社・1984）、坂本重雄「労働協約の法的性質」久保還暦108頁など、なお社会自主法説に立つ見解や、光岡正博『団体交渉権の研究』（法律文化社・1982）のように憲法28条の団体交渉権を労働協約の規範的効力の根拠として読み込む見解、米国の労働協約理論を援用して労働協約に「根本規範」の機能を認める見解（本田尊正「労働協約の法的性質に関する若干の試論」青山法学論集23巻1号（1981）16頁以下）など労組法16条授権説に立たない学説も散見されるが、いずれも広い支持を得るには至っていない。

7　小　括

　論争の区切りを迎えたのちは、法的性格論に膨大なエネルギーを費やしてきた学説の対応自体に疑問を呈する指摘も目立ち[47]、20世紀前半から1970年代にかけて、労働協約に関する議論の中心を占めてきた法的性格論は、1980年代には収束を迎え、その後は労働協約による労働条件の不利益変更や労働協約失効後の法的効果など、具体的な課題に関する議論が興隆することとなる。

　労働協約が契約の一類型であって、それ自体では法規範性を有することはなく、労組法16条によって創設的に特別な効力を付与されたのだとすれば、いわゆる規範的効力の意義や適用範囲、限界などは同条の解釈論に帰着する[48]。労働協約をめぐって争われてきた「有利原則」や「余後効」、協約自治の限界論も、この基本的理解に立って展開される必要があることは言うまでもない。しかし、後述するように、実際には、労働協約の法的性格論に一定の決着がついたのちも、これらのテーマにつき解決がついたとみなしうる状況にはない。労組法16条との関係では最も重要な論点であるはずの労働協約と労働契約との法的関係についてさえ、労働協約が外から労働契約を規律するとするいわゆる外部規律説と、労働協約の規定内容が労働契約の内容となるとするいわゆる内容説ないし化体説との争いがただちに決着する見通しはない。そのような実情を前に、労働協約の法的性格をめぐる学説の議論に対しては、「協約の法的性質はある程度の議論をするのは意味があるが、ほとんどは論理的な整合性の問題であって、実益はあまりない」[49]、「わが国の規範的効力論が、長い間、現実の紛争とは離れた観念的なレベルで行われてきたという印象を否定することは難しい」[50] という厳しい評価が向けられる状況も生まれるに至ったのである。

---

47)　石川171頁以下、下井隆史「労働協約の法的性質論にはどのような意味があるか」下井隆史ほか『論点再考労働法』（有斐閣・1982）44頁以下。
48)　東大（下）801頁。
49)　下井・前掲注(47)61頁。
50)　中窪・文献研究109頁。

第3節　法的性格論の意義

1　学説の論争はどのような意味があったか

　以上のように、労働協約が果たす特別な機能と特殊な効力とをオーソライズし、あるべき姿を示すべく、学説は労働協約の法的性格論をくりひろげてきた。受容度という観点からは、労働協約は契約であってその特別な効力は労組法16条により創設されたものであるという見解が、その内容に微妙な相違はあれ最も説得力あるものとして受け入れられてきたといえる。

　しかし、それらの学説の展開と一定の到達点に至る経緯とは、労働協約の法的性格に関するそれぞれの論者の評価的な対応と社会的背景の影響とが色濃く反映しており、理論的な整合性と実質的な妥当性の確保という本来の課題に即した議論が行われていたのかという疑念を払拭しきれない。

　たとえば、労契法7条と9条および10条が制定されるまで、就業規則の法的性格をめぐる議論は労働法学の最も中心的なテーマであり続けたが、それは使用者が一方的に作成・改訂することが実態としても認められ、また実定法上も想定されているという前提を踏まえて、労働契約との関係や民事的効力をどのように説明することが最も理論的整合性を確保できるか、あるいは実質的に就業規則が企業や事業所のきわめて強い規範として機能している現実を法的に説明できるのか、という観点から議論されてきたといえる[51]。

　一方、労働協約については、20世紀初頭の欧州諸国における実態としての広がりや社会的重要度の高まり、法制度の整備といった実情に強く触発された日本の研究者が、ドイツやフランス、英国などに比べればはるかに規模も影響力も小さかった日本の労働協約の実態にもかかわらず、労働協約を用いた労使関係の理念型を描いてきたという面を否定できない。最初期の社会自主法説はそのような傾向の典型であり、これが後々まで一定の支持を得てきたことは、日本の研究者が労働協約による労使関係のありかたを労働協約論の中心に据える傾向が強かった

---

51)　もちろん、就業規則論においても労働組合運動論や思想的立場からの議論はあったが、労働組合は制度上の主体ではないのでそれが主流とはならなかった点に留意すべきである。

第3節　法的性格論の意義　101

ことを象徴する事態であったといえよう。加えて、第二次大戦前には政府による労働組合法の制定が目指されていてその内容が注目されており、労働協約の位置づけをどうするかという立法論上の課題が控えており、労働協約法制のガイドラインをどのように描くかという観点からの検討が不可欠であったこと、第二次大戦後は、急速に拡大する労働組合の勢力と憲法による労働基本権の保障、労働運動の激化とそれを支える社会主義・マルクス主義の思想が労働法学にも大きな影響を与えていたこと、といった歴史的な事実も無視できない。労働協約が部分社会の法であれば、労使は独自の規範を形成する法的主体として国家社会の一画を占めることになるであろうし、規範設定主体として行動する労働者の法的確信が認められるなら、労働運動は法的承認を得て経済社会を動かすことが期待しうるであろう。労働協約の法的性格論は、このように、日本の労使関係の基本的ありかたがどうあるべきか、その中で労働協約はどのような法的機能を付与されるべきかという理念的課題を背景として展開されざるをえなかったといえる。

　しかし、当然ながら労働協約の法的性格や法的意義を検討することと、労働協約を通じてどのような労使関係を築き上げることが望ましいかは次元の異なる問題である。それが一定のつながりを持つことは否定できないが、どのように関連させるかが理論的整合性や説得力に直結するわけではない。しかも、労働運動の諸相も、一定の高い組織率と争議行為の恒常的利用、公共部門の組合が主流となる傾向、強力な思想的バックボーンなどはほとんど失われ、著しい変貌を遂げている。労働協約法理も、現実の労使関係を反映させるべきであると考えるとしても、労使関係自体が経済社会の推移の中でダイナミックに変化しているのであり、これに振り回されることが適切でないことは疑いない。他方で、労働協約をめぐる具体的な法的課題（成立要件、規範的効力の対象と範囲、債務的部分の具体的効力、有利原則の当否、労働協約終了後の効力等）を解決するために、また労働協約訴訟の適切な対応を可能にするためには、確かに労働協約の法的性格を検討することに十分な意義があろう。以下ではこのような前提をふまえて、改めて労働協約の法的性格について一定の検討を加えることとする。

2　法的性格論検討の意義

(1)　序

　労働協約の普遍的意義は、労働者の集団と使用者とが労働条件や労使関係のル

ール等について合意し、それを一定期間遵守して安定した労使関係を構築することである。19世紀以来の各国の労働運動の中で、労働組合と使用者とが何らかの合意を行う慣行や制度は当然ながら多様性が認められるが、collective agreement、Tarifvertrag、convention collective というように労働協約として各国が特に法的対応の対象とした合意類型は、一応上記のような共通の意義を有するものといえる。ILO の定義も、このような理解を共有している。そうすると、労働協約とされる合意は非常に幅広い具体的類型が想定しうるのであり、労働協約にどのような法的位置づけを付与し、いかなる効力や機能を付与するかは、たとえば商業取引のルールや人権の基本を画定する場合よりはるかに多彩でありえよう。

(2) 各国協約法の評価と日本法の特徴

では、各国における労働協約の法的位置づけはどのような理論的経緯や社会的実態によって形成されているだろうか。

第1に、法体系の原則が影響することは疑えない。英国と米国はコモン・ローの強い影響下に現在もあるが、歴史的に労働協約法制を形成する過程においては、いっそうコモン・ローの支配下にあったといえる。もちろん、英国と、英国からの独立を法制度としても確立してきた米国とのコモン・ローへの対応は異なるし、労働運動の展開も異なることは言うまでもなく、それが実際の協約のとらえ方を異にしていることも当然である。これに対してフランスは、ローマ法を土台としたナポレオン法典がその制定から一貫して民事法の前提となっており、これに革命の理念やサンディカリズムという独自の社会的歴史的背景が労働協約という労使合意に強い影響を与えている。対してドイツは、19世紀の法典論争においてローマ法とゲルマン法との対立・交錯や社会政策重視の伝統などが、ドイツ民法と労働法の双方に決定的な影響を与えており、労働協約をどうとらえるかも、これに制約されていることは言うまでもない。

これに対して日本は、明治維新によって伝統的な法理念を払拭し、ドイツやフランスの法典思想を導入したので、労働協約についても独自の法体系との整合性

---

52) たとえば英国の労働協約の一般的類型とドイツのそれとが、法的位置づけ以前にまず実態として大きく異なることは前述（第1編第1章第3節）のとおりである。

はあまり重要な課題ではなかった。憲法制定下においては、28条を中心とした憲法の条文や民法の原則・理念こそが労働協約の法的位置づけを決定づける法体系上の制約である。

　第2に、労働協約の実態が重要な指標であることも間違いない。英国では、1871年の本格的な労使関係法制の構築以前から、すでに労働組合と使用者とは労働協約による労働条件の規制を自主的に行う方式が、社会的な実態として定着しつつあった。そして、コモン・ローを民事法制の基軸とする政府はもちろん、労使とも労働協約に特別な法的コントロールを加えることに反対しており、むしろ国家の規制から自由な労使自治の展開を当事者のすべてが志向していた。第二次大戦後も、基本的にその傾向は変わっていない。これに対しドイツでは、19世紀末以来、協約による労使関係秩序の形成が徐々に進み、1918年の労働協約令が成立してからは産業別協約の締結が速やかに拡大して、産業ごとの労働条件の基準が労働協約によって形成されるという実態が普及していく。しかも、労働協約によって形成された規範をナチス政権も命令の形で維持したこと、戦後の労働協約が賃金統制解除後の賃金制度を形成するという重要な役割を担ったことなど多くの事情が重なって、労働協約は規範的効力を有し、かつそれは産業・地域における普遍的な基準として適用されるという制度を容認できる状況が出現していた[53]。一方、フランスの実態は、労働組合が使用者との産業平和を特に望んでいたわけではないが、労働協約による労働条件の支配を目指しており、それを国家によって実現する方向を選択したという特殊な状況がある。しかし、これも労働協約とその当事者たる労使関係の実態が労働協約の法的位置づけに決定的な影響をもたらした点では他の国と変わりない。

　翻って、日本においては、労働協約の実態はこれらの国々と大きく異なることは言うまでもない。第二次大戦前にはある程度普及しており、戦後も少数ながらみられた超企業的・地域的労働協約も、もともと労働協約を締結するという実態が労使関係の一般的な姿とはいいがたいほど少なかった状況のもとでの試みであり、労働協約の法的位置づけを決定づけるほどの影響力は認められない。また、

---

53)　なお、ドイツでは労働協約の規範性が早くから認識されていたにもかかわらず規範的効力については国家授権説が有力であり続けた理由については、ジンツハイマーら指導的な労働法学者が国家による労働協約自治の承認とこれに基づく産業平和を志向していたからであることが指摘されている（西谷・思想史216頁以下）。

労働協約が激増していく過程では、むしろ企業別協約が通常であるという状態が定着しており、少なくとも産業別・地域別の規範を労働協約が設定する実態はなかったといえる。また企業別協約については、労働組合が強力な企業では、ある程度の規範性を有していたことは推測し得ようが、就業規則という別の集団的規範が労働協約と同等もしくはより強い機能を果たしていたことは明らかであるし、経営協議会の設定や組合専従制度、組合事務所や掲示板の設置、団体交渉や争議のルールなど、労使関係のルールを規定することが労働協約の基本的役割の1つとして普及しており、労働協約は労働組合と使用者の労使関係に関する約定であると解するほうが自然な実態が通常であったことは疑えない。したがって、少なくとも労働協約の実態が労働協約の法的規範性の承認を促すようなものであったとはいえなかったと思われる。

　第3に、政策的対応の相違も重要である。1936年のマティニョン協定により労使の敵対関係に区切りをつけ、産業平和に道を開くことができたフランスでは、第二次大戦中の労働組合の政府への協力姿勢も影響して、労働協約をできるだけ多くの労使に適用できるような法制度の採用に力がそそがれた。フランスの労働協約が単なる締結当事者間の合意ではなく、産業の法として広く労使間の規範とされている背景に、サンディカリズムの伝統を有するフランス労働組合を、国家の労働政策の一翼を担う存在とするとの政策的判断があることは疑えない。[54] これに対し米国では、ワグナー法制定以降も、伝統的なコモン・ローの原則のもとで労働協約には単なる紳士協定としての位置づけしか与えていなかったが、第二次大戦を経て1947年にタフト・ハートレー法が制定された折、労働協約違反について連邦裁判所への提訴ができることとされた。ワグナー法とタフト・ハートレー法によって整備された排他的交渉代表制は、選挙によって選ばれた事業所の交渉代表が、独占的に労働条件について使用者と交渉し、その結果が非常に詳細な労働協約に記される。法の特別な権限付与による団体交渉制度を前提とした労働協約に、少なくとも単なる紳士協定を超えた一定の効力を付与するのは、論理的には自然であり、米国は、基本的には同様のコモン・ロー原則に立つ英国とは異なる独自の労使関係法制を選択したといえる。

　この点、日本では憲法28条の労働基本権を前提として、労働協約にどのような

---

54)　外尾健一『フランス労働協約の研究』（信山社・2003）153頁以下。

法的位置づけを付与するかについては、政策的にはいくつかの選択肢がありえた。同条が、団体交渉権を中心とする労使自治に憲法上の根拠を与えた規定であるとすれば、団交システムが整備されねばならないことは当然であるが、その具体的な仕組みとして、米国のように団体交渉そのものにウエイトを置くか、ドイツのように労働協約に労使自治の成果を反映させる法制度を整えるかについては、政策的選択が大きな意味を有するであろう。そして、日本は団交と協約の両方に特別な法的地位を与える政策選択をしたのである。

3　日本の労働協約の法的位置づけ

(1) 基盤としての憲法

以上の検討から、日本の労働協約については以下のように考えるべきものと思われる。

まず、法体系の原則という観点からは、英米法系のコモン・ローや、ドイツのゲルマン法、フランスのナポレオン法典のような、その社会の法体系の基盤となるような法原則は、少なくとも日本国憲法制定前の日本には存在しなかったといってよいであろう。日本の民法が、当初はフランスの、後にドイツの影響を強く受け、少なくとも財産法の分野において、日本社会が築いてきた法的理念や原則等の歴史的基盤が希薄であることは明確であり、また大日本帝国憲法も、プロシャ憲法をベースとして日本社会への適応のためのアレンジを施したものであることはよく知られている。こうした状況は、労働協約についての学術的な検討がなされるようになった大正末期から昭和初期の諸論考にも反映しており、労働協約の法的性格や協約立法のありかたを示すにあたって、上述のように、どの論者も日本固有の法原則を理由としたり、日本の伝統的な法理念を根拠とすることはなかった。また、第二次大戦後も、諸学説の背景にあるのは憲法が保障する労働基本権の理念であり、また法例2条の慣習法の枠組みをデフォルメした発想、さらには労働運動に資するための論理を構築しようとする思想的立場であって、日本固有の法理念という理由づけはみられない。

このような実態を踏まえると、労働協約の法的位置づけについて最も原理的な理念となりうるのは、憲法の提供する労働基本権（28条）や私的自治ないし幸福追求権（13条）などの諸規定と考えることが妥当である。すなわち、部分社会において法規範を形成することが認められているとか、労使が法規範を設定するた

めの労働協約を締結することが労働慣習法として確立しているといった主張は、いずれもそれをオーソライズする法的基盤がなく、憲法授権説と労組法16条授権説が、法的論拠という点からは検証に値する考え方であるといえる。

　このうち、憲法授権説は28条の構造について必ずしも説得的な理解を示しえていないことは前述のとおりである。しかし、同条が労働協約の法的位置づけについて何ら意義を有していないとはいえない。すなわち、同条が団体交渉を基軸として労働者の団結と団体行動を保障しているとした場合、そこにいう「団体交渉」の具体的な構造は、法政策の観点からは一義的には決定しえない。憲法のいう「団体交渉」という概念を国際的な普遍性に照らして考えると、それは労働組合と使用者が交渉によって合意をさぐることが最も基本的な内容であるといえる。[55]そうするとそこでは、少なくとも、実際に交渉そのものを法的実体とする立場と、交渉による合意を具体的な法的実体とする立場とがありうるからである。このうち米国は団体交渉そのものを重視し、排他的交渉代表システムや公正代表義務などを通して、労使の合理的かつ適正な団体交渉の促進をはかる法的枠組みを選択した。対してドイツは、労働組合と使用者（団）との間に締結される労働協約に、法的規範としての地位を実定法の明文によって付与し、有利原則や余後効などの法的効果をも加えて労働協約法制を整備している。団体交渉そのものについて法規制を行うことは選択されなかった。

　このような点を踏まえ、また憲法28条が団体交渉の具体的意味を記していないこと、労働基本権の構造からも一義的に決しえないことを踏まえると、同条からただちに労働協約の規範性が導かれるとはいえないものの、団体交渉の成果として締結されることが想定される労働協約に特別な効力を与えるという選択肢も、憲法の団交権保障の意義から無理なく導き出せることも否定しえない。そして日本の労組法は、憲法28条を受けて、団体交渉自体を不当労働行為制度に組み込んで直接の法的対象とし、かつ、労働協約に規範的効力を付与するとともに一般的拘束力制度を創設し、一般的な契約とは異なる法的存在として定立するという選択をしたととらえるのが妥当であろう。要するに、憲法28条からただちに導かれるのは、同条にいうところの「団体交渉」を具体的な法制度として保障する仕組

　55）　ILOは基本的にそのような理解に立っている。98号条約（1949年）および154号条約（1981年）参照。

みが不可欠となるということであり、その仕組みとして想定しうるいくつかの政策的選択肢のうち、労組法は団体交渉自体を法的仕組みとしてサポートするとともに、労働協約に特別な効力を付与するというメカニズムを選択したのである。その意味では、憲法28条から直ちに労働協約の規範的効力を導くことはできないとしても、同条による団交権の保障が存在しなければ、労組法16条も十分な正統性を有しないことも確認する必要があろう。

(2) 規範性の根拠

　以上の点を踏まえると、労働協約の実態からも、労働協約自体、あるいは労使が労働協約を締結するという行為に、何らかの法規範性を認めうる指標を認めることは困難である。第二次大戦前には地域または一定範囲の産業レベルの労働協約も存在し、戦後初期にもそのような協約の締結が試みられたことはすでに述べた通りであるが、それらはいずれも、法的にオーソライズされうるほどの内実を有してはいない。戦前の労働協約は絶対数自体がごく限られていたし、戦後の労働協約は短時間に広く普及したが、産別ないし地域別の労働協約は、もとからごくわずかであっただけでなく、とりわけ独立後日本が独自の法制度を確立できるようになってからは（海運業を除いて）ほとんどなくなり、中身も債務的部分が中心で、賃金については基本協約とは別の協定を結ぶことが慣例化するなど、法規範の形成が認められるような実情はみられないままであったと言わざるを得ない。労働協約は、実態としてはどこまでも労働組合と使用者（団体）との契約であり、労組法16条や17条・18条なくして規範的効力や一般的拘束力を認めうる契機を有しないのである。

　また、日本は、まさに政策選択の結果として労働協約に規範的効力を付与し、一般的拘束力制度を創設したといえる。憲法28条が保障する団体交渉権の具体的構造につき、労組法の制定と改正の過程では、労働協約を重視する傾向と団体交渉に重きを置こうとする考え方の双方がみられた。憲法制定以前に制定された20年労組法では労働協約をかなり重視する内容がみられるが、これは憲法の要請によるものではない。しかし、上述のように、憲法制定以前に労働協約の規範性をオーソライズするような法理念も実態もなかったのであるから、これをもって労働協約の本来的な規範性を認めることはできない。むしろ、戦前の労組法案や労働協約に対する立法案の影響によると考えるのが適切である。そして24年法は、

労働協約に規範的効力と一般的拘束力を付与する仕組み自体は20年法を踏襲した。20年法から24年法までの3年間に、憲法制定以外に労働協約の法的位置づけを左右する事情は見当たらないから、ここにおいて、この2つの特別な法制度は、憲法28条の下で改めて政策的に選択されたと考えることが妥当であろう。その後も、労働協約の成立要件や期間等について一定の改正はあったものの、規範的効力と一般的拘束力の枠組みは一貫して変わっていない。このことは、憲法が保障する労働基本権、とりわけ団体交渉権の具体的保障の仕組みにつき、労組法は団体交渉と労働協約の双方に特別な法的機能ないし効力を付与することで応えたことを示すのである。

(3) 派生的効果

以上から、いくつかの派生的な効果が生じる。まず、労働協約は債権債務を設定する通常の契約であって、ただ16条～18条に該当する場合には所定の効力が付与されるのであるから、それら条項に関係しない労働協約の規定には、通常の契約上の権利義務のみが発生することとなる。また、規範的効力を生じうる規定についても、契約上の権利義務は同時に発生する。労働協約に規定された内容のうち、労働条件の基準にも、人事条項などのいわゆる制度的事項にも、また在籍専従や団交ルールなど労使関係のルールにも該当しない項目（たとえば労働組合が使用者から組合員の保養ための土地を借り受けるなど）も、単なる土地貸借契約の規定として扱われる。

このように考えた場合、労働組合と使用者（団体）とが締結する書面協定のうち、労組法14条の要件を満たしつつ、債務的部分のみが記されたものと、規範的部分をも含んだものとを法的な意味で全く同じ「労働協約」と称することは再考の余地がある。平和義務や実行義務等も、後述のように一般の契約原理から導き出しうる債務であるし、労組法は、債務的部分のみを記した労働協約について特別な位置づけをしていないからである。ただ、労使間のルールも規定されず、上述のような労働組合の使用者間の単なる財の移転などを定めただけの書面合意もあり、これを労働協約と称することは妥当ではないこと、また労組法15条は規範的部分を含むか否かにかかわらず14条の要件を満たした労働協約に適用されると考えられるので、少なくとも労使関係のルールを定めた書面合意については、これも労組法上の労働協約とみなすべきであろう。したがって、単なる財の移転等

のみを記した労働組合と使用者（団体）との間の書面合意（厳密には書面に記されているか否かも問題にならない）は、労働協約と称すべきではないといえる。そしてこの場合、単なる労使間の書面合意については、労組法14条の要件を満たさなくとも、契約一般の要件を満たしていれば所定の債権債務関係を認めるべきである。これに対し、労組法14条の要件を満たさない書面合意で労使間ルールを定めたものについては、労働協約の成立要件一般の問題の１つとして各論において詳述したい。また、労使間のルールのみを定めた労働協約と単なる労使間の書面合意との相違は、前者についてはその合意内容や履行の態様において、労働基本権に抵触することがありうるので、契約一般の要件の具体的内容（信義則、公序原則、同時履行の抗弁権等）に労使関係固有の事情を反映させる必要性があるという点にも求められよう。たとえば、協約において付加された義務的団交事項に関する団交要求の拒否に対しては、損害賠償の要求にとどまらず争議行為が正当化されることがありうるが、単なる土地の貸与についての履行拒否は、契約一般の原則に従った対抗措置のみが認められることとなろう。[56]

---

56) このような場合には、同時履行の抗弁権の成否等、民法の原則に沿った処理がなされることとなろう。なお、労働協約の争議条項・平和条項違反の争議行為と同時履行の抗弁権については、菊谷達弥「争議条項・平和条項」（新講座５巻205頁以下）224頁以下参照。

第4章　規範的効力

第1節　緒　論

1　序

　日本においては、英国や米国等とは異なり、大陸法系の国々と同様、労働協約に対して一般の契約とは異なり、個別労働契約を規律する効力を付与している。この効力は労組法16条に「労働協約に定める労働条件その他の労働者の待遇に関する基準に違反する労働契約の部分は、無効とする。この場合において無効となった部分は、基準の定めるところによる。労働契約に定がない部分についても同様とする」と定められている。

　前述のように、労働協約の法的性格をめぐる膨大な議論の実質的な論点は、労働組合と使用者との契約である労働協約に、このような規範的効力が認められるべき根拠があるのか、あるとすればどのようなものかという点であった。この論点について、日本では、憲法28条にもとづく法政策的判断から労働協約に規範的効力を付与するという選択がなされ、労組法16条がそれを表現しているという立場をとるとすれば、規範的効力の具体的意義や内容は、同条の解釈問題に帰することとなる。[1]

2　有利原則と協約自治の限界

　まず、文理解釈上明確なのは、労組法16条は、第1に、労働協約が「労働条件その他の労働者の待遇に関する基準」を定めていた場合には、その定めに違反する労働契約の当該部分が無効となるという効力をその労働協約に付与していることである。この効力が強行的効力であり、労基法13条が同法の定める基準に付与し、また労契法12条が就業規則に付与しているところと同様である。ただ、労基法および就業規則に付与された強行的効力は片面性を明確にしており、それぞれ労基法、就業規則に「定める基準に達しない」場合にのみ労働契約の当該部分を

---

1)　東大(下)下802頁。

無効にしているが、労働協約に付与された強行的効力は、このような片面性を有していない。そこで、当該労働協約の定める基準を上回る労働契約上の定めは有効となるのかという問題が生じ、いわゆる「有利原則」を認めるか否かという議論が展開された。

有利原則という概念はドイツ語の「Günstigkeitsprinzip」を直訳したもので、議論の内容も、ドイツで実定法上明記されている有利原則との比較において展開されてきた。これについては本章第3節3(1)において詳述するが、ここで踏まえるべきは、出発点において、労組法16条の強行的効力の趣旨や意義を、有利原則という観点から検討することの妥当性である。すなわち、同条は単に労働協約の基準に「違反する」労働契約の定めを無効としているのであるから、文理解釈上は当該労働契約の定めが労働協約に比べて有利か不利かということは問題となっていない。「違反する」という概念の意味については検討の余地があるが、少なくとも労組法16条の規定からは、労働協約に定められた基準と異なる労働契約の定めが無効となるという原則が導き出されることは疑えない。

問題となるのは、この原則にどのような例外が認められうるのか、およびこの原則の限界はどこにあるか、ということであり、その観点から、労基法13条や労契法12条の定めが検討のための1つの参考資料として用いられることとなる、というのが論理的道筋であろう。そして、個別労働契約が当該労働協約よりも明らかに労働者にとって有利な労働条件を定めていた場合も「常に」無効となるのか、場合によって有効となりうるのではないか、という問いについては、労働協約固有の事情（労働組合の統制力、労働協約が有する労働条件統一化の機能、団体交渉の結果としての労働協約の特性等）に加え、労基法13条や労契法12条の定めとの関係が検討されることとなるのである。つまり、労働協約に付与された強行的効力に例外が認められるべきか、認められるとすればどのような基準・範囲においてか、という一般的課題があり、その例外のうち、当該労働協約の基準を上回る労働契約の定めについては、労基法13条や労契法12条の規定にも照らしつつ検討されるべきであるということである。そうだとすれば、逆に労働協約の定める基準を「下回る」労働契約の定めについても例外的に認められることがあるのか、あるとすればどのような基準や範囲でか、という課題も検討されるのが論理的帰結であると思われる。また、この課題の先には、労組法16条の強行的効力の「例外」の有無・範囲だけでなく、「限界」も検討対象として取り上げられることとなる

はずである。労働協約の基準を明らかに上回っている労働契約の定めであるが有効である、との主張は前者の問題となるが、そもそも労働協約の強行的効力の適用対象とならないのではないか、という主張は後者の問題である。要するに、労組法16条の強行的効力を検討するにあたって、有利原則が認められるべきか否かという問題の設定は必ずしも妥当ではなく、むしろ、同条の強行的効力にはどのような例外が認められるべきか、またその適用範囲はどのように画定されるべきか、という問題を設定すべきであろう。そこで、本書では、このような観点から有利原則の問題および「協約自治の限界」の問題を再検討することとする（後述本章第4節3）。

3　直律的効力と余後効

次に、労組法16条は、無効となった労働契約の当該部分は、労働協約の基準が定めるところによるものとする、と定める。この効力は、労基法13条および労契法12条が労基法、就業規則に付与したところと同一であって、一般には「直律的効力」と称される。しかし、直律的効力を、労働契約に定めがなくても労働協約の定めがそのまま労働契約内容を規律するとする効力に限定し、労働契約の無効となった部分を労働協約の当該規定が規律する効力を「不可変的効力」と称する見解もある。さらに、労働契約に定めがなく、労働協約には定めがある「労働条件その他労働者の待遇に関する基準」は、そのまま当該労働契約を規律する。通常は、この効力も含めて「直律的効力」とするが、この部分のみを「直律的効力」と称する見解もある。この効力に関しては、かねてから労働協約規定が労働契約を規律する態様について、それは労働協約規定が労働契約の内容となるという趣旨か、あるいは労働協約が有効な間だけ、当該労働契約を規律するという趣旨なのかという議論が展開されてきた。一般には、前者の見解を「化体説」ないしは「内容説」と称し、後者の見解を「外部規律説」と称するが、これについても、ドイツの議論が前提となっており、日本の労働協約法制に即した議論か否か

---

2) 渡辺(上)272頁。不可変的効力とは、ドイツ語の「unabdingbarkeit」の和訳であり、合意によっては変更できない効力という趣旨である。日本の労組法16条が定めるのは、労働契約上の合意が労働協約に反する場合に労働協約の定めがこれを変更するという効力なので、ここにいう不可変的効力とはいわば表裏の関係となる。

3) 渡辺(上)272頁。

4) ドイツにおいては、1918年の労働協約令1条が、協約と異なる合意を無効とするにあたって

第1節 緒 論

は疑問なしとしない。すなわち、この問題は、労働協約が終了したのちに、当該協約で規律されていた労働条件はどうなるのか（いわゆる「余後効」の問題）という具体的課題に応えることを中心的な目的として展開されており、それ自体が労働協約と労働契約との関係につき決定的な相違をもたらすとはいえない。余後効の問題も、労働協約終了後に、それによって規律されていた労働条件がどうなるか、という問題として改めて検討することが求められるのであって、外部規律説か内容説かによって自動的に解決がつくわけではない。現に、少なくとも労働協約終了後の労働条件については、裁判例の多くはどちらの見解も採用することなく個別事案の処理に当たっているのであって、両説に拘泥する実益は大きくない。[5] ただ、労働組合を脱退した労働者の労働条件がどうなるのか、あるいは労働協約に定められた労働条件が、労基法15条に反して明示されなかった場合や、労働協[6]約基準を下回る労働条件について合意がなされたような場合に、外部規律説では、労働契約の当該部分は空白になったままで、同一の労働契約のその部分だけ労働協約が直接規律することになり、いかにも不自然な印象は免れないなど、理論的[7]には両者の相違が法的に具体的な問題を生じることがありうることは否定できない。この課題は、むしろ理論的に労働協約と労働契約との関係をどのように整合的に理解すべきか、というより原理的な問題の一環として論じられるべきであろう。

以上のように、労組法16条が定める規範的効力の検討については、ドイツの強い影響が色濃く反映してきたことが明らかであり、日本の労働協約法制の特性に即した議論がなされてきたとは言い難い。そこで以下では、労組法16条の内容に即して、規範的効力をめぐる諸課題を再検討することとしたい。

　「unwirksam」（ドイツでは相対的無効を意味するとされる）という語句を用い、「nichtig」（絶対的無効を意味するとされる）という語句を用いていないことなどから、労働協約が終了して後には「無効」とされた労働契約が有効に復活するのではないか、という議論が展開されていた。詳細は、「規範的効力」現代講座6巻129頁以下［中嶋士元也］。

5) 香港上海銀行事件―最1小判平元・9・7労判546号6頁、佐野第一交通事件―大阪地岸和田支決平14・9・13労判837号19頁、鈴蘭交通事件―札幌地判平11・8・30労判779号69頁。
6) 荒木575頁はこの点を指摘する。
7) 西谷・労組法342頁はこの点を指摘する。

第2節 「労働条件その他の労働者の待遇に関する基準」について

1 問題の意義

　規範的効力は、労働協約の定めのうち、労働条件その他の労働者の待遇に関する基準についてのみ付与されている。したがって、労働協約はそのすべての定めについて規範的効力を付与されているのではなく、労働組合と使用者との間に債権債務関係のみを発生させるような規定（たとえば組合事務所の貸借条件や在籍専従制度の条件など）には規範的効力は認められない。そこで、この限定の意味するところが明らかにされるべきであるが、「労働条件」も、「労働者の待遇」も、また「基準」も一義的に明らかになる概念ではなく、「労組法16条が規範的効力を承認した根拠、すなわち協約当事者の意思の法的実現と集団的次元での契約自由の回復という16条の趣旨をふまえて、実質的観点から規範的効力の対象を確定すべきである」と考える見解も主張されることとなる。「企業における労働者の個別的または集団的な取扱いのほとんどを含みうる広い概念である」[8]との理解も、基本的には同様の発想に基づくものといえる[9]。したがって、労働者の待遇については、むしろおよそ労働者を対象とした事項のうちこの概念に含まれないものを確定することのほうが合理的である。一般には、上記のように労働組合と使用者との間の債権債務関係のみを設定する条項（債務的部分）のほか、労働契約関係成立以前の事柄を対象とする事項（従業員の採用に関する条件など）、会社の社会的使命を記載した事項など、労働契約における具体的な権利義務の対象となりえない事項は含まれない[10]。

　これに対して「基準」は、「労働契約の内容を規律するに相応しい客観的基準」[11]、「個別的労働関係における労働者の処遇……に関する具体的で客観的な準則」[12]などと表現されるが、共通しているのは、それを用いて具体的な労働者の処遇が決

---

8) 西谷・労組法346頁。
9) 菅野682頁。
10) 同様の見解として、荒木581頁、法セ・コメ187頁〔土田道夫〕。
11) 荒木582頁。
12) 菅野682頁。

定しうるだけの客観性と具体性を具備した労働協約上の規定という理解である。したがって、「休日は日曜日、土曜日、国民の祝日及び別に定める特別休日とする」、「定年は65歳とする」など、具体的な労働条件や処遇がその典型となる。これに対し、「会社は労働条件の向上に努力する」とか「福利厚生の充実をはかる」などの抽象的ないしスローガン的な規定は、上記の意味での具体的準則とはなりえないので規範的効力を有しない[13]。

2 「基準」をめぐる課題

(1) 課題の諸相

実際に問題とされてきたのは、第1に、特定もしくは限定された人数や範囲の労働者だけに適用される規定であり、第2に、解雇や懲戒、異動などの人事事項について労働組合の同意や労働組合との協議を要件とする事項（同意・協議条項）であり、第3に、いわゆる協約自治の限界論において議論されている問題として、労働者に義務を課する条項（義務付け条項）に規範的効力が認められるかである。このうち、第3の問題については、協約事項のうち人事条項について検討する箇所（第2編Ⅰ第4章第7節）で詳述する。第1の問題については、確かに本来の意味での基準とはいえなくても、これに準じて規範的効力を認めるべきである[14]とか、こうした個別的問題についても団体交渉の対象としうることは間違いなく、「交渉の結果合意に達した取り決めに規範的効力を認めるのが、協約当事者の意思に合致している」[15]などの理由で、これらも規範的効力の対象となるとする見解もあ[16]

---

13) 裁判例においても、定年延長にともない賃金を現行の90%とするとの協約が締結された際に、会社と労働組合が、次の春闘において「100%に改善する」との確認書を締結したという事案において、上記定めは「それ自体としては労働条件を直接に定めたものではなく、ただその合意において予定されている将来における合意が行われて初めて労働条件の内容が確定的なものとなるにすぎない以上、労働契約関係を規律するに足りる明確な準則としての意味内容を有するものとはいえない」として規範的効力を否定したものがある（日本運送事件—神戸地判昭60・3・14労判452号60頁）。なお、人事に関する会社の努力義務などについては、直接の規範的効力を有しなくても、実際の人事権の行使において権利濫用判断に反映する場合がある（ノース・ウエスト航空事件—東京高判平20・3・27労判959号18頁）。

14) 菅野682頁。

15) 西谷・労組法347頁。

16) 同様の結論を示すものとして片岡(1)232頁、盛334頁。なお、裁判例においては、組合が特定の個人を代理して個々の労働契約を締結したものと扱った事例がある（日本鋼管事件—横浜地川崎支判昭60・9・26労民集36巻4=5号595頁）。

るが、他方で、特定の労働者を前提として、その個別具体的な特定待遇について規定する労働協約については、労組法16条にいう「基準」には該当しないとする見解も有力に主張されている[17]。この問題は、同条に定める「基準」という概念をそれ自体で意味のある規定ととらえるか、「労働者の待遇に関する基準」というひとくくりの概念としてとらえるかという問題と強く関係しており、上記反対説は、「基準」に該当するかどうかをそれとして非常に厳格にとらえようとしたものといえる。しかし、賛成説も指摘しているように、「労働条件その他労働者の待遇に関する基準」は、全体として規範的効力を付与すべき対象を表現していると解すべきであって、1つ1つの概念を独立して厳格に解する必要はない[18]。特定もしくは複数の労働者を対象として労働条件等につき規定した労働協約の当該部分については、一般的にそれが「労働者の待遇」について定めたものであることを前提として、それが実質的に労働協約による規制にふさわしいルールを定めたものであるか否かを、当該規定内容の具体的性格（団体交渉の対象としてなじむか否か等）、そのような規定が定められた経緯（団体交渉や労使協議の経過など）、他の規定との関係（たとえば従業員全体の賃金水準を向上させるための方策として、それまで冷遇されていた特定集団の手当を引き上げる定めを置いた場合などは、規範的効力が認められるのが自然である）などを総合して、規範的効力を付与すべきか否かを決定すべきであろう。

(2) 人事規定の「基準」該当性

つぎに、人事に関する同意ないし協議を定めた労働協約規定についても、これが「基準」に含まれるか否かという議論はあまり生産的な実りをもたらしていない[19]。すなわち、比較的多数の学説は、人事同意・協議規定に規範的効力を認めるが、その理由は、「解雇やその他の人事にあたって、同意・協議・意見聴取・事

---

17) 東大(下)804頁以下、厚労省・コメ627頁も結論を同じくする。
18) 労組法の制定過程でも、この点について何らかの議論があったという形跡はない（『労働関係法令の立法史料研究（労働組合法関係）』（労働問題リサーチセンター・2013＝以下「史料青表紙」）63頁、211頁、214頁。および衆議院議事録労働委員会議録第13号（昭和24年5月4日）〜第18号（昭和24年5月13日）、参議院会議録第21号（昭和24年5月7日）および同第28号（昭和24年5月14日）。
19) 人事に関する労働協約の規定は、労働組合の合意・協議の定めにとどまらず、広範な内容がありうるが、それらについては各論において詳述する。

前通知などの形態における労働組合の関与を予定する条項は、個別契約上の権利・義務に直接関係するものとして、規範的効力をもつと解すべきである」との見解に代表されるように、必ずしも「基準」という概念に該当するという論理的根拠によってはいない。また、人事同意・協議条項に規範的効力を認めない見解も、その多くは同条項に全く法的意義を認めないわけではなく、「基準」には該当しないとしつつ重要な人事手続を履践しなかったものとして権利濫用で無効とするなど、結果的に協約の当該条項に違反する使用者の人事権行使を違法としている。さらに、人事に関する同意・協議条項を、ユニオン・ショップ協定や苦情処理に関する規定などと同様に労働協約の「制度的部分」と称して、規範的効力の有無という観点から解放し、当該規定に違反する人事を信義則違反ないし権利濫用として無効とするなどの処理を主張する見解もある。これらの議論からも明らかなように、人事同意・協議条項についても、理論的にも実務的にも、「基準」の意味に拘泥する必要はなく、個人もしくは複数の特定の労働者ないし労働者集団を対象とする規定と同様、実質的にその法的効果を考えるべきである。労働協約の諸規定がもたらす法的効果につき、労組法が明確に規定しているのは16条の規範的効力（およびその拡張適用である一般的拘束力）のみであり、たとえば契約としての効力である債務的効力については、労組法は何も規定していないが、これを否定する見解はない。したがって、明らかに規範的効力を付与されていると認めうる規定以外については、その具体的内容に即して、信義則や権利濫用などの民事上の効果への影響、不当労働行為該当性などの法的効果を検討することとなろう。その場合に、制度的部分という概念を設けるか否かは決定的な相違をも

---

20) 西谷・労組法351頁。
21) 人事同意・協議条項に規範的効力を認めている諸見解も、特に労組法16条の「基準」概念への該当性について立ち入った検討を加えているわけではない（外尾637頁、石川177頁、山口182頁）。また、裁判例も、「基準」を切り離して検討するのではなく、当該人事条項が実質的に「労働者の待遇に関する基準」といえるとして違反措置を違法とするというものが多い（大東相互銀行事件—仙台高判昭47・6・29判タ282号187頁、東京金属ほか1社事件—水戸地下妻支決平15・6・16労判855号70頁）。
22) 菅野683頁、久保＝浜田187頁、山陽新聞事件—岡山地判昭45・6・10労民集21巻3号805頁。
23) 菅野683頁、同旨、下井137頁。
24) 渡辺(上)287頁。
25) なお、特に人事条項や経営参加に関する条項などにつき、「制度的部分」ないし「組織的部分」という独自の区分を設定する考え方は従来からみられた。沼田稲次郎「経営権特に人事権に関する約款」講座問題4巻105頁以下、川口実「労働協約の効力」新講座5巻194頁等。

第3節　規範的効力の適用対象

1　問題の所在

　労組法16条の規範的効力の適用対象については、これまであまり議論されることがなかった。まず、人的適用対象については「労働組合側にあっては、協約当事者である労働組合の組合員である」[26]との理解が一般的である。この場合、「組合員」とは当然ながら「労働者たる組合員」を意味しているものと思われるが、近年はこの「労働者」について、労組法の定義する労働者（3条）が、労基法や労契法に定義する労働者とは異なることが明確となっている。労組法16条の規範的効力の適用を受ける人的対象としての「労働者」は労組法上の労働者であることは疑えないので、この「労働者」の具体的意味が確定される必要がある。また、派生的問題として、労組法上、労働組合の「組合員」には労働者でない者も含むことが可能である（2条本文）。したがって、労組法16条の規範的効力も、組合員である非労働者への適用が問題となりうる。要するに、労組法16条の人的適用対象は一義的には決定しえないのである。

　以上の問題からさらに生じる課題は、労組法16条が規範的効力の適用を「労働契約」に限定していることである。そこでいう「労働契約」とは、どのような契約類型をいうのであろうか。労働契約という概念は、労契法にはその成立要件や具体的内容について規定が存在し、労基法にも労働契約という概念は登場するが、労組法には特に労働契約に関する規定はない。労組法16条に定める労働契約も、これらの法令にいう労働契約と同一の内容を意味するのであれば特に問題とはならないが、上記のようにそもそも労組法上の労働者が労契法上の労働者とは異なるということになれば、「労働契約」の意味も労契法とは異なる可能性が十分に生じる。したがって、労組法16条の「労働契約」とは何かとい問題を改めて検討することが必要となろう。

　これらの点は近年に至って新たに生じた課題であるが、その背景には労働者や

---

26)　菅野684頁。荒木582頁、法セ・コメ188頁［土田道夫］も同様。

労働契約をめぐる労働法制の変化がある。第1に、「労働者」という概念が、労基法、労契法、労組法のそれぞれで完全に一致するわけではないという認識が定着し、労組法については労基法上の労働者でなくても同法の適用を受ける労働者であるような存在があることは疑いのない事実となった。そうすると、それらの労働者が締結する役務提供契約が、必ずしも労基法や労契法の定める労働契約ではない場合があることも当然の帰結となり、そのような契約も労組法16条の労働契約と認められるかという問題がただちに生じることとなった。また第2に、仮に労組法16条の労働契約が労基法や労契法のそれと異なるということになると、同じ「労働契約」という名称を使用しつつ、法令によってその内容が一致しないという混乱をもたらす。特に労働契約という概念は、労働法制の中核に位置する重要な概念であって、統一的な意味を有しないとなれば影響は甚大であろう。そこで、「労働契約」の法的意義についての整理が必要となる。さらに第3に、以上の課題に関連して派生的に生じる課題として、上記のように組合員である非労働者の労働条件について労働協約がどのように効力を及ぼせるのか、という課題が生じる。すなわち、非労働者も組合員でありうる以上、労働組合は労働者ではない組合員のためにも活動することも当然考えられるのであって、団体交渉や労働協約の対象として、それらの者に関する作業条件等がテーマとなることも十分に想定しうる。その場合、当該労働協約の規定は、それらの者と相手方（仕事の発注者、依頼者、専属契約の相手方等）との間の役務提供契約に規範的効力を及ぼすか否かという課題が生じることとなる。

　これらはいずれも、21世紀になって認識されるようになったきわめて新しい課題であり、労働協約の役割とは何かという基本問題にも関連する。そこで以下では、まず土台となる問題としての「労組法上の労働者」について検討し、次に労組法16条にいう「労働契約」の意義について論じたい。その中で、「非労働者である組合員の契約と労働協約」についても触れることとする。

---

27) 国・中労委（INAXメンテナンス）事件―最3小判平23・4・12労判1026号27頁＝以下「INAXメンテナンス事件」、国・中労委（新国立劇場運営財団）事件―最3小判平23・4・12民集65巻3号943頁＝以下「新国立劇場事件」、国・中労委（ビクターサービスエンジニアリング）事件―最3小判平24・2・21民集66巻3号955頁＝以下「ビクターサービスエンジニアンリング事件」。

2　労組法16条の人的対象[28]

(1)　問題の所在

　労組法16条は、規範的効力の適用対象を労働契約としているだけで、人的な対象を限定していない。労働契約が対象であれば、当然人的適用対象は労働契約の締結当事者だと考えられるからである。そして労働契約に関する一般法の位置をしめる労契法によれば、労働契約の締結当事者は使用者と労働者であるから、労組法16条の人的適用対象は使用者と労働者であるということになる。同条が付与する規範的効力は「労働条件その他の労働者の待遇に関する基準」の定めについて発効するから、労働契約の締結当事者のうち特に重要なのは労働者である。この場合、ここでいう労働者が労契法や労基法などと同じ概念であれば、それらの法令と同様の基準によって労働者であるかないかを決定することとなるが、前述のように、労組法上の労働者は労契法や労基法における労働者とは異なることが明確になっている現在、労組法16条の人的適用対象としての労働者も、これに応じてされなければならない。

　具体的には、たとえば我々が日常的に利用しているコンビニエンス・ストアの店主は、チェーン店を経営する企業の従業員であることもあるが、いわゆるフランチャイズ店である場合は独立自営業者であって、親企業であるチェーン店経営企業との間に委託契約を締結している[29]。この店主らは、労働組合に加入して、上記委託契約に記載された条件の改善を定める労働協約を締結することができるだろうか。

　また、これも我々が日常的に接する宅配便の配送人も、委託契約により宅配を事業とする企業に指定された仕事を行っている場合が少なくないが、これら配送人は労働組合を作って宅配企業と労働協約を締結することができるであろうか。

　さらに、演奏契約を締結して指定されたコンサートに出演している音楽家、自営でありながら、出版社の編集者によりチームを組まされて担当部分の執筆を義務付けられている漫画家、プロスポーツの選手で当該スポーツ事業を運営する事業体の指示のもとで試合に出場している者など、形の上では「雇われて働いてい

---

[28]　以下の叙述は、野川「労働組合法上の労働者」季労235号（2011）79頁以下の内容を本書の目的に合わせて再構成したものである。
[29]　一般に「フランチャイジー」と称される形態である。

る」とみなされないものの、実態上は自らの就労について支配的な立場にある「相手方」が存在するという人々も、労働組合を作ったり労働組合に加入することは十分にあり、上記と同様の問題が生じうる。

　このような事態は、いうまでもなくグローバリゼーションの進展による企業の激しいコスト競争、少子高齢社会の定着を背景とした就労構造の変化、サービス業の隆盛とスリム経営の重視の傾向など、いくつもの要因が複合的に重なった結果であるが、日本の労働法制は、これに的確に対応できる内容となっていない。そのため近年には、上記のような事態が、労働委員会や裁判所の判断を迫る状況が目立つようになった。その判断の中心的対象は、「労組法上の労働者とは誰か」という課題であり、したがって労組法16条の適用対象となる労働者とは誰かという問題でもある。

　しかも、この課題のさらに背景には、労組法、労基法、労契法といった労働法制を構成する基本的諸法規の適用対象たる「労働者」とは、それぞれどのように確定しうるのか、という包括的な問題が控えている。とりわけ、行政作用や刑罰までもが発動されうる労基法上の労働者については、むしろ労組法上の労働者についてよりいっそう議論を喚起してきた。[30]

　こうした状況の中で、2011年から2012年にかけて、労組法上の労働者とは誰かをめぐる3つの事案に対して、最高裁がそれぞれ原審を破棄する形でかなり明確な判断基準を示し（以下、これらを「三判決」と称する）、[31]これらの判決と軌を一にして、2011年7月には厚労省内に設置された労使関係法研究会が、労組法上の労働者について報告書をまとめた。[32]

　労組法16条の人的適用対象としての労働者がすなわち労組法3条にいう労働者であるとすれば、このような解釈上の傾向を踏まえ、労組法上の労働者の意義を検討することが、労組法16条の人的適用対象を確定することになるのは言うまで

---

30) 労基法上の労働者に関しては、労働省労基局編『労働基準法の問題点と対策の方向——労働基準法研究会報告書』（日本労働協会・1985）による判断基準が、その後の判例・学説をリードしたが、なお精力的な検討が続いている。詳細は土田道夫『労働契約法』（有斐閣・2008＝以下「土田・契約法」）46頁以下、菅野109頁以下、東京大学労働法研究会『注釈労働基準法』（有斐閣・2003＝以下「東大・労基法（上）」）128頁以下［橋本陽子］等参照。

31) 前掲注(27)INAXメンテナンス事件、新国立劇場事件、ビクターサービスエンジニアリング事件。

32) 「労使関係法研究会報告書（労働組合法上の労働者性の判断基準について）」（平成23年7月25日＝以下「報告書」）。

もない。そこでまず上記労使関係研究会報告書が提唱する労働者性の判断基準を検討したうえで、労組法上の労働者をめぐる学説・判例の展開を概観し、一定の結論を導きたい。

(2) 労使関係法研究会報告書の意義と課題
(a) 報告書の概要

報告書はまず、委託業者や自営業者が労働組合を組織して、業務を提供している会社に対し団交を要求する例が急増していることを指摘し、労働組合発生の歴史や諸外国の実例を通して、労働組合を結成できる労働者が、決して雇用されている者に限られていないこと、むしろ自営業者に近いような者の団結体に由来があるといえるような経緯があることを示している。あわせて、強行的法手段を通じて労働条件上の保護を受ける主体となる労基法や同法関連法規（最低賃金法、労働安全衛生法等）の労働者、あるいは労働契約の法的ルールの適用対象となる労契法上の労働者とは異なり、労組法上の労働者については、団体交渉の助成を中核とする労組法の趣旨に照らして、団体交渉法制による保護を与えるべき対象者という視点から検討すべきであるとしている。

つぎに報告書は、労組法上の労働者性を判断した最高裁判決3件を分析し、初発のCBC管弦楽団事件[34]においては、出演契約によって楽団員があらかじめ会社の事業組織に組み込まれていたこと、原則として発注に応じて出演すべき義務があったこと、会社が随時一方的に指定するところによって楽団員に出演を求めることができ、楽団員が原則としてそれに従うべき基本的関係が認められる以上、会社は労働力の処分につき指揮命令の権能を有していたこと、出演報酬は演奏という労務提供それ自体への対価であったことなどから、労働者性が認められていることを示している。そして、INAXメンテナンス事件・新国立劇場事件（以下、「二判決」と称する）は、双方とも事例判断であり、また事実関係はかなり異なるものの、出演契約により歌唱労務を提供する歌手と、修理補修業務に従事するカスタマーエンジニア（CE）とが労組法上の労働者であることを認定するにあた

---

33) この報告書が出された後のビクターサービスエンジニアリング事件最判には、明らかに報告書の影響がみられる。
34) CBC管弦楽団事件—最1小判昭51・5・6民集30巻4号437頁。他の2件は、新国立劇場事件およびINAXメンテナンス事件。

って、①事業組織への組み入れ、②契約内容の一方的決定、③報酬の労務対価性、④業務の依頼に応ずべき関係、⑤指揮監督下の労務提供・一定の時間的場所的拘束という5つの判断要素を用いている点は共通であるとする。

　こうした分析を踏まえ、報告書は、労組法上の労働者性の判断要素を整理し、基本的判断要素として、①事業組織への組み入れ、②契約内容の一方的決定、③報酬の労務対価性をあげ、補充的判断要素として、④広い意味での業務の依頼に応ずべき関係、⑤指揮監督下の労務提供・一定の時間的場所的拘束をあげている。加えて「消極的判断要素」として、⑥顕著な事業者性をあげ、今後の労働者性判断への指標とすることを提案している。そして各判断要素をブレイクダウンしてさらに細目を提示し、たとえば、①事業組織への組み入れでは、第三者に対して労務供給者が相手方事業組織の一部として表示されていることや、専属性が具体的な要素としてあげられ、また、③報酬の労務対価性では、時間外手当や休日手当に類するものが支払われていたり、報酬が一定期日に定期的に支払われていることなどが具体的な要素の例とされている。他の判断要素についても、可能な限り具体的な要素を探ることで、労組法上の労働者であることをより明確に決定できるよう模索していることがうかがわれる。

(b)　「労組法上の労働者であること」の意義と報告書のスタンス

　以上のような報告書の構造からすると、労組法上の労働者であることの意義は、労基法や労契法など他の労働関係法制における労働者の場合とは明確に区別されることとなる。この点、報告書をとりまとめた労使関係法研究会における議論の中では、ドイツやフランスなどのように統一的な労働者概念を用いる対応に比べて特に煩雑さが増すわけではないことを指摘している[35]。要するに、統一的な労働者概念を設定しても、結局個別の法律において適用すべきでない事項を適用除外等で対応することとなり、個別の労働者への適用の可否の判断などにおいてかえって複雑になりうることが想定されるからである。

　確かに、労働関係に対する法的コントロールのありかたには、その目的に応じて多様な類型が考えられるのであり、その類型ごとに対象となる労働者像が異なることはむしろ通常であるといえる。主要な3つの実定法だけをとっても、労組

---

35)　2011年5月17日第5回会議資料「これまでの議論のまとめ（案）」
　　（http://www.mhlw.go.jp/stf/shingi/2r98520000017yod-att/2r9852000001c8cu.pdf）

法は団体交渉の促進を目的として行政による労働組合活動の支援（不当労働行為制度）、民事的効力（労組法8条、16条等）、刑事規定（33条）など複合的な性格を有しており、労基法は刑事罰と行政監督・取締を通して労働条件について労働者を保護することを内容としており、労契法は民法の特別法として民事的なルールを定める法律である。このように目的や内容が著しく異なる実定法においては、その適用対象が同じ「労働者」であっても意味が異なることは当然であるといえよう[36]。

(c) 判断基準の意義

それでは、報告書が示す判断基準とその判断要素にはどのような意義が認められるであろうか。これについては、3つの観点から検討する必要があろう。

第1に、報告書はこれまでの裁判例により一定の方向性が見えつつあることを前提に、判例法理との整合性を保ちながらその整理をも試みているということである。

第2に、報告書は上述のように労組法上の労働者性と労基法上の労働者性とは明確に異なることを強調しており、その相違の具体的内容と両者の関連性とを意識した判断基準を構築しようとしていることである。

そして第3に、報告書は、すでに昭和51年の段階で最高裁が労組法上の労働者性を判断する基準を明示していたにもかかわらず、また学説においてもそれなりに検討が重ねられてきたにもかかわらず、近年に至って混乱をもたらすような裁判例が目立つようになったこと[37]を踏まえ、それぞれの判断基準を可能な限りブレイクダウンすることにより、具体的な現場において実践的に使用可能な基準となるように努力していることである。

---

36) ただし、労組法自体の中でも、2条1号や7条2号のように、適用対象である労働者の範囲が必ずしも一義的ではないと思わせる規定が存することに注意する必要がある。この点については、野川・前掲注(28)82頁。

37) いずれも、労基法上の労働者性判断と労組法上の労働者性判断との相違が不分明とみられるものとして、アサヒ急配事件―大阪地判平19・4・25労判963号68頁、新国立劇場事件の第1審（東京地判平20・7・31労判967号5頁）および原審（東京高判平21・3・25労判981号13頁）、INAXメンテナンス事件の原審（東京高判平21・9・16労判989号12頁）、ビクターサービスエンジニアリング事件の第1審（東京地判平21・8・6労判986号5頁）、同原審（東京高判平22・8・26労判1012号86頁）。

なお、新国立劇場事件では労働契約上の地位確認訴訟も提起されているが、こちらは第1審（東京地判平18・3・30労判918号55頁）および原審（東京高判平19・5・16労判944号52頁）とも請求を棄却し、上告は不受理となって確定している。

まず、裁判例は、近年異なる傾向の裁判例が目立つようになるまでは、CBC管弦楽団最判とほぼ同様もしくは類似の判断基準に立つ労委命令や裁判例が一般的であり、[38]少なくとも労組法上の労働者性は具体的な実態を踏まえたうえで、労組法3条の法意に即して独自に判断されるべきであって、労基法等の他の法律における労働者性の判断基準とは異なると考えられていたとみなしうる。しかし、そこで問題となるのは、CBC管弦楽団事件最判の法理が必ずしも明確ではなく、解釈にかなりの幅を残すものであったことである。報告書は、同判決が当事者間の関係を判断するにあたって契約上設定されている法的義務を直接問題とするのではなく、当事者の実際の認識がどうであったか、などの実態を重視していることを指摘したうえで、同判決を評釈した調査官解説が当事者間の関係を「法律上の義務を負う関係であることを明らかにしたもの」とした点を紹介し、このような理解の表明が、その後の下級審判決に影響を与えた可能性があるとの見方に与している。[39]確かに、同判決は楽団員と使用者とは、使用者が出演について一方的

---

38) 主要な労委命令として、請負や委託契約により指定された業務に従事する者の労働者性を肯定した東京ヘップサンダル工組合事件―中労委昭35・8・17中労時報357号36頁、サンリオ事件―東京地労委昭55・8・5命令集68集192頁、東京都教育委員会（都立国際高校）事件―東京地労委平15・11・4別冊中労時報1304号17頁、INAXメンテナンス事件―中労委平19・10・3別冊中労時報1360号21頁、ビクターサービスエンジニアリング事件―中労委平20・2・20別冊中労時報1360号39頁、委託集金人、検収徴収員等の労働者性を肯定した東京電力常傭職員労組事件―中労委昭35・3・23中労時報353号11頁、高石市水道事業事件―大阪地労委昭50・7・10命令集56集67頁、日本放送協会事件―東京地労委平4・10・20命令集95集373頁等、芸能員や楽団員等の労働者性を肯定した東映俳優クラブ組合事件―京都地労委昭40・7・27労働委員会年報20集30頁、中部日本放送（CBC管弦楽団）事件―愛知地労委昭41・2・19命令集34＝35集711頁、新国立劇場運営財団事件―中労委平18・6・7別冊中労時報1351号233頁、傭車運転手や委託契約による配送人等の労働者性を肯定した思川砂利事件―茨城地労委昭55・1・10命令集67集51頁、京都スミセレミコン事件―京都地労委平12・8・25命令集117集386頁、ソクハイ事件―中労委平22・7・7別冊中労時報1395号11頁など。

　また主要な裁判例として、芸能員や楽団員の労働者性を肯定した日本放送協会事件―広島地判昭41・8・8労民集17巻4号927頁、東京12チャンネル事件―東京地判昭和43・10・25労民集19巻5号1335頁、傭車運転手や運送業者の労働者性を肯定した眞壁組事件―大阪高判平10・10・23労判758号76頁など。

39) ここにいう調査官解説とは、「最高裁判例解説民事篇昭和51年度」205頁以下［佐藤繁］であり、そこでは、CBC管弦楽団事件の最判では、法的な指揮命令関係の有無が問題とされたのであり、楽団員の出演要請に対する諾否の自由の有無についても法律上の義務を負う関係であるか否かが重要であるといった指摘がなされていた。その論旨は、あたかも契約の形式や内容が主要な判断基準となると解されかねないものであった。これについては、荒木尚志「新国立劇場事件高裁判決解説」中労時報1108号（2009）14頁以下参照。

に決定して楽団員は「原則としてこれに従うべき基本的関係がある」と表現しており、そこでいう「基本的関係」の内実は明らかではなかった。学説や立法経緯などを顧みずに同判決だけを見た場合には、のちの裁判官がこれを「労組法上の労働者であるためには、契約上労働者と認められうる基本的な法的義務がなければならない」と考えることになったことは十分に推察しうる。

報告書はこれを意識して、二判決の内容を整理するスタンスとして、それがCBC最判を適切に継承したものと位置づけるべきであることを示し、労組法上の労働者性については、この3つの最判が示した判断基準を総合して基準が確立されるべきであることを明らかにしている。この点は、最高裁が一貫して一定の判断基準を保持していたとの認識に立つものであって、報告書の示す判断基準の正当性を担保する役割をになうこととなろう。

次に、報告書は、労基法上の労働者性についての判断基準と労組法上のそれとは、実際には相当程度に重なりうることを認めつつ、「労働組合法における労働者は、労働条件の最低基準を実体法上強行的に、罰則の担保を伴って設定する労働基準法上の労働者や、労働契約における権利義務関係を実体法上設定し、かつ一部に強行法規を含んだ労働契約法上の労働者とは異なり、団体交渉の助成を中核とする労働組合法の趣旨に照らして、団体交渉法制による保護を与えるべき対象者という観点から検討すべきことになる」と表明し、両者を画定する判断基準は、異なる観点から検討すべきであることを示している。

この点は、二判決原審がいずれも、検討のスタンスとしては労基法上の労働者と労組法上の労働者とが異なることを意識しつつ、実際の判断においては両者が不分明になっていること、同様の傾向が最近の裁判例に目立つことを踏まえて、労基法上の労働者と労組法上の労働者との相違は、法の目的から来ることを強調することで、実態としての同一性の強さや実務上の利便などを超えて、法的判断としてはその相違を明確にすべきであるとの認識を報告書が前提としていることを意味するものであるといえる。

さらに、報告書が数ページを費やして、前述の6つの判断基準についてそれぞれ注釈を施したうえで細かくブレイクダウンし、さらに具体的な判断要素をいくつも提示している点は、実際の争訟においては多くがグレーゾーンにある事例であろうことを想定したうえで、できるだけ判断要素を明確かつ具体的に用意することにより、適切な判断結果が導かれるよう意図しているものと考えられよう。

こうして、報告書が示す労働者性の判断基準は、これまで必ずしも明確でなかった最高裁の考え方を解明したうえで、今後の方向もこれに立つことが適切であることを宣言し、労基法など他の法令における労働者性と労組法上の労働者性とは異なるとの前提の意味と正当性を示し、しかも明確な判断基準を提示したものとして評価することができるものである。

(d)　**報告書の課題**

　報告書は以上のように、労組法上の労働者性判断の基準について重要な意義を有するが、課題もある。

　第1に、報告書は、労働契約を締結していない者も労働組合を結成して団体交渉制度の適用を受けるという法的対応は、国際的にみてごく自然であること、また現行労組法3条に関する立法者意思も同様であることを指摘し、いわば共時的にも通時的にも、労組法上の労働者概念を雇用関係にない者に適用することは合理的であることを強調する。

　通時的な解釈としては、ほぼ問題ない理解である。すなわち、現行労組法3条は、昭和20年12月制定の旧労組法3条と全く同一の規定であり[40]、その解釈について帝国議会で、請負業者も労組を結成しうることを政府は確認していることや[41]、同条については全く同じ規定を設けた現行労組法制定時の昭和24年にも、労働者概念を限定したアメリカのタフト・ハートレー法が、日本の労組法上の労働者の範囲の解釈を制約することはないことが国会で確認されていること[42]からして、同条の労働者の範囲が労働契約の当事者である労働者に限定されていないことは明らかである。

　しかし他方で、法規定の解釈は時代の変化と同規定が前提とする社会的実態や理念の変遷に伴い変化しうる。その意味で、国際的な同種制度の動向は重要な意味を有するが、この点での報告書の理解は必ずしも十分とはいえないように思われる。たとえば米国では、確かにプロスポーツの選手や自営業者の労働組合は珍しくなく、団体交渉制度を十全に活用して自らの利益をはかっている。しかし、米国の労使関係法制度は労使の間の書面協定に、日本のような規範的効力も、一

---

[40]　旧労組法は第3条において「本法ニ於テ労働者トハ職業ノ種類ヲ問ハズ賃金、給料其ノ他之ニ準ズル収入ニ依リ生活スル者ヲ謂フ」と規定していた。
[41]　1945年12月13日衆議院労働組合法案委員会における山崎委員による質問への芦田大臣の答弁。
[42]　1948年6月8日衆議院本会議における倉石議員の質問に対する加藤大臣の答弁。

般的拘束力も認めておらず、その効力のいかんは原則として当事者の合意にゆだねている。[43] したがって、米国における労使関係法制度の実態が、日本における労組法上の労働者の範囲の確定作業に与えうる意義はさほど大きくない。日本では、団体交渉そのものについてはもちろんであるが、その結実としての労働協約について広範かつ強力な効力を付与している。その対象となる労働者の範囲については、アメリカとは別の基準がありうるとの批判は否定しえない。この点はイギリスについてもかなりの程度妥当しよう。また、ドイツにおいても労使関係法制上の労働者の範囲は労働契約上の労働者に限られず、当地では日本よりも強力な労働協約制度を有している。しかし、ドイツでは「労働者」の範囲が広いのではなく、労働者ではない者（労働者類似の者＝arbeitnehmerähnliche Personen）にも、労働協約の適用を拡大するという方式を採用しているのである。[44] したがって、これをもって日本における労組法上の労働者も労働契約当事者に限定されないことの論拠の1つとすることは無理があるとの批判もなしうることとなろう。

　第2に、上記の点と関連して、報告書は労組法16条の解釈に触れ、仮に委託契約による就労者も労組法上の労働者と認めた場合には、同条に定める「労働契約」に、委託契約等も含めることになるかを検討している（報告書2※）。これについては、労組法16条の労働契約も、労基法や労契法制定以前から存在している概念であるので、委託契約等も含めて差し支えないというのが報告書のスタンスであるが、この点はさらに入念な検討が必要であろう。すなわち、仮に同条の労働契約に委託契約等も含むとすると、労契法上の労働契約とは同じ名称でありながら意味が異なることとなる。労基法上の労働契約と労契法上の労働契約との相違もありうることも踏まえると、日本の労働法制は、「労働契約」という同一の名称のもとに、実定法の相違によって相異なる3つ以上の意味を含めることとなり

---

43) 米国においても、協約違反について個人が損害賠償訴訟等を提起できることは認められている（タフト・ハートレー法301条）。しかし、これは連邦法と州法の管轄権の調整の問題が主要な背景にあり、協約の規定がただちに個別労働契約の内容を規律するというわけではない。これらの点については中窪裕也『アメリカ労働法〔第2版〕』（弘文堂・2010）143頁以下参照。

44) 1974年に改正された労働協約法12a条では、労働者類似の者を、「経済的に従属し、労働者と比較しうる社会的な保護の必要性がある者」として、一定の条件の下でこれらの者に対し労働協約法を適用するとしている。なお、ドイツにおける労働者概念をめぐる議論については、皆川宏之「ドイツにおける被用者概念と労働契約」労働法学会誌102号（2003）166頁以下、橋本陽子「ドイツにおける労働者概念の意義と機能」本郷法政紀要6号（1997）244頁以下、柳屋孝安「西ドイツ労働法における被用者概念の変化(上)」日本労働協会雑誌317号（1985）47頁以下参照。

法的安定性を害することとなろう。また、実態に照らしてみても、団体交渉の対象となるのは労組法上の労働者であることを理由として団体交渉が拒否される事案につき、団交事項としては雇用者としての社会保険への加入や、時間外労働の割増賃金の請求であるという場合、団交の主体は労働者の代表者であると認められても、使用者はまず、団交事項が労基法上の労働者として扱えというに等しいという点を指摘して団交を拒否することが考えられる。また仮に団交に応じた場合には、その結果締結されるべき労働協約により、対象となる委託契約者等を労基法上の労働者と同等に取り扱う債務を組合に対して負うだけでなく、個々の委託契約者にダイレクトに労基法上の労働者と同様の請求権を付与することになるので、使用者としては、「労基法上の労働者でないにもかかわらず同じように扱う請求権を直接付与するような労働協約を締結することはできない」と主張して、労働協約の締結を拒否することなる。この点は後述 3 (3)(c)において詳述する。

(3) 労組法上の労働者をめぐる学説と判例の展開
(a) 労組法 3 条の沿革と国際比較

上述のように労組法は、すでに昭和20年12月に制定された旧労組法の時点で、現行 3 条と全く同じ内容の規定を有しており、その解釈も、物の制作を請け負う下請けの自営業者の労働者性を認める政府答弁がなされるなど、報告書と同様の解釈が提示されていた。

日本において労働組合法が議会において正式に議論されたのは、昭和 6 年の労働組合法案である（衆議院で可決されたのち貴族院で審議未了、廃案）が、この法案には労働者の定義は記されていない。

労組法上の労働者の実定法による定義としては、戦後になって緊急の必要性を認められた労働組合法が制定された折、昭和20年11月24日付の労務法制審議委員会の答申において相当と認められた労働組合法案が嚆矢であり、そこでは第 3 条第 3 項として、「本法に労働者とは職業の種類を問わず広く賃金その他給料により生活する者を言う」とされた。成立した法律の内容と比べると、「広く」という文言が入っていることと、制定された労働組合法では「給料その他これに準ずる収入」とされている部分が「その他給料」という簡単な語句にとどまっていることが異なるが、これは労働者の範囲が雇用契約による賃金生活者に限定されないことの表現の違いであって、内容として異なるものではない。そして、この条

文が24年制定の現行労組法に継受され、政府の解釈が一貫していたとすれば、少なくとも立法者意思としては、同条の対象とする労働者とは、委託や請負など雇用とは異なる契約形式により就労する労働者を広く含むこととしていたものといえるであろう。[45]

また、報告書が記すように、先進諸国においても、労働組合を結成しうる労働者を労働契約上の労働者に限定しない法制度が一般的である。[46]

日本と比較しうる先進諸国では、いずれも、労働組合を結成して活動しうる者は労働契約上の労働者に限定されておらず、契約や形式の上では独立している自営業者などが、相手方との関係、とりわけ支配的・従属的関係にあるか否かの共通の判断基準により幅広く含まれているといえるのである。ただし、各国がそれを「労組法上の労働者」と構成しているとは限らないし、団体交渉・労働協約法制の内実が日本とかなり異なることは踏まえておく必要がある。

(b) 学説の流れ

学説は当初、労働法の特性自体を従属労働に見ていたことから、労働者の意義

---

45) この点については、東大(上)219頁以下参照。
46) 諸外国の状況については、報告書の「資料2」にまとめられているが、その概要は以下の通り。
まず米国では、日本の労組法になぞらえられる法律は全国労使関係法であるが、ここではその適用対象である「被用者（Worker）」は、特定の使用者の被用者には限られないものの、タフト・ハートレー法により独立の請負人や監督者（supervisor）は除外されている。実際には、同法が適用されない独立の請負人と認められるか否かは、職務の支配権限が被用者と使用者のどちらにあるのかに関する支配権基準によっており、具体的な判断がされるが、少なくともプロ野球選手やプロの芸術家など専門性と裁量性の高い職業についている者の労働組合は広く結成されている。これに対し英国では、1992年の労働組合および労働関係法は、労働組合の結成当事者たる労働者は個別的労働関係法における被用者（emploee）よりは広い「労働者（worker）」という概念が使用されており、実際にも、フリーランスの就業者や専属的な個人事業主など従属的な自営業者については労働者とみなされている。ドイツでは、労働者の定義は実定法上存在しないが、判例により、労働時間の長さや指揮命令への拘束、事業組織への編入などを具体的な判断基準として、労務従事者が「人的従属性」の下にあるか否かが判断される。加えて、人的な独立性が認められる者であっても、特定の相手方との関係で経済的に非独立的関係にある者は労働者類似の者として、労働協約法の適用は認められており、その意味では一部労使関係法上の労働者であるといえる。フランスは、労働者の定義はなく、判例により、支配従属関係にあるか否かによって労働者性が判断されており、そのメルクマールは当事者間の契約によって生じる法的従属性の存否によるものとされている。しかし、フランスにおいても、フリーの営業販売員やアーティスト、モデルなどに加えて「労働者と同等視される者」に対しても労働法典の一部適用が認められている。ガソリンスタンド事業者、独占的販売代理店などがその例として挙げられる。なお、フランスは統一労働法典が存在するため、労働者と認められるということはすべての労働法典の内容が包括的に適用されることになるし、逆に、労働者と同等視される者は労働法典の一部のみが適用されることとなっている。

についても、労基法および労組法を包括的にとらえうる概念として使用従属性を基本的な判断基準としており、その具体的内容を人的従属性と経済的従属性からなるものとして、前者については、仕事の諾否の自由の有無、勤務時間や場所の拘束性、業務の遂行方法や内容についての指揮命令等を具体的な判断要素と考え、また後者については生産手段の有無や労働条件の一方的決定などが具体的判断要素と考えていた。[48)49)]

しかしその後、労働者概念は法制度の目的や機能に即して相対的にとらえるべきであるとの批判が向けられ[50)]、やがて労働者概念は、適用法規ごとに検討されるべきであることが共通に了解されるようになった。現在の通説もこれに立ち、また同時に労組法上の労働者が労基法上の労働者に対してより広いカバリッジを有することもほぼ異存なく認められている。[51)]

一方、労組法上の労働者であるか否かを判断するための具体的な基準およびそのありかたについては、学説は必ずしも一致していない。[52)]

まず、労組法上の労働者性を判断するにあたっても、使用従属性を基本的な判断要素として据える考え方があり、現在も多数説を形成しているといえるであろう[53)]。しかしその理由付けについては、労組法の基本的役割が憲法28条に基づいて団体交渉の促進にあることを踏まえて、団体交渉が労働契約上の労働者の処遇についての交渉を軸とすることを重視する見解と、労組法3条は団体交渉の保護を及ぼすべき労務供給者を労働者と想定しているとの理解を前提に、事業組織への[54)]

---

47) 片岡昇「映画俳優は『労働者』か」季労57号（1965）156頁以下、外尾30頁、山本吉人『雇用形態と労働法』（総合労働研究所・1970）84頁以下、青木宗也「特殊勤務者の労働者性」ジュリ619号（1976）94頁以下等。
48) 青木・前掲注(47)96頁以下。
49) 学説の出発点の背景として、労働省が当初3条の趣旨について「本条にいう『労働者』とは他人との間に使用従属の関係に立って労務に服し、報酬を受けて生活する者をいうのであって、現に就業していると否とを問わないから失業者を含む」（昭23・6・5労発第262号）という通牒を出していたことも注目される。この通牒はむしろ後段に力点が置かれた内容であるが、「使用従属の関係に立って労務に服し」との表現をとっていたことは無視できない。
50) 有泉亨「労働者概念の相対性」中労時報486号（1969）2頁以下、石川37頁以下。
51) 菅野590頁以下、西谷・労組法〔2版〕531頁以下、盛139頁以下。
52) 労働者性判断の基準をめぐる学説の対立や議論の状況については、竹内寿「労働組合法上の労働者性について考える——なぜ『労働契約基準アプローチ』なのか？」季労229号（2010）99頁以下が要領よくまとめている。
53) 代表的な文献として西谷・労組法〔2版〕533頁、盛138頁等。
54) 土田道夫「『労働組合法上の労働者』は誰のための概念か」季労228号（2010）127頁以下。

組み入れや契約内容の一方的決定がみられる労務供給者については、指揮命令・指揮監督や業務の依頼に対する諾否の自由の有無などを具体的な判断要素として使用したうえで、総合的に労働者性を判断すべきであるという見解に大別される[55]。これは、使用従属性の判断をどのようなアプローチで位置づけるかの理解にかかわる相違であり、前者は労働契約関係にある労働者が労組法3条の中核にあることを踏まえてその外延を画しようとするもの、後者はあくまで団体交渉による保護という固有の観点から見た具体的な判断要素に、結果として使用従属性にかかわる要素が含まれると考えるものとみなすことができよう。

さらに、労組法上の労働者か否かの判断にあたっては経済的従属性の有無を検討することで足り、使用従属性の基準は用いるべきではないという立場には、労組法が対象とする労働者は「自ら労務を給付しその対償としての報酬を支払われる者で独立事業者でない者」であるなどとして、使用従属性には拘泥すべきでないとする考え方[56]や[57]、具体的な判断基準として指揮命令権の有無は必要であるが、それは使用従属性とは関係なく、労働力処分にあたって対価として報酬が支払われているか否かの判断に用いられるだけであるとの主張[58]などがある。

学説の取り組みが示すのは、労組法固有の意義を踏まえた労働者性の判断がいかにあるべきかの検討については実りある成果をもたらしたものの、労組法上の労働者を決定する基本的な考え方の提示に精力が削がれ、具体的な判断基準を想定しうる紛争類型や労組法の他の規定内容との整合性、あるいは労基法上の労働者と労組法上の労働者との異同といった観点からの検討が、必ずしも十分に進展してこなかったという点である。このような傾向が、判例や命令例の流れにも一定の影響をもたらしたことは十分に想定されよう。

(c) 判例・命令例の流れと学説の対応

それでは、日本における判例と命令例は、労組法上の労働者についてどのような基本的な判断基準を形成してきたのであろうか。これについては、労組法上の

---

55) 菅野595頁。
56) 川口美貴「労働組合法上の労働者概念の再構成」労働経済春秋5号（2011）9頁以下、同「労働者概念の再構成」季労209号（2005）133頁以下、古川景一「労働組合法上の労働者——最高裁判例法理と我妻理論の再評価」季労224号（2009）165頁以下、野田進「就業の『非雇用化』と労組法上の労働者性」労旬1679号（2008）12頁以下。
57) 川口・前掲注(56)季労209号133頁参照。
58) 古川・前掲注(56)165頁参照。

労働者性を正面から初めて判断したCBC管弦楽団事件と、上記最高裁の三判決を基軸として検討することが適切であろう。

ア　労働委員会命令の傾向

まず労働委員会命令の傾向を見ると、当初から使用従属関係の存否をもって労働者性の判断に供していた例が多数といえた。たとえば東京ヘップサンダル工組合事件[59]では、ヘップサンダル業者から部品加工の業務を請け負い、自宅で作業する形態で就労していた職人につき、毎日一定の時間に特定の業者の下に赴いて前日の仕事をおさめ、当日の仕事を受領している事実や、作業内容が直傭されている従業員とほぼ変わりないこと、工賃が毎月定期的に支払われていること、この工賃が上記職人の生計を維持する主要な糧となっていることなどを指摘して、労組法上の労働者性を認めている。この事件では、当該職人も補助労働力として家族を使用していたことや、他の業者の仕事を請け負うこともあったことなども認定されているが、専属性や家族の使用は決定的な要素ではなく、むしろ直接の雇用関係に類似した従属性があることが重視されている。また、楽団員や芸能員についても、往々にして出演契約には出演依頼への諾否の自由や専属性を否定するような要素がみられるものの、実態としては特定の相手方からの要請に応じざるをえない関係にあること、支払われている報酬が演奏や芸能パフォーマンスという労務の提供そのものの対価と認められることなどを重視して、労働者性を肯定するのが通常であった[60]。

その後も、基本的には、仕事の諾否の自由が実質的にはないことや、業務遂行過程が一定の拘束や管理のもとにあることなどの「使用従属性」や、受領している報酬の労務対価性が判断の中心的な要素となることは変わりないものの、近年、企業が事業の中枢部分についてもアウトソーシングする傾向が増加するにつれ、組織への組み入れや契約内容の一方的決定などの要素も判断の対象として重視されていくようになる[61]。たとえばアサヒ急配事件[62]では、運送委託契約を締結している配送員につき、会社には正社員の配送員は13名しかいない一方で、委託契約に

---

59)　前掲注(38)。
60)　この点の分析については、東大(上)232頁以下参照。
61)　ただ、以前から判断要素の1つとして用いられることはあった。例として、前掲注(38)東京電力常備労組資格審査事件。
62)　アサヒ急配事件―大阪府労委平17・12・7命令集133集818頁。

よる配送員が100名に及んでいて、会社の事業は委託配送員なしでは成り立たないことが重視されているし、最判二判決の１つであるINAXメンテナンス事件についても、労働委員会段階では、事業組織への組み入れが労組法上の労働者性を判断するにあたっての最重要要素の１つと位置づけられていたし、音響製品の修理業務を行う個人代行店（サービスエンジニア）についても、事業組織への組み入れが重要な判断要素とされている[64]。

　このように、労働委員会としては、具体的な個別の判断要素について多少の相違はあるものの、ほぼ一貫して、いわゆる経済的な従属関係を重んじながら、事案に即した判断をしてきたといえよう。ここで共通に重視されている具体的な判断要素としては、指揮監督関係の有無や程度、仕事の依頼に対する諾否の自由、報酬の労務対価性、事業組織への組み入れ、契約内容の一方的決定などとともに、報酬が生活を支える機能を有しているか（「生活給性」）といった要素も注目されている。そしてこれらはいずれも、労働契約の内容の解釈ではなく、実態によって判断されている。ただ、なぜ経済的な従属関係が主要な判断基準となりうるのか、また指揮監督関係の有無や程度、仕事の依頼に対する諾否の自由の有無など使用従属性に関する判断基準は、労基法上の労働者性判断についてはいざしらず、なぜ、またいかなる意味で労組法上の労働者性判断に必要なのかについては明確にされないままであった。

　イ　裁判例の傾向

　他方で裁判例も、やはり「使用従属関係」の存否が中心的な判断基準となっており、その具体的な判断要素として、事業への組み入れ、指揮監督関係、業務の依頼に対する諾否の自由、報酬の労務対価性といった点が取り上げられている点も、命令例の傾向とほぼ軌を一にする。

　労働委員会命令段階でとどまらずに訴訟となった事案の多くは、芸能員と放送局などとの関係を扱ったものであるが、たとえば、芸能員に対し会社の許可のない限り他者への出演を禁じる「専属出演契約」を締結している場合には、指揮命令や業務上の拘束など雇用契約関係との類似性が比較的容易に見出しやすいため、これを踏まえて使用従属関係と報酬の労務対象性および報酬の生活給的要素をも

---

63)　前掲注(38)INAX メンテナンス事件中労委命令。
64)　前掲注(38)ビクターサービスエンジニアリング事件中労委命令。

加味して労働者性を認めたり[65]、年間一定の回数は出演できることを保障するとともに、放送局からの出演要請には応じるという関係にある「回数出演契約」を締結している芸能員の労働者性を検討する中では、芸能員が放送局の事業遂行に必要不可欠な要素として組み込まれており、放送局の指揮監督のもとに労働力を提供して、その対価として一定の報酬を得ているとの判断を示している[66]。

　こうした傾向を受けて、最高裁は、前掲CBC管弦楽団事件において、楽団員が出演発注に対して自由に諾否を決めることができる旨の「自由出演契約」を締結している場合について、①たとえ自由出演契約の形式がとられていても、楽団員があらかじめ放送局の事業組織に組み込まれており、会社の放送事業上不可欠な演奏労働力を恒常的に確保する内容のものと認められること、②自由出演契約は、確かに楽団員の出演発注拒否を認めているが、当事者間の了解においては、楽団員は原則として発注に応じるものとされており、ただ実際に出演を拒否しても、ただちに契約違反の責任を問われることはなかったにすぎないこと、③実態としては、会社が必要に応じて随時出演を発注し、楽団員は原則としてこれに従うという原則的な関係が認められること、④楽団員に対する報酬は、演奏という労務の提供それ自体に対する対価と認められ、その芸術的な価値に対応するものとはいえないこと、を主要な論拠として、楽団員の労働者性を認める判断を示すに至った。

　本判決は、事例判断ではあるが、それまで労働委員会命令と裁判例においてほぼ共通に検討されてきた手法を踏襲するととともに、補充的な判断要素をも摘出して、より普遍性のある判断枠組みを提示したものと評価できよう。すなわち最高裁は、第1に、労組法上の労働者性は、団体交渉制度によって保護されるべき対象は誰かという前提によって判断されるべきであって、労基法上の労働者性判断とは異なること、第2に、具体的な判断基準として従来から用いられてきた事実上の支配従属性（仕事の諾否の自由が実質的にはないこと、一定の指揮監督の下にあること等）や報酬に労務対象性が認められることという要素に加え、事業の不可欠の労働力として当該事業組織に組み込まれていることや、会社側の要請には応じるという基本的な関係が認められることなども判断の要素としていることが

---

65) ラジオ中国事件―広島地判昭42・2・21労民集18巻1号88頁。
66) 前掲注(38)日本放送協会事件。

特徴といえるが、特に第2の点は、本件事案が契約上は「自由出演契約」として出演発注を断れる形式をとっていたことを踏まえ、当該契約の実質的な目的が事業組織への組み入れであったこととらえて労働者性を否定する要素となりえないことを明示しているし、また事実として出演要請とそれへの応諾という実態が両当事者の「基本的関係」であると認められれば、労組法上の労働者性判断としては十分であることを示しており、労組法上の労働者か否かの判断は、労基法上の労働者性判断との相違はもちろんのこと、労働契約上の労働者か否かの判断とも明確に異なるとの理解が読み取れよう。[67]

こうして、労組法上の労働者性判断についてはほぼ判断枠組みは定着したかに見えたが、しかし実際には、CBC事件において示された判断基準で、労働者性をめぐる課題がすべて解決されうるわけではない。何よりも、一貫して用いられている「使用従属性」や「報酬の労務対価性」の基準は、労基法上の労働者性を判断する場合にも用いられており、あたかも労組法上の労働者性も雇用契約との類似性の強さによって左右されるかのような印象を免れない（このことが後に混乱をもたらすことになる）。特に、その具体的中身が「指揮命令・指揮監督の有無・程度」や仕事の諾否の自由などの重視であり、また仕事の成果や評価ではなく労務提供それ自体に対する報酬であるかどうかであるとすると、実際の判断が労基法上の労働者性を判断する場合と近似してくることは容易に推測されよう。しかし、団体交渉制度によって保護されるべき者であるか否かは、雇用契約における一方当事者たる労働者であるか否かとは、アプローチの仕方自体が異なることは異論のないところであった。また、労組法上の労働者性判断は、労組法の適用関係を画定することにもなるから、労働者であれば同法の他の規定も適用されるはずであるが、これまで労働委員会や裁判所において争われた事案のほとんどが、団体交渉拒否の正当性がテーマであり、労組法7条2号が問題となったにすぎない。実際には、争議行為に対する民事損害賠償請求の成否（8条）や、団交により締結された労働協約に16条の規範的効力や17条の一般的拘束力が認められ

---

67) 本判決の評釈・解説も枚挙にいとまがないが、比較的詳細に検討を試みているものとして、菅野和夫・法学協会雑誌95巻5号（1978）138頁以下、佐藤繁・法曹時報30巻5号（1978）115頁以下、秋田成就・ジュリ652号（1977）126頁以下、松岡浩・法学研究〔慶応義塾大学〕49巻9号（1976）64頁以下、西井竜生・民商法雑誌76巻2号（1977）112頁以下、国武輝久・判例評論214号（1976）28頁以下等。

るか否かも重要な課題であるが、CBC 事件判決からは、これらの点についてのルールは想定できない。

こうした状況についてメスが入れられないまま、やがて裁判所にはそれまでとは異なる傾向があらわれるところとなった。

ウ　異質な判断の広がり

まずアサヒ急配事件[68]において裁判所は、委託契約により下請けの運送業務に従事する者について、具体的な指示の下に業務に従事していること、報酬が労務提供の対価としての性格を有していること、事業者性が欠如していること、服務規律の遵守が図られていたことなどの諸要素をあげたうえで、「（当該委託契約従事者は）指揮監督下で労務を提供し、その対償として賃金の支払いを受けていたと認められ……使用従属関係にあったと認められる」との判断を提示しており、その内容はほとんど労基法上の労働者性を判断する場合と異ならないものとなっている。そして、このような姿勢が全面的に示されたのが、二判決それぞれの原審であった[69]。すなわち、INAX メンテナンス事件においては、労組法上の労働者を「使用者との賃金等を含む労働条件等の交渉を団体行動によって対等に行わせるのが適切な者」であるとして、労組法固有の労働者概念を認めつつ、具体的な判断基準を「（同法の労働者は）他人（使用者）との間において、法的な使用従属の関係に立って、その指揮監督の下に労務に服し、その提供する労働の対価としての報酬を受ける者をいう」として、前記アサヒ急配事件判旨と同様に労基法上の労働者性判断とほとんど変わらない基準を示した。そして、そのあてはめにあたっては、本件における個々の委託契約において修理業務の発注を断れることが明記されていたこと、発注拒否に対する制裁がないこと、業務の遂行にあたり時間的場所的拘束はなく、業務遂行についても指揮監督を受ける関係にはないことを指摘し、結論として、家庭用機器の修理・補修にあたる委託契約業者「カスタマーエンジニア」は、労組法上の労働者とはいえないとした。また新国立劇場事件でも、劇場を経営する財団との間で1年間を期間とする基本出演契約を締結し、個々のオペラ等について、そのつど個別出演契約を締結する形で年間240日にわたり出演していたオペラ歌手につき、上記個別契約について、これを締結する法

---

68)　前掲注(37)。
69)　前掲注(37)。

的義務がないこと、出演基本契約によっては、財団から指揮命令、支配監督を受ける関係があるとは認められないことなどを指摘して、やはり労組法上の労働者性を否認した。

さらに、その後のビクターサービスエンジニアリング事件[70]においても、東京高裁は、委託契約により音響機器の修理業務等に携わっていた個人代行店の者らからの団交拒否事件につき、団交を命じた労委命令を維持した原審判決を覆して上記の者らの労働者性を否定した[71]。そこでは一般論として、労組法上の労働者とは「労働契約上の被用者と同程度に、労働条件等について使用者に現実的かつ具体的に支配、決定される地位にあり、その指揮監督の下に労務を提供し、その提供する労務の対価として報酬を受ける者をいう」と述べられ、本件においては、会社と個人代行店との間には、一定の拘束や指揮監督の関係がみられるものの、業務の依頼に対する諾否の自由があるとみられること、業務について時間的場所的拘束は認められないこと、報酬は出来高払いで公租公課も事業主型であることなどから労働者性が否定された。

以上の裁判例のスタンスから読み取れるのは、従来用いられてきた労働者性判断の基準のうち、一貫していた使用従属性を重視しつつ、その内容を、労働契約を締結して就労している労働者との近似性の程度に読み替える姿勢と、事業組織への組み入れという判断要素を全く無視していること、および指揮監督の有無の判断にあたって、委託契約による業務従事に必然的に伴う拘束や指示に従う関係を、労働者性を示す要素としては考慮しないとの見解をとっていることである。

エ　労働委員会と学説の対応

このような傾向は、労働委員会実務と学説に強い危機感を生んだ。まず学説においては、これら裁判例について批判的な評釈や解説が続出し、特にINAXメ[72]

---

70)　前掲注(37)。
71)　前掲注(37)。
72)　新国立劇場事件の東京地裁判決に対する評釈・解説として、道幸哲也・労旬1687＝1688号（2009）57頁以下、西村健一郎・季労224号（2009）131頁以下、水町勇一郎・ジュリ1372号（2009）192頁以下、大内伸哉・ジュリ1376号（2009）262頁以下等。同東京高裁判決に対するものとして川田知子・労旬1702号（2009）19頁以下、中内哲・法時81巻10号（2009）161頁以下、荒木尚志・中労時報1108号（2009）14頁以下等。INAXメンテナンス事件東京高裁判決に対する評釈・解説として、渡辺章・専修ロージャーナル5号（2010）1頁以下、橋本陽子・ジュリ1398号（2010）239頁以下、青野覚・中労時報1117号（2010）1頁以下、根本到・法セ664号（2010）137頁以下、鶴崎新一郎・法政研究（九州大学）77巻1号（2010）247頁以下、斎藤周・法時82巻9号（2010）124頁以下、石崎由希子・ジュリ1418号（2011）137頁等。またビクターサービスエンジニアリング事件

ンテナンス事件と新国立劇場事件高裁判決が、労基法上の労働者概念と労組法上のそれとの区別という、従来の裁判例・労委命令の前提を全く理解していないように見えること、実態ではなく法的義務の有無を問題とするのは、労組法3条の強行法規性にそぐわないこと[73]、そして事業組織への組み入れや契約内容の一方的決定といった、労基法上の労働者性の判断基準には必ずしもみられない労組法上の労働者性判断における固有の判断要素を無視していることなどが厳しく批判された[74]。そのうえで、学説においても、このような裁判例を生んだ背景に学説の責任もあるとして、これまで使用従属性といった労基法上の労働者性を判断する基準を漫然と用いてきたことを反省し、経済的従属性を単一の判断基準とする見解[75]や、経済的従属性と使用従属性とを総合的に判断すべきであるとする見解[76]などがあらわれた。学説もまた、従来の判断基準を明確で説得力のある内容にブラッシュアップないしリニューアルする必要性を痛感したといえよう。

　さらに労働委員会も、労使関係秩序の公正な定立と維持という労働委員会の使命が裁判所によって理解されていない可能性に強い危惧を覚えたとみられ、ソクハイ事件[77]において、中労委は、委託契約により宅配業務に従事する者の労組法上の労働者性につき、異例なほど広範で入念な一般論を提示し、憲法28条とこれを受けた労組法1条および3条の趣旨から説き起こして、「労働組合法上の労働者には、『使用され』て『賃金を支払われる』労働契約法・労働基準法上の労働者にとどまらず、団体交渉の保護を及ぼす必要性と適切性という観点から、『使用され』ることへの対価である『賃金、給料』に『準ずる収入』をもたらす労務供給によって生活する者を含む」と宣明した。そして、その具体的判断基準として、①当該労務供給を行う者らが、発注主の事業活動に不可欠の労働力として、発注主の事業組織に組み込まれているといえるか否か、②当該労務供給契約の全部もしくは重要な部分が、発注主により一方的・定型的・集団的に決定されているか否か、③報酬が労務供給に対する対価ないしは同対価に類似するものと見ること

　　　東京高裁判決に対して、古川陽二・労旬1734号（2010）6頁以下、豊川義明・労旬1734号（2010）15頁以下、川口美貴・労委労協655号（2010）35頁以下等。
73)　この点については、特に前掲注(72)の道幸哲也、水町勇一郎、荒木尚志、渡辺章、青野覚等参照。
74)　この点については、特に前掲注(72)の道幸哲也、荒木尚志、渡辺章、青野覚、石崎由希子等参照。
75)　前掲注(56)、特に川口美貴・季労209号論考、野田進参照。
76)　菅野595頁。
77)　ソクハイ事件—中労委平22・7・7別冊中労時報1395号11頁。

ができるか否かの3点を提示したのである。

　オ　最高裁三判決の登場とその意義

　3つの最高裁判決が出されたのは、以上のような事情を踏まえたものであった。まずINAXメンテナンス事件では、CE（カスタマーエンジニア。メンテナンスを実施する委託業者）は、事業の遂行に不可欠な労働力として、その恒常的な確保のために会社の組織に組み入れられていたこと、個別の修理補修等の依頼内容をCEの側で変更する余地がなかったことなどから、会社がCEとの契約内容を一方的に決定していたものというべきこと、CEの報酬は労務対価性が認められること、加えてCEは基本的に会社の依頼に応ずべき関係にあったとみなしうること、会社の指定する業務遂行方法に従い、その指揮監督の下に労務の提供を行い、場所的・時間的にも一定の拘束を受けていたこと、という主要3点、補強2点の要素を総合して、労組法上の労働者性を認めた。

　また新国立劇場事件では、財団と基本契約を締結した者は、各公演の実施に不可欠な歌唱労働力として財団の組織に組み込まれていたといえること、各当事者の認識や契約の実際の運用からは、契約メンバーは基本的に財団からの個別講演出演申込みに応ずべき関係にあったとみなしうること、出演基本契約の内容や具体的な歌唱労務の提供の態様等も財団が一方的に決定していたこと、歌唱技能の提供の方法や提供すべき歌唱の内容は財団の選定する指揮者等の指揮を受け、稽古への参加状況については財団の監督を受けていたという事実から、契約メンバーは財団の指揮監督の下に労務を提供していたといえること、講演や稽古の日時・場所は財団が決定し、本件のオペラ歌手が出演や稽古への参加のために新国立劇場へ行った日数は1年に230日に及んでいたことなどから、契約メンバーは場所的・時間的にも一定の拘束下にあったといえること、報酬は歌唱労務の対価とみなしうることから、本件のオペラ歌手は労組法上の労働者にあたるとされた。上記の判断のうち、指揮監督と時間的場所的拘束を1つの判断と理解すれば、INAXメンテナンス事件と同様、判断要素は主要3点、補強2点である。

　さらにビクターサービスエンジニアリング事件では、事案としてはINAXメンテナンス事件と類似しており、音響製品等の設置・修理を担当する「個人代行店」業者が加盟する組合からの団体交渉申入れが、これらの者が労働者ではないことを理由に拒否されたという事実関係において、個人代行店は、会社の上記事業の遂行に必要な労働力として、基本的にその恒常的な確保のために会社の組織

に組み入れられているものとみることができること、契約の内容は、会社の作成した統一書式に基づく業務委託に関する契約書および覚書によって画一的に定められており、業務の内容やその条件等について個人代行店の側で個別に交渉する余地がないことは明らかであるから、会社が個人代行店との間の契約内容を一方的に決定しているものといえること、個人代行店に支払われる委託料は、実質的には労務の提供の対価としての性質を有するものとして支払われているとみるのがより実態に即しているものといえることに加え、個人代行店は個別の出張修理業務の依頼に応ずべき関係にあることや、指揮監督の下に労務の提供を行っており、かつ、その業務について場所的にも時間的にも相応の拘束を受けているものということができることを理由として、個人代行店業者を労組法上の労働者でないとした原判決を破棄し、独立の事業者としての実態を備えているか否か（これが肯定されれば労働者性は否定される。前述した労使関係研究会報告書が示す「顕著な事業者性」の有無と基本的に同様の基準である）について判断するよう高裁に差し戻した。[78]

これら判決はいずれも事例判断であって一般論は述べていないが、事例としてはプロフェッショナルの歌手と委託業務従事者という大きな違いがあるにもかかわらず、判断要素は若干の順番が異なるだけでほぼ一致しており、労組法上の労働者を判断する場合の基本的な基準を示したものといってよい。

この判断において注目すべきはおおむね以下の3点である。

第1に、いずれの判決も、前記ソクハイ事件で明示された3つの判断基準を主要な基準として採用しており、しかもその前提として、労基法上の労働者の判断基準とは異なって法的義務の存否に拘泥しないことを明らかにしていること、第2に、しかし一定の指揮命令や拘束も重視し、いわゆる使用従属性による判断も維持していること、そして第3に、これらの判断がもたらしうる波及効果や射程距離についてはなお必ずしも明らかでないことである。

三判決の最も重要な意義は、いうまでもなく、近年東京高裁によって繰り返し示された従来とは異なる判断枠組みが明確に否定され、労組法上の労働者性を判断する基準が5点ないし6点に整理されて示されたことである。すなわち、三判

---

78) 差戻審は、顕著な事業者性を否定して、労働者性を認定している（東京高判平25・1・23労判1070号87頁）。

決は、それぞれの原審である高裁判決と異なって、労基法上の労働者との類似性というアプローチを否定し、労組法上の労働者性を判断するにあたってはあくまでも実態を検証するとのスタンスを確立したうえで、相手方の事業組織への組み入れ、契約内容等の一方的決定、報酬の労務対価性という3点が中心的判断要素であって、一定の指揮監督と業務依頼に対する受諾の可否が補強的な判断要素となるという点で一致しており、さらにビクターサービスエンジニアリング事件では事業者性の有無を、労働者性を否定する特段の事情として考慮するとして、報告書とほぼ同一の立場を示している。これらの点は、先例としての意義を十分に確保しうる内容であるといえよう。

しかし、上記第2の点にかかわり、最高裁が示した補強的な判断要素の位置づけはなお明確ではない。特に指揮監督の下にあるか否かという基準は、これまで労基法上の労働者性を判断する場合の主要な判断基準として採用されてきたものであり、むしろそれを労組法上の労働者性判断にも漫然と用いてきたような傾向が、東京高裁の一連の判決を生んだと解しうることからすると、なぜこの基準が必要なのかについて明確な理由付けのないままに使用されることは、今後混乱をもたらす可能性を残したと言わざるを得ない。

また、上記第3の点にかかわり、三判決の判断が、高裁が背景にしていたと思われる課題を克服しうる内実を有しているか否かは判然としない。すなわち、一連の東京高裁判決には、前記の通り、労組法における他の規定や、労基法、労契法等の他の法令における労働者の意義との整合性を確保する意図がみられたのであり、仮に高裁が一連の判決で示した基準に従った場合には、具体的な団交事項に関する問題や、労働協約の規範的効力および一般的拘束力についてどのような結論が導かれるかはおおよその推測が成り立ちうるが、最高裁の判断にしたがった場合に、これらについてどのような判断が導かれうるのかは不明と言わざるを得ない。

三判決は、労働契約上の労働者が労組法上の労働者にも該当することを核として、それに加えてさらにどのようなタイプの者が労働者に該当するかを検討するという見解[79]に近いとみなしうるが、一般論が示されていないので、それぞれの判断基準は無機的に一人歩きする可能性があり、今後下級審において、同種の訴訟

---

79) 菅野595頁。

に関しどのような取扱いがなされるかによって、その機能を大きく変えることにもなりかねないといえる。

(4) 課題克服の方向
(a) 前提となる認識――労組法上の労働者は統一的に解釈されるべきか

　労組法は、労基法と比べても明らかに実定法としての機能の弱い法律であり、労使関係をめぐる多くの法的課題に十分にこたえる内容とはなっていない。内部統制や役員選挙など、労働組合の内部問題について手立てとなりうる規定を持たないことや、団体交渉という動的事象を対象とし、その正当な理由なき拒否を不当労働行為としながら、団体交渉の具体的内容や段取りについてほとんど看過していることなどはその象徴であるが、各規定相互の関連についても明確さを欠いている。とりわけ労働者を定義した3条は、前述したように、7条2号や16条および17条との関係にも不明確さを残しており、3条の解釈によっては混乱を招きかねない。そこで労働者性判断の基準の検討にあたっては、労組法の構造的な体系性を念頭に置きながら進める必要があろう。

　言い換えれば、労組法上の労働者性を判断する基本的な理念・枠組みと具体的判断基準とが、労組法全体の意義や目的と無理なく合致し、かつ、他の諸規定とも整合するような方向を目指すことが不可欠である。そしてこの点において、3条に定義された労働者が、労組法全体をカバーする統一的な概念なのか、あるいは相対的な概念なのかを確認しておく必要があろう。この点、二判決はいずれも、問題となったCEやオペラ歌手を、相手方たる会社との間では労働者である、との判断を明確に示しており、かつ、いずれも団体交渉を要求しうる雇用する労働者であることを認めているので、3条の労働者は労組法全体をカバーする統一的な概念であって、7条2号の「雇用する労働者」について、別途検討する必要はないと認識していることがうかがわれる。[80]

　しかし、これについては批判的見解も少なくない。ある見解は、労組法3条の[81]

---

[80]　中労時報1135号（2011）特集「労働組合法上の労働者性」の座談会「労働組合法上の労働者性――最高裁二判決をめぐって」における山川隆一・徳住賢治発言（25頁）および鼎談「労働組合法上の労働者性」ジュリ1426号（2011）における荒木尚志発言（33頁）参照。

[81]　毛塚勝利「労組法7条2号の『使用者が雇用する労働者』をめぐる議論の混乱をどう回避すべきか」労旬1742号（2011）51頁以下、同「妥当な結論だが、不透明さを増す判断枠組み」労旬1745号（2011）31頁以下。

労働者概念は絶対的なもので、「他者に労務提供することで生計を維持する者で、その社会的地位の向上のために団結活動を行うことが独占禁止法、競争法に抵触しない者」としつつ、7条2号の雇用する労働者とは、団体交渉の対向性を前提とした概念であって労働者性の問題ではないとする。しかし、まず絶対的な概念としての「労働者」との位置づけが必要であるかが判然としない。どのような相手に対しても労働者であるような「全方位労働者」という存在はありえないし、また労組法の労働者は、医師や弁護士のような「職業資格」ではないので、ある者が常に属性として「労働者」という性格を有する、という法的事態を想定することは困難である。また、仮にそこでいう「他者に労務提供することで生計を維持する者」が、現に特定の相手に労務提供している者に加えて、他者に労務提供して生計を維持する意図をもって活動している者までをも含むとすると、3条の労働者像としては広すぎるように思われる。たとえば新規学卒で就職活動を継続しつつ、どこにも就職先が見つからない者が団結し、たまたま選択した大企業の玄関前で「採用者数の増加可能性をテーマとして我々と話し合え」とのシュプレヒコールを繰り返したりビラを配布したりすることも「組合活動」として評価されることになるのは妥当ではない。他方、別の見解は、3条の労働者は絶対的な基準であり、7条2号はこれに「雇用する」という限定を付したもので、3条の労働者が具体的な相手方との関係で雇用されているとみなされる場合に同号が発動されるとするが、これについては、7条2号では「使用者」が誰であるかに力点が置かれていることの意義を明らかにする点で注目されるが、相手方との関係を持たない「労働者」像については上記と同様の懸念が妥当するし、また、少なくとも二判決は、明らかに3条の労働者を、ある相手方との間で想定されるものとみなしており、7条2号の「雇用する労働者」について別途の検討を要するものとは考えていないことが指摘されよう。

　これらの点は、ある法律の条文において定義された内容が、同じ法律内の別の条文規定において異なる意義を有するとみなしうるのは、そのことが明記されているか、法律全体の構造上それが不可欠である場合に限定されるべきであると考えられることや、労組法3条の労働者についても、上記のようにそれがある相手方との間で想定される概念であるとしたうえで、労組法全体に統一的に適用され

82）　野田・前掲注(56)労旬1679号。

るものであるとすることで、十分に論理的整合性を確保し、また後述のように帰納的な妥当性も維持しうるものと考えられる。

　(b)　**判断基準の基本的理念──経済的従属性と使用従属性**

　では、具体的判断基準を体系的に設定しうるための基本理念として、従来学説・判例・命令例において前提とされてきた使用従属性と経済的従属性とは、あらためてどのように位置づけられるべきであろうか。

　この点については、事例判断である三判決はもちろんのこと、報告書も明確には述べていない。そのために具体的判断基準がきわめて詳細に示されていても、それぞれの判断基準が用いられる理由について不明なままとなっており、報告書の課題の第3において示した懸念を払拭できないこととなる。

　前述のように、判例や命令例はアクセントの相違はあっても一貫して使用従属性を判断基準の1つと位置づけているが、経済的従属性についても考慮に入れていることは間違いない。これに対して学説には、経済的従属性のみを判断基準の基軸に据えることを提唱する見解もあるが、たとえばそこで示される「自ら労務を提供し、その対償としての報酬を支払われる者で、労務供給の相手方との関係で、独立事業者または独立労働者でない者」との労働者の定義から、どのような具体的な判断基準が導き出されうるのか、それが三判決や報告書で示された判断基準を凌駕するだけの機能性や説得性を有しているのかがあきらかではない。この見解は、三判決が示した具体的判断基準を否定するにあたって、「実質的に対等に交渉できない立場」にあれば労働者でありうるからだとするが、強行法規である労組法の適用対象を画定する場合に、このように評価されるべきかどうかを判断すること自体、さほど容易ではないと思われ、今後のさらなる具体的検討が期待される。

　三判決と報告書は、いずれも判断基準の土台に使用従属性と経済的従属性をどう位置づけるかを示していないが、この点は、労組法が憲法28条に基づいて団体交渉システムによる労使関係を基礎づけるものであるという報告書の理解に立つならば、次のように考えることができるであろう。

　まず、労組法上の労働者も団体交渉制度の保護を受けうる者であるとするなら、それは団体交渉による問題解決が可能な当事者関係を形成しうる者でなければな

---

83)　川口・前掲注(56)季労209号、労働経済春秋5号。
84)　川口・前掲注(56)労働経済春秋5号20頁等。

らない。それは具体的には、労務給付に対する報酬によって生活する者のうち、相手方との何らかの契約関係によって決定される内容が、個別の交渉によっては自らの利益を反映させるものとなりえないことが認められる者が該当するといえる。言い換えれば、労組法上の労働者は、団体交渉を行うべき相手方との関係において労働者なのであり、独立した存在として労働者なのではない。実際にも、発注者との関係では労働者と認めうる個人下請業者が、零細企業を経営する友人に依頼されてその会社の「取締役」に就任するという事態は無理なく想定されうるが、この場合は、たとえ労務給付の内容が同じであっても、前者については労働者性が認められ、後者については労働者ではないとされる可能性も十分にありえよう。

つぎに、このような関係の存否を判断するにあたっては、相手方の事業に不可欠な労働力として組み込まれているか否か、契約内容が一方的に決定される関係にあるかどうか、報酬が労務対償性を有するかどうかが主要な基準となりうるのは当然であろう。報酬の労務対償性は、当該契約関係が労働法制の対象となりうる大前提であるし、たとえ雇用契約関係になくても、当該事業に不可欠の労働力として組み込まれていることは、当該事業に雇用されている者に準じて団体交渉制度の保護を与えるべきであるとの評価を導きうる。また個別契約としては実態として契約内容が一方的に決定されているという関係は、団結の力により団体交渉を通してその改善を目指すよう促すことが適切であろう。

問題は、三判決も報告書も補強的な判断基準としてあげている指揮監督ないし指揮命令である。報告書は、なぜこの判断基準を用いるかについて正面から全く論じていないが、その意図を忖度すると、判断基準の具体的内容を詳述するにあたって、使用従属性という概念にとらわれず、端的に「広い意味での指揮監督」という表現を使ったのは、労基法上の労働者性を判断する意味での使用従属性との峻別を意識しつつ、労組法3条が団体交渉制度の対象を画定する役割を果たす以上、相手方に対して個別交渉ではなく団結による交渉が不可欠となりうるだけの交渉力の不均衡が存在しなければならず、その表現として、実質的な関係の中に相手方の指示や判断に従わねばならない関係がみられることが必要であると考えているものと思われる。そうであるならば、原則としてうなずけない見解ではない。すなわち、団体交渉は交渉によって問題を解決しうる関係を想定しているのであるから、労働関係においては、労働者と相手方との間に労務供給の契約関

係が成り立っていることが前提となる。そして、交渉力の不均衡がみられる関係は、労務給付の態様や内容、段取り等について、相手方の指示・決定・判断を受けざるをえない関係とみることができる。このような不均衡性を特徴とする労務給付の契約関係の典型は労働契約関係である。したがって、結果的に労働者性判断の基準が、労働契約関係における労働者、ひいては労基法上の労働者を判断する基準に近似することは致し方ないといえよう。

　こうして、三判決と報告書との判断基準設定の背後にある基本理念としては、経済的従属性や使用従属性という、主として労基法上の労働者性を判断する場合に特に有益であった概念をそのまま土台とするのではなく、団体交渉制度により保護されるべき者が労働者であるという、労組法固有の目的によって判断基準を構成すべきであるということになる。

　ただ、そうだとすると、やはり「広い意味での」との限定を付しつつも「指揮監督」という概念を用いることの妥当性には懸念が生じえよう。確かに労働契約との近似性が強ければ強いほど、労組法上の労働者であると認められる可能性が強くなるという相関関係は一応認められるが、それは労組法上の労働者と認められるためには労働契約類似の関係が必要だからというわけではなく、労組法独自のアプローチをとる結果として、労働契約との近似性が強ければ団体交渉制度の保障を与える必要性も必然的に強くなるという関係があるからである。

　報告書は行政解釈の流れを否定するような見解を示すことはできないし、裁判例の流れを尊重しながら方向性を示すという立脚点を自覚しているので、このような限界を持たざるをえないが、しかし当然これを理解する側は拘泥する必要はない。報告書のこの部分は、「業務上の指示に服する関係」といった他の概念で置き換えることも考えられるであろう。

(c)　**労基法上の労働者性と労組法上の労働者性**

　三判決の出現や報告書の公刊は、学界に対して、労基法上の労働者性と労組法上の労働者性との異同について検討を深める必要性をあらためて認識させた。もとよりこれについては一定の検討が進められてきたことは言うまでもなく、特に三判決の原審が出されてからは、その重要性が意識されてきた。たとえばある見解[85]は、従来の学説が労組法上の労働者性についてとってきたアプローチを整理し、

---

85)　山川隆一「労働者概念をめぐる覚書」月刊労委労協651号（2010）4頁以下。

使用従属性を重視する見解は、労基法上の労働者性が認められれば当然労組法上の労働者となりうることを踏まえて、これに「準ずる」労働者の範囲を画定しようとするものであって、いわば労基法上の労働者性から出発してそれを拡大していく方向をとるものであり、また経済的従属性を重視する見解は、交渉力の格差という単なる経済的従属性から出発して、そのような立場にある者のうち団交の必要性や適切性という観点から労組法上の労働者を絞り込むという方向をとるのではないかと指摘する。そして、この2つの方向が交錯する地点に、事業組織への組み込み、契約内容の一方的決定、報酬の労務対償性という共通の判断基準が成立するという構図を提示するのである。また、二判決ののちには、三判決が共通に示した5つの判断基準のうち、時間的場所的拘束や指揮命令権限の有無と、報酬の労務対価性の2つは、労基法上の労働者を判断するうえでも共通する基準であり、事業組織への組み入れや諾否の自由の有無、契約内容の一方的決定の有無の3つは、労組法上の労働者性を判断するための固有の基準であり、そのほかに専属性や業務用費用の負担・道具の持ち込み、公租公課等の扱いといった労基法上の労働者性を判断するための固有の基準が位置するとの構図を提示する見解[86]も提示されている。

おそらくこの点は、労基法上の労働者であることが労組法上の労働者であることに直結するという認識を、事実認識とみるか規範的に理解するかの相違が大きな影響をもたらしているものと思われる。

すなわち、前述のように労組法上の労働者性を判断するにあたって、相手方の一定の指揮監督や時間的場所的拘束の有無が必要となるのは、団体交渉の保護を及ぼすべき者を画定するという労組法固有の目的のためであり、これら判断基準が労基法上の労働者性の判断基準と重なるようにみえるのは結果論にすぎない。したがって、労基法上の労働者性の有無をまず判断して、それに該当しなくても準ずる者に該当するかどうかを判断する、という対応は、労基法上の労働者であることが労組法上の労働者であることにつながるという事態が、事実としてそうなるというにすぎないという点を看過している点で妥当ではない。これに対して、単なる経済的従属性から出発して、団交の必要性・適切性の観点から労組法上の

---

86) 野田進「労働者性に関する最高裁二判決——判決の連続性の観点からの検証」労旬1745号（2011）36頁以下。

労働者を絞り込んでいく対応は、団交の必要性や適切性によるならば、相手方の一定の指示・指揮のもとで就労せざるをえないか否かも重要な判断要素となりうることに十分な考慮を払っていないように思われる。さらに、労基法上の判断基準と労組法上の判断基準とが重なりうることを指摘する上記見解は、それは「同じ判断基準が用いられる」という意味ではない、という前提があるのでなければ、やはり適切ではないということになろう。

　労基法上の労働者は、刑罰と行政取締の手法を用いて使用者の労働者に対する行為を規制するという労基法の目的に照らして、現実に指揮命令の下で労務に従事している者が該当するのであり、労組法上の労働者はこれとは基本的に異なり、団体交渉制度の保護を付与するにふさわしい労務給付者を想定している。具体的判断要素の異同は、結果として生じるのであって、原則としては互いに峻別されるべきであるということになる。

　報告書の示す判断基準と具体的判断要素とは、このような観点から位置づけられるべきであろう。

(d) 具体的判断要素の評価

　報告書は、二判決の示した5つの判断基準をほぼそのまま受け入れたうえで、消極的な判断要素として「顕著な事業者性」をあげ、これを加えた6つの判断基準につき、具体的な内容を詳述している。

　まず、顕著な事業者性という付加された判断基準は、前記ソクハイ事件の中労委命令において明示された内容を継承したものと思われるが、これについても報告書自身は、なぜこの判断要素が付加的に必要かを記していない。この点、ソクハイ事件中労委命令では、事業組織への組み入れに対する消極的判断を導くものとして事業者性をあげている。確かに、主要な判断要素としての事業組織への組み入れと事業者性は両立しうるものの、独立して事業を営む者についても労働者性を判断する要素としての事業組織への組み入れがあるとみなすことは妥当ではなく、報告書がこの判断要素を採用したこと自体は妥当であると思われる。

　次に具体的な判断の内容はおおむね適切であるが、上述のように報告書は各判断要素がなぜ採用されるべきかの理由を明記しておらず、その背景に、必ずしも明確な理念が確立されていないのではないかとの疑念を払拭できない。6つの判断要素に関する具体的な判断の内容については、その疑念を例証するような内容が散見される。たとえば事業組織への組み入れという判断要素については、専属

性という観点が提示されているが、その中身は、契約上ないし事実上他の相手方からの業務受託がきわめて困難であることとして、それなりにうなづける内容であるものの、「専属性」というタイトルは、やはり労基法上の労働者性判断との相違について混乱を招きやすく、妥当ではない。

　なおこの点については、「事業組織への組み入れ」という判断要素に関し、特にINAXメンテナンス事件最判が、個々のCEにつき「不可欠な労働力として、その恒常的な確保のために」組み込まれていたことを認定しているため、この「恒常的」という語句が、個々の労働者の雇用形態の恒常性を意味するかのように誤解されるおそれを生じているが[87]、報告書はこの誤解を助長する可能性も否定できない。言うまでもなく、ここでいう「恒常的な確保」とは、会社が不可欠な労働力を社外から事業に組み込むという形態が恒常的であるという意味であって、個々の労働者と会社との雇用関係が恒常的であることを意味しない。したがって、たとえ有期の委託契約により短期に就労関係が交代していくような形態であっても、そのような委託契約者を事業に不可欠な労働力として組み込むという形態が恒常的であるとみなされれば、それらの委託契約者は当該相手方との関係で労働者とみなされる可能性を否定されないのである。

　また報告書では、消極的判断要素として顕著な事業者性があげられているが、その具体的判断内容として、他人労働力の利用可能性や他人労働力の利用の実態があげられている。この「他人労働力利用」の趣旨は、従事すべき業務の「代行」を意味していると思われるが、しかし、労組法上の労働者と認められうる個人下請業者が助手を使用するような場合、それが代行なのか単なる補助なのかを判断することは困難であり、このような判断内容を具体的な例示として示すことは必ずしも妥当ではないものと思われる。

(5) 総　　括

　労組法3条の労働者性、ひいては労組法16条の人的適用対象に関する以上の検討から導き出される結論は、おおむね以下の通りである。

　第1に、労組法上の労働者性に関して、報告書が三判決の示した判断基準と判断要素を整理し、具体的な内容を明示したことは、一定の混乱を招いたこれまで

---

87) 島田陽一「INAXメンテナンス事件最高裁判決について」中労時報1135号46頁以下参照。

の判例・命令例や学説の議論に区切りをつけて今後の方向性を示した点で大きな意義がある。ただし、報告書は他方で、政府部内に置かれた研究会の検討結果であって、行政解釈にはっきりと対立したり、立法論を示したり、判例法理を大きく修正する論理を提示することはできないという限界を踏まえる必要がある。

　第2に、報告書の課題のうち、特に「広い意味での指揮監督」など誤解をもたらしかねない内容の克服については、これまで労組法上の労働者性を判断する基準として想定されていた使用従属性や経済的従属性に拘泥することなく、団体交渉制度の保護を付与すべき者は誰かという観点に立って検討すべきである。その結果としては、団体交渉により解決されるべきテーマは労働契約関係に代表される労務給付関係に関連するものが中心となることから、使用従属性というアプローチからの検討結果と類似したものとなるが、それはあくまで結果としてそうなるだけであり、そのことから報告書の示す判断要素を、労基法上の労働者性を判断する場合に用いられる「使用従属性」からの判断要素と重なるとして批判するにはあたらない。ただ、「指揮監督」といった語句の使用は避けることが望ましい。

　第3に、労組法16条の人的適用対象たる労働者を以上のように確定できるとしても、「委託契約」についても労組法16条の労働契約とみなすか否かという問題は、これにより直ちに解決が導けるわけではない。そこで以下では、この点に絞って検討を進めることとする。

3　労組法16条の対象としての労働契約[88]

(1)　緒　　論

　労組法16条が、労基法・労契法上の労働者が締結している労働契約のみならず、委託契約によって就労している者や、出演契約により働いている芸術・芸能従事者、あるいはフランチャイズ店長の組合と使用者との委託契約等にも適用があるかという問題についての議論は、これまでのところ皆無に近いと言わざるを得ない。したがって、16条の労働契約の意味も、「一般に、労働者が労務を提供し、使用者がその対償として賃金を支払うことを約する合意」[89]とする簡単な解釈が一

---

88)　以下に関するさらに詳細な検討については、野川「労組法16条の労働契約の意義──基本問題についての覚書」菅野古稀551頁以下。
89)　厚労省・コメ629頁。

般的であり、多くのテキストや注釈書は特にこれを意識していない。しかし前掲労使関係法研究会報告書が公にされてから、徐々にこの問題に触れた解説が出ており、たとえばある見解は、本条の労働契約を労基法・労契法上の労働契約と異なるとして本条の適用を認める説と、両者に相違はないとする同一説を紹介しつつ、同一説であっても、上記のような委託契約等の下にある組合員については債務的効力や団体交渉の促進で保護できると指摘している。また、16条の定める労働契約は、ドイツの1918年労働協約法における労働契約の翻訳に由来しており、職業別産業別の労働協約を背景としているので、日本の労組法16条も同3条に対応して労組法上の労働者の労務供給契約を広く意味すると解するのが妥当であるとする見解も有力に主張されている。確かに、本条の労働契約と労基法・労契法上の労働契約との関係の如何は、団体交渉による労働条件の規制が有効に機能するのであれば、具体的な労使関係の現場においてそれほど大きな問題とはならないことが予想される。しかしそうであっても、たとえば16条の規範的効力は17条の定めにより拡張適用されることとなるが、17条は、その適用対象を「労働者」として16条のように「労働契約」とはしていない。そうすると、仮に労基法・労契法上の労働契約ではない労務供給契約を締結して就労する者が一般的拘束力を主張した場合にどう判断すべきかは、やはり16条に定められた労働契約の意義を踏まえた検討が必要となろう。

　これにつき、現行法の制定過程においては、労働協約に関する第3章は、自動延長を排する15条の改訂、平和義務に関する規定と協約遵守義務の撤廃以外はほとんど20年労組法と変わりなく、また直接に16条を対象とする質疑は国会の委員会においても本会議においても皆無であった。17条についても全く質疑はない。こうした実態は学説の議論にも反映されており、戦後の労働法学界において、労組法16条については、規範的効力の根拠や有利原則、余後効などの議論の経過を紹介してはいるが、同条にいう労働契約の意義や範囲、あるいは3条との関係に

---

90) 法セ・コメ190頁［土田道夫］。
91) 菅野678頁。
92) 労働委員会議録第13～18号（昭和24年5月4日、同月6日、同月7日、同月10日、同月11日、同月13日）、昭和24年5月7日衆議院会議録第21号、昭和24年5月14日参議院会議録第28号。ただ、団体交渉が労働協約の締結・改廃を主たる目的としていること、労働協約が産業平和を目的としていることが確認されている。

ついては、ほぼ議論らしい議論はないといえる状態であった。[93]

　また、これに関連して労組法の労働者性に関する議論について立法経緯と学説とを見ると、昭和6年に衆議院で可決され、貴族院で審議未了廃案となった労働組合法案に関する議論の中では、同法案における労働者の概念について、これを組合員資格の問題と関連させ、労働者でなくても「インテリ」に組合員資格を認めるべきであるという主張が提示されているが、同法案には労働協約に関する規定はなく、そうした主張も労働協約と労働契約との関係等を意識したものではなかった。[94]このように労組法の労働者性を組合員資格と関連させる発想は旧労組法をめぐる議論においても強く、組合員となりうる労働者の定義はできるだけ限定的にならないようにしようとする意図が反映されている。[95]こうした点から、20年労組法を審議した第89回帝国議会では、小作人や代書人は工場労働者とは異なり独立して経営しているとして労働者ではないとされつつ、小荷物配達人、請負業者や出来高払いで働く者などは労働者でありうるとされている。[96]このように現行労組法にも継受されている労組法の労働者性は、もともと組合員たるべき者はどのような者かという問題意識から検討されていたことが推測されるが、その後の学説は、周知のごとく使用従属性を基準として、仕事の諾否の自由がないこと、指揮命令権の下にあること、勤務場所・勤務時間の拘束性などが具体的要素とされ、民法の雇傭概念とは区別されるべきことが強調されていた。[97]そこでは労組法上の労働者性の独自の性格や労働協約の対象たる労働契約との関係等はほとんど意識されていなかったのである。

　一方、労働協約の規範的効力の対象については、すでに大正14年社会局案は12条において「労働組合ガ雇傭条件ニ関シ雇用者又ハ雇用者団体ト契約（労働協

---

93)　西谷・学説史は、労組法16条に関する諸議論も網羅的に触れているが、同条の労働契約の意義や3条との関係は全く触れていない。
94)　山中篤太郎『日本労働組合法研究』（森山書店・1931）65頁以下。なお、戦前の労働組合法案における労働者性についての議論に関しては、東大（下）222頁参照。
95)　旧労組法を審議した労務法制審議会の末弘厳太郎会長が、その意見書（昭和20年10月30日提出）において、「組合員たり得べき給料生活者の範囲」についてはできるだけ限定しないようにと主張し、それが旧労組法3条の労働者の定義に反映し、現行労組法にも継受された。これらの点については東大（下）222頁以下参照。
96)　第89回帝国議会衆議院労働組合法案審議録16、23、38、39。
97)　労働者性をめぐる学説の展開については、東大（下）226頁以下、厚労省・コメ310頁以下、法セ・コメ35頁以下［古川陽二］参照。

約）ヲ為シタル場合ニ於テ協約ノ条項ニ違反スル雇用者及組合員間ノ雇用契約ハ其ノ違反スル部分ニ限リ無効トス無効ナル部分ハ協約ノ条項ヲ以テ之ニ代フ」としていたが、政府提出法案からは消えていた。[98]

現行労組法16条については、学界の精力的な取組みのほとんどにおいて、そこにいう労働契約の意義や範囲を正面から論じることはされていない。[99]

こうして、規範的効力をめぐる立法や学説の展開を踏まえても、労組法16条にいう労働契約が労基法・労契法の労働契約と同一であるべきであるという想定は必然的ではないといえるであろう。

(2) 諸外国における議論

日本の労組法がその基本的出自をアメリカに依っていることは間違いなく、不当労働行為制度と団交システムによる労使関係の構築が主要な内容となっている。しかし、理論的な面ではドイツ労働法の影響は極めて根強く、制度面でも特に労働協約の部分はドイツの労働協約法理が今なお強く機能していることは周知のとおりである。このような労組法の複合的な性格が、労働協約の規範的効力が及ぶ労働契約とは何かという問題にも影を落としている。

ドイツでもアメリカでも、労働者とは誰か、また労働法の適用はどのような法的主体に及ぶかという課題は強く意識されており、これについての検討も進んでいる。[100]しかし、いずれもそれらの法的主体が労働協約の相手方たる使用者と締結

---

98) こうした状況に対して孫田秀春博士は、たとえ一条でも労働協約法を制定すべきであることを提唱している（「如何なる労働組合法を制定すべきか/寧ろ一箇条でも協約法を」社会政策時報昭和4年10月号11頁）。

99) 東大（下）788頁以下は、そこにいう労働契約の範囲について全く触れていない。さらにさかのぼる『労働法講座4巻 労働協約』（有斐閣・1957）の諸論考も、労働協約の法的性格（「協約理論」809頁以下［後藤清］）を論じる中では、規範的効力の一般的根拠が論じられるだけであり、また協約を締結しうる労働組合とその構成員たる労働者について論じた「労働協約の当事者及び競合をめぐる問題」（859頁以下［清水兼男＝佐藤進］）も労組法2条の問題として論じていて3条との関連は述べられていない。また『現代労働法講座6巻 労働協約』（総合労働研究所・1981）の「当事者」（56頁以下［諏訪康雄］）および「規範的効力」（129頁［中嶋士元也］）も、3条の労働者との関係や16条独自の「労働契約」については論じられていない。さらに『講座21世紀の労働法3巻 労働条件の決定と変更』における「労働協約の意義・成立・法的性質と労働条件の決定」（98頁以下［小西国友］）も労働協約概念が労基法上の労使協定の機能拡大などを通して広がりつつあることを指摘しつつ、やはり労働契約の意義や3条との関係を論じてはいない。

100) 諸外国における労働者性とりわけ労組法上のそれをめぐる議論については、東大（下）224頁以下、労使関係法研究会資料2－1「諸外国における集団的労働関係法の労働者性について」参照。

する契約に、労働協約の効力がどのように及ぶかという問題としては論じられていない。

アメリカでは、1935年の全国労働関係法（NLRA）制定時には確認されていた経済的実態を踏まえた労働者性判断基準の考え方が、1947年のタフト・ハートレー法で否定され、コモン・ローの代理に関する判断基準を土台とする対応が定着し、具体的判断基準も支配権の有無と程度が主流となっている。最近では交渉力格差を踏まえるよう主張する見解も強い。ただ、アメリカでは、労働協約は契約としての効力を超える特別な法的効力は付与されていないので、たとえ交渉力の低い独立請負人が労働者とされたとしても、それらの者が結成した労働組合と使用者との労働協約は、あくまで合意の範囲内で当該請負契約に影響するにすぎない。したがって、日本のような議論は生じえないといえる。

他方ドイツでは、労働者の概念は周到な従属性理論の展開によって検討され、また労働者類似の者という概念が定着して、これに対する労働協約法の適用も認められている。しかし、ドイツではアメリカとは対照的に、労働協約は単なる契約ではなく法規範として機能することが実定法上明記されているので、協約の適用対象となれば、その対象者については直接に労働協約の規範が法規範として適用され、当該対象者と労働協約締結の相手方たる使用者との個別契約の性格が問題となることはあまり考えられない。したがって、やはり日本のような問題は生じていない。それでは、ドイツでは、「労働者」ではないが労働協約の適用はある、という存在は認めうるであろうか。仮にこのような存在が認められるなら、労働者性と、労働協約が法規範として機能する対象としての労働関係とは必ずも直結しないこととなる。この点につき、一時ドイツでは、従来の人的従属性を主とする労働者性判断基準に代えて、経済的従属性を重視する考え方が提唱されて、これが連邦労働裁判所にも影響を与えたものの、その後起業促進政策などの影響もあって後退し、上記規定も削除され、現在は、人的従属性を中心として労働者類似の者にも一定の労働法の適用を及ぼすという方式が定着していることが指摘されている。そして、労働協約の適用対象については、労働協約法1条の解釈から、労働者でない者は労働協約の適用を受けないとされているが、同12a条は労働者類似の者への適用を明文で認めており、これには放送局のフリーランサー

101）　労使関係法研究会資料1-2「労働者概念に関するヴァンク教授の議論」橋本陽子解説。

(freie Mitarbeiter) や家内労働者、企業年金の受給者も含まれるとされる[102]。したがって、労働協約は一定の労務供給契約（12a条は勤務契約（Dienstvertrag）と請負契約（Werkvertrag）が明示されている）を締結する労働者以外の者にも適用されることが実定法において認められているのである。ただ、12a条の具体的適用対象の中心は、上記のような報道機関におけるフリーランサーであり、実際の適用対象が幅広く拡大されているわけではない[103]。

こうして、諸外国の例からも、日本において労働協約の適用対象としてどのような者、いかなる契約が想定されるべきかを検討する有力な素材はない。ただ、日本の労働協約法制がその多くを負っているドイツが、労働者以外の者に対しても一定の要件の下で労働協約の適用を及ぼす制度を採用していることは、労組法16条の労働契約の意義を考えるうえでも貴重な示唆となりうるであろう。

(3) 労組法16条の「労働契約」の意義
(a) 規範的効力論の新たな構造

労組法は、同法3条の労働者が2条に規定された労働組合を結成し、その労働組合に同法1条2項および8条の民刑事免責と労働協約の規範的効力が付与されるという構造をとっている。そして、労組法が憲法28条を受けて、団体交渉システムを軸とした公正で安定した労使関係秩序を構築することを目的としているとすれば、団体交渉によって勤労条件を適切妥当な内容にしうる立場の勤労者が結成した2条に適合する労働組合が、16条の効力を有する労働協約を締結しうると考えるのが自然である。なぜなら、労組法上の労働者が労基法や労契法上の労働者と異なるとすれば、それは労組法固有の目的に根拠を有しなければならないが、労組法は、労務供給契約のそれぞれの具体的な内容や性格にかかわらず、3条に該当する労働者が相手方と締結する契約に対し、上記労働者の団結体と、上記契約の締結当事者である相手方との間で締結された合意書を労組法上の労働協約と認め、これに16条による規範的効力を付与していると考えられるからである。

このような考え方は、従来の見解と全く齟齬をきたすわけではない。労働協約の法的性質に関するいわゆる社会自主法説や慣習法説は、それぞれの見解による

---

102) Löwisch "Arbeitsrecht" 8. aufl. s72,2007, Hromadka = Maschmann "Arbeitsrecht Band 2" 5. aufl. s115, 2011, Scaub, "Arbeitsrechts-Handbuch" 14. aufl. 2296ff, 2011.

103) Hromadka = Maschmann "Arbeitsrecht Band 1" 3.aufl. s59ff, 2008.

法規範が成立する法的共同体の構成要素としては、明らかに通常の労働契約による労働者像が想定されているので委託契約などに拡張しにくいが、労働協約も基本的には契約であり、規範的効力等は国家の政策的観点から付与された特別な効力であることを説くいわゆる授権説は、この点についてはニュートラルであり、16条の目的に即してあらためて検討すべきとの方向を選択しうる可能性を包含している。また、規範的効力を外部規律説により理解するか、内容説ないし化体説によって理解するかの違いはあるが、いずれにしても、委託労働契約等について規範的効力が及ぶとしても、特に支障をきたす事情が一般的に生じるとは考えにくい。内容説をとった場合には、労働協約が失効した後も規範的効力の内容が対象となる委託労働契約の内容となっていると考える余地があるが、意思解釈により契約内容のうち当該部分は協約の終了とともに終了するものと考えることができる。また、仮に委託労働契約による労働者らと使用者が安定的な労働協約自治を形成し、あるときたまたま新労働協約の締結ができないまま旧労働協約が失効してしまった場合の契約内容については、就業規則の適用はないものの、就業規則に沿った対応がなされている場合には意思解釈により補充規範を見出すことが可能であるし、そうでない場合に旧協約の規範が補充規範となりうるとの解釈を採用する選択もありえる。したがって、これまでの労働協約をめぐる議論を前提としても、委託労働契約への規範的効力の適用をただちに困難にする事態は想定されないといえよう。

(b)　労組法における規範的効力と労働契約

ア　団体交渉制度との関係

前述のように、団体交渉は労働協約の締結を中心的な目的としている。通常は賃金や諸手当、労働時間や休暇制度、福利厚生などの労働者の処遇が主たる団交事項となり、規範的効力を前提としてさまざまな規定を内容とする労働協約が締結されるであろう。しかし、委託労働契約等の場合、労働者は労基法や労契法上の労働者ではないので、団交事項に固有の性格が現れることが考えられる。たと

---

104)　労働協約の法的性質をめぐる諸見解については、第1編第1章参照。
105)　菅野677頁、荒木576頁、山口176頁、安田生命保険事件―東京地判平7・5・17労判677号17頁。
106)　西谷・労組法341頁、土田・契約法147頁、中窪裕也「労働契約の意義と構造」講座21世紀4巻9頁以下、三菱重工長崎造船所事件―長崎地判昭60・6・26労民集36巻3号494頁。
107)　香港上海銀行事件―最1小判平元・9・7労判546号6頁、鈴蘭交通事件―札幌地判平11・8・30労判779号69頁。

えば、健康保険や厚生年金への加入をテーマとする団交要求は、労基法も労契法も適用にならない労組法固有の労働者については考えられないとして使用者がこれを拒否することが考えられるが、その団交拒否は正当であろうか。この疑問を一般化すれば、委託労働者の組合が団体交渉を要求した場合、使用者は、それが労基法や労契法上の労働契約による相手ではないことを理由として、そうではない場合とは異なった対応が可能か、言い換えれば、委託労働契約の内容であることを理由に団体交渉を拒否できる場合があるか、という課題として定立することが可能であろう。この点、7条2号から直接に解決を導きうる手立てはないが、前述のように労組法は、労組法上の労働組合の組合員については労働者であることさえ条件とはしておらず、実質的に労働者でない者の就労条件については義務的団交事項となりえず、労働協約の対象ともならないと断言しうる構成をとっていない。そうすると、労組法上の労働者である者の契約内容に関する諸事項が、原則として団交事項となりうることを否定するのは困難であると思われる。団体交渉は労働協約を締結するための基本的な前提であるが、この点において3条の労働者である者の契約に関する交渉もまた団体交渉でありうるといえる。

　それでは、労組法16条の労働契約は労基法・労契法上の労働契約とは異なり、3条の労働者がその相手方と締結している労務供給契約であるとすることは適切であろうか。これまで述べてきたところから、労組法は、その対象とする労働者を労基法・労契法上の労働者と一致させることは想定しておらず、憲法28条による団体交渉制度を活用することによって、自らの就労条件を改善させることが適切である者を労働者とみなしていると考えることができる。したがって、団体交渉の成果である労働協約の特別な効力を及ぼしうる対象を、そのような労働者が相手方と締結している契約とすることは、労組法全体の体系のうえで自然であるといえる。

　このような解釈は、実定法の構造として、労働契約という概念が労契法・労基法と労組法とで異なるという点で、必ずしも望ましい状態を導かないことは言うまでもない。しかし、すでに労働者概念が相互に異なることが明確である以上、労働契約の概念も異なることは論理的な帰結としては十分に可能であるし、労組法の立法趣旨や目的が、労契法や労基法と全面的に一致するものでない以上、当然の帰結でもあろう。

　こうして、労組法16条を、労契法や労基法が規定する労働者ではない、3条が

適用される労働者と使用者との契約にも適用することは、論理的にも実務的にも特に問題はないものと考えられる。

イ　労組法17条による規範的効力の拡張適用と労組法上の労働契約

日本の労組法17条による一般的拘束力が委託労働契約を締結している労組法上の労働者に及ぶかについては、まず、同条が一の工場事業場に常時使用される同種の労働者を適用対象としていることから、委託労働者などが「同種の」労働者とみなせるかが問題となろう。この点、同種の労働者の意義についての考え方は一致を見ておらず、職務の内容、作業の実態、あるいは契約期間の有無、人事制度、雇用形態など客観的な要素を判断の基準とする考え方、当該協約が適用を想定しているか否か、あるいは当該労働組合が組織対象としているか否かなど当事者の意思を中心とする考え方があり、最近は労働協約が適用対象と想定しているか否かを中心として、当該労働協約の規範的効力を及ぼすことが公正な労働条件の形成に資するか否かという観点が強まっている。しかし、いずれにせよこれらの議論からは、労組法3条の労働者ではあるが、相手方とは労基法・労契法上は労働契約ではない委託契約などの労務供給契約によって就労する者らへの、一般的拘束力による拡張適用の適否は導き出せない。

これにつき、たとえばINAXメンテナンス事件の例を敷衍して、全く同じ作業を直用労働者と委託作業員とが行っており、直用労働者が労働組合を結成していて、当該事業場において委託契約を締結して管理している作業員と合わせた人数が100人であり、そのうち20人が委託作業員であったという例を考えてみよう。

---

108) 仕事の内容や作業実態を重視するものとして日本油脂王子工場事件—東京地決昭24・10・26労裁集6号151頁、雇用形態等を重視するものとして日立メディコ柏工場事件—東京高判昭55・12・16労民集31巻6号1224頁、これらを総合的にみて判断すべきとする見解として大石商店事件—和歌山地新宮支判昭54・12・25労民集30巻6号1371頁、西谷・労組法378頁等。

109) 労働協約の適用対象と想定されるか否かを重視するものとして第四銀行事件—新潟地判昭63・6・6労判519号41頁、フジタ工業事件—名古屋地決平2・7・10労判569号55頁、菅野691頁、荒木587頁など。当該労働組合が組織対象としているか否かを重視するものとして富士重工宇都宮製作所事件—宇都宮地判昭40・4・15労民集16巻2号256頁、盛346頁等。

110) 労組法17条について検討した日本労働法学会第93回大会のミニ・シンポジウム「労働協約の拡張適用」でもこの問題について議論はなく（村中孝史「労働協約の拡張適用——シンポにおける議論の状況」労働法学会誌90号（1997）132頁以下）、また上記大会を受けた労働法学会誌90号のテーマ「労働協約の拡張適用」の諸論考（諏訪康雄「労働組合法17条とは何だったのか？」同135頁以下、村中孝史「労働協約の拡張適用における労働条件の不利益変更について」同153頁以下）も、この問題には触れていない。

この委託作業員に対して、一般的拘束力の発動により当該労働協約の規範的効力は拡張適用されるであろうか。当該労働協約が明らかに労契法上の労働契約関係にある直用労働者のみを適用対象として限定している場合には問題はないが、解釈により他の同種の労働者をも含みうる場合、労働契約の趣旨を委託契約にも適用することによって、委託作業員に対しても規範的効力が及ぶことがありうると認められる否かが問題となる。従来の裁判例には直接これを扱ったものはないが、日野自動車事件[111]は、当該労働組合がその組織範囲から排除していることが明らかで、問題となっている規定が適用対象として予定していないと認められる労働者については17条による拡張適用はないとする原審判決[112]をそのまま容認している。さらに前掲注(108)の日本油脂王子工場事件判旨は、一般従業員と「直傭員」との作業の実態を検討したうえで「全体として有機的一体をなす経営の作業活動一環を構成するものである」として「直傭員」を17条の適用を受ける労働者と判断している。これらの裁判例の趣旨を踏まえると、当該労働組合が組織範囲からの排除を明らかにしておらず、問題となっている規定が特に適用対象から除外していると認められない場合、その労働者性が「事業活動に組み込まれている」などの基準により認められている委託作業員らに対しては17条の適用がありうると考えることが可能である。もちろん、実際には多くの労働協約がその適用範囲を限定していると想定される実態からすれば[113]、具体的な問題がただちに深刻化するとは考えにくい。しかし、労組法3条の労働者と認められる委託労働者等にも17条によって労働協約の規範的効力が及びうるという論理的帰結は、労組法全体の構造に対する見直しを惹起する可能性があるだけでなく、実務上も大きな課題が生じる可能性もありえよう[114]。なお、以上の議論は18条による地域的一般的拘束力についてもあてはまるが、その実態がきわめて少ないことにも鑑み、ここでは詳述しない。

---

111) 日野自動車事件―最1小判昭59・10・18労判458号4頁。
112) 日野自動車事件―東京高判昭56・7・16労民集32巻3＝4号437頁。
113) 厚生労働省の平成23年労働協約実態調査からは、7割以上の労働協約が組合員の範囲を限定しているが、これは労働協約の適用対象の範囲とほぼ一致すると考えられよう。
114) たとえば、労働協約に委託労働者らへの適用を除外する規定を設けることが一般化することや、委託労働者の労働組合と労契法上の労働契約により就労している労働者らの労働組合との確執が起こりうる。

(c) **非労働者である組合員について**

　日本の労組法は、労働組合には労働者でなくても加入できることを認めているが、労組法16条はあくまで労働契約に限定して規範的効力を認めているので、労働者であると認められた者と使用者との契約にはおしなべて規範的効力を認めてよいと読める。他方で、労働組合は加盟組合員のうち労働者でない者の処遇について団体交渉を要求することができるか、またそのような者の処遇について労働協約を締結した場合に規範的効力が及ぶかという問題は、ほぼ未知の領域といってよい。具体的には、委託契約による作業員が労組法3条の労働者ではないと判断されても、その者が労働組合に加盟すること自体は妨げられない。そこで当該労働組合が上記作業員の作業条件等について契約の相手方である会社等に団体交渉を要求した場合、会社は、上記作業員らが労組法3条の労働者ではないことを理由として団交を拒否することが、正当な団交拒否と認められるか否かが問題となる。また会社と合意の上で上記作業条件について労働協約が締結された場合、それは規範的効力を有するかも重要な理論課題であるが、これについては、労組法16条が規範的効力の対象を「労働条件その他の労働者の待遇に関する基準」として、労働者であることを基本的前提としているので、労働者概念に応じて決定されることとならざるをえまい。

　裁判例には、「会社の従業員が退職に際し、退職前の労働関係に基づいて発生した権利を行使する目的を以つて組織した団体は、右目的を達成する限度において労働組合たる資格を保有し、其の範囲内で争議行為をする権利があるものと解すべきである。なぜなら、従業員が解雇された場合には原則として労働関係が終了することとなるが、被解雇者に対する未払賃金、退職金等の支払の問題が解決されていない場合には、従来の労働関係はいまだ完全に清算されたものとはいえないので、従前の労働関係に基因した残された問題が存する限度において依然として労使関係は継続しているものということができる……」として、退職者の組織する団体を労働組合と認め、従前の労働関係に基づく退職金等の問題について、団体交渉の要求、争議行為等を行うことを容認するものがあるが[115]、その趣旨は明らかに退職者も労働者であるということであろう。また、労働組合は非組合員で

---

115) 威力業務妨害罪事件—福岡高判昭41・12・6 判時493号68頁。

あって労働者である者のために団体交渉を行うことができるかについては、裁判例は一定の基準を示しているが[116]、組合員であって労働者でない者のための団体交渉や労働協約の法的意義・効力等については何も論じられていない。

　この点につき、労組法6条は、団体交渉を「労働組合又は組合員のために」行うものとしている[117]。したがって、少なくとも団体交渉の要求については、組合員である非労働者の処遇については、そのこと自体を理由として拒否することは不当労働行為にあたるとの解釈が導かれうる。むしろ、それら非労働者の作業条件は契約の相手方たる会社等によって対応可能であることが通常であろうし、労働組合が代表して交渉にあたることは実質的に適切でもあろう。たとえば、同じ作業をしている直用労働者と委託作業員について、労働組合が安全管理の徹底について団体交渉を要求した場合を考えると、作業上の安全管理問題は、直用労働者であれ委託作業員であれ、また委託作業員のうち労組法3条の労働者に該当する者であれそうでない者であれ、同じ作業に従事していれば全く同一に検討されるべき問題である。それにもかかわらず、使用者が、委託作業員のうち労組法の労働者でない者については交渉対象からはずすことを主張し、団交を拒否することが認められるのはいかにも妥当性を欠く[118]。また、委託契約による作業員など役務提供契約によって就労する者は労組法上の労働者ではなくても、団体交渉権を保障する憲法28条の適用を受ける勤労者に該当する可能性は大きく、この意味でも、これらの者の処遇が団体交渉のテーマとなりうることに大きな齟齬は生じないものと思われる。

　これに対して労働協約については、組合員であっても労働者ではない者の契約は16条の労働契約に含まれないとすれば、少なくとも16条による規範的効力を認めることはできないであろう。しかし、委託契約による作業員の作業条件について労働協約を締結した場合に、その内容を当該契約に反映させるためには、第三

---

116) 根岸病院事件—東京高判平19・7・31労判946号58頁等。
117) 本条は、交渉権限の内容について規定した定めであるが、この表現は団体交渉自体の性格を表しているとと読むことができる。厚労省・コメ363頁参照。
118) 特に、労組法上の労働者と認められるか否かはごく微妙な判断によるのであり、たまたまアシスタントを使っていた委託作業員が、顕著な事業者性を認定されて労働者性を否定されるような場合、これらの者が存在することを理由として団交拒否が正当化されることも不合理と言わざるを得ない。

者のためにする契約もしくは代理の法理を援用することにより一定の成果を得ることが可能であるし、当該労働協約規定には債務的効力は認めうるので、実務的には十分に意味を有すると考えられる。

4 労組法上の労働契約とは何か

以上のように、労組法16条の規範的効力は、労組法3条の労働者が相手方と締結している役務提供契約をも同条の「労働契約」とみなして適用されるのであり、同条の労働契約は労契法上の労働契約とは異なる意義を有するということになる。前述のように、また、労組法上の労働者とは認められないが、労働組合に所属し、労働契約類似の役務提供契約によって働いている者の作業条件等に関する労働協約の規定は、規範的効力の対象とはなりえないが、債務的効力は認められるので、当該規定の履行を使用者に要求しうる。

こうして、労組法16条の構造は、これまでとはかなり異なる様相を呈することとなる。

規範的効力は、労基法上は労働者ではない者が締結した、労契法上は労働契約といえない契約に対しても及び、また労組法上も労働者といえない者であっても労働組合員であればその待遇に関する労働協約上の諸規定は債務的効力を生じる。したがって、委託作業員も労組法上の労働者であれば16条を根拠に協約上の労働条件を直接契約先に請求することができ、かつ、委託契約には記載されておらず、労働協約には記載のある規定が直接当該委託契約を規律する事態も生じる。たとえば、電気器具のメンテナンスという同一の作業に従事する者であって、その属性が会社に雇用されている労働者と、会社と委託契約を締結して労組法上は労働者である作業員と、委託契約を締結しつつアシスタントを使用するなどして労組法上も労働者ではない作業員とに分かれていた場合、これらの者に共通の労働条件（作業条件）につき労働協約が締結されたとしよう。そうすると、これらのうち、雇用労働者と労組法上の労働者は、労働組合に所属していれば16条によって直接に、所属していなくても17条の要件が満たされていれば拡張適用を根拠にして、規範的効力を主張することができる。労組法上の労働者でない作業員も、規範的効力は主張できないが、労働組合を通して協約内容の履行を相手方に要求することは可能であり、結果的に他の者と同様の結果を享受することは十分に可能となる。

この結論は、敷衍すればさらに多くの派生的問題を生じるが[119]、ここでは、労働協約の規制対象が従来の想定よりはるかに広く、またその内容もきわめて豊富であることを確認しておきたい。

第4節　労組法16条における労働協約と労働契約との関係

1　緒　論

労働協約が労働契約に規範的効力を及ぼすメカニズムは、労組法16条によれば、労働協約の「基準」に違反する労働契約の部分を「無効」としたうえで、無効となった部分が「基準の定めるところによる」という具体的内容となっている。しかしこのメカニズムについては一致した理解はみられず、少なくとも3つのテーマが議論の対象となってきた。

第1に、上記のメカニズムの解釈として、一方には、労働協約はその基準に反する労働契約の当該部分の内容となるという見解（内容説もしくは化体説）があり、他方には、労働協約の「基準」がこれに反する労働契約の当該部分を外部から規律するのであって、協約の有効期間が満了するなど当該労働協約が終了すればこの規律はなくなるとする見解（外部規律説）とが対立する。この対立は、具体的には労働協約によっていた労働者の処遇の当該協約終了後の帰趨という課題として争われてきた。仮に内容説をとれば、当該労働協約の規定内容は、終了後も労働契約の内容となって維持されているのであるから、労働契約上の権利として請求するなどの対応が可能となる。これに対して外部規律説によれば、同様の結論を導くためには、消滅した労働協約の効力が何らかの形で労働契約に反映しているとの理論的説明が必要となることとなる。

第2に、労組法16条にいう「無効」は、労働協約の基準を上回る労働条件を定めた労働契約の規定にも及ぶか否かという問題もある。この点、労基法13条は、同法の基準に「達しない」労働契約の部分を無効とするので、労基法の基準を上回る労働契約の部分は有効である。就業規則と労働契約との関係についても同様

---

119)　野田進「集団的労働関係法の適用基盤──労働契約を超えて」労委労協693号（2014）24頁以下は、就業構造の著しい変化を踏まえて、集団的労働関係においては必ずしも労使契約関係に拘泥する必要はないとの見解が示されている。

であって、就業規則の基準に達しない労働契約の部分のみが無効となる。これらの規定に対して労組法16条は、当該労働協約の定める基準に「違反する」労働契約の部分を無効とするので、労基法や就業規則と労働契約との関係とは明らかに異なる効果を労働協約に付与していると読める。したがって、素直な文理解釈からは、労働協約と労働契約との関係については、労働契約に定める労働条件が労働協約の定める基準を上回る場合であっても、下回る部分と同様に無効となるということになりそうである。しかし、このような理解も共通のものとはなってこなかった。すなわち、一方では上記のような理解をそのまま妥当とする見解があり、他方では、労基法や就業規則の場合と同様、労働協約についても、そこに定める基準は最低基準という趣旨であって、それを上回る労働契約の定めは有効とみなすべきであるとの見解が有力に主張されている。これは、労働協約と労働契約との関係に「有利原則」を認めるべきか否かという問題設定の下に議論されてきた。

　第3に、特に20世紀の終盤以降、労働条件の中にはそもそも労働協約が規制の対象としえない領域があるのではないかという指摘が強くなり、その適否と、具体的領域について議論がされてきた。法令や公序に反するような規制ができないことは当然として、たとえば、個別労働者の決定にゆだねるべき事項（休日や休暇の使い方など）や、すでに成立した個人の請求権の遡及的剥奪などは、団交で合意し、協約の要件を満たしていても効力を発しえない（具体的には、使用者が当該協約に則った措置をとれば違法となり、労働者は労働協約で剥奪された権利をなお主張できる）のではないかとの主張が展開されることとなったのである。このような領域の有無やその範囲に関するテーマを「協約自治の限界」と名付けることがある。[120]

　これらの課題は、どれもいまだに統一的な理解に達していない難問であるが、検討の前提として指摘しておくべきは、いずれの問題も議論の仕方自体が適切であったかという懸念を生ぜしめることである。たとえば第1に掲げた問題は、1949年の労組法改正によって、使用者が次々とそれまでの労働協約を破棄し、無協約状態が出現するに至って、協約で守られていた労働条件が一方的に変更され

---

[120] ただしこれについても、直ちにそういえるかについては検討の余地があることが指摘されている（西谷・労組法354頁以下）。

る事態が生じていたこと、特に解雇同意・協議約款を規定した労働協約が失効した後にも、使用者は解雇にあたって労働組合の同意・協議を必要とするか、という具体的な問題が議論の対象となっていたことなどから、これに対処するための理論的前提として意識され、労組法16条が模範としたと認識されていたドイツの労働協約法制についてのワイマール時代の議論が援用された結果生じたものであって、果たしてそれらの問題が、日本の労働協約法制において、労働協約の規範的効力が外部規律によるのか労働契約の内容となることによるのかについて決着しない限り解決が導けないものであったのかという疑問を生ぜしめる。また、第2の問題についても、ドイツにおける有利原則の存在が非常に大きな影響を及ぼしており、労働協約の実態も法制度も異なる日本においてそのような議論が適切であったかはおおいに再考されるべきであろう[122]。さらに第3の問題に関しては、「協約自治の限界」という議論の立て方自体が、「Grenzen der Tarifautonomie」というドイツの概念を援用したものであって、問われている具体的諸課題に対応するための理論枠組みとして妥当であったかは疑問である。

このように、従来の議論のありかたには多大な疑問を禁じ得ないが、これらの問題は労働協約が労働契約を規律するメカニズムに関するいくつかの側面から生じていることは確かであり、以下では、これらの課題を従来の問題の立て方に沿って検討したうえで、今後どのように対応すべきかについてのガイドラインを示すこととしたい。

2 外部規律説と内容説との対立——余後効論との関係

(1) 学説の展開

まず、労働協約の基準がどのように労働契約を規律するのかについての外部規律説と内容説との対立に関して、21世紀に入っても学説は収束の見込みがないままであった。上記のように、もともとこの議論が活発化した背景には、労働協約が使用者によって次々と破棄される中での労働者の処遇の改悪が懸念されたとい

---

121) 西谷・学説史424頁。
122) ドイツにおいても、前述(第1編第1章第3節2(4))のように労働協約は開放条項の多用によって、一定の条件の下にではあるが労働協約の基準を下回る合意を容認する傾向が強くなっており、問題は有利原則の適用の有無とは異なる水準に至っている。
123) 最も知られているのは K. Biedenkopf が1963年に著した同名の著書であり、これによってドイツの協約論議が活発化した。

う歴史的事実があり、問題は労働協約終了後の効力＝余後効という概念をめぐって展開された。[124]

現行労組法が制定される以前の議論では、ドイツ労働法学の影響は圧倒的であり、ジンツハイマーの団体説を引用しながら、労働協約の基準は当然に労働協約の内容となるという内容説が主張されていた。[125]第二次大戦後に20年労組法が制定されてのちもしばらくは、内容説が主流であった。[126]しかし、ドイツにおいても、ニキッシュなどによる外部規律説が有力に主張されるようになっていったこと[127]などから、労働協約は「法律上当然に労働関係の内容を規律する効力」を有するにすぎないとして、外部規律説を強く主張する見解も生まれるようになった。[128]

昭和24年の現行労組法制定後は、この問題は余後効論とほぼタイアップして論じられる傾向が定着し、いちはやく20年法下での有力説であった内容説を継承する見解が提唱されたが、[129]24年法により労働協約の使用者による破棄・解約が次々となされて、協約終了後の協約規定の効力が訴訟において争われる例が大量に表れるに至って、余後効論は学界の中心テーマの１つとなった。労働協約終了後の協約規定の法的効果については、労働協約終了後の諸問題の１つとして後述する（第２編Ⅰ第５章第４節５）が、労働協約の労働契約に対する規範的効力の構造を、外部規律説で説明するか内容説によるかという課題と、労働協約終了後の協約規

---

[124] この余後効という概念自体がもともと日本法に由来を有するものではなく、Nachwirkungというドイツ語の直訳であって、ドイツでは実定法の規定によって、新たな労働協約の締結まで従前の協約の効力が存続することを認めている（労働協約法４条５項）。

[125] 中村萬吉『労働協約の法学的構成』（厳松堂書店・1926）347頁は、「協約は各個の労働契約を協約の規定に依り形成する（gestalten）」、「従ひて後日協約が効力を失ふも、労働契約の内容は依然として其協約に従へる内容を保有すべく当然には現状に回復せざるものとする」と述べ、安井英二『労働協約法論』（清水書店・1925）191頁は、「［労働協約上の］新規範が旧規範の消滅と共に制定せられない限り、労働契約の内容に入り込んだ旧労働規範の内容は、当該労働契約の内容として、依然として存続する」と述べている。内容説に関するジンツハイマーの見解については、H. Sinzheimer, Grundzüge des Arbeitsrechts, 257s, 260s. なお、ジンツハイマーらによるドイツの通説的見解に関しては西谷・思想史336頁。

[126] 浅井清信『労働協約の諸問題』（有斐閣・1947）48頁、同『労働法学』（評論社・1948）121頁、孫田68頁。

[127] ニキッシュやニッパーダイによる外部規律説の内容については、花見忠「労働協約と私的自治」労働法学会誌21号（1963）37頁以下、48頁、現代講座６巻143頁以下［中嶋士元也］参照。また、ワイマール時代の内容説と外部規律説をめぐる議論については西谷・思想史336頁以下。

[128] 吉川大二郎『労働協約法の研究』（有斐閣・1948）。

[129] 東大・註釈148頁以下、松岡三郎『改正労働法』（研進社・1949）186頁以下。

定の法的効果をどう解するかという問題とは必ずしも一致しない。たとえば余後効を肯定する見解の中には、どちらの説にもよらず、「協約の有効期間が満了しても、特に団結権の主体がその核心を破棄するような意思を表明しない限り……法的確信は持続する」としたり、[130]労働協約の規範的効力は経営慣行として社会規範となるとして終了後の効力を認めるなどとして、[131]労働協約そのものの効力が何らかの形で消滅後も存続するとの主張も存するからである。

これに対して、労働協約の労働契約に対する効力の意義という観点を土台として検討を加えるものも、もっぱら余後効が認められるか否かの結論を導くために展開されており、内容説をとって余後効を認めるもの、[132]外部規律説をとって余後効を否定するもの[133]が争われていたが、やがて、労働協約が一定の範囲で個別契約による私的自治を廃する機能を有していることを踏まえ、「労働協約の一部が真の法規範であることを認めるならば、それが労働契約の内容になるとか、契約の中に入り込むという構成をとる必要はなく、労働協約上の法規範も他の法規範一般と同様に、法律関係、ここでは労働関係に対し直接的に支配作用し、これに反する約定を排除するものとみるべきである」として明確に外部規律説を主張する見解[134]が現れるに至って、徐々に外部規律説が優勢とみなされるようになった。[135]現在では、はっきりと外部規律説に立つ学説が目立つことは疑えない。[136]しかし、他方で労働協約法理について決定的な影響を後世に及ぼした久保教授は、日本型の企業別協約の特性を踏まえ、一貫して内容説を主張しているし、[137]21世紀になっても内容説は決して衰えたわけではない。[138]

注目されるのは、近年に至ってこれらの議論は、1950年代のように一方でドイ

---

130) 沼田稲次郎『日本労働法論 中』（日本科学社・1948）9頁。
131) 後藤清「労働協約の余後効力」労働問題研究40号（1950）11頁。
132) 野村平爾「労働協約の余後効について」労旬14号（1950）2頁、楢崎二郎「労働協約の余後効」労旬23号（1950）3頁、峯村光郎「労働協約の余後効力」末弘還暦481頁以下、同「労働協約の余後効」大系2巻、正田彬「労働協約の余後効」講座4巻992頁、新講座5巻188頁〔川口実〕。
133) 清水金二郎「余後効と解雇同意約款」産業労働研究所報告(1)（1951）。
134) 花見・前掲注(127)37頁。
135) この経過については、東大(下)807頁、西谷・学説史432頁、ただ、東大(下)は外部規律説をとり、西谷は『労働組合法〔第3版〕』において内容説をとっている。
136) 東大(下)807頁、菅野677頁、荒木576頁、山口176頁、水町367頁。
137) 久保敬治「労働協約法理の再構成の方向」神戸法学会雑誌17巻3号（1967）45頁、同『労働協約法の研究』（有斐閣・1995）298頁。
138) 西谷・労組法341頁、中窪＝野田・世界183頁、法セ・コメ198頁〔土田道夫〕、野川・新訂348頁。

ツ理論の強い影響を受け、他方で無協約状態出現という時代的特性への対応という社会的要請にこたえるという制約を持たず、労働協約と労働契約とのありかたに関する基本的構想を前提としたうえで、もろもろの具体的な課題に即して検討されていることである。たとえば、内容説に立つ見解は、労基法2条1項や労契法3条1項の労働条件に関する労使対等決定原則や労基法15条の労働条件明示義務との関係において、労働協約に記載されて労働契約には定めのない部分も、労働契約の内容となって個別労働関係の労使対等決定を補強し、また明示されなくても労働契約の内容となっていると考えるのが自然であると指摘し[139]、あるいは、協約基準が当然に契約内容になるというのが協約締結当事者および適用を受ける労働者の意思と考えられることや、協約の規範的部分については、適用される労働者は労働契約上の権利として主張できると考えるほうが労組法16条の解釈としても適切であると主張して[140]、実態との整合性や当事者意思および法規定の解釈としてその正当性を主張している。また、外部規律説に立つ見解も、「規範的効力は、契約の一種である労働協約の一定部分に労組法がとくに付与した独特の法規範的効力であるので、労働契約に対しては優越的かつ外在的にこれを規律すると考えるのが自然である」[141]とか、労働協約有効期間中に組合を脱退した労働者の労働契約については、内容説では労働協約から逃れられないが、外部規律説なら就業規則や個別合意、慣行などを通して当事者の合理的意思解釈に資するとの考え方も披歴されている[142]。

こうして、労働契約に対する労働協約の規範的効力の仕組みについては、余後効の問題と直結させる必要はなく、労組法16条の構造や具体的課題への適切な対応の可否といった視点から検討されるべきことが明らかになっているといえよう。

(2) 判例・通達等の見解

この問題をめぐる裁判例の圧倒的多くは、いわゆる余後効の適否を争う事案を扱っているので、必ずしも外部規律説や内容説に意識的に依っていると思われる

---

139) 西谷・労組法341〜2頁。
140) 土田・概説395頁。なお中窪＝野田・世界183頁は、土田の指摘に加え、内容説のほうが余後効を無理なく説明できるとの指摘も行っている。
141) 菅野677頁。
142) 荒木576頁。

ものは多くなく、そうである裁判例も、実際には余後効を認めるか否かの結論を導くための便法としてこれらに依っているとみなしうる。

すなわち、銀行における転勤同意条項を規範的部分として、労働協約終了後もこれに法的効力を認めるにあたり、「いわゆる余後効とは、要するに労働協約の規範的部分は、個別労働契約に移入することによって、右協約失効後も労働契約が存続する限りその効力を有する、とするものである。そして、[この考え方は]承認されなければならない」とする裁判例は、内容説によりつつこれを引用する[143]だけで独自の見解を披歴してはいない。また他の裁判例も、「協約の成立により一旦個別労働契約の内容として強行法的に変更され承認された状態ないし関係は協約失効後における労働契約の解釈に当たってもできるだけ尊重されるべき」[144]とか、「労働協約の失効後の労働条件は、これと異なる労働条件の定めの設定されない限り、失効した労働協約の基準的効力により修正されていた状態の労働契約によるものと解することが合理的であり当事者の意思にも合致する」[145]、あるいは「本件協約自体が失効しても、その後も存続する原被告間の労働契約の内容を規律する補充規範が必要であることには変わりはなく、就業規則等の右補充規範たり得る合理的基準がない限り、従来妥当してきた本件協約の……基準が、原被告間の労働契約を補充して労働契約関係を規律するものと解するのが相当」[146]などと述べ、労働協約失効後の労働契約の取扱いと、規範的効力の仕組み（外部規律説か内容説か）とを必ずしも直結させていない。

近年に至っても、賃金協定締結以降、組合員か否かを問わず一律に同協定によって賃金が算定されてきたことから、「本件賃金規定の内容が、賃金に関する労働条件として、被告とその従業員間の労働契約内容の一部となっていたものと認められる」として、当該賃金協定が失効したのちも、それに代わる新たな賃金協定の締結や就業規則ないし給与規定等の制定があったとは認められない場合は、上記賃金協定の基準によって算定される賃金の支払いを受けることができるとするものや[147]、Ａ組合を脱退してＢ組合に加入した労働者に、Ａ組合と使用者とが締

---

143) 大光相互銀行事件―新潟地長岡支決昭43・2・23労民集19巻1号142頁。
144) 朝日タクシー事件―福岡地小倉支判昭48・4・8判タ298号335頁。
145) 都タクシー事件―大阪高判昭51・11・11労民集27巻6号606頁。
146) 鈴蘭交通事件―札幌地判平11・8・30労判779号69頁。
147) 明石運輸事件―神戸地判平14・10・25労判843号39頁。

結した労働協約の規範的効力が及ぶかが問題となった事案につき、労組法16条の規定は、「労働協約という規範が労働契約の内容を外部から規律する効力を有する旨を定めていると解するのが相当であって、労働協約の規範的部分がそのまま労働契約の内容となるという趣旨を定めたものとはいえ」ないとする裁判例があるが、前者は一見内容説をとったように見えるものの、その趣旨としては、実態として組合員も非組合員もすべて労働協約どおりの扱いを受けていたという点を重視して、労働協約の規定を労働契約内容とするという黙示の合意や慣行の存在を根拠としているようにも読めるし、後者は外部規律説をとっているとみることができるが、そもそも別組合に加入した元組合員に対して労働協約の効力が及ばないことは、外部規律説をとるか否かとは関係なく認められるところであって、実際本件判旨も上記部分を結論を導く決定的根拠とはしていない。

　結局、裁判例の傾向については、労働協約が労働契約を規律する仕組みの構造について、外部規律説と内容説のいずれに立っているか、あるいは独自の見解に立っているのかを評価できるような状況ではないといってよい。

(3) 基本的考え方としての内容説

　この問題は、労組法16条の趣旨や目的等をみた法解釈の領域、規範的効力を有する規定を持つ労働協約の機能の領域、そして他の法規範との整合性をも含めた実態との関係の領域のそれぞれから検討すべきものと思われる。

　思うに、労組法16条が労働協約に規範的効力を付与したのは、確かに政策的配慮によるものであると考えられるが、本条の淵源である戦前の労組法ないし労働協約法の草案の段階から27年の改正に至るまで、上記政策的配慮の具体的内容が立法者意思として表明されていたわけではない。ドイツ労働協約法制および労働協約をめぐる高度な議論を背景として、実態として劇的に異なる日本への適切な導入のありかたが問題となっていたのであって、労組法16条が政策的に労働協約に規範的効力を付与したという事実から、ただちに外部規律説が妥当であるとはいえまい。むしろ、16条が適用されない労使間の合意の場合でも、代理や第三者のための契約などの手法を使って労働協約の規定が直接労働契約の内容となりうることを考えると、労組法上の成立要件を満たした労働協約と、たとえば記名押

---

148) 京王電鉄事件—東京地判平15・4・28労判851号35頁。

印はないものの社長と労働組合委員長が明確に締結当事者であることを認めている書面合意とは、当該協約に定めた労働者の待遇に関する基準を労働契約内容にするという意思が認められる点で変わらないのであって、16条は、代理説や第三者のための契約説によってカバーしきれない対象（当該労働協約締結後の加入者、組合員に義務や負担を課する労働協約規定等）をも包括的にカバーするということが実質的な意義であると解しうる。国家が労働協約に対して政策的観点から規範的効力を付与した、ということの具体的意味は、当事者の意思を超えて国の政策的配慮がそこに反映しているということではなく、当事者の意思を尊重したうえでこれをより効果的に発揮できるようサポートしたと考えるべきであろう。

　また、労働協約の締結当事者たる労使および組合員は、少なくとも規範的効力の対象たる労働条件など労働者の待遇に関する基準を設定する場合には、日本において圧倒的多数である企業別ないし事業所別の労働組合はもちろんのこと、産別に組織された組合であっても、当該基準が個々の労働関係の内容となるとの了解のもとに交渉し、あるいは具体的内容を検討しているのであって、外部規律的な意思を認めることは困難であろう。

　最も問題となるのは、外部規律説の一部が指摘しているように、労働協約を締結している労働組合からの脱退者に対する関係であるが、内容説といえども、労働者が組合に所属している間と脱退してからの関係を同等に考えているわけではない。組合員である間は、16条がダイレクトにかつ全面的に適用されるのであるから、規範的効力が及ぶ部分について使用者と個別交渉をしたり就業規則の規定が適用されたりすることはないが、脱退したのであれば、自由に個別交渉が可能であるし、就業規則も、労契法12条の適用によって当該労働契約を規律しうるのであるから、少なくとも内容説によることから生じる決定的な不都合はない。むしろ、外部規律説によって脱退者の労働契約が空白になってしまい、就業規則や慣行などを動員して一から埋めていかねばならない方が混乱を大きくするであろう。また、詳細は後述するが、労働協約終了後の労働条件についても、内容説をとれば失効した労働協約の内容を無理なく援用しうる。

　なお、当然ながら、これらの結論は労働協約当事者の意思によって十分に変更しうる。労働協約自体に、ある規定が労働契約を規律するものではなく、使用者と労働組合との間の債権債務関係を発生させるだけであることを明記すれば、そのように解釈されることは当然であるし、規範的効力に限定を付することも、原

則として可能である。

こうして、基本的には、労働協約の規範的効力とは、規範的効力を付与された労働協約の規定が、労働契約の当該部分となることによって発揮されるということができる。

3 規範的効力の限界──有利原則と協約自治の限界

(1) 制約の契機

労働協約の規範的効力については、「労働条件その他の労働者の待遇に関する基準」に該当する定めであっても制約を受ける場合があるとの認識が共有されている。その１つは、第二次大戦前から指摘されていた「有利原則」による制約であり、もう１つが、1970年代から議論されてきた「協約自治の限界」による制約である。前者は、労働協約に定められた基準を上回る労働契約の合意等については、これを無効とする規範的効力は及ばないのではないか、との問題であり、後者は、たとえ労組法16条に該当しても、労働協約によって規制できない領域があるのではないか、という指摘である。共通するのは、両者ともドイツの議論を反映した問題設定となっていることであり、有利原則という概念は日本にはもともと存在せず、Günstigkeitsprinzip というドイツ労働協約法の概念であるし、協約自治の限界は、ドイツ労働法の古典的名著の題名ともなった Grenzen der Tarifautonomie をそのまま日本語に直訳した概念である。[149]いずれもドイツにおいては実態や法制度に即した概念であるが、日本の労組法16条を解釈し、あるいはその適用範囲を画定するにあたってそのまま使える概念であるか否かが吟味されてきたという形跡はない。これも、日本の労働協約法理にドイツ労働法の圧倒的な影響が色濃く反映していることの端的な表れといえよう。

これらの問題を、労組法16条の解釈適用という観点から改めて位置づけてみると、「有利原則」の問題は、同条に定める「違反する」という概念の意義をどう理解するかという課題として再設定しうる。すなわち、違反するとは、およそ当該労働協約規定と異なる内容であることを意味するのか、あるいはより狭義の意味を有するのかという問いとして検討しうるのである。文理解釈からは、「違反する」という概念は一般に「異なる」という客観的事態に対する評価的表現であ

---

149) K. Biedenkopf, Grenzen der Tarifautonomie（1964）.

るから、例外として「異なるが評価として違反するとまでは認めない」ことを明確に定める但書や別段の定めがなければ、当該労働協約規定の内容と異なる労働契約等は一律に無効となるはずである。しかし、ドイツでは労働協約は法規範であって、かつ労働条件の最低基準を定めるという機能を負っていることから、ちょうど日本の労基法のように、少なくともその基準を（労働者にとって）上回る労働条件についての別段の合意等を許している（労働協約法4条3項等）。日本では、労働協約の法的性格に関する議論は盛んであったが、法制度上は労組法16条によって立法的に一応の解決がついているし、機能については、少なくとも労働条件の最低基準を定めるものという普遍的実態や規範は存在しない。したがって、ドイツの「有利原則」とパラレルに位置づけうる日本の課題があるとはいえない。むしろ、日本では端的に、労組法16条に定める「違反する」という概念が、同条の趣旨や労組法全体の意義、あるいは法政策的な観点等からどのような意義を有し、どのように理解すべきかという問いとして検討されるべきであると思われる。具体的には、確かに労働協約の基準を上回る労働契約の合意等は有効か、という問いも十分に検討しなければならないが、逆に「基準を下回る合意は常に無効か」という問いも、問いとしては検討に値するはずであって、いわゆる「有利原則」という限定された問いの立て方は必ずしも妥当とはいえないということになる。

　また、協約自治の限界という問いは、ドイツにおいては労働協約が法によって付与され、また実際にも有している巨大な力と、社会的自治の重要な担い手である労働組合と使用者団体（両者を「社会的パートナー」＝Sozialpartnerという）を前提としたうえで、Sozialpartnerによる協約自治＝Tarifautonomieが、労働法制においていかに決定的な役割を果たしているかを踏まえ、そこにも他の国家規範や社会規範等による制約はあるのではないかという課題を追求するものであった。このような前提は、法制度上も実態上も日本では存在しない。そもそも「限界」を問われねばならないほどの「協約自治」は、これが盛んに議論された20世紀終盤もみられなかったし、21世紀に入ってからは、少なくとも実態としてはほとんどないといってよいのであって、「有利原則」と同様、このような問いの立て方は再考されるべきであろう。むしろ、実際に検討されていた具体的課題を点検することによって、労働協約の規範的効力が及ばない「労働者の待遇に関する基準」がありうるのか、ありうるとしたら具体的にどのような範疇ないし範

囲のものなのか、という問いが立てられるべきであろう。実際、協約自治の限界という概念で検討されてきたのは、三六協定による時間外・休日労働命令の有効性、すでに成立している個人の請求権の遡及的剥奪の適法性、採用や解雇など個々の労働契約の成否・終了など、それぞれ重要な個別課題である。これらの個別課題を検討する中で、労働協約の規範的効力が及ばないこのような領域があるのではないかとの指摘が可能となるはずであろう。[150]

　以上のような観点から、以下では、さしあたり従来どおり「有利原則」、「協約自治の限界」という概念区分を採用しつつ、それぞれが扱ってきた課題を再整理しながら、新たな検討の枠組みを提示することとしたい。

(2)　**有利原則の適否**[151]──労働協約の基準に「違反する」とはどのような意味か
(a)　**学説の展開**

　ドイツにおいては、ワイマール時代にすでに有利原則をめぐる議論が展開されていたが[152]、日本においてもそれを受けて、すでに第二次大戦前から、労働協約に有利原則が認められるべきかという課題が検討されており、これを肯定する見解が提示されていた[153]。しかし、議論が本格化したのは、いうまでもなく第二大戦後に労組法によって労働協約の規範的効力が法定されて以降である。当初は、ドイツ労働法の研究成果を反映して、有利原則を肯定する見解が目立ったが[154]、その論拠は、労働協約の最低基準設定効力を前提とするなど、十分に検証されたものではなかった。24年法が成立してのちは、有利原則を肯定する見解と否定する見解の双方が出そろう。肯定説のほとんどは、やはり労働協約の最低基準設定機能を強調し、「労働契約条項が協約基準に比し労働者により有利なる内容をもち且つ

---

150)　有利原則と協約自治の限界という概念の適切性については、野川「規範的効力の範囲と限界（有利原則・協約自治の限界）」新争点186頁以下。なお、規範的効力の限界を画するという視点からすれば、有利原則の問題とは、それを垂直的に検討する方向であり、協約自治の限界の問題とは、それを水平的に検討する方向であるともいえる。
151)　有利原則論の従来の展開については、東大(下)813頁以下、現代講座6巻147頁以下[中嶋士元也]、法セ・コメ191頁以下[土田道夫]、西谷・労組法343頁以下参照。
152)　ドイツの有利原則論については、西谷・思想史333頁以下、久保敬治『ドイツ労働法の展開過程』(1960) 66頁以下。
153)　中村・前掲注(125)355頁以下、安井・前掲注(125)198頁。なお安井はその理由を、労働協約の機能は「労働条件の最低限度を定めるもの」であるからだとしている。
154)　孫田72頁、浅井・前掲注(126) 47頁。

労働協約の中において、かような契約をなすことを排除する旨の条項なき場合」には、「凡そ基準の不可変性なるものは、労働者のための最低条件の保障を意味する」ので、労働契約は有効となるという20年法下での主張とほぼ同様の見解が一般的であったが、やがて、私的自治を制約する集団的規範としての労働協約の機能と、その具体的表現である規範的効力の位置づけに関する周到な検討を踏まえ、「労働協約による私的自治の排除は、……経済的に従属し、その生活資料を賃金に仰いでいる被傭者の保護の必要性にもとづいて認められるものである。協約規範は従って労働条件を被傭者にとって改善するために強行性を認められるのであって、その低下のためではない。したがって協約規範による私的自治の排除は片面的にのみ作用し、協約規範よりも有利な労働条件の形成という範囲内では、当事者の契約自由は排除されず、その存在を認められる」とする見解が提示されて、肯定説は理論的精度を深めた。この見解によれば、労働協約が最低基準として機能する根拠は私的自治を制約する集団的規範の役割に求められるのであって、実態に依拠するのではないから労組法16条の解釈論として安定しており、また外部規律説を標榜する立場とも一貫している。これに対して否定説は、「労働協約できめられた基準はとくに最低限としてきめられている場合を除いて、労働基準法がきめた最低の基準のように、単に労働条件の最低条件をきめたものではなく、いやしくもこの基準に照らしてすべての労働条件を律していくという目的をもち、またそうした働きを認めるべきもの」として文理解釈に沿った理解を示す見解が一般的であり、これに加えて「現実に労働協約の果たしている機能は、賃金額の決定は平均ないし標準を基準としており、その枠内で個々の労働者に明確に配分されることを労使とも期待して」いるという実態論も論拠として、規範的効力の両面性を説く。確かに、労組法16条は、労働契約に対する労基法の最低基準としての効力を示した同法13条とは明らかに異なる表現をとっていることや、企業別組合が支配的な組織形態である日本の労組のほとんどは、実際に有利原則を想定

---

155) 孫田72頁。
156) 吉川102頁以下。
157) 花見・前掲注(127)37頁以下、56頁。
158) 東大・註釈152頁。
159) 深瀬義郎「労働協約の規範的効力」大系2巻132頁。
160) 賀来・註解160頁、沼田稲次郎『労働法要説』(法律文化社・1970) 226頁、外尾638頁、新講座5巻192頁［川口実］。

した労働協約規定を設けていないことなどから、有利原則否定説は説得力の点で優位にあることは否定しえず、現在も否定説が通説であるといえる状況にある。[161]しかし、この問題はやがて、「有利原則」という概念が包含する内容を超えた課題を提示するに至る。すなわち、上記のとおり肯定説には、労働協約には個別労働契約による私的自治を規制する集団的規範の機能として最低基準を設定することが認められているという見解が呈されていたが、それは労働協約を通じた労使による個別契約の規制にはおのずから限界があるべきではないかという問題意識を背景としており、これに応じて有利原則として論じられてきた問題を協約自治の限界という問題からとらえなおそうとする傾向も存在した[162]。そこで、後述のように有利原則論とは別に、労働協約の規範的効力が及ばない個別労働関係上の領域があるのではないかとの認識が共有されるようになって、有利原則が相対化される傾向が生じることとなる（協約自治の限界論の有利原則論からの区別）。また、従来有利原則を正面から取り扱った裁判例はほとんどなかったが、賃金体系を労働者に不利に変更した労働協約の効力を否定した裁判例[163]が現れるに至り、従来の意味での有利原則についてもさらに検討する必要性を促した[164]。近年においては、有利原則をそのまま肯定する見解は少ないものの、「当該労働関係に特有な合理的必要性に基づくものであって、組合員間の利害の対立を招くとか、使用者による組織破壊に利用される等の危険性のない限り、容認されるべきであろう」[165]とか、当事者意思を尊重しつつ、「協約当事者の意思が有利原則を排除する趣旨であるのか否か明確でない場合には、企業別協約の場合にも有利原則が肯定されるべきであ」り、また「協約当事者が定型的基準の設定を意図していたと考えられる場

---

161) 菅野679頁、荒木577頁、中窪 = 野田・世界184頁、水町384頁。なお、いずれの見解も、労働協約自体に当該基準より有利な労働契約の締結を認める規定があるなど、当事者意思を尊重することを主張しており、有利原則はそれが明確でない場合の処理基準として想定されているが、西谷・労組法348頁は同様の前提に立ちつつ当事者意思が明確でない場合は有利原則を肯定すべきであるとする。また、有利原則に関する諸外国の法制度については第1編第1章第1節2参照。
162) 渡辺章・労働法学会誌38号（1971）38頁以下。
163) 大阪白急タクシー事件―大阪地決昭53・3・1労判298号73頁。
164) 前掲大阪白急タクシー事件は、実際には労働協約を上回る労働契約が締結された事例ではなく、労働契約内容を労働協約によって切り下げる結果をもたらすことの適法性が争われた事例であり、裁判所も、特に有利原則という概念を用いることなく、「労働組合が組合員にとって労働契約の内容となっている現行の賃金その他の労働条件より不利なものについて使用者と協定を締結する場合には個々の組合員の授権を要する」との判断基準によって処理している。
165) 片岡曻『労働協約論』（一粒社・1984）152頁。

合でも」、労働協約より有利な個別合意が合理的根拠を有する場合は、当事者はそれを排除する趣旨でないと解すべきであるとする見解などが、限定的有利原則肯定論を展開している。

(b) 判例の動向

他方、前述のように、日本の裁判例は有利原則を正面から検討したものはほとんどなく、当事者から有利原則が主張された場合でも、多くの場合はこれに拘泥していない。むしろ労働協約の規定より有利な労働条件を定めた労働契約の法的取扱いについては、端的に労組法16条の規範的効力が及ぶか否かという観点から検討してきた。総じて日本の裁判所は、有利原則という法理の可能性について論じること自体の意義を、さほど認めては来なかったのが実情である。

(c) 有利原則論の評価

前述のように有利原則という観点から規範的効力の限界を論じてきた学説は、ドイツ法制との比較や労基法の最低基準効を認めた同法13条と労組法16条との文言の相違、団結自治の尊重などを根拠とする基本的に有利原則否定説が有力であり、肯定説は少数にとどまってきた。しかし、有利原則論を、規範的効力は優先適用を主張する個別合意を排除するか、という問題として再構成すれば、後述の協約自治の限界論と同様、論点は労働協約と個別合意との適用範囲の調整の問題に帰する。最近では、当事者意思の尊重と合理的意思解釈をミックスして、協約基準より有利な条件を定めることに、実質的、合理的な理由がある場合は、有利原則が認められるとの見解も有力に主張されているが、その背景にも、ドイツ的な意味での有利原則ではなく、日本の労働協約法制の下で協約規定と相違する個別合意が労組法16条の規範的効力を免れるのはいかなる場合か、という観点が控えている。労働者の非正規化の進展や、多様な労働者像の展開、処遇の個別化などがいっそう進むことが予想される今後は、これまで有利原則の問題として議論

---

166) 西谷・労組法345頁。
167) ただし 例外として、「有利原則を認めることは協約自治の本旨に照らして許されないと解するのが相当である」とする朝日火災海上保険事件―神戸地判平2・1・26労判562号87頁がある。
168) 組合員より高い報酬を得ていた労働者が組合に加入した場合に、労働協約の規定によって報酬が引き下げられるかを扱ったネッスル事件―大阪高判昭63・3・28判タ676号85頁、新営業制度に関する協約を締結した組合から脱退して別組合に加入した労働者への上記協約の規範的効力を否定した安田生命保険事件―東京地判平7・5・17労判677号17頁等、有利原則による処理を行ってはいない。
169) 渡辺(上)278頁。

されてきた内容も、労組法16条と個別合意との法的関係の整序という観点から適切に検討されていくべきである。

(3) 協約自治の限界論
ア 問題の意義と裁判例の対応

協約自治の限界という問題も、有利原則の場合と同様、本来は労組法16条の規範的効力が及ぶ範囲の画定という観点から検討されるべき内実を有している。ドイツでは、労働協約は法規範としての効力を付与されており、広汎に労使関係の規範を設定するので、協約の締結当事者の合意といえども無定量ではありえないのではないかとの観点から、その機能範囲を検討することは当然の論理的帰結であった。しかし日本では、これまで労働協約の規範的効力といえども高々1つの企業内で適用されるものであったにすぎず、「協約自治」といえるほど、労働条件を広範かつ強力に支配する実態が存在したわけではない。しかし、学説は規範的効力の適用により生じうる労働関係上のさまざまな不都合に直面して、ドイツの協約自治限界論を援用しつつ、懸命に具体的処理基準を追求してきた[170]。特に、三六協定による労働者への時間外・休日労働義務を記した労働協約のような、労働者に対する義務付け規定、本来的に個人の領域に属するとみなされうる内容（賃金や休暇の使途など）を記した規定、すでに成立した労働契約上の権利を剥奪する規定、個別労働契約の得喪に関する規定などは、労働協約による集団的規制がなじまないのではないかとの観点から、規範的効力を否定しようとする主張が展開されたのである。

もともと、協約自治の限界という観点からの考察が一般化していない時期から、ドイツの協約自治限界論への関心は高く、集団的規制から自由な個人の領域をめぐって展開されていたドイツの周到な議論が紹介されていたし、ドイツの議論を[171]

---

[170] 協約自治の限界をめぐる学説の展開については、学会誌労働法61号（1983）「労働協約と労働契約」中の各論考（とりわけ片岡曻「協約自治論」5頁以下、西村健一郎「協約自治とその限界」36頁以下）、中窪裕也「文献研究 労働協約の規範的効力」季労172号（1994）94頁以下、西谷・労組法353頁以下、法セ・コメ192頁以下［土田道夫］参照。

[171] ドイツの議論について、最も入念な紹介と検討を行っているのは渡辺・前掲注(162)38頁以下であり、近年では桑村裕美子「労働条件決定における国家と労使の役割(2)(3)」法協125巻6号78頁以下、同7号165頁以下（以上2008）が前掲注(149)の Biedenkopf, Grenzen der Tarifautonomie に即した紹介と検討を行っている。なお、名古道功「ドイツにおける労働契約と労働協約」労働法学会誌61号（1983）70頁以下も参照。

踏まえて日本の課題を解決する道筋の模索もなされていた[172]。しかし、70年代後半以降には、有利原則論との関係や労働協約による労働条件の不利益変更論をも射程に置きながら、「労働協約が規制し得ない領域」を検討するための理論的基盤として、協約自治の限界という概念が活用されるようになったのである。

このような実態からも明らかなように、協約自治の限界という発想自体がドイツからの輸入であって、日本における具体的諸課題を検討するにあたって、そのような発想が不可欠であったという立証はされていない。この点、「協約自治の限界を画する手法（基準）」を整理し、当該協約条項が労働組合本来の目的の範囲内にあるか、労働者の個人的領域に属するか、多数決原理になじむ内容であるかどうかに分類する見解があるが[173]、上記に分類された内容は、協約自治の限界という観点から再構成されたものであって、実際には、その後労働条件の不利益変更論や既得権の剥奪の可否など、より具体的課題に即して検討されるべき内実を有していたといえる。

他方、協約自治をめぐる争いとして位置づけられてきた裁判例の多くは、実際には、労働条件を不利益に変更する結果をもたらすような労働協約が、これに反対する労働者にも適用されるかという問題を扱ったものであった[174]。そして、裁判所はこれらの問題を処理するにあたり、協約自治という概念を用いる場合でも、「職員組合が原告による授権の範囲を結果的に逸脱して本件労働協約の締結をしている以上、会社の経営状態から直ちに原告への拘束力あるいは協約自治の効力を及ぼすことはできない[175]」、「たとえ従前の労働条件を切り下げる内容のものであっても、およそそれが協約自治の限界を超えるようなものでない限り、換言すれば、既得権の放棄など特定の労働者に著しい不利益を強いるものでない限り、いわゆる規範的効力を有する[176]」などとして、すでに労働協約を用いた労働条件の不

---

172) たとえば渡辺・前掲注(162)は、特に懲戒解雇に伴う退職金没収条項とチェック・オフ協定の効力について、協約自治の限界論が有効であることを指摘している（66頁以下）。
173) 西村・前掲注(170)39頁。
174) 賃金制度の不利益変更にかかる協約の適用が問題となった大阪白急タクシー事件―大阪地決昭53・3・1労判298号73頁、それまで不適用だった定年制を適用することとする労働協約の効力が争われた北港タクシー事件―大阪地判昭55・12・19労判356号9頁、定年延長協定（労働協約）に定められた出向規定の有効性が争われた東海旅客鉄道（出向命令）事件―大阪地決平6・8・10労判658号56頁、退職金を減額する内容の労働協約の適用の可否が争われた中央建設国民健康保険組合事件―東京地判平19・10・5労判950号19頁。
175) 前掲注(174)中央建設国民健康保険組合事件。

利益変更が認められるために用いられてきた規範を援用しているのであり、協約自治の限界という固有の課題は検討対象とはなっていない。仮に限界という概念を活用するなら、むしろ「規範的効力の限界」と観念すべき事態が問題となってきたのである。

イ　具体的課題

以上みてきたように、協約自治の限界論が問題としてきた具体的課題は、規範的効力の限界についての上記最高裁判決等が示した法理によって十分に解決可能である。

第1に、すでに発生している個人の具体的請求権を遡及的に剥奪するような労働協約の規定（退職金請求権が発生している労働者に、新たに退職金請求権の発生要件を課することにより当該請求権を奪う規定など）は、特定の労働者に著しい不利益を課す内容の労働協約であって、特段の事情がない限り、労働組合の目的を逸脱しているとみなされるであろう。

第2に、退職条件を新たに設定することによって特定の労働者を退職扱いとする場合や、期間の定めのない労働契約を期間の定めのある内容に変更する場合のように、個々の労働者の契約上の地位の得喪、変更を定めた労働協約は、個別労働者の労働契約上の地位を左右することとなり、使用者との交渉を通じて労働条件を統一的に形成する労働組合の目的には合致しないものであって認められないであろう。

第3に、労働者にさまざまな義務を課する協約規定（時間外労働義務を定めた規定、出向や配転などに応じる義務を定めた規定等）は、制度として一般的に設定されている限りその規範的効力を否定することはできない。ただ、それが不当労働行為に該当したり、具体的な内容として公序に反したり、特定の労働者や労働者集団を殊更に不利益に扱う意図が認められる場合などは、個別に規範的効力が否定される場合がありえよう。特に、配転や業務遂行の手順などと異なり、出向や時間外労働命令など労働契約から直接には生じえない措置に応じる義務については、労働協約に規定されることによって個別労働者に所定の義務が生じるのかについて対立もある。これらの点を含め、労働協約上の義務付け条項をめぐる具体

---

176)　前掲注(174)東海旅客鉄道事件。
177)　朝日火災海上保険（石堂本訴）事件―最1小判平9・3・27労判713号27頁、中根製作所事件―東京高判平12・7・26労判789号6頁。

的な法的課題については第2編Ⅰ第1章第7節1において検討することとしたい。

以上のように、有利原則の場合と同様、協約自治の限界という問題も、問題の設定の仕方自体が適切でなかったといえる。今後は、規範的効力の及ぶ範囲をいかにして画定すべきかという上位テーマの下に、問題類型ごとに具体的な検討がなされるべきであろう。

第5節 規範的効力の履行

労働協約が契約である一面を有することから、そこで生じる民事的な権利義務については、その内容について労働協約固有の特徴を有することがある（平和義務など）ものの、履行については一般の民事法の枠組みによって処理することが可能である。しかし、規範的効力は労組法16条による特殊な効力であり、履行の確保のためには特別な考察を必要とする。このうち、規範的効力によって労働契約上の権利義務が発生する部分について、個々の労働者と使用者とがそれぞれ履行の請求をなし、あるいは不履行について損害賠償の請求等ができることに疑いはない。問題は、同様の請求を労働組合がなしうるかである。

学説・判例は、労働組合と使用者には労働協約に定められた内容について遵守義務・実行義務を負うこと等を根拠としてこれを肯定する。[178] 結論として、労働組合が労働協約の規範的部分につきその確認、履行を求め、また違反に対して損害賠償を請求することができるとの解釈は妥当であろうと思われる。ただ、その根拠は、あくまでも労働組合と使用者との契約上の権利義務関係の存在に求めるべきである。すなわち、規範的効力を直接適用されるのは労働者個人であって、労働組合はそのような規範的効力を有する条項の実行を使用者に請求する固有の請求権を有するのである。言い換えれば、「規範的効力の内容を実行する」という労働組合と使用者間の合意に基づく請求が可能であるという趣旨であり、これは債務的部分の構造と特に変わることはないことに注意すべきであろう。

---

178) 菅野605頁、686頁。法セ・コメ189頁［土田道夫］。裁判例としては、労働協約上の労働時間の確認請求につき佐野安船渠事件―大阪高判昭55・4・24労民集31巻2号524頁、規範的部分の不履行に対する労働組合からの損害賠償につき山手モータース事件―神戸地判昭48・7・19判タ299号387頁。ただし確認請求に関しては、労働組合と使用者間の確認請求の既判力は個別労働契約関係に及び得ないことを理由に否定する見解もある（萩澤清彦・ジュリ741号（1980）143頁）。

第5章 債務的効力[1]――基本的枠組み

1 緒論

　労働協約が労働組合と使用者との契約である以上、これを否定し、あるいは制限する特段の規範がない限り、労働協約は締結当事者間に所定の債権債務関係を発生させる[2]。労組法16条による規範的効力も、労働協約の契約としての機能や効力を否定する意義を有しているとは考えられないので、労働協約の諸規定に債務的効力が認められることは否定できない。この債務的効力は、規範的効力が認められる労働協約の規定にも認められるため、債務的効力のみが問題となりうる労働協約の諸規定を「債務的部分」と称し、規範的効力と債務的効力の双方が認められる諸規定を「規範的部分」と称する対応が定着している。

　労働協約の債務的部分には、労使関係の秩序を形成する多くの内容が含まれ、特に当該協約の有効期間中は争議行為をしないという平和条項や、争議の手続・要件・態様・事後処理等について定めた争議条項、組合保障条項と称される諸条項（ユニオン・ショップ条項、チェック・オフ条項、組合活動条項等）などについては、多くの具体的課題が指摘され、法的争いも生じている。また、平和条項については、そもそもそのような条項の有無にかかわらず、労働協約有効期間中の争議行為を控えるという平和義務が認められるべきか否かについても議論が展開されてきた。これらの具体的課題については第2編各論のそれぞれの箇所で論じることとして、ここでは債務的効力の基本的枠組みを概観することとする。

2 債務的効力の効果

　債務的効力とは民事的な債権債務関係から生じる効果であるから、通常の契約法理を前提として、労働協約の法的性格や機能に応じた特性が問題となりうる。

---

[1] 労働協約の債務的効力一般については、東大(下)724頁以下、法セ・コメ198頁以下［名古道功］、西谷・労組法362頁以下参照。

[2] かつては、労働協約の特殊な規範性に鑑みて債務的効力を否定する見解も存在した。吾妻光俊『新訂労働法概論』（青林書院新社・1964＝以下『吾妻・新訂』）304頁以下。

(1) 履行義務

前述のとおり、規範的部分についても債務的効力は発生しうるので当事者の履行義務が生じるが、債務的部分については当然履行義務が発生する。ただ、労働協約の規定は一定の期間にわたって適用される継続的内容が多いので、履行義務の具体的内容は多彩となる。組合事務所の賃貸料未払いや専従期間の本来業務への従事義務の有無などは、当事者間の合意内容を慎重に確認したうえで検討されることになろう。実際に問題となりうるのは、むしろ平和義務や争議におけるスキャッブ禁止協定のような不作為債務の履行である。これらについては、法的には違反行為に対する事後的対応が直接の課題となる（具体的詳細は第2編Ⅰ第3章）。

(2) 同時履行の抗弁権

労働協約も、一般には締結当事者の双方に対価的な債務を規定する双務契約としての性格を有する[3]。そこで民法では、双務契約の債務について「履行上の牽連関係」を認め、いわゆる同時履行の抗弁権が規定されている（民法533条）が、労働協約も双務契約としての内容についてこれを否定する理由はない。ただ、労働協約については、単純な債権債務の設定がなされることはむしろまれであって、多くの項目について労使の思惑が錯綜する形で1つの協約が成立することが通常である。したがって、具体的にどの部分がどのように双務関係に立つのかを確定すること自体が容易ではない。実際にも、労働協約の履行について同時履行の抗弁権が争われてきたのは、使用者が協約違反の行為を犯し、これに労働組合が平和義務違反のストライキを打つような場合である。使用者が労働組合に対して同時履行の抗弁権を主張した場合、これを認める裁判例[4]と否定するもの[5]があり、裁判所の立場は統一されていない。学説も、かつては一般的に労働協約にも同時履行の抗弁権を認める見解があった[6]が、その後慎重な見解が多数を占めるに至っている[7]。確かに、同時履行の抗弁権は、財やサービスの売買等、一般的な取引契約を想定して定められた権利であり、そのまま労働協約の債務的効力について適用

---

3) ただ、チェック・オフ協定のように使用者の義務だけを定める片務的内容の協約もありうる。
4) 日本セメント（佐伯工場）事件―大分地判昭24・5・19労裁集4号145頁。
5) 日本セメント（門司工場）事件―福岡地小倉支判昭24・5・24労裁集4号158頁。
6) 安井英二『労働協約法論』（清水書店・1925）294頁、吉川199頁。
7) 深瀬義郎「労働協約の規範的効力」大系2巻136頁、640頁、厚労省・コメ589頁。

することが妥当であるかは問題である。上記のように、実際に考えられるのが平和義務違反の争議行為をめぐる相手方の対応であることを踏まえると、ロックアウトについて衡平の観点からの処理が定着していることからも[8]、労働協約違反に対する対抗措置としてどのような具体的行動が、どこまで許されるかという問題の1つとして、労使間の衡平の観点から決することが妥当であろう[9]。

(3) 損害賠償

労働協約も契約の一種である以上、その違反に対しては民法415条等の契約一般法理に即して損害賠償請求が可能であることは異論がない。ただ、労組法が労働契約不履行の典型であるストライキについては、正当性を要件として使用者の損害賠償請求権を排除していることからも明らかなように、労使関係における約定違反の処理としての損害賠償制度は、その具体的な適用にあたって労使関係上のさまざまな考慮が必要となる。

一般的には、たとえば使用者が労働協約に定められた組合員への手当を支払わなければ、個々の組合員からの労働協約の規範的効力を根拠とする当該手当の請求権が生じるほか、労働組合も約定違反を問うて使用者に損害賠償を請求することができるし、逆に組合活動について合意された協約上の手続を無視して活動がなされた場合には、使用者から労働協約違反を理由として労働組合に対し損害賠償ができることとなる。実際にも、後述のように平和義務違反の争議行為について使用者が労働組合に損害賠償を請求する裁判例は少なくない（第2編I第3章第3節）。学説には、労働協約違反の損害賠償については、労働組合は慰謝料程度しか請求できない場合が多いのに、使用者側からは巨額の請求がなされうることなどから、労働組合側の損害賠償について、その義務を制約する見解が提示されてきた[10]。しかし、実定法の枠組みの中ではそのような損害賠償の制約に関する規定は設けられていないし、債務的効力を認めつつ損害賠償についてのみそうした特別な対応をすることを正当化できる論理は困難である。労働協約違反に対する

---

8) 丸島水門事件―最3小判昭50・4・25民集29巻4号481頁。
9) 東大(下)732頁、菊谷達弥「争議条項・平和条項」新講座5巻225頁、法セ・コメ204頁［名古道功］。
10) 立法論を提唱するものとして、安井・前掲注（6）290頁、吉川210頁、深瀬・前掲注（7）140頁、中嶋(4)391頁、債務的効力を否定するものとして吾妻・新訂304頁、久保敬治『労働法〔第4版〕』（ミネルヴァ書房・1980）197頁など。

(4) 解　除

　民法541条は、契約不履行につき、相当の期間を定めてその催告しても履行がなかった場合には、契約の解除を認めている。労働協約も、争議の延期と引き換えに一時金の支払いを規定している場合のように、双務的内容を定めた協約については、解除を認めることが妥当である場合も少なくない。ただ、労働協約は、単一の事項について締結されるものだけでなく、いくつもの項目を有し、締結交渉の経緯においてさまざまな取引や思惑が錯綜しつつ最終的な内容に帰結することが通常であり、そのうちの一部に不履行があってもただちに解除という効果を認めることが適切でないと考えられることも多い。したがって、多くの事項を含むいわゆる包括協約については、民法の解除の規定（540条以下）の適用を排除し、継続的契約の1つである雇用契約に関する「やむを得ない事由による即時解除（民法628条）」を労働協約にも認めるべきであるとの見解が定着している。この場合のやむを得ない事由については、使用者が実行義務を反復して履行しない場合や事情変更の場合があげられるのが通常であるが、後者の場合は契約違反に基づく解除の問題ではなく、むしろ事情変更に基づく解除の可否という別の問題として検討されるべきであろう。

　確かに、包括協約は多くの場合に1つ1つの規定が有期的に関連していて、その一規定についての履行や違反にどのような法的効果が生じるかを判断しがたい場合が多いことは当然である。しかし、そのような契約類型は労働協約には限られず、企業変動の場合の各企業間の法的関係や財産の帰趨を記した契約など、一般の契約にも特に珍しくはない。そのような契約類型でも、ただちに民法の契約解除に関する諸規定の適用が排除されるわけではなく、契約の諸条項間の関係や当事者の意思を忖度して、実際に解除を認めるべきか否かを決するという処理が

---

11)　有泉＝山口181頁、吾妻・新訂318頁、石井445頁、外尾653頁、東大（下）774頁。
12)　有泉＝山口182頁、吾妻・新訂319頁、石井445頁。
13)　厚労省・コメ617頁。

されるのが原則であろう。労働協約の場合も、不履行を理由とする解除については、同様の作業を通じてその可否や適法性を判断すべきであり、その特殊性から民法540条以下の適用を排除することは妥当な対応とは思われない。上記のように、即時解除が想定されているのは、事情変更が主張される場合など、通常の解除が前提とする事態とは異なるかなり極端な場合であり、労働協約の場合は、それぞれの事態に即した対応がなされるべきであって、解除の問題と同一視する必要はないものと思われる。

第2編 各 論

I 労働協約の成立・期間・内容・終了

第1章 労働協約の成立

第1節 意思の合致[1]

　労働協約も契約の一種である以上、その成立の基本的要件として、両当事者の合意が存在することが不可欠となる。したがって、労組法等に別段の定めがなく、また労働協約の特性からの特別な解釈の余地がなければ、労働組合と使用者ないし使用者団体との間の意思の合致があることが労働協約成立の前提である。そこでは、意思表示の欠缺および瑕疵に関する民法の諸規定が適用され、心裡留保（民法93条）や通謀虚偽表示（同94条）、錯誤（同95条）による労働協約締結の合意は無効となるし、詐欺および強迫による労働協約は取り消しうることとなる（同96条）。ただ、労働協約の特性により、これらの規定がそのまま適用しえない場合のあることは十分に予想されよう。たとえば、一般に労組法14条の要件を満たした労働協約の締結にあたって、心裡留保の要件を満たす実例はごくまれであろうし、民法94条の通謀虚偽表示も、協約締結権限を有する労使が締結する労働協約に適用される事態はきわめて少ないであろうと思われる。もっとも、賃金の引上げを、組合の委員長と社長とが、実際にはその意図がないにもかかわらず、組合員を一定期間なだめるために労働協約によって定め、これを信じてあとから当該組合に加入した組合員が、民法94条2項の第三者にあたるか、といった理論的な課題はありうる。このような場合には、上記組合員の労働協約に基づく賃金請求を認めるという民法に則った考え方と、原理的にはそうであっても、実際にはそのような協約の締結には、プロセスにおいて瑕疵があることが通常であるので（組合委員長が組合員を欺罔しているなど）、その観点から労働協約の成立自体を否定できるという考え方がありうるが[2]、いずれにしても、民法94条の適用を最初から否定することはできないものと思われる。これに対して、錯誤については、要

---

1) 詳細については東大(下)704頁以下。
2) 東大(下)704頁。

素の錯誤の主張は認めないとの見解もあるものの[3]、たとえば賃金額の誤記など表示の錯誤は十分に考えうるので、錯誤の規定の適用を一般的に否定することはできないであろう[4]。

　詐欺・強迫による労働協約の締結は、実例もあり[5]、また実際に想定することが可能である[6]。ただ、労働協約締結の前段階としての団体交渉は流動的でダイナミックな展開をとることが想定されており、その過程でストライキを示唆したり、ある程度声を荒げ、あるいは自らの力を誇示するような言動があることが予想されるが、それらについては、個別に労使関係の実態を踏まえて、強迫による取消しを認めることには慎重である必要があろう。

　これらの無効・取消しの場合に、労働協約の継続的性格や労使関係の安定性確保などの観点から、民法の遡及効（119条、121条等）をそのまま認めるべきでないとの考え方がある[7]。そのような配慮が必要であることは確かであるが、実定法上遡及効を排除する規定がないことや、実際にも、債務的効力のみを規定した協約には遡及効を認めることが有益である場合も十分考えられるので、原則として遡及効を認めたうえで、一部無効や一部取消しなどの手法を用いて、実態との乖離をきたさない処理をするという方向が妥当であろうと思われる[8]。なお、組合側、使用者側いずれについても、実際に締結にあたった者の意思表示が組合ないし使用者の意思表示といえるかといった問題もあるが、それは協約締結権限の問題として次に述べることとする。

---

3) 吾妻・註解324頁。
4) 東大（下）704頁。なお、未払い賃金の総額につき錯誤があり、そのため未払い賃金の打ち切りや放棄を認めるに至った労働協約につき、要素の錯誤があるとして無効とされた例がある（室井鉱業豊徳炭鉱事件―福岡地飯塚支判昭32・6・7労民集8巻3号363頁）。
5) 淡路産業事件―神戸地決昭25・7・11労民集1巻4号495頁は、組合が会社幹部の家族への脅迫や幹部の吊り上げなどを行って要求承認を強要し、会社がやむをえず協約締結に応じたという事案において、協約の取消しを認めている。
6) 東大（下）704頁以下、末弘・解説66頁、吾妻・註解324頁、石井＝萩澤496頁等。
7) 後藤清「協約理論」講座4巻817頁。
8) 東大（下）705頁。

第2節　協約締結権の確立

1　労働組合

(1)　協約締結権限の意義

　労働協約の締結主体は労働組合と使用者および使用者団体であり、使用者が個人である場合を除いて、いずれも組織・社団である。したがって、実際に協約を締結する役割を担うのは当該労働組合や企業等の代表者であって、所属する組織等を代理して協約を締結する権限が必要となる。特に労働組合については、協約締結権限をそのつど組合大会等で承認する手続を設けている場合が多く、締結された労働協約の効力をめぐって、協約締結権限の有無が問題となることも少なくない。

　労働組合が、組合規約に協約締結権限に関する規定を設けていた場合には、当該規定に定められた要件・手続を満たさずに締結された労働協約は原則としてその効力を有しない。[9] この観点から、組合大会の決定事項であることが明記されている解雇問題につき、大会決定を経ずに交わされた組合役員と使用者との間の「確認書」は労働協約としての効力を有さず、[10] 組合執行委員長であっても当該問題について協約締結権限があることが確認できない場合には、使用者との間に交わされた「覚書」は労働協約とは認められない。[11]

　このように、実際に労働協約の締結にあたる労働組合の委員長等が当該労働協約の締結権限を有していることは、労働協約の成立要件の1つであるが、その権限が適正に行使されなかった場合も問題となりうる。たとえば、組合大会においては賞与額の決定について協約の締結権限が付与されているという前提の下で、実際の協約交渉において委員長と社長との間で賞与の増額と引き換えに精勤手当の減額が合意され、その旨の労働協約が締結されたような場合、当該協約は締結

---

[9]　菅野676頁、西谷・労組法335頁、法セ・コメ179頁［奥田香子］。なお、20年法下の行政解釈であるが、規約上の要件を満たさずに組合委員長が独断で使用者と覚書を交わしたような場合には、それは「単なる下交渉であって何等組合を拘束しない」としたものがある（昭21・8・7労発第442号）。

[10]　昭光化学工業事件―横浜地決昭51・4・9判時824号120頁。

[11]　駒姫交通事件―神戸地判昭62・2・13労判496号77頁。

権限の逸脱とみなされるであろうか。これについては、具体的な協約締結権限の内容が、特定の課題のみに特化しているとみなしうるか否かによって判断されることとなろうが、一般に労働協約の締結過程における交渉は、一種の取引として展開され、ギブ・アンド・テイクの観点から一定の譲歩もありうることは当然に予定されていると考えられるので、当該問題に関する合意形成に強く関連する周辺領域の事柄については協約締結権限に含まれているとみなされるのが通常であろう。逆にいえば、たとえ取引による譲歩であっても、賞与の増額と引き換えに諸手当の減額などを受け入れることを組合として認めないというような場合には、その旨の明確な制限の存在が必要となろう。また、協約締結権限を付与された委員長等が、さらに他の者に交渉をゆだね、その結果についてのみ承認して記名押印したような場合も問題となりうる。たとえば、協約締結権限は組合委員長に付与されたものの、現場での交渉は、ベテランの組合員数名が委員長の指示を受けて行ったというような場合が考えられる。この場合、そのような交渉の代行が慣行化されていて労使とも特に問題としていなかったとか、交渉の代行自体が協約締結権限の内容として含まれると解釈される場合には、特に協約自体の効力に影響を及ぼすことはないであろうが、たとえ当該委員長に実際の交渉の経験が少なく、交渉の経験を多く積んでいる組合員がこれに代わって交渉にあたったとしても、協約締結権限は通常その前段である交渉の権限を含むのであって、例外を認める特段の規約等がない限り、合意形成そのものまでも含む包括的な交渉権限を代行させることは、協約自体の効力に影響を及ぼさざるを得ないものと考えられる。[12]

(2) 協約締結の手続

また、労働協約の締結にあたっては、多くの場合、組合大会の決議など一定の手続要件が規約などによって課されていることが通常であるが、この手続に反し

---

[12] 具体的には、協約締結権限を付与された委員長等が交渉の場に同席し、労働協約締結のための合意を決することや、相手方の要求への対応の決定などを留保したうえで、その前段階でのやり取りだけを他の組合員に代行させていた場合には、なお実質的な協約締結権限を行使しているといえるが、協約締結のための合意や相手方の要求への対応などを含めて、交渉全体を包括的に他の組合員にゆだねているような場合は、たとえ委員長の記名押印があっても、権限なき者による協約の締結とみなされることとなろう。

て締結された協約の効力も問題となる。この点、裁判例は、組合規約が定めている手続の履践なくして締結された労働協約が効力を有しないことは当然であり、[13]そのような明文の規約が存在しなくても、少なくとも通常の執行委員会の決定は不可欠であるとするほか[14]、組合員に不利益を課するような協約の締結については、組合大会付議事項としている規約の定めを厳格に遵守すべきであり、これに反する慣行が長く続いていたとしても、組合大会の決議を経ずして締結された労働協約は効力を有しないとしており[15]、学説も、おおむねこれらの考え方に賛同している[16]。確かに、労働協約の締結は労働組合の機能の中核と位置づけられる重要な行為であり、協約締結権限を有する者がこれに従事したとしても、所定の手続を経ずに行われた場合には、一般の契約締結手続に加えられた制約にも増して厳格にその法的効果を制限すべきであろう。ただ、この点と、協約の具体的内容とを結びつけることは必ずしも妥当ではない。特に、協約の内容が労働組合ないし組合員にとって不利益とみなされる場合には手続を慎重に踏むべきであるという考え方[17]は、逆にいえば、有利な内容であれば規約に規定された手続が厳格に履践される必要はないとの発想に結び付くこととなり、手続要件が協約の内容の評価に左右されることとなりかねない。締結手続は、それ自体として検討されるべきであり、内容の評価による当該労働協約の法的効果の帰趨は、別の判断枠組みによってあらためて検討されることが求められよう。

2 使用者および使用者団体

使用者側についても、実際に協約の締結にあたる者がその権限を付与されているか否かによって協約の効力が決せられる。この観点から、一般に労組法上の「使用者」とも認めがたく、特に協約締結権限が付与されているとは認めえない

---

13) 淀川海運事件―東京地判平21・3・16労判988号66頁。
14) 大阪白急タクシー事件―大阪地判昭56・2・16労判360号56頁。
15) 中根製作所事件―東京高判平12・7・26労判789号6頁、同上告審・最3小決平12・11・28労判797号12頁（上告不受理・上告棄却）、鞆鉄道（第二）事件―広島地福山支判平20・2・29労判994号69頁。しかし逆に、組合規約には規定されていない手続（全国代表者会議等）が慣行として長く行われていたとしても、それを経ていないだけで協約の締結や改訂に瑕疵があるとはいえない（日本郵便逓送事件―大阪地判平17・9・21労判906号36頁）。
16) 西谷・労組法336頁、菅野676頁、中窪＝野田・世界181頁、渡辺(上)263頁、法セ・コメ179頁〔奥田香子〕。
17) 前注(15)中根製作所事件ではこのように読める判旨を提示している。

郵便局長などが締結当事者となった労働協約は効力を有しないし[18]、権限授与がない場合には、取締役が労働組合との協議のうえで作成した議事録も労働協約とは認められない[19]。逆に、当該協約事項について処理権限が付与されているとみなされる者であれば、職位や役職は決定的な判断基準とはならない[20]。また、清算会社の実質的所有者が、自分は関与せずに締結された労働協約について、報告を受けて記名押印した場合には、なお協約締結権限ある使用者によって締結された労働協約とみなされる[21]。使用者側については、職務分掌として協約締結権限が含まれているか否か、あるいは当該労働協約については特に締結権限を付与されたという事情があるか否か、また社長など基本的に協約締結権限を有する者が実際の締結過程にいかに関与しているか、等を基準として決せられることとなるといえよう。なお、使用者団体については、実際に固有の協約を締結することはほとんどないが、「労働協約の当事者となる使用者の団体とは、構成員たる使用者のために労働組合と統一的な団体交渉を行って労働協約を締結することが、規約や慣行により予定されている団体をいう」との判断基準の下に、生コン業者の事業協同組合がこれにあたらないとして、上記協同組合と労働組合との間に締結された「確認書」が労働協約と認められなかった事例がある[22]。

　労働組合の協約締結権限なき者が締結した労働協約については、労組法12条の3によって、法人の代表者に加えた制限によって善意の第三者に対抗できないとする規範が適用されるか否かが問題となるが、労働協約の締結は労働組合の機能の根幹にかかわる行為であり、否定すべきであろう[23]。

---

18) 全逓鹿屋郵便局事件—鹿児島地判昭43・3・21判時517号37頁、延岡郵便局事件—宮崎地判昭46・12・6労民集22巻6号1134頁。
19) 高木電気事件—大阪地決昭52・5・27労経速965号16頁。その他、使用者側の締結当事者として権限を有していなかったとされた例として、国鉄池袋電車区事件—東京地判昭63・2・24労判512号22頁、香川県農協事件—高松地判平13・9・25労判823号56頁。
20) 市の交通部長に協約締結権限があると認められた事例として青森市交通労組事件—青森地判昭41・3・4労民集17巻2号215頁、社長の同意を得て協約締結にあたった常務取締役が締結した労働協約を有効とした例としてカコ事件—東京地判昭49・4・25労経速853号22頁。
21) 南大阪自動車教習所事件—大阪地決昭49・5・14労旬865号68頁。
22) 大阪地区生コンクリート協同組合事件—大阪地判平元・10・30労民集40巻4=5号585頁。
23) 同旨、渡辺(上)163頁。

第3節　様式要件──書面性と記名押印

1　序

　労働協約は、協約能力ある者が、協約締結権限の範囲内で、合意により締結されねばならないが、労組法はこのほかに、労働協約は書面に作成され、かつ両当事者の署名または記名押印がなければ効力を有しないとしている（労組法14条）。国際的に見れば、英国のように、このような要式性を求めない法体系も珍しくないが、日本では、ドイツなどと同様、労働協約に特別な効力を付与しており、その存在様式を明確なものとする必要があるほか、「後にいたって無用な紛議を生ぜしめない」[24]ためにも、権限ある者によって締結されたことを確実な方法で明示することが不可欠である[25]。

　しかし他方で、労働協約は契約であって、民事法上契約は要式性を求められないことのほうが通常であるといえる。そこで、実定法上求められる様式を完備しない労働協約の効力もあらためて問題となりうる。以下では、各様式要件の内容を概観するとともに、これらの要件を欠く協約の法的効果についても検討する。

2　書面性

　労働協約は書面に作成されなければ効力を有しない。この点については、最高裁が「労働組合法14条が、労働協約は、書面に作成し、両当事者が署名し、又は記名押印することによってその効力を生ずることとしているゆえんは、労働協約に上記のような法的効力［規範的効力、一般的拘束力等］を付与することとしている以上、その存在及び内容は明確なものでなければならないからである。換言すれば、労働協約は複雑な交渉過程を経て団体交渉が最終的に妥結した事項につき締結されるものであることから、口頭による合意又は必要な様式を備えない書面

---

[24]　賀来・詳解153頁。
[25]　労働協約の要式性については、このほか、協約の合意内容について事後の紛争を予防することや、多数の労働者に適用されるので、当事者以外にも内容を客観的に了知しうる方式が必要であること、一定の方式を課すことで当事者に慎重な考慮を促すこと、などがあげられる（東大（下）706頁参照）。

による合意のままでは後日合意の有無及びその内容につき紛争が生じやすいので、その履行をめぐる不必要な紛争を防止するために、団体交渉が最終的に妥結し労働協約として結実したものであることをその存在形式自体において明示する必要がある。そこで、同条は、書面に作成することを要することとするほか、その様式をも定め、これらを備えることによって労働協約が成立し、かつ、その効力が生ずることとしたのである」との原則を一般論として示したことによってほぼ共通理解が定着している。この場合の書面とは、文章が記載された紙片等であって１冊の文書として完結しているものを意味し、テープレコーダーや映像への記録、デジタル記録媒体への所収はもちろんのこと、往復文書や質疑応答書面など複数の書面を照らし合わせて初めて内容の全貌がわかるような場合も労働協約とは認められないという点もほぼ異論はない。同時に、書面の内容が労働協約と認められれば、その表題が「協定」、「覚書」、「確認書」、「議事録」などと明記されていても問題とはならない。これに対し、要式性を厳格に解することについて懸念を表する見解もなお存在しており、「労組法14条の解釈適用にあたっては、労働協約の基本的性格と労組法の政策目的の統一という観点から結果的妥当性を十分考慮すべき」として、往復文書等についても、「両当事者の署名もしくは記名押印があり、当事者の最終的意思が客観的に確認できれば労働協約と認めることに障害はない」と主張する見解はその代表的なものといえる。この反対論は、労働協約の契約としての意義や、当事者の意思に沿った解釈の必要性を踏まえると十分に傾聴に値するが、労働協約は単なる契約ではなく、規範的効力や一般的拘束力を通して、直接その締結に携わらない、あるいは携わることのできない者をも適

---

26) 都南自動車教習所事件―最３小判平13・３・13民集55巻２号395頁。
27) 厚労省・コメ577頁、東大（下）708頁、法セ・コメ180頁［奥田香子］、菅野673頁。裁判例としては、前掲注(26)最３小判の以前に、東北電気製鉄事件―盛岡地判昭25・５・24労民集１巻３号462頁、駐留軍労務者事件―東京高判昭43・９・16労民集19巻６号1437頁などが現在の通説と同様の理解を示していたものの、往復文書に協約としての一定の効力を認める東北電気製鉄事件―仙台高判昭25・12・27労民集１巻６号1071頁や、ノース・ウエスト航空事件―千葉地佐倉支決昭56・９・１判時1021号134頁等もあった。
28) 労働協約以外のタイトルでも労働協約と認められた例として、日本冷蔵事件―東京地決昭24・12・３労裁集５号138頁（タイトルは「協定」）、全林野九州地本事件―熊本地判昭42・３・18訟務月報13巻６号680頁（タイトルは「議事録」）、日本色彩社事件―東京地決昭44・５・17判タ237号302頁（タイトルは「確認書」）等がある。
29) 西谷・労組法338頁。
30) 同旨、外尾593頁、片岡(1) 222頁。

用対象とする特別な機能も有する。また、労基法24条1項但書にあるように、労基法上の規制を排除する効力も付与されていることなどを考えると、その存在形式が客観的に明確であることを要件とすることは論理的にも妥当である。むしろ、当事者の意思が最終的に確認できるか否かという流動的な要件を課すことによる不安定性を労働協約にもたらす解釈は、労働協約の特別な機能を踏まえると適切ではないように思われる。[31]

なお、最高裁の見解を踏まえた場合、「書面」が必ずしも「紙」のみを意味するとまではいえないことも留意する必要があろう。[32]たとえばプラスチック板や木の板などに記載されていても、「団体交渉が最終的に妥結し労働協約として結実したものであることをその存在形式自体において明示」されているとみなすことは可能である。

3 署名または記名押印

前述のように（第1編第1章第1節2(3)）、昭和24年の制定段階では、労組法は、労働協約の締結当事者の「署名」のみを要件としていたため、署名の習慣がない日本の労使当事者間に混乱を生じた。そこで27年改正では、署名のほかに日本において一般化している記名押印を付加したという経緯がある。労組法14条にいう「署名または記名押印」は、原則として協約当事者を代表する者（労働組合側であれば組合委員長、使用者側であれば社長が典型例である）によってなされる必要がある。[33]ただ実際には、数社が1人の代表者を選定して労働協約の締結にあたらせ、記名押印がその代表者のみによっていた場合や、協約締結権限をゆだねられた管理職が自らの名において署名または記名押印したような場合がありうる。裁判例では、これらの場合にも、署名または記名押印した者が他の協約当事者の代表であることが明確であるとか、[34]協約締結権限が付与されていることが明確であれば、要式性を求めた法の趣旨に反するとまではいえないなどとして、[35]労働協約として

---

31) 書面性要件を満たさない合意は労働協約とは認められないとした近年の裁判例として、安田生命保険事件—東京地判平4・5・29労判615号31頁（口頭の合意）、エッソ石油事件—東京地決平7・8・31労経速1580号18頁（口頭の合意）、医療法人南労会事件—大阪地判平9・5・26労判720号74頁（往復文書）。
32) 前掲注(26)都南自動車教習所事件。
33) 近年の裁判例として、愛徳福祉会事件—大阪地判平16・2・18労経速1874号3頁。
34) 銀座タクシー事件—松山地判昭37・12・24労民集13巻6号1199頁。
35) 青森市交通労組事件—青森地判昭41・3・4労民集17巻2号215頁。

の効力を認める傾向が強いが、協約締結当事者の署名または記名押印であることを厳格に要求する裁判例もある。[36]

署名または記名押印は、書面性の要件とは異なり、成立した労働協約が確かに協約締結当事者によるものであることを確認することが趣旨である。したがって、その趣旨が十分に確認できるのであれば、厳密に協約締結当事者のみの署名または記名押印でなければならないとまではいえないであろう。[37]なお、労働委員会による仲裁裁定は労働協約としての効力を有するが、当事者の署名や記名押印は必要とされない。[38]

第4節　瑕疵ある労働協約の法的効果

労働協約が、協約締結権限を有さない者によって締結されていたり、手続要件を満たさなかったり、要式性を欠いていた場合、その効力は全面的に否定されるべきであろうか。言い換えれば、これらの瑕疵があって14条の労働協約と認められなかった場合には、同条が定める「効力」の具体的内容であることに異論がない規範的効力や一般的拘束力は認められないとしても、債務的効力まで否定されるべきかについては議論の余地がある。

まず、協約締結権限を有さない者による労働協約は、そもそも協約当事者による協約とは認められないので、規範的効力や一般的拘束力のみならず債務的効力も否定されてしかるべきであろう。また、手続要件を欠いていた場合も、労働協約を締結するための前提要件を欠くものとして同様に解すべきであろう。問題は要式性を欠く場合であるが、これについては、規範的効力のみならず債務的効力も認められないとの見解、[39]契約としての効力（債務的効力）は認めるべきである

---

36) 相模基地事件―東京地決昭31・4・18労民集7巻2号237頁。
37) また、署名や記名押印がないために労働協約と認められない文書につき、その後、両当事者の記名押印を付した書面によって、従前の労働協約の内容を当該文書の通り改めることが示された場合には、当該文書はその時点で労働協約としての効力を有するとの裁判例がある（内山工業事件―岡山地判平6・11・30労判671号67頁）が、その認定は厳格であるべきであろう。
38) 東大（下）709頁。
39) 東大・註釈140頁、東大（下）711頁、吾妻・新訂279頁、石川275頁、久保＝浜田178頁、荒木574頁、鎌田耕一「労働協約の要式性と効力」唐津博＝和田肇＝矢野昌浩編『新版 労働法重要判例を読むⅠ』（日本評論社・2013）130頁以下、日本航空事件―東京地決昭41・2・26労民集17巻1号102頁、

とする見解、政策的趣旨の強い一般的拘束力は認められなくとも規範的効力は認められる余地があるとする見解[40]が対立していた。[41][42]

これらのうち、第3の見解は現在ではほとんど賛同者がおらず、判例もこのような立場を否定する傾向が定着している。[43]規範的効力は、労組法16条によって付与されている特別な効力であるから、この見解は、労働協約について16条を確認的規定にすぎないという立場をとらない限り説得力を有しない。現在ではそのような解釈の余地はほとんどないとの了解が確立しており、第3の見解も歴史的意義を有するのみと考えられる。他方で、第1の見解と第2の見解についてはなお対立が続いており、裁判所の態度も明確ではない。労働協約が労使間に安定をもたらすための重要な法的手段であることや、さまざまな取引や思惑を伴う団体交渉を通じて最終的に決せられるものであって、その最終決着の意義を確保するためには、契約としての効力についても要式性を備えることが不可欠であるとの考え方は十分に説得的である。しかし、労働協約には、社長と協約締結権限ある組合委員長の話し合いによって締結される場合のように、必ずしも団体交渉を経ないものも稀ではないし、1回限りの特別手当について締結された労働協約など、長期間の適用を想定されないものもある。そのような労働協約について、労働組合と使用者との合意が確認されるにもかかわらず、要式性を欠くことのみによって約定としても認められないとの判断は硬直的にすぎるといえよう。労組法が、労働協約の債務的効力については何も規定していないことなども踏まえると、一律の取扱いは妥当ではなく、合意の内容や成立状況など個別事案ごとの事情に照

全林野九州地本事件—熊本地判昭42・3・18訟務月報13巻6号680頁、日本航空事件—東京地判昭44・9・29労民集20巻5号1043頁。

40) 西谷・労組法340頁、中窪＝野田・世界181頁、山口170頁、幸地成憲「成立・期間」現代講座6巻84頁、トヨタ自動車工業事件—名古屋高決昭25・8・19労民集2巻1号59頁、安田生命保険事件—東京地判平4・5・29労判615号31頁。

41) 横井芳弘「労働協約の成立」大系2巻21頁、沼田・実務大系122頁、石井432頁、外尾594頁。裁判例には、口頭の合意に基づく慣行についても、「規範的効力を有する労働協約に準ずる効力」を認めたものがある（佐野安船渠事件—大阪地判昭54・5・17労民集30巻3号661頁）が、このような考え方はその後の裁判例に承継されていない。

42) 詳細については東大(下)711頁。

43) 前掲注(39)・(40)に掲載する裁判例のほか、前掲注(26)都南自動車教習所事件、駐留軍労務者事件—東京高判昭43・9・16労民集19巻6号1437頁、東京中央郵便局事件—東京高判平7・6・28労民集46巻3号986頁。

らして、契約としての効力の有無を判断すべきものと思われる。[44)][45)]

　また、要式性は労働協約の合意解約や、協約締結権限なき者による労働協約の追認などの場合にも必要かということも問題となる。労働協約の合意解約は、労働協約の終了という重要な法的措置であって、これについて労使が確かに合意したことを確認する必要性は、労働協約の締結の場合と異ならない。労組法15条3項が期間の定めなき労働協約の一方的解約につき、署名または記名押印した文書による相手方への予告を要件としているが、この趣旨は労働協約の締結に関して要式性を要件としていることと同様であると解される。[46)]この観点からすると、合意による解約についても要件を異にする必要はなく、書面性や署名または記名押印のない合意解約は原則として無効となろう。ただ、一方的解約の場合と異なり、合意解約は両当事者が解約を認めているのであるから、明らかに労使が合意したことが確認できる事情のもとで、後になって一方が要式性を欠くことのみをもって無効を主張することは信義則上許されないものと解される[47)]。これに対して、協約締結権限のない者による労働協約を追認する合意は、それ自体が労働協約と同等の意味を有するとまではいえず、要式性の要件までは必要ないものと思われる[48)]

---

44)　同旨、菅野676頁。裁判例には、4社と4労働組合との集団交渉における書面化要件を満たしていない協定書につき、諸般の事情から契約としての効力を認めたもの（秋保温泉タクシー事件—仙台地判平15・6・19労判854号19頁）、労使の口頭の合意につき契約としても認められないとしたもの（エフ・エフ・シー事件—東京地判平16・9・1労判882号59頁）がある。

45)　なお、様式要件を欠く労働協約であっても、労使の合意によることが明らかな場合には、合理的理由なくその趣旨を没却するような措置は労使間の信頼関係を侵犯するものとして一定の法的評価を受ける（権利濫用、信義則違反等）と考えられる。同旨、東大（下）713頁、国立新潟療養所事件—最3小判昭53・3・28民集32巻2号259頁の環裁判官意見。

46)　厚労省・コメ615頁。

47)　東大（下）710頁。

48)　東大（下）710頁。

第2章　労働協約の期間

第1節　緒　論

1　労組法における規定の経緯

　労働協約には、期間の定めを置くことが一般的であるが[1]、期間を定めるか否かは当事者の自由であって法の規制はない。日本の労組法は、有効期間の上限、上限期間を超える期間を定めた労働協約の法的効果、解約手続、解約予告について規定を置いている。

　労働協約の期間に関する法の対応も、20年法、24年法、27年改正のそれぞれでかなりの変化を経ている。まず20年法では、「労働協約に3年を超える有効期間を定めることができない」との規定（20条）のみが置かれ、解約の手続や予告などに関する定めは全く存在しなかった。24年法の制定過程では、労働省が、労働協約に有効期間を定めることを義務として明記したうえで、自動延長規定によって使用者が労働協約を実質上解約できない状況が混乱を招いた当時の実情に鑑みて、「労働協約は、その中に規定した期限の到来した時以後において、その当事者のいずれか一方の表示した意思に反してなおその労働協約を有効とすることはできない。但し、その意思表示は、その労働協約に予告期間に関する定がある場合においては、その定に従ってされたものでなければならない」と定めた案を提出していた。この案はおおむね24年法に反映されたうえで若干の修正がなされ、「労働協約は、有効期間を定めた条項をふくまなければならず、且つ、いかなる場合においても、3年を超えて有効に存続することができない」（15条1項）として、有効期間を3年に限定したうえで絶対的な終了を宣明する内容となり、同条2項では労働省案34条2項一文の最後を「意思に反して、なお有効に存続することができない」と修正したうえで、二文を「但し、この規定は、労働協約の当事者のいずれか一方が反対の意思を表示しない限り労働協約の効力が更新される旨

---

1)　平成23年労働協約等実態調査によれば、調査対象の77％以上の労働協約に有効期間の定めが置かれている。

の労働協約の規定を排除する趣旨に解釈されてはならない」と変更した。一文によれば、協約に自動延長規定が存在する場合においても、期間満了の時点以降は一方当事者の意思表示によって解約が可能となるし、二文によれば、自動更新規定の活用が認められていることとなる。[2]

しかし、こののち使用者による解約が激増して無協約状態を招き、期間の定めに関する労組法の規定は再び改正を余儀なくされる。すなわち、有効期間がいかなる場合でも3年を超えることはできないとすることは硬直的にすぎて妥当性を欠き、解約について適切な規定を置くことで24年法のもたらした不都合を解消する必要が生じたのである。こうして、27年改正によって現行規定が確定した後は、本条は一度も改正されていない。

2　労組法15条の「労働協約」の意義

15条について前提的問題となるのは、その適用対象としての「労働協約」の意義である。14条の要件をすべて満たした労働協約が主要な適用対象となることは間違いないが、書面要件や署名ないし記名押印を欠く労働協約にも、15条の規制が及ぶであろうか。[3] まず前提として、この問題はそのような協約も債務的効力は有しうるという立場をとらなければ意味はない。14条の要式性を欠く労働協約は単なる契約としても認められないとすれば、期間や解約も法的には問題とならないからである。

労働協約の主たる意義の1つとして、労使間の平和的安定を一定期間にわたって実現するという機能があるとすれば、そのような機能を実効あらしめるために、有効期間の定めや解約について法的ルールを設けることには十分な意義がある。債務的部分のみを有する労働協約であっても、この意義に変わりはない。したがって、14条の要式性の要件を欠く労働協約についても、期間を定める場合は3年を超えることはできず、3年を超える期間を定めた労働協約の有効期間は3年に短縮され、期間の定めのない労働協約の一方的解約にあたっては90日前の予告が必要となるであろう。ただ、15条3項に定める解約の手続（書面性と署名または記名押印）については、もともとこの要件を満たさない債務的効力のみが認めら

---

2) 24年法15条の趣旨については、賀来・詳解152頁以下。
3) この問題については、法セ・コメ182頁［竹内寿］、東大（下）771頁参照。

れる労働協約への適用は矛盾するようにも思える。しかし、14条は、法が労働協約に付与した特別な効力（規範的効力と一般的拘束力、ならびに労基法24条1項但し書きの効力）を有するために満たすべき要件を記しているのであって、債務的効力については直接の対応をしていないと解する場合であっても、少なくとも債務的効力が認められるのであれば、労使間の安定的平和という労働協約の趣旨は反映しているのであり、あらためて15条の要件が適用されると解することは可能である。むしろ、要式性を一部欠くだけで他の面では14条の要件を完備しているような労働協約であれば、いっそうその期間や解約については法の求めるルールに従わねばならないとすることは、労働協約制度の安定的な機能の発揮を促すことになろう。前述のように、14条の要式性を欠く労働協約のすべてが債務的効力を有するとは限らないのであり、債務的効力を有する労働協約について15条も適用されるとすることには特に矛盾はない。なお、全く書面に記載されない口頭の労使合意に対しては、労働協約に関する労組法の規定は、15条も含めておよそ適用も類推適用もされないと解すべきである。そうした合意が法的に何らかの意味を有するか否かは、不当労働行為や団体交渉、あるいは争議行為に関する法的対応において検討されうるほか、民法の契約法理等に従って処理されるべきである。

第2節　有効期間の定め

1　期間の定めのある協約

労働協約に有効期間が定められた場合、その期間は3年を超えることができない（15条1項）。本規定は、労働協約の特別な機能に着目して政策的に設けられたものであって強行規定である[4]。有効期間とは、通常は期間そのものを定める（〇年〇月〇日より3年間等）か、期間の終了時点を特定するか（〇年〇月〇日まで、等）によることが通常であるが、「工事完了まで」など不確定期限を設けることもありうる。この場合も、終期の到来が確実なものについては期間を定めたものと解しうる[5]。

4）　法セ・コメ182頁［竹内寿］、西区タクシー事件―横浜地決昭40・12・21労民集16巻6号1160頁、日本通信機事件―横浜地判昭43・4・6労経速640号12頁。

不確定期限が付された労働協約も、それが期間を定めたものと解される限りは3年を超えることができないので、不確定期限の到来が3年を超える場合には3年の期間満了の時点で協約は終了する[6]。これについては、3年を超えた時点で不確定期限が付された自動延長条項が定められたものと解して、解約（一方的解約の場合は90日以上の予告期間必要）がなされなければ効力を有し続けるとの見解もある[7]。確かにそのような扱いが当事者意思に合致する場合が多いことは予想されるものの、自動延長条項は、労働協約の期間が満了したのちに新協約が成立するまで暫定的に旧協約の効力を延長させることが趣旨であって、不確定期限の到来が3年を超えた場合の解釈としては飛躍がある。また、後述のように自動延長規定は、本来の有効期間と併せて3年を超えることができないと考えられるので、その点からも矛盾が生じる。さらに、協約当事者としては、不確定期限の到来が3年を超える場合には、3年が満了した時点で自動更新される旨の規定を置くといった対応が可能であって、そのような対応も見られない場合にまで解釈によって効力を存続させる実益もないものと思われる。

　実際の労働協約においては、有効期間を定めたものか不確定期限を定めたものかをただちには確定できない場合がある。この場合には、当該労働協約の文面の解釈によることとなるが、その判断は容易ではなく、諸般の事情から総合的に結論を導かざるをえないであろう[8]。なお、例外的な事態として、労働協約自体に有

　5）　東大・註釈243頁、東大（下）765頁、有泉亨＝山口浩一郎「労働協約の終了」大系2巻174頁（＝以下「有泉＝山口」）、外尾606頁、西谷・労組法387頁、厚労省・コメ613頁、法セ・コメ182頁［竹内寿］。裁判例では、「再建途上においても人員整理は行わない」との協約規定につき、企業再建または閉鎖という不確定期限を定めた期間の定めある労働協約であると認めたものがある（東京12チャンネル事件―東京地判昭43・2・28労民集19巻1号233頁）。

　6）　清水一行「労働協約の消滅」新講座5巻341頁、幸地成憲「成立・期間」現代講座6巻93頁、法セ・コメ182頁［竹内寿］、前掲注（4）日本通信機事件。

　7）　有泉＝山口175頁、石松亮二「労働協約の成立」新講座5巻153頁、外尾606頁、西谷・労組法388頁。

　8）　裁判例においては、前掲注（5）東京12チャンネル事件に加え、労働協約には「この協約の有効期間は労働組合法第15条に従うものとする」と規定されているだけであった場合につき、「労働組合法第15条の立法趣旨、同条改正の経緯と有効期間を顧慮して一個条を設けていることから推及される協約当事者の意思を綜合すると、本協約は有効期間3年のものであると一応認められる」とするもの（札幌中央交通事件―札幌地決昭37・8・9労民集13巻4号887頁）、事務所の閉鎖や休業などについては事前に組合と協議するとの労働協約規定につき、「企業整備計画の実行が終了したときは当然消滅するという不確定期限の趣旨に解するのが相当である」としたもの（函館船渠事件―函館地判昭25・9・6労民集1巻5号862頁）などがある。

効期間の規定が存在しないにもかかわらず、特定の期間を定めていると主張されるような場合には、別途労組法14条の要件を満たした協定によって有効期間が定められていることが必要であるとの裁判例がある[9]。

基本協約と個別協約とが別々に締結されていて、個別協約が基本協約の附属規定として位置づけられるとみなされる場合には、個別協約の有効期間は、特に独自の有効期間が定められていない限り、基本協約の定めに従う[10]。

2 期間の定めのない協約

有効期間を定めない労働協約については、原則として一般の契約と同様、合意解約もしくは一定の予告期間を伴う一方的解約、および他の協約終了事由によって終了する。しかし労組法は、労働協約の特別な機能と法的地位に鑑みて、解約予告期間につき日数を限定し、かつ所定の手続を要求している（15条3項・4項）。これらの規定も、労働協約の特殊性を前提とした政策的目的による定めであって強行規定である[11]。したがって、3項に定められた解約権を放棄する合意は無効となる[12]。

協約当事者の一方からする予告は、署名または記名押印した文書によって相手に伝えられなければならない。署名または記名押印を必要としないとの合意は無効であり[13]、文書や署名または記名押印という要式性を欠く場合は解約の効力を生じない[14]。

予告期間は90日以上を必要とするが、90日という期間は、旧協約の終了にともなう混乱を回避するための期間を付与し、新協約を締結するための交渉期間を確保するという意味がある[15]。労働協約は、労働条件を決定するとともに労使間の安

9）佐野第一交通事件―大阪地岸和田支決平13・7・2労経速1789号3頁。
10）有泉＝山口179頁、法セ・コメ183頁〔竹内寿〕、青森市交通労組事件―青森地判昭41・3・4労民集17巻2号215頁。なお、個別協約と基本協約との関係については個別の解釈によることとなる。佐野第一交通事件―大阪地岸和田支決平14・9・13労判837号19頁。
11）東大（下）774頁、法セ・コメ183頁〔竹内寿〕、前掲注（4）西区タクシー事件。
12）有泉＝山口180頁、法セ・コメ〔竹内寿〕183頁、前掲注(10)青森市交通労組事件。
13）東大（下）772頁、有泉＝山口179頁、清水・前掲注（6）新講座346頁。
14）ニチバン事件―東京地決昭54・6・7労判322号27頁。
15）90日間の意義については、外尾653頁、菊池＝林201頁、砂山克彦「労働協約の終了と効力」現代講座6巻176頁、中山ほか331頁〔中山和久〕、有泉＝山口179頁、清水・前掲注（6）新講座346頁、東大（下）772頁等参照。

定的平和関係を担う役割もあるので、1つの労働協約が終了しても、できるだけ無協約状態は回避されるべきである。90日間という予告期間は、他の契約の解約の場合よりもかなり長期にわたるが、新協約の締結が旧協約の終了に間欠なく接続するための期間としては妥当であろう。

一方的解約については、予告期間を明示せずに解約だけが意思表示される場合がある。この場合に、予告期間をともなわない解約の意思表示は無効であると解すべきか[16]、90日間が経過したところで解約の効力が発生すると解すべきかの問題が生じる[17]。後者の理解は、予告期間が90日より短い場合にも90日間の予告期間が設定されたものと解する立場と同様に、結果的に90日間が確保されれば解約の意思表示自体まで無効とする必要はないとの考慮に基づくものと思われるが、全く期間が不明であって一方的に解約のみが通告されることは、諸般の事情によっては90日よりも長い予告期間が想定されうる場合もあることを考えると[18]、90日間を下回る予告期間が通告された場合と同一視することはできない。このような不安定な立場に相手方を置くことは許されず、15条4項が明確に90日間以上の予告期間を義務付けていることからも、予告期間なしの解約の意思表示は無効と解すべきである。

これに対して、90日よりも短い予告期間が示された場合には、明確な期間が示され、90日間を下回る点においてのみ違法であることが明らかであるから、90日間という法定の最短日数をもってこれに代えることは法の趣旨にもかなうものと思われる[19]。

解約は、通常労働協約の全体を対象とするが、労働協約規定の一部のみを解約する場合もありうる。しかし、労働協約は、労使間の交渉や話し合いの過程で展開されるさまざまな取引、譲歩、思惑などがすべて反映される形で締結されるものであり、1つの労働協約は全体として有機的に構成された諸規定のひとまとまりと解すべきである。したがって、少なくとも締結当事者の一方が、恣意的に労

---

16) 東大(下)772頁、有泉＝山口180頁。
17) 外尾653頁、砂山・前掲注(15)175頁、菊池＝林201頁、菅野698頁、西谷・労組法389頁。
18) たとえば使用者側からの解約において、会社の再建が成ったところで解約の効果が生じるとの意図があり、再建までに90日以上が必要であることが客観的に明らかなような場合が考えられる。
19) 外尾653頁、砂山・前掲注(15)175頁、菅野698頁、西谷・労組法389頁。これに対し90日間を下回る予告期間は無効であるとするものとして、有泉＝山口180頁、清水・前掲注(6)新講座346頁、東大(下)772頁。

働協約の一部のみを特定して解約することは原則として許されない。[20]ただ、労働協約自体に特定の一部分が独立して取り扱われるべきことが規定されていたり、当該協約の締結の経緯や協約全体の構造などから独立性が確認できる場合は、その部分の解約が有効とみなされることもありうる。[21]

3 合意解約

労組法15条により規制されるのは、一方当事者からの意思表示による解約であり、両当事者の意思の合致によってなされる合意解約については特段の規制は存在しない。同条3項は、期間の定めのない労働協約について、一方当事者による解約の場合を規定しているが、これが合意解約を排除するものでないことは当然である。したがって、労働協約の合意解約は、原則として一般の契約と同様に自由であって、解約に関する労組法15条の諸規定は適用されない。期間の定めのある労働協約であっても、当事者の明確な合意があれば自由に解約できる。もちろん、一方的解約であれば厳格な規制に服するのであるから、解約の合意は明確なものでなければならず、争いがある場合には一般の契約以上に慎重な認定が必要となろう。

問題となるのは、合意解約にも「署名又は記名押印した書面」(労組法15条3項)が必要か否かである。同項を、一方的解約に限定した定めとして読む場合には、合意解約にはこのような要式は必要ないこととなる(文理解釈としてはこれが素直な読み方であろう)[22]が、原則として同項に規定する様式が必要であるとする見解も強い。[23]確かに、合意解約もまた、労働協約の締結の場合と同様、労使の交渉・協議を通した「妥結」によるものと考えれば、締結の場合に必要な要式性の要件が解約の場合に不必要となるのは均衡を欠くように思われる。これに対しては、

---

20) 山口206頁、盛367頁、西谷・労組法390頁、菅野699頁。
21) 光洋精工事件—大阪地判平元・1・30労民集40巻1号51頁、ソニー(第一次仮処分)事件—東京地決平6・3・29労判655号49頁、ソニー(第二次仮処分)事件—東京高決平6・10・24労判675号67頁、黒川乳業事件—大阪高判平18・2・10労判924号124頁。なお、日本アイ・ビー・エム事件—東京高判平17・2・24労判892号29頁は、さらに協約締結後の諸事情や解約に至る労使の交渉等も考慮に入れるものとしているが、これはかなり複雑な労使関係の展開を踏まえた見解であり、一般化できる判断基準とはいえない。
22) 外尾653頁。
23) 有泉=山口181頁、東大(下)774頁、山口206頁、菅野699頁。

労働協約の締結は、規範的効力や債務的効力を通した労使関係の安定的形成をはかるものであって要式性を伴うのは自然であるが、解約はそのような重要な意義を有するわけではないとの考え方もありうるが、解約によってそれまで労働協約を通して形成されていた労使関係が激変することもあり、両者をその効果や影響の面から区別するのは困難である。「特別な慣行」があれば要式性を備える必要はないとの見解もあるものの、そのような認定は困難であると思われるので、労組法15条3項の準用ないし類推適用として、要式性のない合意解約は認められないと考えられる。

なお、関連した問題として、期間の定めのない労働協約につき、解約それ自体を排除ないし限定する特約の効力も理論的には問題となりうる。たとえば、2年以内には解約しないとの特約は、期間の定めのある労働協約についての「最長3年」という規制に照らして労働協約の安定性確保に資するものとして無効とはいえないと思われるが、4年間の解約規制特約は、当事者の解約権を制限するものであって無効となると解される。期限を定めずに解約を制限する特約についても同様である。

第3節　自動延長・自動更新条項

労働協約が終了する場合、新協約がそれに接続されることが望ましいが、交渉が常に円滑に進捗するとは限らない。そこで、多くの労働協約では、新たな協約が締結されるまで、もしくは一定の期間、終了した協約が自動的に延長される（自動延長）か、もしくは自動的に更新される（自動更新）との規定を置いている。両者の相違は、有効期間が満了した協約をそのまま終了させずになお期間の延長を定めるのが自動延長条項であり、いったん期間満了で終了させたうえで、同一内容の協約が新たに締結されたものとみなすという定めが自動更新条項であるという点にある。しかし、両者はいずれもそれまでの協約の効力を同一の状態で存続させるという機能を有するので、どちらの趣旨かただちには判断できない場合

---

24) 有泉＝山口181頁。
25) 西谷・労組法390頁は、債務的部分については口頭の合意解約も有効とするが、労組法15条2項が規範的部分と債務的部分とを区別していないこととの均衡を考慮すると賛成できない。
26) 同旨、東大(下)774頁。

もある。そのような場合には、当該規定の解釈によって決することとなる。[27]

1 自動延長条項

　労働協約の有効期間満了にあたって、いまだ新協約の締結に至らない場合に無協約状態を避けることを目的として、期間を定め、あるいは定めずに、それまでの協約の効力を延長することを定めるのが自動延長条項である。自動延長されれば、実質的にはその延長期間だけ労働協約の有効期間が追加されたこととなるので、場合によっては延長により1つの協約の有効期間が3年間を超えるという結果をもたらす。たとえば、もともと3年間の有効期間を定めた労働協約に、期間満了までに新協約の締結が実現しない場合には1年間自動延長されるとの規定がある場合、実質的に当該協約には4年の有効期間が定められたのと同じ結果となり、労組法15条1項および2項との関係が問題となる。すなわち、このような延長が同条1項に反すると解されるならば、そもそも自動延長は不可能であるということになるし、反しないと解するためにはどのような論拠がありうるかが問われることとなる。これについては、元の有効期間と延長期間を加えて3年を超える場合は3年に短縮されるとして、15条1項および2項をそのまま適用する見解[28]と、3年を超えても一定期間は有効とする考え方の諸類型が存する。3年を超えた期間を有効と認める見解には、元の有効期間と延長期間とを合算して3年間が満了した後は期間の定めのない労働協約とみなされ、当事者は90日前の予告をもって当該協約を終了させることができるとするもの[29]と、延長期間のうち、新協約締結のための交渉に必要な相当の期間までは有効とみなすもの[30]、および原則として延長期間満了まで労働協約は有効に存続するとの考え方[31]がある。

　労組法15条1項および2項は、自動延長の場合にはそのまま適用されないとす

---

27) 「会社又は組合より改訂の意思表示なきときは本協約の効力は自動的に延長するものとする」との労働協約の規定につき、諸般の事情から自動延長ではなく自動更新の規定であるとした例として、日本亜鉛鉱業事件—福井地決昭24・8・13労裁集5号152頁。
28) 菅野697頁、荒木592頁、幸地・注(6)現代講座6巻96頁、東大(下)766頁、清水・注(15)新講座5巻342頁。
29) 沼田稲次郎『労働協約の締結と運用』(総合労働研究所・1970) 275頁、西谷・労働法388頁。西谷は、3年の期間制限に服するとの考え方は「本来の有効期間と、当事者が平和義務から解放されて次期協約のために交渉することを予定した期間とを同一視するもの」と批判する。
30) 有泉＝山口177頁、石松・前掲注(7)新講座5巻156頁、盛330頁。
31) 外尾611頁。

る諸見解が妥当とみなされるためには、元の有効期間と延長期間を合算して3年を超えることにつき、延長期間と元の有効期間とは、明文の法規定の適用を除外できる意味で「異なる」ことが立証される必要がある。これにつき、これらの見解が共通に論拠とするのは、前掲注(29)の西谷教授の指摘にあるごとく、延長期間中は平和義務から解放されるという点である。確かに、自動延長条項の趣旨が延長期間中に新協約締結のための交渉を行うことにあるとすれば、当該期間中の争議行為が平和義務違反となるとはいえないことは明らかであり、この指摘は傾聴に値する。しかし他方で、仮に有効期間中であっても新協約の締結のための交渉は行われうるし、その期間平和義務から解放されると解することも可能であり(「期間満了前3か月間に新協約締結のための交渉を行う」との規定を設けたような場合、その期間は平和義務から解放されると解されることは十分にありえよう)、延長期間が通常新協約締結のための交渉期間とみなされることや、その期間中の平和義務からの解放は、3年の有効期間を定めた法規定の適用除外を正当化する論拠とはなりえない。労組法15条1項・2項は例外を認めておらず、解釈論としても無理がある点も踏まえると、自動延長の期間は元の有効期間と合算して3年を超える場合は無効となり、合計3年までに短縮されると解する見解が妥当である。[32]

これに対し、期間を定めずして自動延長が定められた場合には、両当事者は、延長期間中に90日間の予告をもって労働協約を解約することができる[33](労組法15条3項後段)。ただ、この場合に、予告をすることができるのは延長期間に入ってからであるとすると[34]、有効期間満了後も少なくとも90日間は効力が延長されることとなり、元の有効期間が3年であったような場合には労組法15条1項および2項との関係で齟齬を生じることとならないかとの問題が生じる。これについては、90日間を加えて3年以上となる有効期間を定めた労働協約については、そのような自動延長条項を無効としたうえで、期間満了前に解約の申入れがなく、期間満了後も両当事者が労働協約を遵守している場合には、黙示の延長の合意があったとみなすべきであるとの考え方があるが[35]、このように解しても、3年を超えて有効期間が延長されていることには変わりない。解釈論としては、当事者が拘束さ

---

32) 同旨、法セ・コメ185頁[竹内寿]。
33) 裁判例として国光電機事件―東京地判昭41・3・29労民集17巻2号273頁。
34) 外尾611頁、幸地・前掲注(6)95頁。
35) 東大(下)768頁。

れる有効期間は3年を超えることができないとの法原則に立ち戻り、予告期間を加えて3年を超えない自動延長条項のみが有効とみなすべきであろう。したがって、もともと3年の有効期間を定めた労働協約には、期間の定めのない自動延長もできないこととなるが、そのような協約を締結する当事者は、新協約のための交渉を早くから開始するよう努めるべきであるということになる。立法論としては、労組法15条1項および2項の弾力化も検討に値しよう。

2 自動更新条項

　自動更新条項は、労働協約の有効期間が満了した時点で、当該労働協約と同じ内容の新たな協約を締結したものとみなす規定である。本来、労働協約は労働組合と使用者もしくは使用者団体との交渉と合意によって締結されるものであるが、すでに有効に機能している労働協約がある場合には、両当事者の合意の下で、締結手続を省略して同じ内容の労働協約を生み出すことは合理的でもある。自動延長とは異なり、内容は同一でも（厳密には、新たな期間が定められるはずであるから全く同一ではありえない）新しい協約が締結されたこととなるので、元の協約の有効期間と新協約の有効期間を合算して3年を超えても有効である。自動更新については、それを是としない場合の改訂ないし廃棄の申入れが定められることが通常であり、そのための期間や手続が規定される。定められた期間に反して申し入れられた改訂や廃棄の意思表示は更新を妨げることはできず[37]、所定の手続を履践しない場合も同様である[38]。また、改訂を申し入れる場合には改訂の意思表示と改訂案とを同時に示すことが定められている場合に、改訂の意思表示のみ先行され、改訂案が後に提示されたような場合には、そのタイムラグが改訂案の審議に著しい支障をきたさない限り有効である[39]。このような手続が明記されていなかったような場合には、改訂の意思表示がなされても全く改訂案が示されずに期間が満了すれば、更新がなされたものとみなされることになろう[40]。

---

36)　東大・註釈144頁、東大(下)768頁、有泉＝山口176頁、亜細亜通信社事件―東京地判昭45・6・23労民集21巻3号924頁。
37)　芝浦工機事件―横浜地判昭24・10・26労裁集5号170頁。
38)　東大(下)760頁。
39)　三井鉱山事件―福岡高決昭39・2・28労民集15巻1号129頁。
40)　同旨、瀧川化学工業事件―札幌地判昭24・8・25労裁集6号137頁。

第3章　平和義務[1]

第1節　緒　論

　平和義務も、有利原則や協約自治の限界、あるいは余後効などと同様、ドイツの労働協約法理から導入された概念であり、Friedenspflichtの直訳である。その意味は、労働協約の有効期間中は、当該協約に結実した合意事項については争議を控えるという義務であり、内容的には争議の自制義務といえる。通常は労働協約に定められた事項を対象とする争議行為のみが対象となることから「相対的平和義務」とも称されており、労働協約有効期間中はあらゆる争議行為を控えるという「絶対的平和義務」と区別される。また、労働協約自体の中に平和義務について規定がある場合には「平和義務条項」と称される。これに対し、争議の段取りや手続について規定した項目を「平和条項」と称するが、名称としてはこの3つは混乱をもたらしかねず、「平和義務」という土台の概念の再検討も含めて、新たな概念の体系を検討するべきであろう。[2]

　労働協約について、そもそも平和義務は認められるべきであろうか。具体的な平和義務条項が存する場合には、その解釈適用の問題となるが、通常平和義務はそのような条項の有無にかかわらず認められるものと考えられており、しかも法令上の直接の根拠はないので、改めてその法的根拠が問題となる。ただ、対立する両当事者が交渉を通じて合意に至ったことを示す書面協定が成立すれば、その合意内容を争う行為が不当とみなされるとの対応は、少なくとも一般的に妥当性を有するととらえられており、諸外国においてもそのような意味での平和義務は、立法ないしは解釈によって認められているのが通常である。[3]このうち、特に日本の平和義務論に決定的な影響を与えてきたドイツにおいては、もともと労働協約

---

1) ドイツにおける平和義務論の展開、日本における意義など、平和義務について総合的に検討した基本文献として、中嶋士元也「平和義務の契約法論的構成(1)〜(4)」法学協会雑誌92巻7号（1975）1頁以下、同9号（1975）64頁以下、93巻1号（1976）25頁以下、同3号（1976）34頁以下＝以下「中嶋(1)〜(4)」）。
2) 平和義務に関する日本の学説の展開については、中嶋士元也「平和義務の法理」（文献研究・日本の労働法学〔季労91号（1974）〕280頁以下＝以下「中嶋・法理」）。
3) 諸外国の平和義務については、中嶋(1) 9 頁以下。

の中心的な意義や目的として「産業平和の実現」が認識されており、1873年印刷業協約においては明文で協約有効期間中の争議行為の禁止が定められていた[4]。その後、ドイツ労働協約論をリードしたジンツハイマーらが平和義務論を精緻に展開し、紆余曲折はあったものの、現行労働協約法の下では、平和義務は労働協約に当然に内在する義務であるとの認識が定着している[5]。

しかし、ドイツにおける平和義務は、ゲルマン法の影響の下、独自の協同体論を反映した協約協同体の理念が平和義務論として協約法理に結実したという背景を見逃すことはできず[6]、同様の背景を有さない日本にそのまま導入することには無理がある。そこで、日本において平和義務が認められるべきか否かについては、日本法の体系の中で独自の検討がなされる必要があるが、従来はドイツ法の議論の影響が強く、労働協約の法規範としての意義を重視して、平和義務は労働協約に内在的な本質的義務であると説く見解も有力に展開されていた[7]。その他、協約当事者の黙示の合意を推定する考え方[8]、契約としての労働協約の信義則上の義務であるとする見解[9]などが提示されたが、すでに争議行為自体がほとんど見られなくなった21世紀初頭において、平和義務の法的根拠を探る実益は必ずしも大きくないものの、労働協約の契約としての効力が、基本的には民法の原則に従うことを前提とすれば、労働協約に労使間の争いを一定期間猶予する機能があることを踏まえ、信義則上の義務（協約遵守義務ないし実行義務の付随義務と構成できる）として平和義務が認められるとする考え方が最も説得力があるといえる。したがって、およそ協約の有効期間中はあらゆる争議行為を控えねばならないという絶対的平和義務は認められない。

なお、このように考えると、平和義務を排除する労働協約の規定（平和義務排除条項）の有効性が問題となる。平和義務が協約に内在する本質的義務であるならば、そのような排除条項は無効となると考えられるが[10]、契約上の合意や信義則を根拠とするものであれば、明示の合意に優先するか否かは直ちには決しえない。

---

4) ドイツにおける平和義務の展開については中嶋(1)27頁以下。
5) Löwisch, 8.aufl. s85ff, Zöllner/Loritz/Hergenröder, Arbeitsrecht, 6.aufl. s369ff.
6) 中嶋(2)133頁以下参照。
7) 吉川57頁、後藤・基本問題28頁、石井・研究III70頁。
8) 河野廣「平和義務」講座4巻884頁（=以下「河野」）、外尾643頁、西谷・労組法367頁。
9) 中嶋(4)389頁、石川282頁、菅野687頁、東大(下)727頁。
10) 吉川54頁。

平和義務の法的根拠を契約上の合意もしくは信義則に求める諸見解は、いずれも平和義務排除条項を有効と認める[11]。平和義務もまた労働協約が契約であるという法的性格から認められるものである以上、このように解することが妥当と思われるが、信義則上の義務といっても、労働協約が争議を抑止する機能を果たすことを踏まえると、平和義務排除条項は同一協約内に明文の規定によって定められる必要があろう[12]。

一方、平和義務は労働協約について信義則上認められる義務なので、特に協約自体に平和義務条項を定めてあるか否かは平和義務の存否には直接関係しない。したがって、平和義務条項を労働協約に入れることを団交に応じるための条件にするような使用者の対応は、基本的に不当労働行為となる[13]。

第2節　平和義務の主体・範囲・対象

平和義務を課されるのは、労働協約の締結当事者たる労働組合と使用者または使用者団体であり、個々の組合員は直接平和義務の主体とはならない。しかし、組合が平和義務を負う結果として、組合大会等で具体的な協約事項につき争議権が確立されたとしても、労働組合は争議行為を実施することができないので、組合員も平和義務に間接的には拘束されることとなる。平和義務の効果として、組合は、自ら争議行為を控え、組合員に争議行為を扇動するような言動を慎ませる義務（不作為義務）を負うだけでなく、統制力を行使して下部組織や組合員集団が争議行為に走らないよう抑制する義務（作為義務）を負う[14]。しかし、このような義務を履行したにもかかわらず、下部組織や組合員の一部がストライキなどに至った場合は、平和義務違反の争議行為ではなく統制違反の争議行為もしくは山猫ストとして扱われることとなる。

絶対的平和義務は認められないという前提に立つ場合、平和義務が及ぶのは、

---

11)　中嶋(4)362頁、東大(下)728頁、山口178頁、渡辺(下)127頁、西谷・労組法367頁。
12)　東大(下)728頁は、平和義務排除条項によって協約全体の拘束力が疑われる場合のあることを指摘するが、たとえば「争議権を完全に留保する」との定めがあるような協約は、契約成立の要件である意思の合致自体が問われよう。
13)　葦原運輸機工事件―大阪地判昭54・5・7労民集30巻3号587頁、同控訴審―大阪高判昭57・2・25労民集33巻1号151頁。
14)　東大(下)728頁、日本信託銀行事件―東京地決昭35・6・15労民集11巻3号674頁。

協約に規定された事項に関する争議行為であり、それ以外の事項を目的とする争議行為は、少なくとも平和義務違反を問われることはない。この点につき、団体交渉において交渉の対象となり、労働協約には盛り込まれなかったものの、当事者間においては、当該事項について労働協約有効期間中争議行為を行わないことが合意された場合にも、当該事項についての平和義務が生じるかという問題がある。平和義務の拡大は争議権の制約につながるため慎重であるべきという考え方[15]もありうるが、そのような原則論が常に適用されるべきか否かについては考慮が必要である。たとえば、労働協約の締結をめぐる団体交渉において合意されたことが明確であり、しかも当該事項について労働協約の有効期間中争議行為を控えるとの合意も明示的になされている場合には、それも平和義務と名付けるか否かはともかくとして、当該事項について協約の有効期間中争議行為を行わない契約上の義務は生じているとみなして差し支えないものと思われる。[16]

また、平和義務が及ぶのは厳密な意味での争議行為に限定されない。平和義務が当該協約の遵守義務・実行義務の付随義務として認められるとすれば、労働協約の当事者に義務付けられるのは、協約上の合意内容を危殆ならしめる実力行使一般を自制することであって、組合活動や就業規則の変更なども場合によって平和義務違反を問われることがありえよう。[17]

当該協約の有効期間中に、当該協約規定の改廃ではなく、次期協約の内容をめぐって争議行為を行うことは平和義務には反しない。[18]平和義務は、あくまでも当該協約についてのみ、その都度認められる義務であり、他の協約に関する争議を

---

15) 東大(下)729頁。
16) なお、東大(下)729頁は、労働協約の規定の改廃を求める争議行為は許されないが、規定の解釈をめぐる争議行為は平和義務違反とはならないとする。基本的にはその通りであるが、具体的に挙行された争議行為の目的が協約規定の「改廃」ではなく「解釈の対立」であるという認定は慎重になされるべきであろう。
17) 東大(下)729頁。
18) 中嶋(4)369頁、東大(下)729頁。有効期間満了に近接した時期であれば平和義務違反にならないとする見解として、孫田135頁、沼田・実務大系188頁。なお弘南バス事件―仙台高秋田支判昭39・4・14労民集15巻2号268頁は、「労働協約に内在する相対的平和義務は労働協約の有効期間中労働協約所定事項を実力行使をもって変更しない義務にすぎず、労働協約の有効期間満了の相当の期間前に有効期間満了後の労働条件を定むべき次期労働協約締結の要求をなす合理的理由も存するから、労働協約所定事項以外たる次期労働協約の締結を目的とする争議が労働協約の有効期間の初期の段階ではなく、有効期間満了の相当の期間前になされたとすれば、当該争議は相対的平和義務に違反することはないと解すべきである」としてこのような考え方に与している。

抑制する機能を有するとはいえないからである。

なお、労働協約の有効期間中に、その内容の改廃を求めて団体交渉の要求を行うことは、それ自体が違法となるわけではないものの、使用者がこれを拒否することは正当な理由を有するとして不当労働行為とはならないとされているが[19]、平和義務が一般契約法理を前提とした信義則上の義務であるとすれば、通常の契約においても、有効期間中に改訂についての交渉を申し込むこともこれを断ることも自由であって、団体交渉の申込みについてのみ例外を認めうる根拠はないと思われるので、妥当な帰結であるといえよう。

第3節　平和義務違反の行為とその効果

1　平和義務違反の争議行為

平和義務違反の行為は、理論的には労使ともに想定しうるし、また行為類型もさまざまにありうる。しかし、主として問題となるのは労働組合の争議行為である。一般に契約の信義則に反する行為は、債務不履行の原則に従って処理されるが、平和義務という信義則上の義務に反する争議行為は、単に労働協約上の債務不履行をもたらすだけでなく、争議行為として正当性が認められなければ、刑事免責（労組法1条2項）、民事免責（同8条）、不利益取扱いからの保護（同法7条1号）という労組法上の特別な法的保護を失うという法的効果を生じる。そこで、平和義務に反して行われた争議行為は、これらの保護を失う正当性なき争議行為となるかが問題となる。平和義務違反の争議行為の正当性については以下3(2)に述べる。

2　労働組合の争議行為以外の違反行為[20]

労働組合が行う争議行為以外にも、たとえば労働協約に明記された精勤手当に

---

19) 菅野687頁、西谷・労組法368頁、ネッスル日本事件—神戸地判昭58・3・15労民集34巻2号142頁。
20) 平和義務違反の組合活動については、下井隆史＝保原喜志夫＝山口浩一郎『論点再考労働法』（有斐閣・1982）91頁以下参照。

つき、このような賃金項目は必要ないとの組合のビラを配布するなどの組合活動は平和義務違反を問われうるし、（実際にはほとんどありえないが）使用者がコストカットを目的として協約上の手当の廃止を組合に求め、断られたことを理由にロックアウトを挙行するような場合も同様である。

しかし、これらの行為が実行されることはあまりないのみならず、実施されたとしても、平和義務違反について争いとなることはあまり考えられない。組合活動についてはその態様や方法、手続の点で問題がなければ、目的が労働協約の改訂であることだけで正当性を失うことは想定しにくいからである。また、平和義務違反が問われたとしても、これに対してどのような法的効果が生じるかは難問となる。損害賠償請求は可能であるとしても損害額の算定は容易ではないし、差止請求が認められるか否かについては、後述のようにそもそも信義則違反としての平和義務違反の行為に差止請求が認められるかという課題があり、これもただちに結論は導きえない。もちろん、今後、実際の争いが生じるようになった場合には、理論的にも新たな対応を迫られる可能性は否定できない。

3　平和義務違反の有無と効果

(1)　平和義務違反の有無

平和義務に違反するか否かは、具体的な行為の目的によって判断される。労働協約上の合意に反するとみられる争議行為であっても、たとえば、労働協約に各種手当が列挙されていた場合、そこに記されていないインフレ手当を求めて争議行為を行うことは、原則としては平和義務に違反するが、労働協約締結当時予想しえなかった大幅な物価上昇が生じたような場合には平和義務に反しない特段の事情が認められる。[21] 労働協約に記載された条項も解釈が必要な場合があり、当事者意思の確認を基軸として、当該協約の締結の経緯、他の関連条項との関係、当該条項に関する具体的な合意の内容などを総合して、実際に挙行された争議行為等が平和義務に反するか否かを判断することとなろう。なお、労働委員会が発した裁定は労働協約とみなされるが、これについても、労使が仲裁に従う意思を予

---

21) ノース・ウエスト航空事件—東京地決昭48・12・26労民集24巻6号666頁。なお、同様の事案について、インフレ手当は労働協約所定の事項に含まれるとしてこれを争う争議行為が平和義務違反とされた例として、パン・アメリカン航空事件—東京地決昭48・12・26労民集24巻6号669頁がある。

め示している以上、通常の労働協約と同様、信義則上の平和義務が認められ、裁定の内容を争う争議行為等は債務不履行をもたらすと考えられる。[22]

(2) 平和義務違反の争議行為と正当性

平和義務違反の争議行為は正当性を失うといえるか。これについては、少なくとも平和義務に違反しただけで刑事免責まで失うとの見解はまれであり[23]、問題は主として民事免責と不利益取扱い、とりわけ争議行為の指導者や参加者への懲戒処分である。

労働協約を法規範とみる考え方からは、平和義務違反の争議行為は法規範の設定と矛盾する自殺行為であるなどとして民事免責を否定する見解が導かれるが[24]、契約としての労働協約の意義を認める立場は、平和義務違反は単なる契約上の債務不履行責任をもたらすのみで、争議行為としての正当性を失わせるものではないとする[25]。ただ、平和義務の根拠を合意に求めつつ、その対世的効果を主張して民事免責を否定する見解や[26]、平和義務違反の背信性を重く見て同様の結論を導く考え方もある[27][28]。

平和義務違反の争議行為については、実際に平和義務違反の争議行為によって損害が生じうることが考えられること（協約上合意されている休日労働を拒否してストライキを行う場合など）、平和義務違反は争議行為の目的の点で、労使間平和を阻害する重要な信頼関係の破壊をもたらすものであり、ただちに正当性を認めうるとはいえないことなどからすると、原則として民事免責を失うとの結論が正

---

22) この点、労働委員会のあっせんによる協定の内容を争う争議行為につき、争議権は憲法に保障された基本権の1つであって、これを制約する趣旨に協約文書を拡張解釈すべきではないとする裁判例がある（順天堂病院事件―東京地判昭40・11・10労民集16巻6号909頁）が、このような解釈を一般化することは妥当ではない。
23) 刑事免責をも認めない少数説は、協約を法規範ととらえて、平和義務違反の争議行為を国家秩序の侵害ととらえる（石井437頁、柳川真佐夫ほか『全訂判例労働法の研究 下巻』（労務行政研究所・1959）1097頁、吾妻・註解97頁）が、協約の契約としての意義を認める場合には刑事免責までをも否定する根拠は乏しい。これらの点については東大(上)96頁以下、中嶋(4)382頁参照。
24) 石井384頁、園部秀信「協約違反の争議行為」大系3巻88頁。
25) 秋田成就「平和義務と平和条項」講座労働問題4巻132頁、横井芳弘「協約違反の争議行為」浅井還暦241頁、西谷・労組法369頁。
26) 柳川真佐夫「平和義務と平和条項」大系2巻167頁。
27) 中嶋(4)376頁。
28) 平和義務違反の民事免責については、中嶋(4)375頁以下、東大(下)511頁以下参照。

当であろうと思われる[29]。

　これに対し、不利益取扱いからの保護については、それが個人に対する措置を態様とするものであることから、平和義務違反という労働組合と使用者または使用者団体との間の債務不履行を根拠としうるかという問題がある。しかし、民事責任を問う場合であれば、そもそも争議行為という労働組合の行為について個人責任を問えるかという基本課題に直結する難問となるものの、ここでは労組法7条1号にいう不利益取扱いが問題となっているのであり、争議行為の正当性如何にかかわらず個々の労働者に対する不利益取扱いが認められないとまではいえないであろう。

　なお最高裁は、平和義務違反の争議行為は「たんなる契約上の債務の不履行で」あり、「企業秩序の侵犯にあたるとすることはでき」ないとして、平和義務に反する争議行為に参加した労働者に対する懲戒処分を無効とした[30]。理論的には、平和義務違反とはすなわち契約違反であることは当然としても、だからといって平和義務違反の争議行為が直ちに企業秩序に違反しないとはいえない。上記判旨は、当該争議行為が平和義務に違反することを認めたうえで、懲戒処分を適法と認めるだけの企業秩序侵害が認められないとした判断であって、平和義務違反の争議行為の正当性について一般的な考え方を示したものとはいえないととらえるべきであろう。したがって、最高裁が平和義務違反の争議行為の正当性についていかなる評価をしているかは、この裁判例によっては明らかとはなっていないと考えられる[31]。

　それでは、平和義務違反の争議行為に対し、どのような法的対応が可能か。まず、前述のように平和義務違反の争議行為については、労働協約上の債務不履行とは別に、その正当性が問題となり、正当性が認められない場合は、刑事免責、民事免責、不利益取扱いからの保護のそれぞれにつき、具体的な処理が検討されることとなる。平和義務違反の実際の内容、経緯等により結論は異なりうるが、

---

29)　中嶋(4)376頁、東大(下)512頁、荒木602頁。なお、菅野716頁は、「正当性に影響をもたらす瑕疵を有している」としたうえで、具体的には諸般の事情を総合して「個別に判断すべき」とするが、判断基準としては曖昧にすぎるように思われる。
30)　弘南バス事件―最3小判昭43・12・24民集22巻13号3194頁。
31)　本件判旨が判決の中では傍論に位置づけられることなどを指摘したうえで同様の評価をするものとして、色川幸太郎＝石川吉右衛門『最高裁労働判例批評(1) 刑事篇』(有斐閣・1975) 148頁［萩澤清彦］。

基本的枠組みとしては、平和義務に違反するだけで刑事責任が問われることは考えられないので、刑事免責は否定されないものの、民事責任は問われうるし、不利益取扱いからの保護も否定されることとなろう。民事責任については、当該争議行為から生じた相当因果関係が認められる損害を賠償する責任が生じる。また不利益取扱いからの保護については、まさに個別の平和義務違反の内容によって異なるものと思われるが、一般的には、平和義務違反の争議行為が正当性を失うとしても、それだけで懲戒処分等の具体的な不利益取扱いが適法となるわけではない。争議行為としての正当性が認められれば、企業秩序を侵害したとしてもそれは懲戒処分の適法性を導かないのであり、逆に平和義務に違反した争議行為の指導や参加がただちに企業秩序を侵害するわけではない。したがって、平和義務違反の争議行為が正当性を失うとしても、個々の争議参加者等への不利益取扱いは、企業秩序侵害の有無や程度等を個別に検討したうえで判断されることとなるし、企業秩序の侵害があったとしても、それはあくまでも争議行為の目的の点からそのように評価されるのであって、これのみを理由とする懲戒処分等の不利益取扱いが常に適法とみなされるわけではない。実際に行われた争議行為の態様や主体、手続に加え、使用者側の諸事情などの他の側面を総合して、当該不利益取扱いが適法か否かが最終的に判断されることとなる。

(3) 平和義務違反の法的効果

平和義務に反する争議行為が行われれば、少なくともそれが労働協約の債務不履行とみなされることは間違いない[33]。したがって、債務不履行から生じる効果としての履行請求、強制履行、差止請求、損害賠償、労働協約の解除などが問題となる。また、争議行為の正当性が認められないために民事免責が失われる場合には、争議行為から生じる民事責任についても損害賠償請求がなされることとなろう。

まず、履行請求や強制履行は、労働協約の場合にはほとんど問題にならず、実際に争いとなりうるのは差止請求、損害賠償、労働協約の解除である。このうち差止請求に関しては、「平和義務違反の争議が行われた場合の法的効果としては

---

32) 前掲注(30)の弘南バス事件最判の判旨はこのような趣旨に解すべきである。
33) ただし、協約条項の不履行ではなく、契約としての労働協約締結当事者に課される信義則上の義務の不履行である。この点を強調するものとして、前掲注(20)下井＝保原＝山口109頁。

その争議行為が争議を以て改廃に及び得ない協約条項に関する要求を目的とする点ないし期限による制限に反する点において違法とされこれがため民事上、刑事上の免責及び不当労働行為からの救済という労働法上の保護を受ける利益を失うものと解して妨げがあるわけでないし又それ以上を求めるのは飛躍を免れない［から、］平和義務の内容を実現する債権法上の履行請求権は法理上これを認め難い」と述べ、非保全権利が認められないとして差止請求を却下した判決があり、[34]その論理は正当性なき平和義務違反の争議行為については傾聴に値するし、学説上も同様の見解があるが[35]、これに反対する見解も強い[36]。実定法上の制約がない限り、差し止め請求もこれを否定する論拠はなく、ただ「争議行為差止の仮処分がなされると労使の相対的力関係に莫大なる影響を及ぼすことが明らかであるから、それがためには相手方の行わんとする争議行為によって……回復すべからざる損害を被る事情が疎明されなければならない」との考慮が必要であると考えるべき[37]である[38]。

　損害賠償については、その額の算定が最も困難な問題となる。使用者側の平和義務違反行為があった場合には、それによって組合に生じた相当関係ある損害のすべてを賠償すべきであることに異論はないが、労働組合側の損害賠償義務については議論があり、そもそも労働組合側の損害賠償義務は否定されるべきである[39]とか、慰謝料にとどめるべきであるとの主張もある[40]。

　確かに、労働組合が平和義務違反を問われる場合のほうが一般的に損害賠償額が多額になり、組合側の負担はかなり大きくなる。しかし、労働協約違反の損害賠償について特に労働組合側を保護しなければならないという法的根拠に乏しいし、実際の損害額の算定の過程においてはさまざまな事情が考慮されるのであるから、あらかじめ損害賠償義務を制約する必要にも乏しく、結論としては通常の

---

34)　前掲注(14)日本信託銀行事件。
35)　兼子一「争議差止の仮処分」討論労働法24号（1954）38頁以下、沼田・実務大系188頁、西谷・労組法371頁。
36)　中嶋士元也『労働関係法の解釈基準 上』（信山社・1991）213頁、東大(下)734頁、菅野688頁、山口268頁、荒木584頁。
37)　ノース・ウエスト航空事件―東京高決昭48・12・27労民集24巻6号668頁。
38)　同旨、東大(下)735頁、法セ・コメ200頁［名古道功］。
39)　吾妻・新訂303頁以下、沼田・実務大系187頁。
40)　岩井蕘吉「債務的効力」現代講座6巻164頁、西谷・労組法371頁。

損害賠償法理に即し、労使ともに、平和義務違反と相当因果関係のあるすべての損害を賠償する義務があると考えるべきであろう。[41]

---

[41] 中嶋・前掲注(36)198頁、東大(下)735頁、菅野688頁、山口260頁、荒木584頁、電気化学青海工場事件―新潟地高田支判昭24・9・30労裁集5号26頁。

第4章　労働協約の内容と解釈

第1節　緒　　論

　労働協約は、「労働条件その他」について規定した労使間合意であるが、記載条項が法律によって定められている就業規則とは異なり、具体的な内容はきわめて多岐にわたる。使用者の作成にかかることが前提である就業規則は、労働者に対して一定の効力を有する以上、その内容についても法的コントロールが不可欠であるが、労働協約は対等な当事者の間で合意の上で締結される書面協定であり、その内容も当事者にゆだねられている。ただ、具体的な諸規定の効力について相違があることは前述のとおりである。
　このように労働協約の内容には特に制約はないが、労使関係のダイナミズムを通して締結されることから、実際にはいくつかの類型に区別することが可能である。
　この点、労組法が施行されて以降の日本の労使関係の展開の中で、一般的にみられる協約規定の類型は、時代ごとに一定の特徴を見せている。たとえば、現行労組法施行後、無協約時代の混乱も収まり、戦後の労使関係の枠組みが固まりつつあった1954年に、当時の労働省が労働協約の実態を調査して刊行した『労働協約全書』によれば、組合保障条項、非組合員の範囲に関する条項、組合活動条項、経営協議会条項、苦情処理手続条項、団体交渉条項、平和条項、争議条項など、労使関係に関する事項が多彩に盛り込まれていることが目立つ[1]。これに対し、高度成長期を経て低成長時代に入り、労働組合組織率の長期低下傾向が定着した2011年の調査[2]をみると、1954年の調査では、まだわずかながらみられたクローズ

---

[1] 労働省『労働協約全書』（労務行政研究所・1954）によれば、調査対象となった労働協約のうち、ショップ制を規定するものが88％（クローズド・ショップ2％、ユニオン・ショップ81％、オープン・ショップ5％）、組合活動の規定が93％、経営協議会の設置を規定するものが90％、団体交渉手続規定が81％、争議条項が81％に上る。他方で、人事については84％、給与について82％、労働時間について83％の労働協約が規定しているものの、退職金については62％、服務規律43％、安全衛生52％、災害補償44％などとなっており、労使関係事項、とりわけ組合活動や争議、経営協議会事項の充実が注目される。

[2] 厚生労働省「平成23年労働協約等実態調査の概要」。なお、労働協約に関する近年の調査は、調

ド・ショップ（2％）は調査対象自体からはずされており、ユニオン・ショップも67％にとどまっている。このほか組合活動、団体交渉、争議条項等も相対的に著しく低下しており、さらに人事条項、賃金、労働時間等も、労働協約で規定しているとの回答はごく少ない。経営協議会事項や苦情処理事項は調査対象にさえなっていないが、逆に事業の縮小（35.5％）や事業所の移転（28％）などについて、わずかながら労働協約条項となっており、また海外勤務に関する条項も定められるようになっている（21％強）点などは時代の変化を反映しているといえよう。また、近年では、労働協約ではなく、就業規則等の他の規程に定めを置くことの方が一般化するようになっている点も注目される。労働組合の役割が、使用者と対等の立場で労働協約を締結することよりは、就業規則への意見具申など使用者に労働者側の意向を伝える機関にその機能を変えてきていることが想定される。

このような傾向を踏まえたうえで、以下ではこれまで問題となってきた条項を中心に、労働協約の内容について検討し、最後に労働協約の解釈のありかたについて検討する。

第2節　組合員の範囲

1　組合員範囲条項の意義

労働組合のメンバーシップをどう規定するかは、本来は当該組合の規約におい

　査対象労働組合のうち労働協約を有している組合の割合を確定したうえで、各条項の有無については「何らかの規定がある」「労働協約に規定がある」という選択肢を用意して回答を集めている。そこで以下では、調査対象組合につき、（各条項につき「労働協約に規定がある」率）÷（「労働協約を有している」率（＝91％））を算定して、前掲注（1）の「労働協約全書」と比較する方法をとる。

3）　前掲注（2）の平成23年調査では、組合活動条項のうち最も多い就業時間中の組合活動の規定が65％であり、団体交渉事項が68％、争議行為の予告事項が68％、人事事項のうち最も多い解雇事項が61％強、賃金体系に関する事項が50％、所定労働時間に関する事項が62％、安全衛生のうち最も多い健康診断の事項が45％となっている。

4）　特に人事についてはこの特徴が著しく、平成23年調査では、たとえば解雇については労働協約のうち50％強にしか規定がないが、「何らかの規定がある」と答えた組合は93.4％にのぼっている。

5）　この点に関しての労作として、中村圭介＝佐藤博樹＝神谷拓平『労働組合は本当に役に立っているのか』（総合労働研究所・1988）がある。

て独自に定められるべきであるが、日本では労働協約の中に組合員の範囲を定めることが多い。ショップ制がその典型であり、「従業員は組合員でなければならない」、「会社は、組合が会社の従業員をもって組織する唯一の労働組合であること、および労働条件その他について団体交渉権を有する正当な団体であることを確認する」などと規定される。また逆に、「組合員は会社の従業員でなければならない」との規定もあり、これを「逆締め付け条項」と称するが、それぞれ法的な課題を内包している。さらに、組合員の範囲について詳細に区分を定め、役職者や管理職、秘書、役員付運転手等非組合員とみなされる者を列挙する規定を置くことも一般化している。

組合員の範囲を限定したうえで明確化することは、特にユニオン・ショップ制を採用している場合、制度の適用や運用を円滑化することに寄与するので、合理的な対応であるといえる。

他方で、労働組合に加入するか否かは労働者の基本的な自由の1つであるとともに、メンバーシップの要件につき使用者が関与することは、労働組合の団結権をも制約するおそれがある。したがって、組合員の範囲を定める条項の具体的内容によっては、重要な法的課題を提起することがありうる。[6]

2 法的効果

組合員の範囲を限定する条項は、それ自体が無効とまではいえないが[7]、実際に労働組合への加入そのものを制約する法的効果を有しない。仮にそのような法的効果を認めると、団結権を著しく侵害することとなるとともに、労働組合の自治をも阻害し、労働組合の使用者からの独立性にも疑念を生じるからである[8]。したがって、組合員の範囲とはすなわち当該労働協約の適用範囲を示したものであって、組合員の範囲から除外される労働者には、当該労働協約は適用されないとい

---

6) 組合員の範囲に関する協約条項の法的意義については、磯田進「逆しめつけ条項の効力について」野村還暦385頁以下、三浦恵司「組合員の範囲に関する条項」新講座5巻226頁。
7) ダイエー労組事件—横浜地判平元・9・26労判557号73頁。
8) 同旨、東大(下)742頁。したがって、「労働組合は、本協約において認められた者以外を加入させない」との定めは無効であるし、該当者を組合に加入させたことを理由とする使用者の措置は違法となりうる。試用中の者は組合に加入させないとの協約規定に反して該当者を組合に加入させ、かつ交渉委員としたことを理由とする団交拒否を不当労働行為とした金星自動車事件—札幌地判昭38・3・8労民集14巻2号404頁もこの趣旨で是認しうる。

う意味においてのみ法的意義を有すると解されている。そこで、非組合員とされている者を対象とする労働協約は、労働協約の適用対象外の者への労働協約規定の適用という矛盾をもたらすものであって、それ自体としては効果を有しない。なお、労組法2条1号は使用者の利益代表者等が加入する組合を同法上の労働組合と認めないとしているが、組合員の範囲を限定する労働協約の規定は、当該組合のメンバーシップのみを対象としているので、ただちに労組法に抵触するわけではない。

逆締め付け条項は、一般にユニオン・ショップ制を導入する場合の代償として規定されることが通常であるが、労働協約にこれを挿入することを強要する使用者の行為は不当労働行為となるという通達があり、一般的にも法的拘束力を有する規定ではないと解されている。具体的には、組合員に当該企業の従業員以外の者が加入したことを理由とする団交拒否は不当労働行為となるし、一般的に組合員の範囲を画する規定とは異なり、労働協約の適用範囲としても、逆締め付け条項の存在のみを理由として当該協約の適用を否定することはできない。ただ、組合が自らのメンバーシップとして当該企業の従業員のみに制限すること自体は自由なので、逆締め付け条項も、組合がそのような趣旨を使用者に通告したものととらえうる範囲では、それ自体が無効とまではいえないであろう。

第3節　ユニオン・ショップ協定

1　緒　論

労働組合は、個々の使用者と労働者との労働条件交渉が本質的に不均衡であることに鑑みて、労働者側の交渉力の回復をはかり、ひいては労使間の交渉を合理

---

9)　東大(下)743頁。労委命令として三石耐火煉瓦事件—中労委昭29・11・24命令集11集256頁、住友金属鉱山事件—北海道地労委昭33・4・18命令集18＝19集9頁。
10)　日本鋼管事件—東京高判昭45・4・13判タ252号280頁。
11)　昭25・5・8労発153。
12)　磯田、三浦・前掲注(6)、東大(下)743頁。
13)　同旨、下井隆史＝保原喜志夫＝山口浩一郎『労働法再入門』(有斐閣・1977)29頁。
14)　以下の叙述は、野川「ユニオン・ショップ協定の法的意義」明治大学法科大学院論集14号(2014)293頁以下を本書の内容に即して再構成したものである。なお、以下ではユニオン・ショップ協定を「ユ・シ協定」とも称する。

的で適正なものとするための不可欠の組織として発展してきた。19世紀に英国を皮切りに先進各国で労働組合の結成と活動、特に団体交渉と労働協約による労使合意システムを法によって導入する方向が拡大し、現在では労働組合と使用者とのいわゆる労使自治は世界標準の基本的仕組みとして定着している。ところでこの仕組みを運用するにあたっては、労働組合が一定の組織力を持っていなければならない。そのために、労働組合は使用者との間で、雇用と労働組合所属とを一致させる「組織強制」というルールを導入する協定を結ぶようになった。この組織強制は具体的内容によって類型化され、やがて「クローズド・ショップ」、「ユニオン・ショップ」、「エージェンシー・ショップ」など「ショップ制」のパターンとして普及していく。労働組合所属と雇用とをリンクさせないことを「オープン・ショップ」という。[15]

これらのショップ制は、しかしながら一般的な法原理との間で齟齬をはらんでいる。たとえば労働組合員しか雇用しないことを使用者が約束する「クローズド・ショップ」は、労働市場における取引の自由を完封するに等しい。また、雇用されれば当該労働組合に所属し、当該労働組合から離脱したら雇用も終了する、という仕組みを意味する「ユニオン・ショップ」も、労働者の自主的な組合所属の意思と職業選択の自由を著しく侵害するおそれがあろう。

こうして、ショップ制は各国において制限されるようになった。現在では、多くの先進諸国が、クローズド・ショップもユニオン・ショップも認めないか、少なくとも厳しい条件付きでしか認めていない。[16]

ところが日本では、企業別組合という日本独自の労働組合形態を踏まえたユニオン・ショップ制が広く普及し、[17]学説・判例も後述するように揺らぎを見せつつも、基本的にはこれを適法とみなしている。[18]しかし、この傾向は、日本の労働組合の実態をオーソライズする意図や、憲法28条に定められた団結権に関するあま

---

15) ただ、日本では第二次大戦後、しばらくユニオン・ショップとクローズド・ショップとの区別があいまいで、裁判例においても混乱した使用がなされていた（盛誠吾「ユニオン・ショップ協定論」籾井常喜編『戦後労働法学説史』（信山社・1996）（以下「盛・学説史」）254頁以下参照。
16) 諸外国の状況については、花見忠「ショップ制」大系１巻175頁以下、西谷『労働法における個人と集団』（有斐閣・1992）114頁以下（以下「西谷・個人と集団」）、渡辺（下）54頁以下等参照。
17) 厚生労働省「平成23年労働協約等実態調査」によれば、平成23年段階で調査対象組合の60％以上がユ・シ協定を締結している。
18) 菅野607頁以下、中窪＝野田・世界161頁、法セ・コメ46頁［島田陽一］等。

り説得的ではない理解にその淵源の一端を有していること、日本の労使関係の実態に照らして機能的であることなど、必ずしも積極的に支持されえないような根拠に基づいており、今後も維持されるべきであるか否かは明確ではないといえる。以下では、このような点を踏まえつつ、日本におけるユニオン・ショップ制の法的意義を、具体的課題を検証しつつ明らかにする。[19]

2 労働組合の組織強制とユニオン・ショップ協定の機能

(1) 組織強制の構造と手法

　労働組合が結成されると、その団結力を高め、また維持するために、単に労働者に対する組合加入の呼びかけや勧誘などの行動のみならず、交渉相手である使用者との合意により、労働者の組合への加入を強制する仕組みが模索されるようになる。これにつき、労働協約の拡張適用が広範に認められる仕組みを有する国々では特に別段の対応は見られないが、職場での団体交渉を基軸として労働条件の向上や労使関係の確立を促す法制度を選択している米国や日本のような国では、労働組合への加入を直接・間接に強制する制度を設けることで対応しようとする傾向が強い。もちろん、労働者全体に対して労働組合への加入を義務付けるような仕組みを設けることは不可能なので、労働組合が結成され、活動している場としての会社・企業において、当該会社等への所属と労働組合への加入とをリンクさせる方式をとることが一般化した。具体的には、会社・企業と労働組合とが協定を締結し、当該会社・企業との間に労働契約を締結する労働者は協定締結労組の組合員でなければならないこと（クローズド・ショップ）、もしくは労働契約締結に伴って協定締結労組に加入することを義務付けること（ユニオン・ショップ）を内容とする規定を設けることとなる。[20]ユニオン・ショップの場合は、脱退や除名などにより締結協定労組から離脱した労働者に対する使用者の解雇義務が定められることが通常であり、いわゆる「ユ・シ解雇」[21]（ユ・シ協定に定められ

---

[19]　ユ・シ協定の法的意義および効力に関する基本文献としては、東大(上)177頁以下、盛・学説史、奥山明良「ユニオン・ショップ協定の法理」『文献研究労働法学』（総合労働研究所・1978）138頁以下、西谷・個人と集団113頁以下、渡辺(下)53頁以下参照。

[20]　何ら組織強制を行わず、労働契約の締結と労組への加入とを互いにリンクさせない方式をオープン・ショップという。

[21]　ただし、日本では必ずしもこの義務は徹底されておらず、ユ・シ協定が広まった第二次大戦直後から、「原則として解雇する」「解雇することができる」などのいわゆる「尻抜けユニオン」が一般

た解雇義務の履行としての解雇)の効力という法的課題を生ぜしめることとなる。

　このような組織強制の制度は、諸外国においてはごく制限的にしか認められないのが通常である。たとえばアメリカでは、組合員として認められた者のみを雇入れと雇用継続の対象とするクローズド・ショップや、雇入れ後一定の期間内に労働組合に加入することと組合員の地位を維持することを雇用維持の条件にするユニオン・ショップ、さらには組合費の納入によって組合加入を免除するエージェンシー・ショップなどの制度が労働協約に記載されることが一般的であり、1935年の全国労働関係法(ワグナー法)も基本的にこのようなショップ制を容認する規定を設けていた(8条3項但書)が、1947年のタフト・ハートレー法でクローズド・ショップ制が禁止され、限定的なユニオン・ショップ制のみが認められるに至って、ショップ制はその機能をほとんど果たさなくなった。[22]

　また英国では、コモン・ローの伝統によってクローズド・ショップは基本的に違法とみなされていたが、1971年の労使関係法よって、消極的団結の自由が宣明され、クローズド・ショップを禁止するとともに、厳格な要件を付したうえで一定のユニオン・ショップとエージェンシー・ショップのみを認めた。その後、1976年には、労働組合・労働関係法によってクローズド・ショップは容認されるに至ったが、これはヨーロッパ人権裁判所によって糾弾され[23]、1979年に成立したサッチャー政権がこれに応えるようにして、従来の制度に大幅な変更を加えることとなる。すなわち、1978年の雇用保護法の1980年および82年の修正により、労働者は、自主的に組合に所属するという組合員資格協定があって、これに基づき組合員でないことを選択した労働者を解雇する場合などの例外を除いて、非組合員であるという理由で解雇などの不利益処分を受けない権利が保障され、組織強制は一般に退潮することとなったのである[24]。概して日本の法制度がその淵源を有し、あるいはモデルとしてきた他の先進諸国では、ショップ制は否定的な扱いを

　　　化してきた(戦後の詳細に関しては、東大社会科学研究所「資料戦後労働協約の分析──ショップ制条項及び採用解雇に対する組合参加条項」労働法学会誌2号(1952)151頁以下)。
22)　アメリカの状況については、本多淳亮『ユニオン・ショップの研究』(有斐閣・1964)99頁以下、中窪裕也『アメリカ労働法〔第2版〕』(弘文堂・2010)95頁以下参照。
23)　鈴木隆「イギリスにおけるクローズドショップと団結の自由」東京都立大学法学会雑誌25巻2号(1987)181頁以下、222頁以下。
24)　英国の状況については、鈴木・前掲注(23)、中村和夫「イギリスにおけるクローズド・ショップの軌跡と現況」横井芳弘編『現代労使関係と法の変容』(勁草書房・1988)311頁以下参照。

受けて今日に至っている。確かに、労働組合への加入、団結は個々の労働者の自由な意思によるという原則は普遍的な意義を有しており、これは他方で団結しない自由をも意味している。組織強制はこの団結しない自由を侵害する内容を有していることは明らかであって、何らかの制約が必要であるというのが論理的帰結であろう。したがって日本でも、この労働者の自由が憲法28条の団結権などによって制約されるという法的根拠がない限り、組織強制には一定の制限が必要であるということになる。もとよりこの問題は、ユ・シ協定をめぐる法的課題の中心的な1つとして論じられてきたが、現在では、現実のユ・シ協定の機能が理念的に想定されていたものと異なっていること（「尻抜けユニオン」（前掲注(21)参照）や、組合併存下のユ・シ協定の効力やユ・シ協定に基づく解雇の有効性などの個別論点に解消され、組織強制の手段としてのユニオン・ショップ制が団結権との関係でどう評価されるべきかという基本的課題は、一時正面から論じられることが少なくなった。この状況は、新たな視点からユ・シ協定の法的効果を否定する見解が出てくるようになって変化しており、今日では再び混沌の度合いを深めているのが実情である。

　他方で、組織強制が団結権を実質的に保障したり、ひいては労働組合の機能を強化するための手法であるという視点からすれば、組織強制によらない手法もあることは言うまでもない。実際、ドイツやフランスなど[25]、労働協約の拡張適用というシステムが広範に活用されている国々では、労働組合に加入する労働者の数は少なくても、当該労働組合と使用者（団体）とが締結する労働協約は非組合員の多くをカバーすることとなるので、組織強制の手法を用いる必要性は相対的にかなり小さい。逆に言えば、アメリカなどのように、労働協約の効力がごく限定的であって、職場での団体交渉が労働条件を左右する主要な手段である国々において、組織強制は団結権の実質的保障に資する可能性が大きい。したがって、団結権と組織強制という観点からは、ユ・シ協定などの組織強制の手段と労働協約の適用の拡張という手段との関係も重要なポイントであろう。特に日本は、一方

---

[25] ドイツの状況については西谷・思想史315頁以下、鈴木芳明「ドイツにおける組織強制——第二次大戦後を中心として(1)(2)」大分大学経済論集48巻3・4号（1996）、同5・6号（1997）参照。なお、ドイツと同様、あるいはより広範に労働協約の一般的拘束力制度が定着しているフランスでは、労働法典L. 412-2条により、使用者は採用や解雇にあたって当該労働者の労働組合加入や組合活動を理由としてはならないことが明記されている。

で団体交渉システムが法制度上高度に整えられつつ、他方で労働協約には一定の拡張適用が認められているので、その関係や団結権保障という観点からのそれぞれの位置づけは、ユ・シ協定の法的意義や効力を考えるうえでも重要な課題となる。

(2) ユ・シ協定の意義

ユ・シ協定の本来の目的は、協定締結組合の相手方たる企業等と労働契約を締結する労働者は当該組合に所属しなければならないことを義務付ける点にある。したがって、その意義が最も端的に表れるのは、労働契約の締結と同時に組合員となるという法的効果が直接生じる場合である。しかし、そもそもユ・シ協定で組合所属を合意するのは当の労働者ではなく、さしあたり単なる第三者である労働組合と使用者であるから、その合意内容が労働者を直接拘束するという帰結は困難である[26]。ユ・シ協定から直接無理なく生じうる法的効果としては、使用者がその雇用する労働者に対し組合への加入を禁じたり、加入する必要はないと明言したりした場合に、不当労働行為の成否とは別に協定の債務的効力によって損害賠償責任が生じることなどに限定されよう。むしろ、ユ・シ協定の意義は、その目的を実現するための手段が間接的にのみ可能である点にある。すなわち、労働者は労働契約の締結もしくは当該ユ・シ協定が適用される事業場等への所属によってただちに組合員としての地位が付与され[27]、かつ、労働者が組合所属を拒否したり当該労働組合から離脱した場合には使用者がこれを解雇する義務を負うという規定を設けることにより、労働者に間接的に組合所属を強制するにすぎない。

こうしてユ・シ協定は、あくまでも労働組合と使用者との間の合意であって、労働者の法的地位を直接左右することはできないことと、その目的が労働者の組合所属をその意図にかかわらず実現するというものであるという矛盾した構造を克服するための法的装置を備えることが必要となる。その法的装置の内容が、ユ・シ協定をめぐる法的課題の中心を占めてきたのである。

---

26) 加盟の自動的実現は法的根拠がなく、労働者が組合に加入しなかったとしても、ユ・シ協定の履行強制を第三者たる労働者に及ぼすことはできない。

27) ただし、その法的根拠は、労働者の明示もしくは黙示の同意であって、ユ・シ協定の規範的効力によるものではない（ユ・シ協定に規範的効力が認められないことにつき、電産事件—広島地判昭30・7・30労民集6巻5号549頁）。

(3) ユ・シ協定をめぐる法的課題

(a) ユ・シ協定の適法性——消極的団結権との調整

　ユ・シ協定が労働者に対して何らかの形で当該組合への所属を強制する内容を有するものである限り、そもそも無効ではないかという疑念を生ぜしめる。なぜならば、それは労働組合に所属しない、あるいは当該労働組合へは所属したくないという労働者の意思を抑圧する効果をもたらすのであり、特に憲法28条によって団結権が個々の労働者に付与され、しかも21条によって結社の自由が保障されている日本では、団結しない自由、労働組合という結社に加入しない自由を侵害するとみられるからである。ユ・シ協定の機能や実態自体については、すでに第二次大戦以前から一定の検討がされていたが[28]、その適法性や団結権との関係については、言うまでもなく日本国憲法適用下の第二次大戦後になって検討が活発化した。

　前述のように、日本と同様の職場代表的機能を果たす労働組合が一般化している米国をはじめ、諸外国では組織強制は厳しい制約の下におかれ、ユ・シ協定もごく限定的にしか法的な機能を認められていない。しかしながら、戦後初期の日本では、労働組合の組織率が劇的に上昇して、1949年には55.9％という最高点に達するなど、労働組合の実力も社会的地位も一挙に拡大する傾向にあった。また組合の組織化を推進するユ・シ協定も、労働組合の70％が締結しているとの実態からも明らかなように[29]、燎原の火の如く普及していた。このような事情や、憲法で認められた団結権の評価を背景として、ユ・シ協定の適法性については特に疑問を呈されないまま推移する状態が続いた。すなわち、ユ・シ協定の適法性は団結権保障の意義から当然に認められる[30]とか、労働組合が労働者の地位の向上のための組織であることから「組織の強化の手段としてかかるショップ制が組合と使用者の間に約された以上、われわれはこのショップ制をもって個人の自由を侵すものとして違反無効のものとすることはできない」[31]などとして、団結権の趣旨か

---

28) 内藤義弘「我国に於ける団体交渉について（下）」社会政策時報101号（1930）87頁以下、協調会「我が国に於ける団体交渉及団体協約」（1935）など。

29) 東大社研「資料戦後労働協約の分析——ショップ制条項及び採用解雇に対する組合傘下条項」学会誌2号（1952）151頁以下。ただし同調査では、多くのユ・シ協定が「従業員は原則として組合員にならなければならない」など、組合加入の義務付けを緩和する内容を有する「尻抜けユニオン」の実態を表すものであったことも示されている。

30) 末弘・解説46頁以下。

31) 平賀健太『労働組合法論』（みのり書房・1950）175頁。

らほぼ直接にユ・シ協定の適法性が導きうるとの認識が一般化していたのである[32]。ただ、当時から、憲法上の職業選択の自由との抵触を指摘して、ショップ制は原則として許されないとの見解はあったし[33]、ショップ制によっても組合分裂の場合の他組合員解雇は許されないとしてその効果を限定する見解などもあり[34]、学説の理解は必ずしも一致したものではなかった。

しかし判例は、すでに一貫してショップ制の適法性を認めており、最高裁も「労働協約においていわゆるクローズド・ショップ制の規定を設けた場合に組合がその組合員を除名したときは、別段の事情のない限り使用者は被除名者を解雇すべき義務」があるとしてその適法性を正面から認めた[35]。したがって、昭和20年代には、その根拠について必ずしも厳密な検討がなされてはいなかったにもかかわらず、ショップ制一般の適法性が議論を活発化させる状況はなかったといえる。

しかしながら、ユ・シ協定の効力を制約しようとする見解はその後も途絶えずに現れた。ある見解は、憲法の積極的団結権保障の趣旨は労組の組織化を一般的に促進することであり、ユ・シ協定は組合の組織化一般を強制する限りにおいて有効であるが、特定の組合への加入を強制する効果を有しないと主張し[36]、その後これに対する一定の支持もみられた[37]。しかし、特定の組合への所属の強制は団結権そのものを奪うものではないとか[38]、日本の当時の実情の下では、特定組合への加入強制を違法とすると組合解体につながる[39]などとする反論も強く、結局1980年代に至るまで、ユ・シ協定の適法性自体に疑問を呈する議論が活発化することは

---

32) このほか松岡三郎「組合の分裂とユニオン・ショップの効力」労旬19＝20号（1950）19頁、沼田稲次郎『日本労働法論・上巻』（日本科学社・1948）212頁以下、法学協会編『註解日本国憲法』（有斐閣・1948）279頁なども同様の見解を披歴していた。
33) 大石義雄「日本国憲法と労働権」法律文化3巻10＝12号（1948）42頁。
34) 後藤清「クローズド・ショップとオープン・ショップ」末弘還暦421頁以下。
35) 大浜炭鉱事件―最2小判昭24・4・23刑集3巻5号592頁。このほか、東洋陶器事件―福岡地小倉支判昭23・12・28労裁集2号125頁など。
36) 石井照久「団結権」講座2巻221頁以下。
37) 大野雄二郎「ショップ制について」萩澤清彦編『評論労働法』1号（1958）50頁以下、深瀬義郎「ユニオン・ショップ」石井照久＝有泉亨編『労働法演習』（有斐閣・1961）28頁以下など。また大脇雅子「組織強制と団体自治の法理(2)」名古屋大学法政論集16号（1961）66頁以下では、団結する自由と団結しない自由を「同等の権利」であるとし、ユ・シ協定を「法的効力のない合意にすぎない」としている。
38) 有泉亨「ユニオン・ショップは合憲か」法教2号（1961）87頁。
39) 本多・前掲(22)295頁以下。

なく、現在においてもユ・シ協定適法論はかろうじて多数説の地位を占めている。

このような状況に大きな変化が生じたのは、1980年代以降、ユ・シ協定を適法とする立場に基本的に対立する見解が強く主張されるようになってからである。その嚆矢となった見解を示した西谷教授は、労働関係を規律する憲法の規範として、直接に労働法制の基盤となっている27条、28条のほかに、13条の幸福追求権を重視し、そこから個人の自己決定権を見出して、これを組織強制を許容する意味での団結権優位の発想に対峙させ、ユ・シ協定は組合への加入を強制する部分についてはなお有効であるが、解雇の義務付け部分は無効であるとの見解を提示した。さらに西谷教授はこの観点を発展させて、憲法28条が保障する団結権は、労働者が自らの自由意思によって労働組合を結成することを意味するのであると主張し、ユ・シ協定は使用者による解雇の威嚇を通して労働者個人に組合加入と組合員であることを強制するものであって、消極的団結権を侵害し、その限りで違法であるとするとともに、使用者と結んで積極的な反組合活動を行った労働者に対する解雇については、団結権保障の意義から適法と考えるべきであると述べている。

この見解は、ユ・シ協定が労働組合の団結を強化して労使関係における組合側の力を強化することを想定し、厳密な検証もないままにその適法性を承認してきた学説の流れに一石を投じるものであったが、西谷教授もユ・シ協定そのものを否定したのではなく、むしろ積極的団結権と消極的団結権との調整をはかり、労働者個人の自己決定権が保障されるような方向でユ・シ協定の法的機能を再構成しようとしたものと評価できる。そしてその背景には、企業別組合が定着する中で、ユ・シ協定に基づく解雇が、実は少数派組合や少数派の労働者を駆逐するために行われたものと認められるような事例が裁判例の多くを占めるようになり、ユ・シ協定の効力を広く認めることで団結権が実質的にも強化されるとの思惑が破綻をきたしていたとみなさざるをえないような状況があった。ユ・シ協定が個

---

40) 有力なテキストとして久保敬治『労働法』（ミネルヴァ書房・1970）72頁以下、片岡(1)96頁以下等など。
41) 菅野609頁以下、荒木546頁、中窪＝野田・世界161頁等。
42) 西谷敏「ユニオン・ショップ協定の再検討」久保還暦52頁以下（以下「西谷・再検討」）。
43) 西谷・個人と集団113頁以下。
44) ユ・シ協定に基づく解雇をめぐる裁判例の整理については、西谷・再検討65頁以下に詳しいが、そこに上げられた18件の事案の16件が、ユ・シ解雇を無効としていた。団結権強化のためのショツ

人の団結権を強化する方向に左右するならば、その限りで適法性を認めようとする西谷教授の見解も、こうした実態を踏まえたものであった。

その後の学説は、ユ・シ協定に対するこうした否定的見解を踏まえつつ、判例の流れがユ・シ解雇の効力を限定的にのみ認める方向に定着していった事実もあって、ユ・シ協定そのものは適法としつつ、その適用範囲を限定して、少数派組合への適用の排除、ユ・シ解雇についても解雇権濫用法理の適用を受けることなどを確認する考え方が主流となった[45]。

しかし前世紀末より21世紀にかけて、再びユ・シ協定の適法性には根本的な疑問が呈されている。たとえば、ユ・シ協定による組織強制が実務の現場で容認されていた理由の1つとして、従業員代表制の代替機能があることはつとに知られているが、従業員代表と労働組合との機能は必ずしも一致しないのであって、各企業・事業所における従業員代表システムは別途立法措置によって対応されるべきであり、労働組合は、労組法18条の地域的な一般的拘束力制度などが想定する超企業的な組織再編をめざすことで労働組合独自の法的機能を果たすべきであるとし、ショップ制による組織強制を実態の要請から適法とするそれまでの学説の主流に疑念を呈する見解[46]や、労働組合の組合員に対する正統性は労働者の意思に求められるべきであるとの原則を前提として、労働組合が労働者によって自律的に作られ、支えられていくための理論的基礎としてユ・シ協定無効論が適切であるとする見解[47]も登場している。ユ・シ協定については下記のように具体的論点のそれぞれについて議論が展開されてきたが、その土台にある適法性そのものについても、実際にはなお一致した理解は見られないのである。

(b) **併存組合下のユ・シ協定の効力——少数派組合への適用の可否**

第二次大戦後しばらくは、ユ・シ協定は、締結組合とは別の組合を結成し、あ

プ制という理念が現実によって裏切られている実態をよく表すものといえよう。代表的な裁判例として、姫路合同貨物自動車事件—大阪地決昭49・3・4労判208号60頁、田中機械事件—大阪地決昭49・12・25労判217号33頁、日本食塩製造事件—最2小判昭50・4・25民集29巻4号456頁、東海カーボン事件—福岡地小倉支判昭52・6・23労民集28巻3号196頁など。

45) 山口浩一郎『労働組合法〔初版〕』（有斐閣・1983）32頁以下、菅野和夫『労働法〔初版〕』（弘文堂・1985）376頁以下など。

46) 野川「変貌する労働者代表——新しい労働者代表制度の可能性」『岩波講座現代の法12巻 職業生活と法』（岩波書店・1998）103頁以下。

47) 大内伸哉「ユニオン・ショップ協定が労働団体法理論に及ぼした影響」神戸法学雑誌49巻3号（2000）461頁以下。

るいは他組合に加入した労働者に対しても適用されるとの理解も示されていたが[48]、やがてユ・シ協定によって少数派組合員を解雇することは民主主義の本質に反するとして、解雇を無効とした判決が現れるに至って議論が活発化した[49]。これについては、一方で特定の労働組合の団結権を保障して内部対立や分裂を克服せしめることが団結権の保障から帰結するとの考えや[50]、特定の労働組合の組織強制は憲法28条に反しないなどの立場から批判的見解が強く[51]、学説の多くは同様であって[52]、少数組合も多数組合と同様の団結権を保障されているなどの立場からの賛成説は少数であった[53]。

しかし、その後裁判例が、すでに労働組合を結成していたか、ユ・シ協定締結組合を離脱した後に別労組に加入し、あるいは別労組を結成したかにかかわらず、他組合の労働者にはユ・シ協定の効力は及ばないとの見解を定着させたことにともない、他の労働組合の組合員については、上記の状態が生じてから後はユ・シ協定の効力が及ばないとの理解でほぼ一致を見ている[54]。ただ、ユ・シ協定締結組合を離脱（脱退、除名などその形態は多様である）した労働者に対するユ・シ解雇については、後述のように具体的態様についていくつかの類型がみられ、類型ごとの対応が模索されている[55]。

(c) 労組法7条1号但書とユ・シ協定との関係

労組法7条1号但書は、「ただし、労働組合が特定の工場事業場に雇用される労働者の過半数を代表する場合において、その労働者がその労働組合の組合員であることを雇用条件とする労働協約を締結することを妨げるものではない」と規

---

48) 四国電力事件—高松地判昭30・3・14労民集6巻2号129頁、茨城交通事件—水戸地判昭32・9・14労民集8巻5号562頁等。
49) 加納製作所事件—千葉地判昭25・8・8労働法令通信3巻20号2頁。
50) 石川吉右衛門「ユニオン・ショップと少数派解雇に新判例」労働法令通信3巻20号（1950）8頁以下。
51) 石黒拓爾「加納製作所千葉工場事件判例批評」・前掲注(50)労働法令通信3頁以下。
52) 柳川真佐夫ほか『判例労働法の研究』（労務行政研究所・1950）599頁以下、有泉亨「労働争議と第三者」労働法学会誌1号（1951）173頁以下など。
53) 松岡三郎「クローズド・ショップ、ユニオン・ショップの法理」同『労働法の理論と闘争』（労働経済社・1952）112頁。同旨として後藤清「ユニオン・ショップ」季労13号（1954）85頁以下。
54) 京都全但タクシー事件—京都地判昭37・11・30労民集13巻6号1140頁、朽木合同輸送事件—名古屋高判昭62・4・27労民集38巻2号107頁などを経て、最高裁もこれを踏襲した（三井倉庫港運事件—最1小判平元・12・14民集43巻12号2051頁）。
55) 菅野610頁、西谷・労組法127頁、中窪＝野田・世界162頁等。

定し、その内容は過半数を組織する労働組合が締結したユ・シ協定の効力を認めるように読める。ところが、同規定に対応する位置にある本文は、「労働者が労働組合に加入せず、若しくは労働組合から脱退することを雇用条件とすること」が不当労働行為であることを定めたものであり、厳密には両者は本文と但書という論理的な対応関係を有していない。そこでこの但書部分をどう解するか、具体的にはこれによってユ・シ協定が適法であることを認められたとみなすべきか、あるいはユ・シ協定は過半数組合が締結したものである場合にのみ効力を認められると解すべきか、さらには、単に過半数組合とのユ・シ協定の締結が不当労働行為にならないという趣旨であると読むべきかなど、いくつかの解釈の可能性があり、場合によってはユ・シ協定の効力に関する議論を左右することとなる。

　これにつき学説は、本文部分を但書に対応するように読み込み、組合への加入ないしその継続を雇用条件とすることをも不当労働行為としたうえで、但書は過半数組合とのユ・シ協定による場合を除外したものであるとする解釈[56]と、但書の「ただし」という接続詞を除いて読み込み、適法なユ・シ協定の締結が本文で不当労働行為とされる「労働者が労働組合に加入せず、若しくは労働組合から脱退することを雇用条件とすること」(いわゆる黄犬契約)にはならないという当然の趣旨を示したものであるとの見解[57]との対立に代表される議論がある。この点、もともと労組法 7 条 1 号については、その制定過程において、労働組合への加入の有無による解雇を不当労働行為としたうえで、労働協約によって例外を認めるという構成が模索されていたところ、最終的な整備に混乱をきたし、現在のような不明瞭な規定ぶりとなったという事情がある[58]。したがって、少なくともユ・シ協定の民事的な効力を容認するような趣旨を読み込むことは困難であるとして、但書に該当する労働協約の締結が不当労働行為にならないことを定めたにとどまると解すべきであるとの理解も有力に主張されている[59]が、ユ・シ協定の有効要件として締結組合が当該事業場の過半数を組織していることを記したものとの見解も強い[60]。確かに、不当労働行為を禁止する規定がただちに民事的効力を意味すると

---

56) 石川336頁。
57) 外尾227頁。
58) この点については東大(上)393頁参照。
59) 西谷・労組法542頁、法セ・コメ102頁［野田進］、渡辺(下)56頁以下。
60) 菅野750頁、山口91頁、荒木645頁。

の理解は困難であるが、最高裁が、不利益取扱いとしての解雇は労組法7条により直接に無効となるとの理解を示していることなどにより、例外的に7条の規定の民事的効果が認められうると考えられることに加え、ユ・シ協定の適法性について議論が収束していない状況の下で、ユ・シ協定の適法性を認めるか否か、認めるとしてもどのような範囲でか、といった基本的な課題について議論の収束もみられない状況においては、7条1号但書がユ・シ協定の適法性や有効要件の有力な根拠となるとの理解が導かれることにも一定の意義があったことは疑えない。

(d) **ユ・シ解雇の有効性——解雇権濫用法理との関係**

　ユ・シ協定は、前述のように労働契約を締結した労働者が、その相手方たる使用者と協定を締結した組合に所属することを義務付けられることを内容とするが、その具体的効果は、協定締結組合への所属が労働者の意思にかかわらず強制されることと、協定締結組合から離脱した労働者を解雇する義務が使用者に生じるということに現れる。このうち前者については、前述のように、現在では限定的にのみ認められており、併存する労働組合が存在する場合には、その組合の組合員はユ・シ協定締結組合への所属を強制されないとの解釈が定着している。

　これに対し、使用者の解雇義務については、その実際上の効果が過酷にわたりうるものであることもあって、ユ・シ協定をめぐる中心的な論点の1つとして長い間議論が重ねられてきた。

　まず、ユ・シ協定に基づく解雇の効力一般については、労働協約の規範的効力と債務的効力に根拠を有するとして、就業規則の解雇事由とは別に直接の解雇理由として使用者はこれに拘束されるとの解釈、ユ・シ協定は労働協約の債務的効力のみをもたらすとの理解を前提に、使用者の解雇義務は労働組合に対する債務としてのみ認められ、解雇そのものの有効性に関しては、就業規則上の解雇事由がユ・シ解雇を含むものであるか否かを個別に検討して決せられるべきであるとの見解の対立に代表される議論があった。これは、使用者に解雇義務を課す労働協約規定の法的意義と効果という問題を含み、かつ、これまで述べてきたようなユ・シ協定の効力をどこまで認めるのかという課題に直結する難問である。た

---

61) 医療法人新光会事件—最3小判昭43・4・9民集22巻4号845頁。
62) 色川幸太郎「ユニオン・ショップの内容と効力」季労20号（1956）72頁以下、本多・前掲注(22) 306頁。
63) 石井照久「団結権」講座2巻221頁以下、花見・前掲注(16)175頁以下。

とえば、仮にユ・シ協定(正確には組合所属の強制と非組合員の解雇を定めた労働協約規定)が、消極的団結権ないし団結しない自由を侵害し、公序に反するとの理由で原則として違法無効であるとすれば、解雇義務は生じないので、当該ユ・シ解雇は客観的に合理的な理由を欠くものとして無効となるのであり、労働協約規定としての規範的効力や債務的効力の有無を論じるまでもなくなる。ユ・シ協定による解雇義務の効力やその及ぶ範囲、限界等について一般の解雇に関する議論と同等に論じえないのは、このようなユ・シ解雇の事情によるものといえる。

ユ・シ解雇そのものの効力については、少なくとも正面からこれを否定する見解はまれであり[64]、議論の中心は、それがユ・シ解雇であるがゆえに固有の判断を受けるのか、あるいは一般の解雇法理の中に位置づけられるべきなのかにあった。この点につき最高裁は、昭和50年の日本食塩製造事件において[65]、「ユニオン・ショップ協定は、労働者が労働組合の組合員たる資格を取得せず又はこれを失った場合に、使用者をして当該労働者との雇用関係を終了させることにより間接的に労働組合の組織の拡大強化をはかろうとする制度であり、このような制度としての正当な機能を果たすものと認められるかぎりにおいてのみその効力を承認することができる」との一般論を述べて、使用者のユ・シ協定による解雇義務を限定的に容認する態度を明確にし、進んで三井倉庫港運事件において[66]「労働者には、自らの団結権を行使するため労働組合を選択する自由があり、また、ユニオン・ショップ協定を締結している労働組合(以下「締結組合」という。)の団結権と同様、同協定を締結していない他の労働組合の団結権も等しく尊重されるべきであるから、ユニオン・ショップ協定によって、労働者に対し、解雇の威嚇の下に特定の労働組合への加入を強制することは、それが労働者の組合選択の自由及び他の労働組合の団結権を侵害する場合には許されないものというべきである。したがって、ユニオン・ショップ協定のうち、締結組合以外の他の労働組合に加入している者及び締結組合から脱退し又は除名されたが、他の労働組合に加入し又は新たな労働組合を結成した者について使用者の解雇義務を定める部分は、右の観

---

64) ユ・シ解雇も通常の解雇法理に服すると解するものとして、石井・前掲注(63)221頁以下、宮島尚史「ユニオン・ショップの三面構造論序説」労働法学会誌11号(1958)27頁以下、西谷・労組法101頁、花見・前掲注(16)187頁以下等。
65) 最2小判昭50・4・25民集29巻4号456頁。
66) 最1小判平元・12・14民集43巻12号2051頁。

点からして、民法90条の規定により、これを無効と解すべきである（憲法28条参照）」として、ユ・シ解雇は他の労働組合の団結権を侵害する場合にも無効であることを示し、その根拠を憲法28条に求めた。これらはいずれも、ユ・シ協定締結組合から離れた労働者に対する解雇を扱ったものであるが、前者は除名の事案であって、上記一般論を踏まえて除名が無効である場合は解雇義務は生じないと断じており、また後者はユ・シ協定締結組合から脱退して他組合に所属した労働者に対する解雇を無効としている。最高裁はこのようにして、ユ・シ協定による解雇義務は、労働者の協定締結組合からの離脱に正当な根拠がある場合には、そもそも使用者に発生しえないことを明らかにしたといえる。

　このような裁判例の判断は、ユ・シ協定の効力そのものを原則として認めたうえで、解雇という手段を用いた組織強制の機能については厳しくこれを限定するという学説の傾向とほぼ軌を一にするものであり、大方の賛同を得て基本的ルールとしての位置を獲得している[67]。ただ、ユ・シ解雇が解雇一般についての法理に従うのか、上記の「正当な機能」を認められる場合には、ただちに解雇は有効となるのかという根本的課題については、裁判例は明確な対応を示していない。上記裁判例は、除名が無効な場合についてはユ・シ解雇は解雇権濫用によって無効となり[68]、他組合に所属した労働者へのユ・シ解雇はこれを義務付ける協約規定自体が公序違反で無効との理由で解雇無効としているので、いずれにせよ直接の理由は解雇権濫用に求められると考えているものとの推察が可能であるが、そうだとすれば、判例法理はいまだ、ユ・シ解雇に関する統一的かつ明確な判断基準を示しえてはいないと評価できよう。一方学説は、ユ・シ協定自体の適法性を前提としつつ、ユ・シ解雇を限定しようとしてさまざまな見解を提示してきたが[69]、これまでの議論の展開は、ユ・シ解雇が深刻な結果を労働者にもたらすことなどを理由に、主として団結権の擁護という要請と個別労働者の解雇からの保護の必要性という理念とのバランスをどうとるかという課題に腐心してきたといえる。

　なお、最高裁は、ユ・シ協定締結組合からの除名が無効であった場合の解雇は

---

67) 菅野611頁以下、西谷・労組法543頁、中窪＝野田・世界162頁以下、渡辺（下）60頁以下。
68) 同様の趣旨を示した最判として、清心会山本病院事件―最1小判昭59・3・29労判427号17頁がある。
69) ユ・シ解雇をめぐる議論について、実態の評価が強く影響している点につき各見解の問題点を指摘するものとして、西谷・再検討76頁以下参照。

無効であるとしつつ、使用者の賃金支払い義務について、解雇期間中の不就労が使用者の責に帰すべき事由といえるか否かという問題につき、解雇は使用者の責に帰すべき事由による就労不能であるとの一般論をもって、労働者は反対給付としての賃金請求権を失わないとしているが、この判旨の意図を忖度すれば、最高裁は、ユ・シ解雇が無効となるのは、根拠となるユ・シ協定の該当条項自体が無効である場合を除いて、解雇権濫用法理の適用によるものであって、ユ・シ解雇独自の解雇法理は必要ないと考えている可能性も否定できない。

(e) **ユ・シ協定と労働協約の一般的拘束力**

ユ・シ協定は、労組法17条による事業場単位の労働協約の一般的拘束力と類似の機能を果たす（労働協約の一般的拘束力については後述II）。一般的拘束力は、当該事業場の同種の労働者の4分の3以上の労働者が1つの労働協約の適用を受けるに至った場合には、他の労働者も当該労働協約の適用を受けるとの実定法上のルールであるが、非組合員に対し労働協約の効力によって一定の強制的効果をもたらすという点でユ・シ協定と共通する。すなわち、労組法17条による一般的拘束力も、当該組合に所属しない労働者の団結権を侵害することがありうることは明らかであり、少数派組合に所属する労働者にも適用されるとすれば、ユ・シ協定の場合と同様の議論をもたらすし、そうでなくても、労働者個人の消極的団結権ないし組合選択の自由、もしくは組合に所属しない自由の侵害になりうる点でユ・シ協定の場合と共通する。

これについては、一般的拘束力についても別組合の組合員には及ばないことが判例法理となっていることによって、問題はどの組合にも所属しない労働者に対する効果に絞られているといえるが、特に問題となるのは、ユ・シ協定の有効性についての見解と、一般的拘束力が労働条件の不利益変更の場合にも適用されるかという問題に対する対応との関係である。この点、ユ・シ協定を一般的に適法であって組織強制の効力を組合所属の協定という点では認めるとしつつ、一般的拘束力は不利益変更には及ばないとする理解と、ユ・シ協定の違法性を指摘しつつ同様の結論に至る学説があり、労働者個人の意思に反して労働協約の適用を受

---

70) 前掲注(68)清心会山本病院事件最判。
71) 大輝交通事件―東京地判平7・10・4労判680号34頁。
72) 山口198頁。
73) 西谷・個人と集団305頁以下。

けるという点では同じであるはずのユ・シ協定と一般的拘束力による不利益変更について必ずしも一貫した結論に至っていない。確かに、ユ・シ協定については、労働者は当該組合から離脱すれば協約を自動的に適用されることはないが、一般的拘束力は、他組合に所属しない限り自動的に労働条件を不利益に変更されてしまうという相違はあるものの、ユ・シ協定の場合は解雇の脅威にさらされるし、一般的拘束力の場合も最高裁は入念な司法審査によって不利益変更の場合の適用を限定しており[74]、両者の相違は決定的ではない。むしろ、消極的団結権の侵害の可能性といった共通の性格を踏まえた両者の法的意義が検討されてしかるべきであろう。この点については、ユ・シ協定は協定締結組合への所属自体を強制する機能を有するのに対し、一般的拘束力は労働協約の適用は受けても当該組合には所属しないという立場は保障されるので、労働者としては別組合を結成して、当該労働協約の適用を免れるべく新たに団体交渉を使用者に要求する選択肢が残されており、ユ・シ協定とは異なって消極的団結権に抵触することはないとの見解[75]が有力に主張されている。確かに、ショップ制を通じた組織強制については多くの国で強く制限されている一方、協約の拡張適用を採用している国々ではこれが幅広く活用されている状況を見ても、両者の基本的相違は大きいといえる。そうであるならば、事業場単位と地域単位双方の一般的拘束力が保障されている日本において、ユ・シ協定の効力を広く認める法制度上の必要性は強くないと考えられよう。

3 ユ・シ協定の効力

(1) ユ・シ協定による組織強制の範囲

以上検討してきたところから明らかになったのは、第1に、労働者の協定締結組合への所属義務と使用者の非組合員に対する解雇義務を定めたユ・シ協定は、憲法28条の団結権保障という根拠と、日本の労働組合のほとんどが企業別に結成されているという実態から一定の範囲では適法と認められるという理解は判例・学説の共有するところであること、第2に、上記一定の範囲の具体的内容としては、当該ユ・シ協定が協定締結組合以外の組合に加入した（している）労働者や

---

74) 朝日火災海上保険（高田）事件—最3小判平8・3・26民集50巻4号1008頁。
75) 大内・前掲注(47)522頁。

別組合を結成した労働者には及ばず（したがってユ・シ協定の効力は労働組合一般への加入を義務付けるという意味でのみ認められ、特定の労働組合のみの組合員であることを義務付ける効力は認められない）、また協定締結組合を除名された労働者に対するユ・シ解雇は、除名が無効である場合には無効となる（解雇義務が発生しないため当該解雇は解雇権の濫用となる）、といった形をとること、そして第3に、ユ・シ協定については今なおその基本的な適法性について疑念が絶えず、そのため具体的な上記の論点についても有力な疑念が呈されており、ユ・シ協定をめぐる諸論点についてほぼ統一的な解釈が定着しているとは全くいえない状態であることである。たとえば、前述のように（2(3)(c)）、労組法7条1号但書はユ・シ協定締結組合は当該事業場の過半数を代表する組合でなければならないことを示したのか、単に過半数組合とのユ・シ協定の締結が不当労働行為にならないことのみを規定したのかについて見解が二分されているが、その背景にも、ユ・シ協定がそもそも適法なのか、いかなる根拠で、どのような範囲で適法といえるのかという根本問題についての理解が一致していないことが大きく影響していることは言うまでもない。

(2) ユ・シ協定の債務的効力

　そこで、ユ・シ協定の法的効果をあらためて考えるに、まず組織強制の手段としてのユ・シ協定の原点に戻ってみると、ユ・シ協定の法的形態は、特定の使用者との労働契約の締結と維持とを労働組合の所属と一致させることを、当該労働者の意思にかかわらず実現させる労働協約（の規定）である。第三者に対してその意に反する義務を課する合意は、法令上の根拠があるか、当該第三者自身があらかじめそれに同意しており、あるいはそのようにみなしうる法的根拠がある場合であろう。しかしユ・シ協定については、労働者が協定締結組合に所属することを同意していればそもそも問題は生じず、不同意労働者がユ・シ協定に拘束されることについての明確な法令や他の法的根拠は存在しない。すべての論者が指摘するように、ユ・シ協定の適法性を容認する唯一の法的根拠は憲法28条の保障する団結権である。この団結権が、団結しない自由（消極的団結権）を含まないとの通説的見解に立った場合、そこからただちにユ・シ協定の適法性を認めうるであろうか。確かに団結権は、憲法21条の結社の自由とは異なり、団結することを促進する政策的意図が含まれていることは明らかなので、ある労働組合の団結

を強化するために、個別労働者の団結しない自由が一定の範囲で制約されるとの解釈は十分可能であろう。問題はその制約の内容と程度であるが、まず、団結権といえども特定の法的状態を創出する効力までは認められないから、ユ・シ協定が締結されていても、そこから労働者を自動的に組合員としてしまう効力までは認められないであろう。それでは、ユ・シ協定の労働協約としての効力のうち、「会社は組合に所属しない労働者を解雇する義務を組合に対して負う」という義務の債務的効力は認められるであろうか。1つの考え方は、そのような形で使用者側が団結権を承認し、擁護することを自由な意思で引き受けるという事態として理解すれば、無効とまではいえないというものである。この考え方によれば、ユ・シ協定による解雇義務を、その義務が発生する要件が充足されているのに果たさない使用者に対しては、協定締結組合は労働協約の解約や損害賠償の請求などの一定の法的対抗措置をとることが可能となるであろう。少なくともその範囲において、ユ・シ協定は適法であって、個々の労働者の団結しない自由を侵害することを理由に協定自体が無効と解釈することはできないことになる。

しかしながら、この考え方によるとしても、判例・学説の多数が認めているように、団結権を根拠とするならば、日本の憲法と労組法は複数組合の存在を容認しているので、ユ・シ協定の目的として特定の労働組合以外には労働組合に所属しないということまで含まれるとすれば、その部分については公序違反であって無効となる。前掲三井倉庫港運最判（注66）などの判断は、そのように再構成することで整合性を確保するものと思われる。要するに、債務的効力としてのユ・シ協定の効力を認めるとしても、それは、使用者が雇用する労働者の団結を一般的に承認し、正当な理由なくおよそ団結しない労働者に対する解雇義務を協定締結組合に対して負うという範囲でのみ認められると考えられることとなろう。

では、ユ・シ協定による解雇義務は債務的効力としても認められないとの見解は妥当であろうか。このように解するためには、憲法28条が消極的団結権も含むと考えるか、あるいは同13条に自己決定権の根拠を求め、労働者は団結についても自己の意思に反して労働組合への加入を強制されることはないとの原理を前提

---

76) ただし、この考え方によっても、前掲注(65)の日本食塩製造事件最判も指摘しているように、解雇義務の発生は、ユ・シ協定が組織強制の正当な機能を果たす限りにおいて認められるので、労働者が協定締結組合に所属しないことに正当な理由があれば、そもそも解雇義務自体が発生しない。
77) 西谷・個人と集団、西谷・労組法、大内・前掲注(47)等はこの立場に立つものと考えられる。

として、解雇義務規定は憲法に反し、あるいは公序違反で無効であると解しうることが必要となる。しかし、団結権はやはり団結することを促進するという政策的目的を基盤としており、団結しない自由を団結する権利と同等に保障していると解することはいかにも無理である。また、憲法13条に自己決定権を読み込むことは妥当であるとしても、同条は他の具体的な人権保障規定が定めていない領域について、包括的・一般的に個人の幸福追求権という形でその自由を保障するのであって、団結権を凌駕するとまでは解しえないであろう。したがって、少なくともこれらの見解によって解雇義務規定が債務的効力も有しないとの結論を導くことはできないように思われる。このように解すると、解雇義務規定の債務的効力を否定することは困難であると考えざるをえない。

ただ、消極的団結権等によってユ・シ協定を違法とする見解は、実際にはユ・シ解雇を原則として違法とする結論を導くための前提として提唱されているのであり、その実質的な意図に、ユ・シ協定において解雇義務を合意すること自体をただちに違法無効とすることまでを含んではいないように思われる。そうだとすれば、問題は、端的にユ・シ解雇は無効なのか、一定の制限のもとに認められるべきなのかという点に帰着することとなる。「ユ・シ協定の解雇義務を理由とする解雇は無効」との見解をとる場合には、解雇義務の定めに債務的効力が認められると解することがほとんど無意味と化すからである。

(3) ユ・シ解雇について

それでは、ユ・シ協定は、協定締結組合にも、他組合にも所属しない労働者に対する解雇を有効とするであろうか。この点、前述のように判例・多数説は、原則としてはこれを認めたうえで、除名された労働者への解雇の制約、協定締結組合からの離脱後、他組合への加入ないし別組合の結成に必要な合理的期間内の解

---

78) 渡辺(下)58頁以下。
79) たとえば、労働者と使用者との間で、団結しない自由を放棄するという特約がそれ自体で無効となることは考えられないが、団結権を放棄するとの合意は公序違反で無効となるであろう。
80) ただ、ユ・シ解雇もユ・シ協定による解雇義務を中心的な理由としつつ、他にも解雇理由があった場合（職務能力の著しい不足、明らかな非違行為の発覚等）、ユ・シ協定上の解雇義務が認められなくても解雇が有効となる場合がありうるので、協定締結組合が解雇義務の存在を根拠としてある労働者の解雇を求め、団体交渉を要求したような場合には、その拒否が不当労働行為となることはありえよう。

雇の制約など、ユ・シ解雇の具体的類型ごとに解雇無効となる場合があることを認め、解雇という措置の重大な影響と団結権の擁護というユ・シ協定本来の意義との調整をはかってきた。しかし、これについて強い反論がなされてきたことは前述の通りである。これについては、上記のように一定の場合にはユ・シ解雇といえども無効となりうるとの理解が定着しているので、いずれの立場をとっても実務上の相違はあまり生じないようにも思われるが、仮にユ・シ解雇は一般に無効であると解するなら、ユ・シ協定の締結そのものの効果がほとんどなくなるので、やはりその区別は重要であると言わねばならない。

　そこで考えるに、まず、ユ・シ協定は労働組合一般への加入を労働者に義務付けることを主眼とすることを踏まえるならば、当該労働者に対する解雇義務は、団結を間接的に強制するための手段であると解することが妥当であり、団結しようとしない労働者はおよそ雇用を維持するに値しないという趣旨ではないと考えられる。たとえばクローズド・ショップ協定もユ・シ協定もない場合に、使用者が採用希望者に対して労働組合を結成することを雇用条件とすることは、支配介入の不当労働行為となるはずであり[81]、雇用の維持が労働組合への加入と直結するのは、まさにショップ制が認められる場合に限られるはずだからである。そうすると、労働者がおよそ団結しないことを明示している場合は別として、労働組合に加入し、あるいは労働組合の結成をしていないものの、一般的に団結への可能性を否定していない労働者に対するユ・シ解雇は、客観的に合理的理由は認められず、労契法16条に照らして原則として無効と解すべきであると思われる。すなわち、労働者からすれば、およそ労働組合に所属しない限り解雇の脅威にさらされるという立場は、団結権の行使を意図していたとしても不当である場合がありうる。労働者の団結権には、自らの意思によって自らが賛同できる労働組合に加入し、自らが理想とする労働組合を結成する権利が含まれるはずだからである。したがって、ユ・シ解雇は、単に団結しないというだけでなく、団結権を自ら否定するような言動を行った労働者に対してのみ権利濫用とならないと解すべきである。その判断は個々の場合に異なるであろうが、仮にユ・シ協定締結組合への反感から同組合所属を拒否している労働者であっても、団結すること自体の必要

---

81) ただし、実際にそのような事態が生じて採用を拒否された労働者が、労働委員会に救済申立てをなしうるかは別途議論が必要であろう。

性を認めているならば、使用者が行った場合には不当労働行為にあたるような言動は行わないはずであり、このことが１つの判断基準となるであろう。このように解するなら、解雇義務を定めたユ・シ協定の部分に債務的効力を認めることにも実益があるといえる。労働組合としては、反組合的行動をとる非組合員の解雇を使用者に要求することによって、自らのみならず団結権一般を擁護することが可能となるからである。

(4) ユ・シ協定と労組法７条１号但書

以上のように解すると、ユ・シ協定は過半数組合のみが締結しうるとする立場をとる必要はなくなる。少数組合であっても団結権一般の擁護のためにユ・シ協定を締結することは認められるべきであり、また当該組合への加入を拒む労働者はまさに別組合を結成し、ひいては過半数の加入を実現することによって、労基法上の労使協定の締結などを通して自らの意図する労使関係を形成しうるからである。

それでは、労組法７条１号但書はどのように解するべきであろうか。労組法７条は、全体として行政機関としての労働委員会による救済の実体法上の要件を定めた規定であり、直接の民事的効力は原則として認められない[82]。したがって、まず同但書も、その効果は不当労働行為からの解放のみであって、ユ・シ協定の締結が過半数組合に限られることを示したものとはいえないと解される。同但書は、ユ・シ協定の締結は、それが過半数組合とであれば不当労働行為とまでは認められず、過半数を組織しない組合とであれば、別途不当労働行為と認めうる要件を充足していれば不当労働行為となりうることを定めたものと解すべきである[83]。

4 ユ・シ協定と憲法適合的労使関係

ユ・シ協定をめぐる議論は、その具体的論点の如何にかかわらず、常に団結権を背景として展開されてきた。自らのあずかり知らぬところで第三者が締結した協定により、労働契約関係の維持を労働組合への所属にリンクさせられるという

---

[82] 労組法７条１号に反する解雇を無効とした前掲注(61)医療法人新光会事件最判は、その判旨にもある通り、不利益取扱いの解雇に関する例外的な判断と解すべきである。
[83] 労組法７条１号但書が不当労働行為についてのみ定めた規定であるという理解を共有するものとして、渡辺(下)57頁以下、西谷・労組法104頁。

労働者の立場を、法的に正当化するための他の論拠が見当たらないことがその決定的な理由であったといえる。団結権以外の法的論拠がないとなれば、次に正当化の論拠として指摘されるのは「実態」に対する配慮である。日本における労働組合が一般に企業別組合という形態をとっていることから、ユ・シ協定は労働組合に企業内従業員代表としての機能を担わせる法的根拠となっており、それは実態において有益な労使関係の構築に寄与しているという点を指摘する見解はその代表的なものであろう。他方で、ユ・シ協定の適法性を否定する新しい傾向も、ユ・シ協定が労働組合の組織拡大努力を弛緩させ、ひいては解雇の威嚇を通じた個々の労働者に対する抑圧に通じる実態が明らかになってきたことに強い影響を受けている。[85]

法解釈論が実態を強く反映しがちであることは、特に労組法のように実定法の規範が必ずしも明確でないような場合には一般的に認められる現象であって、そのこと自体が問題であるとはいえない。しかし、ユ・シ協定については、中立的な事実の認識を解釈論に反映させるというより、労働組合の存続を擁護するという評価的立場からの議論が中心となって、論理的な整合性についての検証が十分になされてこなかったきらいがあることは否めない。

本書の立場からすれば、ユ・シ協定を締結することは労働組合の維持拡大にはあまり意味を有しないこととなるが、それは憲法の保障する労働基本権の趣旨からの当然の帰結である。憲法は、自らの意思によってその社会的・経済的地位を向上させようとする労働者に対してのみ、団結権・団体交渉権・団体行動権という武器を付与したのであり、団結は権利であって義務ではない。意に反する団結を強制する労働協約規定が効力を有するのは、団結権そのものを否定するような労働者に対してのみであるべきなのである。

---

84) 菅野609頁。
85) 西谷・再検討65頁以下が、自己決定論によるユ・シ協定の原則違法論を提唱している理由の中心的な1つが、ユ・シ解雇を扱った裁判例のほとんどにおいて解雇無効の結論となっている事実であったことはその一例といえよう。

第4節　組合活動条項[86]

1　緒論

　日本においては、労働組合が企業別に組織され、当該企業を活動の場とすることが通常である。しかし、企業内の施設、設備等は当該企業の所有権ないし施設管理権が及んでおり、労働組合の活動は企業の権利との調整が必要とならざるをえない。事実、これまで企業施設を利用した組合活動や、就業時間中の組合活動の正当性が問題とされてきた多くの事案も、その背景には、団結権ないしは団体行動権の一環としての組合活動権と、使用者の施設管理権ないし労務指揮権、企業秩序定立維持権限などとの相克があったのである。そこで、労働協約において組合活動に関する諸条項を設け、あらかじめ労働組合の諸活動に関するルールや労使の合意を確認することが一般化してきた。

　労働組合の活動を対象として規定される組合活動条項は、その性格上、労働協約の効力としては債務的効力のみを有する。個々の組合員に対する組合活動に関連した補償や賃金上の対応等を規定した労働協約条項は、まさに個人としての組合員を対象として具体的な権利義務を設定する内容である場合には、その限りにおいて、賃金等の労働条件に関する事項として規範的効力が問題となりうる。それはここでいう組合活動条項には含まれない。

2　就業時間中の組合活動

　組合活動は、原則として就業時間外に事業場外でなされることが望ましいが[87]、企業別組合は、特に使用者との交渉や協議などの場合に就業時間と重なることが珍しくない。そこで多くの協約では、「組合活動は原則として労働時間外に行う。ただし以下の場合はこの限りではない」などとして、例外的に使用者も就業時間

---

　86)　労働協約における組合活動条項の意義や法的効果については、本多淳亮「組合活動条項」新講座5巻259頁、東大(下)743頁以下参照。
　87)　就業時間中の組合活動の正当性については困難な議論がある。これについては、菅野722頁以下、西谷・労組法231頁以下、荒木615頁以下、渡辺(下)167頁以下、東大(上)493頁以下、下井＝保原＝山口・前掲(13)211頁以下等参照。

中の組合活動を認める場合を具体的に示している。例外として認められるのは、団体交渉、労使協議のほか、組合大会、執行委員会など労働組合の運営に関する項目も含まれることが多い。

このように就業時間中に行うことが認められる組合活動が明示的に限定されていれば、それ以外の組合活動を就業時間中に行うことは協約違反となり、使用者は労働組合に対して協約違反を理由とする法的措置をとることが可能となる。ただし、これを超えて、そのような組合活動に正当性が認められるか否かは別の問題である。[88] もっとも、本書では詳述しないが、組合活動として正当性が認められる行為である場合には、協約において制約することもできず、そのような協約規定が無効であるとか、有効であるとしても使用者の対抗措置には制限があるという考え方もありえよう。

他方で、労組法7条3号は使用者による経理援助を不当労働行為としており、その例外として就業時間中の団体交渉を有給で行うことを使用者が認める場合をあげている。これに照らせば、仮に同号に抵触するような、就業時間中の有給の組合活動は不当労働行為を生ぜしめるし、不当労働行為に該当する法律行為を無効とする考え方からすれば、そのような組合活動を認める労働協約規定は無効ということになろう。[89] ただ、労組法7条3号の趣旨に照らして就業時間中の有給の組合活動がどのような範囲で、どのような場合に不当労働行為になるかはただちには結論の出ない難問である。

3 組合専従

企業別組合で特に一般化しているのが、労働組合活動への専従を認める労働協約規定である。専従することによって労務給付義務が免除され、無給であることが通常であるが、場合によっては有給とすることもある。「会社は組合が組合員中より組合専従者をおくことを認める」「専従者の取扱いは次の通りとする。1．専従期間中は休職扱いとし、専従期間は勤続年数に加算する。2．専従期間中は賃金その他の給与を払わない」などの規定が一般的である。これらのいわゆる「在籍専従」を認めるか否かは使用者の自由であるが、[90] 労働組合と合意の上で専

---

88) 就業時間中の組合活動の正当性についても、前掲注(87)記載の諸文献に詳しい。
89) 東大(下)744頁。
90) 三菱重工長崎造船所事件―最1小判昭48・11・8労判190号29頁。

従の要件や専従者の範囲などについて労働協約に定めを置くことで、労使関係の円滑な展開にも資することが想定されているといえよう。

専従に関する規定も、基本的には当該労働組合と使用者との間に債務的効力を生じるが、専従者の労働条件について具体的に定めが置かれている場合は、その部分については規範的効力を有することとなる。たとえば、専従者について無給であっても慶弔見舞金などについては適用があると定められていた場合、所定の要件を満たした専従者には、労組法16条に基づいてしかるべき額の金員を請求する権利が生じることとなろう。また、専従者に対して労務給付なしに賃金を支給することとしている場合は、上記の就業時間中の組合活動を定める労働協約規定の場合と同様の問題が生じる。一般的には、全く労務給付を行わない組合員に対して給与を支給することは労働組合の自主性を著しく害すると考えられる。20年労組法の下ではこれを認める裁判例がみられたが[91]、疑問と言わざるをえない。

4 会社施設を利用する組合活動

事業場内での組合活動も、企業別組合の特性からその実際上の必要性は認められるものの、使用者の施設管理権を侵害する可能性も大きく、労働協約においてあらかじめルール化されていることが多い。「会社は組合に対し、次の範囲内で組合活動のための会社施設等の利用を認める。1．会社と組合との間の貸与契約に基づく事務所・物品等　2．使用のつど予め会社に申請し、許諾を得た施設・設備等」などといった定めを置くことが一般的である。具体的には、ビラ貼りに関する会社の許可基準や組合事務所の貸与関係について問題となることが多い[92]。企業施設を利用する組合活動については、それ自体の正当性が問題となり、現在まで最高裁は、原則として使用者の許諾のない利用は認められないとしているが[93]、労働協約に企業施設利用の要件や範囲等が定められていた場合には、それらに反する組合活動は、正当性の問題とは別に労働協約違反をも生じることとなる。ビ

---

91) 日本セメント事件―福岡高判昭25・4・12労民集1巻2号141頁。
92) 掲示板以外に許可なくビラ貼りをしないとの労働協約の規定に基づき、許可された場所以外へのビラ貼をさせない旨の会社からの仮処分の申請が認容された例としてエッソ・スタンダード石油事件―東京地決昭56・12・25労民集32巻6号988頁、組合事務所の貸与を定めた労働協約に基づき、会社は合理的理由なくその返還を求めることができないとした日本シェーリング事件―大阪地判昭57・2・26判時1048号155頁などがある。
93) 国鉄札幌運転区事件―最3小判昭54・10・30民集33巻6号647頁。

ラ貼りや会社会議室の占有等については、違反と相当因果関係に立つ損害も多額に上ることが予想されるが、他方で使用者側も、要件を満たした組合活動を阻止するような行為に出れば労働協約違反の債務不履行を問われることとなる。

第5節　チェック・オフ条項

1　チェック・オフの意義

　チェック・オフは、ユニオン・ショップやロックアウトなどと同様、英語表現がそのまま定着してしまった概念なので、その意味をただちに理解することが難しい。本来の意味は「照合する」ことであるが、チェック・オフ制度が定着している米国でも、労働組合の組合費を給与から控除することという理解が定着している。日本では、組合費の賃金からの控除と、控除した額を組合に引き渡す行為までを包括してチェック・オフということが多い。また、チェック・オフに関する労使協定であるチェック・オフ協定による措置を意味することもある。すなわち、言葉の意味からして多様な理解が可能な措置・制度であり、その具体的な意義や法的性格についてはさらに多彩な議論がみられる。ただ、チェック・オフが一般的には労働協約としてのチェック・オフ協定に定められ、協約条項としての効力が中心的な課題となるので、まず、チェック・オフに関する日本の労働協約の実態や制度を概観し、かつ、労働協約の形態を有しないチェック・オフ協定をも対象として、チェック・オフがどのように認識・評価されてきたかを確認したうえで、具体的な課題を検討することとする。[94]

---

[94]　チェック・オフに関する主な文献としては、水島密之亮「チェック・オフ（組合費の控除）の法理」甲南法学5巻1＝2号（1961）126頁、横井芳弘「チェック・オフ協定と相殺」労旬856号（1974）37頁、荒木誠之「チェック・オフ」有泉亨ほか編『新版労働法演習2』（有斐閣・1982）1頁以下、中山和久「チェック・オフ（組合費の控除）」大系1巻162頁、本多淳亮「チェック・オフをめぐる法律問題」峯村還暦277頁、安枝英訷「労働基準法における労使協定」同志社法学39巻3＝4号（1987）285頁、高橋貞夫「チェック・オフの廃止と不当労働行為」中央労働時報444号（1966）24頁、遠藤隆久「チェック・オフ」労働法の争点〔新版〕・ジュリスト増刊（1990）104頁、秋田成就「チェック・オフ（組合費等の給与控除）制度について」同『労使関係法I』（信山社・2012）121頁以下、131頁、倉田聡「チェック・オフ協定の協約理論」労旬1290号（1992）25頁、鈴木隆「チェック・オフ」労旬1351＝1352号（1995）16頁、同「チェック・オフと協約法理」労働法学会誌88号（1996）219頁、倉田聡「チェック・オフと不当労働行為」労働法学会誌88号（1996）

直近の平成23年労働協約実態調査を見ると、労働組合の91.4％が労働協約を締結しており、そのうちの74.1％がチェック・オフの規定を有している。労働協約にかかわらずチェック・オフについて何らかの規定を持っている場合まで含めると、実に88.5％の労組がチェック・オフを制度として有しているのである。したがって、日本の労働組合は、組合費の徴収を使用者に依存していることが一般的であるといえよう。

　一方、日本の実定法は、チェック・オフについてはむしろその適法性を疑わせるような規定を置いている。まず、労基法は24条1項において「賃金は……その全額を支払わなければならない」として賃金からの控除を原則として禁じており、但書で法令に別段の定めがあるか、過半数組合もしくは過半数代表との労使協定がある場合のみ例外的に控除を認めている。しかし、法令には組合費の賃金からの控除を認める規定はないので、労基法24条1項の規定を文字通りに解すれば、チェック・オフは過半数組合もしくは過半数代表と使用者との間でチェック・オフを認める協定が締結された場合にのみ認められることになりそうである。ところが、この点については現在も議論が絶えず、後述のように、むしろチェック・オフ協定には労基法24条の適用がないとの見解が有力に主張されている。また、労組法は2条2号において、同法上の労働組合と認められるための要件として、使用者から経理上の援助を受けていないことを定めている。同号は但書において、「厚生資金又は経済上の不幸若しくは災厄を防止し、若しくは救済するための支出に実際に用いられる福利その他の基金に対する使用者の寄附」など3つの場合を例外として認めているが、この中にチェック・オフは記載されていない。チェック・オフが厳密に使用者の経理上の援助といえるかという問題はあるが、本来なら組合費徴収にかかるコスト（口座振込みであれば手数料がかかるし、直接徴収する場合も一定の労力が必要となる）をチェック・オフによって組合が免れているとすれば2条2号に抵触する余地が出てこよう。さらに、労組法7条3号は、使用者が労働組合の結成や運営に支配・介入することと経理上の援助を与えること

　　235頁、近藤昭雄「組合費」労働法の争点〔第3版〕（2004）32頁、小西國友「チェック・オフの法的構造」季労164号（1992）127頁以下。
　95）　厚労省は、チェック・オフを「使用者が組合員の賃金から組合費その他の労働組合の徴収金を天引き控除し、労働組合へ直接渡すこと」と定義している（平成23年労働協約等実態調査「主な用語の定義」）。

を不当労働行為として禁じている。そして、労組法2条2号と同様、不当労働行為とならない例外を認める労組法7条3号但書の部分には、チェック・オフは含まれていない。労働組合は組合員が負担する組合費によって活動する組織であり、組合費の徴収は労働組合の運営の根幹部分の1つといってよい。したがって、使用者がこれを実施することは労働組合に対する支配介入の不当労働行為を形成するとの見解は十分に成り立つであろう。しかし、このような見解は学説においても判例においてもほとんど見られず、むしろチェック・オフを特段の理由もなく中止することが不当労働行為であるとの判断が、労委命令を中心に一般的であったのが実情である。[96]

このように、日本の法制度は、少なくとも文理解釈の上ではチェック・オフを積極的に容認する規定を置いてはいないし、むしろ労基法違反や不当労働行為など違法行為となりうるとの判断も十分に可能な構造になっているのであり、このことは、労働組合の圧倒的多数がチェック・オフ制度を有しているという実態と著しいコントラストをなすといえよう。

この点、日本の労組法や労働組合の制度的仕組みがその多くを負っている米国では、チェック・オフは、ユニオン・ショップ協定やエージェンシー・ショップ協定などの組織強制に関する協定が締結されるときにはほとんど同時に協定されているほか、ショップ協定がなくてもチェック・オフ協定が結ばれることが多いとされる。[97]しかし、米国の場合には、タフト・ハートレー法302条の(a)および(b)において使用者が被用者の代表に金品を与えることを禁止しており、その例外として(c)にチェック・オフされた組合費の引渡しが認められている。この場合、被用者からの書面による委任があって、しかも委任の撤回を許さない期間が1年以内であることが要件として付されている。すなわち、確かにチェック・オフは米国でも日本と同様に一般化しているが、実定法に明文の根拠があり、しかも厳格な要件の下に認められているのであって、日本のようにどこにも明文の規定がないにもかかわらずこれだけ普及し、しかも判例・学説においてもチェック・オフ

---

96) 国策パルプ事件—北海道地労委昭33・8・12命令集18＝19集184頁、富島産業事件—中労委昭40・3・15命令集36集373頁、日本信託銀行事件—中労委昭40・7・14命令集32＝33集574頁、滋賀相互銀行事件—中労委昭43・10・2命令集39集513頁、東洋シート事件—最1小判平9・4・24労判737号13頁、太陽自動車・北海道交通事件—東京地判平17・8・29労判902号52頁等。

97) 中窪裕也『アメリカ労働法〔第2版〕』（弘文堂・2010）102頁。

の原則違法論は皆無といえるという状況は、少なくともごく自然な事態であるとはいえないであろう。[98]

2 チェック・オフをめぐる議論の状況

(1) 法的課題の諸相

(a) 議論の経緯

日本におけるチェック・オフは、実定法上その適法性に疑念が生じうるにもかかわらず広範に普及・定着している。この矛盾に関し、チェック・オフという仕組みは、特に日本のように企業別組合という組織形態が通常である場合には、労組にとっては「企業内組合」としての団結の論理が働き、使用者側も労使関係の安定を担保するものとして肯定的にとらえられていたのであり、むしろチェック・オフの中止・廃止は安定的労使秩序を破壊するものとして否定的にとらえられやすかったのではないかとの指摘がある。[99] しかし、当然ながら実務において紛争が生じないわけではない。チェック・オフをめぐる法的紛争は、労働委員会における不当労働行為救済審査においては、圧倒的に使用者による一方的なチェック・オフの中止・廃止の不当労働行為性が争われるという形で顕在化しており、[100] 裁判所においてもそれら労働委員会命令の取消訴訟が多かったが、やがて、労働者からのチェック・オフ中止の申入れに対する使用者の拒否や、チェック・オフに関する組合差別などを契機とした民事訴訟も増加するようになった。[101] 特に、平成元年の済生会中央病院事件（最2小判平元・12・11民集43巻12号1786頁）、平成5年のエッソ石油事件（最1小判平5・3・25労判650号6頁）、平成7年のネッスル（ネスレ）日本に関する3つの最高裁判決（ネスレ日本（島田）事件―最1小判平7・2・23民集49巻2号281頁、ネスレ日本（霞ヶ浦工場）事件―最1小判平7・2・23労判670号10頁、

---

98) 米国以外の国々でもチェック・オフはみられるが、何らかの実定法上の根拠に基づいて行われていることが通常である。諸外国の状況については、秋田・前掲注(94)131頁、またサッチャー政権以降チェック・オフが厳しく規制されるようになった英国の状況について鈴木隆「イギリスにおけるチェック・オフ制度とその法的規制」（島大法学39巻1号（1995）37頁以下）参照。

99) 秋田・前掲注(94)129頁以下。

100) この点の分析については、秋田・前掲注(94)138頁以下参照。

101) 日本光学事件―東京高判昭45・1・30労民集21巻1号103頁、大栄交通事件―横浜地判昭49・3・29労判200号39頁、日本硝子事件―神戸地尼崎支判昭50・1・30判時772号102頁、東都自動車事件―東京地決昭60・7・23労民集36巻4＝5号549頁、東急バス事件―東京地判平18・6・14労判923号68頁、同控訴審―東京高判平19・2・15労判937号69頁。

ネスレ日本（日高乳業第二）事件―最1小判平7・2・23民集49巻2号393頁）は、いずれも、それまでのチェック・オフに関する議論に一石を投じる内容を包含しており、チェック・オフをめぐる議論は1990年代以降大きな変化をとげている。

(b) **チェック・オフ紛争の類型**

これまでの争訟は当然ながら紛争形態としては多彩であるが、紛争類型としてはいくつかに整理することが可能であり、論点もほぼ共通している。中心的な論点となっていたのは、第1に、チェック・オフが労働者と労働組合と使用者との三者関係により成り立つ措置であることから、それぞれの法的関係をどう解するかであり[102]、第2に、チェック・オフ協定が労基法24条1項但書の適用を受けるかであり、第3に、使用者がチェック・オフを中止したり、チェック・オフの申し出を拒否することが違法となるかという問題である。もちろん、それぞれの論点は相互に絡み合って複雑な様相を呈していることは言うまでもない。すなわち、上記の最高裁による諸判決がまさにそうであるように、チェック・オフについての紛争は、労働組合が実質的に分裂して、従来の組合から脱退した労働者がチェック・オフを中止するように使用者に求めたり、分裂してできた複数の組合の1つがチェック・オフを中止することや新たにその組合のためにチェック・オフを行うよう求めたりするという形態をとることがほとんどである[103]。そして、労働者からの中止の申し出については、まず労働者と使用者との関係において、従来のチェック・オフがどのような法的根拠を有していたかを認定する必要があるし、そもそも労基法24条1項の賃金全額払い原則との抵触がないかを確認することも求められる。また、チェック・オフが労働協約によって行われていたのであれば、チェック・オフに関する規定が労組法16条の規範的効力を有するか、すなわち労働者と使用者との間でチェック・オフが行われることは労働協約に根拠を有するのか、労働者と使用者との個別の合意等に根拠を有するのかが問われることとなる。さらに、複数組合の1つの組合に対するチェック・オフの中止・拒否等につ

---

102) ここから、個別組合員からのチェック・オフ中止の申し出に対して使用者はこれに応じる義務を負うか、という問題も生じる。
103) そのほか新たな課題を示す近年の事案として、地方公共団体の職員組合とのチェック・オフを廃止する条例の適法性が争われた大阪市・大阪市議会事件―大阪地判平23・8・24労判1036号30頁がある。判旨は、チェック・オフが地公法55条1項の交渉事項にあたらないことや、チェック・オフ廃止が政策的にも合理性を有することなどを理由に、組合からの損害賠償請求を棄却した。公共部門のチェック・オフに関する固有の法的課題について、今後の議論の展開が注目される。

き不当労働行為の成否を問われる事案にあっては、個々の労働者に対するチェック・オフの法的根拠が失われたか否か、あるいはチェック・オフ協定自体の効力の帰趨が前提問題とならざるをえない。

こうして、チェック・オフをめぐる法的課題は、理論的にも実務的にも、多くの互いに関連する論点を解きほぐしながら検討する必要があるといえよう。

(2) チェック・オフの法的構造
(a) 三者間関係

チェック・オフは、組合員たる労働者と使用者、使用者と労働組合、労働者と労働組合という三者関係によって成立している。まず、労働者の賃金から控除されるのは組合費等の労働組合の運営にかかる経費であるから[104]、労働者が当該組合の組合員であることが基本的な前提である。言い換えれば、労働者が労働組合から離脱すればチェック・オフは自動的に中止されるはずであるが、実際には、除名の場合にはその有効性、脱退の場合には組合の承認の有無、組合の実質的な分裂の場合には、それをどう評価するかによって争いが生じうる。次に労働者と使用者との間では、労働者の賃金から組合費を控除し、組合に引き渡すという行為を使用者が行う根拠となる合意またはこれに代わる法的根拠が必要となる。一般的には労働者が使用者に対して控除と引渡しという事務を委任していると解されるが、組合への引渡しについては、後述のように引渡し委任と代理受領という2つの考え方がありうる。3番目に、使用者と労働組合との間で、労働者から組合費を控除し、これを組合に引き渡すという旨の合意があることが必要となる。この合意が書面化されたものが労働協約としてのチェック・オフ協定であるが、書面によらない合意もありうるし、特に明確な合意もなく、慣行としてチェック・オフをすることが繰り返されていることもある。

それでは、これらの三者関係を基礎づける法的根拠についてはどのような問題が生じるであろうか[105]。

---

104) チェック・オフされるのは組合費には限られないが、それによって法的問題に大きな相違が生じることはないので、本稿では組合費のチェック・オフを念頭に置いて論じる。

105) チェック・オフに関する三者間の法律関係を詳細に論じたものとして、小西・前掲注(94)、倉田・前掲注(94)労旬1290号33頁以下がある。

(b) 労働者と労働組合との関係

　まず、労働者と労働組合との関係については、理論的には、組合規約等にチェック・オフに関する規定が存在し、組合費等について賃金から控除され、使用者によって当該組合に引き渡されることが定められていれば、少なくとも労働組合と労働者との間では、チェック・オフの取扱いが合意されているとみなされる。また、チェック・オフ協定が労働協約として締結されていた場合には、チェック・オフについて規範的効力が認められるのであれば、労働者は当該チェック・オフ協定を締結した組合に所属する以上、チェック・オフについても協定の定めるところに拘束されるし、また同時に使用者との間でも、自らの賃金から組合費等が控除されて組合に引き渡されることが合意されているのと同じ状態が生じることとなる。規範的効力が認められないとした場合には、使用者と労働者との間のチェック・オフに関する法的根拠がチェック・オフ協定によって生じることはないことになる。他方、仮に組合規約等の明示の規定が存在せず、単なる慣行によってチェック・オフが行われてきたという場合は、労働者がそれを黙示的に承認してきたと認められる事実がなければ[106]、労働者は組合に対して、いつでもチェック・オフの措置に従わない（自ら組合費を支払う）ことを意思表示して、そのように行動することができることとなる。

　このような構成の相違によって、実務上さほどの違いが生じることは考えられないが、たとえば組合内に紛争が生じて、執行部に反対する組合員が、組合から離脱することなくチェック・オフには従わないことを表明したような場合には問題となる。仮にチェック・オフが行われることについて組合と労働者間に法的根拠がないとした場合、組合は、当該組合員が直接組合費等を納めれば、チェック・オフにより使用者から受け取った額を返さなくてはならなくなるので、当該組合員については使用者との間でもチェック・オフを中止せざるをえなくなる。

(c) 労働者と使用者との関係

　次に、労働者と使用者との関係では、チェック・オフを法的に基礎づける最も確実で明確な根拠は合意であり、その内容は、労働者が使用者に賃金からの組合

---

106) たとえば、チェック・オフが慣行として行われていたが、労働者が繰り返しチェック・オフの不当性を組合幹部に書面で訴えていたというような場合は、チェック・オフ慣行は労働契約の内容を補充する意義を有しないであろう。

費等の控除を認める部分と、使用者が控除した額を組合に引き渡すことを認める部分からなる。これにつき、従来は賃金のうち組合費等相当額について労働組合が代理受領するという構成も見られた。これは、労働組合が組合員から賃金の組合費相当額につき受領権限を委任され、これに基づいて使用者から賃金の一部を受領して、組合費に充当するという見解である。この構成では、使用者と労働者との間には特段の法的関係を必要としないことになるが、これについてはそもそも労基法24条1項に抵触することなどから難点があり、現在ではほぼ支持されていない。そこで、考えられるのは、労働者と使用者との間の組合費の支払い委任契約に法的根拠を求める見解と、これに加えて労働協約の規範的効力による場合もあるとの見解である。一方、支払い委任契約は、その前提として使用者が賃金から組合費等を控除することの法的根拠が必要となる。賃金からの控除は労基法24条1項が原則として禁止するところであるから、まずこれをクリアすることが必要となるし、仮に同項但書の要件を満たしたとしても、賃金から組合費分を控除することの民事上の根拠があらためて必要となるからである。しかし、従来これについての本格的な検討は必ずしも十分ではなかった。すなわち、多くの労委命令および裁判例は、チェック・オフが労使関係を安定的に維持する制度として定着していることを前提に、その崩壊をできるだけ阻止する方向で処理してきたし、学説も、チェック・オフ協定がダイレクトに賃金からの組合費控除を基礎づけると想定していたためか、これにつきことさらに検討する契機を有しなかったものと思われる。この点、使用者の組合費控除権という概念を提唱するある見解は、考えられる法的根拠として、労働協約の規範的効力、就業規則の合理的規定、個別の合意をあげ、いずれについても理論的には成立しうることを示しつつ、労基法24条の規制を免れていることが必要であること、労働協約や個別合意については期間の満了や解約によって組合費控除権も失われうること、就業規則の場合はチェック・オフに関する定めを置くことが労働条件の不利益変更に該当しうる

---

107) 小西・前掲注(94)は、これにより使用者が獲得する権利を組合費控除権と名付けている。
108) 日本炭礦事件—福岡地判昭44・2・12労民集20巻1号117頁、ゼネラル石油精製事件—東京高判昭52・10・27労民集28巻5=6号454頁、東洋シート事件—広島高判昭63・6・28労判529号87頁等。
109) 代理受領説と支払委任説との内容と当否については、倉田・前掲注(94)労旬1290号33頁以下参照。
110) 秋田・前掲注(94)133頁以下。
111) 小西・前掲注(94)。

ことなどの障壁が存在することを指摘している。確かに、チェック・オフが労働者の賃金から一定額を使用者が控除するという内容を有している限り、それは合意もしくはそれに代わる特別な法的根拠なくしては不可能であって、それら合意ないし法的根拠ごとに固有の課題を生じうるし、労基法24条は強行規定であるから1項但書の要件は厳格に適用されることとなろう。いずれにせよ、この点に関する検討が必ずしも十分でないこと自体が、チェック・オフをめぐる法的課題の大きさを示唆しているといえよう。

また、支払い委任が認められるとしても、その中止の意思表示は明確である必要があるから、労働者からのチェック・オフ中止の申し出が口頭のものであったり、組合名での一括のものであった場合には問題を生じる。[112]

(d) 使用者と労働組合との関係

最後に、労働組合と使用者との間でのチェック・オフの法的根拠は、前述の調査から明らかなように、労働協約によらない規定に基づく場合もあるが、一般には労働協約としてのチェック・オフ協定によることとなる。仮に労働協約ではなく口頭の合意や慣行によっている場合にも、それが契約内容になっているのであれば、使用者は労働組合に対して労働者の賃金から組合費等を控除し、これを組合に引き渡す債務を負っている点では労働協約としてのチェック・オフ協定による場合と変わらない。これに対し、労働協約による場合は、チェック・オフの規定が単に組合と使用者との間の債務だけではなく、規範的効力によって労働者と使用者とのチェック・オフ関係を法的に基礎づけることとなる。そして、チェック・オフ協定が期間満了や解約により終了した場合には、使用者は労働組合に対してチェック・オフを行う義務を負わないこととなるが、実際にはこのような例ではなく、上述したように、チェック・オフ協定を締結している組合が実質的に分裂して別組合を名乗る集団が生じた場合に、組合側からチェック・オフをする

---

112) 前掲注(101)東急バス事件では、個別労働者のチェック・オフ中止の意思の明確性が争われ、原審は中止申入れ書面は労働者らの氏名は記載されているものの、所属組合からの申入れという形式をとり、労働者らの押印もないとしてチェック・オフ中止の意思表示があったとは認められないとしたが、控訴審では、労働者らの氏名の記載があることと、口頭による申し出もあったとして意思表示は明確であったとしている。また、神奈川県厚生農業協同組合事件—横浜地判平18・9・21労判926号30頁では、個別労働者がチェック・オフ中止の申し出をする際の使用者の関与が不当労働行為となるかが争われ、組合弱体化の意図は認められないとして不当労働行為を否定している。これらの事件を踏まえたチェック・オフ中止の申し出に関する問題につき、道幸哲也「チェックオフをめぐる集団法理と個人法理」労旬1658号（2007）37頁。

ことやその中止を求めたり、使用者側からチェック・オフを中止したり組合ごとに対応を変えたりすることによって紛争が生じる。そしてその審理の過程において、チェック・オフ協定と労基法24条との関係、規範的効力の有無、労働者からのチェック・オフ中止申し出の法的意義、チェック・オフ中止の不当労働行為性などが争われることとなる。

まず、チェック・オフ協定と労基法24条1項との関係については、前掲済生会中央病院事件最判が明確に、チェック・オフ協定にも同項が適用されると判断して以来、最高裁は一貫してこの判断を維持している。[113]最高裁の判断によれば、チェック・オフも労働者の賃金からの控除である以上、文理解釈としては労基法24条1項但書の要件を満たさない限り認められないということになり、チェック・オフ協定締結組合事業場の労働者の過半数を組織していない場合には、チェック・オフは労基法違反を意味することとなる。しかし、チェック・オフ協定には労基法24条は適用されないとの見解も、最高裁の判断が定着してからのちも有力に主張されている。[114]チェック・オフはその性格上、チェック・オフ協定締結組合の組合員についてのみ適用されるものであって、労基法24条が想定する事業場の労働者全体への適用は想定されていないこと、現行労基法24条は、昭和27年の改正によっているが、それ以前の労基法の規定は、賃金全額払いの原則は労働協約によって排除できると定めてあったのであり、現行法が労働組合についても過半数を求めているのは労基法36条の協定との整合性をはかるためであって、チェック・オフ協定固有の機能が考慮されていないことなどがその理由である。この立場によれば、少数組合もチェック・オフ協定を有効に締結しうることとなる。[115]

また、チェック・オフ協定が有効に存在している場合でも、協定締結組合が実質的に分裂して複数の組合が生じるに至った場合には、どの組合がチェック・オフ協定を承継しているのかが確定されなければならない。この場合、使用者がいずれの組合に対してもチェック・オフを継続するのであれば問題はあまりないが、特定の組合についてのみチェック・オフを継続し、あるいは特定の組合に対して

---

113) 前掲(本節2(1)(a))のエッソ石油事件最1小判、ネッスル日本(島田)事件最1小判、ネッスル日本(霞ヶ浦工場)事件最1小判はいずれも同様の見解を示している。
114) 西谷・労組法269頁、渡辺(下)198頁、中窪=野田・世界156頁、東大・労基法(上)421頁以下[野川忍]。
115) 山口306頁は、一種の折衷案を提示し、過半数は必要ないが書面性は必要とする。

チェック・オフを拒否すれば、不当労働行為の成否をはじめとする法的問題が生じることとなろう。

　さらに、特定の労働者がチェック・オフの中止を申し入れてきた場合、その労働者がチェック・オフ協定締結組合を離脱しているか否かによって使用者の対応が異なる。すでに締結組合を離脱していることが明確であれば、その時点でチェック・オフを行う根拠はなくなるので、その他特段の事情がない限り使用者としてはチェック・オフを中止しなければならないが、チェック・オフ中止の申し出とチェック・オフ協定締結組合からの離脱の時点とが不分明な場合には、仮に当該チェック・オフ協定に規範的効力が認められれば離脱が明確にならない限り中止する義務はないが、認められなければ、組合員個人がチェック・オフに関する支払い委任を解約する意思表示をすることにより、労働組合所属中でも、使用者は、少なくとも組合員個人との間では、賃金からの控除を中止しなければならないこととなろう。

　以上のように、チェック・オフをめぐっては、その法的構造についてもさまざまな課題が山積しているにもかかわらず、明確な理解が定着しているとは全くいえない状況である。裁判例や労委命令に現れたほとんどの事案が、チェック・オフの法的構造を直接論点とするようなものでなかったことと併せ、チェック・オフが日本の企業別組合にとって不可欠の仕組みであるとの暗黙の了解が続いていたことがその主要な理由の１つであろう。しかし、経済構造の変化、労働者像の変容などが大規模に進む現在、労働組合のありかた自体も変貌せざるをえない。チェック・オフという問題の多い仕組みについて、抜本的に検討しなおす時期にあることは間違いない。そこで以下では、以上にみてきたこれまでの検討状況を踏まえて、あらためてチェック・オフをめぐる法的課題への対応を考えることとする。

3　チェック・オフの法的課題

(1) 適法なチェック・オフの構造

　チェック・オフが、労基法24条１項および労組法７条３号との関係において、その適法性に基本的な疑念を生じさせる措置でありながら、実際には幅広く活用されているとすれば、チェック・オフが適法であるための具体的な条件を確定する必要がある。これまでの議論においては、労働委員会や裁判所に現れた紛争の

類型が主として組合分裂や複数組合の下でのチェック・オフ中止であったために、その不当労働行為性が中心論点となり、チェック・オフの適法性それ自体について検討する契機がなかったことは前述のとおりであるが、それは本来違法性が疑われるチェック・オフを、その適法性についての検証なく放置してよいことを意味しない。

(a) **労基法24条とチェック・オフ**

まず、労基法24条との関係では、同条が明確に賃金の全額払いを規定し、その例外として、法令に別段の定めがある場合と、過半数組合もしくは過半数代表と使用者との賃金控除に関する協定のみを認めていることからすれば、チェック・オフといえどもこの例外要件を満たしている場合でなければ、賃金からの控除という措置は認められないといえる。したがって、労働者と使用者とがチェック・オフについて合意していても、上記の協定（以下、「24協定という」）がなければその合意は原則として無効であり、労働組合と使用者とのチェック・オフの合意も、少なくとも組合費等を組合員の賃金から控除するという部分については無効となることになりそうである。また、チェック・オフ協定は、それ自体が24協定としての要件を満たしているか、あるいは他の過半数組合もしくは過半数代表によって24協定が締結されているという状況の下でのみ効力を有することとなろう。

しかし、24条1項の原則がそのままチェック・オフについて適用されると考えることには疑問がある。第1に、24条の趣旨は、賃金の全額が確実に労働者本人にわたることを確保することであり、労働者自身のイニシアチブによってこれに例外を設けることは否定されていないというのが判例法理である[116]。したがって、チェック・オフが労働者の自由な意思に基づいていることが明確であるならば、全額払いの規制は適用されないとの判断が導かれるのが自然であろう。第2に、24協定は当該事業場の労働者全体について賃金からの控除を合法化するための協定であり、だからこそ「過半数」という要件が課されている。しかし、チェック・オフは当該労働組合の組合員についてのみ適用される制度であり、チェック・オフ協定も非組合員の賃金からの控除は想定されていない。したがって、過半数協定の要件が課される目的に抵触しない措置であるといえる。さらに、賃金

---

116) シンガー・ソーイング・メシーン事件—最2小判昭48・1・19民集27巻1号27頁、日新製鋼事件—最2小判平2・11・26民集44巻8号1085頁。

からの控除を認めるための集団的合意は、前述のように昭和27年の労基法改正までは労働協約が挙げられていた事情を踏まえると、その趣旨が否定されているわけではない現行法においても、適法な労働協約についてまで過半数要件を満たすことが想定されていたとは考えにくい。第3に、実態としても、チェック・オフは使用者からのイニシアチブで行われることはほとんど考えられず、労働組合からの要請によるのが通常であって、労基法24条の趣旨が損なわれるという事態は想定しえない。

以上から、チェック・オフについては、労働者の意思が明確であれば労基法24条1項に抵触すると考える必要はないし、チェック・オフ協定も、過半数要件を満たしていないために、これに基づくチェック・オフが違法となるという効果を導くことはないと考えられる。

(b) **労組法の規定とチェック・オフ**

次に、労組法2条2号と7条3号それぞれの但書にはチェック・オフを含むと思われる項目は記載されていない。このうち2条2号については、チェック・オフが、それを実施する労働組合の自主性を、労組法上の労働組合と認められないほどに損なうことは一般的には想定しがたいので、チェック・オフ制度の存在がただちに労組法2条2号に抵触するとは考えにくい。一方、7条3号の支配介入の不当労働行為は非常に広範な態様がありうるので、チェック・オフが使用者の労働組合に対する支配介入行為とみなされる余地はあろう。しかし、通常チェック・オフが行われるのは労働組合からの要請によるものであり、チェック・オフ協定によってその具体的内容は合意の上で明確化されている。労組法7条3号が想定する支配介入行為は、労働組合の内部意思に干渉する行為であって、使用者の反組合的意図に基づくものを意味するので[117]、現実に行われているチェック・オフが支配介入と認められる余地は極めて小さいといえるであろう。他方で、チェック・オフが本来7条3号に含まれないとまではいえない。場合によっては、チェック・オフを通じてまさに労働組合の意思決定や行動を掌握することは可能であるし、使用者がそのような意図をもってチェック・オフを利用する可能性を否定することはできないからである。

---

117) 厚労省・コメ448頁。

(2) チェック・オフの法的構造の再構成

チェック・オフは前述のように三者間の法律関係であるが、少なくとも労働組合と労働者との間については、規約を通じて賃金から控除された組合費を組合が使用者から受け取ることについて了解されていることが通常であり、特に大きな法的課題はない。また、労働組合と使用者との間では、労働協約としてのチェック・オフ協定を通じて賃金からの控除と組合費の組合への引渡しに関する債権債務関係が生じることについては異論がない。問題となるのは、第1に、労働組合と使用者および労働者との三者関係において、チェック・オフ協定に規範的効力を認めるべきか否かであり、第2に、第1の問題と関連して、労働者と使用者との関係において、チェック・オフの法的根拠は何か、また労働者がチェック・オフの中止を申し入れた場合に使用者はこれに従う義務を負うか、あるいは従わなかった場合の法的効果は何か、である。これに対し、労働組合の実質的分裂等によって生じる組合複数化という事態の下で、使用者のチェック・オフ中止の措置やチェック・オフの申し出の拒否がいかなる場合に違法と認められるかは、これまでのチェック・オフをめぐる争訟の中心的論点であるが、不当労働行為の問題を含むので項を改めて論じることとしたい。

(a) チェック・オフ協定の規範的効力

チェック・オフ協定が規範的効力を有するか、正確にいえば労働協約のうちチェック・オフを記した規定は規範的効力を認められるかにつき、最高裁は、「使用者と労働組合との間に［チェック・オフ］協定が締結されている場合であっても、使用者が有効なチェック・オフを行うためには、右協定の外に、使用者が個々の組合員から、賃金から控除した組合費相当分を労働組合に支払うことにつき委任を受けることが必要であって、右委任が存しないときは、使用者は当該組合員の賃金からチェック・オフをすることはできない」（前掲平成5年エッソ石油事件）と述べてこれを否定しているように理解されているが、明確に規範的効力の適否を述べているわけではない。また、チェック・オフ協定の規範的効力を肯定する裁判例も少数ながら存在する。[118] 確かに、最高裁は繰り返し、労働者と使用者との間のチェック・オフを根拠づけるのは支払い委任の合意であると明示しており、その趣旨を忖度すればチェック・オフ協定の規範的効力を否定していると

---

118) 一例として北港タクシー事件—大阪地判昭55・12・19労判356号9頁。

みなしえよう。しかし、その理由はいずれの判決においても明記されていないし、上記のように規範的効力を直接否定した裁判例は存在しないので、判例法理として定着しているとまではいえない。これに対し、規範的効力を肯定する見解は、チェック・オフに関する規定は賃金に関するものであって労働条件に該当するか、あるいは少なくとも賃金の取扱いに関するものであってその他労働者の処遇には該当するとの解釈を提示するほか[119]、個々の労働者の支払い委任のみを労働者と使用者との間のチェック・オフの法的根拠とすると、その中止の意思表示についてさまざまな混乱を生じるとの実務的な難点を指摘する見解もある[120]。

　チェック・オフに関する規定について労働条件そのものに該当するかは問題であるとしても、賃金の処理について労働者の便宜をはかることを内容とする労働協約の定めが、労組法16条にいうところの「労働者の待遇に関する基準」に全く該当しないとの解釈は妥当ではない[121]。また、チェック・オフ協定に規範的効力を認めれば、一方では、使用者と組合との間では組合費の取立てについて債務的効力があり、使用者と労働者との間には規範的効力があると解しうるので、実務上の処理基準が明確になることが想定され、他方では、常に労働者と使用者との間の支払い委任契約のみをチェック・オフの法的根拠とすることによって生じる困難、特に労働者のチェック・オフ中止の申入れをめぐる前述のさまざまな困難を克服しうるという利点がある[122]。とりわけ、労働者がチェック・オフ協定組合から離脱した時点とは異なる時点でチェック・オフの中止を申し入れた場合の処理の困難を考慮すると、論理的な明らかな不整合がない以上、端的にチェック・オフ協定の規範的効力を認めるべきであると思われる[123]。

(b)　労働者と使用者との間のチェック・オフの法的根拠と中止申し出の効果

　このように考えると、個別組合員と使用者との間のチェック・オフの法的根拠についても、当該組合にチェック・オフについての規約の規定があり、かつチェ

---

119)　小西・前掲注(94)131頁、菅野618頁、荒木550頁、倉田・前掲注(94)労旬1290号34頁。
120)　道幸・前掲注(112)。
121)　同旨、荒木550頁。反対する見解として、川神裕「ネッスル日本（島田）事件最判評釈」法曹時報49巻12号（1997）235頁。
122)　この点につき、菅野和夫＝諏訪康雄「労働判例この一年」日本労働研究雑誌373号（1991）11頁「チェック・オフをめぐる法律問題」参照。
123)　なお、川神・前掲注(121)は、チェック・オフ協定に規範的効力を認めた場合の不都合として、いったん成立した賃金請求権の剥奪になることなどいくつかの難点を挙げているが、いずれの点も、チェック・オフに関する規定の解釈等によって解消しうるものと思われる。

ック・オフ協定が存在している場合には、特に個々の組合員についての支払い委任契約という構成をとる必要はない。労働協約としてのチェック・オフ協定からダイレクトに労働者と使用者との間のチェック・オフに関する法的根拠を認めうるからである。この場合、当該チェック・オフ協定の具体的内容によって、どのような内容・範囲で規範的効力が生じるかは当然ながら異なる。しかし、一般的には、使用者が労働者の賃金から組合費相当分を控除し、それを（一括して）労働組合に引き渡す義務を負うことが記されているので、法的構成としては、前述のようにこの規定が労働組合と使用者との間では債務的効力を発生させ、労働者と使用者との間では規範的効力として労働契約を規律ないし補充する効力を発生させるということになろう。この場合、労働者からのチェック・オフ中止の申し出は、それが労働組合に所属中であれば、それだけでは使用者にチェック・オフ中止の義務を発生させることはないということになる。また逆に、労働組合から離脱したことが明らかな時点において、使用者のチェック・オフを行う法的根拠が消滅し、仮に当該チェック・オフ協定が24協定とは認められない場合には労基法24条違反を問われることにもなろう。すなわち、チェック・オフ協定が存在し、これに規範的効力を認めれば、労働者が当該組合から離脱した場合、チェック・オフ中止の申し出は、確認的な意味を有するのみとなる。ただ、前述のように組合から離脱しても組合費は支払い続けるという場合もありうるので、労働組合からの離脱が明確であっても、チェック・オフ中止の意思を使用者側から確認する必要が生じることはありえよう。[124]

他方、チェック・オフ協定が存在しない場合であって、労働組合と使用者との間に慣行や口頭の合意など一定の法的根拠があり、それに基づいてチェック・オフが行われている場合には、個々の組合員と使用者との間の法的関係は、それぞれ個別に、賃金控除に関する約定と支払い委任の合意とに求めざるをえないであろう。この場合、法的構成としては、委任の内容は使用者が当該組合員の組合に対する組合費支払債務を弁済することであり、使用者としては委任事務の遂行に要する費用支払い請求権として労働者に対し組合費相当額の支払い請求権を取得し、両者がこの請求権と賃金請求権とを対等額で相殺するとの見解と、[125] 使用者が、

---

124) 労働協約の規範的効力の根拠についていわゆる「内容説」ないし「化体説」をとる場合には特にこの確認は重要な意味を有する。

125) 山川隆一「ネッスル日本（霞ヶ浦工場）事件地裁判決評釈」ジュリ960号（1990）85頁以下。

労働者との間の組合費の賃金からの控除と組合への引き渡しに関する準委任契約の締結と同時に、明示もしくは黙示合意等によって獲得する賃金控除権とによってチェック・オフの法的根拠が整えられると解するとの解釈が提示されているが、いずれにせよ、これら約定に期間の定めがある等の特別な場合を除いて、チェック・オフの中止申し出の意思表示がない限り、原則としてチェック・オフを行うことが使用者に義務付けられるし、またチェック・オフ中止の申し出があれば、使用者はチェック・オフを行う法的根拠を失い、上述の賃金控除権も消滅することとなる。このような事態は、労働組合からの離脱があることによってただちに変更されるわけではないので、チェック・オフ中止の申し出の意思表示に関する前述の困難は払拭できない。しかしそのような事態は、チェック・オフという、賃金からの控除や労働組合への使用者の援助に該当する可能性のある措置について、チェック・オフ協定のような明確な法的手段を使用せずに、単なる合意や慣行によって行おうとする対応から生じるリスクであり、労使がそこから生じる混乱を甘受することとなるのは致し方ないといえる。また、この場合でも、労働者が書面等によって明確にチェック・オフ中止の意思表示を行えば特に問題は生じないのであるから、解釈論として妥当性を欠くとまではいえないであろう。

(3) チェック・オフの中止およびチェック・オフ申し出の拒否について

労働組合が実質的に分裂し、その結果生じた組合組織の併存という状態において、使用者が一方の組合組織に対してのみチェック・オフを中止し、あるいは改めてのチェック・オフの申し出を拒否した場合の処理は、前述のように、最高裁によって一定の基準が示されたものの、それによって議論が収束するという状況にはない。

(a) 判例の立場

平成元年の済生会中央病院事件と、同5年のエッソ石油事件、および同7年のネッスル日本事件に関する3つの最高裁判決が出されるまで、チェック・オフの中止が不当労働行為として争われた事例では、使用者は特別な理由がない限り、一方的にチェック・オフを中止することは原則として違法（不当労働行為）となるという判断が定着していた。その背景に、チェック・オフが、労基法や労組法

---

126) 小西・前掲注(94)129頁。

の諸規定に抵触する可能性があるにもかかわらず、組合保障の機能を果たしていること、労使関係の安定的な発展に寄与するとの評価があったことは前述のとおりである。しかし、そのためにチェック・オフの法的な構造や具体的な権利義務関係の中身についての適切な検討が進まないままであったことは否定できず、そのことが、最高裁による判断をわかりにくく、また必ずしも広く支持されえないものとしていると考えられる。喫緊の課題は、チェック・オフに関する法的構造を踏まえたうえで、動的紛争である不当労働行為争訟につき、どのような解決基準が妥当かを探ることであろう。

　この点、まず、チェック・オフがどのような法的根拠に基づいて行われているかによって、その中止や拒否の適法性の帰趨が大きく異なることを確認する必要がある。すなわち、最も通常の場合として、チェック・オフ協定が締結され、それに従って一定期間実際にチェック・オフが行われてきたような事案では、労働組合や組合員の意に反した中止については特段の合理的理由が求められるといえる。逆に、単なる口頭の合意や慣行として行われてきたにすぎない場合は、そこで行われているチェック・オフが労基法24条1項但書の要件を満たしており（別途チェック・オフをカバーしうる24協定が存在するような場合）、かつ使用者が労働組合を嫌悪して中止したというような特別な事情がない限り、原則として不当労働行為にはあたらず、また不法行為も成立しないといえよう。

(b)　チェック・オフの中止

　次に、チェック・オフ協定が存在する場合に使用者がチェック・オフを中止した場合には、いくつかの類型に分けて検討することが必要となる。第1に、単に使用者が労働組合の方針等を嫌って中止したような場合は、典型的な支配介入の不当労働行為とみなしうる。第2に、労働組合の組織力が低下して、明らかに当該事業場の過半数を割り込んだことが明確になった時点以降のチェック・オフの中止は、使用者の意図が労基法24条違反を回避することにあることが確認できれば、少なくとも中止自体が不当労働行為と認められることにはならないであろう。このことは、チェック・オフ協定が労基法24条1項但書の適用を受けるか否かの問題とは直結しない。これに対して、使用者が労働組合の弱体化を狙って中止したことが明らかである場合は、たとえ当該労働組合が事業場の労働者の過半数を組織しえなくなっていたとしても、不当労働行為が成立する余地がある。

(c) 組合員のチェック・オフ中止の申し出

　では、組合員が個別にチェック・オフの中止を申し出ていた場合は結論が異なるだろうか。チェック・オフ協定が存在せず、口頭の合意や慣行によっていた場合、当該労働組合の規約にチェック・オフの定めが明記されており、組合員がこれに拘束されることが明らかである場合には、チェック・オフ中止の申し出に対する使用者の中止措置は、原則として申し出た組合員が組合を離脱しているか否かによって適法性が左右される。そこで、通常は、チェック・オフ中止の申し出が組合離脱後であれば、チェック・オフの法的根拠がすでに失われているので、これに応えて中止することは違法にはならないが、組合所属中の申し出に対し、労働組合の意向を問うことなくこれに応えて中止することは、特段の事情のない限り、場合によっては不当労働行為を成立させることがありえよう。

　チェック・オフ協定が存在する場合にも、労働者が当該組合所属中は、組合が認めているなどの事情がない限り、チェック・オフの中止申し出に対する使用者の中止措置は原則として不当労働行為となりうる。これは、チェック・オフ協定に規範的効力を認める場合はもちろんのこと、仮に認めない場合であっても、当該労働者の組合に対する違背を助けることとなるので、原則としては不当労働行為となりえよう。問題は、当該組合が実質的に分裂しており、チェック・オフ協定締結組合とは別の組織がすでに生じていて、労働者がその組織に所属したことを理由としてチェック・オフ中止を申し出たような場合である。多くの場合は、むしろ新組織との間で改めてチェック・オフを行うことを求めるであろうが、仮に単にこれまでのチェック・オフの中止を申し出たような場合には、分裂状態が実際に組合の分裂と認めうるような特別な場合[127]を除いて、なお使用者にはこの中止に応じる義務は生じず、むしろ応じて中止した場合は不当労働行為成立の可能性もあると考えられる。実質的に内部対立が大きくなっていても、脱退と新組合の結成という法的対応がとられずに、労働組合の統一性が法的に維持されたままの状態では、なお労働者はチェック・オフについて当該組合との法的関係に拘束されているのであり、使用者がこれを知りうる状態にありながらチェック・オフを中止すれば、組合に対する支配介入の不当労働行為を成立させうるからである。

---

127)　名古屋ダイハツ労組事件―最1小判昭49・9・30判時760号97頁。

(d) 労働組合の分裂とチェック・オフの中止

　労働組合の分裂状態が出現し、組織対立が生じている状況において、その一方に対してのみチェック・オフを中止することは、使用者の中立保持義務に反して不当労働行為を成立させる可能性が大きい。組合自体が併存しているわけではないとしても、不当労働行為の成否にあたっては、事実上の分裂状態が生じていることさえ認識できれば、その一方への加担は中立義務違反を惹起すると考えられる。[128]

　他方、実際にチェック・オフ協定を締結した労働組合からの脱退と新組合の結成が行われた場合には、新組合が結成されたことを理由とする新組合の組合員からのチェック・オフ中止の申し出は当然の行動であり、チェック・オフ協定の規範的効力を認める立場からも、また個別組合員の支払い委任を根拠とする立場からも、これに応える義務が使用者には生じ、またこれを拒否することは、一方組合に対する違法な差別取扱いであって、原則として不当労働行為を成立させることとなろう。では、新組合からのチェック・オフ協定締結の申入れに対して、使用者はこれに応えなければ不当労働行為となるであろうか。この点は、チェック・オフを労働組合に対する使用者の便宜供与と考えるのであれば、同じく便宜供与である組合事務所の貸与に関する日産自動車事件最高裁の考え方が先例となりうる。[129] 同判決において最高裁は、併存組合化において一方の組合に組合事務所を貸与している場合には、特段の事情がない限り他方の組合への組合事務所の貸与を拒否することは不当労働行為となるとして、貸与の具体的内容、条件についての話し合いを前提として、貸与を命じた労働委員会命令を適法とした。この見解を敷衍すれば、労働組合が併存するに至った場合、一方の組合にはチェック・オフを行い、他方の組合にはこれを拒否することは、原則として中立義務違反の不当労働行為となりえよう。ただ、チェック・オフの場合には、労基法24条1項への抵触の可能性があり、特に複数組合の下ではこれが大きな課題となる。

　そこで考えるに、まず、チェック・オフ協定締結組合がなお事業場の労働者の

---

128) 同旨、倉田・前掲注(94)労旬1290号32頁。ただしこの場合、分裂した組織の一方が、組合費の額や控除の方法、手続などについて、それまでのチェック・オフ協定による場合と異なる内容を要求している場合に、それについての労使の合意が形成されるまでの間、従来と同様の内容でチェック・オフを行うことは不当労働行為とはならないと考えられる。

129) 日産自動車事件—最2小判昭62・5・8労判496号6頁。

過半数を組織している場合には、チェック・オフ協定も24協定の要件を具備しなければならないという見解をとるとしても、24協定としての効力はまだ生きており、少数派の別組合もチェック・オフ協定を締結しうるので、これとのチェック・オフの拒否は不当労働行為となりうるとの考え方がありうる。これに対しては、24協定も協定である以上当事者の意思が反映されており、協定締結組合の組合費についてのみチェック・オフが許されることを定めているのであれば、労基法24条1項の例外は当該組合の組合費についてのみ認められ、他の組合がそれを援用して独自のチェック・オフ協定を締結しても24条違反を免れないとの批判がある。しかし、この批判によれば、たとえば事業場の過半数を占める労働者が在籍する特定部門から選出された代表者が、その特定部門に所属する者の共済費用を給与から一括控除して共済組合に渡すことを使用者と合意し、その内容で24協定を締結したという場合、当該特定部門とは異なる部門の労働者らが同様の共済組合に所属して、連名で給与からの一括控除と共済組合への支払いを求め、使用者がこれに応じることは労基法24条に反するということになるが、このような帰結はいかにも不合理である。したがって、たとえチェック・オフ協定も24協定の要件を具備しなければならないとしても、複数組合のうち1つの組合がそのようなチェック・オフ協定を締結している場合には、少数派組合からのチェック・オフの申し出は適法に応えることができるのであり、使用者は特段の事情がない限り、これを拒否することは不当労働行為となると考えられよう。

では、新組合が成立したことによってチェック・オフ協定締結組合の組織率が50％を割ってしまった場合、あるいはそれが不確定になったという場合はどうであろうか。この場合、チェック・オフ協定も24協定の要件を具備しなければならないという考え方をとれば、使用者としては新組合が新たに過半数を組織したという場合[132]は別として、過半数組合が存在しない状態になったか、そのように想定されうる状態になったのであれば、新たな組合からのチェック・オフの要求を断ることは、それだけで不当労働行為を成立させることはないであろう[133]。これに対

---

130) 道幸・前掲注(112)、倉田・前掲注(94)労働法学会誌88号245頁。
131) 増井和男「済生会中央病院評釈」法曹時報42巻3号（1990）235頁以下、248頁。
132) この場合は、チェック・オフをただちに行うことを拒否したとしても、チェック・オフ協定締結のための話し合いを拒否していなければ不当労働行為にはならないと考えられる。
133) もちろん、他に使用者に、チェック・オフ申し出の拒否によって当該組合に打撃を与えようという意図が明確である場合はこの限りではない。

して、チェック・オフ協定は24協定の要件を具備する必要はないという考え方によれば、使用者には新組合からのチェック・オフの要請を拒否する他の合理的な理由がない限り、不当労働行為が成立することとなろう。ただ、最高裁が明確にこの考え方を否定している以上、実際には、使用者の拒否に不当労働行為の成立を認めることは困難であるのが実態であると思われる。

(4) 不当労働行為の救済方法

前掲（2⑴(a)）のネッスル日本（島田）事件およびネッスル日本（霞ヶ浦工場）事件の2つの最高裁判決は、いずれも、複数組合併存下において一方の組合からのチェック・オフの申し出を拒否し、別組合とのチェック・オフ協定に基づいて、他方組合の組合員の賃金から組合費を控除してチェック・オフ協定締結組合にそれを渡し続けていた事案につき、不当労働行為を認めたうえで、過去に控除した組合費を、チェック・オフを拒否された組合に渡すよう命じた労働委員会の救済命令は、チェック・オフの申し出をした組合と使用者との間にチェック・オフ協定が締結され、個々の組合員が会社に対しその賃金から控除した組合費相当額を当該組合に支払うことを委任しているのと同様の事実上の状態を作り出してしまうこととなるが、当該組合と使用者との間にチェック・オフ協定の締結および委任の事実は認められないのであって、労働委員会の命令は不当労働行為がなかったのと同様の状態から著しくかけ離れるものであり、裁量の範囲を超え、違法であるとし、この部分を取り消した。これについては、労基法24条の趣旨を厳格にとらえる立場から賛同する見解もあるが、本件での労働委員会命令は、別にチェック・オフ協定の締結を命じたものではなく、過去の違法な取扱いの処理を命じただけであることや、労働委員会の救済命令に関する裁量権の評価が従来の最高裁判決の立場と矛盾していることなどを理由として、批判的な見解が強い。不当労働行為の救済については、確かに労使の間に新たに私法上の関係を創出してしまうような場合は裁量権の逸脱が認められる余地があろうが、チェック・オフについて、中立保持義務が果たされたのであれば併存するどの組合にもチェック・オフがなされていたであろうと想定される事態の下で、過去のチェック・オフ分

---

134) 川神・前掲注(121)。
135) 岩村正彦「ネスレ日本（霞ヶ浦工場）事件最判評釈」ジュリ1095号（1996）201頁。

についてのみ、本来なら引き渡されるべき組合への引渡しを命ずることは、そのような扱いについて組合員の意思に明確に反するなどの特別な事情がない限り、違法の評価を受けることはないというべきであろう。[136] また、一般にチェック・オフの中止が不当労働行為と認められた場合、労働者の賃金から組合費が控除されなくなったのであれば、救済命令は謝罪文とポスト・ノーティスが中心となるであろうし、併存組合の一方からのチェック・オフ申し出の拒否が不当労働行為と認められるのであれば、具体的なチェック・オフの方法（チェック・オフ協定の締結とそれに従った手続・段取りなど）についての話し合いを前提としてチェック・オフを命じることとなろう。

4 チェック・オフの克服へ

前述のように、チェック・オフは本来適法性を疑わしめる措置であり、そのことがチェック・オフをめぐる法的課題の解決を不必要に複雑化していることは否めない。労働組合の活動経費は組合存立の根幹にかかわるから、その中心部分である組合費の徴収を、対立当事者である使用者にゆだねるという状態が、労使関係についての団結権、団体交渉権、団体行動権を基軸とする憲法秩序にそぐわないことも明らかであろう。実質的に見ても、銀行口座に関する便宜がこれだけ高度に発達している現在、各組合員の賃金口座から組合費が毎月組合に振り込まれるというシステムを採用すれば、組合員にも組合にもさしたる負担を意味しないはずである。チェック・オフという制度を持たないことが労働組合の本来のありかたであることは強く指摘しておきたい。[137]

第6節　団体交渉条項

1　緒　論

団体交渉に関しても、その対象、手続、制限等について労働協約にさまざまな

---

136) 労基法24条との関係でも、労働者の意思に沿った控除が違法となることはないとの判例法理（前掲注(116)シンガー・ソーイング・メシーン事件および日新製鋼事件の最判参照）からすれば、特に不当労働行為の事案でこれをことさらに厳格にとらえる必要はないであろう。
137) 野川「労働者代表制」『岩波講座現代の法12巻 職業生活と法』（岩波書店・1998）103頁参照。

規定を盛り込むことが一般化してきた。「団体交渉は以下に定める事項について双方誠意と秩序をもって行うものとする」、「会社と組合との団体交渉はそれぞれを代表する委員をもって行う」などの総則的規定を置いたうえで、具体的な交渉事項や交渉手続を定める形が多い。

　団体交渉権は憲法によって保障された権利であり、労組法においても不当労働行為制度によってその侵害に対する行政救済が確保されている。したがって、団体交渉権そのものを否定する協約条項（「会社と組合は、労使協議会をもって問題を解決し、団体交渉にはよらないものとする」、「賞与については団交の対象とはしないものとする」等）は公序に反して無効となる。逆に、団体交渉権が労使双方にあることを定める協約規定は、労働組合の団体交渉権については確認的意味を有するのみであるが、使用者側については、当該労働協約によって債務的効力としての団体交渉応諾義務が労働組合に生じることとなる。その場合の具体的な交渉事項の法的意義、交渉要求を拒否した場合の法的効果等については、それらについての当事者の合意の有無や内容を踏まえて、団体交渉に関する法制度の意義や労働組合の団体交渉権との関係等を加味しながら個別に判断されることとなろう。

　団体交渉の手続については、それが団体交渉権を不当に制約するような内実を有するものでない限り、ただちに法的問題を生じることはない。「団体交渉は、双方から12名以内の委員が出席し、各相手に通知するものとする」、「団体交渉を開こうとするときは、あらかじめ文書をもって次の事項を申し入れるものとする。１．交渉事項の内容　２．交渉日時、交渉時間　３．交渉委員名」などが典型的な手続規定であるが、これらの規定に反する団交の要求がなされた場合、使用者側には団体交渉を拒否する正当な理由が生じうる。実際の事案では、当該規定の趣旨や実際にどのような経緯で団交が拒否されたかなどの事情を総合して判断されることとなろう。

　これまで労働協約の団交事項について法的課題となってきたのは、団交の主体を限定したり、交渉委員を制約する諸規定である。前者については、唯一交渉団体条項として、また後者については第三者委任禁止条項、あるいは交渉権限委任禁止条項として協約に定められることが通常である。

2　唯一交渉団体条項

　「会社は本組合のみを団体交渉の相手方として認める」、「本組合を唯一の交渉

相手とする」などの定めによって、協約上団体交渉の相手方を協約締結組合のみに限定する規定を、一般に唯一交渉団体条項、あるいは唯一交渉団体約款などという。使用者としては、企業別に組織された１つの組合を交渉相手とすることが、円滑な事業の運営や労働条件の効率的な決定・変更に資するため、このような条項を設けることに意義を認めやすいし、労働組合としても、労使関係の当事者として独占的な地位を確保することには意味があるため、このような規定はかなり普及した。[138] しかし、排他的交渉代表制を採用している米国とは異なり、日本の法制度は同一使用者に対して複数の労働組合が団体交渉権を有することを排除していない。実際にも、１つの企業に複数の労働組合が存在し、それぞれ労働協約を有することも珍しくない。これに対し、明示の合意である労働協約の規定をもって、そのような法的原則を排除できるかが問題となりうるが、判例・命令はこれを否定しており、たとえば、使用者は唯一交渉団体条項を理由に他の組合からの団体交渉の要求を拒否することはできないとの理解が定着している。[139] また学説も同様の理解に立っており、その効力を否定する見解が通説となっている。[140]

唯一交渉団体条項は、当該労働組合以外の組合を団体交渉の相手方としないという趣旨であれば確かにそれ自体が有効な規定とはいえないであろう。ただ、実際には相手方組合の交渉団体としての地位を尊重するという意味である場合も多いし、そのような意味において当該条項が機能しうることも考えられる（使用者が御用組合を作らせようとする対応をあらかじめ阻止する実際上の歯止めなど）。したがって、当該規定の内容にしたがって、それが相手方組合の地位を尊重する趣旨として解釈できる場合には、あらかじめ当該規定を無効とする必要はないように思われる。

---

138) 厚生労働省「平成23年労働協約等実態調査」によれば、唯一交渉団体条項を有する労働協約は55.4％にのぼっている。
139) 瀧川化学工業事件―札幌地判昭24・8・25労裁集6号137頁、東邦亜鉛事件―前橋地判昭28・12・4労民集4巻6号521頁、住友海上火災保険事件―東京地決昭43・8・29労民集19巻4号1082頁、日野車体工業事件―金沢地判昭51・10・18判時849号121頁、アヅミ事件―東京地判昭63・8・8労判524号19頁、飯島機械事件―神奈川地労委昭40・10・1命令集32 = 33集519頁、三田運送事件―中労委昭56・11・18命令集70集737頁。なお傍論ではあるが、唯一交渉団体約款につき、相手方組合の団結を破壊しないとの趣旨であると解したものとして、三井鉱山三池鉱業所事件―福岡地判昭39・10・2労民集15巻5号1043頁。
140) 東大・註釈20頁、東大(上)288頁、石井469頁、外尾615頁、石川152頁、菅野650頁、盛283頁、西谷・労組法287頁。

3 交渉権限委任禁止条項[141]

労働協約中に、団体交渉の権限を第三者に委任することを禁止する規定を設けることも、唯一交渉団体条項ほどではないが一定の普及を見せている[142]。もともとこのような条項は、企業内の労働組合との団体交渉に上部団体が介入することを嫌った使用者のイニシアチブにより普及したものである[143]。当初はこのような規定の適否は別として、使用者は交渉権限委任禁止条項に抵触する団交の要求を拒否した場合に正当な理由が認められうる（労組法7条2号）との行政解釈があったが[144]、やがて強行法規違反や支配介入を根拠に無効とする見解も有力に唱えられ[145]、その後も結論として無効と考える見解が少なくない[146]。しかし、交渉権限の委任は団交の当事者を制約するものではなく、団交の担当者を制限することに意味がある[147]（仮に団体交渉の当事者を制限する規定であれば、唯一交渉団体条項と同様の問題となる）。たとえば使用者側についても、具体的な団交の担当者について一定の役員ポストを除外するとの合意を労使で行い、労働協約に規定することは十分考えられるが、このような定めが無効となることはほとんど考えられない。もちろん、労働組合については法的に団体交渉権を付与されているのであり、権利の侵害になるような定めは法的効果を認められないか制限されることはありえよう。問題は、まさに交渉権限だけを制約する規定の有効性であって、これを、団交の具体的な手続に関する一連の具体的ルールの1つと位置づけることができるならば、ただちにその有効性を否定することは困難であろうと思われる。確かに労組法6条は、労働組合が交渉の権限を第三者に委任することを認めているが、この規定は交渉権限を委任された者の資格・機能を定めたものであって、交渉権限を労働組合の意思の下に制限することを違法とする趣旨は含まれていないと解すべきで

---

141) 交渉権限の委任を制限する協約条項の法的意義・効果については、東大(上)296頁以下が詳細にこれを論じている。
142) 厚生労働省「平成23年労働協約等実態調査」によれば、このような条項を有する協約は35％となっている。
143) 東大(上)297頁。
144) 昭和25・5・8労発153号。
145) これを理由とする見解として野村平爾「団体交渉」大系2巻68頁。
146) これを理由とする見解として沼田稲次郎ほか『労働協約読本』（東洋経済新報社・1972）245頁、角田豊「団体交渉の委任」大系2巻23頁。
147) 東大(上)298頁、石川141頁、外尾616頁、片岡(1)191頁。

あろう。また、企業内の問題を組合との交渉によって解決しようとする使用者が、個別企業の事情に疎い上部団体の介入を阻止しようとしたとしても、その意図をそれ自体で不当労働行為と解することもできない。さらに、仮に上部団体が介入してきたとしても、上部団体が固有の団交権をもって独自の団交当事者として当該使用者に団交を申し入れた場合には、たとえ交渉権限委任禁止条項が有効であったとしても、使用者はそれを理由として拒否することはできないのであり、実務上もこのような条項の効力を否定する実益に乏しい。したがって、交渉権限委任禁止条項は、まさに交渉の担当者について合意の下に一定のルールを課するという意味である限り、それ自体は有効と解することが妥当であろう。[148]

第7節　平和条項・争議条項

1　争議関連条項の諸相

争議行為は憲法に保障された労働組合の基本権の1つであるが、21世紀に入ってからはほとんど行われなくなった。そのためストライキやロックアウトをめぐる紛争も全く目立たない状況が続いている。その意味では、労働協約の中に争議の手続や要件・効果を規定し、あるいは争議に至る前段階での紛争解決を目的とする平和条項を設けること等は、かつて盛んに争議行為が行われていた時代と21世紀初頭の日本とでは、その意味を異にするといえる。争議行為の経験を長く持っていない労使関係においては、平和条項の意義はあまり意識されないであろうし、争議行為中の禁止事項（スキャップ禁止条項など）を規定する必要性もほとんど共有されないことが予想される。これらの諸規定は、かつて争議行為が日本の労使関係に多大な影響を及ぼしていたことを想起させる契機となりうるか、あるいは労使が争議という事態がありうることを完全に無視しないための訓示的な意味を有するにとどまる。もっとも、そのような実情が日本の憲法秩序の下で望ましいものでないことは言うまでもない。第二次大戦後数十年にわたって蓄積され

---

[148]　結論同旨、石井351頁、山口157頁、秋田成就「上部団体の団体交渉権」現代講座4巻68頁、盛287頁、西谷・労組法295頁、菅野654頁。なお、北海製紙事件―北海道地労委昭35・11・30命令集22＝23集34頁は、このような条項が憲法28条に定める団体交渉権を不当に侵害することがありうることを指摘している。

てきた労使間平和の工夫とルールにのっとった争議の志向は、労働協約制度のもとでなお十分な意義を有するといってよい。

一般に労働協約には、争議を予防するための「平和条項」と称される諸規定と、争議行為の予告や争議調整に関する手続規定、争議が起こった場合のルール、争議の後始末に関する諸規定が規定されてきた。平成23年労働協約等実態調査によれば、これらの諸規定を設けている労働協約は50～60％にすぎない。以下では、これまで問題とされてきた具体的条項である平和条項と争議条項を中心に検討する。

2 平和条項

労働協約には、「会社と組合との間に団体交渉または労使協議が行われたにもかかわらず合意に至らなかった場合は、労使とも誠意をもってさらに交渉または協議を尽くすべく努力するとともに、労働委員会のあっせん、調停、仲裁に付するなど、平和的手段を通じた解決に向けて協力するものとする」といった定めが置かれることが多い。争議を予防するためのルールとして、これらを「平和条項」と称する。

これらの規定は、多分に訓示的な意義を有しており、直接に労使に対して具体的な義務付けを行ったものではない場合が多い。したがって、たとえば労働委員会の争議調整を経ずに行われた争議行為も、それだけでただちに協約違反を生じるわけではなく、当該条項の具体的な規定内容によって、場合によっては平和条項に抵触する争議行為に対する損害賠償が認容されることもありうるし[149]、逆に労働委員会への申請義務が否定され[150]、あるいは争議行為の差止請求が否定されることもありうる[151]。

平和条項は平和義務と異なり、争議を予防するための段取りを定めたものにすぎないので、平和条項違反の争議行為は協約違反の責任を生じることはあっても、それだけで正当性を失うことはなく、刑事責任はもちろん、民事責任も生じない[152]。

---

149) 電気化学青海工場事件―新潟地高田支判昭24・9・30労裁集5号26頁。
150) ラサ工業事件―盛岡地判昭32・3・5労民集8巻2号165頁。
151) 福島交通事件―福島地決昭39・4・2労民集15巻2号221頁。
152) 民事責任を否定した裁判例として、三越事件―東京地判昭26・12・28労民集2巻6号654頁、三石耐火煉瓦事件―大分地臼杵支判昭29・10・20労民集5巻6号628頁、日本食塩製造事件―横浜地決昭39・4・27労民集15巻2号393頁、菊谷達彌「争議条項・平和条項」新講座5巻217頁、東大（下）751頁。

もちろん、当該争議行為に他の面で正当性を失う事情がある場合は、それとして別の判断がありうるのは当然である。また、平和条項違反の争議行為に参加したことを理由とする懲戒等の不利益取扱いも、そのような争議行為が協約違反の債務不履行を生ぜしめることがありうるにすぎない以上、それだけでそのような処分が認められることは原則としてありえないといえる[153]。したがって、平和条項違反の争議行為について相手方が請求できるのは、協約違反を理由とする損害賠償にほぼ限られ、実際には慰謝料＋αに限定されよう[154]。

3　争議条項

争議行為に関しては、争議行為の予告、開始手続、争議参加者の限定や争議妨害行為の禁止、団体交渉の再開など一定のルールを定めることが通常である。「会社または組合は、争議行為に入る場合は少なくとも48時間前に相手方に通告しなければならない」、「次の各号の一に該当する組合員は争議参加者から除外する。1. 診療室勤務者　2. 社用車運転手……」「会社は組合の正当な争議行為を妨げる目的をもって労務供給契約を締結しない」などと定められる[155]。

争議条項についても、平和条項の場合と同様、これに違反する争議行為がただちに正当性を失うことはない。あるルールに従って争議行為に出るという労使間の合意に反したことについてのみ法的責任が生じるのであり、協約違反が問われることはあっても、争議行為の正当性判断が直接に左右されることはない[156]。

争議条項のうち、比較的多くの争いを生じてきたのは、いわゆるスキャップ（代替要員の雇い入れや導入）禁止条項である。具体的な条項においても、「争議行為を妨げることを目的としない新規従業員の採用を妨げるものではない」などの例外規定が伴う場合が多く、実際にこうした規定に違反したか否かを判断することが困難な場合も少なくない[157]。

---

153)　佐久間鋳工所事件―横浜地判昭39・2・19労民集15巻1号61頁、七十七銀行事件―仙台地判昭45・5・29労民集21巻3号689頁。
154)　この点については中嶋(4)377頁以下参照。
155)　争議条項の法的意義・効果・機能等については萩澤清彦「争議条項」講座4巻898頁。
156)　東大(下)751頁、萩澤・前掲注(155)900頁。
157)　裁判例においても、会社役員や非組合員による業務継続がスキャップ禁止条項に違反しないとした北海道放送事件―札幌地決昭37・4・5労民集13巻2号387頁、会社役職員をその担当業務以外就かせたことをスキャップ禁止条項違反とした目黒製作所事件―宇都宮地決昭36・4・28労民集12巻2号243頁など、具体的事案ごとの判断がされている。

争議条項に違反した使用者への対抗措置として、組合が保安協定（争議中も安全確保のための要員は確保し、業務にあたる旨の協定）に反して保安要員を引き上げる措置が問題となることがあるが、一般には違法とはいえない。しかし、逆に保安を害する争議行為は正当性を失うことがあるし、保安要員を一般の業務にあてることが使用者側の信義則違反をただちに生ぜしめるとはいえない。

第8節　人事条項

1　人事条項の法的意義[160]

　日本の企業は一般に、労働者の募集から退職および退職後に至るまで、緻密な人事制度を作成し、これに従って体系的で濃密な内部労働市場を構築し、運営している。採用までおよび退職とその後については、個別労働契約の締結過程と契約終了後の個別の法的関係となるが、労働契約締結後から終了までの人事については、労働契約上使用者に一定の範囲で帰属している「人事権」の行使によって展開されるのが通常である。このように人事は、一般的には使用者と個々の労働者との間の労働契約関係として把握されるべきものであるが、労働組合が存在する場合には、人事についても労働協約にさまざまな規定を設けることが普及している[161]。特に日本においては、人事が高度な制度として事業を支えており、個別労働契約による相違よりは制度としての共通性や機能性が重視されているので、集団的規範としての労働協約になじみやすいという特徴もある。実際に、第二次大

---

158)　萩澤・前掲注(155)911頁。
159)　三井化学工業事件―最 3 小判昭35・10・18民集14巻12号2528頁。
160)　人事条項の一般的な法的意義については、浪江源治「人事条項」講座 4 巻915頁以下、青木宗也「人事条項」新講座 5 巻276頁以下、法セ・コメ204頁以下［名古道功］、外尾625頁以下、西谷・労組法349頁以下。
161)　厚生労働省「平成23年労働協約等実態調査」によれば、労働協約のうち人事条項を記載したものは解雇・定年・懲戒を除いて半数以下となっており、人事についてはむしろ就業規則など他の集団的規範にゆだねられている傾向がうかがえる。具体的には、解雇については調査対象となった労働協約のうちなお55.7％が規定を置いているが、定年制が54.0％、懲戒が51.4％であるのに対し、配転が45.4％、出向が43.3％、教育訓練が24.8％などとなっている。これを昭和29年の調査（労働省「労働協約全書」）と比べると、全く同じ調査項目ではないが、昭和29年には、調査対象協約のうち解雇規定が76.9％、異動が58.2％、賞罰63％、さらに採用についても62.9％が規定を置いている。人事に対する労働組合の影響力の低下がうかがえる。

戦後の労使関係の中で、解雇など労働者に深刻な打撃を与える人事措置を中心に、人事に対する労働協約規定が普及し、法的課題も生じてきた。

　労働協約の人事条項に関して共通に生じうる法的課題は、それがどのような効力を有するかである。すなわち、単に人事の公明正大さや組合との信頼関係に配慮しながら人事を進めることを宣明するだけの規定であるなら道義的な意味しか有しないが、たとえば配転計画について組合との協議によるとの定めがあれば債務的効力を有するし、個々の懲戒について、組合の同意を要すると明記されていれば、その規範的効力の有無が問題となりうる。また、解雇や懲戒、出向についてはすでに労働契約法に権利濫用と認められる基準が定められており、労働協約上の規定とそれら法規定との関係も問題となる。配転などの人事措置の法的意義についても、判例の蓄積によって権利濫用法理が確立されており、労働協約の規定との関係が問題となりうるであろう。

　このように、人事条項の法的意義や効果は、一律に基準を定めることができない。人事を「公平かつ民主的に行う」との一般原則が定められ、あわせて「組合員の人事異動について、本人の能力、適性、意思及び生活条件を公平に考慮して行う」との規定があった場合に、一定の不利益をともなう配転命令の効力が争われた事案では、これらの規定が権利濫用判断に影響することが示されているし、[162]「会社は事務の都合により必要があるときは、転勤、応援又は転務替を命ずることがある。但し、転勤、転部又は出向については、本人の事情を充分考慮する」との規定が配転命令にどのような意味を有するかが争われた事案では、[163]「転勤命令権は会社が専有するが会社はこれを正当に行使すべく、濫用してはならない旨の当然の事理を表明したものであると解せられる」として特に固有の意味を有しないとされている。したがって、人事条項についてその法的効力を検討するにあたっては、具体的条項とそれに関する紛争の内容に即して個別に対応せざるをえないこととなる。しかし、人事条項については理論的に共通の課題として検討されてきたテーマも含まれるし、実際に紛争が生じる人事条項は当然ながら類型的な特徴を有しているので、法的争いの対象となってきた事案は特定の類型に収斂させることが可能である。このうち、理論的課題として特に対立をもたらしてき

---

162)　栗本鉄工所事件―大阪地決昭44・3・10労民集20巻2号251頁。
163)　呉羽紡績事件―大阪地判昭37・8・10労民集13巻4号898頁。

たのは、人事条項の中で労働者に義務を課する条項（義務付け条項）の効力で
ある。[164]

　前述のように、労働契約上の権利義務関係をめぐる協約規定も、具体的な基準を定めたものであれば規範的効力を有するのが原則である。したがって、配転命令権を制約し（対象となる従業員の同意を要件とする、など）、あるいは逆に拡大（職種限定の労働契約で採用された労働者についても、一定の要件の下に配転命令に応じることとする）する規定も、具体的基準として明確な定めを置いているならば規範的効力は発生する。もちろん、規範的効力が発生することからただちにこれらの諸規定を根拠とする具体的な人事措置が適法とされるわけではなく、他の諸要件に即して最終的に判断されることは言うまでもない。問題は、出向や時間外労働のように労働契約から直接に生じるわけではない措置についても同様に解しうるかである（時間外労働命令は厳密には人事ではないが、ここでは義務付け条項の効力という観点から併せて扱う）。

　この点、裁判例は特に理由を付することなく、一般に義務付け条項の規範的効力を認めているが[165]、学説においては、協約自治の限界論を前提として義務付け条項に規範的効力を認めない見解も多い[166]。確かに、労働者に対して労働契約そのものから発生しない義務を課することは一定の負担を意味するし、出向であれば、労働契約の相手方ではない事業主に対して労務を提供する義務を本人の同意なしに課することとなり、時間外労働であれば、本来は違法である労働を強制する契

---

164) 労働協約の義務付け条項については、土田道夫教授の周到かつ精緻な検討があり、本書も土田教授の検討に多くを負っている。土田道夫「労働協約・就業規則と労働者の義務」季労166号（1993）103頁以下、同『労務指揮権の現代的展開』（信山社・1999）362頁以下、同『労働契約法』（有斐閣・2008）151頁以下。

165) 東亜ペイント事件—最2小判昭61・7・14労判477号6頁、日立製作所武蔵工場事件—東京高判昭61・3・27労判472号28頁、新日鐵（日鐵運輸第二）事件—最2小判平15・4・18労判847号14頁。なお、日立製作所武蔵工場事件上告審—最1小判平3・11・28民集45巻8号1270頁において補足意見を記した味村裁判官は、「労働時間に関する労働協約の定めは規範的効力を有するというべきである」としたうえで、「三六協定が締結され、行政官庁に届け出られた場合において、労働協約に使用者は労働基準法32条の定める労働時間を延長して労働者を労働させることができる旨定められているときは、その労働協約を締結した労働組合に加入している労働者と使用者との間の労働契約は、当該三六協定の範囲内でその労働協約の定めによることとなり、労働者は、これにより時間外労働の義務を負うこととなると解する」として、適法な三六協定を前提として労働協約上の時間外労働規定に規範的効力が認められるべきことを主張している。

166) 西谷・労組法357頁以下、西村健一郎「協約自治とその限界」労働法学会誌61号（1983）54頁、毛塚勝利「労働協約における労働者義務条項の法的意味」一橋論叢99巻3号（1988）351頁以下。

機となるような協約規定が望ましいかという問題はある。しかし、労働協約の規定に規範的効力が認められても、具体的な出向命令や時間外労働命令が常に適法となるわけではないし、労働協約の規定は労働組合が合意しない限り生じえない規範であり、出向や時間外労働など個別労働者の負担を生じうる措置について、その根拠につき労働組合が関与することは、労働者が単独でこれらの措置について合意を迫られ、個別労働契約に明示されてしまうという一般に生じうる事態に比べれば、はるかに妥当性を確保しうるであろう。これに加え、協約自治の限界という概念やその具体的適用が必ずしも日本の実情を反映したものでないこと（第1編第4章第4節3(3)参照）を踏まえると、義務付け条項も、「使用者は業務上の都合により出向を命じる。組合員はこれに応じるものとする」、「使用者は時間外労働を命じることができる」などの包括的抽象的な規定ではなく、明確かつ具体的な基準として定められている限り、規範的効力を認めるべきであり、これらの人事措置が実際に実行されたおりに生じうる問題については、当該業務命令権等の行使そのものの適法性を吟味する過程で対応すべきである。[167]

　次に、実際に法的争いの対象となってきた多くの事案は、人事措置に対する労働組合の協議・同意を要するとの労働協約規定をめぐって生じたものであり、精力的な議論の対象となってきた（規範的効力との関係については第1編第4章第3節も参照）。

　人事に関する協議・同意条項は、規定された協議や同意がない場合には当該人事措置の適法性（法律行為であれば有効性）が問題となるため、その法的効果については、単なる債務的効力のみにとどまるとする見解のほか、規範的効力を認める見解[168]、あるいは制度的部分という固有の区分を設けて制度的効力という効力[169]

---

167) 土田・契約法151頁、同・労務指揮権366頁以下。なお、民法625条は使用者の権利譲渡の有効要件として個別労働者の同意を挙げているので、この規定を出向にも適用すれば、労働協約によってはただちに出向に応じる義務は生じないのではないかとの批判が可能である。この点については、625条にいう「承諾」がその都度の個別のものに限定されるわけではないことに加え、当該労働協約が組合員の授権によって締結されたものであれば、一般に組合員は協約に定められた規定に同意を付与していると想定されることから、原則としては組合員に所定の義務が生じるものと解しえよう（結論同旨、土田・労務指揮権369頁）。

168) 松田保彦「制度的条項」現代講座6巻329頁、相模基地事件―東京地決昭31・4・18労民集7巻2号237頁、布施自動車教習所・長尾商事事件―大阪高判昭59・3・30労判438号53頁。

169) 西谷・労組法351頁、石川187頁、外尾637頁、山口182頁、法セ・コメ187頁［土田道夫］、日電工業事件―横浜地決昭51・3・26労判254号52頁、東京金属ほか1社事件―水戸地下妻支決平15・6・16労判855号70頁。

を認め、結論的には規範的部分と同様の法的効果を導く考え方がある[170]。ただ、債務的効力にとどまると考える見解においても、その多くは、同意・協議条項に反する人事措置がただちに適法とするのではなく、権利濫用法理などを通じて結論的には使用者の人事措置の法的効果に影響を与えうるとしている[171]。

　労働協約の規定が規範的効力を有するのは、労働条件その他の労働者の待遇に関する基準であり（労組法16条）、その具体的対象は賃金・労働時間など狭義の労働条件には限定されないが、直接に労働契約の内容となり、あるいはこれを規律するという強力な効力に鑑みて、その拡大には慎重を期するべきである。配転や解雇等の措置に労働組合との協議や労働組合の同意を課する労働協約上の規定は、その意味で労組法16条が想定する「基準」とはいいがたく、規範的効力の対象となりうるとは考えにくい。規範的効力が認められるとすれば一般的拘束力も認められることとなり、非組合員の人事についても同様の制約が適用されるという帰結を招くことも難点の1つといえよう[172]。一方で、人事についての協議や同意は単に組合との関係で問題となるのではなく、まさに配転命令権の行使や解雇権の行使といった労働契約の権利行使を制約することが目的であることは間違いない。このような点を踏まえると、同意・協議条項は、労組法16条の「基準」とまではいえなくても、それに準ずる機能を果たす労働協約上の規範として、これに反する解雇や配転等は、原則として権利濫用となると考えられる[173]。

　同意・協議条項はさまざまな人事措置について定められるが、特に解雇については、日本の労働協約は伝統的に同意条項ないし協議条項を定めており、具体的に行われた解雇について多くの紛争をもたらしている。そこで以下では、まず解雇以外の人事について、協議・同意条項を含めてこれまで争われてきた法的課題を検討し、解雇についての同意・協議条項については別に検討することとしたい。

---

170) 制度的部分とは、強行法的効力を有する部分で、この部分に反する労働契約の当該部分は無効となるとされる（沼田稲次郎「経営権特に人事権に関する約款」講座問題4巻98頁以下、107頁）。人事に関する協議・同意条項を規範的部分や債務的部分とは異なる制度的部分に属すると考える見解として、ほかに青木宗也「人事条項」新講座5巻282頁以下、片岡(1)231頁、渡辺（下）286頁等。
171) 菅野683頁、荒木582頁、久保＝浜田187頁、下井137頁、川口実「労働協約の効力」新講座5巻194頁以下、西宮タクシー事件—神戸地判昭31・7・6労民集7巻4号629頁。
172) この点を指摘するものとして荒木582頁。
173) 同趣旨として菅野683頁、荒木582頁。

2 採用・試用

　採用について労働組合の何らかの関与がある例は少なくない。平成23年労働協約等実態調査では、正社員の採用計画につき54.1％、正社員以外について44.5％が関与していることが示されているが、これは事実上の関与であって、労働協約に具体的な定めがあるわけではない。採用をめぐる労働協約の規定について法的争いが生じることは、少なくとも21世紀に入ってからはほとんどないといえる状態である。

　採用条項については、採用についての同意・協議を定めた協約条項が争われるという例はほとんどなく[174]、これまで問題となってきたのは、主として再雇用や企業変動における労働契約関係の帰趨をめぐる事案である。

　新会社の設立やいったん閉鎖した企業の再開にあたって、再雇用の条件や対象者の範囲等を定める協定が締結された場合、これに反する使用者側の対応が問題となることがある。裁判例は、被解雇者の採用を優先するとの協約規定について、採用に関する他の関連事項について具体的な定めや措置がないことから、努力義務を定めたものと解し[175]、あるいは企業の再開にあたって「会社発展に熱意を有する者」につき「誠意をもって再雇用を考慮する」との協約規定がある場合に、これを会社の方針を示したものと解して、一定の法的効果を認め、違反が認定できる場合には債務不履行になりうるとしたうえで、これをもって再雇用の意思表示と同視することはできない[176]などとして、再雇用や優先採用についての協約規定に、直接に労働契約の成否を左右する効力を認めない一方で、解釈によって一定の債務的効力を認める傾向にある。したがって、協約に、再雇用することが明記されていたような場合は会社の採用義務違反を認めることがあるが、労働契約の成立自体ではなく損害賠償によって処理することが通常である[177]。

　試用に関しては、試用期間を労働協約で定めたり、試用期間中もしくは試用期

---

174) 珍しい例として、採用に関する協議を定めた条項がある場合に、協議を尽くさずして行われた採用の停止を求める仮処分が却下された中国電力事件—広島地判昭27・3・31労民集3巻1号32頁がある。
175) 協和発酵事件—東京地判昭34・6・4労民集10巻3号441頁。
176) 山本鉄工事件—大阪地判昭38・3・1労民集14巻2号379頁。
177) 船井電機・池田電機事件—徳島地決平2・3・31労判564号81頁。ただ、古い裁判例では、雇用そのものを義務付ける例もある。出雲鉄道事件—松江地判昭27・6・6労民集3巻2号158頁。

間満了時の本採用基準を定めた場合に、それぞれの解釈が問題となることがありうる。

この点、試用期間中の者で従業員として不適当と認められた者は解雇する旨の協約規定につき、実際に解雇された労働者からの効力停止の仮処分申請を、上記労働者は「不適当」とは認められないとして認容した例[178]や、6か月という協約上の試用期間の解釈につき、協約締結時ではなく雇い入れ時を起算点とするとした例[179]があるが、それぞれ終戦後の困難な時期を背景とした事案で、試用期間に関する協約規定について一般的な先例とみなすことは難しい。

3 配転・出向

配転については、まず本人の意向を聴取することや組合との協議を義務付ける協約規定の解釈が問題となりうる。本人の意向を確認するために聴取を使用者に義務付けている場合、それは明らかに個別労働者に対する配転の手続を意味することから、1回限りの意見聴取のみによる配転命令を、協約規定に照らして権利濫用と判断した事例は、協約の規定を配転命令権濫用の判断要素として用いており、妥当な対応といえよう[180]。また、配転について本人の事情を配慮する旨の協約規定についても、その具体的な定めの解釈と配転に至る経緯等を通して、権利濫用判断の一要素とする傾向が裁判例では定着しているといえる[181]。ただし、具体

---

178) 日本炭業事件—福岡地決昭29・12・28労民集5巻6号661頁の事案は、シベリア抑留や組合専従の経歴を秘匿したことが業務遂行に影響をもたらすものではないとして不適当であるとの会社の判断を違法としたものである。
179) 島原鉄道事件—長崎地判昭29・3・22労民集5巻2号123頁の事案は、「従業員の試傭期間は6ケ月とし、試傭期間を終え引続き採用されるに至ったときは、試傭の当初より採用されたものとする」との協約規定が、実際は正規従業員と同様の作業に従事させられながら低処遇に置かれていた臨時雇の労働者らにつき、処遇の改善を求めることが中心的な目的であったとみなされ、判旨は労働者らに対し、雇い入れまで遡って処遇の改善がなされるよう使用者に促す内容となっている。
180) 三井造船事件—大阪地判昭57・4・28労判388号53頁の判旨は、協約規定につき「使用者側の業務の都合と、配転等を命ぜられる従業員側の個人的事情、その不利益等とを照らし合わせて、使用者側において当該配転等を命ずるに際し、前記の両者の利害の調整を判断する機会と材料を与えるところに、右意向聴取の意義がある」としている。
181) ただし、本人の意向を聴くという規定の具体的な解釈については、人事の公平な実施に資する（三興製紙事件—名古屋高判昭45・10・20労民集21巻5号1351頁）とか、業務上の必要性を凌駕するものではない（専売公社事件—新潟地長岡支判昭58・7・29判時1085号146頁）などさまざまな可能性がありうる。
182) 呉羽紡績事件—大阪地判昭37・8・10労民集13巻4号898頁、日本電気事件—東京地判昭43・8・31労民集19巻4号1111頁。

に配転命令がそのような協約規定に反して権利濫用になるか否かについては、ほとんどの場合協約規定自体は抽象的な内容なので、配転命令権の濫用判断に関する一般的な判例法理に即した判断とならざるをえない。

出向については、組合員に異動を命じることができる旨の協約規定が出向命令権の根拠となりうるとの判断があるが、出向命令権の根拠に関するその後の判例・学説の展開からすると疑問といえる。

出向については、組合との協議義務条項に違反した場合に出向命令の効力を停止した事例もあるが、明確な事前協議義務が規定されていながら全く協議を無視したような場合に限定された判断といえる。

出向については配転とは異なり、労働契約の締結によってただちに生じうるとは考えられないので、就業規則、労働契約、労働協約などに明示の根拠を必要とする。前述のように出向については議論もあるが、協約に明確な根拠規定がある場合、それは規範的効力を有するものとして使用者の出向命令権を基礎づけるものと考えられる。また、労契法14条の趣旨に照らし、出向についての協議義務規定は、出向命令権濫用の判断にあたって重要な要素となるものと考えられる。

なお、労働契約を締結した使用者との契約関係を終了させ、他の使用者との間に新たな契約を締結する「転籍」は、個別労働契約の終了と締結を意味するので、集団的規範としての労働協約にはなじまない。転籍について常に個別的同意が必要かについては議論がありうるものの、少なくとも労働協約に転籍を命じる権利を使用者に付与する規定があったとしても、それが規範的効力を持ちえないことは疑いない。

4 休職・休業

休職は、使用者が一定期間就労を免除ないし禁じる措置であり、制度上はさまざまな理由がありうるが、一般には労働者が比較的長期の療養期間を必要とする傷病に罹患したような場合に使用される。労働協約上の休職規定については、休

---

183) 昭和石油事件―津地決昭46・8・3労民集22巻4号691頁。
184) 新日本ハイパック事件―長野地松本支決平元・2・3労判528号69頁。
185) 淀川プレス製作所事件―神戸地伊丹支決昭50・1・16判時794号120頁。
186) この点については、東大・労基法（上）236頁［土田道夫］参照。

職措置が労働者に対し不就労による労働能力の劣化や賃金上の不利益、あるいは復職の困難などの負担をもたらすことがあるため、休職制度をめぐる争いは絶えないが、労働協約上の休職規定についてその適用・解釈が問題とされた事案は多くない。休職に関する協約規定が問題となる場合も、むしろ就業規則の休職規定と併せて検討されることが通常であり[187]、労働協約の休職規定固有の問題が争われることはほとんどない。

なお、休職について労働組合との協議を定めた労働協約規定がある場合には、一般の人事合意・協議条項と同様の観点からその意義・効果が判断されることとなる。

5 懲　戒

懲戒についても、労働協約に規定があることが珍しくない（平成23年労働協約等実態調査では労働協約の51.4％に規定あり）が、むしろ就業規則の懲戒規定が重要な役割を果たしており（平成23年労働協約等実態調査では懲戒に関して何らかの規定があるとの回答が93.8％であって、労働協約以外のほとんどが就業規則であると推察される）、労働協約上の懲戒規定固有の問題が生じることは多くない。労働協約においては、就業規則と同様懲戒の種類や事由が記載されるほか、「会社が組合員の懲戒に関する事項を審議する場合には組合の代表（3人以内）の意見を聴取するものとする」など、懲戒処分の決定にあたって労働組合の意向を反映させる手続が規定されることも多い。労働協約の懲戒規定をめぐる争いの多くはこの点に関連する。

この点、協約において懲戒委員会の審議などの手続が明確に定められている場合には、それらの手続を全く行わずになされた懲戒処分は原則として無効となるが[188]、その解釈や組合側の対応によっては、組合の意向に沿わない懲戒も有効となりうる[189]。他方で、懲戒手続に組合の参加を定めた協約規定に違反したことが明ら

---

187) 労働協約の休職規定と就業規則上の休職規定との関係につき、協約規定を踏まえたうえで就業規則の規定の解釈適用を行った理研精機事件―新潟地長岡支判昭54・10・30労判330号43頁、労働協約・就業規則上の「事故欠勤休職」の解釈が問題となった石川島播磨重工事件―東京地決昭47・12・13判時695号111頁等。

188) フクニチ新聞社事件―福岡地決昭58・6・17労判413号30頁。

189) 協議についての組合側の不実な対応を理由として、懲戒委員会の審議未了による懲戒処分を有効とした銀座タクシー事件―松山地判昭37・12・24労民集13巻6号1199頁、懲戒の前に組合の参加

かな場合は、原則として懲戒処分は無効となる。[190]

なお、懲戒についての詳細な規定が労働協約に存在する場合には、規範的効力の効果として労働契約の内容となることは言うまでもない。

6 解雇・定年制・退職条項[191]

解雇についても、解雇の要件や手続については就業規則の規定が中心となり、労働協約の解雇規定は、後述する協議・同意条項を除いては主要な意義を有しない。[192] 解雇規定も明確な解雇基準が定められている限り、当該協約規定は規範的効力を有するので、実際になされる解雇は協約規定に制約されることとなる。

協約の解雇規定につき、その解釈を行った裁判例は少なくないが、それらのほとんどは就業規則の解雇規定に対する解釈と基本的な相違はなく、実際になされた解雇が当該規定に該当するか否かは、規定の趣旨・目的に照らして判断されることとなる。[193] なお、協約において人員整理の要件が定められている場合、それに反する解雇が無効となりうることは当然である。[194]

解雇以外の退職に関する労働協約上の規定も、就業規則の該当規定と同様にその解釈・適用が具体的事案において検討されうるが、協約固有の問題はさほどない。なお、退職の手続において組合への通知など労働組合との関係を規定した協約の定めがある場合、これに反する退職があったとしても、労働組合との間で損害賠償等の法的効果が生じうるとしても、退職そのものの有効性を直接左右することはない。[195]

による協議を定めた協約条項につき、同条項は組合の同意までをも求めたものとは解せないとして、組合が反対する懲戒処分を有効とした相互自動車事件―函館地判昭37・9・18労民集13巻5号988頁等。

190) 東海カーボン事件―名古屋地判昭58・8・31労判422号25頁。
191) 解雇協議・同意条項は第9節で論じる。
192) 厚生労働省「平成23年労働協約等実態調査」では、解雇規定を有している協約は55.7%であるが、何らかの解雇規定を有しているとの回答が93.4%にのぼっている。
193) 整理解雇基準について「組合員を正当な理由なく解雇しない」との協約規定の「正当な理由」とは、当該規定をめぐる労使交渉の経緯に照らして会社の経理上の理由を含まないとした夕刊フクニチ事件―福岡地判昭33・6・4労民集9巻3号233頁、レッドパージ勧告に基づき「共産主義者またはこれに準ずる行動のある者で会社の事業の正常な運営を阻害する者」を解雇するとの協定が締結された事案につき、事業の正常な運営を妨げたとみなしうる事由がない限り解雇は認められないとした三井美唄炭鉱事件―札幌地判昭30・12・13労民集6巻6号773頁など。
194) 高屋織物事件―岡山地判昭32・6・29労民集8巻3号309頁。
195) 三和交通事件―札幌地決昭57・1・18労民集33巻1号31頁。

定年制についても、平成23年労働協約等実態調査によれば協約自体への規定は半数ほどである(54.0%)が、就業規則を中心に何らかの規定を設けている(94.7%)ことが通常である。高年齢者雇用安定法の度重なる改正により、定年年齢の下限が引き上げられ、継続雇用が義務付けられるに至るプロセスの中で、定年制をどう制度として定着させるかは労使の長期的課題でもある。

労働協約による定年年齢は規範的効力を有するが、当然ながら法令もしくは公序に反する規定は無効となる[196]。また、たとえばそれまでの定年年齢を引き上げる協約規定を設け、従来定年制を適用されていなかった労働者を含めて一律に適用することとしたような場合には、上記労働者には労働条件の不利益変更を生じるため問題を生じる。これにつき、不利益を受ける労働者の同意か特別の授権がない限り当該協約規定は及ばないとする裁判例[197]があるが、このような事態は、労働協約による労働条件の不利益変更一般の問題の一類型として検討すべきである[198]。なお、近年は高齢者雇用の強い政策的要請から、定年年齢の引き上げを実施する傾向も強いが、希望するすべての労働者ではなく、一定の基準に達しない労働者を適用除外する協約規定が設けられた場合の対応は今後とも検討されるべき重要な課題である[199]。

第9節　解雇協議・同意条項

1　序

20年法が制定された当初から、労働協約の主要な規定の1つであったのが解雇

---

196) 高年齢者雇用安定法がなかった当時でも、就業規則中の男子55歳、女子30歳という定年の定めが、これを正当づけるに足りる特段の事情がなく、男子の55歳の定年に対して女子を著しく不利益に差別するもので著しく不合理であるとして、公序良俗に違反し無効とされている(名古屋放送事件—名古屋地判昭47・4・28労民集23巻2号313頁)。高年齢者雇用安定法による最低定年年齢を下回る定年年齢を定めたり、男女差別定年制を定める協約規定が無効となることは言うまでもない。
197) 北港タクシー事件—大阪地判昭55・12・19労判356号9頁。
198) 同旨、中窪裕也本件評釈・ジュリ756号(1982)205頁以下。
199) クリスタル観光バス事件—大阪高判平18・12・28労判936号5頁では、60歳定年制を62歳に引き上げると同時に、「満62才まで、現職務を継続する意志、能力、体力等」を適用の基準として設けた事案において、適用を拒否された労働者からの地位確認等の訴えにつき、協約上の規定を厳密に解釈してこれを認容している。

第9節 解雇協議・同意条項

に関する同意・協議条項であり、これに関する法的争いもきわめて多かった。「会社が組合員を解雇する場合は、組合と協議のうえ決定する」「組合員が次の各号の一に該当する場合、組合の同意を得て解雇する　１．勤務能率、又は能力のいちじるしく劣る場合」といった定めが置かれるのが通常である。解雇同意・協議条項が規範的効力を有するといえるか、またこれに反する解雇の効力（本章第8節6）については前述したが、ここでは具体的な紛争の類型につき検討したい。

2　裁判例の動向

まず、比較的初期の裁判例には、解雇同意・協議条項に規範的効力を認めないものもあり[200]、同様の見解を示す学説も多かったが[201]、やがて規範的効力ないし制度的効力を認め[202]、当該規定自体を根拠として違反解雇を無効とする傾向がみられるようになった[203]。これに応じて学説も多彩な展開を見せたが[204]、解雇同意・協議条項に反する解雇が、労働組合に対する単なる債務不履行ではなくそれ自体無効となりうることについては、ほとんどの裁判例がこれを認めている。しかしその理由は単一ではなく、「労働協約中の協議約款或いは同意（了解）約款は形式上は……規範的部分でないから直接労働組合法16条の適用はない……が、実質的には経営者の恣意的人事に対する組合のコントロールを保障した広義の解雇基準を定めた規定と見るべき……であるから、これに違反する解雇は……協約に違反して無効であると謂うべきである」、「解雇協議条項は……一の客観的な制度を定めたものであって、……関係当事者に対して普遍的に妥当する法的規範を実現するための手段たる行動様式として、特有の効力をもつのであるが、……『労働者の待遇に関する基準』に関連するものについては、その違反を無効とするだけの効力

---

200) 日本セメント事件―東京地八王子支判昭24・11・11労裁集5号129頁、日本製鉄事件―福岡地小倉支判昭25・5・16労民集1巻3号301頁、山陽新聞事件―岡山地判昭45・6・10労民集21巻3号805頁。
201) 東大・註釈150頁、菊池＝林173頁、吾妻・新訂298頁。
202) 日本セメント事件―東京地決昭25・1・30労民集1巻1号13頁、大東相互銀行事件―仙台高判昭47・6・29判夕282号187頁、日電工業事件―横浜地決昭51・3・26労判254号52頁。
203) 日本紙業事件―東京地判昭26・2・1労民集2巻1号1頁、小川工業事件―福島地いわき支決昭51・3・30労判260号65頁。
204) 裁判例の基本的な流れと詳細については、厚労省・コメ598頁以下。
205) 松浦炭砿事件―長崎地佐世保支判昭25・11・20労民集1巻6号945頁。

を認むべきである」、「会社は、人事権の行使については適正且、公平に行うが事業の拡大、縮少、閉鎖あるいは機構の改廃等組合員の身分に重大な影響を及ぼす場合は、会社はその方針および大綱に関し予め組合と協議する」との条項につき「規範的効力を有するものと解されるから、債務者らがこの事前協議義務に違反して従業員を解雇した場合には、当該解雇は無効となると解する」などとして同意・協議条項自体に違反解雇を無効とする効力を認めるものや、「会社は組合員を解雇せんとする場合は組合と協議する」との協約規定に反する解雇を「労働協約上要請されている適正な手続を経なかつたものとして、無効たるを免れぬというべきである」として、解雇無効の判断基準として協約の協議規定を用いるものなど、結論を同じくしてもその根拠は微妙に異なっている。また、他方では同意・協議条項に解雇を無効とする効力を否定する裁判例も少なくないが、こちらについては、「［解雇協議条項は］賃金その他の給与、労働時間等労働条件に関するものでなく、……結局は解雇の際の手続的な規定である……」として解雇無効の主張を退けたり、組合役員に限定して解雇同意条項がある場合に「その趣旨は組合自体の有する団結ないしその活動を保障することにあ」るとして、「前記条項はいわゆる債務的効力を有するものとして、右条項違反に対して……損害賠償を請求しうることは別として、本件解雇自体の効力は……直ちに無効とはならない」などとして、基本的には同意・協議条項を債務的効力のみを有するものとみている点でほぼ共通している。

3 「協議」と「同意」

また、「協議」と「同意」は、一般的には基本的な相違があるものと考えられるが、たとえば組合が同意しないことについて信義則違反などが認められうると考えれば、その相違は程度の差に近くなる。実際、組合自身が協議に応じない場合や、協議することが期待できないような信義に反する態度を組合がとったと

---

206) 前掲注(203)日本紙業事件。
207) 西宮タクシー事件—神戸地判昭31・7・6労民集7巻4号629頁。
208) 前掲注(200)日本セメント事件。
209) 前掲注(200)山陽新聞事件。
210) 同旨、前掲注(202)日本セメント事件、三菱化工機事件—東京地決昭25・2・22労民集1巻1号47頁。
211) 池貝鉄工事件—最1小判昭29・1・21民集8巻1号123頁。

みなされるような場合には、協議条項があってもそれなしの解雇が有効とされている。協議違反は当該協議条項の解釈に加え、協議の具体的な遂行過程やその中身に対する立ち入った検討をしなければ判断しえず、場合によっては同意を得るための最大限の努力が求められると判断されることもありうるし、逆に聴聞に近い対応が想定されていることもありうる。他方で同意条項も、前記のように組合の対応によっては同意しないことがただちに違反とみなしえない事態も生じうるとすれば、協議か同意かによって決定的な相違があるとの前提は妥当ではない。個々の条項の具体的内容に即した検討と判断が不可欠であると解される。

　同意・協議条項の運用や個別の適用の適否についても多くの裁判例が存するが、一般的には、実際になされた同意・協議の態様や経緯を踏まえ、使用者と労働組合の両者に対して信義に基づく対応を求め、これに抵触するような行為や対応がいずれかにあった場合には、違反解雇の法的効果にも反映させるという態度をとっているものといえる。[213]

　同意・協議条項が直接の規範的効力や制度的効力を有しないという立場に立っても、その存在は前述（第1編第4章第2節）のように労契法16条の解雇権濫用の判断に反映させられると解しうるのであり、これまでの裁判例の流れも、この方向において収斂することが望ましいといえよう。

第10節　労使協議条項・苦情処理条項

　労使協議制は、日本では団体交渉の代替としての機能を果たしており、多くの企業で普及している。[214]しかし労使協議制がどれほど確立していても、憲法上の基

---

212)　前掲注(205)松浦炭砿事件。
213)　会社側の提案に真摯な対応を示さなかった組合側の態度を「協議決定権の濫用」として整理解雇を適法とした亜細亜通信社事件―東京地判昭45・6・23労民集21巻3号924頁、協議に使用者の誠意が認められ、解雇がやむをえない緊急の必要に基づくものと認められる場合には解雇は無効とはならないとした大和通信工業事件―名古屋地決昭46・1・29労民集22巻1号56頁、あらかじめの包括的同意も同意条項にいう同意に含まれるとした京阪神急行事件―大阪地判昭33・7・12労民集9巻4号408頁、事後に解雇の承諾があったとしても、協議条項は事前の協議を定めたものであるとして解雇についての協議・同意が解雇後に行われた場合には解雇は無効となるとした日本紙業事件―東京地決昭25・3・28労民集1巻1号39頁など。
214)　労使協議制の歴史的展開や意義については、濱口桂一郎「労使協議制の法政策」季労214号(2006) 195頁以下。

本権としての団体交渉権が失われることはない。労働協約においては、「会社は組合員の労働条件の向上と事業の円滑な運営を目的として労使協議会を設ける」などとして、具体的な協議事項を設けるのが一般的である。経営協議会と称することもある。かつてはこのような条項に特別な意義を認め、法的にも一定の効果を導き出す見解もあったが[215]、仮にかなり詳細な労使協議制度を協約で定めていたとしても、債務的効力以上の法的効力を認めることは困難であろう。

　労使協議条項に掲げられた項目についての協議がなされないことは、債務不履行を生じうるとともに、これについて改めて団体交渉が要求された場合には、使用者はこれを拒否できないと考えられる。また、労使協議が実質的な団体交渉とみなしうる場合があることや、労使協議の破たんが争議行為の契機となりうることも否定できない[216]。

　苦情処理条項は、「諸規定の解釈適用に関する疑義、組合員の苦情については、苦情処理の手続によって公平迅速に処理する。苦情処理の手続は以下のとおりとする」などとしたうえで、苦情処理機関を設けたり、具体的な苦情処理手続が明記されることが一般的である。苦情処理機関については、昭和20年代の労組法構築過程で、行政からたびたび普及のための指導がなされていたが、その集大成ともいえる通達[217]は、「苦情処理機関は、協約の解釈適用その他日常の苦情を平和的に処理することを主たる目的とするものであるが、この制度は、協約の規定の文言の上では相当に普及を見ていながら、その利用は不十分な場合が多いようである。……それ故に苦情処理機関の存在意義を労使双方に徹底させるとともに制度を実情に適したものとして行くことが必要である。……これは単に苦情処理機関育成の為ということではなく、協約の合理的な履行を確保し、よい慣行を積み上げると同時に、近代的合理的な労使関係を確立するために、是非とも必要なことである」と述べて苦情処理機関の普及を強く訴えている[218]。しかしその後行政が期待したほどには苦情処理機関は有効な機能を果たしていない。労働組合の弱体化によって協約による苦情処理機関の設置や運営が労使共通の関心事項とはなって

---

215) 沼田・実務大系268頁など。
216) 労使協議を経営参加の観点から検討したものとして中村武「経営参加条項」新講座5巻290頁以下。
217) 昭23・12・22労発32号、昭26・5・23労発115号など。
218) 昭27・9・17労発170号。

いないことが推察されるが、今後はむしろ紛争の自主的解決の有益な一手法として再検討される必要があろう。

　苦情処理条項については、具体的に規定された苦情対象事項に関する苦情は所定の手続によらねばならないという効力を有するかが問題となりうるが、組合員が困難を覚えている事情についてどのように解決するかはさまざまな選択肢があり、特に労働紛争解決のための法的仕組みが豊富に用意されるようになってからは、協約の苦情処理制度にそのような効力を認めることは困難であると思われる。また、苦情処理制度が法的意味での仲裁にあたるかについても問題となりうるが、労使協議制は最終的な裁定が当事者または当事者たる団体の機関にゆだねられることが通常であり、否定的に解さざるをえないであろう。[219]

第11節　労働条件

　労働協約の最も重要な機能の１つが、労働条件を規定して規範的効力を及ぼすことにあるのは言うまでもない。労働条件という概念は、最も狭義には労働契約の核である給付と反対給付の関係にある内容を意味し、具体的には使用者側の給付である賃金と労働者側の労務給付の中心的基準である労働時間を中心として、その関連事項がこれにあたる。しかし、広義には、労働者の処遇全般にわたることもあり、前述の人事事項などは労働条件と重なる項目も少なくないであろう。

　労働協約における労働条件事項も、個別協約ごとに「労働条件」とのタイトルでどのような具体的内容を定めているかについては一定の多様性がある。しかし、規範的効力の対象として「労働条件その他労働者の処遇」が規定されているので、一般的には賃金や労働時間など通常の意味での労働条件が、労働協約において規範的効力を意識しながら定められているといえよう。なお、賃金や賞与、退職金等については他の事項とは別に独立した労働協約とすることが一般的である。労働時間については、「組合員の所定勤務時間は１日８時間とし、労働時間は７時間、休憩時間を１時間とする」などの基本的規定のほか、変形労働時間制やフレックスタイム制などの弾力的労働時間制についても原則を定めることが多い。

　それぞれの規定が実際に規範的効力を有するか否かについては、規定の具体

---

[219]　富士重工事件―東京地判昭47・12・9判時687号36頁。

内容を検討したうえで、それが労働条件その他労働者の待遇の基準と認められるか否かによって判断されることになる。

第12節　労働協約の解釈

1　緒　論

　個々の労働協約の具体的な法的効果を明らかにするためには、協約規定の解釈が必要となる。労働協約には、労働組合と使用者（団体）との契約であるという側面と、労組法16条に代表される個別労働契約に対する特別な効力という面が混在しているほか、労使の交渉による結果であってそこにはさまざまな思惑や理解が込められていること、本来的に流動的な労使関係を反映しているので内容も柔軟な解釈が必要となる場合があることなど、通常の契約解釈とはかなり異なる解釈態度が必要となる。[220]

　さらに、債務的部分と規範的部分とで解釈態度が異なることも注意すべきであろう。債務的部分はまさに契約としての解釈が基本となり、当事者の意思を探求したうえで強行法規の規制等の制約がなければ、認定できる合意内容に従った法的効果が発生することとなる。しかし、労働協約であることの特殊性は債務的部分にも反映されるのであり、特に上記のような流動性や交渉の経緯、個別規定ごとの解釈に一体としての労働協約という観点を含まざるをえないことなどは、債務的部分の解釈における重要な前提といえよう。これに対して規範的部分の解釈については、通常の意思解釈の手法自体がそのまま適用できない事情が多い。実定法上の制約として、労組法16条の規範的効力を労働契約に及ぼすには、当該労働協約規定が「基準」といえることが必要であるし、実定法上の根拠はなくても、従来から「協約自治の限界」「有利原則」、さらには後述する「労働協約による労働条件の不利益変更の限界」が、規範的部分の解釈に大きな影響を与えるとの認識が定着している。

　このうち、規範的部分と債務的部分に共通して特徴となる労働協約の解釈は、当事者意思の探索における労使関係の実態の重要性ということであろう。すなわ

---

[220]　協約解釈の意義と具体的事例については、東大（下）756頁以下が詳しい。

ち、協約条項のそれぞれは、背景に労働組合と使用者（団体）との交渉、協議、あるいは紛争を控えているのであって、表現上同一の規定であっても解釈によってその意義が異なることは珍しくない。たとえば、「就業時間中の組合活動に参加する組合員については、参加時間に対応する賃金をカットする」との協約規定がある場合、就業時間中の団体交渉に参加した組合員の賃金をカットすることが許されるか否かは、当該規定が置かれた経緯や労使の認識等によって逆の結論が導かれることは十分にありうる。また、「組合員の精勤手当については、売上の20分の1をこれに充てるものとする」との規定があった場合、売上は個々人の売り上げか事業所の売り上げか、20分の1とは全額か経費を控除した後の額か、などを詳細に規定していなくても、当該規定が設けられた交渉や協議等の経緯から、たとえば個人の売り上げから、経費を引いた後に20分の1を算定するという趣旨を読み込むことは可能であり、それは規範的効力も持ちうるであろう。一方、事業所の売り上げのうち経費を引き、内部留保も確保したうえで残りの20分の1を組合員に分配するという趣旨であることもありうる。要するに、規範的部分か債務的部分かを問わず、労働協約の規定はそれが定められるに至った労使関係の実態に強く規定されるということがいえる。[221]

　また、労働協約が書面性と当事者の署名ないし記名押印を要件としていることから、意思解釈の手法におのずから限界があることも否めない。一般に契約は必ずしも要式性を要件とせず、当事者間の意思の合致をさまざまな要素から判断して結論づけるが、労働協約の場合にははじめから書面への記載と当事者の署名ないし記名押印を成立要件としているので、記載された文言の文理解釈から大きく離れた解釈はできない。仮に当事者の一方が表記された内容とは一致しない認識を有していたとしても、それが表記内容の文理解釈に優先することは原則としてありえないといえよう。

　さらに、労働協約が常に当事者間の交渉や協議をそのまま反映するものではなく、上部団体等が提供するモデル協約によっている場合も多いことは協約解釈に

---

[221] 東大（下）759頁以下は、具体的な裁判例を引いて協約解釈の実例を詳細に紹介し、分類しているが、そこで整理されている「拡大解釈」「縮小解釈」「反対解釈」「もちろん解釈」なども、結果としてそのように分類されるという点より、実際には背後にある労使関係の実態がそのような解釈を妥当としていると解することが適切であろう。同760頁における「文理解釈」の諸相についても同様である。

あたっても踏まえる必要があろう。労働組合が結成して間もない場合や、独自の労働協約を締結した経験に乏しい労働組合等については、上部団体がモデル労働協約を示し、これに若干のアレンジを加えて当事者間の労働協約とすることも珍しくない。この場合、各条項に記された内容は一定の定型化を免れず、その具体的解釈にあたっては、協約締結までの労使関係の経緯やそれぞれの条項に込められた当事者の意図といった観点よりは、まさに当該条項の文理解釈を基準として、当事者間でそれがそのまま共有されていない特段の事情があるか否かを検討することとなろう。

　このように、規範的部分と債務的部分とに共通の解釈上の特性は、労働協約が契約でありながら多くの点で固有の特性を備えているという点から生じており、個別協約条項の解釈にあたって常に注意を払うべきものといえよう。

2　規範的部分の解釈

　労組法16条が適用される規範的部分の解釈については、当事者の意思の探求や合理的意思解釈といった通常の契約解釈に加えて多くの特徴がある。まず外在的制約として、何よりも労組法16条がその効力を付与しうる要件を明示しており、これに即した内容であるか否かが基本的な制約といえる。すなわち、規範的効力が付与されるためには、当該条項が「労働条件その他の労働者の待遇に関する基準」に該当しなければならないのであって、解釈の出発点はこの該当性を判断することにある。個別労働契約の内容を当該協約条項が直接に規律するという強い効果が発生することに鑑みて、その解釈は慎重であらざるをえない。「労働条件その他の労働者の待遇」および「基準」への該当性についての具体的課題は前述した（第1編第4章第2節）が、この場合にも、当事者の意思に即した解釈が必要であることは当然であるとともに、上記のような慎重な態度が必要とされるのである。[222]

---

222)　近年の裁判例を素材とした規範的部分の解釈の具体例については、法セ・コメ188頁［土田道夫］が詳細に論じている。ここで土田教授は、当事者意思の認定や合理的解釈の手法を用いた裁判例をあげて規範的部分の解釈の特徴を示しているが、特に有利原則との関係で引用している日本通運事件（原審―大阪地判平20・9・26労判974号52頁、控訴審―大阪高判平21・12・16労判997号14頁）について、原審と控訴審との判断の相違が、有利原則に関する協約解釈のありかたを示唆するとしている点は必ずしも適切ではない。本件の中心的課題は、協約が最低基準を規定したとみなすべきか、最低保障給を具体的に規定したとみなすべきか、であって、問題となっているのは規範的

さらに、規範的部分に関しては、協約自治の限界論や有利原則論に示されたような内在的な限界も考慮する必要がある。これらの概念自体はドイツ協約法の産物であって、ドイツにおいて議論されている労働協約のありかたとは大きく異なる日本の協約につき、規範的効力の限界を検討するために必ずしも有益な概念ではないものの、手段的規範の1つである労働協約が労働契約上具体的に発生している権利を剥奪することができないことや、個々の組合員の法的地位の得喪を決定することも認められないという点で、確かに規範的効力には内在的制約があることは疑えない。また、近年では労働協約による労働条件の不利益変更が非常に重要な理論上および実務上の課題となっており、これについては後述する（第2編Ⅳ）が、最高裁は、協約規定が規範的効力を有しうる場合に、組合員に対する労組法16条の適用[223]と、非組合員に対する同17条の適用[224]の可否について、当該規定が労働条件の不利益変更をもたらす場合の基準を示している。したがって、少なくと規範的部分が労働条件の不利益変更をもたらすものである場合には、判例法理を前提とした一定の解釈の制約が加わることは否定できない。また、この点については、集団的規範としては類似の機能を有する就業規則を用いた労働条件の不利益変更の場合との関係も重要な課題となることは言うまでもない。

3 債務的部分の解釈

債務的部分の解釈は、1に述べた共通の特徴を除けば、基本的に契約解釈の一般的手法に準ずるといってよい。その中でも特質と考えられるのは以下のような点である。

第1に、一般条項の適用にあたって労働協約としての特徴が考慮されるべきである。たとえば信義則は当然労働協約にも適用されるが、労使関係における信義則は、当該協約条項についてのみ検討されるべきではなく、労働協約全体の中での当該条項の位置、協約締結過程における労使の対応、当該協約が期間を定めたものであるか否か、締結されてどのくらいの期間施行されているか、等々を総合的に判断して、具体的な信義則上の権利義務を確定する必要がある。なお、平和

効力を及ぼしうる「基準」のありかたである。規範的部分の解釈にあたって、有利原則という観点を裁判所が考慮しているとみなすのは適切とはいえないように思われる。
223) 朝日火災海上保険（石堂本訴）事件—最1小判平9・3・27労判713号27頁。
224) 朝日火災海上保険（高田）事件—最3小判平8・3・26民集50巻4号1008頁。

義務が信義則上の義務であるとするならば（第2編第3章第1節）、平和義務条項の解釈もまた、労使関係に特有の信義則という観点から検討されることとなろう。

　第2に、これは規範的部分にもいえることであるが、債務的部分には特に重要な点として、労働協約が団体交渉をはじめとする取引によって成立することから、協約の中には独立して解釈することがなじまない規定も多く存する。たとえば、組合事務室をより広い部屋に移すことを認める規定は、掲示板の数を減らすことと抱き合わせで設けられたものであるとすれば、当該規定のみを解約することは認められないと言わざるをえないであろう。この点、労働協約が全体としていわゆる「ギブ・アンド・テイク」の関係にあることを重視して、一部解約の対象となった協約条項が他の諸条項とは異なる独立した位置づけ・内容を有するなどの特段の事情がない限り、一部解約は許されないとする裁判所の考え方は[225]、労働協約の以上のような特性を踏まえた解釈手法を提示したものといえる。そして、このような協約条項の特色は、解約以外の場合にも解釈上の制約をもたらすことは疑えない。すなわち、当該条項に定められた権利義務の発生や行使についても、一体として設けられている他の条項の機能との関係において解釈されることとなる。労働組合が掲示板貸与の更新を要求しうるとの条項は、組合事務所の使用法を定めた規定と連動しているとすれば、更新請求権が組合の所定外使用によって制限されるとの解釈が十分にありうるのである。

　第3に、債務的部分に対する違反の効果も、当該条項の解釈によって、差止請求まで認められるべきか否かが個別具体的に判断されることとなる。差止請求を認めた数少ない例の1つである東京金属ほか1社事件では[226]、労働組合の合意なしに生産設備等を搬出しないという協約上の規定に債務的効力を認め、使用者にはこれを遵守する不作為義務が認められるとして、生産設備の一部搬出について労働組合側からの差止請求を認容したが、これも当該協約条項が具体的な義務を課するものであり、差止めによって権利の保全を図ることが適切であるとの判断を導いたものであった。協約条項が、より一般的で使用者に対し努力義務以上の具体的な義務を課していると解釈しえない場合には、このような判断ができないことは言うまでもない。

---

225) ソニー（第一次仮処分）事件—東京地決平6・3・29労判655号49頁。
226) 東京金属ほか1社事件—水戸地下妻地決平15・6・19労判855号12頁。

第5章　労働協約の終了と終了後の法的課題

第1節　緒　論

　労働協約も契約であって、一般に契約の終了事由と同様の事由によって終了する。したがって、期間の定めがあればその満了によって、期間の定めがなければ当事者の合意もしくは一方的意思表示による解約によって終了するのが通常であり、加えて、当事者の消滅、事情変更なども終了事由となりうる。ただ、労働協約は単なる契約ではなく、特別な成立要件と法的効果を付与され、その期間についても一般の契約にはみられない法的コントロールが及ぶとともに、労働協約固有の法的課題も生じている。

　労働協約の終了にかかる特別の法的コントロールとしては、労組法15条の期間に関する諸規制が注目される。同条によれば、労働協約に期間を定める場合は3年を超えることができず、3年を超える期間を定めた場合は自働的に3年の期間を定めたものとされる。したがって、当事者の意思に反して、たとえば5年の期間を定めた労働協約も3年の期間の満了時に終了することとなる。また、期間を定めない労働協約については、当事者の一方が90日以上の期間を置いて解約の意思表示をすることによって終了するが、90日以内の期間を置いた解約の意思表示の法的効果や、即時解約の意思表示の法的意義など、問題が少なくない。これらに関する議論については、期間に関する規制との関連において前述した（第2編I第2章）。

　さらに、労働協約が労働条件を規律する規範として労働契約および就業規則に優先することから、労働協約が終了した後、新たな労働協約が締結されない場合の処理は、一致した結論がみられないまま推移している困難な問題である。

　以下においては、すでに述べた期間の満了と解約以外の労働協約終了事由を検討し、終了後の法的課題について述べることとする。

第2節　解除・事情変更による解約・失効

1　解　　除

　労働協約も契約の一種である以上、債務不履行の場合には解除できると解すべきか。少なくとも労組法など実定法には、労働協約の債務不履行につき特別なルールを定めた規定はない。通説は、労働協約が安定的労使関係を維持する機能を有していることなどから、わずかな義務違反による解除は認められないが、民法628条などから民事上のルールとして確立している継続的契約関係の解約法理を援用し、やむを得ない事由がある場合には即時解約も可能であるとする[1]。妥当な見解といえよう。やむを得ない事由としては、平和義務違反や実行義務の度重なる違反などがあげられる。また、ここで認められうるのは民法上の解除とは必ずしも一致せず、遡及効は認められないものと解される。

2　事情変更による解約・失効

　一般に契約は、締結後の重大な事情変更による解約も可能とされている（事情変更の原則）[2]。労働協約についても、締結の背景となった事情に重大な変化が生じ、当該協約を締結した目的の達成が困難となった場合、当事者になお協約の維持を強制することが社会通念上著しく不当または不公平と見られる場合には、事情変更の原則を適用して解約を認めうるであろうか。このような場合をも、上記1の「やむを得ない事由」の一類型として含みうることには異論がない[3]。もちろん、一般契約についてもそうであるように、軽々に事情変更を認めるべきではな

---

1)　有泉＝山口181頁以下、吾妻・新訂318頁以下、石井445頁、外尾653頁。なお、厚労省・コメ618頁は、民法541条をそのまま適用することは否定しつつ、「労働協約の有効期間中に、相手方がしばしば労働協約違反を行うというような場合」の解約権を認めているが、これも同様の趣旨と思われる。

2)　民法における事情変更の原則については、山本敬三『民法講義Ⅳ-Ⅰ』（有斐閣・2005）101頁以下に詳しい。また、勝本正晃『民法に於ける事情変更の原則』（有斐閣・1926）、五十嵐清『契約と事情変更』（有斐閣・1969）参照。

3)　吾妻・新訂319頁、有泉＝山口182頁、外尾653頁、豊和工業事件—名古屋地判昭23・12・8労裁集2号162頁。

いし、労働協約による労使関係の安定的維持の重要性に鑑みると、労働協約については、いっそう慎重であるべきといえる。

裁判例も事情変更の原則を適用して労働協約の解約を認めることにはきわめて慎重であり、特に経営危機や経済変動などを理由とする事情変更原則の適用については、一般論としては適用の可能性を認めるものはあっても、多くの場合には適用を認めていない。妥当な対応と思われるが、2008年のいわゆる「リーマン・ショック」の例に明らかなように、経済変動の規模や影響は年を追って巨大化しつつあり、今後判断の基準に変化がないとはいえないであろう。

事情変更を理由とする労働協約の失効は、解約と同様の基準で判断すべきとする見解もあるが、解約という当事者の意思を媒介としての労働協約の終了と異なり、失効は当事者の意思によらない終了事由となり、これを解約と同様の基準で認めることは妥当ではない。

第3節　当事者の消滅

1　使用者

労働協約と企業変動をめぐる一般的な法的課題については後述する（第2編V第1節）こととし、ここでは労働協約の終了という論点に限って検討する。

契約としての労働協約は、締結当事者の一方が消滅すればその時点で終了する。使用者については、締結当事者が企業であればその解散によって労働協約は終了する。ただし、清算法人として存続中はその限りにおいて労働協約も消滅するこ

4）　有泉＝山口182頁、外尾653頁、同旨東大（下）775頁、菅野699頁。
5）　東京芝浦電気事件—横浜地判昭24・8・1労裁集6号129頁（賃金三原則・経済九原則の実施、経営悪化）、札幌中央交通事件—札幌地判昭37・8・9労民集13巻4号887頁（経営悪化、深刻な労使対立）、ニチバン事件—東京地判昭54・6・7労判322号27頁（オイルショックによる経営危機）、黒川乳業事件—大阪地判昭57・1・29労判380号25頁、同控訴審—大阪高判昭59・5・30労判437号34頁（経営危機）。ただし、解約ではなく、労働協約上の争議条項に反した争議行為につき、事情変更の原則を適用して協約違反とはいえないとした事例はある（ノース・ウエスト航空事件—東京地判昭48・12・26労民集24巻6号666頁）。
6）　石井445頁、限定的に認めるものとして有泉＝山口183頁、鉄道機器事件—東京地決昭24・9・29労裁集5号82頁。
7）　同旨、東大（下）776頁。

とはない。会社の形態が変更されても、労働協約の締結主体として一体性が保持されていることが通常なので、それだけで労働協約は消滅しない。

合併の場合は、合併会社が被合併会社の権利義務を包括的に承継するので、被合併会社が締結していた労働協約も引き継がれることとなる。これに対して事業譲渡の場合は、個々の権利義務関係の帰趨は譲渡会社と譲受会社との間の合意によるのが原則であるが、特段の合意がない限り労働協約は承継されないと解すべきであるとする見解と、企業活動の実質的な同一性が認められる限り労働契約関係が承継されるとみなされることを踏まえ、労働協約も承継されるとの見解がある。事業譲渡において労働契約の帰趨と労働協約の帰趨が一致することが法的に通常の事態とはいえないこと、労働協約の帰趨は労使関係における重要な関心事項であり、事業譲渡にあたって労働協約をどうするかについては改めて当事者間の意思により決せられるべきであろう。会社分割の場合には、労働協約の承継についても労働契約承継法において基本的な法ルールが明記されている。基本的には、分割計画もしくは分割契約において労働協約の承継につきどのように規定されているかによる。会社分割と労働協約に関する法的課題については後述する（第2編Ⅴ第1節3）。

2 労働組合

労働組合も、解散すれば、締結当事者が消滅するので、当該組合が締結していた労働協約は終了する。しかし、会社の場合と同様に、解散決議によってただちに組合が消滅するわけではなく、清算手続の過程においてはその限りで労働協約も存続する。また、解散決議が組合組織変更のために形式的に行われたのみである場合は、実質的には組織変更であって、解散決議によってただちに労働協約に

---

8) 吾妻・新訂320頁、石井445頁、有泉＝山口183頁、沼田・実務大系7巻280頁、外尾651頁、川口硝子製作所事件―札幌地小樽支判昭42・1・31労民集18巻1号45頁。
9) 吾妻・新訂321頁、石井455頁、有泉＝山口183頁、外尾652頁、東大（下）778頁。
10) 外尾652頁、東大（下）778頁、菅野700頁、西谷・労組法391頁。
11) 石井446頁、菅野700頁。
12) 沼田・実務大系7巻280頁、外尾652頁。
13) 同旨、東大（下）779頁。
14) この点については、野川「会社分割における労働組合の法的機能――労使関係から見た改正商法と労働契約承継法の課題」季労197号（2001）74頁以下。
15) 吉川235頁、外尾113頁。

消長をきたすことはない[16]。

　当該労働協約を、単一労組ではなく組合の連合体が締結していた場合には、個々の組合が連合体と並んで締結当事者となっているときは、連合体の解散によっても労働協約は終了せず、連合体のみが締結主体であるときは原則として終了するが、実態が個々の労働協約を統括するため締結当事者として記名押印しただけであるような場合も考えられるので、実質的な判断が必要となろう。これと類似の問題として、単位組合の支部や分会が独立した労働組合としての実態を有している場合、独自に労働協約を締結していると主張される場合がありうるが、この場合に労働組合自体が消滅しても支部・分会が組織の実態を維持していれば当該労働協約は消滅しないことになる。しかし、労働協約を締結できるのは労組法上の労働組合としての要件を満たした団結体のみであり、このような場合の支部・分会の労働組合としての独立性は慎重に判断されるべきであろう[17]。複数の労働組合が合同した場合も、基本的には会社の合併の場合と同様に、各労働組合の法律関係は包括的に合同後の労働組合に承継されたものとみなされ、労働協約もその1つとして存続する[18]。

　これに対して、組合の組織変更には多様な類型があるので、統一的な基準を想定することは難しい。基本的には、組織変更の前後において労働組合の同一性が維持されているか否かにより、労働協約もその存続の可否が判断されることとなろう。単なる名称や運営体制の変更、あるいは上部団体からの脱退や基本方針の変更などによって労働協約に消長をきたすことはないが[19]、組織変更の意図、綱領や規約、構成員等を総合判断して、明らかに従前の労働組合が消滅したとみなしうる場合には、労働協約もそれに伴って終了することとなろう。しかし、組織変更による労働協約の消滅は、締結主体が物理的に消滅したのではないので、一層慎重に判断されるべきものと解される[20]。なお、労働組合の分裂はそれ自体が重要

---

16) 有泉＝山口186頁、石井446頁、沼田・実務大系7巻277頁、東大(下)780頁。
17) 裁判例は、組合支部が独立した主体として協約を締結するということは法律上認めがたいとしている（朝日新聞社小倉支店事件―最大判昭27・10・22民集6巻9号857頁、朝日新聞東京本社事件―東京高判昭26・4・28労民集2巻3号365頁）。
18) 大同製鋼事件―名古屋地判昭24・4・25労裁集4号122頁。
19) 有泉＝山口186頁、石井330頁、外尾103頁、東大(下)780頁。
20) 組織変更による労働協約当事者の同一性判断については、東大(下)781頁が実例を豊富に掲載している。

な法的課題であるが、労働協約の消長については、上記に記したところと同様、実態としての同一性が維持されているか否かによって判断されるべきであり、まさに分裂という概念にふさわしく、従前の労働組合とは全く異なる複数の労働組合が新たに誕生したとみなしうる特別な場合を除いて、従前の労働組合を承継していると認められる組合によって、当該協約も維持されているものと解し得よう。[21]

第4節　その他の終了事由

　労働協約は、継続的な労働条件の形成のためだけではなく、1回限りの事態を目的として締結されることもある。その場合には、当該目的が達成されたことによって労働協約も終了すると考えられよう。たとえば、ある年度の賞与の額や支払い方法を特定して締結された労働協約は、当該賞与が支給されればその目的を終えて労働協約としても終了する。[22]
　現存する労働協約と明確に対立する新たな労働協約が締結された場合、旧規定に代えて新規定が設定されたものとして現存労働協約は終了するとの見解があるが[23]、たとえば新協約において現存協約規定に代えて定めを置いたことが明示されている場合のように、新たな労働協約の内容が明らかに現存労働協約の内容を否定するものとみなされる場合に限って、現存労働協約は消滅したものと認められるべきであり、単に規定内容が現存労働協約と対立するものであるという事実だけで現存労働協約の終了を認めることは妥当ではない。[24]
　さらに、労働組合が協約締結後に協約能力を失った場合の当該協約の帰趨も問題となりうる。労組法2条の要件を失った組合が協約能力を失うことは異論がないので、同条の労働組合のみが締結しうる労働協約もまた、協約能力の喪失にともなって終了するとみなすほかない。しかし、実際には、労働協約を締結した労働組合がやがて協約能力を失うほどに完全に自主性を失うということは考えにく

---

21)　東大(下)781頁以下。
22)　山口209頁、菅野699頁。
23)　菅野700頁。
24)　なお、菅野700頁は、協約規定に反する労使慣行が確立されていても、それだけでは労働協約自体の終了をもたらすことはないものの、不当労働行為の成否を認定するにあたっては、そのような慣行の存在は重要な判断要素となるとしており、賛成したい。

く、実質的にはまれにしか生じない事態であろう。[25]

第5節 労働協約終了後の協約規定の効力

1 緒 論

　労働協約が終了すれば、協約自体の効力は失われる。その内容を労働契約や就業規則がが踏襲していれば、実質的に協約の規範が形を変えて残ることとなり、そのような状況は一般にみられるところであるが、それは労働協約そのものの効力が終了後も残るからではない。

　しかし、労働協約が当該適用範囲（日本では通常企業もしくは事業場、日本が労働協約法制の範の多くをとったドイツでは地域、産業）の労働条件および労使関係の規範を包括的に決定・維持する機能を有することや、当該協約が終了してもなお新たな協約が成立しえない場合に、労働条件や労使関係に関する規範に空白状態が生じてしまうことがありうることなどから、労働協約終了後にも、何らかの形で協約規範を機能させようとする意向が働くことがある。その1つは、後に成立した労働協約を遡及的に適用させる措置であり、もう1つは、終了した労働協約の効力を何らかの形で終了後にも生かそうとする措置である。前者については労働協約の遡及効として、後者については労働協約の余後効という概念において検討の対象となる。

2 遡 及 効

　ある労働協約が終了したのち、通常は間を置かずして次の労働協約が締結されることになっている場合でも、諸般の事情により新協約の締結が遅れて、旧協約が終了してもなお新たな協約規範が締結されるまで一定の時間がかかったときには、新協約においてその効力を旧協約終了時にまでさかのぼらせることがある。当該協約の締結当事者が合意の上である時点まで効力をさかのぼらせることは、特にこれを規制する法的規範はないので原則として自由である。ただ、債務的効

---

25) 下井隆史＝保原喜志夫＝山口浩一郎『労働法再入門』（有斐閣・1977）85頁以下、同旨、東大（下）783頁。

力については当事者の合意のみでそのようにいえても、規範的効力は、個々の労働者の権利義務にかかわるので、個人の既得の権利や個人の地位の得喪に関する効力は遡及的にも生じえないことはもちろん、旧協約終了時点においてまだ組合員でなかった労働者に対しても新たな協約が遡及的に効力を生じることはありえない。[26]

3 余後効

(1) 余後効論の契機

労働協約が終了したのちにも、当該協約の効力が残ることがありうるか。終了した労働協約が事後的になお効力を有しうるという意味で、このような効力を「余後効」と称するが、これはドイツ語の「Nachwirkung」の直訳であって、日本語では、まさに労働協約の事後的効力を論じるごく特殊な領域以外ではほとんど使われない概念であるといってよいであろう。

ドイツにおいては、ワイマール時代から労働協約の余後効についての議論が展開され、[27]第二次大戦後の1949年に成立した現行労働協約法の4条5項において明文で余後効が規定された。同項は、協約期間満了後も、新たな労働協約または事業所協定もしくは労働契約によって代替されるまでは、なお直接的な効力を有することを定めており、もとより協約有効期間中の効力に比べればきわめて相対的な効力として措定されている。[28]

日本における余後効論は、20年法下の労働協約が自動延長条項によってその内容いかんにかかわらず解約しえない実情が生じていたことに対応し、24年法が使用者による一方的解約を可能にし、そのためいわゆる「無協約状態」が出現する中で、使用者による解雇に対抗して労働組合が協約上の解雇同意・協議約款の適用を主張するという経過においてクローズアップされた。24年法の改訂の背景に

---

26) 東大(下)783頁。
27) ワイマール時代の余後効に関する議論はカスケルによって端緒が切られ、レーマンによって本格化した。Kaskel; Das Schicksal der Einzelarbeitsverträg bei Änderung oder Aufhebung der Tariflichen Regelung. NfzA, 1924, S129ff. Lehman, Tarifverträg und Nachwirkung, 1927.
28) ドイツの余後効をめぐる議論の展開とその意義については、清水一行「労働協約の余後効―ワイマールドイツにおける労働協約の余後効論争についての考察」(山口大学経済学雑誌18巻5＝6号(1968) 68頁以下)、同「労働協約の消滅」新講座5巻349頁以下、峯村光郎『団結と協約の法理』(弘文堂・1959) 79頁以下、不可変性との関係で余後効論を検討したものとして西谷・思想史333頁以下。

は、1948年12月に発表された経済九原則に基づき、企業合理化のための人員整理を可能にするという政策があったとされるが、労働協約自体が終了してしまった状況の下で、企業側の解雇攻勢に対抗する法理として、当時ドイツの労働協約法が導入していた余後効の法理が利用されたのは自然な対応であったといえよう。ただ、ドイツにおける余後効議論が、主として賃金や労働時間などの労働条件に対する規範をめぐって展開されたのに対し、日本では上記のように、解雇同意・協議約款に代表される人事事項が具体的議論の対象となったことは注目される。日本の余後効論は、もとよりドイツとはその意義および機能をかなり異にしていたのである。

(2) 学説・判例の展開
(a) 序

余後効という概念はもともと日本の法制度や実態から生じたものではなく、上記のように、使用者の一方的解約後の解雇に対して解雇同意・協議条項の適用がありうるかという具体的紛争を通して学説・判例上の論争を高めたという事情がある。そのため、余後効という概念によって具体的に何を意味しているのか、労働協約の効力そのものか、あるいは協約規範の他の規範への反映かといった論点や、余後効はいわば「自動的に」生じるのか、当事者の意思を媒介にするのか、という問題についても、整理されないまま議論が展開してきたという様相を呈している。裁判例もまた、余後効という概念そのものを援用するよりは、何らかの形で終了した労働協約の規範が労働契約関係に反映することがありうるかを個別具体的に検討しているような印象を免れない。

(b) 従来の議論

まず、労働協約の効力それ自体が終了後も存続するかという論点については、協約規範の慣習法化を主張してこれを認める見解、協約終了後も協約に表現された労使合意は法的確信によって継続するとしてその規範の効力を認める見解があ

---

29) 峯村光郎「労働協約の余後効」大系2巻191頁、楢崎二郎「労働協約の有効期間と余後効」講座問題4巻160頁、清水・前掲注(28)新講座5巻349頁。
30) この間の経緯については、東大(下)763頁、西谷「労働協約論」(学説史)424頁以下参照。
31) 後藤・基本問題95頁以下。
32) 沼田・実務大系7巻285頁。

るが、これらの見解は、そもそも協約規範が、労働協約終了後の労働契約をも規律するような慣習法の根拠となるという事態が想定しがたいことや、法的確信という論拠の曖昧さなどから、いずれも多くの賛同を得てはいない。一般的な規範性を強く認められているドイツの労働協約についてさえ、労働協約法の4条5項は、新たな労働契約や事業所協定によって代えられるような相対的な効果としてのみ余後効を認めているということも考え合わせると、日本において労働協約が終了してもなおその効力を維持するという見解には無理があると言わざるをえまい。裁判例も、こうした見解を正面から否定している。[33]

これに対して、労働協約自体の効力の存続を否定する見解には、単に余後効という効力はもちえないとする見解[34]を別として、労働契約との関係において一定の条件のもとに協約規範の存続を主張する考え方が多い。

第1に、労働協約の規範的効力に関するいわゆる内容説に基づいて、労働協約の規範的部分は労働契約の内容となっており、協約自体が失効してもなお労働契約の規範として存続するとする見解がある。[35] 第2に、労働協約の規範的効力に関するいわゆる外部規律説を前提としつつ、労働契約の継続的契約関係としての性格に鑑みて、労働協約によって規律されていた労働条件は労働協約自体の終了後も、明示的に変更されない限り労働契約内容として存続するとの見解がある。[36] これらは、いずれも労働協約自体の効力の存続を否定しつつ、労組法16条の規範的効力の解釈によって、あるいは契約の継続的性格などを媒介として、労働契約内容に労働協約規範が反映することを認める点で共通する。ドイツ労働協約法に定める余後効とほぼ同様の効果を認めるものといえよう。しかし、この点を踏まえた上で、実定法上の根拠がない日本においてそのような効力が認められるべき理

---

33) 日本製鉄事件—福岡地小倉支判昭25・5・16労民集1巻3号301頁、日立製作所事件—福岡地小倉支決昭25・8・17労民集1巻4号589頁。

34) 吉川大二郎「労働協約の事後的効力」法曹時報2巻3号（1950）125頁以下。

35) 孫田68頁、菊池＝林178頁、石川192頁、砂山克彦「労働協約の終了と効力」現代講座6巻183頁、片岡(1)263頁、西谷・労組法394頁、日本セメント事件—東京地八王子支判昭24・11・11労裁集5号129頁、大光相互銀行事件—新潟地長岡支決昭43・2・23労民集19巻1号142頁、帝全交通事件—東京地判昭43・2・28判時516号74頁、都タクシー事件—大阪高判昭51・11・11労民集27巻6号606頁。

36) 石井447頁、清水・前掲注(28)新講座5巻362頁、吾妻・新訂326頁、菅野702頁、荒木595頁、水町395頁、大東相互銀行事件—仙台高判昭47・6・29労タ282号187頁、朝日タクシー事件—福岡地小倉支判昭48・4・8労タ298号335頁、鈴蘭交通事件—札幌地判平11・8・30労判779号69頁、佐野第一交通事件—大阪地岸和田支決平14・9・13労判837号19頁。

由は明確である必要があるが、とりわけ外部規律説をとりつつ労働協約終了後に労働契約がその規範を反映するという考え方は十分な説得力を有しているとはいいがたい。この見解をとる代表的学説は、「労働協約の終了後は労働契約の内容は一応空白となる」としつつ、「労働関係が継続していくためにはこの空白を何らかの方法によって暫定的に補充する必要が生じる」としたうえで、この空白を補充する規範が他に存在しない場合には、「従来妥当してきた協約内容が暫定的に空白部分を補充するというのが、継続的契約関係の合理的な処理方法といえる」と述べる。これは協約規範が終了後も労働契約の内容に反映されると明言せず、「補充規範となる」とする点で巧みな処理方法であり、前掲注(36)の鈴蘭交通事件札幌地判がまさにこのような考え方によって実際に事案を処理しているが、理論的には、具体的事案処理の必要性からさかのぼってそのような必要を満たすための手法として編み出された考え方であり、明確性や説得性の点で必ずしも十分とはいえない。むしろ、外部規律説を崩さずに協約規範の事後的存続を認めようとすることの困難が端的に表現されている見解であるように思われる。

これに対して、以上のような諸見解の意味での余後効は否定しつつ、団結権や団体交渉権保障の趣旨などにより、少なくとも新協約の締結に向けて団体交渉が進捗しているときに、個々の労働契約を改訂することは不当労働行為となるなどとして、労働契約に対する一定の制約を認める見解も主張されているが、これは余後効の問題ではなく、使用者による団体交渉義務の内容の問題である。

(c) **最高裁判決とその意義**

こうした諸見解に対して、最高裁は、退職金の支給基準を定めた退職金協定が失効したのち、新たな協定が締結されない段階で請求された退職金につき、どのような支給基準によって算定されるべきかが争われた事案において、「退職金は退職金協定による」との就業規則規定があり、しかも上記退職金協定がこの就業規則に付して届け出られているという事情のもとでは、退職金協定が就業規則の一部となっているとして、旧協定による退職金請求を認容した。このように、現

---

37) 菅野702頁。
38) 同旨、西谷・労組法393頁。
39) 有泉亨「労働協約の余後効について」社会科学研究6巻3号 (1995) 25頁、正田彬「労働協約の余後効」講座4巻995頁、外尾655頁、西谷・労組法395頁もこの点については同旨。
40) 香港上海銀行事件—最1小判平元・9・7労判546号6頁。

実に労働協約の規範を承継し、あるいは反映していることが明確な他の規範があれば、特に余後効という概念を用いずとも、理論的にも実際上も無理なく労働協約の規範が結果的には用いられる形で事案を処理することができる。しかし、そのような規範が存在しない場合の処理については、最高裁の考え方は明確ではない。

　まず、当該協約の適用下で労働契約が締結され、あるいは労働契約締結後に当該協約が成立した場合には、労働協約が終了したとしても、労働契約関係が存続し、かつ新たな労働協約や労働契約、あるいは就業規則によって別段の規範が存在しない限りは、労働契約の当事者も協約によって規律されていた労働条件が存続しているとみなすのが一般的であろう。逆に言えば、そのような場合に旧協約によって規律されていた労働条件を変えようとすれば、新たな労働協約を締結するか、労働契約の改訂ないしは就業規則の改訂を行う試みがなされるはずである。それらのいずれも行われることなく、労働協約が終了したという事実のみによって、労働契約から当該労働条件の規律機能が消えてしまったのでこれに基づく権利義務関係も失われた、との扱いが認められるのはいかにも無理がある。たとえば、協約によって支給条件や支給基準が定められていた賞与につき、たまたまある賞与支給日に旧協約が失効していて新協約が成立していなくても、労働契約関係の当事者は、それにより賞与の請求権が全く失われているとは考えないであろう。そして、このような認識が共有されているからこそ、学説・判例とも何らかの根拠を付して、協約終了後も、他の規範によって代替されない限り労働契約によってその規範が生きていると主張するのであろう。そうであるとすれば、端的に、労組法16条の規範的効力の内実は労働協約の規範が労働契約の内容となることを意味すると解し、したがって協約が終了しても、その規範を内容とする労働契約が存在していれば実質的に協約規範はその限りで生きていると考えるのが最も自然でもあり、理論的破綻もなく、実態にもあっているといえる。

　(d)　**近年の議論と展望**

　この点、近年の裁判例は、「本件協約自体が失効しても、その後も存続する原被告間の労働契約の内容を規律する補充規範が必要であることに変わりはなく、就業規則等の右補充規範たり得る合理的基準がない限り、従前妥当してきた本件協約の月例賃金及び一時金の支給基準が、原被告間の労働契約を補充して労働契約関係を規律するものと解するのが相当であり、他に補充規範たり得る合理的基

準は見出し難い」、「本件においては、なお、従前の本件労働協約の定めていた旧賃金体系等の労働関係が、暫定的に継続しているものと解すべきである。なぜなら、労働協約の終了後も労働関係を継続していく労働契約当事者の合理的意思は、就業規則等の補充規範があればそれに従い、依るべき補充規範がない場合には、新たな労働協約が成立したり、新たな就業規則の制定による労働条件の合理的改定が行われたりするまでの間は、暫定的に従来の労働協約上の労働条件に従うことにあると解されるところ、本件においては、依るべき補充規範がないからである」、あるいは「本件労働協約の規範的効力は、本件解約……によって、平成24年2月10日に失効したと解すべきであるが、原告組合と被告との間の労働条件は、本件労働協約を含む確認書等により、長年にわたって規律されており、平成24年2月10日時点において、原告組合所属の原告組合員らと被告との間で、労働契約の内容とされていたと認めるのが相当であるから、本件労働協約が失効した後においても、効力停止中の本件昇給条項を除く本件労働協約規定に基づく労働条件は、新たな労働協約の成立や就業規則の合理的改訂・制定が行われない限り、原告組合員らと被告との間の労働契約を規律するものとして存続するものと解すべきである」などと述べ、補充規範の必要性、協約内容によるとの合理的意思、長年繰り返された慣行による労働契約内容の補充といった理由を用いて、いずれも労働協約の内容が労働契約の内容になっているとの前提を回避しながら事案を処理しているが、疑問を禁じえない。いずれの事案も、「終了した労働協約の規範的部分は、労組法16条の効力により労働契約の内容となっており、これに代わる別段の規範が存在しない以上、右労働契約によって賃金の請求等がなしうる」と判断することによって、明確でまぎれのない結論を導くことが可能であった。それにもかかわらず、特に鈴蘭交通事件に端的にみられるような、迂遠かつ不分明な論拠が用いられるのは、労組法16条に関する外部規律説に固執しているためで

---

41) 前掲注(36)鈴蘭交通事件判旨。
42) 前掲注(36)佐野第一交通事件判旨。
43) 音楽之友社事件―東京地判平25・1・17労判1070号104頁。
44) この観点からは、上記に掲げた3つの裁判例は、時間を追うごとに内容説の見解に近づいているといえる。すなわち、鈴蘭交通事件判旨は単に「補充規範の必要性」から協約規範の援用を行ったが、佐野第一交通事件では協約によるという合理的意思の存在を認め、音楽の友社事件では、長年の慣行を前提としつつ、労働協約の内容が労働契約の内容となることを認めている。この傾向をさらに敷衍すれば、新たな規範がない場合には、終了した労働協約の規範的部分は、労働契約の内容となって存続しているとの結論が導かれるはずである。

あるとの推測が可能である。前述したように、同条の規範的効力については、労働協約が外部から労働契約を規律するのではなく、労働契約の内容となるとの見解が適切かつ妥当であり、労働協約終了後の労働関係についても、この前提に立つことにより、無理のない、実態にも即した合理的な解決が見出されるであろう。

　なお、いわゆる余後効が問題となるのは、新たな規範が成立しない場合にすぎない。労働協約終了後に、あるいは就業規則の改訂によって、ないし新たな労働契約によって、従来の協約規範とは異なる労働条件をもたらすことに問題はない。[45]この場合、旧協約とは異なる労働条件を望む使用者は、新たな協約の締結をめざして労働組合と団交を行い、あるいは就業規則を改訂して新たな労働条件の形成を実現することとなろう。このような団交を使用者が労働組合に申し入れて、労働組合が協約の余後効を期待してこれを断った場合には、その後の就業規則の改訂にあたって合理性判断に影響するであろうし、逆に労働組合からの新たな協約の締結を求めて申し入れられた団交を拒否して就業規則の改訂により使用者の望む労働条件を記載したような場合には、改訂後就業規則規定に労働契約を規律する合理性は認められないこととなろう。

---

45) なお、就業規則は通常労働協約と同様の内容に改訂されているはずであるが、たまたま就業規則と労働協約の内容が異なる状態で並存していた場合でも、当該就業規則の内容は労働協約の内容に違反することはできないのであるから、労働契約は当該就業規則によっては規律されず、労働協約の内容によっていることになる。そして、協約終了後も、労契法9条および10条により、当該就業規則規定が協約による労働契約内容を就業規則の内容に不利益変更する効力は、原則として有しないと解すべきである。

Ⅱ 労働協約の一般的拘束力

第1章 一般的拘束力の意義

第1節 一般的拘束力制度の趣旨

1 緒論

労働組合法は、その17条において、

「一の工場事業場に常時使用される同種の労働者の4分の3以上の数の労働者が一の労働協約の適用を受けるに至ったときは、当該工場事業場に使用される他の同種の労働者に関しても、当該労働協約が適用されるものとする」

と規定して、工場事業場単位の一般的拘束力を、所定の要件を満たした労働協約に付与しており、また18条において、

「一の地域において従業する同種の労働者の大部分が一の労働協約の適用を受けるに至ったときは、当該労働協約の当事者の双方又は一方の申立てに基づき、労働委員会の決議により、厚生労働大臣又は都道府県知事は、当該地域において従業する他の同種の労働者及びその使用者も当該労働協約（第2項の規定により修正があったものを含む。）の適用を受けるべきことの決定をすることができる。

労働委員会は、前項の決議をする場合において、当該労働協約に不適当な部分があると認めたときは、これを修正することができる。

第1項の規定は、公告によってする」

と定めて、地域単位の一般的拘束力を、所定の内容的・手続的要件を満たした労働協約に付与している。これらの規定については、労組法の中でも解釈論上、実務上の難点を非常に多く含んでいるほか、18条については適用の実績がきわめて乏しく、両条文の存在意義に疑義を呈する見解もある[1]。以下では、一般的拘束力についての基本的意義を検討したうえで、個々の論点や課題についてその具体的内容と展望を記すこととする。

---

1) この点については、1967年労使関係法研究会報告書参照。

労働協約は、基本的には労働組合と使用者（団体）との契約であり、これに政策的観点から規範的効力という特別な効力が付与されている。契約は、代理や第三者のためにする契約など実定法上の別段の定めがない限り、締結当事者のみにその効力が及ぶのが原則であり、労働協約も例外ではない。加えて労働協約の場合には、労組法16条によって締結当事者である労働組合の組合員の労働契約に直接の効力を及ぼす規定があるので、当該組合に所属しているか否かが労働協約の効力の適用を受けるか否かの決定的な基準といってよく、非組合員が当該協約の適用を受けることはありえないはずである。また、この点は使用者についても同様であって、労働協約の締結当事者でない者が、協約上の「使用者」としてその雇用する労働者との関係で当該協約に拘束されることはありえない。

一般的拘束力という制度をめぐって生じてきた混乱の基本的要因の1つはここにある。すなわち、労使関係の安定的な形成と維持が労働協約の主要な機能であって、その特別な役割のために労組法は労働組合を定義し、団体交渉を法的に基礎づけ、労働協約に特別な要件と効果を認めているという基本的構造を踏まえるなら、労働協約は労働組合に結集する労働者と、労働協約を締結した使用者（団体）とに適用されてその具体的機能を果たすのであって、アウトサイダーへの適用は想定されない。それにもかかわらず、労組法17条は工場事業場単位においてアウトサイダーとしての労働者への当該協約の自動的な適用を定め、同18条は一定の手続を前提として、労働者のみならずアウトサイダーである使用者に対しても労働協約の適用を拡大するのである。このような例外が認められる理由はどこにあるのかが基本的課題として論じられるのは当然であろう。しかも、特に17条に明らかなように、そのような重要なルールを設定するものでありながら、同種の労働者とは誰か、4分の3という数値はどのように算定するのか、17条の効力は別組合を組織している労働者にも及ぶのか、労働条件を引き下げる労働協約についても17条は適用されるのか、等々の問題について、法は手立てとなる規定を有していない。さらに、企業別組合が日本における労働組合の組織形態として完全に定着しているので、18条の意義は再考されざるをえない状況になっている。

これらの点を踏まえると、21世紀前半の段階で労働協約の一般的拘束力につき

---

2) もちろん、協約と同内容の労働契約を締結したり、労働協約の内容を労働契約の内容とする合意があれば労働協約は当該労働者に「実質的に」適用されることとなるが、それは適用されたことと同様の結果をもたらすだけであって労働協約が適用されるわけではない。

その意義と機能を明らかにするためには、まず労働協約法制において異質な位置づけを免れない労組法17条および18条の出自を確認したうえで、条文からは不明な点の多い一般的拘束力制度の基本的構造を検討し、その後に具体的論点の解明に及ぶという段取りが適切であろう。

2　一般的拘束力制度の出自

(1)　20年法の規定

　労働協約に関する法制度の模索は、すでに第二次大戦前から相当程度に進められていた（第1編第1章第2節2(1)）が、ドイツの制度を紹介する場合以外には、日本の制度として一般的拘束力が議論の対象となることはほとんどなかった。また、1945年12月という早い時点で制定された20年法についても、少なくとも草案作成の出発段階では一般的拘束力制度を導入するという意図は見られない。[3][4] 労組法制定のために設けられた労務法制審議会の会長末弘厳太郎は審議会第1回総会に提出した意見書において、労組法制定にあたっての基本方針に関する私見を披露しているが、そこでも、労働協約については比較的詳細な規定を設けることを示しているものの、具体的には、協約を書面で作成させ、届け出をさせたうえで一定の有効期間を設けることといった手続的規定の必要性に加えて、効力としては、協約の趣旨に反した労働契約を無効とすることと、協約有効期間中の紛議は仲裁および調停に付し、ただちに罷業等の争議手段に訴えることを禁止する規定を設けるよう促しているにすぎない。むしろ、労働組合には登録制度を設けて、登録組合には法人格を認め、その締結した労働協約は組合員のみならずそれ以外の関係労働者をも拘束するものとして、ドイツのような一般的効力宣言のごとき特別の手続を要しないとすべきとの提言をしているのであり、少なくとも末弘会長の

---

[3]　労働組合法の20年法および24年法、27年改正における立法史については、労働関係法令立法史料研究会編「労働組合法立法史料研究（条文史料篇）」および同「(解題篇)」JILPT 国内労働情報14-05（2014）に依る（以下「史料篇」および「解題篇」）。上記「史料篇」「解題篇」では、労組法立法史に関する膨大な資料を「簿冊」としてまとめて通し番号をつけ、そこから番号ごとに引用する方法をとっている。そこで本書では、労組法立法史に関する史料についてこの2冊から引用する場合は、単に「解題篇〇〇頁」とのみ記載し、当該箇所で引用されている簿冊の資料をいちいち挙げることは省略する。

[4]　20年法の制定作業の開始にあたって、亀山厚生次官は立法のための主要問題を4点あげているが、そこに労働協約の「効力」が挙げられているものの、一般的拘束力が想定されていた形跡はみられない（解題篇8頁）。

意図には、一般的拘束力制度は日本の労働協約には導入しないとの考えがあったことがうかがえるのである。しかし、突貫工事の様相を呈したこの審議会においては、労組法を「全然新シイ構想デ考ヘテ行ッタ法ガ宜イ」との末弘会長の考えにもかかわらず、実際には戦前にいくつも提出された法案や草案を実質的なたたき台とした可能性が否定できないこと、その場合には、それらの法案、草案の背景にあって日本の議論にも決定的な影響を与えていたドイツの法制度が参考とされざるをえなかったと考えられることなどから、労働協約についても、一般的拘束力制度が早くも第一次草案（第3回総会提出）から現れていた。注目されるべきは、ドイツの一般的拘束力制度に倣ったと見られる地域的一般的拘束力の規定に加え、当初から工場事業場単位の一般的拘束力が定められていたことである。工場事業場単位の一般的拘束力については、第一次草案における末弘会長の説明は、「戦争中の自治統制で大多数が賛成してもアウトサイダーが出てきてこまるということで、このことが統制法以来問題になっている。一工場一事業場の場合で、労働協約が本条の要件を充たすときは、アウトサイダー（組合未加入者）も協約に違反できない。したがって、雇主側も其の限りで扱わなければならぬことになる」というものであった。20年法の制定過程では、戦時中の産業報国会運動によって各企業にできていた労働者組織である「協調組合」の取扱いをどうするかなど、戦時体制からどのように脱するかが喫緊の課題であった。末弘会長の上記説明からは、工場事業場単位の一般的拘束力制度もそのような時代背景が色濃く影響していることがうかがえる。これに対して地域単位の一般的拘束力制度を定めた規定は、基本的にドイツの制度に類似した内容であり、当事者からの申し出に基づいて労働委員会が決議を行ったうえで行政官庁が地域的適用の決定をなすこととしている（ドイツの制度との相違は後述）。なお、これについて末弘会長が、「既存の工場で協約基準より好い労働条件を定めている所にまで拘束力を及ぼすことは、その工場の労働者に却って不利益になるという連合軍の注意がある。しかし、労働協約というものは不正競争を防ぎ、いわば凸凹をなくすることを目

5）　解題篇15頁以下。
6）　解題篇9頁。第1回総会において、昭和6年の帝国議会提出法案をたたき台とすべきであるとか、むしろ大正15年社会局案を資料とすべきであるといった意見があったが、末弘はそれらはあくまで資料として参考とすべきであって、基本的には全く新しい発想で進めるべきであることを強調している。
7）　解題篇64頁。

的にするものである」と述べ、そのような懸念は労働委員会が修正を施せるとすることで解消できるとの見通しを示していることは、労働協約の一般的拘束力による労働条件の不利益変更について考えるうえで示唆的である。

両規定は、基本的には帝国議会提出法案まで変わることはなく、20年法には以下の規定が置かれた。

「第23条　一ノ工場事業場ニ常時使用セラルル同種ノ労働者ノ数ノ4分ノ3以上ノ数ノ労働者ガ一ノ労働協約ノ適用ヲ受クルニ至リタルトキハ当該工場事業場ニ使用セラルル他ノ同種ノ労働者ニ関シテモ当該労働協約ノ適用アルモノトス

　第24条　一ノ地域ニ於テ従業スル同種ノ労働者ノ大部分ガ一ノ労働協約ノ適用ヲ受クルニ至リタルトキハ協約当事者ノ双方又ハ一方ノ申立ニ基キ労働委員会ノ決議ニ依リ行政官庁ハ当該地域ニ於テ従業スル他ノ同種ノ労働者及其ノ使用者モ当該労働協約（第2項ノ規定ニ依リ修正アリタルモノヲ含ム）ノ適用ヲ受クベキコトノ決定ヲ為スコトヲ得協約当事者ノ申立ナキ場合ト雖モ行政官庁必要アリト認ムルトキ亦同ジ

　労働委員会前項ノ決議ヲ為スニ付当該労働協約ニ不適当ナル定アルト認ムルトキハ之ヲ修正スルコトヲ得

　第1項ノ決定ハ公告ニ依リテ之ヲ為ス」

一読して明らかなように、上記23条は現行法17条と、同24条は現行法18条と基本的には変わらない。労組法は、24年法において抜本的な変貌を遂げたが、少なくとも一般的拘束力制度については、1945年という段階からほとんど変わらないという点は注目してよいであろう。

(2)　24年法の規定とその経緯

20年法に対しては、早くからGHQの批判や懸念が向けられており、それは1947年の2・1ゼネストをめぐる労働運動の激化や、1948年のマッカーサー書簡などを背景として労働組合の民主化や自主性確保のための改正を促すものであった。24年法の制定過程における最も重要なポイントは、それまで7回にわたって作成されていた日本側の草案に対して、GHQがその成果を全く無視したような形で20年法に修正を施した内容の法案を日本政府に手交し、ここで法制定の作業

---

8)　解題篇66頁。
9)　竹前栄治『戦後労働改革——GHQ労働政策史』（東京大学出版会・1982）251頁以下、解題篇84頁以下。

に分断が生じたことである（いわゆる「法案転換[10]」）。これにより、それまで日本政府主導においてかなり充実した内容で制定が進められていた法案は姿を消したが、法案転換における最も重要な変化は、団体交渉に関する排他的交渉代表制の導入が消されたことであり、この仕組みの導入といわばトレード・オフのような関係として想定されていた工場事業場単位の一般的拘束力制度の復活という形で、労働協約制度にも決定的な影響をもたらした。

　この時期に検討されていた排他的交渉代表制度の詳細な内容と経緯については前掲注（3）「解題篇」に譲る[11]が、団体交渉義務を明記し、労使の協議と労働委員会の判断を通じて交渉単位を決定したうえで、交渉組合に関する諸規定が置かれるという構成は、第1次案から法案転換直前の第七次案まで一貫している。その内容は、繰り返し修正を重ねて各草案が練り上げられていく過程で具体化し、第3次案において、交渉組合の締結した労働協約は、単位内の交渉組合の組合員以外のすべての労働者にも適用される旨規定し、それを受けて第4次案の段階から工場事業場単位の一般的拘束力規定が削除された。この時期には、工場事業場における労働条件の統一は、労働協約の一般的拘束力ではなく公的に承認された交渉組合が締結した労働協約によって達成されるべきと考えられていたことになる。たとえば労働省試案として策定されている第5次案（昭和24年2月13日付）では、第25条第1項として「労働組合、組合員以外の労働者（第2条第2項第1号に規定する者を除く。以下本省において同じ。）及び使用者又はその団体は、団体交渉をするための適当な単位（以下「単位」という。）を定め、且つ、その単位内のすべての労働者に関して使用者又はその団体と団体交渉をすることができる唯一の労働組合を決定する必要があると認めたときは、その単位内に含まれるべき労働組合、組合員以外の労働者及び使用者又はその団体のすべてのものの同意に基いて、単位を決定することができる」と定めたうえで、第2項において、単位内の労働組合のうち単位内の労働者の過半数が支持する組合を「交渉組合」として、単位内の労働者に関して排他的に交渉をすることができる旨を規定している。そして第26条において、交渉組合が締結した労働協約につき、「その単位内のすべての労働組合又は労働者及びその使用者に適用があるものとする」として、交渉組合

---

10)　法案転換については、遠藤公嗣『日本占領と労資関係政策の成立』（東京大学出版会・1989）285頁以下。

11)　各草案の変遷過程については、解題篇143頁以下。

の締結した労働協約に、一般的拘束力と同様の効力を付与しているのである。

このような構想と、地域単位の一般的拘束力制度が併存していたことは、米国流の交渉単位制とドイツ流の一般的拘束力制度との双方を日本の団体交渉・労働協約法制にミックスする方向にあったことを意味し、この方向が実現していればその後の日本の団交・協約の実態も大きく変わっていたことが推察される。

しかし、法案転換によって交渉単位制度は完全に姿を消し、GHQが日本政府に手交した第8次案より後は、20年法を踏襲し、また現行労組法にまでつながる工場事業場単位と地域単位の一般的拘束力制度の二本立てという独特の制度が復活して、そのまま24年法に定着した。[12]

労働組合と使用者との合意による労働協約を締結当事者たる労働組合の組合員以外に適用する法的仕組みは、ドイツに代表される大陸ヨーロッパ諸国の一般的拘束力制度と、米国に代表される排他的交渉代表制(交渉単位制)の2つが現存している。日本は現在、ドイツ流の地域的一般的拘束力制度と日本独自の工場事業場単位の一般的拘束力制度を有しているが、24年法の制定過程は、日本国憲法の下でも、米国流の交渉単位制による拡張適用が十分可能であることを教えてくれる。現行労組法17条は不備の多い規定であるが、その解釈にあたっても、オールタナティブとしての交渉単位制がありうることは、考慮すべき1つの重要な要素となろう。

3 ドイツの制度との比較

(1) 序

1つの協約が、締結した使用者団体や労働組合に所属していない使用者や労働者にも適用される仕組みである一般的拘束力制度が、ドイツに代表される大陸ヨーロッパ諸国にその範をとっていること、とりわけ日本では労働協約をめぐる法理についてドイツの圧倒的な影響下にあり続けたことを踏まえると、現行法における制度とドイツの制度とを比較することは有益である。[13]

---

12) なお、交渉単位制と排他的交渉代表制については、27年改正の折にもその導入が検討されたが、結局実現されることはなく、それ以降労組法改正によるこれら制度の実現という動きは立ち消えとなっている。詳細は東大(下)832頁。
13) ドイツの一般的拘束力制度の生成と発展については、久保・研究142頁以下、西谷・思想史342頁以下、東大(下)823頁以下。

(2) 1918年労働協約令と戦前の状況

ドイツにおいて法制度として正式に一般的拘束力が登場したのは、1918年の労働協約令においてである[14]。これによれば、当時のドイツ帝国（ライヒ）の労働省は、ある労働協約がその適用範囲において、特定の職業分野に関する労働条件を形成する支配的機能を果たすと認められた場合に、当該労働協約に一般的拘束力があることを宣言する。この宣言によって、当該協約は、地域的適用範囲内において、労働協約の対象となりうる労働契約の締結のための諸条件に対し、当該労働契約の締結当事者たる使用者および労働者が当該労働協約の該当者（使用者団体に所属する使用者、労働組合に所属する労働者）でない場合でも、強行的・直律的効力を及ぼす。

一般的拘束力が実現すれば、一定の地域における広汎な労働契約が１つの労働協約の傘下に組み込まれることになるので、このような強制的効力をもたらすための手続も詳細に規定されている。まず、一般的拘束力宣言は申立てに基づいてのみなされるが、申立権者には、労働協約に一般的拘束力を付与されることを望む締結当事者に加え、他の労働組合や使用者団体であってその構成員が当該協約に対する一般的拘束力宣言に利害関係を有するものも含まれる。ライヒ労働省は、所定の要式を満たした申立てがあった場合は、一定期間異議申立てを受けるための公告をなし、協約締結団体の意見を聴取する。ライヒ労働省は、異議があればそれを参酌したうえで、宣言を発するか否かを決定することとなる。当該労働協約は、適用地域と一般的拘束力の開始時期とが記載され、当局（労働省ないし指定官庁）の協約登録簿に登録される。以上の手続は、一般的拘束力宣言の変更の場合も同様であった。

(3) 現行労働協約法の規制

1918年労働協約令によるこの方式は、基本的には1949年制定の現行労働協約法に受け継がれているが、一般的拘束力宣言の要件として、当該労働協約に拘束される使用者が、その適用範囲内の労働者の半数以上を雇用していること、および一般的拘束力を宣言することが公共の利益にかなうと認められることが明記された。また手続として、申立権者は当該労働協約の締結当事者に限られ、使用者側

---

14) ドイツの労働協約法制の展開については第１編第１章第３節２(4)参照。

と組合側から3名ずつの代表者が参加して構成される「協約委員会」の同意を得ることとされた。加えて、宣言によって拘束されることとなる労働組合や使用者など利害関係者の意見を聴取することとされている。こうして宣言がなされると、当該労働協約の適用範囲内においてそれまで拘束されていなかった労働者および使用者も拘束されることとなる。

　こうして形成されてきたドイツ一般的拘束力制度は、実際にも大いに活用されていることが知られている[15]。もともと、紆余曲折はあれ、基本的には企業や事業所ではなく、地域、産業、職種等を単位として労働協約を締結する方向で実態が展開してきたドイツにおいて、労使の意向にも沿う制度であったことがうかがわれるといえよう[16]。

　翻って、日本の労組法17条および18条による一般的拘束力制度をみると、特に18条による地域的一般的拘束力制度の機能不全が著しいことが目立つだけでなく、17条の要件および効果についても見解の相違が裁判例・学説の双方において収束しない状態が続き、現場における有益な活用は期待できない状態が続いている。ここから示されるのは、実定法上の制度として60年以上にわたって定着している以上、軽々に改廃を検討することは妥当でないとしても、その解釈と適用にあたっては、この制度の機能を果たしうる方向はいかにあるべきかという観点を最優先させる必要があるということであろう。単なる文理解釈からは解決の導けない課題が山積みになっている17条についてのみならず、実際に使用された実績がきわめて乏しい18条についても、日本の労使関係の実態と今後の展望を踏まえた評価的ないし政策的解釈がなされるべきである。

---

[15]　ワイマール時代および戦後の一般的拘束力宣言の普及については、久保・研究142頁以下、東大（下）826頁が詳細に統計を記している。

[16]　このほか、労働協約の拡張適用という点で同様の制度を有するフランスでは、労働協約の拡張と拡大という2つの種類に分かれており、それぞれ要件と効果が異なることについては第1編第1章第3節2(3)参照。

第2節　一般的拘束力と排他的交渉代表制
　　　──労組法17条・18条との比較

1　両制度の基本的意義

　24年法制定の経緯に明らかなように、一般的拘束力制度は、団体交渉制における排他的交渉代表制度と代替可能な制度である。すなわち、両者とも団結による労使対等の交渉とその結果につき、アウトサイダーを拘束する。ただ拘束の具体的内容が異なり、排他的交渉代表制は、ある単位内における労働条件の交渉を1つの労働組合が独占的に代表することによって、結果的に当該労働組合と使用者との合意内容が単位内の非組合員にも拘束力を及ぼすが、一般的拘束力は交渉の結果である労働協約のみに非組合員を拘束する効力を付与するものである。当該労働協約を締結するための交渉や協議の段階においては、将来一般的拘束力により協約を適用されることになるであろう非組合員をも代表する義務は全く課されていない。このことから、両制度の最も大きな実質的相違が、公正代表義務の要否にあることが導かれよう。

　排他的交渉代表制度をとる米国では、排他的交渉代表制度においては、交渉組合は労働条件について交渉する時点で、非組合員を含めて自らが代表するすべての労働者を公正に代表する義務を負うことが確認されている[17]。それが満たされない場合には、公正に代表されなかったと主張する労働者は、そのような交渉によって締結された労働協約の効力を否定して損害賠償を請求することもできるし、不当労働行為の成立を主張することも可能である[18]。おそらく、24年法制定過程で日本型の排他的交渉代表制が成立していれば、当然同様の公正代表義務が労働組合に生じることとされたであろう。

　他方で、労働協約の一般的拘束力は、当該労働協約の締結過程における当事者のアウトサイダーへの義務は全くない。しかし、ドイツの例に明らかなように、一般的拘束力が実際に宣言される際には、これによって拘束されることとなる非

---

　17)　公正代表義務に関しては、中窪裕也『アメリカ労働法〔第2版〕』（弘文堂・2010）121頁以下。
　18)　中窪・前掲注(17)122頁。

組合員等は異議を申し立てることができるし、労使の代表による委員会が検討することも可能であり、また宣言の権限を有する当局も一般的拘束力の当否を判断することができる。この仕組みは日本の現行法18条においても基本的に継承されており、労働委員会が決議をすることができるだけでなく、同条2項は修正も可能であることが規定されていることによって、労使の代表の意向を反映させて一般的拘束力の適否を判断することが可能となっているのである。

こうして、アウトサイダーを拘束するという強制的制度の適正を担保するため、排他的交渉代表制については公正代表義務によっていわば事前のチェックが働き、労働協約の一般的拘束力については、少なくとも地域的適用範囲を対象とする場合には、いわば事後的チェックとして、入念な審査と、拘束されることになるアウトサイダーの意向の反映が工夫されていることになる。

2 日本における制度選択

もっとも、ドイツと米国との制度がどのような実態を前提としているかを見れば、前者においては事業所や企業を超えた地域・産業などを単位とした広汎な規範をどのようにアウトサイダーに及ぼすかが工夫されているのであり、後者においてはワークプレイス（Work place）における労働条件の交渉を誰がどのように代表するかという問題意識を反映しているという違いもある。この点では、公正代表義務や当局および当事者の拘束力宣言への関与といった相違も、それぞれの制度が適用される実態にも影響を受けているといえる。特定の単位が設定されたワークプレイス内の労働者であれば、全員を公正に代表することは十分に可能であるし、対象が地域的にも人的にも広範に及ぶ労働協約の拘束力を判断するには、公的な審査や当事者の関与による調整が不可欠となるのは当然であろう。

そうすると、日本の一般的拘束力制度のうち、先行して一定の成果をみている他国の制度との比較において制度としての妥当性を想定しうるのは、労組法18条による地域的一般的拘束力であるといえる。17条の工場事業場単位の一般的拘束力は、ワークプレイスを単位としているにもかかわらず公正代表義務は課されておらず、協約そのものに強行的にアウトサイダーへの拘束力を認めるものであるにもかかわらず公的な審査や拘束されることとなる当事者の関与は全く設定されていない。むしろ、文理解釈からは客観的要件が充足されれば自動的に一般的拘束力が生じるのである。

こうして、同じ一般的拘束力をもたらす制度であっても、地域単位の一般的拘束力に関する労組法18条については、制度としての妥当性よりはその機能発揮の道筋を模索することを優先すべきであり、工場事業場単位の一般的拘束力を定めた同17条については、むしろ制度それ自体の妥当性に疑念が生じうるのであって、それを解釈によって補おうとすれば、かなりの大胆な解釈手法を必要とするという想定が可能であろう。

第2章　労組法17条の一般的拘束力

第1節　本条による一般的拘束力制度の位置

1　序

　現行労組法17条は、他国には類を見ない制度を定めている。その由来や出自についてはさまざまな憶測がなされてきたが[1]、少なくとも、日本の労働協約法制が多くを負ってきたドイツの一般的拘束力制度とはかなり乖離した内容であることは疑えない。しかし、日本の労働法制と実務においては、本条の制度に実質的にかなりオーバーラップするものがある。1つは就業規則による労働条件の規律であり、いまひとつはユニオン・ショップ制による団結強制を通しての労働条件の統合である。これらと事業場単位の一般的拘束力との関係を検討することにより、これまで労組法17条の意義や趣旨について展開されてきた議論の帰結にも一応の展望が示されることとなろう。

2　一般的拘束力と就業規則の拘束力

(1)　問題の所在

　就業規則は、労働組合が存在するか否かにかかわらず、常時10人以上を雇用する事業所において作成が義務付けられ、周知と合理性を要件として当該事業所内の労働者の労働契約を拘束するという効果をもたらす。労働組合の存否は差し当たり問題とならないが、労働組合があってそれとの交渉によって就業規則の内容が定められ、それが組合員以外の労働者にも及ぶという実態は、日本では一般化

---

[1]　日本独自の制度であるとの一般的な認識に対しては、ILO91号勧告（1951年）に類似の制度を指摘する見解もある（菊地＝林213頁、中山ほか363頁以下［中山和久］）が、むしろ同勧告と比較しても労組法17条の独自性が際立つとの指摘もある（諏訪康雄「労働組合法17条とは何だったのか？」労働法学会誌90号（1997）135頁以下、140頁（＝以下「諏訪・学会誌90号」））。また、オーストリア1919年法の影響を指摘する見解もある（石黒拓爾『労働協約の基本問題』（労務行政研究所・1951）206頁、また諏訪康雄「労働組合法17条をめぐる基礎的考察」一橋論叢99巻3号（1988）72頁以下、87頁（＝以下「諏訪・一橋論叢」）によれば、24年法の労働協約の箇所につき立案を担当した青木勇之助氏もオーストリア法を範としているとする）。

された状況なので、労働協約の一般的拘束力と類似の段取りと効果がみられることもまた通常であるといえる。

就業規則と労働協約との関係一般については後述することとし（第2編Ⅲ第3節）、ここでは一般的拘束力との関係に限って検討する。

まず、両者が類似するのは、1つのワークプレイスを単位として、当事者の意思にかかわらず、集団的規範がその労働契約を規律し、労働条件を決定・変更するという機能の点である。労組法17条が定める「一の工場事業場」と就業規則が及ぶ「事業場」（労基法89条）とは、厳密には必ずしも全く同一ではないが、一般的にはほぼオーバーラップするといってよい。この機能が及ぶ対象は、一般的拘束力の場合は労組法16条の「労働条件その他の労働者の処遇」であり、就業規則の場合は労契法7条に定める「労働条件」であって、これもほぼ一致するといってよい。また、一般的拘束力は当該協約の有効期間中、就業規則も同様であり、これも基本的な相違はあまりない。ただし、この機能が及ぶ人的範囲は、一般的拘束力については「常時使用される同種の労働者」であり、就業規則は当該事業場の労働者すべてであるが、就業規則自体が適用対象を限定している場合はその対象に限られる。正社員に適用されることを明記した就業規則は非正規従業員には適用されない。しかし、この点は実質的には一般的拘束力も同様であって、同種の労働者という場合にそれが正社員を意味することが一般的であることを踏まえると、人的適用範囲についても両者の実態上の相違は大きくないといえよう。

要するに、あるワークプレイスを単位として、特定の集団的規範が、その意思にかかわらずそこに就労する労働者のほぼ全体に及ぶという機能的特徴は、就業規則と労働協約の一般的拘束力とで実質的にはあまり相違がないといってよい。

(2) **集団的規範としての要件の特質**

それではこのような機能を果たすための要件はどうか。就業規則は、法的には使用者のみに制定と変更の権利があり、就業規則と認定されるための労働者側の関与は、過半数組合もしくは過半数代表の意見聴取に限られている。もっとも当該就業規則が労働契約を規律するためには、労契法7条によって周知と合理性が要件となる。この場合の合理性の具体的中身は実定法上は明らかではないが、変更の場合に労働契約の拘束力を生じるための要件として、合理性の中身が5点明記されているので、これと照らし合わせて検討されるのが通常であろう。いずれ

にせよ、就業規則がその意に反して労働者の労働契約を規律するのは、周知と合理性という要件を充たした場合であり、最終的には裁判所の判断によることとなる。この場合、就業規則の制定・変更は合意にはよらないので、裁判所の審査はかなり立ち入ったものとなる。一方、17条の一般的拘束力については、1つの工場事業場において、常時使用される同種の労働者の4分の3以上が当該労働協約の適用を受けるに至った場合に、（後述のように若干の異論はあるものの）原則として自動的に生じることとなる。

ただし、一般的拘束力が労働条件の不利益変更の場合にどのような制約を受けるかという、実務上も理論上もきわめて困難な問題が控えていることは周知のとおりであり、この点については、就業規則による労働条件の不利益変更と併せて総合的に述べることとする（第2編Ⅲ3）。

このような状況がもたらすのは、使用者による就業規則の偏重である。労働組合との合意が必要なく、就業規則それ自体によって、労働者の労働条件を一括して扱えるということであれば、労働条件の統一的な形成は就業規則によるという意向が強くなることは当然であろう。確かに、一般的拘束力の場合は4分の3以上という数値さえ達成されれば自動的に他の同種の労働者の労働条件も一括して統一できるので、要件の面では若干容易なように見える。しかし、そもそも労働組合の結成には使用者が関与できず、関与すれば不当労働行為を問われる領域であるから、使用者としては労働条件の統一を外的要因に係らしめることとなって合理的ではないと考えることになろう。

この点については、実際に紛争が生じがちなのはむしろ労働条件の不利益変更の場合であって、不利益変更の局面では就業規則の拘束力は著しく弱まるのではないかとの指摘もありえよう。ところが、労働条件の統一という観点からは、一般的拘束力についても、それが特定の非組合員にとって「著しく不合理」な場合には適用されず、就業規則による不利益変更の場合との相違は、合理性の程度に帰するかのごとき判断が最高裁によって示されている。[2] つまりここにおいても、就業規則の拘束力と労働協約の事業場単位の一般的拘束力とは決定的な相違があるとはいえないのである。

こうして、労働契約を規律し、労働条件を統一するという集団的規範として、

2）朝日火災海上保険（高田）事件―最3小判平8・3・26民集50巻4号1008頁。

就業規則の拘束力と労働協約の事業場単位の一般的拘束力とは、その法構造において類似し、実態において酷似し、労働条件の不利益変更という外延においても大きな相違がないという事態が出現している。憲法28条は、動的かつ安定的な労使関係の展開による労働条件のコントロールを想定し、労組法をはじめとする労働法の体系も、団体交渉と労働協約を通じて労使関係という私的自治の一形態が労働条件を優先的に規制する仕組みを構成しているはずである。ところが、労働条件を統一するという局面に限れば、使用者の一方的制定になる就業規則が、実質的に労使の合意による労働協約に付与された一般的拘束力という効力と、法的にほぼ同等の機能を果たしうるだけでなく、活用の実態も広いであろうことが想定されるのである。しかし、就業規則の拘束力には、労働条件の改善や労働者の経済的地位の向上という目的は含まれていないのに対して、労働協約を締結し、これに規範的効力を付与しうる労働組合は、労働者の経済的地位の向上という目的を法的に課されているのであって、労働協約の特別な効力も、この目的に裏打ちされていることは疑えない。

このように考えると、事業場単位の一般的拘束力の意義や趣旨を労働条件の統一にみる見解は、一方で就業規則の拘束力という同等ないしそれ以上の機能を果たしうる法的存在をどうとらえるかについて課題をはらむし、他方で、事業場単位の一般的拘束力は、労働者の経済的地位の向上という目的を付与された労働組合が締結する労働協約の効力であるという点が、就業規則の拘束力と事業場単位の一般的拘束力との基本的相違としてあらためて注目されるべきであると解されよう。

3 一般的拘束力とユニオン・ショップ制

では、労働組合が関与したうえで、やはり事業場単位の一般的拘束力と類似して労働者に対しその意思にかかわらず労働条件を統一する機能を果たすユニオン・ショップ制との関係をどう考えるか。ユニオン・ショップ制は、労働者が労働契約の締結によって自動的に特定の労働組合へ所属する仕組みであるため、労働者は、結局その労働組合が締結した労働協約の適用を受けるという形で統一的労働条件の適用下に入ることとなる。ユニオン・ショップ制自体の検討と評価とは前述のとおりである（第2編Ⅰ第4章第3節）が、労働条件の統一という機能を果たしうる点でも、またまさに労働組合のイニシアチブを有する制度であって労

働条件の改善や労働者の経済的地位の向上という趣旨を反映しやすい点でも、事業場単位の一般的拘束力と類似する。しかし、一般的拘束力との関係では、事後的に労働者個々人の意思による変更が可能である点で、実際の拘束力は若干弱いといえる。すなわち、ユニオン・ショップ制のポイントは、当該労働組合から離脱した労働者に対する使用者の解雇義務の適否であるが、団結権は労組の規模や方針等の区別なく平等に保障されるから、団結権そのものを否定しない限り、ユニオン・ショップ協定締結組合からの離脱はそれだけを理由とする当該労働者の解雇を有効としない。したがって、従前の労働契約関係を維持したままで拘束力を免れることが不可能に近い就業規則や労働協約の労組法17条による機能に比べれば、労働者にとっては対応の選択肢が留保されているといえるし、使用者および労組にとっては、労働条件の統一という点でのメリットは大きくないということになる。そこで、労使とも、ユニオン・ショップ制があったとしても、加えて事業場単位の一般的拘束力を模索するインセンティブは失われないといえよう。もちろん、この帰結は論理的なものにすぎないし、学説も判例もこのような考え方で一致しているわけではない。しかし少なくとも、ユニオン・ショップ制が、労働条件の統一という意味において、事業場単位の一般的拘束力に代替するような機能を果たすものでないことは明らかであるし、労働組合から離脱すれば、まさに事業場単位の一般的拘束力が及ばない限り、当該組合が締結する労働協約の適用もなくなるので、就業規則が全面的に適用されることとなり、就業規則の拘束力と事業場単位の一般的拘束力との関係で述べたのと同様の状況が生じるといえよう。ユニオン・ショップ制と事業場単位の一般的拘束力とは、重複する部分があるものの、互いに異なる機能を果たす制度であり、事業場単位の一般的拘束力の存在意義に重要な影響をもたらすものとはいえない。

4 事業場単位の一般的拘束力の意義

　これまで、労組法17条の存在意義やその趣旨について膨大な議論が展開されてきたことは周知のとおりである。学説・判例は、団結の維持強化を本条の主たる[3]

---

3) 従来の議論の詳細については、東大(下)821頁以下、844頁以下、萱谷一郎「労働協約の一般的拘束力」現代講座6巻216頁以下、227頁以下、西谷・労組法374頁以下、法セ・コメ206頁以下［村中隆史］参照。

意義とするもの[4]、少数労働者の保護に意義を見出すもの[5]、公正な労働基準の形成により労働条件の統一をはかったとするもの[6]などに分かれ、それぞれの立場から他の見解を批判してきた。団結の維持強化を主張する見解の多くは、一般的拘束力があることによって、使用者が協約基準を下回る労働条件によって労働契約を締結することを防ぎ、また組合の結束力を維持する効果がある点などを論拠とする。しかし、第二次大戦後の日本では、労働組合の組織単位は企業であって、採用の時点で特定の労働組合に加入している労働者が対象となることはまれである。使用者は一般的に、組合員と非組合員のいずれを採用するかという選択に迫られる事態に直面することはない。また、組合の結束力はむしろユニオン・ショップ制によって強化される道が開かれているので、この点も事業場単位の一般的拘束力の意義とみなすことは困難である。また、少数労働者の保護については、一般的拘束力を利用して労働条件の切り下げが行われることも違法ではない点をどう考えるかが問題である。

このような状況の中で最高裁は、労組法17条の趣旨につき、「主として一の事業場の4分の3以上の同種労働者に適用される労働協約上の労働条件によって当該事業場の労働条件を統一し、労働組合の団結権の維持強化と当該事業場における公正妥当な労働条件の実現を図ることにある」との解釈を示した[7]。本件判旨の意図は必ずしも明確ではないが[8]、労働条件の統一という点は、団結権の維持強化と公正な労働条件の実現のための手段として位置づけられていると読むのが自然であろう。そして、労働組合の団結権の維持強化と公正妥当な労働条件の実現は、別々の目的として並記されているのではなく、互いに連動した目的として考えられているとみるべきである。

---

4) 吾妻光俊『労働協約』（経営評論社・1950）87頁、菊池＝林180頁、近藤正三「労働協約の事業場単位の一般的拘束力」後藤還暦149頁、横井芳弘「労働協約の一般的拘束力」講座4巻1010頁、外尾645頁、久保＝浜田199頁等、判例として朝日火災海上保険（高田）事件—福岡地小倉支判平元・5・30労判545号26頁、日産自動車事件—東京地判昭46・4・8労民集22巻2号441頁等。
5) 楢崎二郎「一般的拘束力制度」沼田還暦（下）434頁。
6) 有泉亨「討論・労働協約の一般的拘束力」討論労働法5号（1952）23頁、藤田若雄『日本労働協約論』（東京大学出版会・1961）196頁、東大（下）844頁、盛344頁、荒木586頁。
7) 前掲注（2）朝日火災海上保険（高田）事件。
8) 本判決についての検討として、桑村裕美子・百選〔8版〕194頁、村中孝史「労働協約の拡張適用による労働条件の不利益変更について」労働法学会誌90号（1997）160頁、名古道功「労働協約の変更と拡張適用」講座21世紀3巻133頁。

最高裁の意図をこのようにとらえ、かつ、前述したような就業規則の拘束力やユニオン・ショップ制との関係を踏まえると、労組法17条の趣旨は、上記の諸見解のうち、公正な労働基準による労働条件の統一という点を重視する考え方が最も妥当であるということになる。ただ、これについては、「公正な労働基準」にこそ重点があるという留保を付する必要がある。前述のように、労働条件の統一という点では就業規則の拘束力によって十分に実現しうるのであり、事業場単位の一般的拘束力の意義は、むしろ労働条件の改善や労働者の経済的地位の向上などを背景とした公正な労働基準が本旨であって、労働条件の統一はそのための労働協約を通じた手段であるととらえるのが適切であると解される。[9]

第2節　労組法17条による一般的拘束力の要件と効果

1　1つの工場事業場

労組法17条によれば、一般的拘束力が生じる要件は、「一の工場事業場に常時使用される同種の労働者の4分の3以上の数の労働者が一の労働協約の適用を受ける」に至ることである。そこでまず、「一の工場事業場」の意味が問題となる。

この点、行政解釈は、一の工場事業場とは個々の工場や事業場を意味し、当該企業が複数の工場事業場を有する場合には、それぞれの工場や事業場がここでいう「一の工場事業場」にあたるとする。[10]実質的には労基法に定める「事業」と同様の意味である。[11]したがって、日本において一般的である一企業一組合の場合であっても、労組法17条の一般的拘束力が生じるか否かは個々の事業場単位に判断されるのであって、たとえばある労働組合が1つの企業の労働者の90％を組織し

---

[9]　荒木586頁や、菅野690頁、水町388頁も基本的に同趣旨か。なお、西谷・労組法376頁は、上記最高裁判決を踏まえたうえで、労組法17条の複合的な趣旨を強調し、かつ抑制的な解釈の必要性を指摘するが、上述のように公正な労働基準という観点から労働条件の統一をはかるという意義は、むしろ積極的に評価されるべきであろう。

[10]　昭29・4・7労発111号。

[11]　都市開発エキスパート事件—横浜地判平19・9・27労判954号67頁は、「労働基準法は、その適用単位として、事業又は事業場を予定しており、この事業又は事業場とは、一定の場所において相関連する組織の下に業として継続的に行われる作業の一体をいうものである。そして、労働組合法17条にいう『一の工場事業場』も、この事業又は事業場を前提として」いると述べ、工場事業場の一体性を判断する基準も労基法の事業と同様であるとしている。

ており、7つの支店・工場のうちの6つにおいてはすべて95％以上を組織していたとしても、1つの支店において65％の労働者しか組織せず、労働協約もそれらの労働者にのみ適用されていたような場合には、その支店では一般的拘束力は生じない。逆に企業全体では50％の組織率しかない労働組合が、ある工場においてのみ80％の組織率を達成していれば、当該工場においてのみ、一般的拘束力が生じる可能性がある。この解釈は裁判例・学説のいずれにおいても多数をしめているが、日本の労働組合の組織形態の実情を踏まえ、「複数の工場事業場をもつ企業が当該企業を組織範囲とする労働組合と労働協約を締結するのが、むしろ常態となっている。したがって、それは企業と解すべきである」などとして、企業全体を意味すると解釈する見解も根強い。裁判例にも、「『一の工場事業場』とは、多数の本店、支店を有し、各本店、支店ごとの特有な労働条件の存在が考えられない銀行のような業種においては、個々の本店または支店ではなく企業全体を指すと解すべき」とするものがある。

　この裁判例が指摘するとおり、多くの事業場や工場があっても、それぞれにおける労働条件が統一されていて、しかも労働組合が1つだけであって、それらの事業場・工場を統括する労働協約を締結しているという場合（日本では通常である）に、組合員の数というほぼ偶然の事情により、事業場ごとに一般的拘束力の有無が異なるという事態が生じることは適切ではない。特に、頻繁な異動が珍しくない日本の企業においては、1人の労働者が、たまたま配属された事業場の組合員数によって労働協約の適用が左右されるという事態も十分に生じうるので、この点からも通説には疑念が向けられよう。

　しかし、一般的拘束力は労働協約の性格や本質から無理なく認めうる効力ではなく、法が付与した特別な効力であり、その要件が明記されている場合には、当該要件の文理解釈とかけ離れた解釈をすることが妥当でないことは言うまでもない。「一の工場事業場」と「当該企業全体」とを一致させる解釈に無理があるこ

---

12) 東大（下）845頁、吾妻・註解362頁、石川188頁、外尾646頁、菅野691頁、盛345頁、荒木587頁、西谷・労働法377頁、法セ・コメ208頁［村中孝史］、前掲注(11)都市開発エキスパート事件。
13) 久保＝浜田199頁。
14) 他に、菊池＝林182頁、近藤享一「労働協約の一般的拘束力」大系2巻149頁、安屋和人「労働協約の一般的拘束力」新講座5巻323頁、片岡(1)249頁。
15) 第四銀行事件—新潟地判昭63・6・6労判519号41頁。

とは疑いなく、現状においては、通説どおりの解釈を維持するしかないものと思われる。ただ、これは文理解釈上致し方ないための対応であって、具体的適用にあたっては実態上の不都合が大きいことも看過すべきではない。立法論的には見直しが不可欠であるし、たとえば使用者が、労働協約の一般的拘束力の適用の可否を理由として異動を命じるようなことがあれば、その有効性判断においてはこのような不都合も加味されてしかるべきであろう。

2　常時使用される同種の労働者

(1)　序

次に、「常時使用される同種の労働者」の趣旨も、労組法17条自体からは明確ではない。「常時使用される」とは、労基法89条の場合と同様、労働契約の種類（期間の定めの有無、パートタイムかフルタイムか、等）や、労働者の地位（正規従業員か非正規か）などとはかかわりなく、実質的に常時使用されているとみなされるか否かが基準となる[16]。そこで裁判例には、日雇いや有期契約労働者であっても実態として常時使用されているとみなされれば本条の労働者に該当すると解するものもあり[17]、これと同旨の学説も有力であるが[18]、このように労働者ごとに常時使用されているか否かを判断することとなると、業務自体が恒常的でも頻繁に労働者を入れ替えているような場合には、短期的にそのような業務に従事する労働者が除外されることとなるので、むしろ当該事業所において常時必要とされる労働者の数や、具体的な業務の恒常性を基準とすべきであるとの見解も強い[19]。労組法17条は、一の工場事業場において一般的拘束力が発生する場合の要件の１つとして常時使用される労働者の「数」を問題としている。４分の３以上という数値を確定する前提としての要件であることを踏まえると、労働者ごとにではなく、当該事業場において、業務の実態や人事体制のうえで常時雇用されるべき労働者の数を基準とすべきであり、後者の見解が妥当であろう。

---

16)　昭24・5・28労収2829号。
17)　日本油脂王子工場事件―東京地決昭24・10・26労裁集６号151頁、播磨造船所事件―広島地呉支判昭24・6・15労裁集４号189頁。
18)　賀来・詳解118頁、菊池＝林183頁。
19)　富士重工宇都宮製作所事件―宇都宮地判昭40・4・15労民集16巻２号256頁、東大(下)847頁、近藤・前掲注(14)149頁、沼田・実務大系７巻226頁、外尾646頁、横井・前掲注(4)1023頁、東大・註釈161頁。

次に「同種の労働者」については、労組法17条は、一般的拘束力発動の要件だけでなく適用対象としてもこの基準を用いている。実際上は、むしろ適用対象となるか否かについて主たる議論の対象となってきたといってよい。特に「臨時工」をめぐっては多くの議論が積み重ねられてきたが、ここではこの問題に拘泥することなく、管理職たる労働者や、労組法3条に該当しつつ必ずしも労働契約によらずに就労している労働者など、現代的な課題にも触れながら検討したい。

(2) 議論の経緯

まず、現行法制定当初は、同種の労働者とは労働協約の適用される範囲によって決定されるとされ、「当該労働協約が工場事業場の全従業員に適用されるものであれば、当該工場事業場の従業員たるもの、工員のみに適用されるものであれば、工員たるもの、旋盤工のみに適用されるものであれば、旋盤工たるものが夫々『同種の労働者』である」とされていた。[20] これによれば、同種の労働者か否かは、一次的には当該労働協約がどのような労働者の類型を適用範囲としているかの解釈によることとなる。言い換えれば、労働協約自体にその適用対象たる労働者の範囲が明記されている場合には、その適用対象たる労働者に該当するか否かが問題となるのであり、この原則自体についてはほぼ異論はない。[21] しかし、実際には当該労働協約がその適用範囲を明示的に定められているとは限らないし、定めていてもその解釈にさまざまな可能性がある場合も少なくない。そこで、実質的にはあらためて「同種の労働者」の意義をどう解するかが問題とならざるをえない。現代においては、労働組合の規約上非組合員である管理職や、必ずしも「労働契約」を締結して就労してはいない労組法上の労働者についても問題となる。

(3) 非正規労働者の位置づけ

労働協約自体からその適用対象たる労働者の範囲が明らかでない場合の「同種の労働者」の判断基準として、これまで、作業の実態や職務分掌を検討したうえ

---

20) 賀来・詳解163頁、昭24・10・24労収8180号。
21) 菊地＝林185頁以下、東大・註釈161頁、外尾647頁、横井・前掲注(4)1026頁、菅野691頁、渡辺(上)292頁。

で、当該労働協約が適用される労働者と同種といえるか否かを判断する見解[22]、当該労働協約および労働組合が、実質的に組織対象ないし適用対象としていると解しうるか否かを基準とする見解[23]、さらには前者の見解に基本的には立ちつつ、作業実態や職務分掌に加えて雇用形態（期間の定めの有無、パートタイムか否か等）や人事制度なども含めて判断すべきであるとの見解や、当該労働組合が組織対象[24]としている労働者の類型を基準として判断すべきであるとの見解等[25]が錯綜している。

　第1の見解によれば、非正規労働者の多くについて同種の労働者か否かを判断する基準は、契約の形態や人事管理のありかたではなく作業内容の同種性であるということになり、パートタイマーや有期契約労働者の多くが同種の労働者に該当することとなろう。工場の現業部門において、正規労働者としての「本工」とは別に、季節的要因や需給要因等によってテンポラリーに雇用されるのが通常であった「臨時工」についても、当該労働協約を締結した労働組合が本工によって組織されていて、臨時工を協約の適用対象としていないとしても、仕事の実態からして本工と変わりなければ同種の労働者であることを否定されないこととなる。また、管理職についても、名目上は管理職の地位にあっても、仕事の上で組合員と変わらないのであれば同種の労働者となりうる。これに対して第2の見解によれば、多くの労働協約は実際上正規労働者が組織する労働組合によって締結され、規定内容も正規労働者の労働条件や処遇を想定して定められているので、非正規労働者は原則として同種の労働者とならないとの帰結が導かれることとなろう。臨時工についても、協約の労働条件（特に賃金）とは異なる労働条件によって就労し、当該協約が適用対象としているといえない場合は同種の労働者ではありえないし、管理職についても同様である。第3の見解は、雇用形態や人事制度をも

---

22)　横井・前掲注（4）1026頁、近藤・前掲注(14)150頁、片岡(1)250頁、有泉亨「いわゆる臨時工と労働協約の一般的拘束力」労働問題研究43号11頁、東大(下)851頁以下、前掲注(17)日本油脂王子工場事件。
23)　吾妻・註解377頁、諏訪・一橋論叢366頁、大内伸哉「労働協約の拡張適用」唐津博＝和田肇＝矢野昌浩編『新版 労働法重要判例を読むⅠ』（日本評論社・2013）223頁、盛345頁、菅野691頁、前掲注(15)第四銀行事件、大平製紙事件―東京地判昭34・7・14労民集10巻4号645頁。
24)　西谷・労組法378頁、大石商店事件―和歌山地新宮支判昭54・12・25労民集30巻6号1371頁、フジタ工業事件―名古屋地決平2・7・10労判569号55頁。
25)　盛345頁、前掲注(19)富士重工宇都宮製作所事件、日本鋳工事件―東京地判昭35・8・31労民集11巻4号916頁。

含めて個々の労働者が同種の労働者といえるか否かを具体的に判断することとなるが、通常は正規労働者と非正規労働者とはまさに雇用形態や人事制度が異なり、正規労働者が組織する労働組合が締結する労働協約はそうした事態を踏まえて締結されていることが一般的であるので、実際には、第2の見解に一致した帰結が導かれることが多いものと思われる。第4の見解も、労働組合が規約等において組織対象としている労働者であるなら、労働協約の適用対象たる労働者と職務や雇用形態が明確に異なることは少ないので、やはり第2の見解に重なる結論となることが通常であろう。

　「同種の労働者」という概念が、一般的拘束力を発動させるための要件としてはあまりにも単純すぎる規定であることは疑いがなく、この定め自体に、解釈の混乱をもたらす要因があることも間違いない。21世紀の労働者の就労実態は、雇用形態も人事制度も職務の内容も具体的な働き方も非常に複雑化しており、労組法17条の「同種の労働者」概念の意義を確定することは困難である。パート労働法9条に合致するパート労働者であれば人事制度も職務の内容も賃金も正規労働者と同様であろうが、労働組合が全く組織対象としていない場合もあれば加入を勧誘しているような場合もあり、同種の労働者性を一義的に判断することは難しい。また、当該労働協約の適用対象たる組合員と全く同じ立場にありながら、特別な業務上の使命を帯びることとなったなどの理由で、労使の話し合いで労働協約の適用から除外されているような労働者については、ここでいう同種の労働者に該当するか否かをただちに判断することができない。[27]

(4) 「同種の労働者」性判断の意義

　このように考えると、同種の労働者であるか否かは、混乱をもたらしがちな文理解釈に拘泥するよりは、労組法17条が公正労働基準を確立することに主眼を置く規定であるという、法の趣旨・目的に沿って解釈することが妥当であると思われる。そしてこの観点からは、そのような特別な意義を有する当該労働協約がどのような労働者を想定して労働条件や労働者の処遇を定めているのかを、協約の

---

26) 諏訪・一橋論叢371頁はこの点を強く指摘する。
27) 東大(下)848頁は、そのような労働者は労組法17条の「一の労働協約の適用を受けるに至った」労働者の基礎員数から排除されると解しているが、同種の労働者か否かは一の労働協約の適用を受けるに至るか否かを判断するための基準であるから、この解釈には賛成できない。

制定過程や労働組合の組織形態も含めて、協約の解釈と一般的拘束力発動による効果等によって、問題となる労働者が当該協約の定める労働条件を課される対象でありうるか否かを判断すべきであろう。上記の諸見解の中では、第2の見解に、その内容を若干アレンジしたうえで一致することとなる。

この観点からは、管理職労働者が同種の労働者に数えられるか否かは、実際の職務内容や作業形態、人事管理のありかた、労働協約を締結した労働組合が規約上組合員資格を与えているか否かなどを総合考慮して判断されることとなる。多くの場合は、組合員資格を剥奪されていることが多いので同種の労働者とみなされる可能性は少ないであろうが、労使の協議において労働組合が譲歩する形で一定の管理職を組合員資格からはずしているものの、労働協約の対象としては明確に除外していないという場合もありうるし、労働条件によっては管理職も含めた規定を労働協約に定めることもありうるので、そのような場合には同種の労働者であることを否定されない[28]。

近時、同種の労働者であるか否かが問題となりうるのは、労組法3条に該当するものの、委託契約や請負契約など労働契約とは異なる契約によって就労する者である。労組法上の労働者が、労基法や労契法上の労働者とは異なるとの理解は定着しているが[29]、労組法がその点を明確に意識した構造になっていないため、派生的に多くの問題が生じる[30]。その1つとして、労組法17条の同種の労働者に、メンテナンスや宅配などを委託契約等によって行っている作業員が含まれるかという問題がある。たとえば、ある事業場において、一定の地域の住宅、事務所などに置かれている一部の機械のメンテナンスを事業としており、そのために雇用されている従業員が100名いるが、そのほかにこの事業場において管理している委託作業員が20名いて、いずれも同じメンテナンス作業に従事しているという場合、従業員のうち90名が加盟する労働組合が締結する労働協約の事業場単位の一般的拘束力の発動とその効果を判断するにあたり、20名の委託作業員は同種の労働者といえるであろうか。通常労働協約は、雇用されている労働者らによって組織さ

---

28) 結論として同旨、菅野692頁。
29) 国・中労委（INAXメンテナンス）事件―最3小判平23・4・12労判1026号27頁、国・中労委（新国立劇場運営財団）事件―最3小判平23・4・12民集65巻3号943頁、国・中労委（ビクターサービスエンジニアリング）事件―最3小判平24・2・21民集66巻3号955頁。
30) 労組法16条における労働者性や労働契約概念の問題については第1編第4章第3節参照。

れており、労働協約においても、ことさらに委託作業員を適用対象となるか否かの判断対象としてはいないであろうから、協約の解釈からは判断が困難であろう。しかし、これらの委託作業員が同種の労働者でありうるならば、当該労働協約はこの20名の委託作業員にも拡張適用されることとなり、企業の実務としても、また労使関係上も非常に重要な影響をもたらすであろう。

　これは従来全く検討されていない問題であるが、労組法17条が、同16条の規範的効力が拡張適用されることを内容としているとするならば、16条の規範的効力は「労働契約」に及ぶという前提を踏まえる必要があろう。この点、前述（第1編第4章第3節3、4）のように同条の労働契約には、労基法や労契法上の労働契約だけではなく、労組法3条の労働者が締結する役務提供契約も含まれると解される。したがって、17条の同種の労働者に上記のような委託作業員が含まれうるか否かを判断するにあたっても、16条の規範的効力が労働契約に及ぶことは決定的な障害とはならない。また、17条の工場事業場は、確かに労基法上の事業と同様の概念であるが、それは場所的な対象の画定がオーバーラップするという意味であって、労働者台帳や賃金台帳などが法の適用において直接問題とならない労組法にあっては、17条に定める「労働者」が当該事業場に厳密な意味で「所属」している必要はない。このように考えると、労働契約によっていない委託作業員のような者であっても、労組法3条の意味での労働者であって、当該事業場を就労の拠点としており、当該事業場において就労管理がされているような場合は、少なくとも当該企業と労働契約を締結して当該事業場に「所属」していない者であっても、それだけで「同種の労働者」から排除されることはないと解すべきである。

　このような結論は、実務上は一定の混乱をもたらす可能性を否定できないが、もともと労働組合の組織形態は企業内ないし事業場内において完結されるものではないし、労働協約の一般的拘束力がこのような者にも適用されることは、このような者が労組法を適用される労働者であって、しかも公正な労働基準を享受すべき地位にあることを否定できない以上、特に妥当性を欠くものとはいえない。むしろ問題は、労組法全体の中で、このような就労者を体系的に位置づけるための課題を克服する作業が全く不十分であるという点にある。さらに今後は、現場の労使関係においても、これらの就労者への一般的拘束力の適用をも視野に入れた協約政策が不可欠となると考えられる。

3 4分の3以上の数の労働者が一の労働協約の適用を受けるに至ったとき

　労組法17条の一般的拘束力は、4分の3以上という数値的要件を加味している。もっとも簡明なケースは、当該事業場における同種の労働者全体のうち、4分の3が当該労働協約を締結した労働組合の組合員であるという場合であって、このような事態を想定して定められた要件であると思われるが、4分の3の算定にあたって問題がないわけではない。

　まず、組合員に加え、当該協約の内容と同一の就業規則や労働契約によって労働条件を同じくする労働者も「4分の3」を算定する分子に含まれるとする見解があるが[31]、一般的拘束力が政策的観点から労働協約に付与された特別な効力であることを踏まえると、就業規則や労働契約で結果的に労働協約と同様の労働条件が定められていても、それは労働協約の適用を受けるに至ったこととは本質的に異なるのであって、このような場合の労働者は含まれないと解すべきである[32]。また、4分の3以上の算定にあたっては、1つの労働協約の適用が前提となるので、たとえば労働組合が複数あって同一内容の労働協約を締結しており、それら労働組合の組合員を合算すると4分の3以上になるという場合も含まない[33]。さらに、本条に基づく一般的拘束力が発動された結果、当該労働協約を適用されるに至った労働者が4分の3以上の算定にあたって算入されるかも問題となりうる。たとえば、100人の同種の労働者が就労する事業場において80人が組織する労働組合が締結した労働協約があり、労組法17条によって非組合員20名も当該協約の適用を受けていた場合、当該事業場に新たに20名の非組合員たる労働者が配属されたとして、これらの非組合員に労組法17条により当該協約が適用されるかにつき、一般的拘束力によって適用を受けている20名も4分の3の計算において分子に加算されるか否かによって結論が異なる。一般的拘束力という特別な効力を享受すべき労働協約は、独力で4分の3以上の労働者を適用下に置くべきであることな

---

31)　東大・註釈162頁、福井放送事件―福井地判昭46・3・26労民集22巻2号355頁、吉田鉄工所事件―大阪地判昭49・3・6判時745号97頁、香港上海銀行事件―大阪高判昭60・2・6労民集36巻1号35頁。
32)　東大（下）850頁、石井440頁、菊池＝林184頁、安屋・前掲注（14）325頁、近藤・前掲注（14）151頁、横井・前掲注（4）1028頁、菅野693頁、荒木587頁、西谷・労組法378頁。
33)　東大（下）850頁、厚労省・コメ650頁、法セ・コメ［村中孝史］210頁。反対説として有泉・前掲注（22）8頁、峯村光郎「労働協約の一般的拘束力」講座問題4巻153頁。

どから、これを否定する見解が通説であるが[34]、労働協約の支配力が及んでいる場合は、その対象労働者も算入すべきであるなどとする反対説もある[35][36]。これについても、一般的拘束力という効力の特別な性格からして、その発生要件は厳格に考えるべきであり、前者の見解が妥当であろう。

なお、ここでいう労働協約が、労組法14条の要件を充たしていることは当然であり、書面性や署名ないし記名押印のない労使の合意は、それが内容的に明確であり、労使が望んでいたとしても一般的拘束力を生じる余地はない。

4 一般的拘束力の効果

(1) 拡張適用される労働協約の部分

労組法17条の要件を充たした労働協約は、当該工場・事業場の「同種の労働者」に対してその適用が拡張される。したがって、賃金や退職金など個々の労働者に具体的な請求権を発生させる内容の条項について、非組合員に対しても組合員と同様の請求権が付与され、拡張適用を受ける非組合員は使用者に対して直接これを行使しうるし、使用者が協約上の権利を否定する場合には確認請求を提起することも可能となる。しかし、このような拡張適用の効果をめぐっては、これまでいくつかの点が議論されてきた。

これまで問題とされてきたのは、第1に拡張適用されるのは労働協約のどの効力なのか、具体的には規範的効力に限られるのか、あるいは債務的効力も拡張適用されるのかという点であり、第2に、拡張適用される人的対象である。言い換えれば「同種の労働者」という要件を充たしつつ、適用を除外されることがありうるかという点である。そして第3に、拡張適用は非組合員の労働条件を切り下げるような場合にも認められるか、という点であるが、第3の点については、労働協約による労働条件の不利益変更という一般的な問題として後述する（第2編Ⅳ第3節）。

まず、第1の点については、拡張適用されるのは規範的効力に限定されるとの理解が定着している[37]。労組法が労働協約に付与している「効力」とは、労働協約

---

34) 東大(下)851頁、菅野693頁、荒木587頁以下。
35) 横井・前掲注(4)1029頁。
36) 菊地＝林185頁、吾妻・註解372頁。
37) 三菱重工長崎造船所事件―最1小判昭48・11・8労判190号29頁、豊和工業事件―名古屋地判昭23・12・8労裁集2号162頁。

が本来有している契約としての効力ではなく、政策的観点から特別に付与した規範的効力であり、一般的拘束力によって拡張適用される労働協約の効力もまた、規範的効力に限定されると解すべきである。「労働組合法17条の規定により拡張適用される労働協約の範囲は、労働条件および労働者の待遇について定めたいわゆる規範的部分にかぎられ、在籍専従に関する労働協約の定めが規範的部分に属しないとした」原審の判断を正当とした最高裁の判断もこのことを示しているといえよう。これに対して、学説の中には、債務的効力も拡張適用の対象となりうることを強調する見解がある。確かに、労働協約は労使の交渉の過程でさまざまな取引が行われ、その総体として1つの書面に表現されたものという性格を有するので、債務的部分と規範的部分とがいわばトレード・オフの関係に立つことがありうるのは否定できない。たとえば、組合として生産性向上への協力を受諾する代わりに組合員の慶弔手当を獲得するということもありうるので、拡張適用された非組合員が、慶弔手当の請求権を行使できる一方で生産性向上に関する組合の具体的施策には拘束されないとすれば、公平を欠くようにも思われる。債務的効力も拡張適用の対象となると主張する論者には、組合事務所の貸与など本来的に非組合員には適用しえない事項を除くことで、債務的効力の拡張適用も特に不都合はないことを指摘するものがあるが、これも上記のような点を考慮して限定的に債務的効力を拡張適用の対象とするとの考えによるものであろう。

　しかし、上記のような事態は、一般的拘束力が認められることによって生じるコストの1つであって、これに対しては他の方向から対応することが十分に可能である。少なくとも、こうした事態の生じうることが、規範的効力という特別な効力を労働協約に付与し、これを一定の要件の下に非組合員にも拡張適用するという、労組法16条と17条との構造を否定するに値するものとはいえないであろう。

---

38)　前掲注(37)三菱重工長崎造船所事件。
39)　賀来・詳解161頁、正田彬「労働協約の『一般的拘束力』について」慶應義塾大学法学研究25巻6号（1952）53頁、峯村光郎『臨時工』（要書房・1952）70頁。
40)　賀来・詳解161頁。
41)　たとえば、本文中の例であれば使用者は生産性向上への協力を就業規則にも記載し、一定の義務付けを非組合員にも課することが可能である。
42)　同旨、東大(下)857頁以下。

(2) 適用対象——他組合の組合員

　では、労組法17条による一般的拘束力は、同条の「同種の労働者」であれば自動的にどの労働者にも及ぶであろうか。たとえば、個々の非組合員において労働協約の拡張適用を拒否したとしても、「協約が適用される」以上それが認められないことは疑いない。問題は、適用対象となる「同種の労働者」が別組合を組織していた場合である。これについては、当初の行政解釈は「当該工場事業場に使用される他の同種の労働者は、別に労働組合を組織していると否とに拘わらず、また他の労働協約の適用を受けていると否とを問わず、当然に当該労働協約の適用を受けることとなるのであって、少数者が他の労働協約の適用を受けている場合には、その労働協約は、拡張適用される協約にてい触又は重複する限りにおいて、その効力を停止することとなる」[43]として、他組合の組合員についても一般的拘束力が完全に適用されるとの理解を示していた。しかし、この見解が学説・判例においてそのまま定着することはなく、その後はこの見解に与する考え方（仮に完全適用説と呼ぶ）[44]、他組合の組合員には一定の条件（基本的には労働協約の締結権の留保）のもとに制限的に拡張適用が及ぶとする考え方（仮に制限適用説と呼ぶ）[45]、他組合の組合員には無条件で及ばないとする考え方（仮に完全非適用説と呼ぶ）[46]が展開されていった。[47]

---

43) 昭29・7・20労発209号。

44) 石黒・前掲注（1）201頁、賀来・詳解162頁、菊池＝林187頁、福井放送事件—福井地判昭46・3・26労民集22巻2号355頁。なお、福井放送事件の判旨は、「多数組合の締結した協約の内容が少数組合の既有の権益を侵害するものであれば、その限りにおいて右協約の適用が制限されることのあるのは当然である」として留保を置いているように読めるが、この部分はつけたしのように付記され、適用制限の具体例を示しているわけではない。あるいは「原則完全適用説」と称すべきかもしれない。

45) 有泉・前掲注（22）13頁以下、沼田・要説236頁、藤田若雄『日本労働協約論』（東京大学出版会・1961）198頁、外尾648頁、本多淳亮「複数組合の併存と労働法」季労66号（1967）4頁以下、峯村光郎・講座問題4巻154頁、安屋・前掲注（14）327頁以下、横井・前掲注（4）1035頁、盛351頁、吉田鉄工所事件—大阪地判昭49・3・6判時745号97頁（少数組合が労働協約を締結している場合には拡張適用は及ばない）、桂川精螺製作所事件—東京地判昭44・7・19労民集20巻4号813頁（吉田鉄工所事件と同旨）、香港上海銀行事件—大阪高判昭60・2・6労民集36巻1号35頁（吉田鉄工所事件と同旨）。なお、豊和工業事件—名古屋地判昭23・12・8労裁集2号162頁、黒川乳業事件—大阪地判昭57・1・29労判380号25頁は、多数組合の労働協約が少数組合の協約内容より有利な場合に限って一般的拘束力が及ぶとする。

46) 吾妻・新訂312頁、石井441頁、石川189頁、久保＝浜田200頁以下、近藤・前掲注（14）152頁、東大・註釈163頁以下、菅野694頁、山口199頁、下井・労使関係法161頁、荒木590頁、渡辺（上）293頁、

完全適用説の論拠は、「労働組合法17条は4分の1に満たない労働者が組合を結成している場合には、適用を除外する旨の明文の規定をおいてないこと、また右の少数組合が、多数組合の締結した協約よりも、さらに有利な内容の協約成立を目的として団体交渉、団体行動をすることは自由であるから、多数組合の協約を少数組合に適用しても、少数組合の自主性を奪うことにはならない[48]」との考え方に代表されるように、労組法17条の解釈と、このような解釈によっても特に少数組合を害しないとの認識に基づいている。しかし、日本の労使関係法制は、憲法28条の趣旨からも、また労組法の構造からも、複数組合の併存を前提としており、米国のような排他的交渉代表制は議論の末に排除されたという経緯もある（第1編第1章第2節2(3)(c)）ことを踏まえると、多数組合の労働協約が少数組合の意図にかかわらず完全に少数組合の組合員をも拘束してしまうとの帰結は、組合間平等の原則を破るものであって基本的な疑念を免れないし、実務上も、少数派組合が独自の交渉によって勝ち取った労働条件が、多数派組合の労働協約によって引き下げられる結果を生じることもありうることになって、少数派組合を不当に害することとなる。これに対し、制限適用説は、少数派組合の労働協約締結権を尊重する限りにおいて完全適用説よりも組合間の平等に配慮を示しているといえるが、この見解によれば少数組合は、有利な労働条件を享受しうる場合には多数派組合の労働協約の適用を受け、不利な労働条件である場合のみ独自に労働協約の締結を求めるという選択に誘導されることとなり、争議行為を担保とした団体交渉によって労働条件の向上を勝ち取るという憲法秩序のもとでの労働組合のありかたに反する（前掲注(43)豊和工業事件等のように、多数組合の協約が有利な場合のみ一般的拘束力を認めるという見解は、いっそう少数派組合のフリーライドを慫慂することとなろう）。

　このように考えると、労組法17条の一般的拘束力は、他組合の組合員には及ばないとする完全非適用説が、法体系における一般的拘束力の位置づけの点でも、労働組合の機能という観点からも、最も説得力があると思われる。

　なお、この考え方からすると、使用者は、多数組合と交渉が妥結し、労働協約

　　　西谷・労組法382頁、佐野安船渠事件―大阪地判昭54・5・17労民集30巻3号661頁、同控訴審―大阪高判昭55・4・24労民集31巻2号524頁、大輝交通事件―東京地判平7・10・4労判680号34頁。
47) これらの見解の詳細や議論の内容については、東大(下)854頁以下が詳しい。
48) 前掲注(44)福井放送事件判旨。

を締結したことをもって少数組合との交渉を拒否することは不当労働行為として許されないし、他方で少数組合は、多数組合と使用者との労働協約どおりの内容で協約を締結することに固執し、その結果、実質的に団交がデッドロックに乗り上げた場合に、使用者から団交を拒否されても不当労働行為が成立しないことを甘受しなければならない。

(3) 拡張適用の排除特約

最後に、労働協約において拡張適用を排除する特約を付した場合にこの特約は有効であろうか。行政解釈はこれを無効としているが、学説の中には労組法17条を任意規定と解する見解があり、この考えを敷衍すれば拡張適用排除特約は認められる余地があるということになる。しかし、労組法17条は、16条と同様、労働協約に対して政策的観点から特別な効力を付与した規定であり、その意図は公正労働基準の設定にある。本規定を任意規定とみることは困難であり、したがって拡張適用排除特約も無効と解さざるをえない。

---

49) 東大(下)856頁。
50) 昭25・5・8労発153号。
51) 横井・前掲注(4)1039頁以下、沼田・実務大系7巻232頁、久保＝浜田201頁。

第3章　労組法18条の一般的拘束力[1]

第1節　地域単位の一般的拘束力の意義

1　趣　　旨

　労組法17条と18条とは、当該労働協約を締結した労働組合に所属していない組合員にも上記労働協約の効力を及ぼすという意味では共通するが、その内実を著しく異にする。多くの体系書においては、事業場単位の一般的拘束力については詳細な検討を行うが、通常、地域単位の一般的拘束力については、基本的な意義や構造を紹介するにとどまる場合が多いことにもその相違は明確に表れている。

　18条による地域単位の一般的拘束力の趣旨・目的については、不十分な機能発揮という実態にもかかわらず、一定の議論が展開されてきた。まず、現行法制定直後の行政の立場とみなしうる文献では、公正競争条件の確保、最低労働条件の統一的規整、未組織労働者の保護があげられていたが[2]、このような見解はその後も基本的に維持されている[3]。

　ただ、想定される趣旨や目的が単一ではなく、複数の内容が錯綜するものであることは共通に認識されており、その中でいかなる趣旨・目的が優先され、あるいは中心となるべきかについては多彩な見解が主張されている。主として労働条件のダンピングを防ぐという意味での公正競争の実現という趣旨を強調する見解[4]、

---

1) 本条の一般的拘束力について比較的詳細に論じた文献として、東大(下)862頁以下、道幸哲也「協約の地域的拡張適用制度の基本問題――私鉄総連事件の提起したもの(上)(下)」(判タ567号(1986) 2頁以下、同568号 (1986) 7頁以下)、厚労省・コメ656頁以下。なお、UIゼンセン同盟(2015年現在UAゼンセン同盟に改組されている)の取り組みを中心に、地域単位の一般的拘束力について総合的に論じた近年の労作として古川景一＝川口美貴『労働協約と地域的拡張適用――UIゼンセン同盟の実践と理論的考察』(信山社・2011)がある。以下の検討もこれら文献に負うところが大きい。

2) 賀来・詳解165頁以下。

3) たとえば、東大(下)862頁以下は、労組法18条の拡張適用申立例を詳細に分析したうえで、同条の趣旨につき、未組織労働者を含めて労働者の労働条件の水準を拡張適用される労働協約の水準まで引き上げること、公正労働基準を提供する労働協約をオーソライズすることによって労働組合の強化をはかること、使用者間の公正競争を実現すること、をあげているが、これらは賀来・前掲注(2)の見解を発展させたものと評価しうる。

4) 峯村光郎『労働法』(有信堂・1958) 122頁、外尾646頁、菅野696頁、荒木590頁以下。

労働協約そのものの存立の維持が中心的な目的であるとする見解[5]、協約の存立保護を中心的目的としつつ、労働組合の団結の強化や不正競争の防止[6]、未組織労働者の保護などを付加する見解[7]、複合的目的を正面から認める見解[8]、労働者の地位の向上を主たる目的とする見解[9]などが注目されるが、ドイツと異なり産別組織による労働協約の地域的適用という実態が定着することなく、労組法18条自体はその骨格を変えないまま維持されているという状況のもとで、その趣旨・目的を明確に整理することは困難である。未組織労働者の保護、公正競争の実現という、立法当初より認められてきた趣旨は否定しえないが、これに加えてどのような趣旨・目的を読み込むかは、なお流動的であるといえる。もっとも、地域単位の一般的拘束力を実現し、その規範を拡張適用できる労働協約は、労使自治による労働条件基準の広汎な確保という観点から高く尊重されるべきであり、その意味で、労働協約の存立の維持は労組法18条の趣旨として認めるべきであろう。

労組法18条が適用された実例は、数え方に若干の違いはあるが、これまでに10件に満たず、21世紀に入ってからは2015年現在1件もない。本規定は、一般的拘束力が発動される要件と効果とを明記しているが、実際に機能することはほとんどなかったし、労使関係の重要な形成・展開のツールとして注目されることもなかった。裁判例は皆無であるし、理論的な課題について議論が展開されることもないという状況が続いてきたのである。

こうした事態が生じている要因の1つは、本条が明らかにドイツの一般的拘束力制度に範をとっているにもかかわらず、労使関係の実態が彼我の国において全く異なっているという点にある。すなわち、本条が機能するためには、その適用範囲に一定の地域内の労働者が含まれうるような労働協約の存在が不可欠であるが、産業別ないし職種別に労働組合が組織されることが通常であるドイツと異なり、企業を単位とすることが一般的である日本の労働組合が締結する労働協約のほとんどは、当該企業の外部の労働者をはじめから適用対象としていない。したがって、企業を超える適用範囲を有する労働協約が締結されるきわめて特殊な場

---

5) 吾妻・註解391頁以下、安枝和人「労働協約の一般的拘束力」新講座5巻330頁以下。
6) 横井芳弘「労働協約の一般的拘束力」講座4巻1005頁以下。
7) 久保・理論130頁。
8) 東大（下）862頁以下、古川＝川口・前掲注（1）224頁以下は、複合的な目的を承認しつつ、労働協約締結組合の組合員の労働権、生存権の保障を究極的な目的として指摘する。
9) 西谷・労組法383頁。

合を除いて、本規定が発動されうる前提が存在しないのであり、その結果、本規定をめぐる理論課題が検討されたり議論されたりすることもないという事態が続いている。

しかし、このような状況が望ましいものでないことは言うまでもない。1つの方向としては、本条の削除という道があるが[10]、より積極的な方向としては、日本の労働組合組織と労使関係との変容を促すという道もありえよう。企業変動が日常的に展開し、労働組合の衰退が著しく、今後は一企業を超えた労使関係が模索されることは明らかであり、労組法18条の新しい意義も検討されることが期待される。

2　これまでの適用例[11]

2015年まで18条による一般的拘束力（当該労働協約の拡張適用）が認められたのは、厚労省の確認によれば8件にすぎない。1950（昭和25）年に奈良県で木材・木製品製造に従事する労働者が組織していた吉野連合労働組合委員長から適用が申し立てられて認められた（昭和25年8月29日決定）のを嚆矢として、直近は愛知県の綿状繊維・糸染業に従事する労働者らが加盟していたゼンセン同盟（当時）傘下の労働組合が、ゼンセン同盟を通して適用申請し、1989（平成元）年3月27日に決定されたのが最後である。このうち、適用対象労働者数の最大数が1,657人（昭和59年12月21日決定のゼンセン同盟による愛知県綿状繊維・糸染業従事の労使への適用）、使用者数が42（上記昭和59年決定のものに加え、昭和57年5月6日決定の、同じくゼンセン同盟による同じ業種の労使への適用）であり、いずれもかなり小規模の適用といえる。

その後2015年まで、およそ四半世紀にわたって本条は機能を停止している状態であるが、上記8つの事例のうち、近年の3事例はいずれもゼンセン同盟による

---

10)　実際に過去にはこの方向も主張されていた。一例として石井照久＝吾妻光俊編『労働協約』（勁草書房・1954）50頁以下。ただし、ここでは17条も廃止の可能性が議論されている。同書54頁以下参照。また、国立国会図書館調査立法考査局「労組法・労調法改正意見に関する調査報告（1952年）」97頁には、労使と学識経験者に対する労組法17条および18条の必要性に関するアンケートの結果が掲載されているが、労組法18条については使用者の3分の2、学識経験者の3割、労働組合でさえ17％が必要ないとしている。

11)　18条の適用例については、厚労省・コメ658頁以下、また、東大(下)863頁以下は1980年までの、道幸・前掲注（1）(上)675頁以下は1986年までの、さらに古川＝川口・前掲注（1）は2010年までの、18条の適用が申し立てられた事例につき、適用が認められなかった例も含めて詳細に紹介している。

ものであって、同労組が非正規労働者の組織化拡大に取り組んで、150万人の労働者を組織していること、地域単位の一般的拘束力については、企業との密着度が比較的薄い非正規労働者に適合的であることなどを踏まえると、今後の動向が注目される。

第2節　要　　件

1　実質的要件

労組法18条の一般的拘束力が認められるためには、「一の地域」における「同種の労働者」の「大部分」が、「一の労働協約」の「適用を受けるに至った」ことが前提となる。

まず、「一の地域」とは、一定の場所的範囲を意味し、「東京都千代田区」はこれに該当するが、「東京23区内の大学所在地域」は該当しない。[12] そのうえで、一の地域を判断するにあたっては「産業の同種性、企業の配置状況、および、経済的、地理的（または自然的）な立地条件の類似性、その他労働者の生活環境などを総合的に判断」すべきであるとする見解[13]と、申立ての対象となる労働協約の適用範囲を基準とするとの見解[14]があるが、本条の一般的拘束力は、特定の労働協約が実際に適用されている地域を基準としてその効力を拡張適用するものであるから、仮に労働協約自体が明確に地域的適用範囲を定めていた場合には、それが基準となるのが当然であり、そうでない場合には、当該協約の解釈にあたって総合判断的観点が加味されると考えるべきであろう。

つぎに「同種の労働者」については、行政解釈は労組法17条の「同種の労働者」と同一のものと考えているが[15]、これに対しては、18条には、17条においては問題となりえない事業の同種性や、同一企業内では判断が容易でも異なる企業の間では判断が困難な「職種の同種性」の判断もあるので同一には考えられないこと、17条の同種の労働者を判断する基準として重要な位置を占めている協約自体

---

12)　同旨、厚労省・コメ660頁。
13)　東大(下)869頁。
14)　道幸・前掲注(1)(下)8頁。
15)　厚労省・コメ661頁。

の適用対象の範囲は、一企業を超えて社会的適用範囲を認める18条については、最もそのような制度が必要となる人々が排除される可能性が大きくなることなどを理由として、それぞれ独自に具体的な判断基準を検討すべきであるとする見解もある。確かに、17条が一企業内で完結する労使関係を前提としているのに対し、18条は、さまざまな企業に働く労働者の諸属性を踏まえたうえで1つの協約規範を拡張適用しようとしているのであって、たとえば17条において重視される労働者の地位・身分の相違が、全く同様に中心的な基準となるのは妥当ではない。18条の同種性については、上記のように事業、職種、身分・地位などに区分したうえで、具体的な判断の基準を独自に検討すべきであろう。

　また、「大部分」は曖昧な概念であって数値として特定することが困難であるが、一般には17条と同様の4分の3が1つの参考となるとされている。これに対抗しうる有力基準がないので特に妥当性を欠くとはいえないが、それは、18条の拡張適用が17条の場合と同様の意義を有するからではなく、「大部分」という概念の具体化としてあくまで1つの参考として有意義であるという趣旨にとらえるべきであって、当該労働協約による基準の当該地域における該当性が一般化していると認識されれば、たまたま4分の3を下回っていても「大部分」とみなすことが認められるべきであろう。なお、18条が範としたドイツなどと類似の労使関係が形成されてくれば（当該産業に従事する労働者の労働条件につき一般的最低基準を設定する協約が締結されるなど）、4分の3は厳しすぎるとの評価も生じることが予想される。

　さらに「一の労働協約」は、ドイツのように産業別の労働組合（あるいはその支部等）が、当該地域の事業主団体と労働協約を締結するような場合はあまり問題となりえないが、日本においては、産別組織の傘下の労働組合が締結した、共通する内容の複数の労働協約が一とみなせるかが問題となりうる。具体的にみて、それらの協約が実質的に一体性を有していると認められる場合は、本条にいう「一の労働協約」とみなしうるであろうが、たとえばいくつかの労働協約にのみ、

---

16) 菊池＝林191頁、横井・前掲注（6）1042頁、東大（下）896頁、道幸・前掲注（1）（下）8頁、古川＝川口前掲注（1）259頁以下。
17) 菊地＝林192頁、吾妻・註解395頁、外尾650頁、厚労省・コメ661頁。
18) 同旨、古川＝川口前掲注（1）265頁。
19) 横井・前掲注（6）1042頁、吾妻・註解396頁。

当該企業の労使関係を反映した特別な規定が存在するような場合は一体性を認めることが困難となろう。[20]

「適用を受けるに至った」について問題となりうるのは、当該協約を締結した労働組合の組合員に加えて、労組法17条による拡張適用を受けるに至った労働者をもここにいう「適用を受けるにいたった」労働者とみなせるか否かである。本条については、すでに17条によって当該労働協約の適用がされている労働者が本条にいう「適用を受けるに至った」労働者から排除される理由は、論理的にも実質的にもないので、当然そのような労働者も含まれるものと考えるべきである。[21]

2 手続的要件[22]

労組法18条によれば、地域単位の一般的拘束力が発動されるためには、17条とは異なって行政上の手続が必要である。

まず、協約締結当事者の双方または一方が拡張適用の申立てを行わなければならない。申立先は厚生労働大臣もしくは都道府県知事である。申立ては労組法5条1項の資格審査が必要であるというのが行政解釈であるが[23]、反対説も強い[24]。18条は16条の規範的効力を拡張適用する規定であるが、16条の効力については当該労働協約を締結する労働組合が資格審査を受けていることは要件とはなっていないこと、17条の一般的拘束力についても同様であることなどを踏まえると、18条についてのみ資格審査を必要とする理由は乏しく、資格審査は要件とならないと考えるべきであろう[25]。

申立てが受理されると、労働委員会において調査が行われ、決議に至るが、この決議は、当該地域が一の都道府県内の区域に限定されているときは当該都道府

---

20) なお、古川＝川口・前掲注（1）238頁以下は、「一の労働協約」とは、「単一の労働協約、又は同一内容の複数の労働協約」と読むべきであるとして、実質的判断によることを主張する。
21) 同旨、東大（下）871頁、厚労省・コメ661頁、道幸・前掲注（1）（下）9頁、古川＝川口・前掲注（1）268頁。
22) 申立てから決定までの手続の実態とその過程における具体的課題については、古川＝川口・前掲注（1）276頁以下が極めて詳細に検討を行っている。
23) 昭24・8・8労発317号、厚労省・コメ661頁も同旨。
24) 東大（下）874頁、石井照久「労働組合の資格審査と労働法規の適用」法協67巻6号（1950）510頁以下、石川吉右衛門「改正労働組合法下の諸種の労働組合」私法3号（1950）135頁。
25) 東大（下）872頁、横井・前掲注（6）1042頁。反対説として、菊池＝林75頁、吾妻・註解397頁、古川＝川口前掲注（1）234頁以下。

県労働委員会および当該都道府県知事が行い、2以上の都道府県にわたる場合、または中央労働委員会において当該事案が全国的に重要な問題にかかるものと認めるときは、中央労働委員会および厚生労働大臣が行うこととされている（労組法施行令15条）。決議にあたっては、労働委員会に実質要件の充足について判断する裁量が認められているほか、対象となる労働協約に不適当な部分がある場合には修正することもできる（18条2項）。なお、労組法18条の実質要件が満たされ、所定の手続がなされていれば、必ず労働委員会が拡張適用を決議しなければならないかという問題があるが、拡張適用の決議には、申立人以外の協約当事者や適用を受ける労使の意向なども考慮する実質的な必要を否定できないことなどを踏まえると、労働委員会は、自由裁量までは許されないとしても、要件の充足によって常に拡張適用を決議する義務はないものと考えられる[26]。また、修正がどの程度まで、どのような内容について可能かについても法は沈黙しており、行政解釈は労働委員会の自由裁量にゆだねられているものとする[27]が、労使自治の体現である労働協約に対して行政が修正を加えられるのは、明らかに不適当な場合に限定されるべきであるとの見解も強い[28]。地域単位の一般的拘束力につき労働委員会が関与するのは、当該協約当事者とは関係のない労使に対しても協約規範が拡張適用される事態について中立的な立場から混乱を避け、その結果について公的な確認をすることに主眼があると考えられるので、修正に関する自由裁量を認めることは妥当ではない。労働委員会の修正権限は限定されるべきであり、誤字・脱字や形式的な誤りのチェックを超えて、内容上の修正まで許されるべきではないと考えられる。

　都道府県労働委員会の決議が行われれば都道府県知事が、中央労働委員会の決議が行われれば厚生労働大臣が、それぞれ拡張適用の決定を行う。これについても、労働委員会の決議があれば必ず決定が行われるか否かが問題となり、これを肯定するのが行政解釈であるが[29]、決議にかかわらず裁量によって決定がなされる

---

26) 同旨、道幸・前掲注（1）（下）9頁　反対説として古川＝川口・前掲注（1）299頁。
27) 厚労省・コメ664頁、東大（下）873頁。
28) 東大（下）873頁、吾妻・註解399頁、沼田・実務大系7巻234頁、道幸・前掲注（1）（下）9頁、古川＝川口・前掲注（1）305頁以下。
29) 昭22・7・2労発343号、同旨、安屋・前掲注（5）333頁、山口200頁、古川＝川口・前掲注（1）312頁以下。

との見解も強く、都道府県知事ないし厚生労働大臣の裁量を認める考え方[30]もある。労働委員会の決議は、入念かつ詳細な調査や意見聴取等を経てなされるものであり、この段階での判断を都道府県知事・厚生労働大臣の決定段階で覆すことはできないと考えるのが妥当であろう。

都道府県知事もしくは厚生労働大臣の決定は、公告によって効力を生じる（3項）。

なお、最低賃金法の旧11条に係る労働協約に該当する場合について定められていた4項は、同法の改正にともない削除された。

第3節　効　果[31]

本条の要件がすべて満たされ、決定がなされて公告に至れば、当該労働協約は、当該地域における他の同種の労働者および使用者に拡張適用される。使用者も適用の対象となる点も、17条との基本的相違の1つといえる。地域単位の一般的拘束力についても、事業場単位の場合と同様、少数組合の組合員に適用されるかという問題がある。これについては否定説[32]と肯定説[33]が対立しているが、17条の場合とは異なり、労働委員会の広汎な裁量の中で、少数労働組合の組合員への適用による影響等も考慮されるので、少数組合が存在することからただちに本条の拡張適用が否定されることにはならないと考えるべきである。

もっとも、それが少数組合が締結している労働協約の内容を引き下げる場合については、本条による拡張適用が、地域内労働者の労働条件につき普遍的な基準を設ける結果となることから、それは最低労働条件の設定となるのであって、すでに存在する労働協約によって定められた労働条件の基準を引き下げる効果までは認められないとする見解が有力である[34]。微妙な問題であるが、本条がその機能

---

30) 東大・註釈170頁、菊地＝林192頁以下、近藤享一「労働協約の一般的拘束力」大系2巻155頁。
31) 地域単位の一般的拘束力が発動された場合の効果や課題については、古川＝川口・前掲注（1）320頁以下がきわめて詳細に論じている。
32) 近藤・前掲注(30)156頁、安屋・前掲注（5）334頁。
33) 東大(下)875頁、古川＝川口・前掲注（1）346頁以下。ただし古川＝川口347頁は、少数組合の労働協約が拡張適用される労働協約の基準を上回る場合は、少数組合の労働協約の規範的効力は失われないとする。
34) 東大(下)876頁、安屋・前掲注（5）334頁、横井・前掲注（6）1049頁、近藤・前掲注(30)156頁、片岡曻「労働協約規範と第三者」季労26号（1957）28頁、古川＝川口・前掲注（1）335頁以下。

を発揮できる状況が生まれることを前提として、この見解に与したい。
　拡張適用される労働協約が失効した場合および改訂された場合には、従来の拡張適用の効力そのものも失効する[35]。この帰結に異論はない。

---

35)　東大(下)877頁、久保・理論139頁、外尾630頁。

III 労働協約と他の規範との関係

第1節 緒 論

　労働協約は、労働組合と使用者（団体）との間に締結され、一方は使用者（団体）に、他方は労働組合という団体および組合員に対して共通の法ルールを及ぼす集団的規範の一典型である。使用者と労働者およびそれぞれの団体間に機能する法的規範には、法令のほか、労基法等に規定された労使協定があり、また労基法および労契法に定められた就業規則がある。さらに、労使間に広く見られる慣行も、その具体的内容によっては法的な意義を有する規範となりうる。個々の労働契約と労働協約との関係については、すでに労組法16条の規範的効力との関係（第1編第4章第3節）で、あるいはユニオン・ショップやチェック・オフなど組織強制・組合費控除の制度との関係（第2編I第4章）で論じたが、ここでは労働協約と他の集団的規範との法的関係を検討する。

第2節 労使協定

　労基法をはじめ、多くの実定法において「当該事業場の（に、）労働者の過半数で組織する労働組合がある場合はその労働組合、労働者の過半数で組織する労働組合がない場合においては労働者の過半数を代表する者との書面による協定」がある場合には、それぞれの法令に定められた特別な法的効果が発生することとなる。ただ、効力の発生には、当該協定の締結に加え労働基準監督署等への届け出が必要となる場合も多い。これらの「書面による協定」の労働者側の当事者は、過半数組合が優先的に指定されているので、締結された協定は労働協約と法的に類似することとなる。そこで、過半数組合が締結した労使協定と労働協約との関係が問題とされてきた。[1]

　この点、過半数組合が労使協定を締結し、それが労組法14条の要件を充たすな

---

[1] 労働法制における労使協定の法的意義や機能等についての総合的検討としては、東大・時間法27頁以下、東大・労基法（上）46頁以下、野川「文献研究10 労使協定論の展開」季労170号（1994）100頁以下。

らば、当該協定は当然労働協約と認められるとの見解もあるが、当事者が労働協約の効力をも付与することを労使協定の余事記載として定めることは自由であるから、過半数組合は労使協定を労働協約としても締結しうることに問題はない。したがって、特に労組法14条の要件を充たした労使協定に自動的に労働協約としての効力を認める必要はないといえよう。むしろ問題は、労働協約として締結された労使協定の具体的な効力である。通常労使協定は、それが認められる目的ごとに、実定法上の法的効果をもたらすのみであって、ただちに私的効力を有することはない。しかし、過半数組合が労使協定を締結し、使用者との合意の下にこれに労働協約としての効力をも付与することとした場合には、労組法上の要件を充たしていれば、これを労働協約としても認めることを排除する法的根拠はない。したがって、当該労使協定に定められた「労働条件その他労働者の処遇」に関する規定は労組法16条によって規範的効力を有し、労組法17条の要件が満たされていれば一般的拘束力も認められよう。

　ただ、この帰結については、特に時間外休日労働協定（三六協定）を対象として必ずしも学説・判例は一致していなかった。すなわち、同協定が有効に締結されても、個々の労働者の事前もしくはその都度の同意がなければ時間外・休日労働を義務付けることができないなどとして、三六協定に基づく時間外・休日労働義務を否定する考え方からは、たとえ同協定が労働協約としての効力を有すると

---

2) 三浦恵司「労基法における過半数労働者の代表者の行う協定」横浜大学論叢9巻4号（1958）9頁以下、西川達雄「労働時間」講座5巻1242頁、石川173頁（ただし、石川教授は、労使協定中に労働協約としての効力を否定する特約が設けられていればそれが認められるとする）。
3) 当該労使協定に一定の私的効力を付与することが法令上定められている場合はそれに従う。労基法39条6項のいわゆる「計画年休協定」はこのような労使協定の典型とされる。東大・労基法（上）50頁［川田琢之］、西谷・労組法〔第2版〕63頁、同341頁。
4) 三六協定について労働協約としても認められうることを定めた労規則16条2項参照。
5) 通常、各労使協定の届け出については所定の様式が定められており、労使協定に認められる法的効果の対象は、所定事項を記載した当該様式書面である。したがって、実際に問題となるのは、そのような様式書面に書き込むべき内容を定めた協定書であり、そこには要式書面に書き込むべき内容以外にも、さまざまな余事記載がありうる。したがってそれらの法的効果は個別に判断されることになるのであり、たとえば三六協定については、労使の対応について定めた規定の債務的効力が問題となることも十分に考えられる。東大・労基法（上）47頁［川田琢之］参照。
6) 東大・労基法（下）626頁［中窪裕也］、蓼沼謙一『実務大系11巻 労働時間・残業・交替制』（総合労研・1971）142頁、法セ・コメ労基法労契法142頁［矢野昌浩］、片岡(2)286頁、西谷・労組法〔第2版〕307頁以下、中窪＝野田・世界245頁、明治乳業事件―東京地判昭44・5・31労民集20巻3号477頁。

しても、なお規範的効力の一環として時間外・休日労働義務を負わせることはできないとの結論が導かれうる[7]。しかし、労働協約が労働者に義務を課すことも認められること、時間外労働を組合員に課する協約規定もまた、労組法16条によって規範的効力の対象となることなどを考慮すると、労使協定が労働協約としても認められる場合には、その内容が本来禁止される行為を解除するものであり、かつ労働者に不利益をもたらすものであっても、そのことのみで規範的効力を否定されることはないと解すべきである[8]。ただし、言うまでもなく具体的な時間外・休日労働については、業務上の必要性や労働者の生活上の不利益との均衡などの観点から一定の制約があることは否定されない[9]し、労働協約上の規定としても、規範的効力の限界から生じる制約がそのような規定についても及ぶことは疑いない。

第3節　就業規則

1　労働協約と就業規則との関係をめぐる法的課題

　就業規則は、特に労働組合の組織率が低下の一途をたどるようになってからは、当該企業ないし事業所に適用される集団的規範として労働協約をはるかに超える機能を果たしている。何よりも日本においては、設立そのものが任意である労働組合が締結当事者となり、しかも労使の合意によってのみ締結される労働協約に対して、就業規則は常時10人以上を使用する使用者には作成と届け出が義務付けられているため、普及の度合いが全く異なるし、労働契約の締結にあたって契約書を作成せず、労働条件等の契約内容も個々の労働契約によってではなく就業規則によって一律にかつ包括的に定められるため、実際には就業規則が労働契約内容の中心部分を規制している、という事情があるため重要度も比較にならない。
　他方で、法制度上は、まず労基法制定以来、就業規則は労働協約に反することができず、労働協約に反する就業規則に対しては変更命令が可能であるとされて

---

7)　三六協定と時間外・休日労働義務との関係については、東大・時間法448頁以下参照。
8)　日立製作所武蔵工場事件—最1小判平3・11・28民集45巻8号1270頁、特に同判決における味村裁判官の補足意見参照。
9)　結論として同旨、菅野355頁、山川176頁。

いた（労基法92条）が、上記規定は公法上の効果を定めたものであって、民事上の効果については、下記のように議論が尽きなかった。その後、労契法の制定により、就業規則が労働協約に反する場合は、当該労働協約の適用を受ける労働者に対しては最低基準効（労契法12条）も、契約内容規律効（同7条）および変更の場合の法的効果（同10条）も適用されない（同13条）との規定が設けられ、この点については一定の解決がみられている。いずれにせよ、これらの規定からは、労働協約が就業規則に優越することは明らかである。そうすると、実態における両者の重要度と、法制度における位置づけとがほぼ逆の様相を呈していることとなり、この点が、労働条件の不利益変更をめぐる困難な議論や、就業規則の法的効力に関する複雑な議論が展開されてきた要因の1つを形成しているのは疑いない。

以上のうち、労働条件の不利益変更に関する就業規則と労働協約との関係については後述することとし（第2編Ⅳ）、ここでは、就業規則の法的効力を踏まえつつ、労基法92条および労契法13条の意義について検討したい。

2 労働協約と就業規則との関係——労基法92条と労契法13条の意義

(1) 従来の議論

労基法はその92条において、「第1項　就業規則は、法令又は当該事業場について適用される労働協約に反してはならない。　第2項　行政官庁は、法令又は労働協約に抵触する就業規則の変更を命ずることができる」と規定している。本規定は、法令と労働協約とを、就業規則との関係について同等に扱っており、さまざまな解釈の余地をもたらしてきた。

まず、就業規則と法令との関係については、就業規則のみならずどのような私人の策定による規範も、法令自身が許容していない限り法令に反することができないのは当然であって、法令に反する就業規則の当該規定が、最低基準効や労働契約規律効など所定の効力を有しえないことは明らかである。したがって、第2項の変更命令は、そのような無効な就業規則による取扱いが行われないよう行政が指導する趣旨であり、変更命令があって初めて就業規則の効力が失われるわけではない。これらの点については異論はない。

10）　ただし、ここでいう法令は強行規定に限られる。労基局(下)918頁、荒木328頁、菅野131頁、東大・労基法(下)1016頁、法セ・コメ労基法労契法374頁［野田進］。

11）　労基局(下)920頁、荒木328頁以下、330頁、菅野131頁以下。

しかし、労働協約は法令とは異なり、民事上の法主体である使用者（団体）と労働組合とが締結する契約であり、特別な効力を付与されているとはいえ、その成立、変更、終了等に関しては原則として契約法理が妥当する。したがって、労基法92条が法令と労働協約とを一括して扱っていても、実際の法的効果については、労働協約を法令の場合と同様に考えることはできない。たとえば、法令に反する就業規則規定は無効となるので、原則として当該事業場の労働者のすべてに対して拘束力を失うと考えられるが、労働協約は当該事業場の労働者の一部にのみ適用されることも一般的に想定できるので、当該協約に反する就業規則の非組合員に対する効力ないし拘束力がどうなるのかは、労基法92条のみからは判然としないのである。

従来の議論においては、具体的な問題は、ほぼ以下の3点に集約されてきた[12]。第1に、上記のように労働協約に反する就業規則の規定は、当該事業場の労働者すべてに対して効力ないし拘束力を失うのか、あるいは当該協約を締結した労働組合の組合員のみが対象となるのかである。これについては、就業規則の法的性格に関する見解の相違が反映し、就業規則を法規範とみる諸見解からは、当該規定が無効となるとの帰結が導かれるので、当該事業場の労働者すべてについて効力を有しないこととなるが[13]、就業規則の拘束力を契約に求める見解からは、労基法92条は組合員についてのみ適用されることとなる[14]。第2に、就業規則が労働協約に反するとして労働者に適用されなくなったのち、当該協約が失効ないし改訂された場合、就業規則の当該部分は復活するのか否かである。これについては、

---

[12] 解釈上特に異論のないのは、本規定にいう労働協約が、労組法14条の要件を充たしたものであること、就業規則が「反してはならない」具体的対象は、労働協約中の規範的部分であり、規範的部分を下回ってはならないという趣旨であること、変更命令によって自動的に就業規則が変更されるのではなく、改めて使用者は所定の手続を経るべきこと、などである。これらの点については、労基局（下）919頁、法セ・コメ労基法労契法265頁以下［中内哲］、東大（下）809頁以下、東大・労基法（下）1015頁以下［王能君］、荒木328頁。なお、学説には、当該事業場内に労働組合があって労働協約が締結された場合には、労基法92条により就業規則も当該協約に合わせて改訂されなければならないとする見解がある（片岡昇ほか『新労働基準法論』（法律文化社・1982）469頁［西谷敏］）が、当該組合の組織率によっては労組法17条の一般的拘束力と同様の結果をもたらしてしまうことなど、理論的にも実質的にも妥当ではない（同旨、荒木328頁）。

[13] 川崎武夫「就業規則の法的性質」新講座8巻247頁以下、270頁、菊池＝林179頁、外尾639頁、三井鉱山事件―福岡地判昭45・3・25判タ247号258頁、東京焼結金属事件―浦和地川越支判昭50・3・24労判233号66頁。

[14] 石井138頁、吾妻・新訂338頁、東大（下）810頁。

就業規則を法規範と見る見解からは「無効」となった部分の復活はありえないが[15]、契約説からは復活を認めることとなる[16]。第3に、労働協約の債務的効力についても就業規則は「反してはならない」ことになるか否かである。特に、解雇同意・協議条項や就業規則の制定と変更に関する同意・協議条項については重要な論点であるが、債務的効力のみが問題となる条項について労基法92条が適用されないことは明らかである。そして解雇同意・協議条項は、労使の合意により使用者の解雇権に一定の制限を設けた条項であり、仮に同条項に労基法92条の適用がないとすれば、使用者は労働協約に反しているが就業規則上は問題とならない解雇を行った場合にそのような解雇が有効か、という問題となる。言い換えれば、そのような法的課題として検討されるべきであって、労基法92条の問題ではない[17]。就業規則制定・変更の同意・協議条項については、21世紀の現在では実益をかなり減じている問題であるものの、そのような条項が債務的効力のみを生じるものであって、労基法92条の直接の適用がないことは明らかであることを前提としつつ、同意ないし協議なくしてなされた就業規則の変更の法的効果が争われたが[18]、労契法が制定されて以降は、この問題は同法10条の解釈問題の1つとして位置づけられることとなろう。

(2) 労契法制定以後の議論

以上のように、労基法92条のみが就業規則と労働協約との関係を規律していた時代には、多くの法的課題が累積していたが、労契法13条が、「就業規則が法令又は労働協約に反する場合には、当該反する部分については、第7条、第10条及び前条［12条］の規定は、当該法令又は労働協約の適用を受ける労働者との間の労働契約については、適用しない」として、あらためて両者の民事的効力を整理してからは、議論の様相は一変している。

まず、上述(1)の第1の問題については、就業規則が労契法所定の最低基準効、労働契約規律効等を制約されるのは「労働協約の適用を受ける労働者との間の労働契約」に限定されることが明示されたので、当該就業規則規定が一般的に効力

---

15) 川崎・前掲注(13)270頁、中川煉瓦製造所事件―大津地決昭25・10・13労民集1巻5号875頁。
16) 有泉亨『労働基準法』(有斐閣・1963) 207頁。
17) 東大(下)811頁。
18) 変更同意・協議条項に反する就業規則の変更の効力については、東大(下)811頁。

ないし拘束力を失うとの理解はできないことが明らかになった。したがって、労働組合員ではない当該事業場の労働者は、労基法92条によっては就業規則の適用を免れることができない[19]。ただし、当該協約が労組法17条の適用を受けるに至った場合には、事業場内の「同種の労働者」は協約の適用下に入るし、そうでなくても、事業場内の労働者に適用される労働協約に明確に反する就業規則規定の労働契約規律効や、当該協約の基準を下回る方向への就業規則の変更については、労契法7条ないし10条の解釈の中で検討されることとなる。

　また、第2の問題についても、労契法13条は、労働協約に反する就業規則の規定は、最低基準効や労働契約規律効を定めた労契法の規定が「適用」されないとしているので、当該協約の変更ないし失効によって就業規則の規定が労働協約に反しないこととなった場合には、改めて、労契法7条、10条、12条について、労働契約との関係が、これら条文の解釈適用の問題として検討されることとなる。要するに、就業規則の労契法上の効力が「復活」する可能性も十分にあるということになろう[20]。

　さらに第3の問題については、労契法13条が基本的に労基法92条と同様の前提を踏まえているとするなら[21]、就業規則が「反してはならない」対象は労働協約の規範的部分であることに変わりはないので、労契法13条の制定により直ちに問題が解決するわけではないこととなる。しかし、労契法は他に労働契約規律効に関する7条および10条や、解雇に関する16条をも規定しているので、具体的に生じた解雇や就業規則の改訂については、これら諸規定との関係において問題の処理が図られることとなろう。

---

19)　荒木329頁、詳説労契法150頁以下。
20)　荒木329頁、詳説労契法150頁以下。
21)　労契法施行通達（基発0810第2号平24・8・10）第3の7(2)アは、「法第13条は、労働基準法第92条第1項と同趣旨の規定であり、就業規則と法令又は労働協約との関係を変更するものではない」としている。

Ⅳ 労働協約による労働条件の不利益変更

第1節　不利益変更法理と労働協約の意義

1　日本の労働関係と不利益変更論の意義

　日本の労働関係は、長い間、長期雇用慣行を基本的な土台として展開してきた。すなわち、企業は雇い入れにあたって、さまざまな業務を経験しつつ当該企業の事業全般にわたって一定のノウハウを蓄積し、責任と知見とを会得するような人材の獲得と育成に努め、そのような人材と締結する労働契約は、業務や勤務場所、職務分掌などをあらかじめ特定することなく、それらについては労働契約関係の展開過程において柔軟に決定・変更されることが当初から想定された内容として締結されている。したがって、このような労働契約の類型において採用された労働者については、人事の指針に即して職種や業務、勤務場所がたびたび変更され、それに応じて賃金や労働時間などの労働条件も変更されることとなる。企業は、このような労働者を、事業を担う中心的労働力（正規従業員、正規労働者）として確保したうえで、その周辺に定型的・補助的業務を担う労働者を「非正規従業員」、「非正規労働者」等の名称によって採用し、雇用調整の必要が生じた場合にはこれらの非正規労働者から対応できるようにすることも目して、有期労働契約やパートタイム労働契約など、正規労働者とは異なる労働契約の類型を用いることが1つの慣行となっていた。[1]

　こうした「日本型雇用慣行」のもとでは、事業展開の中でコストカットの必要が生じた場合や人事体制の変更を実現しようとする場合に、米国のように労働関係の終了（合意が達成できない場合は解雇）によって賃金負担を解消し、また新たな人事体制を構築するという手法がとられることはまれであり、むしろ賃金などの労働条件を、労働者にとっては不利益な方向に変更することで乗り切ろうとす

1）　日本の雇用慣行に即した労働契約の法的意義については、菅野83頁以下、その変化については菅野和夫『新・雇用社会の法〔補訂版〕』（有斐閣・2004）12頁以下。また、第二次大戦後、高度成長期にこのような労働関係が成立する過程については兵藤釗『労働の戦後史（上）』（東京大学出版会・1997）156頁以下参照。

ることになる。日本では各労働者は企業内の緊密な人事システムに組み込まれているので、労働条件を変更する具体的手段としては、個々の労働者の同意よりは、主として就業規則の改訂により集団的にかつ制度変更として遂行することが一般的であった。

　もっとも、このような労働条件の不利益変更は、高度成長期にはそれほど一般化してはおらず、法的課題としても重要度が高かったわけではない。日本経済は、1973年の第一次石油ショックまでは基本的に拡大傾向を続けており、賃金の大幅な増額が目立っていて、労働条件の不利益変更が企業の人事対策として意識されるような状況にはなかったからである。しかし、経済成長の減速や、国際競争の激化、経済のグローバル化などによって、日本の企業は柔軟な賃金・人事政策を余儀なくされるようになり、一方では人員整理等の量的な調整を、他方では労働条件の変更という質的な調整を迫られることとなった。従来から日本においては、米国型の量的調整ではなく労働条件の変更による質的調整が労働市場の柔軟性確保の手段として選択されてきたが、低成長下では質的調整が強化され、かつ量的調整もタブーではなくなっていたといえる[2]。

2　不利益変更の手段としての労働協約と就業規則

　ところで、労働条件を集団的に一括して変更しようとすれば、日本の法体系のもとでは就業規則よりは労働協約によることが優先されるはずである。なぜなら、就業規則は使用者が一方的に作成・変更するものであって合意を要件としないことから、労働者に対する効力は抑制的にならざるをえないのに対し、労働協約は労働者の代表である労働組合と使用者とが、まさに対等の立場に立って締結するものであり、そこで定められた労働条件は規範的効力により組合員と使用者との労働契約を規律するし、所定の要件を充たせば非組合員に対しても同様の効力を及ぼす（労組法16条、17条）から、労働条件の変更手段としては確実性が高い。したがって、労使関係が安定的に機能している企業においては、労働協約を用いた労働条件の変更が利用されるのが実際にも通常であるが、日本の労働組合組織率が20％を切ってから久しいこと、労働組合は労働条件の向上を目的とする団体

---

[2]　日本のこうした傾向については、荒木尚志『雇用システムと労働条件変更法理』（有斐閣・2001＝以下「荒木・変更法理」）2頁以下、196頁以下。

であるので労働条件の不利益変更について容易に同意することは想定しにくいこと、速やかな経営対応が必要な使用者にとって労働組合との交渉や協議が負担となると感じられることなどから、日本では、労働条件の不利益変更手段としては、むしろ就業規則が選択されるのが一般的であった。

　こうした状況の下で、日本の労働法制は、長期にわたる学説・判例の蓄積を踏まえて、就業規則による労働条件の不利益変更について労契法8条、9条と10条を通して一定の規制を施すに至っている。すなわち、8条は、労働条件の変更は労働者と使用者との合意によるという基本原則を明示し、9条が8条を受けて、労働者と合意することなく、就業規則の変更によって労働条件を不利益に変更することができないことを示したうえで、10条は、9条の例外として、厳格な要件をすべて満たした場合には労働者の合意なくして就業規則の変更のみにより労働条件を不利益変更することが可能であるとの法的ルールを確立しているのである。

　しかし、このように、実定法が就業規則による労働条件の不利益変更について法的コントロールを確立したことによって、集団的な労働条件不利益変更の法理はほぼ安定したとはいえない。労契法によって示された法的コントロールは、その解釈になお議論の余地が大いにあるのみならず、労働協約による労働条件の不利益変更については、これを直接の対象とした実定法の対応は全くなされていない。さらに、実は就業規則による労働条件の不利益変更についても、労契法10条は、それが労働条件を規律するための要件としての合理性の判断要素として、「労働組合等との交渉の状況」をあげており、就業規則の変更にも労働組合の関与が想定されている。労働組合が労働条件の変更について使用者と交渉するのであれば、それが労働協約の締結を目的とすることが通常であるから、集団的な労働条件の不利益変更については、就業規則法理と労働協約法理との交錯が生じることが十分に推測されるのである。

　こうして、労働協約による労働条件の不利益変更を論じるにあたっては、就業規則法理との関係を検討せざるをえず、従来の学説・判例も、これを意識して展開されてきた。以下では、このような事情を踏まえて、まず就業規則による不利益変更法理の展開過程と現行労契法の規定を検討し、それとの関係において労働協約による労働条件の不利益変更をどのように法的に位置づけ、またその内容をどのように解することが妥当であるかを考えることとする。

第2節　就業規則による労働条件不利益変更の法理[3]

1　学説と判例の展開

　就業規則については、その法的性格をめぐって多くの学説が錯綜したが[4]、法的性格をめぐる学説と判例の展開は、その根底に、使用者により一方的に労働者にとって不利益な方向に変更された就業規則は、これに不同意の労働者に対しても法的規範として拘束力を及ぼすか、という問題をかかえていた。たとえば、就業規則自体を一種の法規範であると考える「法規説」のうち経営権説は、どのような方向であれ、権利濫用など一般条項の制約を除けば、使用者には就業規則を変更する権限があるということになるし、労基法旧93条をよりどころとして、就業規則には労働条件の最低基準を確定する法的効力が特別に付与されているとする「法的効力付与説」では、原則として不利益変更はできないということになる。一方、就業規則も労働契約上の合意によって拘束力を有するとする契約説では、原則としては労働者の同意なき限り不利益変更は効力を有しないことになるが、就業規則を約款類似の提携契約とみる「定型契約説」においては、合理性と周知を要件として同意なき変更も有効となりうる[5]。

　このような学説の展開に対し、秋北バス事件大法廷判決[6]は、「新たな就業規則の作成又は変更によって、既得の権利を奪い、労働者に不利益な労働条件を一方的に課することは、原則として、許されないと解すべきであるが、労働条件の集合的処理、特にその統一的かつ画一的な決定を建前とする就業規則の性質からいって、当該規則条項が合理的なものであるかぎり、個々の労働者において、これに同意しないことを理由として、その適用を拒否することは許されないと解すべきであり、これに対する不服は、団体交渉等の正当な手続による改善にまつほか

3）　就業規則の法的性格と、就業規則の改訂による労働条件の不利益変更に関しては、野川・新訂85頁以下に詳細な検討をしており、以下はこの検討をさらに進めたものである。

4）　労働契約法制定以前の、学説の展開については野田進「文献研究6　就業規則」季労166号（1993）149頁以下。

5）　これらの見解については、野田・前掲注（4）のほか、諏訪康雄「就業規則」『文献研究労働法学』（総合労働研究所・1978）82頁以下、野川・新訂88頁以下参照。

6）　最大判昭43・12・25民集22巻13号3459頁。

はない」と述べて、不利益変更された就業規則が不同意労働者を拘束するためには「合理的な」変更であることが必要であるとの一般論を提示した。

この判旨は、何よりも「不利益だが合理的」ということの意味が不明であって内実の解明が急がれたが、その後最高裁は、大法廷判決の示した「合理的である」ということの意味を精緻化し、現行労契法10条の規定に示された要件とほぼ同様の判断要素を提示することによって、具体的事案の解決の根拠を示し続けたのである（後述3(2)イ）。

最高裁の大法廷が、曲がりなりにも一般論を示したことに応じて、学説も原理論的な見解は影をひそめるようになり、労働者はあらかじめ合理的な変更であれば不利益変更にも同意を与えていると理解すべきであるとか[7]、労働契約が継続的契約関係であることを重視して、一方で使用者側からの労働条件変更の申し出に対する拒否に解雇が著しく制限されていることから、合理性を要件として不利益変更された就業規則の拘束力を認めるべきであるとの考え方[8]など、どちらかと言えば判例の傾向に原則として沿う方向での見解が積極的に展開されるようになった。

2　就業規則による不利益変更論の意義と課題

いわば初発の段階における就業規則と労働契約との関係は、就業規則を一種の定型契約とみて、約款法理を援用してその拘束力を認める定型契約の考え方によっても、また黙示の合意によってもその説明は不可能ではないが、不利益変更された就業規則がそれに同意しない労働者をさえ拘束する、という帰結を導くための論理構成は容易ではなく、実際に最高裁判例はその具体的処理基準としての精緻さは進んだものの、論理的根拠については不明なままで労契法の制定を迎えた[9]。そこで不利益変更論は、結局のところ就業規則の法的性質論から演繹的に展開されてきたために有意義な帰結が導けなかったとの評価がある[10]。そこからは、不同意労働者に対して労働条件の不利益変更を適用する（不利益に変更された労働条件

---

[7]　下井隆史『労働基準法〔第3版〕』（有斐閣・1994）309頁、同〔第4版〕(2007) 389頁でも踏襲。山川隆一『雇用関係法〔第3版〕』36頁（新世社・2003）。

[8]　菅野133頁。

[9]　不利益変更をめぐる秋北バス事件大法廷判決以降の判例の動向については、菅野145頁以下、荒木337頁以下、法セ・コメ労基法労契法363頁以下［野田進］。

[10]　詳説労契法〔初版〕118頁。

が労働契約の内容をなす）ことが認められなければ解雇法制を変更する必要がある、との指摘も生まれることになる。しかし、このような見解は必ずしも妥当とはいえないであろう。第1に、日本において解雇に対する裁判所の立場が厳しいように見えるのは、それが戦後初期の緊急事態への対応と高度成長期までに確立した一般的な雇用慣行を前提としているからであって、そのような慣行が変化すれば当然それに応じて変更されることが想定される。日本の企業社会に広く定着していた長期雇用慣行と年功制人事制度の下では、使用者側からの雇用保障と労働者側からのいわゆる人事権への服従がトレードオフの関係として定着していたのであり、使用者は解雇権を自ら制約することと引き換えに、広範な配転命令権や労務指揮権、融通無碍の時間外・休日労働命令権など強大な権限を確保していた。言い換えれば、労働契約の内容をはじめから明確に限定しているような労働関係についてまで、裁判所は解雇を殊更に制約していたわけではない。したがって、現行の労契法16条に定めた客観的に合理的な理由も社会通念上の相当性も、そうした雇用慣行が変化すれば具体的な中身も変わるべきものであり、就業規則による労働条件不利益変更の法ルールを正当化する根拠にはならない。第2に、解雇に関する法ルールのありかたも、現行労契法16条が恒久的に機能すべきであるとのコンセンサスがあるわけではない。いわゆる金銭解決の導入や、整理解雇法理の実定法への取込みのありかたなど、今後も精力的な検討が進められていくことが想定されているのであり、その方向はなお流動的である。したがって、現在の解雇法制を所与の前提として、それに完全に拘束された形で就業規則法制を構成する必要はないといえる。

　このように、労契法10条によって就業規則の不利益変更をめぐる議論に決着がつけられたかに見える現在でも、契約法理と不利益変更論との整合性をさぐる試みが継続されるものと思われる。

11）　詳説労契法〔初版〕120頁。
12）　この点については、野川「解雇の自由とその制限」講座21世紀4巻154頁以下参照。
13）　このような立場に立つ代表的な裁判例として、フォード自動車事件—東京地判昭57・2・25労判382号25頁。

3 労契法による就業規則法理の再構成と不利益変更の規制

(1) 労契法7条——就業規則と労働契約との関係

(a) 労契法の構造と就業規則の位置づけ

労契法は、労働契約が合意によって成立し、変更されるという合意の原則を土台としており（同法1条、3条1項、6条、8条）、就業規則もこの原則を免れるものではない。したがって、使用者が就業規則を作成してこれを当該事業場の準則としようとする場合には、就業規則の内容について労働者と合意することにより、労働契約の内容とするという方法が最も理想的であることは言うまでもない。それは就業規則の内容を変更する場合も同様である。労契法が3条によって労働契約は「合意に基づいて」締結および変更されるべきであると規定し、6条によって労働契約の成立は合意によると明示し、また8条と9条によって労働契約の変更も合意によるのであって、原則として就業規則の変更によって労働契約内容が変更されるものではないことが強調されているのも、この原則を確認する意味を有している。

したがって、労契法7条が、労働契約を締結する段階において「周知」と「合理性」を要件として、その内容について合意のない就業規則について労働契約内容を規律する効力を付与していることも、単に例外が認められたという観点からだけではなく、そこに示された周知や合理性が、合意に代わることのできる内実を有しているものでなければならないことを示唆しているとみることが必要である。

この点において、前掲秋北バス大法廷判決が「『労働条件は、労働者と使用者が、対等の立場において決定すべきものである』（労働基準法2条1項）が、多数の労働者を使用する近代企業においては、労働条件は、経営上の要請に基づき、統一的かつ画一的に決定され、労働者は、経営主体が定める契約内容の定型に従って、附従的に契約を締結せざるを得ない立場に立たされるのが実情であり、この労働条件を定型的に定めた就業規則は、一種の社会的規範としての性質を有するだけでなく、それが合理的な労働条件を定めているものであるかぎり、経営主体と労働者との間の労働条件は、その就業規則によるという事実たる慣習が成立しているものとして、その法的規範性が認められるに至っている（民法92条参照）ものということができる」と述べ、「事実たる慣習」の法理を用いて就業規則の法

的規範性を導いていた事実を改めて再認識する必要がある。すなわち大法廷は、就業規則が社会規範として機能している「実態」を踏まえ、労働条件も現代企業の大半では統一的・画一的に定められざるをえない「実態」に即して、そこに契約の補充規範として機能しうる「事実たる慣習」の存在が認められれば就業規則に定める労働条件が労働契約内容を補充しうるということを示したものと解することが可能であり、全く契約法理と乖離した観点から就業規則の法的規範性を認めようとしていたわけではないことがうかがえる。そして、労契法が全体として合意原則を中核的原則としていることを踏まえると、7条が、就業規則の労働契約規律効の要件として示す周知と合理性についても、労契法の中核原理である合意原則と大きく乖離することのない方向で解釈されることとなる。

(b) **労働契約内容を規律する根拠とその意義**

まず、労契法7条は、所定の要件を満たした就業規則につき、「労働契約の内容は、その就業規則で定める労働条件によるものとする」との表現をとっている。「その就業規則の規定は労働契約の内容となるものとする」とは記されていない。これまで、就業規則規定が労働者に適用される根拠を労働契約との関係で捉える場合には、就業規則が労働契約の内容となるからであるとの理解が通常であった。

しかし実は、就業規則の拘束力について判断を示した最高裁判決は、いずれも当該就業規則規定の内容が「労働契約の内容になる」と結論づけてはいない。秋北バス事件最高裁判決は事実たる慣習説によって就業規則が「法的規範となる」との判断を示していたし、その後の2つの最高裁判決[14]は、いずれも合理的な就業規則規定は労働契約の「内容をなす」と述べていた[15]。すなわち、最高裁は就業規則の規定が何らかの契約を基礎づける要因によって労働契約の内容になっていくという段取りを想定しておらず、就業規則が外部から労働契約内容を規律するという図式を描いていたと想定しうる。したがって、学説の流れを前提とすれば、最高裁は労働契約との関係については、就業規則に法規範的効力を認めていたと考えざるをえない。

---

14) 帯広電報電話局事件—最1小判昭61・3・13労判470号6頁、日立製作所武蔵工場事件—最1小判平3・11・28民集45巻8号1270頁。
15) 帯広電報電話局最判は、一般論の結論を導く過程で、就業規則規定が合理的な内容であれば「それが当該労働契約の内容となっているということを前提として検討すべき」との表現を用いているが、結論としては「労働契約の内容をなしている」と断じている。

この点、労契法制定後の学説は、こうした効力を労働契約を規律する効力ないしは労働契約補充効として、労組法16条に規定された労働協約の労働契約に対する効力と同等の機能を、労契法は就業規則に付与したものとみなす傾向がある。

しかし、労働協約の場合には、まさに労使が合意そのものによって形成する理念形に近い「契約」であって、労働契約内容を規律する効力については、少なくとも部分的には、代理や第三者のためにする契約の手法によっても認めうるのであり、立法によって一般的な規律効を付与したとしても（労働協約の規定が労働契約の内容となるのか、外部から規律するのかはともかく）契約法理の基本構造をそれほど大きく逸脱するわけではない。一方就業規則は、使用者の一方的作成になるものであって、労働契約を規律する効力の発生要件たる周知も内容の合理性も、合意という要素とは異なるものである。そうすると、実態として事業場内の規範として機能している就業規則を法的にオーソライズする論理としては、法体系全体の中で異質さを際立たせているものといえる。

こうして、労契法7条が就業規則に労働契約内容を規律し、あるいは補充する効力を付与しているとすれば、その要件たる周知と合理性は、就業規則が使用者の一方的作成になるという出発点をそのまま容認する内容であってはならず、当該就業規則に契約的要素が何らかの意味で備わっていることを示すものであるか、もしくは制定・変更過程における労働者側の関与を強化することを促すような内実を備えている必要があろう。

この点であらためて踏まえておかなければならないのは、労基法における就業規則の役割は、労働契約との関係については最低基準効以外には何も定められていないという事実である。労基法が定めているのは、使用者に対する就業規則の作成・変更「義務」であって、使用者に「権利」を付与しているのではない。そして、適法に定められた就業規則については、労働者に対して何ら義務を課するものとはしていない。労基法2条は労使双方に労働協約、労働契約、就業規則の

---

16) 菅野136頁以下。
17) 土田・契約法137頁。
18) 契約当事者のうち、一方のみが作成した約款が効力を有するのは保険契約や電気ガスの供給契約など不特定多数を相手とする場合であって、たとえば労働契約と同様役務提供契約の類型の1つである請負契約に関しては、建築工事請負契約約款などは存在するものの、それは公的機関が作成して両当事者にそれによることを促すものである。要するに、就業規則を労働契約約款とみなすことは現行法体系の中であまりにも無理があると言わざるをえない。

遵守を求めているが、これは労働契約の義務付けとは異なり、訓示的な意味しか有しない[19]。むしろ、労働者を保護することを主たる目的とする労基法は、使用者に作成・変更を義務付けた就業規則に旧労基法93条（現行労契法12条）によって最低基準効を付与し、就業規則を「職場の労働基準法」として機能させることを意図しているのであり、労基法自体からそれ以外の労働契約への効力を導き出すことはできない。したがって、「就業規則」という概念は、労基法上のものと労契法上のものと同一であるべきではなく、むしろ労働契約との関係については労契法独自の意義を就業規則に認めるべきである。具体的には、労働基準監督署が監督取締り行政の手段として使用するための就業規則として効力を有するための要件と、労働契約を規律する効力を有するための要件とは異なって当然である。たとえば、これまで就業規則は届出や意見聴取といった労基法上の要件を満たさなくとも「有効である」との裁判例は多かったが、実際には、労基法上の効力とは厳密には旧93条の最低基準効のみなのであるから、その効果を生じることと、労働基準監督署が就業規則を用いて監督指導を行うためのいわば前提としての届出や意見聴取が、直接に結びつかないことは明らかであった。したがって、届出や意見聴取義務が満たされておらず、また厳密な意味での「周知」がなされていなかったとしても、最低基準効は有すると考えられる。だからといってそのような就業規則が労働契約に対して規律効や補充効を有することにはならないことは言うまでもない。使用者が作成した就業規則が労契法上どのような要件のもとにどのような効力を有するのかは、労契法独自の観点からあらためて検討すべき事柄である。

(c) 周知の意義

以上のように解すると、労契法7条が規定する「周知」とは、使用者が一方的に策定した就業規則であるにもかかわらず労働契約を規律する効力を有するための周知である必要があろう。言うまでもなく、労基法106条に規定された周知とは峻別すべきである。

この点、周知が要件として取り込まれた趣旨については、近時の最高裁判決が[20]、周知手続がなされていない就業規則に規定された懲戒規定によっては懲戒できな

---

19) 東大・労基法(上)68頁［山川隆一］。
20) フジ興産事件—最2小判平15・10・10労判861号5頁。

いことを明示したことや、従来の学説判例の一般的理解によるものと考えられる[21]。

　周知の具体的意義については、労働者が知ろうと思えば知りうる状態にあることをいう、との理解が一般的であるが[22]、それでは労基法106条の周知と実質的にはさしたる変わりはない。労契法7条の周知要件が満たされるためには、単に労働者が知ろうと思えば知りうる状態にあればよいだけではなく、それだけの周知手続がとられていれば、労働者が当該就業規則の内容によって処遇されるということが当事者間の規範となりうるという程度の周知手続がとられていなければならない。具体的には、使用者は労働者に対し就業規則の存在を通告してその閲覧を促しており、しかも容易に閲覧しうる状態にあるか、もしくは使用者によりそのような通告がなされているのと同等の労働者への開示措置がなされていることが必要となろう。就業規則の実質的周知がなされていないことを指摘した最近の裁判例も[23]、そのような趣旨に読むべきであろう。

(d)　「合理的な労働条件」

　労契法7条が規律しようとする労働条件とは、労働契約の展開中に労働契約内容として制度化することが可能なものを意味する。したがって、労働契約の本体としての労務の提供と賃金の支払いに限定されず、服務規律や福利厚生、教育訓練など労働契約の内容となりうる事項で制度化可能なもののすべてを含むと解すべきである。労働契約内容にならないもの、たとえば当該企業の基本理念や社会的責任を規定した事項は含まれないし、制度化ができない事項、たとえば個々の労働者に対する労働契約形式の変更（期間の定めのない労働契約から期間の定めのある労働契約へなど）などは含まれない。

　それでは、「合理的な」労働条件とは何か。実は、これまで学説においては、不利益変更された就業規則規定が不同意労働者に適用される要件としての合理性に関しては精力的な検討が進められてきたが、就業規則と労働契約との関係それ自体に関する合理性の内実については、相対的にあまり周到な検討がなされてこなかった嫌いがある。しかし、前掲帯広電報電話局判決も日立製作所武蔵工場判決も秋北バス事件大法廷判決を引用しており、合理的な就業規則が労働契約を規

---

21)　東大・労基法(下)1027頁［荒木尚志］。
22)　詳説労契法113頁、野川忍＝山川隆一編『労働契約の理論と実務』（中央経済社・2009）86頁［山川隆一］。
23)　中部カラー事件—東京高判平19・10・30労判964号72頁。

律する根拠を事実たる慣習に求める大法廷判決の趣旨はなお生かされていると見るのが自然であろう。

一方学説は、ここにいう合理性の意義について、公序違反の場合以外は「きわめて例外的な規定の効力を否定する弱いコントロールにとどまる」[24]、「契約締結時における合理性は、従前の労働条件と比較した不利益性が観念されないため、一般にはより広く認められることとなろう」[25]などとして、10条との比較において限定的な審査が行われるべきことを示している。

このような状況は、就業規則が労働契約内容を規律する要件としての合理性にはあまり重きをおかず、変更の合理性判断を重視してきた最高裁判決の流れにも即するものであり、特に労契法7条が個別合意の優先を認めているために、合理性の内実を検討する実益も大きくないとの判断がうかがわれる。

しかし、就業規則が使用者の一方的作成になるものであり、労基法上は労働契約との関係について最低基準効しか付与されていないこと、大法廷判決ははっきりと事実たる慣習によって法的規範性が認められると述べていたことを踏まえると、労契法7条の合理性をこのように消極的にとらえることには疑問を禁じえない。労働契約の合意原則に対する例外としての7条は、就業規則の機能に合意になぞらえうる根拠を与えたと見るべきであり、ここでいう合理性も、労働契約上の合意を補充しうるものと認められる根拠として定立されるべきであろう。

筆者は、他の場においても繰り返し、就業規則が適法に作成され、労基法上の効力を認められても、事実たる慣習などの媒介を経なければ労働契約の内容とはなりえないことを主張してきた[26]。労契法7条の趣旨を、周知手続がとられた合理的な内容の就業規則が労働契約を規律するととらえたとしても、基本的にはこの考え方に変りはない。すなわち、合意に代わりうる法的規範性が認められるためには、事実たる慣習を認めうるだけの実質的な周知手続がなされ、かつ、制度の適用が是認されうるだけの内実を含んでいなければならない。この点、「労働者が対等な立場で交渉した場合に想定されうる内容」を読み込む見解もあるが[27]、よ

---

24) 村中孝史「労働契約法制定の意義と課題」ジュリ1351号（2008）45頁。
25) 詳説労契法112頁。
26) 野川「就業規則と労働条件」ジュリ1051号・1052号（1994）、同「労働契約と就業規則」中嶋士元也先生還暦記念論集『労働関係法の現代的展開』（信山社・2004）293頁。
27) 「労働契約法逐条解説」労旬1669号（2008）36頁［矢野昌浩］。

り適切な判断基準は、制度としての公平性、公正さが整っているか否かが主たる合理性の意義であると考えるべきであろう。したがって、もともと個人の権利・利益に属するような内容を就業規則で規定する場合（服装や趣味の規制）は、それを制度規範として設定できるだけの理由が客観的に認定できない限り合理性はないし、特定の労働者や特定の労働者集団にとって特に不利益をもたらしかねない規定（ある年齢や業務についている者にのみ負担の大きな義務を課するなど）は制度としての公正さが疑われ、合理性が否定される場合もありえよう。

(e) **但書の趣旨**

労契法7条はその但書において、「労働契約において、労働者及び使用者が就業規則の内容と異なる労働条件を合意していた部分については、第12条に該当する場合を除き、この限りではない」として、個別に労働契約で合意した労働条件については7条の適用がないことを明記している。12条は、最低基準効を定めているので、就業規則に定めた基準を下回る個別合意は許されない。したがって、実際に本但書の対象となりうる労働条件は、就業規則の内容と同一か、それを上回るもののみである。

このうち、就業規則の規定と同一の労働条件については、就業規則上の制度としてではなく、個別労働契約の内容として合意しているという趣旨であって、その変更も就業規則による「制度変更」の要件を定めた10条にはよらないこととなる。また、就業規則の内容を上回る労働条件を合意した場合は、当該労働者については個別合意が優先されることとなる。

さらに但書の趣旨は以下のような場合にも適用される。

第1に、労働契約締結時に周知された就業規則に対して、労働者がその規定の一部に明確に異議を唱えた場合である。この場合その労働者が採用されれば、使用者は当該規定の適用を労働者が拒否していることを認識したうえで労働契約を成立させていたことになり、当該規定については但書における「就業規則の内容と異なる労働条件を合意」していたとみなすことが可能である。したがってそのような場合には、合理性と周知による労働契約規律効は生じない。

第2に、そもそも7条に定める労働条件には該当しないものについては、但書の適用ではなく、7条全体が適用されないものとして扱うことになる。

(f) **労契法7条の不利益変更法理への影響**

労契法7条は、従来の判例法理を取り込みながら、かなりの解釈の余地を残し

て定められている。就業規則が合意原則を補充するものとしてのみ、また合意原則に整合性を確保できる論拠においてのみ、労働契約を規律ないし補充するものという土台を踏まえると、以上から明らかになったように、就業規則によって労働条件が確定されるのは、契約法理から見てそのような帰結が論理的矛盾をきたさない場合であり、その1つの構成として、秋北バス事件大法廷判決が示した事実たる慣習の考え方は重要な意味を有するものといえる。同様に、就業規則の改訂による労働条件の一方的な不利益変更が労働契約の内容を規律し、あるいは補充しうるのは、それが契約法理から乖離しない論拠を有する場合であって、労契法10条もその観点から解釈されるべきであるということになろう。

(2) 労契法10条

(a) 合意原則と労働条件の不利益変更

労働者と合意することなく労働条件を就業規則によって不利益に変更することは原則として許されない(労契法9条)。労働条件の変更も、その設定と同様に合意によることとされているからである(同8条)。

労契法8条は、およそ労働契約の内容である労働条件は合意によって変更することができることを規定する。ここでは労働契約の内容でありさえすれば合意による変更ができるので、それがもともと合意によるものか、就業規則の労働契約規律効によるものか、あるいは労契法12条の最低基準効によるものかを問わない。

合意の具体的形態として、明示の合意が望ましいことは言うまでもないが、黙示の合意も含まれるか否かについては判例は一致していない[28]。労働契約関係は継続性が特徴の1つであるので、労働条件の変更がなされ、労働者がそれに不同意でも、明示的にその意思を表明せずに変更された労働条件で就労を継続することは十分にありうる。もともと本質的に不均衡な労働契約において、このような場合にまで合意があったとして労働条件の変更が認められてしまうことは適切とはいえない。問題は、黙示の合意を労契法8条にいう合意に含まないと解するか、黙示の合意も含むと解したうえでその認定基準を厳格にするかである。8条の文

---

28) 労働条件の変更に対して黙示の同意に厳格な態度を示すものとして京都広告社事件—大阪高判平3・12・25労判621号80頁、山翔事件—東京地判平7・3・29労判685号106頁など。比較的緩やかに認めるものとして、ティーエム事件—大阪地判平9・5・28労経速1641号22頁、エイパック事件—東京地判平11・1・19労判764号87頁など。

意に黙示の合意を含まないという趣旨を読み込むことは、労働者に有利な内容の労働条件であっても黙示の合意は認められないということになりかねず、また不利益な場合のみ黙示の合意は排除されるという解釈はいかにも無理があると言わざるをえないので、この場合には黙示の合意も含むと解したうえで、労働契約の特質を踏まえて、具体的なその認定は厳格になされるべきであると考えるのが妥当である。

なお、8条に関連して、労働者と使用者とが、あらかじめ使用者による労働条件変更権を認める合意をしていた場合にはどのように解するかという問題がある。これについては、あらかじめ将来の不利益変更を認める「黙示の合意」ということは考えにくく、またこれを認めることによる影響の大きさも考慮すると、少なくとも黙示の合意による変更権留保ということはありえないと解すべきであろう。しかし、明らかに明示の合意をもって使用者の変更権が留保されていると認められる場合にまでそれを否定することは困難である。したがって、変更権留保の合意それ自体は認めたうえで、合意内容の合理的限定解釈や、権利濫用・信義則の観点から具体的な発動を厳格にチェックするという方向が妥当であろう。

つぎに9条は、合意原則は就業規則による変更にも適用され、使用者が就業規則を改訂して労働条件を変更しても、それが不利益である場合には合意なしに労働契約内容を規律することはありえないことを示している。

本条によれば、就業規則によって労働者の不利益に労働条件を変更することを労働者が合意していれば、10条によることなく（合理性判断を経ることなく）就業規則によって変更された労働条件が労働契約内容をなすこととなる。なお、本条は8条と異なり、「労働者に不利益な内容」への変更のみを対象としているので、労働者に有利な内容への変更は合意なくして就業規則の変更のみで労働契約内容をなすのかという問題が生じうる。有利な内容と不利益な内容とはパッケージで実現されることが多い実態を踏まえると、9条が有利な変更を除外したとまでみなすことは妥当ではない。また、本条と8条とは、後者が個別労働契約において労働条件を変更する場合を想定しているのに対し、前者は就業規則による労働条件の変更についての合意を特に規定しているという点に相違がある。この合意は、それがなければ10条の要件を満たす必要があるという合意であるから、黙示の合意については、全く排除されることはないまでも、十分に厳格な判断によってのみ認められるべきである。[29]

(b) 労契法10条による労働条件変更の意義
ア 10条の淵源としての判例法理

10条は、9条の例外規定という位置づけを与えられるとともに、就業規則を変更することによって労働条件を変更する場合には、7条は適用されないことを示している。要するに、就業規則の変更によって労働者に不利益な労働条件を課することができるのは、合意によらない限り、本条の要件をすべて満たした場合に限られるということになる。[30]

同時に、実際には、労働条件の不利益変更は、就業規則の規定を改訂するかたちで労働者と使用者との合意によらずに行われることが最も多いケースであることから、本条の規定は、その意味で労契法の最大のポイントであるといえる。

この問題は、就業規則と労働契約との関係以上に労働法の世界における大問題として非常に精力的な議論が重ねられてきた。最高裁の判決も、大法廷をはじめとして10本を数えるほどであり、それだけ実務的にも、理論的にも重要な問題であるといえるであろう。

まず秋北バス大法廷判決は、前述のように述べて、就業規則による労働条件の不利益変更についても「合理性」の存否によると判断したが、ここでも「合理的である」ことの具体的中身について明確な内容を示さなかったため、「就業規則の不利益変更を正当化する合理性」というテーマは、その後も深刻な議論を呼んだ。

その後最高裁は、大曲市農業協同組合事件判決において[31]「当該規則条項が合理的なものであるとは、当該就業規則の作成又は変更が、その必要性及び内容の両面からみて、それによって労働者が被ることになる不利益の程度を考慮しても、なお当該労使関係における当該条項の法的規範性を是認できるだけの合理性を有するものであることをいうと解される。特に、賃金、退職金など労働者にとって重要な権利、労働条件に関し実質的な不利益を及ぼす就業規則の作成又は変更については、当該条項が、そのような不利益を労働者に法的に受忍させることを許

---

29) 詳説労契法129頁以下。
30) なお、10条は就業規則の「変更」とのみ規定しているので、従来就業規則が存在しなかった事業場において新たに就業規則が作成された場合には適用がないこととなるが、これについては、判例法理に即して本条を類推適用すべきであるとの見解(菅野115頁、荒木338頁、山川37頁、土田・契約法512頁(注49))に賛成したい。
31) 最3小判昭63・2・16民集42巻2号60頁。

容できるだけの高度の必要性に基づいた合理的な内容のものである場合において、その効力を生ずるものというべきである」と述べ、不利益変更に関しても「合理性」を用いる秋北バス事件大法廷判決の判断枠組みを継承しながら、なお同じ労働条件といっても賃金や退職金などの重要な労働条件とそれ以外の労働条件とはそのような合理性の判断において異なる位置づけがなされるべきであるとした。

さらに、平成9年に言い渡された第四銀行事件判決は、秋北バス事件大法廷判決以後の最高裁判決の流れをすべて包括しつつ、そのうえで、「合理性の有無は、具体的には、就業規則の変更によって労働者が被る不利益の程度、使用者側の変更の必要性の内容・程度、変更後の就業規則の内容自体の相当性、代償措置その他関連する他の労働条件の改善状況、労働組合等との交渉の経緯、他の労働組合又は他の従業員の対応、同種事項に関する我が国社会における一般的状況等を総合考慮して判断すべきである」と述べ、合理性判断にあたっての具体的な判断要素を明示した。

イ　2つの最高裁判決とその課題

第四銀行事件最高裁判決は、それまでの最高裁判決が用いてきた判断基準を集大成したものであって非常に行き届いた内容であるが、一方においてその説くところは、実務的な汎用性において機能することが困難な内容といえる。実際に就業規則規定を不利益変更した場合に、そのような不利益変更が許されるかどうかの見通しを立てることが容易ではない。最高裁の努力は、裁判実務上はともかく、企業実務の現場においては予見可能性をほとんどもちえないという結果をもたらしたのである。

しかし、実は第四銀行事件では、使用者に予見可能性をもたらすような実務に有益な判断基準と考えることができる具体的な考え方も示されていた。すなわち判旨は上記一般論を示した後に具体的判断の局面において、「本件就業規則の変

---

32) 最2小判平9・2・28民集51巻2号705頁。
33) 秋北バス事件大法廷判決以降は、第四銀行事件判決以前も、またこれ以降も、就業規則による労働条件の不利益変更を扱った最高裁判決は、いずれも合理性判断に依拠した判断を示している。本文に掲載したもののほか、御国ハイヤー事件―最2小判昭58・7・15労判425号75頁、タケダシステム事件―最2小判昭58・11・25労判418号21頁、第一小型ハイヤー事件―最2小判平4・7・13労判630号6頁、朝日火災海上保険（高田）事件―最3小判平8・3・26民集50巻4号1008頁、羽後銀行事件―最3小判平12・9・12労判788号23頁、函館信用金庫事件―最2小判平12・9・22労判788号17頁等。

更は、行員の約90パーセントで組織されている組合（記録によれば、第1審判決の認定するとおり、50歳以上の行員についても、その約6割が組合員であったことがうかがわれる［この事件の原告は事件当時53歳であった：筆者注］。）との交渉、合意を経て労働協約を締結したうえで行われたものであるから、変更後の就業規則の内容は労使間の利益調整がされた結果としての合理的なものであると一応推測することができ、また、その内容が統一的かつ画一的に処理すべき労働条件に係るものであることを考え合わせると、被上告人において就業規則による一体的な変更を図ることの必要性及び相当性を肯定することができる」としている。

　判旨のこの部分を重視するとすれば、就業規則の改訂による労働条件の不利益変更の「合理性」を判断するにあたっては、その事業場に労働者の圧倒的多数が加入している労働組合など、就業規則の適用を受ける労働者集団の意思を集約できるような代表組織があって、その代表組織と使用者とが十分に話し合って合意した場合には、少なくともその不利益変更後の規定内容には合理性が推測されるという一般的基準を立てることが可能となる。

　そしてこのようにして不利益変更の合理性が推測されるとすれば、「労働者集団を代表する組織と使用者との十分な話し合いと合意」は、合理性判断の真の意味における判断基準として、企業現場の実務においても十分に耐えうるものとなる。このような意味で、第四銀行事件最高裁の判示内容は実務に非常に大きな影響をもたらすこととなった。[34]

　しかし、その後最高裁は、みちのく銀行事件[35]において、73％を組織する労働組合の同意を得た就業規則規定の不利益変更についてその合理性を否定した。この事件では、他に1％の労働者を組織する労働組合があってその労働組合がこの不利益変更に反対していたという事情があり、しかも不利益変更はその少数派労働

---

34) なお、年功的賃金制度を成果主義的制度に変える場合のように、そもそも労働条件が「不利益」に変更されたか否かが問題となることもありうるのは当然である。これについては、労働者が不利益性を前提に就業規則の拘束力を争う場合には、不利益性の存否自体に拘泥することなく合理性判断に移行するというのが裁判例の傾向であり（前掲秋北バス大法廷判決は「不利益な変更と言えるかどうかは暫くおき」としているし、前掲第一小型ハイヤー事件は、外形的な不利益があれば不利益変更であるとしている)、この点を、原告労働者の請求に対して被告使用者が就業規則の変更を抗弁として提出する場合は不利益変更として扱ってよいとして、要件事実論の見地から対応する見解もある（山川38頁）。

35) 最1小判平12・9・7民集54巻7号2075頁。

組合の組合員（すべて55歳以上の高齢者であった）にのみ適用されるという内容——55歳になった労働者は役員になる者以外は全員専任職という新設のポストに回され、賃金の大幅カットを受ける——であったため、第四銀行判決の判断基準と理論的に整合していないではないかという強い疑問が投げかけられたのである。

　ウ　私見

　この問題について筆者は、「就業規則によって設定された制度の適用を受ける」という意味において当該就業規則規定が労働契約の内容となりうるとの立場であり、それは変更の場合も同様であると考える。要するに、就業規則の諸規定が労働契約内容となっている場合には、将来の変更についても一定の範囲であらかじめ同意を与えているとみるべきであり、その範囲の基準は、制度としての合理性が確保される限界であり、具体的には、当該変更就業規則規定の適用を受けることとなる従業員集団の大多数が、その必要性や影響について十分に理解したうえで同意を与えているならば、それは制度として合理的であることを示唆するものであり、労働者がこれを拒否することはできない。ただし、それも合理性の推測であり、極端に一部の労働者を不利益に取り扱うことが目的となっている場合等は推定を覆すことができるものと考えるのである。

　なお、ここでの「多数組合の同意」は、独立した手続ではなく、あくまでも合理性を推認するための手段と考えるべきである。したがって、就業規則改訂による労働条件変更の合理性を主張する使用者は、単に圧倒的多数を組織する組合の同意を得たことを主張するだけでは足りず、その同意確保のプロセスを含めて、合理的な制度変更といえることを立証しなければならないし、これに反対する労働者は、所属する労働組合がみちのく銀行事件の場合の多数組合のように公正な代表性を有していないことをもって合理性を否定できる。また特に一部の労働者のみに極端な不利益を与えることを当初から目的としているなどの事情があれば、それを立証して合理性の推定を覆すこともできると考える。要するに、当該事業場の労働者全体を代表しうる労働組合がある場合には、その労働組合が従業員全体を公正に代表して当該就業規則の不利益変更に同意した場合に、変更後の就業規則規定の拘束力が推定されるべきなのである。

　就業規則の改訂による労働条件の不利益変更については、最高裁判決の積み重ねにより、合理的な内容であればこれに同意しない労働者をも拘束するとの一般論を前提として（前掲秋北バス大法廷事件）、賃金や退職金など重要な労働条件

（労働契約の本体部分）を変更する場合には高度の必要性に基づく合理性が求められ（前掲大曲市農業協同組合事件）、また事業所の大多数を組織する労働組合の入念な交渉を通じた同意がある場合は変更後の規定の合理性が推測されるものの（前掲第四銀行事件）、それは単なる多数決原理に基づくものではない（前掲みちのく銀行事件）ことも示されている。これらの要件を前述の立場から再構成すると、契約内容となっている就業規則規定を一方的に変更しても、それが労働者の了解している範囲のものでなければならないことを表現する概念として合理性が判断されるのであり、特に労働契約の本体である賃金や退職金については、労働契約の本体と、労働契約終了にかかる本質的契約内容であることから、将来の変更に関する了解の範囲は著しく狭まるために高度の必要性が求められるということになる。加えて、最高裁が示した合理性の判断要素のうち、最も注目すべきなのは多数組合の同意であり、何よりもこれにより労使とも変更後の就業規則規定が不同意労働者にも適用されうるものか否かの予見が可能になるというメリットが大きい。そして、これについて、第四銀行事件判決とみちのく銀行事件判決との相違が問題となるが、この点は以下のように考えるべきであろう。

　みちのく銀行事件における多数派組合は、若い世代の労働者ばかりで構成されており、就業規則の変更により実際に不利益を被ることとなる高齢者は、対立する少数派組合に結集していた。そのような場合には、多数派組合の同意は、多大な不利益を受ける少数の労働者の意向を全く反映しておらず、いわば公正代表義務違反と評価しうるものであって、合理性を備えているとはいえない。多数派組合の同意も、それが就業規則の適用を受けるすべての労働者の利害を公正に代表していなければ、合理性は否定されるのである。

　10条は、以上のような最高裁判決の流れを受けて、変更後の就業規則の周知と合理性を要件として、合意なき労働条件の変更も労働契約の内容になることを宣明したものといえる。合理性の判断基準も、以上のような理解を前提とすれば、今までの最高裁判決に記載されていた内容に即したものといえよう。

　なお、労契法11条は、就業規則の変更について労基法89条（届出）と同90条（過半数代表の意見聴取）の手続を経るべきことを定めているが、これを変更された就業規則規定の労働契約規律効の要件とみるべきか否かは見解の分かれうるところである。変更についてのみ、特に手続を明記していることからすれば、同条の手続を満たしているか否かは、10条の定める「その他の就業規則の変更に係る

事情」の一環として合理性判断に組み込まれることとなろう。[36]

(c) 労契法 7 条と10条との関係

労契法 7 条と10条とを、労働契約と就業規則との関係という観点から整理すると、 7 条が労働契約締結時の周知と内容の合理性が確保された就業規則につき、「労働契約の内容は、その就業規則で定める労働条件によるものとする」としているのは、労働契約の締結時のみを対象としているためであり、10条が「労働契約の内容である労働条件」が変更後の就業規則によるとしているのは、就業規則によらずに労働契約の内容となっている労働条件の変更についても適用されるためにこのような表現になっているものといえる。すなわち、10条はおよそ労働契約内容となっている労働条件について、就業規則を変更することでそれを変更し、かつ変更した結果を労働契約内容として規律するという効力をも付与されているのであり、このような強力な効力を認めるための要件としての合理性が、 7 条の場合と異なることは当然である。

(3) 労働契約規律効としての10条の意義

それでは、10条と 7 条との整合的理解はいかにして可能か。この点については、10条は政策的判断から立法的解決をはかったという趣旨の見解が有力に示されている。[37] これによれば、契約法理と整合的に就業規則の不利益変更法理を構成することには無理があるとの判断を前提に、欧米各国においても模索されているフレキシキュリティ（雇用の柔軟性と安定性とを両立させる概念）の日本版として、政策的に立法化されたものであるということになる。

このような理解は、10条が立法措置の利点（法理論としての整合性や体系性に拘泥させられる必要がない）を十全に生かした苦心の産物であることを正面から認め、規定内容の変更による労働条件の変更という就業規則の機能を、契約法理を媒介とせずに直接に法的にオーソライズしつつ、実際にそのような事態が発生する局面を適切に処理していくツールとして10条を評価する、ということを意味し、このような形で長年にわたる就業規則論争に一応の決着をつけたという認識もうかがえる。

---

36) 同旨、菅野118頁。
37) 詳説労契法118頁以下。

しかし、こうした理解や認識は、必ずしも妥当ではない。まず、そもそも7条と10条が現行法のような形に落ち着いたのは、上記のような理解がコンセンサスを得て周到な検討が行われたためでは全くない。審議会における迷走はもとより、国会審議においてさえ目だった修正が行われる状況だったのであり、特に10条に関しては、「最高裁の判例法理から足しも引きもしない」との確認がされていることからも明らかなように、政策的な観点から立法解決をはかることを優先したというよりは、労使の対立が乗り越えられない中で、唯一の妥協の方向が「判例法理どおり」ということだったとみるのが適切であろう。すなわち、最高裁の不利益変更に関する判例法理が、労働契約法理とどのように整合するのかが明確でないまま、その判断基準のみが取り入れられたというのが実情である。要するに、10条が契約法理との整合性を疑わしめるような条文になっているのは、もとになった判例法理がそうであったためであり、しかも契約法理との整合性を確保するような条文のありかたが十分に検討され、その結果として判例法理そのもののようなルールが妥当であると結論づけられたわけでもない。10条の意義は、したがって、政策的に積極的に評価されるようなものではない。要するに、10条も契約法理との整合性を放棄した解釈が求められるのではなく、将来的な展望も伴って検討されるべきなのである。

(4) 合理性判断の内容

以上の前提を踏まえ、7条との整合性を前提としつつ契約法理との調和を意識しながら、10条の規定をみると、「周知」と「合理性」が、変更規定が労働契約内容を規律する要件であることは7条と同様である。この場合の周知も、7条の場合と同様、労働者全体の認知を促すまでの手続が必要であろう。

問題は合理性である。就業規則法理の統一的な構成と労契法の体系的理解とを前提とすると、以下のように考えるべきであると思われる。

労働契約締結当時に就業規則が労働契約内容となる根拠と、変更就業規則規定が労働契約内容となる根拠とは同一であるべきである。その根拠は労働者が当該就業規則について合意しているか、もしくは合意に代わりうる契約上の契機であ

---

38) 審議会から国会に至る検討の経緯は、野川『わかりやすい労働契約法〔第2版〕』（商事法務・2012）31頁以下、詳説労契法42頁以下。

るということになろう。7条については、制度としての合理性を要件として労働者が当該就業規則に従うという事実たる慣習の存在が前提となっていた。10条については、いったん労働契約の内容となっている労働条件が就業規則によって変更される効果をもたらす意味での「合理性」であるが、基本的には7条と同様の内容と見ることが可能である。すなわち、労働者と使用者との間の労働契約においては、制度としての合理性を条件として就業規則が労働者に適用されることが内容となっており、その意味で就業規則の規定は労働契約を規律するのである。[39] この場合、制度は可変的であって将来的に一定の範囲で変更がなされうること、かつその範囲は、制度が適用される集団全体の利益のために個別労働者の利益が調整されるという意味で一定の不利益をも包含していることは、就業規則という制度設定規範が契約内容となる以上労働契約内容となっているとみなすべきであり、したがって、不利益変更の場合の合理性とは、制度としての合理性であって、10条はその合理性の具体的中身を例示列挙しているものと解すべきである。この点は、秋北バス事件大法廷判決以来の判例の法理に対する理解としても成り立ちうるものであり、またこのように解することによって、7条と10条とは、契約法理との調和の元で整合的に位置づけることができるといえる。

(5) 但書の意味

10条では、但書として、個別の労働契約において就業規則の変更によって変更されない労働条件として合意していた部分については、就業規則の定める基準に達しない労働条件を定めるものでない限り、個別の労働契約の合意が優先されるとしている。これは、就業規則による労働条件の変更の対象が、個別労働契約によって定められるべき内容には及ばないという原則を示したものであり、重要な意義を有する。たとえば、期間の定めのない労働契約を締結していた労働者に対し、期間を定めた労働契約への変更を使用者が求める場合などは、就業規則による変更は及ばないというのが定着した考え方であるが、この但書はそれをオーソライズする機能を果たすであろう。[40]

---

39) 野川・新訂111頁以下。
40) 10条但書の解釈に関する説論の詳細は野川・新訂115頁以下参照。

4 変更解約告知

　就業規則による労働条件の変更は集団的な労働条件の変更の場合に用いられる手段であるが、就業規則による労働条件変更に対する補充的な手段として、いわゆる変更解約告知[41]についても触れておく。

　変更解約告知とはドイツ解約告知保護法（解雇制限法）に規定されている労働条件を変更するための手段であり、労働契約内容の変更と解雇の通告を併せて行う使用者の措置をいう。たとえば、ベルリンの本社で経理を担当していた労働者に対して、営業にまわってほしいと考える使用者が、その労働者に対して解雇を通告したうえで、同時に営業担当者としての労働契約で再雇用することを申し出るといった例があげられよう。日本であれば配転命令権の行使によって達成されるであろう措置を、このような迂遠な方法によらざるをえないのは、ドイツでは職種や勤務場所も労働契約締結時に具体的に合意するために、その変更を使用者の権利として一方的に行うことができないからである。これに対して日本では、従来は業務内容の変更や勤務場所の変更などについては、配転命令権によって行うことができると考えられていたし、実際にそのように解釈できる場合が通常であった。企業実務の一般的形態としては、正規従業員と呼ばれる期間の定めのない労働者と使用者とが締結する労働契約には、オールラウンドな経験を積んで、その企業内でプロモートされていくという人事の仕組みがビルトインされていたのである。また、日本では多数の労働者に共通する集団的な労働条件については、労働協約や就業規則によって変更を実施してきたために、ドイツの変更解約告知のような方式を採用する必要性があまり感じられなかったともいえる。[42]

　日本では、平成7（1995）年にスカンジナビア航空事件判決[43]がはじめてこの概念を導入して事案の処理を行って以来、変更解約告知という概念は労働法の主要テーマとして意識されるようになった。この事件は、航空会社の乗務員が、地上

---

[41] 変更解約告知に関する基本文献として、東大(下)990頁以下、野田進「変更解約告知の意義」労働法学会誌88号（1996）141頁以下、藤川久昭「変更解約告知をめぐる法的状況」労働法学会誌88号（1996）197頁、野川「ドイツ変更解約告知制の構造」労働法学会誌88号（1996）161頁以下、根本到「ドイツにおける変更解約告知制度の構造(1)(2)」季労185号（1998）128頁、187号（1998）81頁参照。

[42] エール・フランス事件—東京高判昭49・8・28労民集25巻4＝5号354頁。

[43] 東京地決平7・4・13労判675号13頁。

職への異動に同意するか解雇を受け入れるかを選択肢として掲げられ、異動に同意しなかったために解雇されたことから、その解雇の効力が争われたものであるが、裁判所は、これは変更解約告知であると明示して、労働条件の変更の必要性や従業員がその変更によって被る不利益の程度など、変更解約告知が認められるべき要件を示した。ただこの事件は、仮処分後の本案事件において和解が成立したために、本案訴訟では裁判所の判断は行われなかった。その後の裁判例では、当事者による主張にもかかわらず、変更解約告知という法理の採用は拒否されているし、整理解雇の手段として変更解約告知を用いることについても厳しい判断が下されている[45]。

　しかし、現在の企業社会においては、契約社員や専門職労働者の期限付き雇用など、使用者の人事権行使がなじまない雇用形態がひろく普及しているのが実態であり、加えて、使用者と労働者の個別的な雇用契約関係に重きが置かれる一方で、「従業員集団」に対して包括的なかたちで制度変更をすることによって労働条件の柔軟な変更を実現するという従来の手法がその役割を縮小しつつあることをあわせ考えると、個別労働条件を変更する手段としての変更解約告知制度は大いに検討に値するものだといえるであろう。

　もっとも、変更解約告知制度の母国ともいえるドイツでは、この制度が法制化されているといっても、労働条件の変更か解雇かを申し出られた労働者には、そのどちらかを選ぶという選択肢のほかにも、その労働条件変更の適法性に異議をとどめたうえで新しい労働条件のもとでの就労に従事しながら、労働条件の変更の違法を訴えて争うことができる仕組みが備えられていることは見逃せない（これは「留保付受諾」と称される）。日本ではドイツ解約告知保護法のような留保付受諾といった制度がなく、むしろ民法528条に規定する留保付承諾が労働契約関係の解消をもたらす結果を生んでしまう[46]ことも踏まえると、ドイツ流の変更解約告知制度を導入する制度的な前提条件が、現在のところ整っていないと言わざるをえない。日本型の変更解約告知制度を本格的に検討するためには、困難な選択

---

[44] 大阪労働衛生センター第一病院事件―大阪地判平10・8・31労判751号38頁。
[45] 関西金属工業事件―大阪地判平18・9・6労判929号36頁。
[46] 裁判例（日本ヒルトンホテル事件―東京高判平14・11・26労判843号20頁）は、労働条件の不利益変更にあたり日々雇用される労働者らがした異議留保付承諾について、変更を拒否する意思表示とみなすべきであるとしている。

を迫られる労働者が自由な意思決定を行えるような実質を備えることが何よりも先決であり、労働組合もしくは従業員代表機関のこれに対する関与が制度上整備されてはじめて、現実味を帯びることとなるように思われる。

5 小 括

就業規則による労働条件の不利益変更は、もともと禁止されている措置であり、労契法は8条と9条においてそれを明確に定めた。例外としての10条も、単に不利益変更された就業規則規定の労働契約規律効ないし補充効を認めるために厳格な要件を課したというだけではなく、従業員集団全体の意向を重視し、特に多数を組織する労働組合が存在する場合には使用者と当該組合との協議・話し合いと合意の如何が、10条の合理性判断に大きな影響を与えることを見てきた。しかし、就業規則の改訂が究極的には使用者の一方的行為としてなしうることを踏まえると、この多数派組合の同意も、それが公正にすべての労働者の利害を代表しているか否かによって合理性を導きうるものであるか否かが判断されるとの留保があることも明らかになった。このように、労働組合の意向が不利益変更の当否に決定的な影響を与えるという点では、労働協約によって労働条件を不利益に変更する場合と共通する構造があるといえる。他方で、労働組合の対応も、非組合員を含めた全労働者の意向を公正に代表している必要があるという点では、労働協約の場合と大いに異なる。労働条件の不利益変更が認められうる手段として、就業規則による場合と労働協約による場合とで、共通する領域と異なる領域とがあるとすれば、その法的な関係はどのように解されるべきであるかが問われることとなる。以下では、労働協約による不利益変更法理につき、集団的不利益変更手段として共通する就業規則の場合との関係を念頭に置きながら、その意義を検討することとしたい。

第3節 労働協約による不利益変更の法理

1 議論の特質

就業規則の場合と異なり、労働協約については、労働条件の不利益変更をめぐる議論にいくつかの特質がある。第1に、労働協約はもとより労働条件その他の

労働者の処遇に関しては規範的効力を付与されているので、強行規定に反するような場合は別として、実定法上は有利不利の別なく労働条件を変更しうるように定められている。したがって、労働協約による労働条件の不利益変更は、それにもかかわらず規範的効力を及ぼせない場合があるかという問題として設定され、有利原則の適否や協約自治の限界という観点から議論されてきたという経緯がある。労働協約による労働条件の不利益変更という課題として検討されるようになったのは、これらの議論に一定の整理がついてから後であり、議論の展開はなお途上にある。第2に、就業規則については、労働契約法制定以前には労基法の旧93条を除いて労働条件に対する規制を施す実定法上の規定は存在せず、そのためきわめて多彩な見解が、その法的性格についてのみならず就業規則による労働条件の不利益変更についても百家争鳴の観をなしていたが、労働協約による場合は、上記のとおり規範的効力が及ぶか否かの問題として論じられるという前提があり、そのため見解の相違はさほどの多様性を有しないという相違がある。このため、労働協約による労働条件の不利益変更については、昭和50年代からの裁判例の展開を契機として、規範的効力の限界につき、有利原則論や協約自治の限界論を通して議論が展開し、その後2つの最高裁判決によって、直接の規範的効力の限界と一般的拘束力を媒介とした規範的効力の限界の双方について一定の方向が示され、学説はこの方向を踏まえたうえでさらに検討が進むという、比較的明確な進展をたどった。以下では、このような特質を踏まえて、労働協約による労働条件不利益変更の議論をあとづけ、そこに内包された課題を明らかにするとともに、今後の方向性について一定の具体的指針を示すこととしたい。

2 労働協約のカバレッジと不利益変更

(1) 規範的効力論としての不利益変更論

労働条件を規律する労働協約の規範的効力について、かつて有利原則や協約自治の限界という観点から議論が展開されていたころには、労働条件をそれまでよりも不利益に変更する労働協約の効力も、これらの問題の一環として検討されていた[47]。その象徴的な意味を有する裁判例は、賃金体系を歩合給のみに変更する労

---

47) 有利原則および協約自治の限界論の具体的中身については第1編第4章第4節第3参照。
48) 大阪白急タクシー事件—大阪地決昭53・3・1労判298号73頁。

働協約について、労働組合は労働条件の維持改善を目的とすることを前提として、「労働組合が賃金その他の労働条件について使用者と協定を締結する場合にも原則としてその維持改善を目的とするものでなければならず、労働組合が組合員にとって労働契約の内容となっている現行の賃金その他の労働条件より不利なものについて使用者と協定を締結する場合には個々の組合員の授権を要するものと解する」と述べ、労働条件の不利益変更は、協約自治の範囲外にあると推測しうる見解を述べていた。定年制導入を規定する労働協約について、「労働組合は、本来、組合員の労働条件等を維持改善することを目的とするものであるから、労働組合が個々の組合員の地位、身分に重大な変動を生じさせる事項について労働協約を締結し、又は組合員にとって労働契約の内容となっている労働条件（既得権）より不利な条件で右協約を締結し、もって右既得権を処分するについては、個々の組合員の授権がない限り、これをなし得ないものである」とする裁判例も同様の考え方によるものといえよう。しかし、すでに述べたように（第1編第4章第4節3）、規範的効力は労働契約上の労働条件を引き下げるか否かによらず、また本来個々の労働者が決定すべきことであるか否かを問わずに発動されるものであり、労働条件の不利益変更を押しなべて個別労働者の授権なくして規範的効力を及ぼしえない領域と解することは妥当ではない[50]。裁判例も、後には不利益変更についても規範的効力を認める方向が定着する。その嚆矢となった裁判例は、休業補償の追加給付金を労働協約により不利益変更した事例について、「労働協約のいわゆる規範的効力（労組法16条）が……労働条件を切り下げる改訂労働協約についても生ずるかについては、そのような労働協約を無効とする規定が存しないこと、労組法16条の趣旨は、労働組合の団結と統制力、集団的規制力を尊重することにより労働者の労働条件の統一的引き上げを図ったものと解されることに照らし、改訂労働協約が極めて不合理であるとか、特定の労働者を不利益に取り扱うことを意図して締結されたなど、明らかに労組法、労基法の精神に反する特段の事情がないかぎり、これを積極的に解するほかはない」として、特段の事情と

---

49) 北港タクシー事件―大阪地判昭55・12・19労判356号9頁。
50) たとえば有利原則を認め、かつ規範的効力についていわゆる内容説（化体説）をとった場合には、労働協約による労働条件の不利益変更はできないのが原則となるが、有利原則は判例法理となっておらず、学説上も少数説にとどまっており、この立場からの不利益変更否定説は受け入れられていない。
51) 日本トラック事件―名古屋地判昭60・1・18労民集36巻6号698頁。

いう例外を留保したうえではあるが、原則として労働条件を不利益に変更する労働協約の規定も規範的効力を失わない旨明示した。この考え方はその後、経営合理化にともなう職種転換を規定した労働協約の適用により労働条件の切り下げを被った労働者からの訴えを斥けた事案につき、「一般に、労働協約のいわゆる規範的効力は労働者の団結権と統制力、集団規制力を尊重することにより労働者の労働条件の統一的引き上げを図ったものであるから、仮に従前の労働条件を切り下げる内容の労働協約についてもその趣旨に反しないかぎり原則として労働協約のいわゆる規範的効力が及ぶと解されるが、労働組合の有する団体交渉上の決定権限も無制限ではなく、個々の労働者に任されるべき権利の処分などの事項については当然その効力が及ぶものではないし、一定の労働者に対して賃金の切り下げになるなど著しい労働条件の低下を含む不利益を認容する労働協約を締結するような場合には個々の労働者の授権まで必要とはいえないけれども労働組合内部における討論を経て組合大会や組合員投票などによって明示あるいは黙示の授権がなされるなどの方法によってその意思が使用者と労働組合の交渉過程に反映されないかぎり組合員全員に規範的効力が及ぶものではないというべきである」と述べた判決[52]によって理論的に補強され、その後は労働協約による労働条件の不利益変更は原則として認められないとの考え方が裁判例の傾向となることはなかった[53]。

(2) 不利益変更の限界に関する検討

しかし、上記の裁判例に明らかなように、労働協約による場合であっても、労働条件の不利益変更には一定の限界があるとの認識も共通している。日本トラック事件では「極めて不合理」な場合と「特定の労働者を不利益に取り扱うことを意図して締結された」場合を、規範的効力が及ばない例としてあげ、神姫バス事

---

52) 神姫バス事件—神戸地姫路支判昭63・7・18労判523号46頁。
53) 神姫バス事件判決により、規範的効力は労働条件の変更についても、それが有利な方向か不利な方向かにかかわらず適用されるとの認識が定着したと考えられる。この点については、荒木尚志・百選〔第6版〕192頁（本件評釈）、小宮文人・労働法学会誌74号（1989）100頁以下（本件評釈）参照。また、神姫バス以降、後掲最高裁判決までの間の裁判例も、この認識を明らかにしている。日魯造船事件—仙台地判平2・10・15労民集41巻5号846頁、朝日火災海上保険（石堂）事件—神戸地判平5・2・23労判629号88頁、一般的拘束力に関するものとして朝日火災海上保険（高田）事件—福岡地小倉支判平元・5・30労判545号26頁。

件では、「著しい労働条件の低下」については、労働組合内部の討議を経た組合大会などによる授権などによって、「その意思が使用者と労働組合の交渉過程に反映」されることを規範的効力が及ぶための付加的な条件としてあげているのであり、裁判所もこの点において一致した見解があったわけではない。しいて分類するなら、日本トラック事件判旨は、当該協約規定についてその意図や合理性などについて裁判所による内容審査を想定していると評価することができ、また神姫バス事件判旨は組合内の意思決定が適正になされているか否かという決定プロセスに対する手続審査を念頭においているように読める[54]。裁判所の統一的な見解が待たれたのは言うまでもない。

他方で、一般的拘束力を媒介とした労働協約の効力については、少なくとも未組織労働者については、協約内容の有利・不利にかかわらず協約の適用を受けるものとするのが裁判例の傾向であったが[55]、未組織労働者の労働条件を明らかに引き下げる労働協約について、そのような結果を目的とするような特段の事情が認められない限り、当該未組織労働者にも労働協約の効力が及ぶとして、一定の限定を付する傾向も見られた[56]。なお、少数派組合が結成されている場合には一般的拘束力が及ばないことは前述のとおり（第2編II第2章第2節4）であるが、裁判例には、少数派組合にとって有利な部分に限って多数派組合の協約の効力が及ぶとするものもあった[57]。

3　朝日火災海上保険最高裁判決の意義

(1) 序

このような状況の下で、最高裁は、労働条件の不利益変更を規定した労働協約の規範的効力に関して、組合員に対する労組法16条の直接の適用の可否とその限界につき、朝日火災海上保険（石堂本訴）事件において[58]、また非組合員に対する労組法17条の適用を媒介とした規範的効力の適用の可否に関して、朝日火災海上

---

54) この点については、土田・契約法519頁以下、荒木579頁参照。
55) 日産自動車事件—東京地判昭46・4・8労民集22巻2号441頁、同控訴審—東京高判昭48・3・12労民集24巻1＝2号84頁。
56) 東京商工リサーチ事件—東京地判昭59・9・13労民集35巻5号515頁。
57) 黒川乳業事件—大阪地判昭57・1・29労判380号25頁、同控訴審—大阪高判昭59・5・30労判437号34頁。
58) 最1小判平9・3・27労判713号27頁。

保険（高田）事件において、それぞれ一定の判断基準を示すに至った。

両判決は、55歳定年制と63歳定年制が併存していた企業において、定年を57歳で統一し、併せて退職金の支給基準を切り下げる内容の労働協約が締結されたという事態が生じ、従来63歳定年制を享受していた労働者の中に不満が噴出して、組合員と非組合員の双方の立場から、同協約規定の規範的効力が自らに及ばないことを前提とする訴訟が提起されたものである。

(2) 最高裁の判断の概要

まず、組合員に対する直接の規範的効力については、前掲朝日火災海上保険（石堂本訴）事件最判は、組合員といえどもその被る不利益が決して小さくないことを踏まえつつ、「同協約が締結されるに至った以上の経緯、当時の被上告会社の経営状態、同協約に定められた基準の全体としての合理性に照らせば、同協約が特定の又は一部の組合員を殊更不利益に取り扱うことを目的として締結されたなど労働組合の目的を逸脱して締結されたものとはいえず、その規範的効力を否定すべき理由はない」と述べ、前掲日本トラック事件判旨の内容を一部踏襲して、特定もしくは一部の組合員を殊更に不利益に取り扱うことは「労働組合の目的を逸脱」していることから、規範的効力を認めえない特別な事情にあたるとの判断を示した。

また、非組合員に対する労組法17条を媒介とした規範的効力については、前掲朝日火災海上保険（高田）事件最判が、非常に丁寧な一般論を展開し、労組法17条を媒介とした規範的効力が、未組織労働者の労働条件を不利益に変更するものであったとしても、「（労組法17条）は、その文言上、同条に基づき労働協約の規範的効力が同種労働者にも及ぶ範囲について何らの限定もしていない上、労働協約の締結に当たっては、その時々の社会的経済的条件を考慮して、総合的に労働条件を定めていくのが通常であるから、その一部をとらえて有利、不利をいうことは適当でない……。また、右規定の趣旨は、主として一の事業場の4分の3以上の同種労働者に適用される労働協約上の労働条件によって当該事業場の労働条件を統一し、労働組合の団結権の維持強化と当該事業場における公正妥当な労働条件の実現を図ることにあると解されるから、その趣旨からしても、未組織の同種

---

59) 最3小判平8・3・26民集50巻4号1008頁。

労働者の労働条件が一部有利なものであることの故に、労働協約の規範的効力がこれに及ばないとするのは相当でない」と述べ、原則として不利益変更であっても未組織労働者への労組法17条の適用は認められることを示し、そのうえで、「しかしながら他面、未組織労働者は、労働組合の意思決定に関与する立場になく、また逆に、労働組合は、未組織労働者の労働条件を改善し、その他の利益を擁護するために活動する立場にないことからすると、労働協約によって特定の未組織労働者にもたらされる不利益の程度・内容、労働協約が締結されるに至った経緯、当該労働者が労働組合の組合員資格を認められているかどうか等に照らし、当該労働協約を特定の未組織労働者に適用することが著しく不合理であると認められる特段の事情があるときは、労働協約の規範的効力を当該労働者に及ぼすことはできないと解するのが相当である」として、例外的に未組織労働者に対し規範的効力が及ばないと認められるための条件を具体的に明らかにしたのである。

(3) 最高裁判決の意義と評価

これらの最高裁の判決から読み取れる考え方はいかなるものであろうか。[60] 第1に、両判決の内容からも明らかなように、最高裁は、組合員の労働条件と非組合員の労働条件とでは、同じように労働協約による不利益変更があったとしても（実際に両事件は全く同じ内容の労働条件切り下げが、組合員・非組合員に同等に適用されている）、規範的効力が及ぶか否かの判断基準は全く異なると考えている。すなわち、石堂本訴事件において重視されているのは「労働組合の目的を逸脱」しているとみなしうるような場合を例外的に規範的効力が及ばないとしたうえでその実例の1つとして、「特定もしくは一部の組合員を殊更不利益に扱うことを

---

60) いずれの最高裁判決も多数の評釈・分析があるが、差し当たり石堂本訴事件については、野川・ジュリ1132号（1998）164～168頁、村中孝史・平成9年度重要判例解説〔ジュリ臨増1135号〕223～225頁、西谷敏・百選〔第7版〕210～211頁、宮里邦雄＝高井伸夫＝千種秀夫・労判920号（2006）94～97頁、大内伸哉・法教351号（2009）85～93頁、毛塚勝利・百選〔第8版〕192～193頁、高田事件については、山口浩一郎・ジュリ1093号（1996）78～81頁、綿引万里子・ジュリ1097号（1996）136～138頁、荒木尚志・ジュリ1098号（1996）140～143頁、小宮文人・法時69巻1号（1997）127～130頁、諏訪康雄・法教196号（1997）98～99頁、村中孝史・判例評論459号（判時1594号）（1997）226～233頁、土田道夫・労働法学会誌89号（1997）142～151頁、奥田香子・平成8年度重要判例解説〔ジュリ臨増1113号〕203～205頁、西谷敏・民商117巻1号（1997）75～90頁、綿引万里子・曹時51巻3号（1999）161～203頁、大内伸哉・法教351号（2009）85～93頁、桑村裕美子・百選〔第8版〕194～195頁。

目的として」当該協約が締結された場合をあげている。ここでは、組合員について規範的効力が及ばないことは原則としてありえないという前提の下に、きわめて稀な例外として、労働組合の目的の逸脱とみなされる場合をあげていると解しうる。すなわち、最高裁は、本件がまさにそうであったように、結果として一部の組合員のみが殊更に大きな不利益を被るような内容を規定する労働協約であっても、そのこと自体が目的となっているような場合でない限り規範的効力を否定しえないことを示している。[61]最高裁が想定するような例外的場合とは、たとえばある職種の労働者たちが突出して労働組合の方針と会社の姿勢に不満を表明しているような状況において、その職種についてのみ賃金水準を切り下げる内容の労働協約を締結し、当該労働者たちに対してみせしめの意味を持たせるといった場合であろう。しかし、本判決において最高裁が、そうした特例が認められるか否かを判断する要素として、当該協約規定の「全体としての合理性」という曖昧な概念を用いたことは、かえって問題を複雑化している嫌いがある。

　これに対して高田事件の判旨は、事業場単位の一般的拘束力という日本の独特の制度を通した労働条件の不利益変更について、労働条件を不利益に変更する労働協約を労組法17条の適用除外とすると解しうるような実定法上の根拠がないこと、協約の内容は、さまざまな社会的条件を反映して定められるので、一部の有利・不利をピンポイントで取り上げることは必ずしも妥当とはいえないこと、そして一般的拘束力制度が労働条件の統一という手段を通して公正な労働条件の維持をはかることという3つの主要な理由を挙げて肯定しており、この段階で、労働協約による労働条件の不利益変更は労組法17条によって非組合員にも及ぶことが原則であることを明確に示した。この点は、それまでも確認されていた、労働協約が交渉を通してギブ・アンド・テイクの結果を反映したものであることや、一般的拘束力の意義を再確認したことに重要な意義を有するだけでなく、少なくとも原則としては、組合員と非組合員とを問わず、労働協約は労働条件を不利益に変更しても、それだけで規範的効力を失うことはないということを明確に示した点で決定的な意義を有するといえよう。

　これを就業規則の場合と対比すれば、使用者が一方的に変更する就業規則につ

61）　本件では、63歳定年制を適用されていた労働者たちだけが殊更に大きな不利益を被ったが、それは定年年齢と退職金支給基準の統一という、それ自体は特に不当な点のない目的から生じた結果であった。

いては、判例法理を踏まえた労契法 9 条と10条により、原則として不利益変更は労働契約を規律することはなく、厳格な要件をクリアした例外的な場合にのみそれが認められるとの明確な構造をとっている。しかし、労使が対等の立場で自由な意思の合致により締結する労働協約が労働条件を不利益に変更する場合は、組合員に対してのみならず非組合員に対しても原則としてその規範的効力を及ぼすという、就業規則の場合とはちょうど逆の構造をとっていることが明らかにされたといえる。この法的な序列関係は、それだけで就業規則と労働協約との機能についてまで明確な位置づけを行っているとまではいえないが、少なくとも基本的な構成としてはゆるぎないものとして定着したと解することができよう。

　そして高田事件判旨は、これに続いて、例外的に一般的拘束力による規範的効力が及ばないのは、当該協約規定を適用することが、当該非組合員にとって「著しく不合理」とみなされる場合に限られることを示した。注目されるのは、最高裁が問題としているのは「合理的」であるか否かではなく、「著しく不合理」でないか否かであるという点である。すなわち、就業規則の不利益変更が労働契約を規律する要件としての「合理性」は、内容的には不利益であっても労働者への拘束力を肯定しうるだけの説得性を有しているかが問われているのであって、挙証責任も合理性を主張する側にあることが無理なく導きうる。他方、労働協約の一般的拘束力を否定しうる「著しく不合理」な場合とは、最高裁自身がその判断要素を列挙しているように、「①労働協約によって特定の未組織労働者にもたらされる不利益の程度・内容、②労働協約が締結されるに至った経緯、③当該労働者が労働組合の組合員資格を認められているかどうか等」という、少なくとも 3 つの点から厳密に判断されるべきであって、挙証責任も不合理性を主張する側に、それも極めて厳しい内実をもって課されていることが明らかである。たとえば、特定の未組織労働者に課される不利益の程度が、賃金の半減など極めて大きく、しかもそれが月例賃金の本給部分であるといった重要な内容であり、労働協約は企業側の要請によって 1 か月ほどの検討により 2～3 回の交渉を経て、組合規約の所定の手続の一部を省略して拙速としかいえない段取りで締結された、というような場合が想定される。

62）　大曲市農協事件—最 3 小判昭63・2・16民集42巻 2 号60頁、第四銀行事件—最 2 小判平 9・2・28民集51巻 2 号705頁、みちのく銀行事件—最 1 小判平12・9・7 民集54巻 7 号2075頁の判旨は、それぞれこの点を強調している。

このように概観すると、最高裁は、労働条件を集団的規範により不利益に変更する場合について、使用者が一方的に作成・変更するために、不利益を被る側の利害が十分に反映されることが内容的にも手続的にも十分に期待しえないような就業規則による場合については、最も厳格な要件を付してこれを認め、労使の合意に基づくものの、締結当事者である労働組合の意思決定に関与することを保障されていない未組織労働者については、「著しく不合理」である場合には規範的効力を否定し、当該労働協約の締結当事者たる労働組合の組合員である労働者に対する直接の規範的効力については、「労働組合の目的を逸脱」しているとみなされるような極めてまれな場合を除いて、労働条件の不利益変更についても、そうでない場合とほぼ同様に認められるとの体系的な判断基準を確立したものと解することができる。[63]

4　その後の裁判例と課題

(1)　最高裁判決の影響

　２つの最高裁判決のうち、朝日火災海上保険（石堂本訴）事件判旨は、規範的効力が及ばない場合を確定する基準として、労働組合の目的の逸脱という比較的抽象性の高い概念を用いていることや、その具体的判断要素として、当該労働協約が締結されるに至った経緯という、締結のプロセス・手続を重視するかに読める内容と、全体としての合理性という内容審査に立ち入るかのように読める内容とを包含しており、後の裁判例に対して明確な指針となりうる先例とは言いがたい構造をとっていた。そのため、組合員の労働条件に対する不利益変更に対し、どのような要件により規範的効力の適用の可否が決定されるかについて、その後の裁判例は必ずしも一致した展開を示しえなかった。

(2)　プロセス審査の諸相

　まず、労働協約の締結プロセスを重視し、規約等に定められた手順・手続を履践せずに締結された協約については、その規範的効力が制約されるとした例として、協約締結権は組合大会の決議を要すると規約に明記されていたにもかかわら

---

63)　この考え方については、菅野681頁および694頁、荒木581頁および589頁、荒木・前掲注(60)ジュリ1098号高田事件評釈に近いが、後述のように筆者の見解は手続審査をより重視する点で若干異なる。

ず、職場大会において多数の賛同を得たことをもってこれに代えた場合の労働協約の規範的効力を否定した中根製作所事件、高齢者の賃金を30％引き下げるというドラスチックな不利益変更を実現する労働協約の締結が、規約に定められた組合大会の開催がなく、不利益を受ける立場の労働者の意見を十分くみ上げる努力もされていないとして、その規範的効力を否定した鞆鉄道事件、鞆鉄道（第二）事件、さらに住宅手当の減額を定めた労働協約の規範的効力につき、組合執行委員長が規約に反して組合大会を開催せずに締結したものであって、協約締結にあたっての組合の意思表示は組合代表者たる執行委員長に加えられた制限に反するという瑕疵があるとして、労働協約自体の成立を認めなかった淀川海運事件などがある。

　他方で、やはり締結のプロセスを重視しつつ規範的効力を肯定したものとして、高齢者の月例給を3万円弱減額することを内容とする労働協約につき、組合規約に従った手続が履践され、組合員の意見が十分考慮されているとして、その規範的効力を認めた日本鋼管事件、特定部門の労働者の賃金を大幅に減額する内容の労働協約につき、規約上は中央委員会や全国代表者会議など上位機関の決議が要件として定められておらず、労働条件の変更をいかなる方法で決議するかは組合の自治にゆだねられているとみなしうるとの判断を前提として、全国支部長会議で上記協約の締結が決議され、その過程で組合員の意思も反映されていると認め、規範的効力を認めた日本郵便逓送事件、さらに、退職金額を14％以上減額する内容の労働協約につき、職場集会を3回開催して職員の意見の反映をはかっていること、2回の団体交渉を経ていること、臨時大会で賛成多数により承認されていることなどを踏まえて、規範的効力を認めた中央建設国民健康保険組合事件がある。

---

64)　東京高判平12・7・26労判789号6頁、同上告審・最3小決平12・11・28労判797号12頁。
65)　広島高判平16・4・15労判879号82頁。
66)　広島高判平20・11・28労判994号69頁。
67)　東京地判平21・3・16労判988号66頁。
68)　横浜地判平12・7・17労判792号74頁。
69)　大阪地判平17・9・21労判906号36頁。
70)　東京高判平20・4・23労判960号25頁。

(3) 裁判例による判断基準の錯綜

　裁判例の流れは、しかしながら、協約の締結プロセスが規約等に従って適正に履践されていたかを決定的な判断基準としていたとまではいえない。以上のような一連の判断の一方で、たとえば前掲中根製作所事件判旨は、傍論という位置づけを明確にしながらも、賃金減額の幅の大きさに比べて企業の経営上の必要性が大きくないことや、調整・経過措置も十分でないことなど、就業規則の不利益変更の場合と類似した検討による指摘をしているし、鞆鉄道事件も同様の観点から「本件協約は、手続的に瑕疵があるだけでなく、内容的にも被控訴人らにとって合理性を欠くから、その規範的効力が被控訴人らに及ぶと解することはできない」などとして内容的な合理性をも判断の一環に加えている。また、バス運転手の基本給・退職金の引き下げを規定した労働協約について、プロセス審査を行いつつ、高度の必要性と内容の合理性があることから、事前に組合の大会の決議を経ていないという組合規約上の手続に反した瑕疵があるものの、過去45年にわたる慣行により中央委員会で決議し、その他に組合員の意見聴取の機会を設けていること等を踏まえれば、規範的効力を失うことはないと判断した箱根登山鉄道事件[71]は、むしろ内容審査を優先させているものと評価できる。

　また、プロセス審査もその具体的内容は必ずしも明確ではない。最高裁の判断を踏まえながらも、特定もしくは一部の組合員を殊更に不利益に取り扱うことを目的とするとの判断について、個々の組合員の既得の請求権を奪うような場合に限定されるとの判断や[72]、労働組合の目的の逸脱の存否を判断するにあたって、「組合員に生じる不利益の程度、当該協約の全体としての合理性、必要性、締結に至るまでの交渉経過、組合員の意見が協約締結に当たってどの程度反映されたか等を総合的に考慮する」として総合判断の必要性を強調する判断もあり[73]、そもそもその基本的スタンスに相違があるし、いずれの裁判例も、規約等に定められた手続の履践を重視しているものの、労働者の意見が反映されていることを実質的に保障できるのであれば、これに拘泥する必要はないとの考え方がみられる（前掲鞆鉄道事件、日本鋼管事件、日本郵便逓送事件等）。また、協約の規範的効力

---

71) 東京高判平17・9・29労判903号17頁。
72) 茨木高槻交通事件―大阪地判平11・4・28労判765号29頁。
73) 前掲注(68)日本鋼管事件。

を認めた前掲中央建設国民健康保険組合事件の原審では、締結プロセスの評価について控訴審と事実認定がほぼ同様でありながら、組合員の意見が十分に反映されているとはいえないとして結論を異にしており、プロセス審査の実態も予見可能性の点では難点を克服しきれていないことがうかがえるのである。

こうした裁判例の状況は、最高裁が示した判断基準をどのように具体化するかにあたって方向性の幅が非常に大きくならざるをえないことを示している。そもそもプロセス審査を中心的な判断の軸とするのか否かも一致していないし、その内容も多彩であり、また最高裁が示した「全体としての合理性」のとらえ方の困難さも露呈している。

ただ、少なくとも最高裁判決後の裁判例は、プロセス審査を捨象することはできないこと、合理性という概念によって内容審査を行うとしても、それはプロセス審査との関連において問題となりうることは共通していると解しうる。したがって、問題は、プロセス審査の具体化と明確化であり、合理性概念をどう適切に位置づけるかであるといえよう。

他方で、一般的拘束力を媒介として労働協約の規範的効力を及ぼす場合には、最高裁の判断に後の下級審を混迷させるような不明瞭な点はなく、その後の裁判例もほぼ忠実に最高裁の判断基準を踏襲している。むしろ課題は、具体的事例の積み重ねにより、「著しく不合理」であるような実例の一定の類型化を実現し、予見可能性を高めることに落ち着いているといえる。

5　学説の展開

(1)　諸見解の概要

就業規則の場合と異なり、労使自治の発現形態としての意義を有する労働協約については、学説も基本的には労働条件の変更はその方向が有利であるか不利であるかを問わず規範的効力を認める見解が多い。しかし同時に、例外的に司法審査を認めるのが一般的傾向である。

まず、組合員に対する労組法16条の直接適用については、判例の動向に並行す

---

74)　東京地判平19・10・5労判950号19頁。
75)　たとえば前掲箱根登山鉄道事件も、内容の合理性や変更の必要性が、プロセスにおける瑕疵を凌駕しているという判断により規範的効力を認めている。
76)　都市開発エキスパート事件—横浜地判平19・9・27労判954号67頁。

るように、内容の合理性を重視する見解と、プロセスの適正さに注目する見解がある。前者に属する見解としては、労働組合の目的が労働条件の維持改善にあることを踏まえ、労働協約による労働条件の不利益変更には合理的理由を必要とするとの考え方[77]と、組合員が団体交渉に対して有している合理的期待に著しく反するか否かを、締結された労働協約の内容に即して判断すべきであるとの考え方[78]がある。また後者の見解には、交渉プロセスの観点からの吟味を基本としつつ、一部組合員にとくに不利益な協約については、内容に著しい不合理性がないかどうかの判断を付け加えるべきであるとする考え方[79]と、労働組合は全組合員を公正に代表する義務（公正代表義務）を負うとの前提を置いたうえで、特定（グループ）の組合員の労働条件を引き下げるような労働協約については、それらの労働者（グループ）に独自の労働条件を設定する合理性が認められない限り、原則として規範的効力を認めることはできないとする考え方[80]、そして組合間の平等という原理を組合民主主義の理念から導き、協約の締結プロセスに瑕疵がある場合に加えて、規定内容についても組合員平等の原理が働き、「組合員の一部に通常甘受すべき範囲を著しく越えた不利益を及ぼすような協約条項は、協約の規範的効力承認の前提を欠く」として、その規範的効力を否定する考え方[81]、さらにはプロセス審査を基本としつつ、内容の実態審査は、一部の組合員にのみあまりに著しい不利益を課する場合についてそれら組合員への特別な配慮の有無という観点から例外的に行うべきであるとする考え方[82]がある。

　これらの諸見解は、いずれも最高裁の判断に即しつつ、プロセス審査と内容審査との関係の適正な位置づけに苦慮しながら検討された結果と評価することができる。

---

77)　諏訪康雄「労働協約の規範的効力をめぐる一考察」久保還暦194頁。
78)　下井131頁以下。
79)　菅野681頁、なお荒木581頁は、この見解をさらに進める形で、「差別禁止にも該当せず、手続的瑕疵もなく下された組合の意思決定が、なお裁判所によって否定される場合とは、判例自身が示唆するように『殊更不利益に取り扱うことを目的として締結された』ような極めて例外的場合に限られる」として、規範的効力が認められない場合をいっそう限定している。
80)　道幸哲也『労使関係法における誠実と公正』（旬報社・2006）289頁以下。
81)　西谷・労組法362頁。
82)　土田・契約法523頁、法セ・コメ197頁［土田道夫］。

(2) 検討の視角

まず、最高裁判断を待つまでもなく、労働協約による労働条件の変更については、同じく労働条件を規律する集団的規範としての就業規則の場合との基本的相違から出発すべきであると思われる。憲法は、団体交渉を中核とする労使関係の展開によって労働条件が成立し、また変更されることを想定しており、労使自治を労働契約に表現される個別労働関係の私的自治よりも優先する法制度の土台となっている[83]。繰り返すまでもなく、労働協約はそのような労使自治の具現であり、その内容は、使用者（団体）と労働組合との自由な交渉・合意によって締結されたものであって、司法による介入を原則としては許さないと解すべきである。したがって、例外的に協約の内容に裁判所が立ち入ることがありうるとしても、協約内容の合理性をもって労働条件を不利益に変更する労働協約の規範的効力の可否を判断する中心的な判断基準とする考え方は妥当ではないと考えられる。確かに、労働組合の目的は労働条件の維持改善にあることは間違いないが、それは動的な労使関係の中で理念として尊重されるべきであって、具体的な個々の労働協約について規範的効力の可否を判断するための判断基準とはなりえない。1つの労働協約の中でも、明らかに労働条件の不利益変更にあたる規定が、他の有利な労働条件等との取引によって定められることは、団体交渉の結果としての労働協約の一般的な姿であるし、協約全体が不利益変更を定めるものであってさえ、それは次回の交渉や協約について有利な立場を確保するための暫定的譲歩である場合も珍しくない。このように考えると、やはり上記の学説のうち、内容審査に重きを置く見解には与しえない。それでは、プロセス審査のありかたについて見解を異にする諸見解についてはどうか。この見解も必ずしも一致しえないのは、最高裁がプロセス審査のありかたについて指針となりうるような判断を述べていないことが要因の1つであるが、それと同時に、これまでの下級審判例を見ても明らかなように、実際には、労働協約を締結するプロセスに具体的な法的手続規定があるわけではなく、個々の事案ごとに組合規約や慣行、労使関係の実情などを通して履践すべき手続や段取りのありかたを探らざるをえないという事情がある。諸見解は、これらの手続や段取りの類型から、重要視すべき機能を抽出して判断の枠組みを構築する努力を重ねているといえよう。しかし、その中でも、組合民

---

83) これらの点については、野川・新訂4頁以下。

第 3 節　労働協約による不利益変更の法理　405

主主義を通じた協約締結意思の形成が、憲法を土台とした労組法の基盤にあることは疑えない。労働組合の規約が、労組法 5 条 2 項によって民主的な意思形成を定めるよう規制されていることは、その具体化の 1 つといえよう。そうすると、協約締結権を確立するプロセスにおいて、組合員全員が協約締結にあたっての組合の意思形成に参加しえないような場合を、当該協約の規範的効力が否定される典型例として認めることが論理的帰結となることは間違いない。規約に定めた組合大会を開催せずに締結された労働協約や、そのような手続が規定されていない場合には、全組合員の意見が十分に反映されうる仕組みを経ずに締結された協約となり、規範的効力が認められないのもこのような理由によると考えられる。ただ、組合員の意見が十分に反映されたといえるか否かの具体的判断にあたっては、あくまでも実際になされた協約締結プロセスでの行為をみるべきであって、そもそも一部の組合員に著しい不利益を課するような労働協約は、規範的効力を認められないとまで考えることはできないであろう。そのような対応は、内容審査を行う場合と結果的には変わらないことになるからである。動的な労使関係の中では、たとえば高額の賃金を得ていた一部職種の組合員が大幅な減給を受け入れて組合員全体の雇用を守り、その後の労使関係での反転攻勢を期するという場合のように、かなりの不利益を、しかも一部の組合員が負うことを労働組合が主体的に甘受するという選択もありうるのであって、やはり内容審査に傾くような判断基準は適正ではないと言わざるをえない。

　こうして、各学説の中では、プロセス審査自体を基本的な中心としつつ、その具体的中身としては、組合員の意見が十分に反映される段取り・手続の履践を見るべきであるとの考え方が妥当である。そして問題は、そのような段取り・手続が履践された場合であっても、一部の組合員に大幅な不利益を課するような協約内容は全く規範的効力の判断に影響しないかということになる。

　他方、労組法17条を媒介とした労働協約による労働条件不利益変更の非組合員への効力については、朝日火災海上保険（高田）事件最判以前には、これを原則として否定する見解も目立ったが、最高裁判決以降には、最高裁の示した判断基準を基本的には是認する見解[84]も有力となっている。不利益変更の肯定説[85]は、合意

---

84)　吾妻・註解365頁、387頁以下、近藤享一「労働協約の一般的拘束力」大系 2 巻152頁、外尾647頁、山口198頁、下井162頁。

85)　菅野693頁以下、荒木589頁、渡辺（上）196頁、水町363頁。

と民主主義を担保とする労働協約に付与された効力でありながら、その対象は当該労働組合に意見を反映させることができず、締結の合意そのものにも関与しえない非組合員の労働条件を不利益に変更するという性格から、就業規則の不利益変更の場合との類似性を指摘し、最高裁が、4分の3という多数が適用を受ける集団的規範の非組合員への適用は、就業規則の場合と比較して均衡を確保し、是認しうるとの有力な指摘がなされている。[86]また、最高裁が、労組法17条による拡張適用が認められない場合の判断基準として示している「特段の事情」の有無について、「組合員のみならず関係従業員全体の意見を公正に集約して真摯な交渉を行ったこと」と、不利益を受ける従業員グループの意見をくみ上げるなどして「関係従業員の利益を公正に調整したことが必要」として、就業規則による不利益変更の場合の判断との整合性をいっそう強調する見解もあり[87]、不利益を受ける労働者にとっては、他者の決定による規範の適用として共通の意味を有する就業規則と一般的拘束力との関係の整序が課題として意識される傾向をみてとることができる。

もっとも、最高裁が示した労組法17条の立法目的である「公正妥当な労働条件の実現」を引用し、労働条件を「引き下げてまで実現しなければならない公正妥当とは何なのか」と疑問を提示し、不利益変更の効力を否定する見解や[88]、「非組合員が労働協約の締結に関与する可能性を全く与えられていない」ことを主たる理由として、拡張適用による不利益変更を認めない見解[89]、さらには有利原則を認めることによって同じ結論に至る見解[90]など、依然として不利益変更については拡張適用を認めない見解も強い。学説上は、いまだ決着がついていない状態である

---

86) 荒木・変更法理280頁、荒木589頁。
87) 菅野693頁以下。
88) 名古道功「労働協約の変更と拡張適用」講座21世紀3巻130頁以下。労使関係の動的な展開は、一時的に特定の労働条件の引き下げを非組合員についても実現することが、長期的には労働条件の全体的改善につながることもありうるし、労働組合が非組合員の利害に配慮することを拡張適用が認められるための1つの要素と考えるならば、この疑念は必ずしも決定的なものとはなりえない。また、西谷・労組法381頁も、「非組合員が労働協約の締結に関与する可能性を全く与えられていない」ことを主たる理由として、拡張適用による不利益変更を認めないが、制度上はそうであっても、実際に不利益変更がなされた場合の拡張適用の可否を判断するために、非組合員の意見が考反映されていることを求めることは問題ないのであるから、これも不利益変更を否定する決定的論拠とはなりえないと考えられる。
89) 西谷・労組法381頁。
90) 中窪＝野田・世界189頁。

といえる。

6 私見——プロセス審査の補強

　まず、労組法16条の直接の適用が問題となる、労働条件を不利益に変更する労働協約の組合員への法的効果については、基本的には規範的効力を制約されることはないとしつつ、例外的に制約がありうるのは、当該協約の締結プロセスにおいて組合員の意見が十分に反映される措置がとられているか否かであるという原則が妥当しよう。労組法16条の理念的根拠を、組合員平等を基礎とする組合民主主義に求めるのであれ[91]、公正代表の原理に求めるのであれ[92]、この点に異論はない。具体的な判断要素としては、組合規約において民主的に全組合員が意見を十分に反映させうる手続が明記されていれば、それを履践することが中心となる。組合大会がそれにあたるのが通常であろうが、組合員数が膨大であったり、就労の場所や形態が非常に多様で全組合員が一同に会することを制度的に担保しがたい場合は、公正かつ適正な選挙手続による代表者の会議によることもありえよう。規約に定められた手続が、組合員の意見を集約するためには明らかに不十分であるという場合には、所定の手続の履践を経ても協約締結権に瑕疵があるものとして当該協約の規範的効力を疑わしめる場合がありうる。また、規約には組合員の意見を十分に反映しうる手続が記載されていない場合には、実質的な協約締結のプロセスをみて、個別に判断されることとなろう。

　それでは、規約に反する慣行が定着している場合はどうであろうか。たとえば、前掲中根製作所事件では、組合大会の開催という規約上の手続ではなく、職場大会をもって同等の手続とみなしていた。同様の慣行は多くの組合でみられよう。

　不利益変更の中身が問題となる１つの類型は、このような事態への対処が必要となる場合である。すなわち、たとえ通常は規約とは異なる手続によって協約締結がなされており、それに特に不満も表明されていなかったとしても、組合員に不利益な労働条件を課する内容の労働協約についても同様に扱うことができるかという問題である。規約に反する手続が実質的にも組合員の意見を十分に反映しえない内容であれば、それは単にこれまで事実上不問に付されていただけであっ

---

91) 西谷敏『労働法における個人と集団』(有斐閣・1922) 262頁以下、西谷・労組法330頁。
92) 道幸・前掲注(80) 278頁以下。

て、もとより瑕疵のある協約締結手続であったことに変わりはない。しかし、規約に反していても実質的に十分に組合員の意見を反映しうる手続がとられていた場合はどうか。この場合は2つの考え方がありうる。すなわち第1に、実質的に十分に組合員の意見を反映しうる手続とみなしうるならば、そのような手続が締結された協約の規範的効力に影響を及ぼすことがないのは、不利益変更の場合であろうとそうでない場合であろうと同じであるとの考え方である。しかし第2に、組合規約に規定された手続が実質的にも組合員の意見を十分に反映しうるものであった場合には、それは（組合加入によって当該規約に従うことが義務付けられている）組合員全体が、その手続によって協約が締結されることを明示的に承認していることを意味するのであり、それに反する手続は、支障がない限り事実上黙認されているにすぎない。そこで、組合員に不利益を課するような協約の締結については、原則に立ち返って規約どおりの手続が履践されない限り、協約は規範的効力を持ちえないとの考え方である。このうち、第1の考え方は、組合員に対する規範的効力についてはプロセス審査によって決すべきであるという原則に忠実であって、妥当性を否定しえない。他方、第2の考え方をとる場合には、内容審査の要素が入り込むことを承認することになって適切ではないとも考えられる。しかし、この点は次のように考えるべきであろう。

　この場合において、内容的に不利益を組合員に課するような労働協約の締結は、労働組合が労働条件を維持改善するという目的を有していることに照らすと、それを組合員が確かに承認していることが明らかになるような、可能な限り厳格で明確な手続が求められるのが当然である。それは、内容それ自体の評価ではなく、手続の適正な履践を確保するための補強的な要素といえる。したがって、上記第2の考え方を、不利益変更の場合には組合員の意見の反映を十全に確保するための可能な限り厳格で明確な手続が必要であり、その具体化として、規約に定めた手続に立ち返るべきである、と解するなら、この見解は十分に妥当性を確保しうるということになる。

　このように考えると、不利益が特定の組合員に集中していたり、不利益の程度がきわめて大きいという場合の対応も、同様の観点から想定することが可能となろう。すなわち、上記のような不利益については、すべての組合員が十分に意見を表明し、民主的な討議や協議がなされていれば通常考えにくい事態である。したがって、内容的に不利益の程度が大きかったり、特定もしくは一部の組合員に

不利益が集中しているような内容の協約が締結された場合には、実質的にも組合員の意見を十分に反映しているとみなしうるプロセスであったか否かがより慎重に検討されるということになる。

　朝日火災海上保険（石堂本訴）事件最判が、労働組合の目的の逸脱を規範的効力が失われる場合として明示し、その一例として、特定もしくは一部の組合員を殊更に不利益に扱うことを目的としていたケースをあげ、かつ、判断要素として協約締結の手続に加えて協約内容の「全体としての合理性」を重視したのは、以上の点からその意義を再構成することが可能である。労働組合の目的の逸脱とは、広い意味での労働条件の維持改善であって、ある特定の協約や特定の規定が労働条件を不利益変更することをただちに「目的の逸脱」とは解しえないものの、不利益変更が上記目的からは通常の対応とはいいがたいことは間違いなく、そのような協約の締結手続は、組合員の意見が十分に反映されているか否かを、規約の手続の内容、その履践の実態等を慎重に判断して評価すべきである。また、不利益性が大きかったり、特定もしくは一部の組合員に特に大きな不利益を課するような協約の締結であれば、そのような協約は、組合員の意見が十分に反映され、民主的な議論が十全に行われていれば通常は考えにくいものであるから、やはりプロセスの審査はいっそう厳格になされるべきである。そして「全体としての合理性」とは、当該協約規定が民主的手続から通常導き出される合理的な結果とは必ずしもいえなくても、厳格なプロセス審査をパスしうるのであれば、当該協約の規範的効力を失わせるものとまではいえないという意味として是認しうるのである。[93]

　これに対して、一般的拘束力を媒介とした拡張適用による不利益変更は、上記のように学説上は今なお一致した見解がみられない。しかし、ここでも共通に確認されているのは、問題の中心が非組合員の意見の反映であるという点である。朝日火災海上保険（高田）事件の最判に与しない見解は、押しなべて自らの意見

---

[93] 「特定もしくは一部の組合員を殊更に不利益に扱うことを目的として締結された」ということを判断する具体的手順も、締結当事者の意図を直接探るだけではなく、協約締結過程において、特定もしくは一部の組合員に特に不利益を課するという、民主的に運営されていればあまり通常とはいえない協約ではあっても、それら組合員も含めて十分に慎重な意見集約のプロセスが確認できれば、規範的効力を否定しえないのであり、逆にそのようなプロセスが確認できなければ、特段の事情のない限り、それは「殊更に不利益に扱うことを目的として締結された」とみなされることになる、という段取りになろう。

が反映されることなく一方的に不利益を課される立場の非組合員は、そうでない立場の組合員とは決定的に異なるということを論拠の中心としていることからも明らかであろう。そうすると、拡張適用による不利益変更であっても、不利益を被る立場の非組合員の意見が十分に尊重される段取りが保障されるならば、必ずしも拡張適用による不利益変更は否定されるものではないということになる。

　この点、拡張適用による不利益変更を肯定する諸見解は、上記に引用した通り、就業規則の不利益変更の場合と類似した要件を主張し、不利益を被る立場にある非組合員の意見を交渉過程で十分に組み込んでいくことや、不利益性の緩和などの配慮も要請すべきであるとする見解もある[94]。これに、上記のように不利益性がきわめて大きかったり、一部の非組合員（労働者の同種性などから非組合員の一部に不利益が集中することもありうる）が不利益を特に被るような場合は、いっそう厳格にプロセス審査を行うべきであるという観点を加味した判断の枠組みが、最も適切なものといえよう[95]。

　最高裁判決が「労働協約によって特定の未組織労働者にもたらされる不利益の程度・内容、労働協約が締結されるに至った経緯、当該労働者が労働組合の組合員資格を認められているかどうか等」を検討すべきとする趣旨を、まさに上記のような観点から解するなら、不利益の程度や内容はプロセス審査の具体的対応に影響を及ぼすし、経緯はまさにプロセス審査の中心となる。また、組合員資格の有無は、当該非組合員の意見が反映される制度的担保があったか否かにつながる事情になり、上記の見解と基本的に一致する。このような作業を通して、「当該労働協約を特定の未組織労働者に適用することが著しく不合理であると認められる特段の事情」の存否を判断し、特段の事情があるときは、「労働協約の規範的効力を当該労働者に及ぼすことはできない」と解すべきである[96]。

---

94) 荒木・変更法理280頁、荒木589頁、菅野693頁。
95) 菅野693頁。
96) なお、以上の検討については、大内伸哉『労働条件変更法理の再構成』（有斐閣・1999）に多大な示唆を受けた。特に、大内教授が労働協約の規範的効力の根拠を、組合員は当該組合に加入するにあたって協約遵守義務を負っているという点に見出し、組合加入の段階で不利益変更をも含めて協約に従うことを承認しているとみなすべきであること、組合脱退の自由が保障されていることも加味すれば、内容審査を司法が行う必要はないことを指摘している点は基本的に賛成しうる。ただ、大内教授はこれを徹底させようとするあまり、不利益変更といってもプロセス審査にも影響を与えうるさまざまな事情があることに十分な考慮を払っていないようにみえるのみならず、一般的拘束力を通じた拡張適用による不利益変更についても、不利益の具体的内容を加味したプロセス審査の可能性に十分な検討がなされていないように思われる。

すでに述べたように、筆者は就業規則の不利益変更につき、当該事業場の労働者全体を代表しうる労働組合がある場合には、その労働組合が従業員全体を公正に代表して当該就業規則の不利益変更に同意した場合に、変更後の就業規則規定の拘束力が推定されるべきと考えている。この定式を、労働協約の効力でありつつ当事者の意向が反映される制度的担保が実定法上存在しない拡張適用による不利益変更の可否についても敷衍するなら、１つの事業場で同種の労働者の４分の３以上を組織するような労働組合には、一方で就業規則による労働条件の不利益変更に対し従業員を公正に代表して対応する責務を負い、他方で労働協約による労働条件の不利益変更については、組合員に対しては十分にその意見が反映される手続・段取りを履践し、非組合員に対しては、就業規則の場合と同様に、その意見をくみ上げつつ不利益を緩和する配慮も行いながら協約締結にあたるという要請を担っているということであり、集団的規範による労働条件の不利益変更について共通した責任を負いながら行動することとなるのである。

V 労働協約と現代的課題

第1節 企業変動と労働協約

1 緒論

　企業はその成立から発展の過程において、合併、事業譲渡、会社分割等の方法によって姿を変え、また倒産や解散等によって活動を終える。これらの変動の態様は、1997年の独禁法改正による純粋持ち株会社解禁を皮切りとして展開された企業変動を促す法政策によって飛躍的に多様化し、また手続の簡便をはかる政策的対応により頻度も従来とは比較にならないほど高くなった。21世紀の現在、企業規模の大小にかかわらず、現存の企業形態が3年後も同一であると確信しうる企業はないといえる。

　そのような状況において、労使関係もそれ以前とは比較にならないほどの変動を余儀なくされるようになった。日本の労使関係は一般的に企業単位で形成され、展開されているため、企業の変動はそのまま労使関係の変動に直結するからである。この点は、労働協約が産業別に締結されて企業変動がさほど大きな影響を与えない大陸ヨーロッパ諸国とも、また排他的交渉代表制の下で企業が変動しても交渉代表が単一である原則が貫かれる米国とも異なる日本固有の事情である。具体的には、労働組合の消長に加えて、変動過程における組合員の処遇や労使関係ルールの整備を目的とした団交・協議の法的効果、関係する企業や機関の不当労働行為の成否、合併や事業譲渡などの場合における相手方企業との団交、争議行為等の適法性など、実定法に直接の判断基準が存しない問題が山積みとなっているといえる。

　企業変動における労働協約の帰趨は、他の労使関係上の課題に比すれば深刻な問題を生じているわけではないが、これも実定法上手立てとなりうる規定は、会社分割の場合における労働協約の承継を除いてはほとんどなく、ほぼ全面的に解釈にゆだねられている点に特徴を有する。ただ、労働協約も契約の一種であるという原則を踏まえれば、基本的には企業変動にともなうさまざまな契約関係の帰趨に関する法的対応を土台として、企業変動により労働協約がどのように承継さ

れ、あるいはされないのか、労働協約による労働条件の規制にどのような変動がありうるのか、労使関係の当事者の変化にともなって債務的効力にどのような変動がありうるのか、といった具体的諸課題が問題となる。このうち、合併、事業譲渡、解散と倒産にともなう労働協約の帰趨については、すでに労働協約の終了の項で述べた（第2編Ⅰ第5章第3節）のでごく簡単に確認し、そのほかの問題について若干の検討をしたうえで、会社分割における労働契約承継法所定の労働協約承継問題を中心に検討する。

2　合併・事業譲渡・会社の倒産・解散における労働協約の帰趨

(1)　合併と事業譲渡

　合併は、複数の企業の組織と権利義務関係等を包括的に統合する措置であり、物的財産関係も人的債権債務関係もそのまま合併後の企業に移行する。労働協約も、被合併会社において締結されていた労働協約は、合併によって消長をきたすことはない。ただ、労働協約の内容については、具体的状況によってさまざまな実態がありうることは当然である。たとえば、合併後の労働条件の統一は企業にとって不可欠の課題であり、協約の改訂を余儀なくされる場合が多いであろう。合併前の各企業に労働組合が存在し、協約上の労働条件が異なっていた場合、一般的には組合も合同して、労働協約の統合をはかり、そこで改めて統一された労働条件を規定することとなるであろうが、まれに労働組合の合同が実現せず、複数組合が合併後の企業に併存する場合がある。このとき、各労働協約によって規律されていた労働条件は、締結主体としての労働組合に変動がない場合には、合併によって締結主体たる使用者の地位は承継されているので、合併後も同じ状態で継続することとなる。仮に1つの労働組合が同種の労働者の4分の3以上を組織していても、他に労働組合が存在する場合は当該労働組合の組合員に一般的拘束力は及ばないので、変わることはない。合併により1つの労働組合のみが存在するようになり、それが4分の3以上の同種の労働者を組織することとなった事業場においては、合併前に労働組合が存在しなかった会社からの同種の労働者の労働条件は、当該労働協約によって規律されることとなる。有利原則が認められないこと、個々の労働者の既得の権利を剥奪できないことなど、労働協約一般に課せられる制約は合併によっても同様である。

　事業譲渡による労働協約の承継については前述のとおりであり（第2編Ⅰ第5章

第3節)、労働協約は当然には承継されない[1]。事業譲渡は、関係する権利義務について個別承継を原則とするので、労働協約についても当事者間の合意の如何がその帰趨を決することとなる。ただ、労働協約上の権利義務が、協約の承継としてではなく、労働契約の承継に反映されるか否かは問題となりうる。たとえば、譲渡会社の当該事業部門に就労する労働者が組合員であって、その労働条件は労働協約によって規律されていたところ、労働組合が存在しない会社に当該事業が譲渡されたとした場合、労働契約上の地位も承継され、特に別段の合意がなければ、その労働契約内容は労働協約によって規律されていた内容となる。内容説の立場からは、労働協約は存在しなくなっても、協約に規律されていた労働条件は労働契約の内容となっていると解しうるからである。もっとも、通常は譲渡後に労働条件の見直しがされることとなり、譲渡先会社に労働組合が存在しなければ、個別の合意ないし就業規則の適用によって労働条件が変更されることは十分にありえよう。後者の場合、労働条件の就業規則による変更となるので、不利益変更であれば労契法10条の解釈問題となる。

(2) 会社の倒産
(a) 特別解除権と労働協約

会社の倒産の場合、会社更生法や破産法、民事再生法のいずれにおいても、労働組合の関与を保障し、あるいは義務付ける多くの規定が存在する[2]。特に再建型の倒産手続においては、労働協約に関する特別な規律が古くからあり、近年の改変においてもその傾向は踏襲されている[3]。すなわち、清算型倒産処理手続を定めた破産法は、2004年の改正の前後を問わず、双方未履行の双務契約について解除権を定め、労働協約についても例外を認めていない(破産法53条)が、再建型倒産手続を定めた民事再生法49条3項および会社更生法61条3項は、倒産にあたって

---

1) インチケープマーケティングジャパン事件―大阪地判平10・8・31労判751号23頁では、事業譲渡にともなう労働協約上の解雇協議条項の承継が問題とされたが、裁判所は、譲受会社が労働協約の承継を拒否していたことを理由にこれを否定した。
2) 会社の倒産・解散等の場合の労働組合の関与に関する実定法の仕組みについては、徳住堅治「解散・倒産をめぐる法的課題」毛塚勝利編『事業再構築における労働法の役割』(中央経済社・2013) 112頁以下、同126頁。
3) 再建型倒産手続における労働協約の取扱いについては、池田悠「再建型倒産手続における労働法規範の適用――再建と労働者保護の緊張関係をめぐる日米比較を通じて(5・完)」(法協128巻11号(2011) 190頁以下。

双方未履行の双務契約について認められている特別解除権を労働協約について除外している。この理由については、労働協約の消滅によって平和義務が解消され、争議行為を勃発するなど労使間平和に支障をきたすおそれが懸念されたほか、労働者保護の観点も指摘されている。したがって、労働協約の解約は労働組合法の原則に従うほかなく、期間の定めのある労働協約は期間中の解約は原則として認められないし、期間の定めのない労働協約の一方的解約には90日間の告知期間が付されていることを踏まえて対応されることとなる。そうすると、労働協約上の使用者の地位を承継した管財人や、労働協約の適用を受ける再生債務者も、労働協約が終了するまでの間、その拘束を受けるので、事情変更の原則が適用される場合や倒産手続における適用が除外されると解釈されうるような特段の事情がある場合を除いて、協約上の権利義務の行使・履行がありうることを否定できない。もっとも実際には、倒産手続下での当事者をめぐる法的状況は、そうでない場合に比べ著しい変化をきたしていることが通常であり、特段の事情が認められる実例はまれではないといえる。たとえば、協約上の解雇同意・協議条項を、倒産手続下でそのまま適用することが妥当ではない場合が想定されることなどはつとに指摘されていたし、専従や組合事務所をめぐる諸規定なども平常の場合とは異なる取扱いがされることは十分考えられる。しかし、労働協約によって設定された安定的労使関係の枠組みと労働条件を規律する機能とは、会社の倒産という事態にあたっても、それが再生を目したものである場合には軽軽に排除されることは妥当ではないとの考慮を、これら規定の背後に想定することは不自然ではないであろう。

　それでは、清算型倒産手続である破産法においては、労働協約の解約は他の双務契約と同様に解すべきであろうか。

　破産の場合は、再建型の手続である民事再生法や会社更生法のように労働協約が別扱いされる仕組みはとられていない。すなわち、破産法53条1項によれば、双方未履行双務契約が破産管財人の選択によって解除ないし履行されるという原

---

4) 兼子一＝三ケ月章『条解会社更生法』（弘文堂・1953）248頁、兼子一監修『条解会社更生法(中)（第4次補訂）』（弘文堂・2001）321頁。
5) 池田・前掲注(3)196頁。
6) 位野木益雄『会社更生法要説』（学陽書房・1952）127頁。
7) 清算型倒産手続と労働関係の詳細については、土田道夫＝真嶋高博「倒産労働法の意義と課題」季労222号（2008＝以下「土田＝真嶋」）146頁以下参照。

則は、労働協約を例外としておらず、この規定を踏まえれば、破産手続開始時において有効な労働協約の債権債務関係の帰趨は破産管財人の裁量によることとなる。もっとも、学説においては、破産法では再建型手続の場合のように労働協約の継続が予定されていないのであるから、端的に協約の効力を否定すべきとの見解[8]や、逆に労働協約の特殊性に着目して、破産の場合であっても、破産それ自体によっては労働協約は解除されえないとする見解[9]も存する。いずれも傾聴に値する内容を含んではいるが、破産は会社がそこで少なくともいったんは完全に消滅する手続であり、財産関係の清算にあたって双務契約の処理は重要な要素となる。契約の一類型である労働協約のみが他の双務契約にみられない特別な法的取扱いを受けるとの考え方は、実定法の根拠なくしてはとりえないものと思われる。ただ、契約一般の解除についても、破産管財人の無限定な裁量が認められているわけではなく、契約の解除は契約当事者双方の公平をはかりつつ、破産手続の迅速な終結をはかるためであって、契約を解除することが相手方に著しく不公平な状況を生ぜしめるような場合には解除権も制約される。労働協約についても同様の対応がなされるべきであり、特に賃金などの労働条件が多く含まれることを考えると、解除権行使の有効性はいっそう慎重に判断されることとなるように思われる。

これに対して、解除権が認められるとしても、労組法15条との関係は問題となりうる。同条は、労働協約という特別な契約に関する期間の定め、解約等を対象とした強行規定であり、双務契約一般に関する破産法上の解除権行使の規定に優先すると考えるのが妥当である。したがって、破産法上の解除権行使の要件が充足されることによって労組法上の解約の要件が排除されることはありえないが、まさに労組法上の観点から見て、破産手続の実質的な状況が労働協約の解約を認めざるをえない事情変更の一類型となることは否定しえない。[10]

(b) **事前協議に関する協約規定の意義**

次に、会社の倒産にあたっては、労働組合と事前に協議し、あるいは同意を義務付ける内容の規定を含んだ労働協約が締結されていることも少なくない。裁判例においては、破産手続が総債権者の利益のためのものであって、一部特定の債

---

8) 山本和彦ほか『倒産法概説〔第2版補訂版〕』(弘文堂・2015) 208頁。
9) 伊藤眞『破産法・民事再生法〔第3版〕』(有斐閣・2014) 399頁。
10) 土田＝真嶋164頁。

権者その他の権利者との合意によってその申立てを制限されることはないとの考えから、このような事前協議・同意条項に反して行われた破産手続も有効とした例があり[11]、少なくとも破産手続自体の有効性が労働協約上の事前協議・同意条項によって否定されることはないと考えられている。確かに、労働協約は使用者と労働組合との間でのみ締結された契約であり、その効果も組合員と一般的拘束力による非組合員に及ぶにすぎない（まれに地域的拡張適用手続により他の使用者にも効力が及びうるがここでは触れない）。したがって事前協議・同意条項が破産手続自体に直接影響を及ぼすとの解釈はとりえないであろう。しかし、当該協約の締結当事者である労働組合と、使用者を承継した破産管財人との間での債権債務関係が否定されるわけではないので、事前協議・同意条項違反について労働協約の解除や損害賠償など一般民事法上の効果が発生しうることは当然であり、加えて、違反を理由とする争議行為は目的の点では正当性を認められやすいし、これに対する団体交渉の要求もなしえよう。場合によっては支配介入を中心とする不当労働行為が成立することもありうると考えられる。なお、再建型手続の場合も、労働協約による事前協議・同意条項の法的効果は特に変わるところはない。これを無視して強行される民事再生・会社更生の申立ては、労働者の協力が得られないとして再建の見込みがないものと判断される可能性を生ぜしめるとの見解があるが[12]、それは具体的事案によってかなり幅のある可能性であり、一般的にはそこまで想定することは適切ではない。

(c) 否認権と労働協約

さらに、再建型・清算型を問わず、倒産手続において認められている否認権（破産法160条以下、民事再生法127条以下、会社更生法86条以下）につき、労働協約が対象となりうるか、なりうるとした場合にその範囲はどのように決定されるべきかという問題も指摘されている[13]。否認権は、双務契約の解除などにより対応できない財産関係の公平をはかる制度であり、倒産処理手続前に債務者がなした財産処分行為を倒産手続開始後に失効させ、逸出した財産を倒産財団に回復することで債権者間の公平をはかることを目的とする。労働協約が対象となりうるのは、協約に沿って支払われた賞与等の賃金項目につき、他の債権者との間の公平を考慮し

---

11) 東京高決昭57・11・30判時1063号184頁。
12) 土田＝真嶋165頁。
13) 土田＝真嶋165頁。

て否認権が行使されるような場合と考えられるが、このような事態は、労組法が特に労働協約に特別な地位を付与し、少なくとも労働契約という債権債務関係については労働協約の支配を認めていることからして法の許容するところとは考えにくい。清算型手続である破産法の場合には、労使関係も労働契約関係も終了することが想定されていることや、労組法15条により解約権が制約されていることなどから、総債権者の財産関係の公平をはかるという観点からの否認権行使が適法と認められる余地はあるものと思われるが、民事再生法や会社更生法による再建型手続においては、労使関係や労働契約関係の継続が予定されており、否認権という特殊な手続により労働協約上の権利義務関係を破壊するような措置を講じることは、原則として認められないと解すべきであろう。また、否認権の対象となりうる場合であっても、その範囲は具体的な個々の協約条項に限定され、協約が全体として否認権の対象とはなりえないものと考えられる[14]。

(3) 会社の解散

会社は、破産や合併などのほか、株主総会の特別決議等によっても解散される（会社法471条3号、309条2項11号、641条3号）。解散により会社はただちに消滅するのではなく、清算手続中は清算目的の範囲内でなお存続する、したがって、労働協約についても通常の解約や期間満了などの終了事由が生じないかぎり清算手続中は存続し、そこに記載された諸事項は清算手続中も効力を有することとなる。

近年の企業変動促進型の法制度普及がもたらした労働関係に関する1つの問題は、労働組合の活動を嫌う経営者が会社を解散する場合の法的処理である。仮にその解散の目的が明らかに労働組合つぶしであっても、実際に会社を終了させる「真実解散」である場合は、解散そのものは有効であるとされるので、清算手続が終了すれば労働協約も終了する[15]。いずれにせよ、実際に会社が解散する場合、清算手続中の労働協約上の権利義務関係は、破産や会社更生等の場合と基本的にかわるところはない。会社解散において問題となるのは、解散会社の事業が他の会社に移転する形の事業譲渡解散の場合に、労働関係の帰趨がどうなるかであり、特に上記のような組合つぶしを目的とした解散にあたっては、実際には当該事業

---

14) 土田＝真嶋166頁。
15) 菅野540頁以下、荒木424頁、三協紙器事件―東京高決昭37・12・4労民集13巻6号1172頁、大森陸運ほか2社事件―大阪高判平15・11・13労判886号75頁。

を存続させる「偽装解散」がなされることが珍しくなく、法的処理を複雑化させてきた。このうち、通常の事業譲渡解散にあたっては、労働契約上の地位の変動が深刻な問題を生じさせることがあるものの、労働協約については、譲渡会社、譲受会社、労働組合の合意によって決定されるのが原則であって、その内容によって帰趨が決まることとなる。法的な制約は特にないので、具体的な中身は労使交渉の中で確定されるのが通常であろう。もっとも、解散企業と譲受企業の関係について実質的継続性の認定や法人格否認の法理を適用する近年の裁判例の対応[16]を労働協約関係にも応用できるのであれば、譲受企業が労働協約上の権利義務関係を承継しているとみなしうる場合もありえよう。会社が労働組合つぶしを狙って偽装解散に打って出たと認められる場合は、このような処理が現実化することが考えられる。

これに対して、親会社が組合つぶしを狙って偽装解散を挙行し、実際には他企業に事業を譲渡したという場合は、そのような親会社の不当な操作を重視して、たとえば譲受会社に労働契約上の地位を承継されなかった労働者からの、親会社ないし譲受会社への雇用関係の存在確認請求が認められる例[17]があり、これを労働協約に応用すれば、譲渡会社の労働組合が存続している限り、譲受会社が協約上の権利義務関係について一定の責任を負うとの判断もありうる。この点は、規範的部分と債務的部分とでも事情が異なるし、解約権の行使なども考えられるので、実際には多くの複雑な課題を生ぜしめる困難な事態が予想される。会社解散における解雇問題と同様、労働協約の帰趨についても、新たな視点から合理的な法的対応を模索することが求められる。[18]

3　会社分割における労働協約の法的課題[19]

(1)　会社分割における労働組合の機能——法と指針から

会社分割制度は、1997年の独禁法改正による純粋持ち株会社解禁に端を発する

---

16)　日進工機事件—奈良地決平11・1・11労判753号15頁、新関西通信システムズ事件—大阪地決平6・8・5労判668号48頁。

17)　第一交通産業ほか（佐野第一交通）事件—大阪高判平19・10・26労判975号50頁、最高裁で上告不受理＝最1小決平20・5・1判例集未登載。

18)　この点については、荒木425頁も参照。

19)　以下についての詳細は野川「会社分割における労働組合の法的機能——労使関係から見た改正商法と労働契約承継法の課題」季労197号（2001）74頁以下参照。

一連の動きの区切りとなったものであり、1999年の閣議決定「規制緩和推進3か年計画」の一環として実現された。1990年代当初から、国際競争力強化のためには、迅速な企業組織の変動が不可欠とされていたが、従来の事業譲渡や合併による場合は手続の煩雑さや達成までの時間がネックとなっており、新たな再編方式が切望されていた。会社分割方式は、一体性を有する事業部門の権利義務関係のうち、承継すべきものを分割計画（いわゆる新設分割の場合）または分割契約（いわゆる吸収分割の場合。以下では両者をまとめて表記する場合は「分割計画等」と称する）に一括して記載することにより、株主総会の特別決議がこれを承認すれば、債権者の異議申立て等の留保を前提としたうえで、登記が有効になされた時点で当該事業が包括的に分割先（新設分割の場合は「設立会社」、吸収分割の場合は「吸収会社」）に承継されるとするものであり、それまでの事業譲渡等の障害を克服する制度として期待された。

　会社分割において労働協約が問題となりうる局面は多岐にわたる。まず、労働組合は、法令の明文と、会社分割に伴う労働契約の承継等に関する法律（以下「承継法」）に関する「指針」（平成12年12月27日労働省告示127号「分割会社及び承継会社等が講ずべき当該分割会社が締結している労働契約及び労働協約の承継に関する措置の適切な実施を図るための指針」、以下単に「指針」と称する）による運用基準と、そして労働者との協議を定めた商法等改正法附則（以下「商法附則」）5条の解釈において、直接もしくは間接に機能する場面が予定されている。すなわち分割会社は、労働組合が存在し、かつ労働協約が締結されていた場合には、上記労働組合に対して労働協約の承継の有無等につき通知をしなければならないことが規定されている（承継法2条2項）し、分割会社から承継会社に移籍した労働者の労働契約が、分割会社の労働協約の規範的効力の適用を受けている場合には、分割先の会社と当該労働組合との間で同一内容の労働協約が締結されたものとみなされることとされている（同法6条3項）。さらに労働協約の債務的部分についても、他の権利義務関係と異なり、当事者の合意によって分割会社と分割先の会社とに振り分けることが可能とされる（同条1項・3項）などの定めが置かれている。また、指針においては、承継法7条に定められた、分割にあたって「労働者の理解と協力を得るよう努める」使用者の義務の具体的内容として、分割会社の各事業場ごとに、労働者の過半数で組織する労働組合がある場合にはその労働組合、そのような組合がない場合には労働者の過半数を代表する者との協議（もしくは「その他これ

に準ずる方法」）とされている（承継法施行規則（以下「施行規則」）4条、指針第2‐4(2)）。加えて、商法附則5条は、分割に伴う労働契約の承継に関し、分割会社は「分割計画書又は分割契約書を本店に備え置くべき日までに、労働者と協議するものとする」と定めているが、国会の答弁でも繰り返し明らかにされているように、労働者がこの協議を第三者に委任することは問題がないので、事実上多くの場合に、労働組合は本条の協議をなす主体としても機能することとなる。これら労働組合が協議を行う場面では、当然労働協約の締結が射程に置かれることとなる。さらには、法令や指針等に直接予定されていない場面でも、労使関係が存在する会社にあっては、会社分割の諸段階でさまざまな協議・交渉を行うことが予想され、その結果は、多くの場合労働協約に帰結することが推測されるので、会社分割における労働協約の機能はきわめて広汎かつ重要なものとなりうる。以下では、このうち特に重要度が高いと考えられるいくつかの問題について検討する。

(2) 労働者および労働組合への通知と労働協約の関係

(a) 労働者への通知

承継法2条による労働者への通知は、承継事業に主として、もしくは従として従事する労働者がその対象となり、株式会社の場合は株主総会の期日の2週間前の前日までになされねばならず（同条1項）、通知事項は、会社の分割に関し、分割会社が当該労働者との間で締結している労働契約を分割先の会社が承継する旨の分割計画等の記載の有無や、承継法4条1項に規定する、分割会社が定める「労働者が異議を申し出る期限日」など7項目にわたる（施行規則1条）。そこで、これらについてあらかじめ労使間で有効な労働協約が締結され、しかも法令の内容とは異なる場合、かかる協約規定の効力が問題となりうる。

第1に、通知対象となる労働者の範囲について、承継法は承継事業に主として、もしくは従として従事する労働者のみを対象としている（2条1項）が、労働協約において、分割対象となっている事業と関連の深い隣接事業の労働者については、承継事業に従事していなくても、法によって通知の対象とされている労働者に対するのと同様の通知を行うことを労働協約により定めることが考えられる。

---

20) たとえば参議院法務委員会における修正提案者北村哲議員の答弁（平成12年5月18日、同23日）。以下、国会審議の内容の引用は、国会図書館データベース「国会会議録検索システム」よりインターネット（http://kokkai.ndl.go.jp）を通じて入手したものによる。

このような労働協約を締結すること自体は問題ないし、労働者としては、自分の労働契約の承継について確認できるので実益もあろう。しかし、会社がこのような協約に反したとしても、労働組合に対する協約違反の責任を負うことがありうるのはさておき、法の定めを遵守していれば、分割計画の効力に影響したり、まして分割自体の有効性に障害となるとまでは解しえないであろう。個別労働者自身にとっても、仮に承継事業に全く従事していない労働者の労働契約が承継される旨分割計画等に記載されていたとしても、それはもとより効力を生じえないので特に問題は生じない。ただ、そのような労働者でも、転籍の手続をとることで分割先の会社に移籍することはありうるので、労働協約により通知が義務付けられていて、かつそれが実行されていなければ、間接的に、転籍の場合に本人の同意があったか否かの確認に影響を及ぼすことはありえる[21]。

　第2に、通知の時期に関して、法令の定めよりも前倒しあるいは繰り延べにする労働協約規定の効力も問題となりうる。もっとも後者の場合には、承継法の主たる趣旨が労働者の保護にあることを考えると、2週間の期間を短縮する合意は、個別合意であれ労働協約による規範的効力としてであれ無効になるものと思われる。これに対して前者については、たとえば、労働者にはより慎重な考慮の機会が与えられるべきであるとして通知を株主総会の会日の3週間前にはするものと労働協約で定めておきながら、ぎりぎりの2週間前の前日に通知をしたという事態が具体的な問題として生じうる。このような労働協約の規定は、法律上特に問題はないので「承継法による通知を株主総会の会日の3週間前までに行う」との規定は規範的効力を有するものと考えられる。問題は、分割会社が上記規定に違反した場合に、期限日以降の異議申立てをも認める効果を生じるかである。承継法の解釈としては、期限日の設定が法令の要件を充たしたものであれば、たとえ上記のような労働協約の規定に違反した通知がなされた場合でも、期限日以降の異議申立ては承継法所定の効力を有しないことになりそうである。しかし、労働協約の明確な規定が存する場合にまでこのように考えることは公平を欠く感を免れない。そこで、まず労働協約自体において、通知の期限を徒過した通知がなされた場合には期限日以降にも異議申立てをなしうることが明記されていた場合に

---

[21] いわゆる転籍の場合には、その要件である労働者の承諾は、就業規則の包括的規定では認められないなど、厳しく認定されている（代表的裁判例として、三和機材事件—東京地決平4・1・31判時1416号130頁）。

は、分割会社は、承継法の規定とは別に、実際に期限日以降の適当な期間内（労働協約に定めた通知期間に即して考えられるべきであろう）に異議を申し立てた労働者に対しては、異議の内容に従った措置をとる義務が生じると考えるべきであろう。具体的には、当該労働者の同意を前提として、分割先の会社への転籍の申入れを擬制することとなる。ただ、当該労働者が分割計画等に記載されていて分割先に身分が移行することになっている場合の処理は困難である。この場合は、承継法所定の要件が充たされていれば分割先への移籍自体は回避しえないとしても、損害賠償の請求や、移籍先での就労拒否などに対する制裁が違法になるなどの法的効果が生じうるものと思われるし、労働組合との関係では、当然ながら不当労働行為や損害賠償などの法的効果が生じうるであろう。

　第3に、労働協約において、労働者に通知すべき項目を（施行規則1条に記載された内容を超えて）付加したにもかかわらず、会社が付加項目を労働者に通知しなかった場合はどうか。具体的に生じる事態としては、付加項目が通知されなかったために熟慮する機会が失われたとして、所定の期限日以降の異議申立てを認めよとの要求がなされることであろう。当該分割をめぐる具体的な協議の中でこのような協約が締結されるのはむしろ望ましいし、承継法も通知項目を限定する趣旨とは解しえないので、上記要求の帰趨は、いかなる項目が付加されたかによるものと思われる。通常は、これにより時機に後れた異議申立てが有効となるまでの効果は想定しえないが、たとえば、承継事業によっては、承継された後の教育研修システムがどうなっているのかが通知されることにより、労働者が、分割会社に残った場合と分割先の会社に移籍した場合との職業能力の向上の可能性について考慮して、異議申立てをなすか否かを決定するという事態は十分に考えられる。この場合には、当該労働協約がこれについても通知を受ける権利を労働者に付与しているとみなされるならば、第2の場合と同様に、期限日以降の異議申立てについて会社がこれに応える義務を負う場合があるとみなされよう。労働組合に対する会社の責任も、第1・第2の場合と同様である。

　以上のほか、労働者への通知がなされなかった場合に、労働協約が関与していた場合とそうでない場合とで相違が生じるかが問題となりうる。この点、異議申立てをなしうる立場にある労働者、すなわち、主として承継事業に従事していて分割計画等にその労働契約の承継が記載されなかった労働者と、従として承継事業に従事していて分割計画等にその労働契約の承継が記載された労働者について

は、通知がなされなかった場合には、当該分割後においても、前者については承継会社等に、後者においては分割会社に、それぞれ労働者たる地位の保全または確認を求めることができると考えられる[22]ので、労働協約への記載は確認的な意味を有するにすぎない。問題は、主として承継事業に従事していて、分割計画等に記載され、かつ通知がなされなかった労働者である。当該労働者については、労働契約の承継に関する承継法上の効果に関しては影響を及ぼさないとする見解[23]と、分割が効果を生じた後でも、分割会社に残留する意思表示があった場合はこれを認めるべきであるとする見解[24]が対立する。しかし、仮に労働協約に、通知がなされなかった場合の異議申立ての権利が明記され、これが、主として承継事業に従事しつつ分割計画等に承継が記載された労働者の異議をも含むものと解しうる場合には、上記のいずれの見解とも異なった処理が可能であると思われる。すなわち、まず当該労働協約は原則として規範的効力を有し、かつ分割先の会社との間でも同一内容の労働協約が締結されたとみなされるのであるから、当該労働者は、分割後も当該労働協約規定に従って、分割会社に地位の保全または確認を求めることができると考えるのである。この場合、労働協約の規範的効力が承継法の規定に優先すると解する必要はなく、いったん承継そのものは成立したうえで、あらためて労働協約の効力により上記のような効果が生じると考えるのが適切であろう[25]。

(b) **労働組合への通知**

承継法2条2項は、分割に関し、労働協約を締結している労働組合に対しても、所定の項目（承継する労働協約の内容など3項目－施行規則3条）につき、労働者への通知の場合と同様に株主総会の会日の2週間前の前日までに通知すべきものとしている。労働組合への通知に関しても、労働協約による別段の定めについて問題が生じうる。

第1に、労働組合への通知につき前倒しを定める労働協約規定がありながら、

---

22) 労働省労政局労政課編『労働契約承継法』（労務行政研究所・2000）200頁以下。
23) 荒木尚志「合併・営業譲渡・会社分割と労働関係」ジュリ1182号（2000）23頁。
24) 岩出誠ほか『会社分割における労働契約承継法の実務Q&A』（日本法令・2000）138頁。
25) このような帰結は、あくまでも承継事業への従事の態様について解釈の対立が存在する場合を前提としたものであり、はじめから通知義務自体が全く無視されていたような場合は、労働契約の承継そのものが効力を有しない。

会社がこれを徒過して通知した場合の効力が問題となる。まず、労働協約に明確に「株主総会会日の3週間前」などの規定があれば、これに反して会社が2週間前の前日に通知を行った場合等につき、争議行為などの対抗措置が目的の点で正当化されること、および不当労働行為の成立が認められることがありうることには異論はないであろう。これに対して、協約内容となっている権利義務の承継について、上記違反が何らかの法的・実質的効果を及ぼすこととなるか否かは微妙な問題となる。承継法2条の通知は、分割計画等が作成された後に発せられるものであり、労働協約の債務的部分の振り分けは、すでに労使の間で決着がついて分割計画等に記載されていることになるので、たとえ通知が遅れたとしても、債務的部分に関する合意内容を事後的に変更するような効果までは生じえないであろう。ただ、分割計画等に記載された債務的部分の振り分け内容について労働組合に疑念が生じた場合、通知が労働協約の規定通りに早い段階でなされていれば労使のさらなる協議が可能であったのに、ぎりぎり2週間前の前日になされたのでそのままになってしまったということはありえよう。しかし、この場合でも、さらなる団交の要求や、場合によっては争議行為等の正当な理由になりうることは想定しえても、労働協約違反の効果としてはこれにとどまり、他方で労働組合に対する一定の損害賠償義務が会社に生じうる余地があるにすぎないものと思われる。

　第2に、労働組合への通知に記載すべき項目に付加すべき内容が労働協約によってあらかじめ定められていた場合に、付加項目を記載せずになされた通知の効果も理論的に問題となりうる。実際には、通知を受けた労働組合自身が追加通知を要求することとなろうが、場合によっては、特に少数組合の場合などは、会社は追加通知をせずに分割手続を進めることも考えられる。しかしこれも、団交の要求に対する使用者の拒否が不当労働行為を成立させたり、争議行為の正当性を示すこととなるほかは、まれに損害賠償の請求が可能となるにとどまると解さざるをえない。

　最後に、労働組合への通知についても、これを会社が怠った場合の効果が問題となる。労働者への通知と異なり、労働組合への通知については、その実質的目的が必ずしも明らかではない。労働協約の承継についてはすでに分割計画等が作成されているので、それ以前に話し合いがなされているはずであるし、個別組合員の労働契約の承継についても、承継法7条や商法附則5条の協議等がなされて

いるからである。労働者への通知と異なって異議申立て等の問題も生じない[26]。そこで、通知義務違反の効果についても、労働組合の圧力行動が正当性を担保されることがあるとか、不当労働行為が認められうるなどの一般的効果を別にすれば、労働協約の承継や会社分割そのものに影響を及ぼす効果を推定することは困難であろう。ただ、少数組合などについて、事前の一切の協議・団交が拒否され、労働協約の承継に関する話し合いも全くなされず、組合員の労働契約の承継についても明らかに組合つぶしの意図がうかがえる、などの事情がある場合には、明確な法的義務である通知が無視されたとの認定が、当該分割を、労働組合を壊滅させることを目的とした会社分割として、分割制度の濫用を根拠に無効とする決め手となることはありえよう[27]。

なお、これはむしろ今後の課題となりうる論点であるが、承継法2条の通知義務は、労働協約を締結している労働組合に対してなすとのみ規定しているので、たとえば派遣労働者が就労している承継事業において、派遣労働者らが組合に加入して仮に会社と労働協約を締結している場合には、その労働組合にも通知を行う必要がある。多くの場合は当該労働組合は、合同労組や地域ユニオンなど分割会社外の労働組合であろうから、これにより分割会社が予想外の労使関係に直面することも考えられよう。

(3) 労働契約承継法における労働協約の承継
(a) 承継法による労働協約承継の構造

承継法6条は、労働協約上の権利義務の承継について、他の契約上の権利義務と異なり、分割計画等に承継すべき部分を選択して記載することができること（1項）、労働協約のいわゆる債務的部分については分割会社と労働組合との合意

---

[26] そうすると、まさに、労働組合への通知を分割会社に義務付けた目的が問題となるが、労働省労政局労政課・前掲注(22)171頁は、労働協約を締結している労働組合は「会社の分割に伴い、当該労働協約に関する取扱いについて重要な利害関係にあるため」としか述べていない。他方では、「労働条件の在り方に関する協議のためのもの」との推定もなされている（菅野和夫＝落合誠一編『会社分割をめぐる商法と労働法』別冊商事法務236号（商事法務研究会・2001＝以下「菅野＝落合」）101頁菅野発言参照）。

[27] 国会の審議では、「専ら労働組合を弱体化する、そういう不当な目的のために会社分割制度が濫用されたということが明らかな場合には、それは商法上も会社分割の無効原因となり得るものと考えております」との政府の考えが示されている（平成12年5月23日参議院法務委員会における細川民事局長の答弁）。

により承継すべき部分とそうでない部分の振り分けが可能であること（2項）、これに対していわゆる規範的部分については、当該労働協約の適用を受ける労働者の労働契約が承継される場合には、分割先の会社と当該労働組合との間でも上記労働協約と同一内容の労働協約が締結されたものとみなすこと（3項）を規定している。労働協約による権利義務の承継システムについては、労働協約固有の法的性格、機能等に照らして、承継法上も特別な対応を規定したものであるが、これまでにはない独特の規制方式を採用していることもあり、問題が少なくない。

(b) **規範的効力を適用される労働契約の帰趨**

規範的効力が適用される労働契約の帰趨に関しては、たとえば承継事業部門における労働協約の一般的拘束力が、労働者の移籍により失われる事態が生じることや、ユニオン・ショップ協定による組合所属の帰趨が、労働契約の承継によりどのような影響を受けるかといった問題もあるが、いずれも労使の協議・交渉の中で解決されるべき問題であり、ただちに法的問題として検討することが必要となるわけではない。これに対して、分割会社の労働協約の適用関係と、分割先の会社における労働協約の適用関係とが錯綜する場合には、承継法の構造自体に由来する問題が生じうる。

第1に、分割会社で労働協約を締結している労働組合の組合員であった労働者と、当該労働協約の拡張適用を受けていた労働者の労働契約が承継された場合、どのような法的相違が生じうるかが問題となる。

この場合、前者については労組法16条の規範的効力の下にあり、後者については同17条による拡張適用の効果によって労働協約の規範的効力が及んでいることになる。これらの労働者は、分割会社の事業場に属している限りは、少なくとも労働協約上の労働条件において相違はない。しかし、分割先の会社（すでに協約やショップ制が存在していることを前提とすると、新設分割ではなく、吸収分割の場合がほとんどであろうから、以下では分割先は吸収会社である場合を想定する）に労働協約が承継されて移籍した場合は、労働組合および労働協約の存否・形態によって異なる処遇を受けることとなる。すなわち、労組法16条の規範的効力を適用されている労働者については、たとえ吸収会社の当該事業場において4分の3以上の労働者が1つの労働協約を適用されていても、別の労働協約の適用を受けている労働者には拡張適用の効力が及ばないとの原則により、ただちに吸収会社において拡張適用を及ぼされることはないと解釈しうるが、労組法17条による拡張適

用を受けている労働者については、吸収会社の労働協約が、分割後もなお拡張適用の要件を充たしていれば、そちらの効力を受けることになり、労働条件は吸収会社の労働協約によって規律される結果となる。国会の議論においては、分割会社の拡張適用を受けているだけの労働者については、分割先の会社では分割会社の労働協約の恩恵は受けられなくなるのではないか、との疑問に対し、当該労働契約は分割会社で（労組法17条により）規範的効力の適用は受けているので、実際は組合員と同一内容の労働契約が承継されるとの答弁がなされていたが[28]、上記のように吸収会社に労働協約が存在している場合には、分割会社で労組法16条の適用を受けていた労働者と同17条の適用を受けていた労働者とは、やはり大きな相違が生じるのである。

　また、ユニオン・ショップ協定についても、分割会社で労働組合に所属していた労働者の労働契約の承継については、組合所属の形態が変わらなければ、吸収会社の既存の労働組合とは別の組合に加入しているものとして上記協定の効力は及ばないと考えられるが[29]、分割会社で労働協約の拡張適用を受けていた労働者については、労働組合への所属がなければ原則として上記協定の効力が及ぶこととなり、結局ユニオン・ショップ協定締結組合と吸収会社とが締結した労働協約の適用を受けることとなって、労働条件が大きく変更することになるであろう。

　さらに、以上の帰結は、分割会社において労働協約が存在しなかったり、協約締結組合の組合員でないなどの理由により、労働協約の適用を全く受けない、いわば裸の労働契約が承継される労働者についてもそのまま当てはまるものであり、実務上かなり広く現出する事態であると思われる。

　このような論理的帰結は、ある意味では当然のものであるとして特に対応を必要としないとの考え方もありえよう。しかし特に、承継事業に主として従事していてその労働契約が承継される労働者は、民法625条の適用を排除されるのみならず、分割先の会社でこれまでの労働条件より不利益な内容を定めた労働協約の

---

[28] 当時の澤田労政局長は、「一般的拘束力のもとに少数の方々に拡張適用されている労働協約は、その方々の労働契約の中に溶け込んでおります。……ですから、当該労働者が会社分割により設立会社に移った場合には、労働協約の内容はその労働契約に溶け込んで承継されますから、協約内容は従前通り労働契約内容として維持され承継されるということになります」と答弁している（平成12年 4 月28日衆議院労働委員会）。

[29] 三井倉庫港運事件—最 1 小判平元・12・14民集43巻12号2051頁、日本鋼管事件—最 1 小判平元・12・21労判553号 6 頁。

適用をただちに受けることもありうることになって、いかにも公平を欠く結果をもたらしかねない。このように考えると、承継法の現行規定を前提とした解釈としては、少なくとも、上記の場合の吸収会社における労働協約の拡張適用が、承継事業に主として従事していて分割契約にその労働契約の承継が記載されたために移籍してきた労働者にも及ぶか否かについては、未組織労働者に不利益に変更された労働協約の拡張適用に関する朝日火災海上保険（高田）事件最判（第2編Ⅳ第3節3）の判断基準を応用して、吸収会社で労働協約の拡張適用を受けることでその労働条件が不利益に変更される結果をもたらされる場合には、それが著しく不合理な場合に限って、拡張適用の効力を当該労働者については否定すべきであろう。また、承継事業に従として従事していてかつその労働契約が吸収会社に承継された労働者についても、異議申立てがなしうる段階までに吸収会社における労働協約やショップ制の実態につき十分な情報が与えられていない場合には同様に解すべきであると思われる。[30]

(c) **債務的部分の承継をめぐる課題**

債務的部分の承継は、承継法上も若干複雑な様相を呈している。承継の形態はおおむね三段階に区分することができる。第1に、そもそも分割計画等に当該労働協約にかかる承継について何ら記載がなければ、債務的部分はそのまま分割会社と当該労働組合との合意事項として残ることになる（規範的部分については承継法6条3項にしたがう）。第2に、債務的部分の振り分けについて合意が成立し、分割計画等に承継されるべき部分が記載された場合には、記載された債務的部分は分割先の会社に承継され、そうでない部分は分割会社に残ることになる。ここまでは明確である。しかし第3に、振り分けについて労使の合意が得られなかった場合にはどうなるか。実はこの点は、法の文言からは解決の導き出せない難問である。この点、合意が得られないことにより、当該労働協約（実際にはそのうちの債務的部分）に係る権利義務の承継に関しては、会社分割制度本来の趣旨にかえって会社の判断にゆだねるという解釈がありえよう。具体的には、分割会社と分割先の会社とで振り分けの内容を決めることになる。この点、承継法6条3

---

30) この点、指針2-4(1)に示された、商法附則5条による協議において分割会社が説明すべき「当該分割後当該労働者が勤務することになる会社の概要」の中に、分割会社の労働協約やショップ制の実態を含めることにすべきであるし、立法論としては、労働者への通知の項目の中に、吸収会社等の労働協約やショップ制の実態も含めるべきであろう。

項は、分割先の会社にも分割会社におけるのと同一内容の労働協約が締結されたものとみなされるのは、「前項に定めるもののほか」であるとして、行政当局はこれを、2項にかかる合意が成立しなかった場合をいうと解釈している[31]。この解釈と、3項の「（前項に規定する合意に係る部分を除く）」との文言が、合意が成立しなかった場合を含まないという解釈[32]を前提とすれば、債務的部分についてその承継に関し労使間の合意が成立しなかった場合は、当該部分については、分割会社におけるのと同一内容の労働協約が分割先の会社と当該労働組合との間でも締結されたものとみなされることになるが、そうすると、たとえば組合事務所を2か所貸与するという場合には、分割会社と分割先の会社とで計4か所貸与することになってしまう。このような結果が不合理であるとするならば、当該債務的部分については、上述のように分割に係る会社同士の話し合いにゆだねられるという解釈が一見現実的であるようにも思われる。しかしこの解釈を敷衍すると、会社が同意しない限り合意は成り立たず、合意が成り立たなければ会社同士の話し合いによるということになって、結局、合意による債務的部分の振り分けとは要するに会社側の意図によって決定されることと同義であるということになってしまう。

そこで考えられるのは、合意が成立しなかった債務的部分については、分割会社と分割先の会社の連帯債務と考えるべきであるとの解釈である[33]。実務上の観点からはそのような対応も妥当であろうが、実定法の解釈としてはかなり無理があるように思われる。むしろこの点については、上記解釈が妥当するような立法的対応が必要であろう。

(4) その他労働協約による労働契約承継への関与

会社分割が計画される会社では、法律上の分割手続が開始されるかなり以前から、円滑迅速、かつ効率的な分割の実現のための準備が進められるのが実情であろう。その準備の最も中心的な内容の1つが、分割にあたっての労働関係の合理的な処理にあることも通常であろうと思われる。労働組合が存在する会社では、

---

31) 労働省・前掲注(22)221頁。
32) 労働省・前掲注(22)221頁。
33) 行政はこのような解釈であると推測される。この点に関しては、菅野＝落合131頁の小林厚生労働省労政担当参事官室長補佐の発言参照。

当然入念な労使交渉が行われるであろう。その場合、労働組合としては、組合員の雇用の確保、労働条件の維持・改善といった基本的責務を果たすこととともに、できるだけ不安や懸念なく労働契約や労働協約の承継がなされるようさまざまな要請を会社側に提示し、会社側も所定の分割ができるだけ支障なく実現されるよう労働組合の協力を要請するはずである。そして労使交渉の中で、承継法上の手続を当該会社の実情に応じて、さらに合理的と思われる方向にアレンジする制度を設定することも考えられよう。そのような場合、承継法の内容を修正あるいは補完するような労働協約が締結されることも少なくあるまい。

　第1に、分割事業に主として従事していて分割計画等にその労働契約の承継が記載された労働者については、民法625条の適用はないとされているが、労働協約において、そのような労働者についても同意を得ることを会社に義務付けることが考えられる。このような規定は、円滑な労働移動という観点からは望ましいが、承継法が民法625条の適用を排除する機能をも有しているとするなら、労働協約の上記規定に反する措置が、承継自体を無効とするとまでは考えられないが、同意を得ない会社の態度は、多くの場合不当労働行為とみなしうるし、損害賠償の請求は認められる余地が大きいと思われる。

　第2に、分割前の人事異動について労働協約において規制を加えることも考えられる。たとえば、「分割にあたっては、分割期日から遡って1年以内に当該承継事業部分に配置された者の労働契約は分割計画（契約）に記載しない。ただし労働者自身の明確な同意があった場合はこの限りではない」といった規定を置いた場合、上記規定に反して分割期日の2か月前に承継事業部門に配置換えした労働者の労働契約を承継の対象とする使用者の措置が問題となりうる。この場合、会社は分割に関する労働組合との合意に基づいて配転についての制約を受け入れたのであるから、その制約に反して配転した労働者の労働契約を分割計画等に記載した場合は、遡って当該配転自体が、不当な動機・目的によるものと判断される場合が少なくないものと考えられる。そうであるなら、当該配転前の労働者の就労が分割事業に主として従事するものでなければ、この労働者の労働契約を自動的に承継の対象とすることはできないこととなろう。

　第3に、承継事業への従事の如何とその判断基準を規制する労働協約の規定も問題となりうる。実際には、ある労働者が承継事業に主として従事しているか否か等の判断は、会社の事業の態様ごとにきわめて多様であって、一律の基準を設

けることは困難である。この点に鑑みて、施行規則2条および指針第2‐2(3)のイ(イ)～(ハ)では一応の判断の参考となりうる諸事情を列挙しているが、これもあくまで参考にすぎず、実際の分割過程では判断に迷う事態も多くなるのが通常であると思われる。そこで、労使の間でこれを明確にするために、労働協約において当該会社における独自の判断基準を設けることが考えられる。この場合、上記の法令・指針による判断基準の内容と異なる場合にどのように対応するかが問題となりうる。まず、労働協約による判断基準が、法令によるそれと著しく齟齬するような場合は、使用者としてはこれに反した決定をしても法的に問題とはならないであろう。しかし、指針等で触れていない判断基準を労働協約で規定し、これに会社が反した場合はどうであろうか。これについては、第1に、当該基準が客観的に見ても明らかに承継事業への従事の態様に関する判断基準として適切である、あるいは適切でないとみなされる場合は、前者であればこれに反した会社の判断は違法となるし、後者であれば適法であるとして処理されよう。第2に、労働協約規定の解釈からは、当該基準の適切・不適切が明らかではない場合には、できるだけ労使の自主的な判断を尊重すべきであって、当該労働協約規定に沿った対応をすることが妥当であろう。すなわち、承継事業への従事の態様の判断は、指針等によるほか、当該労働協約規定に定められた基準によることとなる。[34]

4 持ち株会社との労働協約

　企業変動という意味では注目される持ち株会社の設立と会社組織の変容については、労働協約という観点からの固有の法的課題は少ない。しかし、たとえば、クリティカルな問題である持ち株会社への事業会社の労働組合からの団体交渉の要求が実現し、合意に達した場合に労働協約が締結されたとして、上記協約の効力がどのように発動されるかは検討の余地がある。債務的効力については、持ち株会社が協約の締結当事者である以上、事業会社の労働組合との間であっても所定の権利義務の主体となることに問題はないが、上記協約に事業会社の組合員の労働条件が規定されていた場合、労働契約の当事者ではない持ち株会社は、当該労働条件の実現に対して直接に責任を負うことはできない。したがって、労組法

---

[34] この点については、商法学者の中に「一般に、個々の積極・消極財産が当該営業の構成要素かどうかの判断に当たっても、当事者に相当の裁量を認めるべきであると思われる」との見解もあること（神作裕之「会社分割における『営業』の意義」法教243号（2000）26頁）が参考になろう。

16条の規範的効力を持ち株会社と事業会社の組合員との間に発動させることは不可能である。賃金につき、組合が持ち株会社に対して精勤手当の増額を認めさせ、協約にそれを規定しても、賃金支払債務を負うのは組合員が労働契約を締結している事業会社であるから、組合員が労組法16条を根拠に持ち株会社に増額分の精勤手当を請求することはできない。それでは、「事業会社に対して増額手当てを支払うよう義務付ける」ことを請求できるであろうか。労組法16条は、あくまで同条が適用される意味での「労働契約」に対して協約の規範的効力を想定しているのであり、このような請求権は認められないと解するほかないであろう。したがって、上記のような労働協約の規定は、労働組合が持ち株会社に対し、事業会社をして増額手当てを支払わせるよう義務付けることを請求する根拠としてのみ意味を有することとなるが、この場合も具体的債務の内容がどこまで確定しうるかという問題を払拭することはできないであろう。この点は立法的解決が望まれるところである。

第2節　国際労働協約法

1　国際労働法の意義

　21世紀になって、従来から進捗していたあらゆる分野での国際化はますます拡大し、労働分野も例外ではなくなっている。労働法制も労働法学も、かつては国際的労働関係を対象とした体系的内容を備えてはいなかったが、モノ、資本、人、情報の交流が飛躍的に拡大する中で、日本においても、企業の海外進出に加え、外国企業の国内への参入、外国人労働者の増大、海外勤務の一般化など、労働関係の国際化が進み、これへの本格的な対応を余儀なくされている。

　具体的には、国際的な社会関係を規律する法体系自体が徐々に変貌しつつあり、その中で労働関係も固有の対象としてあらためて重視されていることが指摘されよう。抵触法ルールを規定した「法例」には労働関係に関する特別の規定は存在しなかったが、これを抜本改正して誕生した「法の適用に関する通則法」（以下「法適用通則法」）には労働関係を対象とする規定が盛り込まれた（法適用通則法12条）、2011年には、民事訴訟法の中に初めて本格的に導入された国際裁判管轄につき労働裁判をめぐる新しいルールが創設された（民訴法3条の4第2項）。

国際的労働関係の講学上の体系は、ILO の条約や勧告などに代表される国際規範の意義や機能を対象とする労働国際法と、渉外性のある労働関係の処理基準を確定するための国際労働関係法、および労働事案に関する国際裁判管轄法に区分することが可能である。

労働法の分野において国際労働法という概念が使用される場合、当初は労働国際法が念頭に置かれており、ILO 条約・勧告の法源としての位置づけを中心として、労働関係を対象とする国際条約・規範の意義や機能を検討していた。これに対して、国際労働関係法は、外国人労働者に対する人権保障や労働条件の保護等が主要な課題となる国際的労働関係実質法の領域と、当該国際的労働関係に適用される法規の決定基準を探索する国際的労働関係抵触法の領域とに分類することができる[36]。しかし、前者は国内法の適用を前提とした問題であって、狭義の国際的労働関係法からは除外されよう。また、国際的労働関係の紛争処理については国際裁判管轄についても検討される必要がある。こうして、国際労働法は、労働国際法と国際的労働関係抵触法（以後は単に「国際的労働関係法」）、そして労働関係をめぐる国際裁判管轄のサブフィールドからなると考えられよう[37]。

2　国際裁判管轄について

このうち、労働法学の分野において必ずしも十分な知見が普及していないのが国際労働裁判管轄法の分野であると思われるので一言付言しておきたい。2011年に民事訴訟法が改正され、その3条の2以下に国際裁判管轄に関する規定が盛り込まれたが、そこには労働事件についての特別な裁判管轄も規定されている。たとえば同法3条の4第2項には、「労働契約の存否その他の労働関係に関する事項について個々の労働者と事業主との間に生じた民事に関する紛争（以下「個別労働関係民事紛争」という。）に関する労働者からの事業主に対する訴えは、個別労働関係民事紛争に係る労働契約における労務の提供の地（その地が定まっていない場合にあっては、労働者を雇い入れた事業所の所在地）が日本国内にあるときは、

---

[35]　中山和久『ILO 条約と日本』（岩波書店・1983）。

[36]　この分類は、山川隆一『国際労働関係の法理』（信山社・1999＝以下「山川・法理」）による。

[37]　これまでの国際的労働関係法に関する基本文献として、山川・法理、「国際的労働関係の法的課題」労働法学会誌84号（1995）所収の各論文、米津孝司『国際労働契約法の研究』（尚学社・1997＝以下「米津」）、尾崎正利「国際労働紛争処理」争点293頁参照。

日本の裁判所に提起することができる」と規定されている。法適用通則法12条が準拠法選択における労働事案の特例を定めたものとすれば、民事訴訟法3条の4第2項は国際裁判管轄における労働事案の特例を定めたものである。つまり、渉外性を有する労働事件について、どの国の法令を適用すべきかを決定する基準を定めるのが国際労働関係抵触法であるが、実はその前に、そもそもある渉外性を有する労働事案につき、どの国の裁判所に訴訟を提起すべきかという問題がひかえている。これらを整理すれば、渉外性を有する労働事件についてどの国の法令を適用すべきかを決定する基準を定めた法律（抵触法）を適用するのはどの国の裁判所であるべきかを決定する基準を定めるのが国際裁判管轄の規定であるということになる。労働協約に関する訴訟について、国際裁判管轄がどのように機能[38]するかは今後の問題といえるが、たとえば、日本に存在する企業が外国に存在する現地法人の労働組合と労働協約を締結し、その協約に精勤手当の規定があって、それを組合員が請求したところ日本企業が拒否し、組合員が訴えを提起するといった場合には問題となりえよう。ただ、そもそもこのような場合に日本の労組法による規範的効力が及ぶのかという問題があり、仮に及ばないとすればこの訴訟が民事訴訟法3条の2以下の適用対象となりうるのかが問われるし、規範的効力の及ぶ意味について内容説（化体説）と外部規律説のいずれを採用するかによっても相違が生じうるので、非常に複雑かつ困難な検討が予想される。また、労働協約の債務的部分に関する労働組合と使用者（団体）との間の訴訟が、民事訴訟法3条の2以下の適用を受けるかも困難な問題であり、いずれも今後慎重な検討が必要となろう。

3　労働国際法

　労働国際法と労働協約との関係も、日本において論じるにはなお時期が熟していないといえる。EUなどと異なり、日本では国家の垣根を越えた労働組合の活動やこれに対応する使用者の機能が一般化しているわけではなく、バイラテラルな条約もマルチラテラルな条約も労働協約については見るべきものがない。

　一般的な観点から見ると、バイラテラルの規範、すなわち二国間の条約や取決

---

38) 国際裁判管轄と労働法の関係については、村上愛「国際労働関係法の展開と課題——国際私法学の観点から」労働法学会誌120号（2012）74頁以下参照。

めは労働分野でも重要度を増しつつあって、近年では、フィリピンやインドネシアとの経済連携協定に基づくフィリピン人看護師・介護福祉士候補者の受け入れが実施されているが、これは先進各国ではすでに長い歴史を有する外国人労働者の受け入れ国と送り出し国との二国間協定のジャンルに属し、今後もさまざまな形で展開されていくことが予想される。また、マルチラテラルの規範を形成してきた中心的機関であるILOにおいて、新しい試みがみられることも注目される。もともと、ILO条約・勧告についてはその実効性が疑問視されてきた。原因としては、ILOという機関が国際機関としては珍しく三者構成によっており、使用者側と労働者側との代表が政府と同一の権限をもって条約や勧告を採択するため、政府間の協働が必ずしも十分に反映されないことや、加盟国の多数を占める途上国の政府が労使団体の意向に強く影響されることなどから、具体的な条約の内容は途上国にはハードルが高く、先進国にとっては多くがすでに法制度により対応ずみという場合が多いことなどがあげられる。このため国際機関としてのILOの近年の地盤沈下は著しく、ジュネーブにおいてもWTOの重要性とは比較にならない位置づけをされている。

　この状況を打破するために模索されている試みの中で、きわめて注目されるのが2006年に採択された海上労働条約である。これは総計60にわたる海事関係の条約と勧告を統合した非常に大規模な条約で、200に迫る数のILO条約のうちで唯一、ナンバリングを付されない特別条約であり、かつ最もボリュームのある条約でもあるが、その具体的内容と意義については別稿に譲る。[39]

4　国際的労働関係法

(1) 渉外性の決定と適用法規の決定

　国際裁判管轄が決定された後に必要となるのは、「どのような場合に、当該事案について『どちらの国の法規を適用すべきか』を検討しなければならなくなるのか」であり、それが解決されて、当該事案が適用法規の決定をすべき事案だという結論が導かれるならば、次に「どのような基準で適用法規を決定すべきか」を決定することとなる。前者が「渉外性の決定」の問題であり、後者が「適用法規の決定」の問題である。

39）　野川「2006海上労働条約と国際労働法の新展開」季労243号（2013）60頁以下。

渉外性の決定は、基本的には、対象となる事案の内容に複数の国が登場するかどうかによって決定される。労働協約の問題であれば、締結当事者の一方が外国人（使用者が法人であれば外国で法人と認められていて外国に住所がある）なら渉外事案であり、日本の使用者と日本の労働組合との間で締結された労働協約であっても、適用を受ける組合員が実際に働いている場所（「労務給付地」）が外国なら、やはり渉外性が認められることとなる。

　渉外性が確定された後に、適用法規の決定基準が確定されなければならない。

　国際的法律関係における適用法規の決定基準については、２つのアプローチがあると考えられている。１つは「準拠法選択」のアプローチであり、もう１つが「地域的適用範囲の確定」というアプローチである。[40]

　まず準拠法選択というアプローチは、問題となる法律関係の「性質決定」を行い、その後で「連結点」によって適用法規を決定するという手法である。たとえばユニオン・ショップ協定に基づいて解雇された労働者が会社を相手取って損害賠償を請求するという事案を想定すると、これは不法行為の問題なのか、それとも契約の問題なのかを決定しなければならない。このように、法律問題の性格を決定するのが性質決定の問題である。

　次に「連結点」とは、ある法律関係に適用される法規が選択されるための基準を意味する。たとえば、日本の法適用通則法はまず、「法律行為」（契約がその典型）と性質決定された問題についての適用法規の決定は、当事者の合意によることを原則としている（7条）が、合意がない場合には「当該法律行為に最も密接な関係のある地の法」を適用することとしている（8条1項）。

　さらに法適用通則法は、「特徴的な給付を当事者の一方のみが行うものであるときは、その給付を行う当事者の常居所地法」を最密接関連地法と推定することとしている（8条2項）。たとえば売買契約を例にとると、買ったものの代金を払うための「金銭の給付」というのは売買に特徴的な給付ではないが、売主が買主に目的物を引き渡して所有権を移転する、という給付は売買契約に特徴的な給付といえるため、この場合は売主が通常居住している地の法が最密接関連地法と推定されることになる。

　他方で、法適用通則法は消費者契約（11条）と労働契約について（12条）、それ

40）　このアプローチの詳細については山川・法理135頁以下参照。

それぞれ準拠法選択の特例を定めている。すなわち労働契約については、当事者の合意により準拠法が選択され（7条）、それが最密接関連地法以外の法であったとしても、労働者が使用者に対して最密接関連地法の強行法規を適用すべきであると表明した場合には、その強行法規が適用される（12条1項）。具体的には、日本人がニューヨークに本社のあるアメリカ法人に採用され、東京の支店で働くこととなった場合、労働契約にはアメリカ法やニューヨーク州法が準拠法として選択されていたとしても、その労働者が日本法の適用を主張した場合には、日本法の強行法規（たとえば解雇に関する労契法16条）が適用となる。

なお、この場合の最密接関連地法は、労務を提供すべき地の法であると推定される。客室乗務員にみられるように、労務を提供すべき地が特定できない場合は、その労働者を雇い入れた事業所の所在地の法となる（法適用通則法12条2項）。

さらに、労働契約の成立や効力について合意による準拠法選択がない場合は、上記の8条2項による「特徴的な給付」の規定にかかわらず、労務提供地法が最密接関連地法と推定される（法適用通則法12条3項）。

この12条が設けられたことで、これまでの労働契約にまつわる抵触法上の問題の解決に、かなりの前進が期待できることとなった。特に労働契約の場合は、契約締結地と債務の履行地（特に労務提供地）が異なるのが通常であるため、その処理基準が明確化されたことは大きな意義がある。

もう1つのアプローチである「地域的適用範囲の確定」とは、法律関係の性質決定を検討する前段階において、その法律関係を対象として規制を行う法規があるかどうか、あるとしたら、その法律関係は実際にその法規の適用範囲にあるかどうか、という段取りで適用法規を決める方法である。たとえば、沖縄の工場で働いていた外国人労働者が強制労働に従事させられていると労働基準監督署に訴えてきた場合、日本には強制労働を禁じた労基法5条があり、本土復帰以降の沖縄にも適用されているため、この場合は同条が適用されることになる。

(2) アプローチ選択の基準

それでは、準拠法選択のアプローチと地域的適用範囲の確定のアプローチは、どのような場合にどちらが用いられるべきであろうか。

この問題については、すでに労働法学の領域でもかなりの検討が積み重ねられており、一定の方向性がみえてきている。それは、通常の刑罰法規のように、法

律自身が自らの一定範囲での適用を明確に定め、これに反する他の法規の存在を排除しているとみなしうる法規は、その法律の適用範囲にある法律関係に対して直接に適用されると考えるものである。[41]そして、当該法律関係にあてはまるそのような法規が存在しないという場合に、準拠法選択のアプローチが用いられることとなる。

　この考え方は、少なくとも現行の労働法規に該当する法律には、ほぼ当てはまるといえよう。したがって、労働関係においても上記の「沖縄の工場で働く外国人労働者の強制労働の摘発」という事案は、まさに労基法の刑罰法規としての機能が発揮されるべき事案であり、たとえ労働契約において明確に「この労働契約には日本の法律ではなくＡ国の法律が全面的に適用される」と合意されていても、日本の労基法が適用されるということになる。

　逆に、解雇についてはアメリカ法を適用するとの合意に基づく渉外性のある労働契約関係における解雇事件について、日本の労契法16条による解決がなされるべきか否かは、同条の強行規定としての性格にかかわらず、準拠法選択ルールに基づいて決定されることとなる。

　問題は、労基法や最賃法などの労働保護法や、労使関係を規律する労組法における私法上の効力規定をどのように解するかである。まず前者につき、学説の見解は分かれている[42]が、「法適用通則法12条は労働者保護に関する法廷地の絶対的強行法規が契約準拠法のいかんにかかわらず適用されるとの解釈は否定されない」との立場[43]は、民事強行規定について刑罰法規等と同様に扱うとの趣旨ではないと考えられるので、やはり法適用通則法12条の適用を原則として、例外的に絶対的強行法規に該当する法令の存否を、その根拠に即して検討することとなろう。これにもまして困難なのが労組法の適用関係である。国際的労使関係の法律問題を解明するには、まず、労使関係について包括的に規制している労組法の性格の

---

41)　これは「絶対的強行法規」と表現されることがある。山川・法理26頁参照。
42)　この点については米津183頁、山川・法理17頁等参照。
43)　法務省「国際私法の現代化に関する要綱中間試案」(2005) は、労働契約における労働者保護規定の取扱いにつき、「契約の成立及び効力について当事者による準拠法選択がされた場合であっても、その契約が労働契約であって、当該契約の成立及び効力に関して労働者が当該契約に最も密接に関係する地の法律上の強行規定に基づく特定の効果を主張したときは、当該主張に係る強行規定が適用されるものとする」とするＡ案と、「労働契約に関する特段の労働者保護規定は設けない」とするＢ案を掲げつつ、注記で本文のように記載している。

複雑さを理解する必要がある。すなわち、労組法は一面で不当労働行為制度や労働組合の労働委員会に対する手続などのように、明らかに地域的適用を想定しているとみなしうる内容と同時に、労働協約の規範的効力のように契約のコントロールという内容をも含んでおり、しかも互いに性格の異なるそのような規定が同じ法律の中に存在しているという点で、労基法のような統一性のある法規とは大きな相違がある。したがって、労組法が一応の対象としている法的関係がどのような内容かによって、適用の有無やその基準が異なるということになる。

5　国際労働協約法の構造[44]

　国際的労働関係に関する以上のような法的枠組みを踏まえると、労働協約について渉外性が認められる紛争の解決基準をさぐることがいかに困難かが明らかとなろう。すなわち、労働協約に関する規定は、一面では私人たる使用者と労働組合との間の法的関係を規律するものであるし、労組法は労働協約について行政への届け出など、その成立から終了までについての公的介入を控えていることからも、準拠法選択のアプローチによる対応がなじみやすい構造を有している。[45] しかし他面では、労働協約の法的効力に関する法体系のありかたはきわめて多様であり、この点は一般の契約に対する状況とは大きく異なる。英国ではいまだに労働協約に対して契約としての効力も自動的には認めないのが原則であるし、逆にフランスでは労働協約の効力は直接の関係当事者を大きく超える範囲に、しかも非常に強力な効力を及ぼす。労使関係の基軸となる労働協約については、各国の労使関係政策が色濃く反映し、社会政策としての一面も有することが少なくないため、準拠法選択による効果が大きく異なり、法的結果の予見可能性を不安定にすることも考えられる。

　さらに、準拠法選択のアプローチを採用した場合には、特に労働協約の規範的効力による労働契約上の請求について、日本の法適用通則法12条の適用如何が問題となるが、これは前記のように非常に複雑な法的課題を生ぜしめる恐れがあるのみならず、日本の労組法（特に16条）の解釈にも混乱をもたらす可能性がある。

---

44)　労働協約と抵触法についての検討としては、山川・法理204頁以下が最も行き届いている。

45)　ただし、労組法18条による地域単位の一般的拘束力については、前述のように（第2編II第3章）労働委員会や厚生労働大臣の関与が定められている。

加えて、準拠法選択のアプローチによる場合には、労働協約も契約の一種であることに変わりはないことから、法適用通則法7条の適用がありうることとなるが、そうすると当事者は準拠法選択によって労働協約に対する法政策をも選択できることになりうる。たとえば、日本の本社で採用されて労働契約を締結し、その後米国ニューヨーク州の支店で就労する組合員が、日本の本社と日本の労働組合とが締結した諸手当に関する労働協約の規範的効力を拒否して、個別契約上の破格の特別手当を請求することが可能になったり、逆に日本の支店で働く米国人が、米国ニューヨーク州の本社と労働組合とで締結した労働契約に日本の労組法16条の規範的効力があることを主張できたりする可能性が生じることは、法的安定性を著しく阻害することとなろう。労組法16条による規範的効力が、政策的観点から契約である労働協約に特別に付与された効力であることを踏まえると、この点はいっそう懸念されるところである。

　ただ、労働協約の債務的効力は、法の特別な対応が予定されていないので、少なくとも法適用通則法7条の適用は考えられよう。このように規範的効力と債務的効力とで国際的な法の適用関係が異なることは必ずしも望ましいことではないが、労働協約が政策による労使関係の形成・維持の手段という機能と、労使自治の象徴としての自由な合意による契約という二面性を有していることから生じる必然的な結果といえる。この点、本質的不均衡を特徴とする労働契約につき、最低基準部分は労基法など労働者保護法制によって地域的適用範囲のアプローチが採用され、それを超える合意についても労契法の強行規定部分がカバーし、さらに純粋な合意部分についてさえ法適用通則法12条によって一般の契約とは異なる抵触法ルールが提供されるという幾重にも用意された特殊な構造となっていることとは対照的であり、むしろ労働協約は、自由な合意による契約であるという意味から、債務的部分についての抵触法ルールは他の契約類型の場合とほぼ変わらないという特徴を有しているといえる。

　労働協約に関する規定の地域的適用範囲を画定するにあたっては、原則として日本に存在する労使関係が適用の対象となると考えられる。もっとも「日本に存在する労使関係」という概念自体その内容を一義的に画定しえないが、労働協約[46]

---

46)　山川・法理206頁以下は、不当労働行為の場合と労働協約の場合とでは、抵触法ルールにつき「日本に存在する労使関係」の意義が異なることを指摘するが、賛同したい。

については、日本の労組法は同法が対象とする労働組合を定義していることから、少なくとも日本に存在する労働組合が締結した労働協約は適用対象となろう。それでは使用者についてはどうか。労組法は、使用者については特に定義を置かず、またその意義を限定する規定も置いていない。もちろん、不当労働行為など日本の行政機関による権限の行使が予定されている場合は、外国の使用者にまで労組法の規定を適用することは原則としてできないと考えられるが、労働協約については、18条の地域的な一般的拘束力の規定を除いてそのような制約もない。したがって、実定法の解釈という観点からは、必ずしも使用者が日本に存在することは地域的適用の対象を決める要件にはならないように思われる。むしろ、労組法は日本に存在する労働組合とその組合員を対象として、労使関係の安定的な形成・維持を主たる目的としていると考えられるので、日本における労使関係の存在を、日本の労働組合が日本の労働者の労働条件について労働協約を締結している場合、と解することに問題はないといえる。この労働者がたまたま国外に出向している場合でも同様である。これに対して、日本に労働組合があっても、その支部が外国で結成され、当該外国の労働者について外国企業と締結した労働協約については、日本の労組法による規範的効力は原則として及ばないと考えられよう。[47]

第3節　協約争訟

1　労働争訟の特殊性

　労働関係において生じる争訟は、専門性と一般性が交錯する複雑な領域である。第1に、個別的労働関係は本来私的自治の領域に属する契約関係であるにもかかわらず、労基法や労契法等によって直接・間接の規制を受けており、争訟のありかたも一般の契約関係とは大きく異なる。たとえば、契約関係の解除ないし解約の一類型である解雇は、実体法においても一般の契約の解約等とはかなり異なる規制がある（労契法16条、労基法19条・20条、労組法7条1号、均等法6条4号・9条2項

---

47)　以上の点については、山川・法理206頁、野川・新訂463頁以下を参照。両者の見解は細部にわたって一致するわけではないが、大枠は同旨であると評価しうる。

～4項等)し、労働契約上の債権としての賃金請求権や労務給付請求権も多様な規制の下におかれている。さらに、企業組織内における労働者の法的立場に鑑みて、その人格的利益の保護について膨大な裁判例が蓄積され、判例法理が多彩に展開されている。他方で労働組合と使用者との間の労使関係の成立と展開とは、動的な労使関係の特質を反映して、裁判所による権利義務の確定という処理の手法にはなじまない紛争形態が生じる構造的特質を有している。

　このような特性から、多くの国で労働事件に関する特別な紛争解決システムがとられており、それは行政機関による対応（米国の労働関係局や雇用平等委員会、英国のACAS等）、特別裁判所の設置（ドイツの労働裁判所等）など各国の司法政策・労働政策によって異なるが、日本でも第二次大戦後早くから機能している労働委員会のほか、近年では行政対応としての労働局の相談システム、斡旋委員会、雇用均等室の紛争調整制度、司法制度の一環に組み込まれた労働審判制度など多様に展開されている。また地域レベルでも、法テラスによる弁護士の相談対応や自治体の労働相談制度があり、民間にも労働組合やNPOの労働相談が拡大している。

　これらの紛争解決システムのうち、特に労働委員会、労働審判制度、都道府県労働局を窓口とする個別紛争解決制度は、実定法によって手続と解決手段に一定の法的裏付けが与えられており、いずれも担当部門の専門的能力が生かされて、現場の労働関係・労使関係に即した解決が導かれるようさまざまな工夫がされている。[48]

　しかし他方で、一般民事訴訟における労働事件の特徴も注目される。労働関係の流動性や要即応性などの理由から、仮処分が他の紛争類型にもまして多彩に活用されること、労働委員会命令や労災認定に関する労働基準監督署長の労災補償不支給処分を不服とする行政訴訟の特性など、労働訴訟の固有の性格が発揮される場面も多く、これについても検討が精力的に進められているところである。[49]労働関係をめぐる紛争解決システムの構築はなお途上にあり、どのような体系的かつ機能的な方向がありうるのか、さらなる模索が続けられている状況である。

---

[48] 労働紛争解決システムの全体像については、菅野795頁以下、萩澤清彦「労働訴訟」現代講座14巻55頁以下、山川隆一『労働紛争処理法』（弘文堂・2013）17頁以下参照。

[49] 山川・前掲注(48)136頁以下、また、労働訴訟の具体的内容については、林豊＝山川隆一編『労働関係訴訟法Ⅰ・Ⅱ』（青林書院・2001）。

2 協約争訟の基本構造

このように、労働関係全体としては、紛争解決システムの活発な展開が目立っているが、こと労働協約についてはその効果は目立っていない。労使関係の公正な形成・維持を司る労働委員会の不当労働行為審査システムも、労働組合や組合員に対する使用者の行為を対象としつつ、労働協約の締結や協約の諸規定、解約等について直接関与することはない（不当労働行為審査制度とは関係ないが、労組法18条による地域単位の一般的拘束力については一定の機能を果たす）し、労働審判や個別紛争解決制度は個別労働紛争のみを対象としているので直接労働協約を扱うことはない。また、民間の労働相談についても、労働組合組織率の著しい低下と組合運動の沈滞の傾向が続き、労働協約が対象となることはほとんどないといってよい状況である。したがって、日本にはいまだ協約争訟という分野を定立する段階にはないと言わざるをえない。もっとも、これまで労働協約を対象とする訴訟上の問題が争われた数少ない事例の中で、注目されるものがないわけではない。

第1に、現行労組法施行後しばらくは、労働協約に定められた解雇規定の効力が争われる例が多かったが、実体審理の前提として、そのような訴訟における民事訴訟法上の管轄権が問題となることがあった。この点裁判所は、一貫して本社の所在地の管轄裁判所が管轄権を有することを示している。[50] 労働協約の事実上の締結主体が遠隔地に存在する場合も少なくないので、この判断は今も実益があるといえる。

第2に、労働組合による協約内容の確認を求める訴えがなされた場合の判断が問題となった。具体的には、労働協約の規範的部分についての有効確認の請求に、訴えの利益があるかないかが問われたのである。この点、労働協約上の労働時間規定の効力確認が求められた事案につき当該協約規定は「定時実働労働時間を一般的に規定する条項にすぎないから、これをもって[原告たる労働組合]にかかる具体的な権利又は法律関係であるといえないことは明らかであり、又本件協約条項部分の右のような性格からすると……原告と被告との現在の法律関係に影響を及ぼすものでなく、さらに同原告が本件協約条項部分の効力の存否の確認を求

---

[50] 代表的な裁判例として、日本セメント事件—熊本地判昭24・4・30労裁集4号137頁、東京芝浦電気事件—神戸地姫路支決昭24・5・21労裁集4号176頁。

めたとしてもその結果は右条項部分によって直接規律される同原告組合員に既判力等の法律上の効力を及ぼすものでないことからすると、右確認の訴は最も有効かつ直截的な紛争解決方法とはいえない」として訴えの利益を否定された例があり[51]、同旨の否定説も有力に主張されているが[52]、労使には労働協約の内容を実行する法的義務があることを踏まえ、「労働組合は、労働者の『労働条件の維持改善その他経済的地位の向上を図ることを主たる目的』とする（労組法2条）社団であって、その目的遂行の必要上、使用者と労働協約を締結することができる（同法14条）とされており、また労働協約は規範的効力等があって、究極的には労働者と使用者との労働契約の規制を企図するものではあるが、労働組合の目的・性格及び労働協約の性質・効力等にかんがみると、労働協約に基く労使間の争いは、直接的には使用者と労働組合間の固有の法律上の紛争たりうるものであって、労働組合あるいは使用者の提起する確認の訴が右紛争を解決するのに必要かつ適切であるときは、それが労働契約に基く労働者の具体的な権利関係の確定を求めるものでなくても訴の利益の存在を肯認すべきである」との理由に基づき肯定説を展開する裁判例もあり[53]、これに与する学説もあって議論は決着していない[54]。これに対し、債務的効力に関する訴えの利益は、一般の契約にかかる民事訴訟の場合と大きな相違はないものと思われる[55]。

第3に、労働事件には仮処分に関する係争が非常に多いが、労働協約についても若干の問題が生じうる。特に、労働協約の規範的効力に基づく労働契約上の権利につき、当該労働者（組合員）ではなく労働組合自身が、差止めや義務の履行、協約上の義務の存在ないし不存在を仮に定めたり効力を仮に停止することを求めて仮処分申請をした場合には、被保全権利の確定が問題となりうる。この点、規範的部分は、労働契約を規律するほか、そのまま労働組合と使用者との間の権利

---

51) 佐野安船渠事件—大阪地判昭54・5・17労民集30巻3号661頁。
52) 自治労福岡県現業職員労組事件—福岡地判昭56・3・24労民集32巻2号154頁、黒川乳業事件—大阪地判平17・4・27労判897号43頁、萩澤清彦「判評」267号（判時995号）(1981) 182頁。
53) 佐野安船渠事件—大阪高判昭55・4・24労民集31巻2号524頁、同旨、黒川乳業事件—大阪高判平18・2・10労判924号124頁。
54) 片岡昇＝名古道功「労働組合による協約内容の確認訴訟」季労121号（1981）80頁以下。
55) 前掲注(52)黒川乳業事件大阪地判、同大阪高判は、組合事務所の貸与を規定した労働協約の解約につき、組合からの、上記労働協約が効力を有することの確認を求める訴えは、当事者の法律上の地位の不安、危険を除去するために必要かつ適切であり、確認の利益があるとしているが、これは確認の利益に関するごく一般的な判断の一例とみうる。

義務関係をも規律するので、使用者は協約の実行義務の一環として規範的部分についてもその内容を実行する義務を負い、これに対応する組合の協約内容履行請求権が被保全権利となりうると考えられる。一方債務的部分については、協約上の協議義務に反して使用者が協議を行わずにさまざまな措置を行ったことに対して、組合がその措置の差止めを求めることが少なくない。過去には特に理由を付することなくこれを認める裁判例がみられたが、これに対しては、協議義務違反に関する被保全権利は組合の協議義務履行請求権であり、裁判所は協議義務の履行を超えて協議なしに行われた諸措置（多くは会社による会社設備・物品の搬出）の差止めまでを命じることはできないのが原則であるが、民事保全法24条は仮処分命令の主文において定められる具体的な仮処分の方法には裁判所の裁量が認められることを規定しており、この規定の解釈によっては上記のような仮処分命令も不可能ではないと考えられる。もちろん、組合との合意・協議なしに生産設備を搬出しないという労使合意が明確に認められた場合のように、使用者の措置が協議義務違反ではなく合意内容そのものの違反であれば、労組は搬出に対する差止請求権を有するとみなされるので、差止めの仮処分命令に問題はなくなる。

労働協約は、憲法28条が想定する安定的な労使関係の基軸となる制度であり、本来はその形成、展開、運用、終了のいずれの段階についてもさまざまな争訟の課題がありうるはずである。今後の労使関係の活発な展開によって、労働協約をめぐる法的争いについても機能的かつ合理的な解決手段が構築されることが望まれる。

---

56) 山川・前掲注(48)185頁以下、飯塚タクシー事件—福岡地飯塚支決昭49・3・14判時755号112頁。
57) 北海道炭礦汽船事件—札幌地決昭35・10・3労民集11巻6号1299頁、穂別炭鉱事件—札幌地室蘭支決昭40・12・9労民集16巻6号1102頁等。
58) 山川・前掲注(48)185頁は、申立てによって達成しようとする目的の範囲を超えているか否かにより裁量の逸脱を判断するという見解（瀬木比呂志『民事保全法〔第3版〕』（判例タイムズ社・2009）67頁以下に整理されている）を引用し、この見解によれば「協議義務違反の措置を抑制するという目的」に合致したものについて仮処分が認められる場合もありうるとしている。傾聴すべき卓見であるが、民事保全法24条による裁判所の裁量がこのような場合にも発動しうるかについてはなお検討が必要であろう。
59) 東京金属ほか1社事件—水戸地下妻地決平15・6・19労判855号12頁。
60) たとえば、労組法16条の規範的効力を前提とした組合員の労働契約上の請求について、要件事実論の観点から訴訟上の論点を指摘したものとして山川・前掲注(48)314頁以下。山川教授は、協約による労働条件不利益変更についても請求原因と抗弁—再抗弁という審理過程における問題点も分析検討しており（320頁以下）、きわめて示唆的な内容である。

Ⅵ 結　語

　21世紀の労使関係においては、いずれの国・地域でも流動化が促進されている。もとより労働者と使用者の法的関係は各国社会の歴史や文化に規定される領域が広く、国際的に共通の制度的枠組みを設定することが困難であった。しかし、19世紀における労働運動の高まりや資本主義の成熟を経て、20世紀には国際労働機構（ILO）が設立され、結社の自由という理念による労働組合の結成の法認が基本原則の1つとして掲げられ、少なくとも先進資本主義国においては労働組合と使用者とが織りなす労使関係が労働をめぐる法制度の根幹に位置づけられてきた。そして労働協約はこの労使関係に実体的な土台を与えるだけでなく、労働組合の団結権を担保として個々の労働者の労働条件を改善するツールとしても機能してきた。

　本書は、このような重要な機能を担う労働協約をめぐる法的課題をできるだけ広汎に検討し、あるべき将来の姿について構想するための契機となることを目的として執筆された。日本の労働法学は、1980年代以降、個別的労働関係の比重を大きく高め、加えて労働市場に関する法や労働紛争の解決に関する法も重要度が増している。労使関係について検討する集団的労働関係の領域は、労働組合の組織率と比例するように長期的にその比重を低くし、不当労働行為や労組法上の労働者性など一部の問題領域を除いて、新たな議論が展開されたり、これまでの論点を再検討しようという機運が高まるというような情勢にはない状態が続いた。

　しかし、憲法28条によって労働組合と使用者との団体交渉を基軸とした労使関係が労働法制の根幹に位置づけられているという事実はゆるぎなく、その必要性や重要性が低下するという状況にあるわけでもない。むしろ、非正規雇用の拡大によって深刻化する諸課題の克服や、ワーク・ライフ・バランスの実現へ向けての工夫、人権が十分に尊重される労働現場の構築の構想など、近年になって取り組まれている多くの難題のいずれもが、労使関係の活力ある展開において超克されるべき性格を有していることは疑いえない。強く聡明な労働組合と、先見性ある有能な経営者との葛藤と協力とによって、国家の直接的介入や保護的政策を必要としない有益で現実的な対応が可能となるはずであり、それは北欧諸国をはじめとする先進諸国の一部において実際にみられるところである。

日本がこれからの労働法制をどう構築していくのかを総合的に考えるにあたって、労使関係の復活と充実とは欠かせない課題である。その中心的ツールとしての労働協約が有効に機能し、労働組合、使用者、個々の労働者それぞれにとって実りある規範を提供しながら、動的な労働市場に予見可能な安定的将来展望をビルトインすることが実現するならば、日本の労働法制は、これまでの停滞を克服して新しい段階を迎えることができるものと考えられる。本書がそのための礎となり得れば幸いである。

事 項 索 引

●A〜Z
- CE……………………………………143
- CFDT…………………………………48
- CFTC…………………………………47
- CGC-CFE……………………………48
- CGT……………………………………47
- CGT-FO………………………………48
- collective agreement……………102
- convention collective……………102
- GHQ………………………………28, 94
- ILO……………………………………67
- ──総会……………………………22
- Tarifvertrag………………………102
- TUC（労働組合会議）……………42
- TVG……………………………………61

●あ行
- アウトサイダー……………………318
- アウトソーシング…………………133
- アレテ…………………………………47
- アントン・メンガー…………………57
- 異議申立て…………………………422
- 意見聴取……………………………384
- 意思表示……………………………190
- 委託契約…………………………128, 341
- 著しく不合理………………………398
- 一の工場事業場……………………330
- 一般的拘束力宣言………………63, 324
- 一方的決定（契約内容の）………123
- 異動…………………………………115
- 印刷業全国協定………………………53
- 請負業者……………………………153
- 請負契約……………………………341
- 英国の協約法制………………………6
- エージェンシー・ショップ………228
- 役務提供契約………………………163
- エミール・デブリン…………………54
- 延長期間……………………………211
- 黄犬契約……………………………238
- 往復文書……………………………197
- 欧友会…………………………………12

- オープン・ショップ………………228
- オルー法………………………………48

●か行
- 解雇……………………………115, 283
- 外航労務協会…………………………79
- 解雇協議・同意条項………………292
- 解雇権濫用法理……………………236
- 解雇制限法…………………………388
- 解散決議……………………………306
- 海事協同会……………………………14
- 会社協約………………………………97
- 会社更生……………………………417
- 会社分割…………………………82, 419
- 解除…………………………………186
- 海上労働条約………………………436
- 外部規律説…………………………112
- 開放条項………………………………65
- 革新倶楽部……………………………23
- 拡張適用…………………………3, 344
- 瑕疵ある労働協約…………………199
- 合併……………………………82, 306
- 過半数代表…………………………384
- 管財人………………………………415
- 慣習法…………………………………87
- 管理職………………………………339
- ギールケ………………………………57
- 期間の定めのない協約……………206
- 企業秩序……………………………220
- 企業別協約…………………………177
- 企業別組合…………………………228
- 偽装解散……………………………419
- 貴族院………………………………153
- 北ドイツ連邦営業法…………………53
- 規範設定契約…………………………85
- 規範的効力　→　労働協約の規範的効力
- 規範的効力の履行…………………182
- 規範的部分　→　労働協約の規範的部分
- ギブ・アンド・テイク…………193, 302
- 義務付け条項………………………115
- 記名押印…………………………5, 196

事項索引

逆締め付け条項 ································ 226
休業手当 ····································· 16
吸収分割 ···································· 420
休職規定 ···································· 290
協議・同意条項 ······························· 285
行政調査会 ··································· 24
強制履行 ···································· 221
協調会調査 ··································· 12
協調組合 ···································· 320
強迫 ······································· 190
協約意思 ···································· 62
協約協同体 ·································· 214
協約自治 ··································· 174
　　——の限界 ···························· 5, 83
協約争訟 ··································· 442
協約締結権 ·································· 69
協約能力 ···································· 73
協約紛争 ···································· 42
キリスト教人道主義 ····························· 16
緊急措置法 ··································· 42
勤務契約 ··································· 156
勤労者 ······································ 72
苦情処理 ····································· 4
苦情処理機関 ································ 296
苦情処理条項 ································ 295
苦情処理手続 ································ 224
組合員 ····································· 118
組合員資格 ··································· 8
組合活動 ································· 9, 224
組合活動権 ································· 250
組合活動条項 ································ 183
組合事務所 ······························ 104, 252
組合専従 → 在籍専従
組合大会 ······························ 194, 393
組合費 ···································· 253
　　——の支払い委任 ························· 260
組合保障条項 ···························· 183, 224
組合民主主義 ································ 403
組合役員 ··································· 192
クローズド・ショップ ······················ 14, 228
グローバリゼーション ························· 121
経営協議会 ······························ 18, 224
経営協定 ···································· 97
経営参加 ···································· 18
経済的従属性 ································ 131

掲示板 ···································· 104
刑事免責 ··································· 156
慶弔手当 ··································· 345
芸能員 ···································· 134
契約内容規律効 ······························ 361
経理上の援助（経費援助） ················· 75, 251
化体説 → 内容説
憲政会 ····································· 23
顕著な事業者性 ······························ 123
憲法組合 ···································· 75
憲法授権説 ·································· 92
憲法28条 ···································· 72
公営企業 ···································· 71
公共企業体等労働関係法 ························ 36
工業労働法 ·································· 23
交渉組合 ··································· 322
交渉権限委任禁止条項 ························· 278
工場事業場 ······························ 30, 318
交渉代表制 ··································· 34
交渉単位制 ································· 323
公正競争 ··································· 349
公正代表義務 ···························· 94, 403
公正な労働基準 ······························ 335
厚生労働大臣 ································ 354
口頭による合意 ······························ 196
合理的意思解釈 ······························ 178
国際裁判管轄法 ······························ 434
国民党 ····································· 23
個人下請業者 ································ 146
個別的労働関係 ······························· 2
コモン・ロー ································· 39
御用組合 ································ 73, 80

●さ行
再建型 ···································· 414
在籍専従 ·························· 9, 77, 104, 251
最低基準効 ································· 361
最低賃金制度 ································· 66
最密接関連地法 ······························ 438
債務的効力 → 労働協約の債務的効力
債務的部分 → 労働協約の債務的部分
採用 ····································· 287
サヴィニー ·································· 57
詐欺 ······································ 190
錯誤 ······································ 190

事項索引　*451*

差止請求 …………………… *218*	出向 …………………… *283, 288*
サッチャー ………………… *44*	出向命令権 …………………… *289*
三六協定 …………………… *359*	準拠法選択 …………………… *437*
3月革命 …………………… *53*	試用 …………………… *287*
産業革命 …………………… *37*	渉外性 …………………… *436*
産業平和 …………………… *6, 103*	試用期間 …………………… *287*
産業別協約 …………………… *97*	消極的団結権 …………………… *235*
36年法 …………………… *47*	承継事業 …………………… *423*
サンディカリズム ………… *47, 104*	使用者 …………………… *81, 144*
時間外労働 …………………… *16*	使用者団体 …………………… *81*
時間的場所的拘束 …………………… *123*	使用従属性 …………………… *131*
指揮監督 …………………… *123*	上部団体 …………………… *72, 279*
事業協同組合 …………………… *79*	職業選択の自由 …………………… *234*
事業譲渡 …………………… *82, 306, 414*	職業の法 …………………… *47*
事業所組織法 …………………… *65*	職場組織 …………………… *78*
事業組織 …………………… *123*	職場代表 …………………… *233*
事実たる慣習 …………………… *371*	ショップ制 …………………… *8, 228*
自主性 …………………… *73*	署名 …………………… *5*
事情変更 …………………… *304*	書面 …………………… *5*
施設管理権 …………………… *250*	書面性 …………………… *196*
事前協議 …………………… *294*	白地慣習法 …………………… *91*
自然人 …………………… *81*	白地慣習法説 …………………… *89*
執行委員長 …………………… *192*	尻抜けユニオン …………………… *231*
実行義務 …………………… *33*	人員整理 …………………… *291*
自動延長 …………………… *34, 152*	信義則 …………………… *301*
自動延長条項 …………………… *205, 210*	人事権 …………………… *282*
自動更新条項 …………………… *209*	人事事項 …………………… *8, 19, 115*
司法審査 …………………… *62, 243*	真実解散 …………………… *418*
社会規範 …………………… *86, 87*	新自由主義 …………………… *43*
社会局 …………………… *12*	新設分割 …………………… *420*
社会自主法説 …………………… *85*	ジンツハイマー …………………… *27, 54*
社会政策審議会 …………………… *24*	人的従属性 …………………… *131*
社会的パートナー …………………… *44*	深夜労働 …………………… *16*
社会民衆党 …………………… *25*	心裡留保 …………………… *190*
衆議院 …………………… *153*	末弘厳太郎 …………………… *28*
従業員代表制 …………………… *236*	末弘説 …………………… *85*
就業規則 …………………… *2*	スキャップ禁止（条項） …………………… *8, 279*
集団の自由放任主義 …………………… *44*	ストライキ …………………… *185*
集団の労使関係 …………………… *5*	正規労働 …………………… *340*
終了規範 …………………… *63*	清算型 …………………… *414*
自由労働組合 …………………… *54*	清算手続 …………………… *82, 306*
授権 …………………… *392*	政治運動 …………………… *75*
授権説 …………………… *95*	政治団体 …………………… *80*
授権理論 …………………… *97*	性質決定 …………………… *437*
出演契約 …………………… *134*	制度的部分 …………………… *117*

452　事項索引

政令諮問委員会 …………………… 36
政令201号 ……………………… 19, 33
石油ショック …………………………… 44
積極的団結権 ……………………… 235
絶対的強行法規 …………………… 439
全国労働関係法（NLRA＝ワグナー法）
　　　　　　　　　　…………… 38, 155, 230
専従　→　在籍専従
ゼンセン同盟 ……………………… 351
占領政策 ……………………………… 18
争議行為の予告 …………………… 281
争議条項 ……………………… 183, 224
争議団 ………………………………… 76
総同盟 ………………………………… 16
即時解除 …………………………… 186
祖国防衛奉仕法 ……………………… 58
組織強制 …………………………… 231
組織変更 …………………………… 306
組織変動 ……………………………… 81
訴の利益 …………………………… 445
損害賠償 …………………………… 185

●た行

第三の道 ……………………………… 45
退職手当 ……………………… 16, 313
代表的協約 …………………………… 66
「代表的」労働組合（フランス） …… 48
代理説 ………………………………… 74
他人労働力 ………………………… 150
タフト・ハートレー法 ………… 39, 104
単位組合 ……………………… 78, 307
団結禁止法 …………………………… 42
団結権 ………………………………… 3
単純労務職員 ………………………… 71
団体協約 ……………………………… 69
団体協約法 …………………………… 17
団体交渉 ……………………… 6, 224
団体交渉応諾義務 ………………… 276
団体交渉権 ………………………… 3, 74
団体行動権 ………………………… 3, 74
団体説 ………………………………… 74
団体の労使関係 ……………………… 3
地域単位 ……………………………… 32
チェック・オフ ………… 5, 253, 263
地公労法（地方公営企業等労働関係法） …… 71

仲裁条項 ………………………… 4, 40
中立保持義務 ……………………… 272
懲戒 …………………………… 115, 283
懲戒規定 …………………………… 290
直律的効力　→　労働協約の直律的効力
賃金全額払い原則 ………………… 257
賃率契約 ……………………… 21, 84
通謀虚偽表示 ……………………… 190
ツンフト ……………………………… 53
定型契約説 ………………………… 368
締結規範 ……………………………… 63
帝国議会 …………………………… 153
抵触法 ……………………………… 434
定年制 ……………………………… 292
適用法規 …………………………… 436
手続要件 …………………………… 199
ドイツの協約法制 …………… 6, 324
同意・協議条項 …………………… 115
東京製綱 ……………………………… 14
同種の労働者 ……………… 32, 338
同時履行の抗弁権 ………………… 184
特独労法（特定独立行政法人等の労働関係に
　　関する法律） ……………………… 70
特別解除権 ………………………… 414
都道府県知事 ……………………… 354
ドノヴァン委員会 …………………… 43
取締役 ……………………………… 146

●な行

内部対立 …………………………… 271
内部労働市場 ……………………… 282
内容規範 ……………………………… 63
内容審査 …………………………… 404
内容説（化体説） ………………… 112
二・一スト …………………………… 19
二国間協定 ………………………… 436
20年労組法 ………………………… 28
24年労組法 ………………………… 33
27年労組法改正 …………………… 33
日本型雇用慣行 …………………… 365
日本経営者団体連盟 ……………… 19
日本経団連（日本経済団体連合会） …… 79
日本船主協会 ……………………… 79

事項索引　　453

●は行

パートタイマー ……………………… *339*
背信性 ………………………………… *219*
排他的交渉代表制 ……………… *38, 94, 277*
配転 …………………………………… *288*
配転命令権 …………………………… *288*
破産管財人 …………………………… *415*
橋渡し条項 …………………………… *44*
反組合的意図 ………………………… *265*
非組合員 ……………………………… *224*
非現業公務員 ………………………… *69*
非正規労働 …………………………… *340*
ヒットラー …………………………… *60*
否認権 ………………………………… *417*
被保全権利 …………………………… *446*
ビラ貼り ……………………………… *252*
フィヨン法 …………………………… *49*
不可変的効力 → 労働協約の不可変的効力
複数組合 ……………………………… *274*
福利厚生 ……………………………… *75*
付随義務 ……………………………… *216*
不当労働行為制度 …………………… *33*
部分社会 ……………………………… *97*
フランスの協約法制 ………………… *6*
フリーランサー ……………………… *155*
不利益取扱い ………………………… *219*
ブレア政権 …………………………… *45*
ブレンターノ ………………………… *57*
プロイセン一般営業令 ……………… *52*
プロイセン一般ラント法 …………… *52*
プロスポーツの選手 ………………… *127*
プロセス審査 ………………………… *401*
分割会社 ……………………………… *424*
分割計画 ……………………………… *420*
分割契約 ……………………………… *420*
米国の協約法制 ……………………… *6*
平和義務 ……………………………… *32*
平和義務違反の争議行為 …………… *217*
平和義務排除条項 …………………… *214*
平和条項 ………………………… *183, 224*
平和条項違反の争議行為 …………… *281*
変更解約告知 ………………………… *388*
変更命令 ……………………………… *361*
保安要員 ……………………………… *282*
法案転換 ……………………………… *34*

法規範 ………………………………… *87*
法源論 ………………………………… *98*
報酬の労務対象性 …………………… *134*
法的確信説 …………………………… *89*
法適合組合 …………………………… *74*
法的効力付与説 ……………………… *368*
法適用通則法（法の適用に関する通則法）…… *433*
法例 …………………………………… *433*
　——2条 ………………………………… *87*
補充規範 ……………………………… *313*
ポスト・ノーティス ………………… *275*
本工 …………………………………… *339*

●ま行

マッカーサー ………………………… *28*
マックス・ウェーバー ……………… *57*
マティニョン協定 …………………… *47*
民事再生 ……………………………… *417*
民事免責 ………………………… *156, 219*
無協約状態 ……………………… *21, 165, 310*
メンバーシップ ……………………… *227*
持ち株会社 …………………………… *432*

●や行

約款法理 ……………………………… *369*
唯一交渉団体条項 …………………… *278*
友愛会 ………………………………… *11*
有期契約労働者 ……………………… *339*
有効期間 ……………………………… *21*
有利原則 ………………………………… *5, 83*
ユニオン・ショップ解雇（ユ・シ解雇）… *241*
ユニオン・ショップ協定 …………… *5, 227*
要式性 ………………………………… *197*
予告期間 ……………………………… *202*
余後効 …………………………… *5, 83, 310*
余事記載 ……………………………… *359*

●ら行

ライヒ ………………………………… *324*
利益代表者 …………………………… *75*
履行義務 ……………………………… *184*
履行請求 ……………………………… *221*
留保付受諾 …………………………… *389*
ル・シャプリエ法 …………………… *46*
レッドパージ ………………………… *33*

454　事項索引

連結点 ……………………………… 437
連合体 ………………………………… 72
労使関係法 …………………………… 2
労使関係法研究会 ………………… 121
労使協議（会）………………… 251, 296
労使協議条項 ……………………… 295
労使協定 ……………………………… 9
労使対等決定原則 ………………… 169
労組法
　──7条1号但書 ………………… 237
　──7条2号 ……………………… 144
　──14条 ………………………… 72
　──16条 ………………………… 81
　──16条授権説 ………………… 95
労組法上の労働者 ………………… 119
労働委員会 ………………………… 274
労働関係調整法 …………………… 36
労働関係法令審議委員会 ………… 36
労働慣習法 ………………………… 91
労働協約 ……………………………… 2-
　──に関する勧告 ………………… 68
　──の一部解約 ………………… 302
　──の一般的拘束力 …………… 31
　──の期間 ……………………… 202
　──の規範的効力 …………… 8, 75
　──の規範的部分 ……………… 183
　──の合意解約 ………………… 208
　──の債務的効力 ………… 75, 183
　──の債務的部分 ……………… 183
　──の失効 ……………………… 304
　──の遡及効 …………………… 309
　──の直律的効力 ……………… 112
　──の取消し …………………… 191
　──の不可変的効力 ……… 90, 112
　──の無効 ……………………… 191
　──の有効期間 ………………… 202
　──の余後効 …………………… 310

労働協約令 …………………… 59, 103
労働組合 ……………………………… 2
　──の資格審査 ………………… 354
　──の組織率 …………………… 20
　──の目的 ……………………… 395
労働組合承認制 …………………… 44
労働組合法案 ……………………… 25
労働契約 …………………………… 3, 118
労働契約上の労働者 ……………… 142
労働時間 …………………………… 16
労働者 ……………………………… 118
　──の待遇 ……………………… 114
　──の待遇に関する基準 ……… 114
労働者概念 ………………………… 131
労働者集団 ………………………… 382
労働者類似の者 …………………… 128
労働条件 ……………………… 11, 114, 224
　──の不利益変更 ………… 301, 367
労務給付地 ………………………… 437
労務供給契約 ……………………… 156
労務指揮権 ………………………… 250
労務対価性 ………………………… 123
労務提供地 ………………………… 438
労務法制審議委員会 ……………… 129
労務法制審議会 …………………… 28
ロックアウト ………………… 185, 279
ロトマール ………………………… 54
ロマニステン ……………………… 54

●わ行
ワークプレイス …………………… 327
ワイマール期 ……………………… 27
ワイマール共和国 ………………… 59
ワグナー法 …………………… 38, 104, 230
ワルデック・ルソー法 …………… 46

判 例 等 索 引

● 裁判所

〔昭和〕

名古屋地判昭23・12・8労裁集2号162頁（豊和工業事件）……………………………304, 344, 346
福岡地小倉支判昭23・12・28労裁集2号125頁（東洋陶器事件）…………………………………234
最2小判昭24・4・23刑集3巻5号592頁（大浜炭鉱事件）………………………………………234
名古屋地判昭24・4・25労裁集4号122頁（大同製鋼事件）………………………………………307
熊本地判昭24・4・30労裁集4号137頁（日本セメント事件）……………………………………444
大分地判昭24・5・19労裁集4号145頁（日本セメント〔佐伯工場〕事件）…………………81, 184
神戸地姫路支判昭24・5・21労裁集4号176頁（東京芝浦電気事件）……………………………444
福岡地小倉支判昭24・5・24労裁集4号158頁（日本セメント〔門司工場〕事件）……………184
広島地呉支判昭24・6・15労裁集4号189頁（播磨造船所事件）…………………………………337
横浜地判昭24・8・1労裁集6号129頁（東京芝浦電気事件）……………………………………305
福井地決昭24・8・13労裁集5号152頁（日本亜鉛鉱業事件）……………………………………210
札幌地判昭24・8・25労裁集6号137頁（瀧川化学工業事件）………………………………212, 277
東京地決昭24・9・29労裁集5号82頁（鉄道機器事件）…………………………………………305
新潟地高田支判昭24・9・30労裁集5号26頁（電気化学青海工場事件）…………………223, 280
東京地決昭24・10・26労裁集6号151頁（日本油脂王子工場事件）………………………159, 337
横浜地判昭24・10・26労裁集5号170頁（芝浦工機事件）………………………………………212
東京地八王子支判昭24・11・11労裁集5号129頁（日本セメント事件）…………………293, 312
東京地決昭24・12・3労裁集5号138頁（日本冷蔵事件）………………………………………197
東京地決昭25・1・30労民集1巻1号13頁（日本セメント事件）………………………………293
東京地決昭25・2・22労民集1巻1号47頁（三菱化工機事件）…………………………………294
東京地決昭25・3・28労民集1巻1号39頁（日本紙業事件）……………………………………295
福岡高判昭25・4・12労民集1巻2号141頁（日本セメント事件）…………………………77, 252
福岡地小倉支判昭25・5・16労民集1巻3号301頁（日本製鉄事件）……………………293, 312
盛岡地判昭25・5・24労民集1巻3号462頁（東北電気製鉄事件）………………………………197
名古屋高金沢支判昭25・6・30刑集7巻1号166頁（小松製作所事件）…………………………76
最3小判昭25・7・11刑集4巻7号1275頁（茨城貨物自動車運送事件）………………………76
神戸地決昭25・7・11労民集1巻4号495頁（淡路産業事件）……………………………………191
千葉地判昭25・8・8労働法令通信3巻20号2頁（加納製作所事件）……………………………237
福岡地小倉支決昭25・8・17労民集1巻4号589頁（日立製作所事件）…………………………312
名古屋高決昭25・8・19労民集2巻1号59頁（トヨタ自動車工業事件）………………………200
函館地判昭25・9・6労民集1巻5号862頁（函館船渠事件）……………………………………205
大津地決昭25・10・13労民集1巻5号875頁（中川煉瓦製造所事件）……………………………363
長崎地佐世保支判昭25・11・20労民集1巻6号945頁（松浦炭砿事件）…………………………293
東京地決昭25・12・23労民集1巻5号770頁（高岳製作所事件）…………………………………77
仙台高判昭25・12・27労民集1巻6号1071頁（東北電気製鉄事件）……………………………197
東京地判昭26・2・1労民集2巻1号1頁（日本紙業事件）………………………………………293
最大決昭26・4・2民集5巻5号195頁（トヨタ自動車工業事件）………………………………35
東京高判昭26・4・28労民集2巻3号365頁（朝日新聞東京本社事件）…………………………307
東京地判昭26・12・28労民集2巻6号654頁（三越事件）…………………………………………280

広島地判昭27・3・31労民集3巻1号32頁（中国電力事件） ……………………………… *287*
松江地判昭27・6・6労民集3巻2号158頁（出雲鉄道事件） ……………………………… *287*
最大判昭27・10・22民集6巻9号857頁（朝日新聞社小倉支店事件） …………………… *81,307*
最2小判昭28・12・4労民集4巻6号499頁（熊本電鉄事件） ……………………………… *81*
前橋地判昭28・12・4労民集4巻6号521頁（東邦亜鉛事件） ……………………………… *277*
最1小判昭29・1・21民集8巻1号123頁（池貝鉄工事件） ……………………………… *294*
長崎地判昭29・3・22労民集5巻2号123頁（島原鉄道事件） ……………………………… *288*
大分地臼杵支判昭29・10・20労民集5巻6号628頁（三石耐火煉瓦事件） ……………… *280*
福岡地決昭29・12・28労民集5巻6号661頁（日本炭業事件） …………………………… *288*
高松地判昭30・3・14労民集6巻2号129頁（四国電力事件） ……………………………… *237*
広島地判昭30・7・30労民集6巻5号549頁（電産事件） …………………………………… *232*
札幌地判昭30・12・13労民集6巻6号773頁（三井美唄炭鉱事件） ……………………… *291*
東京地決昭31・4・18労民集7巻2号237頁（相模基地事件） …………………………… *199,285*
神戸地判昭31・7・6労民集7巻4号629頁（西宮タクシー事件） ……………………… *286,294*
盛岡地判昭32・3・5労民集8巻2号165頁（ラサ工業事件） ……………………………… *280*
福岡地飯塚支判昭32・6・7労民集8巻3号363頁（室井鉱業豊徳炭鉱事件） …………… *191*
岡山地判昭32・6・29労民集8巻3号309頁（高屋織物事件） ……………………………… *291*
水戸地判昭32・9・14労民集8巻5号562頁（茨城交通事件） ……………………………… *237*
福岡地判昭33・6・4労民集9巻3号233頁（夕刊フクニチ事件） ………………………… *291*
大阪地判昭33・7・12労民集9巻4号408頁（京阪神急行事件） ………………………… *295*
東京地判昭34・6・4労民集10巻3号441頁（協和発酵事件） …………………………… *287*
東京地判昭34・7・14労民集10巻4号645頁（大平製紙事件） …………………………… *339*
東京地判昭35・3・25労民集11巻2号218頁（日本橋女学館事件） ……………………… *76*
東京地決昭35・6・15労民集11巻3号674頁（日本信託銀行事件） ……………………… *215*
東京地判昭35・8・31労民集11巻4号916頁（日本鋳工事件） …………………………… *339*
札幌地判昭35・10・3労民集11巻6号1299頁（北海道炭鉱汽船事件） …………………… *446*
最3小判昭35・10・18民集14巻12号2528頁（三井化学工業事件） …………………… *282*
宇都宮地決昭36・4・28労民集12巻2号243頁（目黒製作所事件） ……………………… *281*
札幌地決昭37・4・5労民集13巻2号387頁（北海道放送事件） ………………………… *281*
札幌地判昭37・8・9労民集13巻4号887頁（札幌中央交通事件） ……………………… *205,305*
大阪地判昭37・8・10労民集13巻4号898頁（呉羽紡績事件） …………………………… *283,288*
函館地判昭37・9・18労民集13巻5号988頁（相互自動車事件） ………………………… *291*
京都地判昭37・11・30労民集13巻6号1140頁（京都全但タクシー事件） ……………… *77,237*
東京高決昭37・12・4労民集13巻6号1172頁（三協紙器事件） ………………………… *418*
松山地判昭37・12・24労民集13巻6号1199頁（銀座タクシー事件） …………………… *198,290*
大阪地判昭38・3・1労民集14巻2号379頁（山本鉄工事件） …………………………… *287*
札幌地判昭38・3・8労民集14巻2号404頁（金星自動車事件） ………………………… *226*
横浜地判昭39・2・19労民集15巻1号61頁（佐久間鋳工所事件） ……………………… *281*
福岡高決昭39・2・28労民集15巻1号129頁（三井鉱山事件） …………………………… *212*
福島地決昭39・4・2労民集15巻2号221頁（福島交通事件） …………………………… *280*
仙台高秋田支判昭39・4・14労民集15巻2号268頁（弘南バス事件） …………………… *216*
横浜地決昭39・4・27労民集15巻2号393頁（日本食塩製造事件） ……………………… *280*
福岡地判昭39・10・2労民集15巻5号1043頁（三井鉱山三池鉱業所事件） …………… *277*
宇都宮地判昭40・4・15労民集16巻2号256頁（富士重工宇都宮製作所事件） ……… *159,337,339*
熊本地判昭40・9・29労民集16巻5号659頁（三和タクシー事件） ……………………… *76*
東京地判昭40・11・10労民集16巻6号909頁（順天堂病院事件） ………………………… *219*

札幌地室蘭支決昭40・12・9労民集16巻6号1102頁（穂別炭鉱事件）……………………………446
横浜地決昭40・12・21労民集16巻6号1160頁（西区タクシー事件）…………………………204
東京地決昭41・2・26労民集17巻1号102頁（日本航空事件）…………………………………199
青森地判昭41・3・4労民集17巻2号215頁（青森市交通労組事件）…………………195,198,206
東京地判昭41・3・29民集17巻2号273頁（国光電機事件）………………………………………211
広島地判昭41・8・8労民集17巻4号927頁（日本放送協会事件）………………………………125
福岡高判昭41・12・6判時493号68頁（威力業務妨害罪事件）……………………………………161
札幌地小樽支判昭42・1・31労民集18巻1号45頁（川口硝子製作所事件）…………………82,306
広島地判昭42・2・21労民集18巻1号88頁（ラジオ中国事件）…………………………………135
熊本地判昭42・3・18訟務月報13巻6号680頁（全林野九州地本事件）………………197,200
新潟地長岡支決昭43・2・23労民集19巻1号142頁（大光相互銀行事件）………………170,312
東京地判昭43・2・28労民集19巻1号233頁（東京12チャンネル事件）………………………205
東京地判昭43・2・28判時516号74頁（帝全交通事件）……………………………………………312
鹿児島地判昭43・3・21判時517号37頁（全逓鹿屋郵便局事件）…………………………………195
横浜地判昭43・4・6労経速640号12頁（日本通信機事件）………………………………………204
最3小判昭43・4・9民集22巻4号845頁（医療法人新光会事件）…………………………239
東京地決昭43・8・29民集19巻4号1082頁（住友海上火災保険事件）…………………………277
東京地判昭43・8・31労民集19巻4号1111頁（日本電気事件）…………………………………288
東京高判昭43・9・16労民集19巻6号1437頁（駐留軍労務者事件）……………………197,200
東京地昭和43・10・25労民集19巻5号1335頁（東京12チャンネル事件）……………………125
東京地判昭43・11・15労民集19巻6号1502頁（住友海上火災保険事件）………………………81
最3小判昭43・12・24民集22巻13号3194頁（弘南バス事件）………………………………220
最大判昭43・12・25民集22巻13号3459頁（秋北バス事件）……………………………368
福岡地判昭44・2・12民集20巻1号117頁（日本炭礦事件）……………………………………260
大阪地決昭44・3・10民集20巻2号251頁（栗本鉄工所事件）…………………………………283
東京地決昭44・5・17判タ237号302頁（日本色彩社事件）………………………………………197
東京地判昭44・5・31民集20巻3号477頁（明治乳業事件）……………………………………359
東京地判昭44・7・19民集20巻4号813頁（桂川精螺製作所事件）………………………………346
東京地判昭44・9・29民集20巻5号1043頁（日本航空事件）……………………………………200
東京高判昭45・1・30民集21巻1号103頁（日本光学事件）……………………………………256
福岡地判昭45・3・25判タ247号258頁（三井鉱山事件）…………………………………………362
東京高判昭45・4・13判タ252号280頁（日本鋼管事件）…………………………………………227
仙台地判昭45・5・29民集21巻3号689頁（七十七銀行事件）…………………………………281
岡山地判昭45・6・10労民集21巻3号805頁（山陽新聞事件）……………………………117,293
東京地判昭45・6・23労民集21巻3号924頁（亜細亜通信社事件）………………………212,295
名古屋高判昭45・10・20労民集21巻5号1351頁（三興製紙事件）………………………………288
名古屋地決昭46・1・29労民集22巻1号56頁（大和通信工業事件）……………………………295
福井地判昭46・3・26労民集22巻2号355頁（福井放送事件）……………………343,346,347
東京地昭昭46・4・8労民集22巻2号441頁（日産自動車事件）……………………………334,394
高松高判昭46・5・25労民集22巻3号536頁（土佐清水鰹節協同組合事件）………………………79
津地決昭46・8・3労民集22巻4号691頁（昭和石油事件）………………………………………289
宮崎地判昭46・12・6労民集22巻6号1134頁（延岡郵便局事件）………………………………195
名古屋地判昭47・4・28労民集23巻2号313頁（名古屋放送事件）……………………………292
仙台高判昭47・6・29判タ282号187頁（大東相互銀行事件）……………………117,293,312
東京地判昭47・12・9判時687号36頁（富士重工事件）…………………………………………297
東京地決昭47・12・13判時695号111頁（石川島播磨重工事件）………………………………290

最2小判昭48・1・19民集27巻1号27頁（シンガー・ソーイング・メシーン事件） ……………… 264
東京高判昭48・3・12労民集24巻1＝2号84頁（日産自動車事件） ……………………………… 394
福岡地小倉支判昭48・4・8判タ298号335頁（朝日タクシー事件） ………………………… 170,312
神戸地判昭48・7・19判タ299号387頁（山手モータース事件） ……………………………………… 182
最1小判昭48・11・8判時190号29頁（三菱重工長崎造船所事件） ………………………… 251,344
東京地決昭48・12・26民集24巻6号666頁（ノース・ウエスト航空事件） ………………… 218,305
東京地決昭48・12・26民集24巻6号669頁（パン・アメリカン航空事件） ……………………… 218
東京高決昭48・12・27民集24巻6号668頁（ノース・ウエスト航空事件） ……………………… 222
大阪地決昭49・3・4判時208号60頁（姫路合同貨物自動車事件） ……………………………… 236
大阪地判昭49・3・6判時745号97頁（吉田鉄工所事件） ………………………………… 343,346
福岡地飯塚支決昭49・3・14判時755号112頁（飯塚タクシー事件） …………………………… 446
横浜地判昭49・3・29労民200号39頁（大栄交通事件） ……………………………………………… 256
東京地判昭49・4・25労経速853号22頁（カコ事件） ………………………………………………… 195
大阪地決昭49・5・14労旬865号68頁（南大阪自動車教習所事件） …………………………… 195
東京高判昭49・8・28民集25巻4＝5号354頁（エール・フランス事件） ……………………… 388
最1小判昭49・9・30判時760号97頁（名古屋ダイハツ労組事件） ……………………………… 271
大阪地判昭49・12・25判時217号33頁（田中機械事件） ……………………………………………… 236
神戸地伊丹支決昭50・1・16判時794号120頁（淀川プレス製作所事件） ……………………… 289
神戸地尼崎支判昭50・1・30判時772号102頁（日本硝子事件） ………………………………… 256
浦和地川越支判昭50・3・24判時233号66頁（東京焼結金属事件） ……………………………… 362
最2小判昭50・4・25民集29巻4号456頁（日本食塩製造事件） ………………………… 236,240
最3小判昭50・4・25民集29巻4号481頁（丸島水門事件） ………………………………………… 185
横浜地判昭51・3・26労判254号52頁（日電工業事件） …………………………………… 285,293
福島地いわき支決昭51・3・30判時260号65頁（小川工業事件） ………………………………… 293
横浜地判昭51・4・9判時824号120頁（昭光化学工業事件） ……………………………………… 192
最1小判昭51・5・6民集30巻4号437頁（CBC管弦楽団事件） ………………………………… 122
金沢地判昭51・10・18判時849号121頁（日野車体工業事件） ……………………………………… 277
大阪高判昭51・11・11民集27巻6号606頁（都タクシー事件） ……………………………… 170,312
最大判昭52・5・4刑集31巻3号182頁（全逓名古屋中郵事件） …………………………………… 70
大阪地決昭52・5・27労経速965号16頁（高木電気事件） ……………………………………… 195
福岡地小倉支判昭52・6・23労民集28巻3号196頁（東海カーボン事件） ……………………… 236
東京高判昭52・10・27民集28巻5＝6号454頁（ゼネラル石油精製事件） ……………………… 260
東京高判昭53・2・27判時294号45頁（朝日新聞大塚仲町専売所事件） …………………………… 76
大阪地決昭53・3・1判時298号73頁（大阪白急タクシー事件） ……………………… 177,180,391
最3小判昭53・3・28民集32巻2号259頁（国立新潟療養所事件） ………………………… 70,201
大阪地判昭54・5・7労民集30巻3号587頁（葦野運輸機工事件） ……………………………… 215
大阪地判昭54・5・17労民集30巻3号661頁（佐野安船渠事件） …………………… 200,347,445
東京地決昭54・6・7判時322号27頁（ニチバン事件） ……………………………………… 206,305
最1小判昭54・10・30民集33巻6号647頁（国鉄札幌運転区事件） …………………………… 252
新潟地長岡支判昭54・10・30判時330号43頁（理研精機事件） ……………………………………… 290
和歌山地新宮支判昭54・12・25労民集30巻6号1371頁（大石商店事件） ………………… 159,339
大阪高判昭55・4・24民集31巻2号524頁（佐野安船渠事件） …………………………… 182,347,445
東京高判昭55・12・16労民集31巻6号1224頁（日立メディコ柏工場事件） …………………… 159
大阪地判昭55・12・19判時356号9頁（北港タクシー事件） ……………………… 180,266,292,392
大阪地判昭56・2・16判時360号56頁（大阪白急タクシー事件） ………………………………… 194
福岡地判昭56・3・24労民集32巻2号154頁（自治労福岡県現業職員労組事件） …………… 445

東京高判昭56・7・16労民集32巻3＝4号437頁（日野自動車事件） …………………………………… 160
千葉地佐倉支決昭56・9・1判時1021号134頁（ノース・ウエスト航空事件） ……………………… 197
東京地決昭56・12・25労民集32巻6号988頁（エッソ・スタンダード石油事件） ………………… 252
札幌地決昭57・1・18労民集33巻1号31頁（三和交通事件） …………………………………………… 291
大阪地判昭57・1・29労判380号25頁（黒川乳業事件） ……………………………………… 305,346,394
大阪高判昭57・2・25労民集33巻1号151頁（葦原運輸機工事件） ……………………………………… 215
東京地判昭57・2・25労判382号25頁（フォード自動車事件） …………………………………………… 370
大阪地判昭57・2・26判時1048号155頁（日本シェーリング事件） ……………………………………… 252
大阪地決昭57・4・28判判388号53頁（三井造船事件） …………………………………………………… 288
東京高決昭57・11・30判時1063号184頁 …………………………………………………………………… 417
神戸地判昭58・3・15労民集34巻2号142頁（ネッスル日本事件） ……………………………………… 217
福岡地決昭58・6・17判判413号30頁（フクニチ新聞社事件） …………………………………………… 290
最2小判昭58・7・15判判425号75頁（御御ハイヤー事件） ……………………………………………… 381
新潟地長岡支判昭58・7・29判時1085号146頁（専売公社事件） ……………………………………… 288
名古屋地判昭58・8・31判判422号25頁（東海カーボン事件） …………………………………………… 291
最2小判昭58・11・25判判418号21頁（タケダシステム事件） …………………………………………… 381
最1小判昭59・3・29判判427号17頁（清心会山本病院事件） …………………………………………… 241
大阪高判昭59・3・30判判438号53頁（布施自動車教習所・長尾商事事件） ………………………… 285
大阪高判昭59・5・30判判437号34頁（黒川乳業事件） …………………………………………… 305,394
東京高判昭59・9・13労民集35巻5号515頁（東京商工リサーチ事件） ………………………………… 394
最1小判昭59・10・18判判458号4頁（日野自動車事件） ………………………………………………… 160
名古屋地判昭60・1・18労民集36巻6号698頁（日本トラック事件） ………………………………… 392
大阪高判昭60・2・6労民集36巻1号35頁（香港上海銀行事件） ………………………………… 343,346
神戸地判昭60・3・14判判452号60頁（日本運送事件） …………………………………………………… 115
長崎地判昭60・6・26労民集36巻3号494頁（三菱重工長崎造船所事件） …………………………… 157
東京地決昭60・7・23労民集36巻4＝5号549頁（東都自動車事件） …………………………………… 256
横浜地川崎支判昭60・9・26労民集36巻4＝5号595頁（日本鋼管事件） ……………………………… 115
最1小判昭61・3・13判判470号6頁（帯広電報電話局事件） …………………………………………… 372
東京高判昭61・3・27判判472号28頁（日立製作所事件） ………………………………………………… 284
札幌高判昭61・5・15労判37巻2＝3号246頁（帯広市職労事件） …………………………………………… 71
最2小判昭61・7・14判判477号6頁（東亜ペイント事件） ……………………………………………… 284
神戸地判昭62・2・13判判496号77頁（駒姫交通事件） …………………………………………………… 192
名古屋高判昭62・4・27労民集38巻2号107頁（朽木合同輸送事件） ………………………………… 237
最2小判昭62・5・8労判496号6頁（日産自動車事件） …………………………………………………… 272
最3小判昭63・2・16民集42巻2号60頁（大曲市農協事件） ………………………………………… 380,398
東京地判昭63・2・24判判512号22頁（国鉄池袋電車区事件） ………………………………………… 195
大阪高判昭63・3・28判タ676号85頁（ネッスル事件） …………………………………………………… 178
新潟地判昭63・6・6判判519号41頁（第四銀行事件） ……………………………………… 159,336,339
広島高判昭63・6・28判判529号87頁（東洋シート事件） ………………………………………………… 260
神戸地姫路支判昭63・7・18判判523号46頁（神姫バス事件） ………………………………………… 393
東京地判昭63・8・8判判524号19頁（アヅミ事件） ……………………………………………………… 277

〔平成〕

大阪地判平元・1・30労民集40巻1号51頁（光洋精工事件） …………………………………………… 208
長野地松本支決平元・2・3判判528号69頁（新日本ハイパック事件） ……………………………… 289
福岡地小倉支判平元・5・30判判545号26頁（朝日火災海上保険〔高田〕事件） ……………… 334,393

最1小判平元・9・7労判546号6頁（香港上海銀行事件） ･････････････････113, 157, 313
横浜地判平元・9・26労判557号73頁（ダイエー労組事件） ･･････････････････････226
大阪地判平元・10・30労民集40巻4＝5号585頁（大阪地区生コンクリート協同組合事件） ･･････195
最2小判平元・12・11民集43巻12号1786頁（済生会中央病院事件） ････････････････256
最1小判平元・12・14民集43巻12号2051頁（三井倉庫港運事件） ･･････････237, 240, 428
最1小判平元・12・21労判553号6頁（日本鋼管事件） ････････････････････････428
神戸地判平2・1・26労判562号87頁（朝日火災海上保険事件） ･･･････････････････178
徳島地決平2・3・31労判564号81頁（船井電機・池田電機事件） ･･････････････････287
名古屋地決平2・7・10労判569号55頁（フジタ工業事件） ･･････････････････159, 339
仙台地判平2・10・15労民集41巻5号846頁（日魯造船事件） ･････････････････････393
最2小判平2・11・26民集44巻8号1085頁（日新製鋼事件） ･･････････････････････264
最1小判平3・11・28民集45巻8号1270頁（日立製作所武蔵工場事件） ････････284, 360, 372
大阪高判平3・12・25労判621号80頁（京都広告社事件） ･･････････････････････378
東京地決平4・1・31判時1416号130頁（三和機材事件） ･･･････････････････････422
東京地判平4・5・29労判615号31頁（安田生命保険事件） ･･･････････････････198, 200
最2小判平4・7・13労判630号6頁（第一小型ハイヤー事件） ･････････････････････381
神戸地判平5・2・23労判629号88頁（朝日火災海上保険〔石堂〕事件） ･･･････････････393
最1小判平5・3・25労判650号6頁（エッソ石油事件） ･････････････････････････256
東京地決平6・3・29労判655号49頁（ソニー〔第一次仮処分〕事件） ･････････････208, 302
大阪地決平6・8・5労判668号48頁（新関西通信システムズ事件） ･･････････････････419
大阪地決平6・8・10労判658号56頁（東海旅客鉄道〔出向命令〕事件） ･･･････････････180
東京高決平6・10・24労判675号67頁（ソニー〔第二次仮処分〕事件） ････････････････208
岡山地判平6・11・30労判671号67頁（内山工業事件） ････････････････････････199
最1小判平7・2・23民集49巻2号281頁（ネスレ日本〔島田〕事件） ･･････････････････256
最1小判平7・2・23民集49巻2号393頁（ネスレ日本〔日高乳業第二〕事件） ･･･････････257
最1小判平7・2・23労判670号10頁（ネスレ日本〔霞ヶ浦工場〕事件） ･･･････････････256
東京地判平7・3・29労判685号106頁（山翔事件） ･･････････････････････････378
東京地決平7・4・13労判675号13頁（スカンジナビア航空事件） ････････････････････388
東京地判平7・5・17労判677号17頁（安田生命保険事件） ･･･････････････････157, 178
東京高判平7・6・28民集46巻3号986頁（東京中央郵便局事件） ･･････････････････200
東京地決平7・8・31労経速1580号18頁（エッソ石油事件） ･･････････････････････198
東京地判平7・10・4労判680号34頁（大輝交通事件） ･･････････････････78, 242, 347
最3小判平8・3・26民集50巻4号1008頁（朝日火災海上保険〔高田〕事件） ･･････243, 301, 331, 381, 395
最2小判平9・2・28民集51巻2号705頁（第四銀行事件） ･･････････････････381, 398
最1小判平9・3・27労判713号27頁（朝日火災海上保険〔石堂〕事件） ･･･････････181, 301, 394
最1小判平9・4・24労判737号13頁（東洋シート事件） ････････････････････････255
大阪地判平9・5・26労判720号74頁（医療法人南労会事件） ･･････････････････････198
大阪地判平9・5・28労経速1641号22頁（ティーエム事件） ･･････････････････････378
大阪地判平10・8・31労判751号23頁（インチケープマーケティングジャパン事件） ･････････414
大阪地判平10・8・31労判751号38頁（大阪労働衛生センター第一病院事件） ･･････････389
大阪高判平10・10・23労判758号76頁（眞壁組事件） ･････････････････････････125
奈良地決平11・1・11労判753号15頁（日進工機事件） ････････････････････････419
東京地判平11・1・19労判764号87頁（エイパック事件） ･･･････････････････････378
大阪地判平11・4・28労判765号29頁（茨木高槻交通事件） ･･････････････････････401
札幌地判平11・8・30労判779号69頁（鈴蘭交通事件） ･････････････････113, 157, 170, 312
横浜地判平12・7・17労判792号74頁（日本鋼管事件） ････････････････････････400

東京高判平12・7・26労判789号6頁（中根製作所事件）………………………………………… *181, 194, 400*
最1小判平12・9・7民集54巻7号2075頁（みちのく銀行事件）………………………………… *382, 398*
最3小判平12・9・12労判788号23頁（羽後銀行事件）…………………………………………… *381*
最2小判平12・9・22労判788号17頁（函館信用金庫事件）……………………………………… *381*
最3小決平12・11・28労判797号12頁（中根製作所事件）………………………………………… *194, 400*
最3小判平13・3・13民集55巻2号395頁（都南自動車教習所事件）…………………………… *197, 200*
大阪地岸和田支決平13・7・2労経速1789号3頁（佐野第一交通事件）………………………… *206*
高松地判平13・9・25労判823号56頁（香川県農協事件）………………………………………… *195*
大阪地岸和田支決平14・9・13労判837号19頁（佐野第一交通事件）………………… *113, 206, 312*
神戸地判平14・10・25労判843号39頁（明石運輸事件）…………………………………………… *170*
東京高判平14・11・26労判843号20頁（日本ヒルトンホテル事件）……………………………… *389*
最2小判平15・4・18労判847号14頁（新日鐵〔日鐵運輸第二〕事件）………………………… *284*
東京地判平15・4・28労判851号35頁（京王電鉄事件）…………………………………………… *171*
水戸地下妻支決平15・6・16労判855号70頁（東京金属ほか1社事件）………………… *117, 285*
仙台地判平15・6・19労判854号19頁（秋保温泉タクシー事件）………………………………… *201*
水戸地下妻地決平15・6・19労判855号12頁（東京金属ほか1社事件）………………… *302, 446*
最2小判平15・10・10労判861号5頁（フジ興産事件）…………………………………………… *374*
大阪高判平15・11・13労判886号75頁（大森陸運ほか2社事件）………………………………… *418*
大阪地判平16・2・18労経速1874号3頁（愛徳福祉会事件）……………………………………… *198*
広島高判平16・4・15労判879号82頁（鞆鉄道事件）……………………………………………… *400*
東京地判平16・9・1労判882号59頁（エフ・エフ・シー事件）………………………………… *201*
東京高判平17・2・24労判892号29頁（日本アイ・ビー・エム事件）…………………………… *208*
大阪地判平17・4・27労判897号43頁（黒川乳業事件）…………………………………………… *445*
大阪地判平17・8・29労判902号52頁（太陽自動車・北海道交運事件）………………………… *255*
大阪地判平17・9・21労判906号36頁（日本郵便逓送事件）……………………………… *194, 400*
東京高判平17・9・29労判903号17頁（箱根登山鉄道事件）……………………………………… *401*
大阪高判平18・2・10労判924号124頁（黒川乳業事件）………………………………… *208, 445*
東京地判平18・3・30労判918号55頁（新国立劇場運営財団事件）……………………………… *124*
東京地判平18・6・14労判923号68頁（東急バス事件）…………………………………………… *256*
大阪地判平18・9・6労判929号36頁（関西金属工業事件）……………………………………… *389*
横浜地判平18・9・21労判926号30頁（神奈川県厚生農業協同組合事件）……………………… *261*
大阪高判平18・12・28労判936号5頁（クリスタル観光バス事件）……………………………… *292*
東京高判平19・2・15労判937号69頁（東急バス事件）…………………………………………… *256*
大阪地判平19・4・25労判963号68頁（アサヒ急配事件）………………………………………… *124*
東京高判平19・5・16労判944号52頁（新国立劇場運営財団事件）……………………………… *124*
東京高判平19・7・31労判946号58頁（根岸病院事件）…………………………………………… *162*
横浜地判平19・9・27労判954号67頁（都市開発エキスパート事件）…………………… *335, 402*
東京地判平19・10・5労判950号19頁（中央建設国民健康保険組合事件）……………… *180, 402*
大阪高判平19・10・26労判975号50頁（第一交通産業ほか〔佐野第一交通〕事件）………… *419*
東京高判平19・10・30労判964号72頁（中部カラー事件）………………………………………… *375*
広島地福山支判平20・2・29労判994号69頁（鞆鉄道〔第二〕事件）…………………………… *194*
東京高判平20・3・27労判959号18頁（ノース・ウエスト航空事件）…………………………… *115*
東京高判平20・4・23労判960号25頁（中央建設国民健康保険組合事件）……………………… *400*
最1小決平20・5・1判例集未登載（第一交通産業ほか〔佐野第一交通〕事件）…………… *419*
東京地判平20・7・31労判967号5頁（国・中労委〔新国立劇場運営財団〕事件）………… *124*
大阪地判平20・9・26労判974号52頁（日本通運事件）…………………………………………… *300*

広島高判平20・11・28労判994号69頁（鞆鉄道〔第二〕事件）……………………………… 400
東京地判平21・3・16労判988号66頁（淀川海運事件）………………………………… 194, 400
東京高判平21・3・25労判981号13頁（国・中労委〔新国立劇場運営財団〕事件）……………… 124
東京地判平21・8・6労判986号5頁（国・中労委〔ビクターサービスエンジニアリング〕事件）…… 124
東京地判平21・9・16労判989号12頁（国・中労委〔INAXメンテナンス〕事件）……………… 124
大阪高判平21・12・16労判997号14頁（日本通運事件）…………………………………… 300
東京高判平22・8・26労判1012号86頁（国・中労委〔ビクターサービスエンジニアリング〕事件）… 124
最3小判平23・4・12民集65巻3号943頁（国・中労委〔新国立劇場運営財団〕事件）…… 119, 341
最3小判平23・4・12労判1026号27頁（国・中労委〔INAXメンテナンス〕事件）……… 119, 341
大阪地判平23・8・24労判1036号30頁（大阪市・大阪市議会事件）………………………… 257
最3小判平24・2・21民集66巻3号955頁（国・中労委〔ビクターサービスエンジニアリング〕事件）
　　　　　　　　　　　　　　　　　　　　　　　　　　　　　　　　　　　　　　　… 119, 341
東京地判平25・1・17労判1070号104頁（音楽之友社事件）………………………………… 315
東京高判平25・1・23労判1070号87頁（国・中労委〔ビクターサービスエンジニアリング〕事件）… 141

●労働委員会

中労委昭29・11・24命令集11集256頁（三石耐火煉瓦事件）……………………………… 227
北海道地労委昭33・4・18命令集18=19集9頁（住友金属鉱山事件）……………………… 227
北海道地労委昭33・8・12命令集18=19集184頁（国策パルプ事件）……………………… 255
中労委昭35・3・23中労時報353号11頁（東京電力常備職員労組事件）…………………… 125
中労委昭35・8・17中労時報357号36頁（東京ヘップサンダル工組合事件）………………… 125
北海道地労委昭35・11・30命令集22=23集34頁（北海製紙事件）………………………… 279
中労委昭40・3・15命令集36集373頁（富島産業事件）……………………………………… 255
中労委昭40・7・14命令集32=33集574頁（日本信託銀行事件）…………………………… 255
京都地労委昭40・7・27労働委員会年報20集30頁（東映俳優クラブ組合事件）…………… 125
神奈川地労委昭40・10・1命令集32=33集519頁（飯島機械事件）………………………… 277
愛知地労委昭41・2・19命令集34=35集711頁（中部日本放送〔CBC管弦楽団〕事件）…… 125
中労委昭43・10・2命令集39集513頁（滋賀相互銀行事件）………………………………… 255
大阪地労委昭50・7・10命令集56集67頁（高石市水道事業事件）………………………… 125
茨城地労委昭55・1・10命令集67集51頁（思川砂利事件）………………………………… 125
東京地労委昭55・8・5命令集68集192頁（サンリオ事件）………………………………… 125
中労委昭56・11・18命令集70集737頁（三田運送事件）…………………………………… 277
東京地労委平4・10・20命令集95集373頁（日本放送協会事件）…………………………… 125
京都地労委平12・8・25命令集117集386頁（京都スミセレミコン事件）…………………… 125
東京地労委平15・11・4別冊中労時報1304号17頁（東京都教育委員会〔都立国際高校〕事件）… 125
大阪府労委平17・12・7命令集133集818頁（アサヒ急配事件）…………………………… 133
中労委平18・6・7別冊中労時報1351号233頁（新国立劇場運営財団事件）………………… 125
中労委平19・10・3別冊中労時報1360号21頁（INAXメンテナンス事件）…………… 125, 134
中労委平20・2・20別冊中労時報1360号39頁（ビクターサービスエンジニアリング事件）… 125
中労委平22・7・7別冊中労時報1395号11頁（ソクハイ事件）………………………… 125, 139

著者紹介

野川　忍（のがわ　しのぶ）

　1954年生まれ
　1979年　東京大学法学部卒業
　1985年　同大学大学院法学政治学研究科博士課程単位取得
　東京学芸大学教授を経て
　現　在　明治大学法科大学院教授
　著　書　『外国人労働者法』（信山社・1993）、『法の世界へ』（共著、有斐閣・1996、第6版・2014）、『職業生活と法』（共著、岩波書店・1998）、『雇用社会の道しるべ』（信山社・1999）、『実践・変化する雇用社会と法』（共編著、有斐閣・2006）、『わかりやすい労働契約法』（商事法務・2007、第2版・2012）、『労働判例インデックス』（商事法務・2009、第3版・2014）、『新訂 労働法』（商事法務・2010）、『ケースブック労働法』（共編著、弘文堂、第6版・2010、第8版・2014）、『Q&A 震災と雇用問題』（商事法務・2011）、『解雇と退職の法務』（編著、商事法務・2012）、『レッスン労働法』（編著、有斐閣・2013）、『労働法原理の再構成』（成文堂・2013）、『変貌する雇用・就労モデルと労働法の課題』（編著、商事法務・2015）ほか

労働協約法

2015（平成27）年5月15日　初版1刷発行

著　者　野川　忍
発行者　鯉渕　友南
発行所　株式会社 弘文堂　101-0062 東京都千代田区神田駿河台1の7
　　　　　　　　　　　　TEL 03(3294)4801　振替 00120-6-53909
　　　　　　　　　　　　http://www.koubundou.co.jp

装　丁　松村　大輔
印　刷　港北出版印刷
製　本　牧製本印刷

Ⓒ 2015 Shinobu Nogawa. Printed in Japan

JCOPY　〈(社)出版者著作権管理機構　委託出版物〉

本書の無断複写は著作権法上での例外を除き禁じられています。複写される場合は、そのつど事前に、(社)出版者著作権管理機構（電話 03-3513-6969、FAX 03-3513-6979、e-mail:info@jcopy.or.jp）の許諾を得てください。
また本書を代行業者等の第三者に依頼してスキャンやデジタル化することは、たとえ個人や家庭内での利用であっても一切認められておりません。

ISBN978-4-335-35640-7